国家出版基金项目
NATIONAL PUBLICATION FOUNDATION

欧亚历史文化文库

总策划 张余胜

兰州大学出版社

边疆民族论集

丛书主编 余太山

杨建新 著

图书在版编目（ＣＩＰ）数据

边疆民族论集 / 杨建新著. -- 兰州 ： 兰州大学出
版社，2014.5
（欧亚历史文化文库 / 余太山主编）
ISBN 978-7-311-04446-6

Ⅰ. ①边… Ⅱ. ①杨… Ⅲ. ①民族学－文集 Ⅳ.
①C95-53

中国版本图书馆CIP数据核字(2014)第088027号

策划编辑　施援平
责任编辑　施援平　许　景　王曦莹
装帧设计　张友乾

书　　名　**边疆民族论集**
作　　者　杨建新　著
出版发行　兰州大学出版社 （地址:兰州市天水南路222号　730000）
电　　话　0931-8912613(总编办公室)　0931-8617156(营销中心)
　　　　　0931-8914298(读者服务部)
网　　址　http://www.onbook.com.cn
电子信箱　press@lzu.edu.cn
印　　刷　天水新华印刷厂
开　　本　700 mm×1000 mm　1/16
印　　张　33
字　　数　434千
版　　次　2014年6月第1版
印　　次　2014年6月第1次印刷
书　　号　ISBN 978-7-311-04446-6
定　　价　98.00元

（图书若有破损、缺页、掉页可随时与本社联系）
淘宝网邮购地址:http://lzup.taobao.com

出 版 说 明

　　随着 20 世纪以来联系地、整体地看待世界和事物的系统科学理念的深入人心，人文社会学科也出现了整合的趋势，熔东北亚、北亚、中亚和中、东欧历史文化研究于一炉的内陆欧亚学于是应运而生。时至今日，内陆欧亚学研究取得的成果已成为人类不可多得的宝贵财富。

　　当下，日益高涨的全球化和区域化呼声，既要求世界范围内的广泛合作，也强调区域内的协调发展。我国作为内陆欧亚的大国之一，加之 20 世纪末欧亚大陆桥再度开通，深入开展内陆欧亚历史文化的研究已是责无旁贷；而为改革开放的深入和中国特色社会主义建设创造有利周边环境的需要，亦使得内陆欧亚历史文化研究的现实意义更为突出和迫切。因此，将针对古代活动于内陆欧亚这一广泛区域的诸民族的历史文化研究成果呈现给广大的读者，不仅是实现当今该地区各国共赢的历史基础，也是这一地区各族人民共同进步与发展的需求。

　　甘肃作为古代西北丝绸之路的必经之地与重要组

1

成部分,历史上曾经是草原文明与农耕文明交汇的锋面,是多民族历史文化交融的历史舞台,世界几大文明(希腊—罗马文明、阿拉伯—波斯文明、印度文明和中华文明)在此交汇、碰撞,域内多民族文化在此融合。同时,甘肃也是现代欧亚大陆桥的必经之地与重要组成部分,是现代内陆欧亚商贸流通、文化交流的主要通道。

基于上述考虑,甘肃省新闻出版局将这套《欧亚历史文化文库》确定为2009—2012年重点出版项目,依此展开甘版图书的品牌建设,确实是既有眼光,亦有气魄的。

丛书主编余太山先生出于对自己耕耘了大半辈子的学科的热爱与执著,联络、组织这个领域国内外的知名专家和学者,把他们的研究成果呈现给了各位读者,其兢兢业业、如临如履的工作态度,令人感动。谨在此表示我们的谢意。

出版《欧亚历史文化文库》这样一套书,对于我们这样一个立足学术与教育出版的出版社来说,既是机遇,也是挑战。我们本着重点图书重点做的原则,严格于每一个环节和过程,力争不负作者、对得起读者。

我们更希望通过这套丛书的出版,使我们的学术出版在这个领域里与学界的发展相偕相伴,这是我们的理想,是我们的不懈追求。当然,我们最根本的目的,是向读者提交一份出色的答卷。

我们期待着读者的回声。

总 序

　　本文库所称"欧亚"(Eurasia)是指内陆欧亚,这是一个地理概念。其范围大致东起黑龙江、松花江流域,西抵多瑙河、伏尔加河流域,具体而言除中欧和东欧外,主要包括我国东三省、内蒙古自治区、新疆维吾尔自治区,以及蒙古高原、西伯利亚、哈萨克斯坦、乌兹别克斯坦、吉尔吉斯斯坦、土库曼斯坦、塔吉克斯坦、阿富汗斯坦、巴基斯坦和西北印度。其核心地带即所谓欧亚草原(Eurasian Steppes)。

　　内陆欧亚历史文化研究的对象主要是历史上活动于欧亚草原及其周邻地区(我国甘肃、宁夏、青海、西藏,以及小亚、伊朗、阿拉伯、印度、日本、朝鲜乃至西欧、北非等地)的诸民族本身,及其与世界其他地区在经济、政治、文化各方面的交流和交涉。由于内陆欧亚自然地理环境的特殊性,其历史文化呈现出鲜明的特色。

　　内陆欧亚历史文化研究是世界历史文化研究中不可或缺的组成部分,东亚、西亚、南亚以及欧洲、美洲历史文化上的许多疑难问题,都必须通过加强内陆欧亚历史文化的研究,特别是将内陆欧亚历史文化视做一个整体加以研究，才能获得确解。

中国作为内陆欧亚的大国，其历史进程从一开始就和内陆欧亚有千丝万缕的联系。我们只要注意到历代王朝的创建者中有一半以上有内陆欧亚渊源就不难理解这一点了。可以说，今后中国史研究要有大的突破，在很大程度上有待于内陆欧亚史研究的进展。

古代内陆欧亚对于古代中外关系史的发展具有不同寻常的意义。古代中国与位于它东北、西北和北方，乃至西北次大陆的国家和地区的关系，无疑是古代中外关系史最主要的篇章，而只有通过研究内陆欧亚史，才能真正把握之。

内陆欧亚历史文化研究既饶有学术趣味，也是加深睦邻关系，为改革开放和建设有中国特色的社会主义创造有利周边环境的需要，因而亦具有重要的现实政治意义。由此可见，我国深入开展内陆欧亚历史文化的研究责无旁贷。

为了联合全国内陆欧亚学的研究力量，更好地建设和发展内陆欧亚学这一新学科，繁荣社会主义文化，适应打造学术精品的战略要求，在深思熟虑和广泛征求意见后，我们决定编辑出版这套《欧亚历史文化文库》。

本文库所收大别为三类：一，研究专著；二，译著；三，知识性丛书。其中，研究专著旨在收辑有关诸课题的各种研究成果；译著旨在介绍国外学术界高质量的研究专著；知识性丛书收辑有关的通俗读物。不言而喻，这三类著作对于一个学科的发展都是不可或缺的。

构建和发展中国的内陆欧亚学，任重道远。衷心希望全国各族学者共同努力，一起推进内陆欧亚研究的发展。愿本文库有蓬勃的生命力，拥有越来越多的作者和读者。

最后，甘肃省新闻出版局支持这一文库编辑出版，确实需要眼光和魄力，特此致敬、致谢。

余太山

2010 年 6 月 30 日

前　言

　　这部论文集收辑了从20世纪70年代,到21世纪初的30多年中,我已发表的一些研究成果。翻阅这些旧作,突然使我联想到我的学术之路。实际上我的学术活动,范围很狭窄,做来做去,也就是在中国西北民族地区这个领域内翻"跟头"。由于这个地区人类文明的积累太丰厚,各民族互动交往的关系太复杂,对中国历史和世界历史的发展都产生过重大影响,所以想在这个领域取得一定的成绩,还必须专心致志的经过一番艰苦、长期的努力,才可能获得一定的收获。我这一辈子虽也勤奋努力,但由于主、客观条件所限,也只是在这一领域内,拣了几粒细沙而已。

　　做学问是一条十分艰辛的道路,翻阅我的这些旧作,作为一个教师,突然感到,我的学术之路,也有几点可以总结的,不妨提出来,和我的学生与师友讨教。

　　我是学历史出身的,我的研究内容很大一部分是历史问题。但我这个人又很关心当代社会的民族问题,所以我也必须尽力涉猎和研究现实的民族问题,而且我认为,要想搞清楚现实中国和外国的民族问题,必须搞清楚它的历史背景,必须懂得它的历史发展。根据这样一种想法,我的学术之路,就其内容来说,是历史问题与现实问题研究兼而顾之,从历史中找出现实问题的答案,是我研究问题的一个基本态度。

　　搞历史学、民族学研究的人,很喜欢用叙述的方法,考证、调查的方法,研究和搞清楚具体的过程、现象和事物本身,这应该是一切学科都遵循的普遍的科学方法。我的很多研究成果,自认都严格地采用这几种研究方法。但我同时也喜欢对现象分析综合,进行理论探讨和概括,并得出必要的自己的结论。我觉得不如此,就不容易深入,不能认识事物本质及事物的内在联系。因此,我的学术活动很重视对事物的具体叙述和理论探讨相结合。

正确处理学术价值和社会价值的关系,是我在学术活动中经常考虑的基本原则之一。从理论上说,学术价值和社会价值应该是一致的,但实际上,学术价值在很大程度上是一种个人的评价和行为,受个人习好的影响很大。而社会价值是当前社会和学术发展的需要,是研究者对社会和学术发展的一种责任,如何使两者在个人的研究活动中很好结合,并不是一个容易解决的问题,正因为如此,我在研究活动中,也就努力使研究工作靠近和围绕现实中的问题,把学术价值、学术追求与社会价值结合起来。

校阅旧稿引发的这些联想,特作为前言,以飨读者。

我要感谢施援平女士的邀约,使这部论文集能忝列于这套丛书之中。谢谢许景女士认真的编辑。谢谢有关人士的关爱和帮助。

杨建新

2013 年 8 月 26 日

目 录

理论编

1　论各民族共创中华 / 3

2　关于构建中国特色民族学的
　　一些看法
　　　——民族学本土化问题的探讨 / 27

3　中国民族关系理论的几点思考 / 42

4　关于民族发展和民族关系的
　　几个问题 / 92

5　民族理论中的一个ABC问题 / 99

文化编

6　从民族关系视域论中华文化 / 121

7　论我国少数民族的传统文化 / 139

8　关于中华民族精神和
　　中华民族凝聚力 / 153

9　宗教与社会主义社会相适应的
　　必然性、可能性及其运行机制
　　　——以中国伊斯兰教为视角 / 166

10　宗教自身被信仰的内在原因 / 211

边疆编

11 历史上中国的疆域问题 / 225

12 "中国"一词和中国疆域形成再探讨 / 231

13 清代的西北边防政策 / 245

14 历史上的中国西北边疆 / 256

15 忽必烈对中国边疆地区的经营和治理 / 312

中外交往编

16 月氏 / 347

17 关于汉代乌孙的几个问题 / 354

18 吐火罗论 / 378

19 论丝绸之路的产生、发展和运行机制 / 400

20 斯坦因和我国西北史地研究 / 418

历史编

21 论戎族 / 449

22 明代中期"西海"蒙古述略 / 468

23 关于回族的族源和形成问题 / 483

索引 / 494

理论编

1 论各民族共创中华

"中华"一词,在我国古籍中早已出现,它最初的含义,主要是与中原地区和汉族有关联,以后随着我国社会历史及各民族关系的发展,"中华"一词不断被赋予新的内涵。"中华"一词源于我国古代的"中国"和"华夏"两词的结合,而且很长一段时期,是专门指汉族。如《晋书·载记序》曰:"燕筑造阳之郊,秦堑临洮之险,登天山,绝地脉……所以防夷狄之乱中华"。唐太宗也说:"自古皆贵中华,贱夷狄,朕独爱之如一。"[1]但是随着历史的发展,主张"华夷一家"的思想日渐增多,明太祖朱元璋就曾提出"华夷一家"。[2] 辛亥革命后,建立"中华民国",此"中华"一词,即"合汉、满、蒙、回、藏诸地为一国"之意。至今"中华"一词的含义已十分丰富:其一,具有地域含义,即指自古以来中国各民族共同生活的广大地域,即从地域和疆域角度对中国的一个称呼;其二,具有文化含义,即指中国各民族共有的历史文化传统及中国各民族的文化;其三,具有政治含义,即指从古到今中国的政治传统及政治实体;其四,具有民族含义,即指自古以来在政治、经济、文化上有千丝万缕联系的中国各民族。这就是我们今天所说的"中华"一词的主要内涵。"中华"与"中国"两词的含义应该说是一致的,但在使用"中国"一词时,更多的是就我国作为一个多民族的历史文化政治主权实体而言,而"中华"一词则更侧重于指我国作为一个多民族国家实体的历史文化政治传统。从这个角度说,中华民族的伟大祖国——今天的中国,就是"中华"的集中代表,也是各民族共创中华这一历史进程的伟大成果。

---

[1]《资治通鉴》卷198《唐纪》"贞观二十一年"。

[2]《明太祖实录》卷127"永乐二十一年九月己巳"。

·欧·亚·历·史·文·化·文·库·

从历史上看,中华有一个创造的过程,有一个形成的过程,有一个发展的过程。是谁创造了中华,推动了中华的形成和发展?从根本上说,就是中华各民族。中华各民族通过自己的政治、经济、文化等各方面的活动,缔造了广袤辽阔的中华版图,创造了灿烂的中华文化,开发创造了富饶的经济生活,从而形成了中华的悠久历史及其传统,因此,是中华各民族共同创造了中华。

中国自古以来就是一个多民族国家,经过数千年的发展和演变,我国现在有56个民族。我国各民族都具有悠久的历史,而且现在中国的各民族,都是古代民族在中国历史的大环境中,在历史上中国的疆域内,经过长期的相互吸收、融化、发展而形成的。现在中国各民族就是历史上中国各民族的直接继承者。因此说,现在中国各民族都是共创中华的主体,是现在中国的各个民族共同缔造了中华。

在各民族共创中华的历史过程中,汉族在其中发挥了核心的、主导的作用,这是由于在历史上汉族人口最多,活动地区的生存条件最优越,在中原建立统治全国政权的时间最长,经济生活发展水平和政治文化发展水平最高,因而在整个中国的政治、经济、疆域、民族、社会、文化等各个领域的历史发展过程中,从总体上说,汉族始终起着核心的、主导的作用。对这一点,人们的认识从来是一致的。

汉族是共创中华的主体,其他民族同样也是共创中华的主体。但从古至今,对各民族共同创造中华这一历史事实,特别是对各少数民族也是共创中华的主体这一历史实际,有许多人认识不足。同时,过去在这方面的研究也很少,而此问题又是关乎对我国民族关系的一个基本认识,有鉴于此,本文以此为主题,展开专题研究,以对我国各少数民族在共创中华中的伟大贡献,进行全面的、深入的、实事求是的阐述。

在研究这些问题之前,首先应该回答是什么因素和环境促成中华各民族走到一起,实现了共创中华的伟大事业。对这个问题,只能从中华各民族所处的自然环境、社会环境以及中华各民族自身内在的素质——主要是文化传统的状况中,综合各种因素,来求得答案。

自周秦以来,中国境内各民族的分布就有一个特点,即中国的中原地区和沿海一带,主要分布着华夏或汉族,而北部、西部、西南部、东南部等边疆地区,主要分布着各少数民族。各民族共创中华的过程就是中原地区的汉族和边疆地区的少数民族在长期历史发展中,相互交流、相互交融、相互依赖、相互换位,共同创造生存发展道路的过程。

中原地区就自然环境来看,主要是黄土高原以及东部平原、南部丘陵地带,虽有巨山大川,却很少有庞大而绵延数千里的崇山峻岭、冰川雪原,十分适于农耕。农业生产水平较高,能满足社会各方面的需要,为各方面,特别是为思想文化的发展提供了稳定而雄厚的基础。社会组织严密有序,人口众多,城镇密集,商贸繁荣,政治机构完备,法律制度比较完整,文化技术有相当高的发展水平,整个社会各方面的运行通畅有序,中原地区在当时的中国,甚至在世界上都处于发展的最高水平,对整个中国有着巨大的引领和吸引作用,对整个中国的发展,起着巨大的主导作用。同时,在长期的历史发展中,中原地区与边疆地区,始终处于密切的联系与交往中,民族之间的交往迁徙、经济上的互补交流、政治上的争斗、统治区域的扩张、统治权力的更换、社会的交叉融合始终未断。这为各民族共创中华提供了一个中心、基点和支撑。

历史上中国的北部边疆是蒙古高原,这里有丰美的草原、巨大的山峰、广阔的戈壁,气候多变,降水稀少,不宜农耕,游牧是这里各民族的主要生计方式。游牧经济的脆弱性和动荡性,以及游牧经济及其生计方式不利于重大思想文化的产生和积累等特点,造成生活于此的民族始终处于族体不稳定和极易解体,被融合、同化的状况。因此在数千年的历史中,中国北部边疆曾相继出现过许多民族。由于蒙古高原以北气候严寒,被荒漠覆盖,不宜于人类活动,所以,这些民族都把目光转向中原,或在中原的活动受阻后转向西部。他们都经历过兴起、强大、外扩而终于解体。他们经过走马灯式的表演,即被更强大的民族融合或同化。直到13世纪蒙古族兴起后,才改变了这一状况。这些民族,特别是蒙古族、满族等在与中原汉族和其他少数民族的交往、交流和换位中,为共创中华做出了巨大贡献。

中国西部边疆(古代称西域,主要指今新疆),从北向南,排列着阿

·欧·亚·历·史·文·化·文·库·

尔泰山、天山、帕米尔、喀喇昆仑山、昆仑山等巨大山脉,与境外形成崇山峻岭、雪山冰川等自然屏障,境内天山南北又形成迥然不同的南、北两个自然区域。在天山以北主要分布着以游牧为主的众多民族和部落,天山以南分布着以绿洲为依托的诸城邦民族和部落。由于民族和部落众多,而且分布散乱,不能形成统一的力量,因此,西域各民族在古代很长一个时期受到中亚及西亚一些民族、国家以及我国北部强大游牧民族的威胁和侵袭。从公元前 2 世纪始,中国汉朝势力进入西部边疆,中原的历代政权,成了西域各民族和部落抗击西部和蒙古高原奴役、侵袭的主要依靠和强大力量。而中原历代政权,也把西域看作是维护中原安全,实现与西方沟通的主要商贸和文化交流的战略基地。这种相互依赖、相互支持的关系,在很长一段时期愈来愈明显,愈来愈自觉,并逐渐转化成西部边疆民族对中原的向心力、凝聚力和认同感。

西南边疆有喜马拉雅山作为自然屏障,而早在 7、8 世纪,随着吐蕃势力的发展与强大,吐蕃北上占据大片唐朝领土,并将大量藏族迁入,进一步造成西藏与内地在民族、经济、政治、文化、社会等方面形成不可分割的联系,藏民族更进一步涉及整个中国社会生活的方方面面。另外,产生于尼泊尔(古代天竺的一部分)的佛教,虽对西藏有重大影响,但天竺(古印度)自曷利沙帝国(7 世纪)崩溃之后,印度境内的佛教日渐衰落,伊斯兰教曾在很长一段时期成为印度的主要宗教并影响着印度古代历史的发展,同时,印度教也逐渐成为印度大部分群众的主要信仰。在这种背景下,反倒是日渐兴盛的中原佛教,与藏传佛教产生了内在的密切联系,成为西藏与中原在精神上联结的强有力的纽带。

中国中南边疆,主要是指我国少数民族聚居的云贵高原。云贵高原地形虽崎岖、破碎、岭险谷深,但并无高山峻岭,居住于这里的少数民族多散居于深山、峡谷、老林之中,他们所形成的社会、政治组织,很早就归附于中原政权,或受封,或朝贡,成为中原历代政权所属的一部分。可见,这里的少数民族很早就参与到中国政治、经济、文化各方面的创造活动之中。

上述中原与边疆的自然环境和社会环境,都为汉族和各少数民族共创中华提供了不以人们主观意志为转移的客观条件和物质基础。

在这个基础上,还应该注意到中国境内各民族在其生活环境中产生的文化心理的相似性、相通性、认同性,对促成各民族共创中华的作用和意义。

中原地区的汉族,很早就形成了以儒家和道家相结合的思想为修身养性的准则的文化取向,汉族的"和而不同"、"有容乃大"、"四海之内皆兄弟"等传统思想,成为历朝历代、上上下下容纳、吸引周边各民族积极共创中华最深厚的文化基础。同时,各民族在思想文化传统上的许多相通性、认同性也为各民族共创中华提供了良好的文化基础。如在政治上,各民族大体上都以集权制作为公共管理和统治活动的指导思想和制度,中央集权、君权天授、家族世袭、君本主义、崇尚人治等是各民族政治观念的价值取向;在社会生活中,遵行宗法制度,重视和维护家庭、氏族、部落、村寨的血缘关系,崇祖贵先是各民族的风尚;在文化上,各民族都受一定程度的汉文化的影响,信仰佛教的民族重视佛、儒、道的结合,信仰伊斯兰教的一些民族,倡导以儒诠经,许多民族在本民族的宗教中加入道教和汉族传说中的神祇,主动与汉文化结合等等。

所有这些促使自古以来中国各民族以不同形式走到一起,在数千年的历史长河中,在不同程度上参与了共创中华的伟大历史进程。

各民族共创中华的实际内容,主要表现在以下一些方面。

1.1 族体上的相互吸纳

任何一个民族都是在历史上形成的,同时在其发展过程中,也是不断变化的。就中国的各民族来说,也是如此。汉族就是由华夏族和当时所谓的"四夷"经过长期的融合,特别是作为蛮夷戎狄的吴、越、楚、秦等人与华夏的融合,在汉代最终形成的。南宋学者洪迈曾说:"成周之世,中国之地最狭,以今地里考之,吴、越、楚、蜀、闽皆为蛮;淮南为群舒;秦为戎;河北真定、中山之境,乃鲜虞、肥、鼓国。河东之境,有赤狄、

·欧·亚·历·史·文·化·文·库·

甲氏、留吁、铎辰、潞国;洛阳为王城,而有杨拒、泉皋、蛮氏、陆浑、伊洛之戎;京东有莱、牟、介、莒,皆夷也。杞都雍丘,今汴之属邑,亦用夷礼;邾近于鲁,亦曰夷。其中国者,独晋、卫、齐、鲁、宋、郑、陈、许而已,通不过数十州,盖于天下特五分之一耳。"[1] 洪迈所说的是否都是少数民族暂且不论,但当时华夏族所居地域很小,人数不多是事实。此后,几乎在其发展的每个历史阶段,都有大量不同民族的成分,由于各种原因融入汉族,特别是在十六国南北朝和宋以后的历代各朝,历史上曾活跃一时的匈奴、乌桓、鲜卑、氐、羌、铁勒、突厥、藏、契丹、女真、党项、蒙古、满等族,都有很大一部分人融入汉族。正因为如此,汉族成为中国各民族中分布地区最广、人口最多、方言土语最复杂、民俗风情差异最大的民族。这反映了汉族族体来源的复杂性和多元性。应该说,是中国各民族(包括古代和现代各民族)共同造就了汉民族的形成、发展和壮大,中国各民族都为汉族的发展做出了贡献。我们同时看到,通过屯垦、戍边、迁徙、通婚、战乱等方式,也有大量汉族融入其他民族之中。例如,8世纪吐蕃进据陇右、河西、川、滇,统治这里达百年之久,在这四至五代人的时期内,当地上百万的汉族改变服饰、语言、习俗,成为藏族的一部分。在吐蕃北撤时,仍在河西、甘南、川西、滇西北留有大量藏族,而其中有很大一部分藏族部落中,就吸纳了大量当地汉族和其他民族的成分。再如从汉代到唐代,中原地区有大量卫戍和屯田士兵留驻今新疆天山南北,特别是在高昌(今吐鲁番地区)境内有不少汉族,这些汉人也大部分融入当地少数民族之中。元代,因蒙古叛王的威胁,元朝政府准许高昌回鹘亦都护纽林的斤率其部到今甘肃永昌县居住,与当地汉族杂居近20年。清初,为避免准噶尔部的侵袭,康熙将一部分哈密维吾尔族迁至肃州(今甘肃酒泉)与当地汉族杂居,通过各种渠道,将大量汉族融入。我国回族族源的一个重要部分是从阿拉伯、西亚、中亚进入中国的穆斯林,但这些人并不就是我国回族,他们仅仅是形成回族的族源之一,我国回族族源的另一个基本部分是汉族。回族甚至包括东

---

〔1〕洪迈:《周世中国地》,见《容斋随笔》卷5,上海古籍出版社1978年版,第64页。

乡族、保安族，就是在信仰伊斯兰教的色目人和汉族长期密切交往的过程中逐渐形成的。从中国历史看，一直到近代，都有大量汉族进入各少数民族聚居地区，并通过各种方式融入各少数民族之中。也可以这样说，不论是历史上的少数民族还是现在的少数民族，绝大部分的少数民族中，都有一定数量的汉族成分融入。

此外，我国各少数民族在形成和发展中相互吸纳更是普遍的现象。我国羌族与藏族以及南方大多数民族在族源上都有一定联系；我国鲜卑族、羌族与吐谷浑族、党项族甚至现代土族，在族源上都有直接的关系；我国维吾尔族与撒拉族、裕固族以及历史上的契丹族、突厥族等都有一定联系；我国回族与东乡族、保安族、撒拉族在族源上也有密切关系；我国蒙古族与北方古代许多民族在族源上都有着密切联系，甚至可以说，蒙古族从族体到文化就是我国古代北方诸民族的集大成者；我国南方各族之间在族体上的融化至今仍继续发展着。从我国少数民族的语言分类也可以说明各民族在族源上的联系。我国大部分少数民族的语言分属于汉藏语系和阿尔泰语系。操前种语言的少数民族基本分布于我国南部，即从东南沿海一直到西藏西部；操后种语言的少数民族基本分布于我国北部，即从东北、内蒙古到新疆。根据语言谱系分类法的一般原理，属于相同语系的族体，反映着他们之间在族源上的一定联系。我国古代历史记载也充分证实了这种联系的存在及其发展线索。我们完全可以说，我国现代北方少数民族和汉族，从总体上与我国古代北方各少数民族之间，在族体上有密切关系；我国现代南方少数民族和汉族，从总体上与我国古代南方各少数民族以及南方各地的汉族在族体上有密切联系。历史为我们描绘出了一幅在族体上"你中有我，我中有你，互相吸纳，共同发展"的情景。可以毫不夸张地说，我国各民族就是在各民族互动的关系中形成和发展的，各民族都为中华各民族族体的形成和发展做出了贡献。

1.2　祖国疆域的共同开拓

我国疆域辽阔,在世界各国中,目前居陆地疆域面积的第3位。我国这样辽阔的疆域有一个形成发展的过程,这个过程从总体上看,就是中国各民族共同开拓的结果,是各民族共创中华的一个具体体现。

在历史上,我国各民族都有自己长期生活、劳动和繁衍的地域,各地区的民族之间自古以来就有密切的经济上的互补、文化上的交流和政治上的交往,这与美国、澳大利亚等一些以移民为主的多民族国家完全不同。在我国广袤版图的形成过程中,居中心地位的是中原[1],这里曾经是夏、商、周古代文明的发祥地,也是华夏族形成的主要地区。至秦汉逐渐向四周拓展,经数十世纪形成了今天中国的广袤版图。在这个过程中,中国历史上的疆域曾有过多次分裂,同时,也有过多次大一统,每次疆域的大一统不仅巩固了中国广大的疆域,而且增添了新的内容,扩大了中央政府的行政管辖和主权范围。中国历史上疆域的分裂和统一,从根本上说,都是中国各民族关系互动和发展的结果,都是中原地区和边疆地区相互调整关系,共同发展,密切联系的结果。

有的人说,这是汉族用武力扩张的结果,这种说法是片面的。在中国历史上,确实充满了战争,而且维护和恢复原有的疆域,没有一定的武装做后盾,没有必要的战争,也是不现实的。但是,历史上中国边疆和民族地区统一于中央王朝管辖和主权之内,大部分是各民族历史发展的必然,是少数民族向心力的表现,是中国少数民族对中国疆域建设的历史贡献。就以藏族居住的西藏地区来说,一般认为在13世纪中叶,西藏在行政管辖方面与中国其他部分实现了统一,归属当时的中央政权——元朝管辖。但这仅仅是藏族历史自然发展的一个结果,而这一结果是中国各民族,包括藏民族在内,长期共同创造的。7世纪初,藏族在西藏建立了政权,并自称吐蕃。7世纪30年代,吐蕃与唐朝建

---

〔1〕初指河南、山西南部、陕西关中、山东东部,后泛指黄河中下游地区。

立政治联系,很快与占据今青海地区的吐谷浑发生冲突,并逐渐侵袭吐谷浑,至 7 世纪 60 年代,占据青海大部、甘肃南部及早已属唐朝版图的今新疆东南部。至 8 世纪 60 年代,今甘肃、青海、四川西部、滇西北以及今新疆南疆部分地区均为吐蕃占据。从当时吐蕃政权所控制的领土范围、吐蕃所控制的人口数量和民族成分来看,吐蕃政权所控制的疆域,已大部分是唐朝疆域,吐蕃所统治的居民中,很大一部分是原唐朝统治下的汉族和其他民族。因此,当时吐蕃实际上已经是大部分领土属于唐朝疆域内的一个政权,它与唐朝关系虽然十分紧张,但联系却很密切,唐蕃之间除了有文成公主的通婚之外,在此期间又有金城公主嫁给吐蕃赞普,而且经济、文化交流频繁,政治交往不断,至今在拉萨大昭寺前还保留有"长庆会盟碑"。9 世纪 50 年代左右,吐蕃在甘青川滇及新疆地区的统治结束,但留下了大量吐蕃部落,他们与汉族和其他民族共同生活,成为中原政权统治下的居民。从 7 世纪 30 年代到 19 世纪 50 年代两个多世纪的历史长河中,藏族向北向东的发展,在实际上与中原建立了不可分割的联系。13 世纪元朝时期西藏自然地正式成为中国行政管辖的一部分,这正是藏族长期主动向北向东发展的必然结果,是各民族共创中华伟大疆域的一个事实。

此外,从汉代开始,河西地区匈奴族的浑邪王、休屠王归汉,匈奴统治今新疆地区的日逐王的归汉,匈奴呼韩邪单于的归汉,为汉朝政权统一河西地区、今新疆地区和今内蒙古地区做出了巨大贡献。隋唐时期东突厥、西突厥、吐谷浑的归附,也是东西突厥、吐谷浑与隋、唐王朝密切关系发展的结果,为进一步加强隋唐时期中央政权对今新疆、蒙古高原和今青海地区的行政和主权管辖做出了贡献。至于我国蒙古族,在其几代领袖人物的努力下,统一蒙古地区,消灭西辽、西夏、大理政权,统一江南,对西藏实行了有效行政管辖,为中国历史上的大一统局面的出现做出了贡献,也为今天中国广大疆域奠定了基础。至于满族建立的清朝,在中国大一统的历史上,那更是空前的,就其领土范围,超过了前代;就其行政管辖和法制的形式,更加完善、完整;就其管辖的内容,更加全面、充实。元朝、清朝时期中国大一统局面的实现,也都是少数民族在创建广大中华疆域中的贡献。没有历史上各民族的南下北上和西进以及积极的统一活动,中国就不可能形成今天这样的广阔疆域。

1.3　经济上的开发和相互促进

历史上,中国各民族都在自己的区域内,通过对各自区域的开发,为我国的经济发展做出了卓越的贡献。我国少数民族所聚居的地区,大多地理环境恶劣、生活资料贫乏、生产条件艰苦,我国的这些少数民族祖祖辈辈就生活在那里,坚持开发,并根据各地的自然地理条件和环境,创造性地发展了自己的经济,创造了各具特色的经济生活。在我国北方,从古代以来许多民族就在戈壁沙漠的不毛之地,开发了以内蒙古地区为中心的大片牧场,发展了游牧畜牧业经济,为古代强大的匈奴族、突厥族、蒙古族等民族创造我国草原文明,提供了物质基础,并与中原农业地区建立了密切的经济联系;东北地区的各民族,在极其严寒的气候条件下,开发了白山黑水广大地区,发展了渔业、狩猎业、牧业、农业和其他类型的各种生产活动;居住在我国东南、西南各地的少数民族,适应和改造各种复杂的地理条件,或在空气稀薄、高耸入云的世界屋脊,或在莽莽密林,或在高原丘陵,或在炎热难耐的地区,发展生产,开发出了片片适合人类生活的环境,为发展我国西南、东南经济做出了贡献;在我国西北,各民族克服各种不利的地理条件,发展了绿洲农业、牧业及独具特色的手工业经济,与此同时,西北各民族还开发、发展了沟通中国与中亚、南亚、西亚、非洲和欧洲的重要通道——丝绸之路,推进了我国与中亚、南亚、西亚以及欧洲、非洲之间的政治、经济、文化交流,对古代世界了解中国,古代中国了解世界起了重要作用,做出了突出的贡献。

边疆少数民族地区的经济开发,丰富了我国社会经济生活的内容。特别是少数民族的特色经济,如畜牧业的发展,与中原地区的农业经济形成了相互支持、相互依存、相互促进的密切关系,并在这个基础上,形成了我国历史上传统的内地与边疆、汉族与各少数民族之间经济、文化交流的网络。这一网络的正常运行,又为整个中国经济的协调发展,为整个中国政治上的统一,为中国社会的稳定提供了重要的条件。

1.4 对中国政治历史文化传统的维系

世界上存在不少有数千年古代文明的国家和民族,也有不少民族建立过幅员辽阔的多民族统一国家,但是很遗憾,其中大部分并没有把自己的古代文明的传统维系下来,他们原有的古代文明因各种原因,早已为不同的文明所取代;曾经辉煌一时,雄霸一方的泱泱大国,也成为昙花一现的历史陈迹。值得骄傲的是,我国作为一个具有五千年历史的文明古国,其政治历史文化传统,不仅从未中断,而且比世界上其他任何国家和民族的政治历史文化传统,都得到了更好的维护和保持,继承和发展。

所谓中国政治历史文化传统,主要包括:中国几千年来多民族共存、各民族共同发展的传统;中国以汉文化为主导,各民族文化互相吸收、相互交叉又各自独具特点、共生共存的传统;中国历史上的政治机构、政治体制、法律制度的传统;社会组织的基本特征、基本格局、基本内容的传统;中国历史上各朝各代对内对外的基本政策、方针与方法保持延续性的传统;中国历史记载受到重视,受到尊重,官私并举,中原与少数民族状况并载,传承不断的传统;中国历史上重视血缘、重视家族、重视亲情的道德观、价值观的传统;各民族重视统一、追求统一,以中国大一统为最高原则的传统;中国自秦汉以来就形成的广大疆域,虽经多次分裂,而又不断统一,每经一次分裂愈益扩大和巩固的传统等,这些传统既是中国历史长期发展积淀下来的,也是中国各民族在长期相互交往中形成的共识,更是中国各民族政治生活中遵循的一些原则。在维持中国的政治历史文化传统中,汉族起了主导的不可替代的作用,同时也应该看到,中国的少数民族起了巨大的作用,建立了不朽的功勋。

两汉、三国之后,中国历史上出现了东晋十六国南北朝(317—589)的复杂局面。在这 200 多年中,中原地区以长江为界,在政治上分成南北两部分。我国古代北方少数民族匈奴、鲜卑、氐、羌等族分别建立过众多的政权。在南北朝时期,鲜卑族逐渐统一了北方,曾建立北魏、西魏、东魏、北齐、北周等政权。从东晋政权建立到隋朝统一(317—589)的200多年中,中国北方基本处于少数民族众多政权统治之下。唐代,我国东北地区出现了少数民族所建立的渤海国,以后在云贵地区又出现了乌蛮所建立的南诏国。进入宋朝时期,在西部出现了哈喇汗朝、高昌回鹘、河西回鹘、唃厮啰等政权,北方出现了以契丹族为主的辽朝、党项族建立的西夏;到北宋南渡,中国北方出现了女真族建立的金,在云贵地区由今白族等族先民白蛮等建立的大理政权。在这期间,少数民族政权所占地域越来越大,最后蒙古族兴起,并在不长的时间内建立了以蒙古族统治者为主的元朝政权,统一了全国。至17世纪中叶又以满族为主建立了清朝政权。

中国历史上在中原地区由少数民族为主所建立的政权虽然很多,统治时间很长,而且建立政权的少数民族都有自己独特的文化习俗,建立政权后,他们也曾在一定时期、一定程度上建立和推行了某些具有本民族文化特征的政治、法律、军事、社会制度,但是从总体上看,他们都十分尊重中原传统的政治、法律、经济等各项制度以及中原传统文化,并通过改变自己的一些特点,以适应和接受中原政治历史文化传统。不仅是中国少数民族在中原地区建立的政权,极力保持中国固有的政治历史文化传统,使之持续不断,就是在边疆地区建立的政权,也都尽力采用和保持中原的政治历史文化传统。这主要表现在以下一些方面:

(1)在中原和部分边疆地区建立政权的少数民族基本上采用了中国传统的朝代名称和纪元,而且大部分都以其统治者自认与前代某朝某代的关系起名,其朝代名称、纪元年号亦大都起了有吉祥、峻伟含义的汉字。如十六国时期由匈奴人刘元海建立的"汉",就是因匈奴"汉氏之甥,约为兄弟,兄亡弟绍,不亦可乎?"[1]而自认刘姓,称"汉王"。

---

[1]《晋书·载记第一》。

后其侄刘曜"以水承晋金行"的五行原则,改国号为"赵"。曾统一了大半个中国的前秦,其创立者苻健,因夺取了"三辅",都于长安,应了"往东而小","还西而大"的卦言[1],称国号为"秦"。十六国南北朝时少数民族建立的政权均以汉字名朝号和年号。唐代的渤海、南诏以及高昌和吐蕃的一些王,五代十国时期的于阗,也都以汉字定年号。辽、金、西夏更是如此。忽必烈占据大半个中国后,也是"取《易经》乾元之义",改国号为"元"。满族兴起后,初号"后金",为避免人们与金朝相联系,皇太极时改国号为"清",以"清"为国号,其义史籍中并无明确解释,不外乎是两种含义,一是诸大臣及蒙古诸部首领所上"请上尊号"表文中所说:当时"天下昏乱",希望他"修德体天","施及万姓",[2]也就是改当时"天下昏乱"的形势,为"清"平世界之义;此外,"清"也有安定之意。清顺治十六年状元徐元文《春日阅武召百官诣南苑》诗中云:"莫以清时忘战伐,至尊亲为挽雕弓"中的"清",即为安定之意。这些都是少数民族维系中国历史文化传统的表现。

(2)在中原和部分边疆地区的大多数少数民族政权,均保持了原来各朝的中央和地方政治制度,或在中原地区采用过去的中央和地方行政管理制度,参用中央王朝的法律、监察、取士制度。其中,由鲜卑人所建立的北魏,承袭了汉晋以来的全部制度;辽、西夏、金对他们所统治的"汉地"均设立"南衙",用中原传统制度管理"汉地";元、清两朝更是改变本民族的许多统治制度以适应中原传统的管理制度,实行"汉法"。

(3)维持和保护其统治下的各民族的正常经济生活和社会制度,允许各安其所,各行其是,继承了中原王朝历来实行的"因俗而治"的基本原则。如氐族建立的前秦,派吕光率军达西域各地,各地首领"上汉所赐节传,光皆表而易之"[3];元朝对西域、西藏,清朝对西藏和蒙古,基本上都采取了"因俗而治"的传统政策,从而维持了中国大一统

---

〔1〕《晋书·载记第一百二十》。

〔2〕《清史稿·太宗本纪》。

〔3〕《晋书》卷122《吕光载记》。

15

局面。

（4）各少数民族政权基本奉行了历代中原王朝所实行的政治、经济、文化政策，特别是对儒家思想的推崇，对儒家经典和诸子百家的尊重，奉行了对各种宗教包容、兼收的传统。十六国南北朝时，各少数民族建立的政权，无不争相效法汉、晋制度，推崇儒术，兴办学校，提倡农耕，佛道并重，特别是经过建立在河西地区的几个少数民族政权的倡导，当时的河西成为儒学的中心，出现了辉煌一时的"五凉文化"。

（5）各少数民族政权继承了历代中原王朝重视教育、重视修史、保存各种典籍的传统。辽、金、西夏、元、清各朝都按历朝惯例，由史官编纂《实录》，建国不过百年的元朝，组织大量人力编纂了《辽史》、《宋史》、《金史》，清朝编纂了《明史》，在二十四史中占有显著地位。

（6）各少数民族政权，特别是建立在边疆地区的政权，都以建立在中原地区或汉族所建立的政权为正统，或用各种形式进贡、称臣，或以占据中原统一中国为己任，或虽以独立邦国之礼相待，但以甥舅之义、父子之情相许，或以与中央和汉族政权建立联姻关系为荣，等等，反映了中国各民族相互依存、相互认同的传统关系。

由于进入中原地区或在边疆地区的少数民族政权大多采取上述措施和态度，从而使中国政治历史文化传统得以持续数千年承袭不断，使历史上的中国虽有多次分裂而又能统一如初。中国历史发展的这一奇迹，就是中国各民族共创中华的鲜明例证，也是中国少数民族在共创中华历程中的伟大业绩和贡献。

1.5　对中华文化宝库的丰富

汉族在中华几千年的文明史中创造了丰富的文化遗产，这些遗产无疑是中华文化宝库的主要珍宝。然而，它毕竟也只是中华文化宝库中的一个重要部分，而不是中华文化的全部内容。

我国每个少数民族都有自己独特而丰富的文化，各少数民族的文化，以其绚丽多彩的风格，极大地丰富了中华文化的宝库。

（1）少数民族文化为汉族所吸收，丰富了汉族文化。

我国少数民族文化与汉族文化在长期共同发展中，互相吸纳、互相影响、互相促进，建立了内在的密切联系。我国少数民族曾吸取了大量汉族文化，同样，汉族也吸取了大量少数民族文化。例如，在生活习俗方面，少数民族对中原的影响就很大。战国时期，赵武灵王采纳"胡服骑射"，不仅提高了中原军队的战斗力，而且对以后汉族衣饰的影响巨大。满族旗袍，更为汉族妇女所喜欢。汉代西域坐具、胡床等的传入，也改变了中原汉族席地而坐、席地而卧等生活习惯。汉代、唐代传入中原的少数民族音乐、乐器、舞蹈，充实了汉族音乐、舞蹈艺术的内容并推动其发展。许多宗教和宗教思想由少数民族地区传入中原，对汉族社会、文化生活产生了重大影响。少数民族的语言，大量为汉族所借用，不仅形成了丰富的汉族方言，而且丰富了汉语的词汇。少数民族地区的大量动植物品种，如葡萄、苜蓿、名马、异兽等的传入促进了中原地区农牧业生产。许多少数民族的文学家、科学家、政治家用汉文创造了大量不朽的著作，其中如满族作家曹雪芹的《红楼梦》，契丹人耶律楚材的《庚午元历》及文学作品，蒙古族地理学家明安图的《割圆密率捷法》，维吾尔族农学家鲁明善所写的《农桑衣食撮要》，蒙古人脱脱等主编的《辽史》、《宋史》、《金史》等，所有这些都是少数民族对汉族文化的贡献，更是对中华文化的丰富。

（2）少数民族在文学艺术方面的成就，丰富了我国文学艺术的百花园。

在文学创作方面，少数民族拥有丰富的文学遗产，著名的民间长诗如《格萨尔王传》（藏族）、《江格尔传》（蒙古族）、《玛纳斯》（柯尔克孜族）这三大史诗，是我国浩如烟海的少数民族民间文学创作的代表，不仅是中华文化宝库中的奇珍，也是世界文坛上的瑰宝。维吾尔族的《福乐智慧》、《突厥语大词典》、《乌古斯可汗传》，彝族长诗《阿诗玛》，傣族叙事诗《召树屯》，纳西族的《创世纪》，白族的《望夫云》等，都是我国少数民族的不朽杰作，在我国文学史上占有重要地位。

在我国音乐艺术发展史中，少数民族占有更重要的地位。各民族

·欧·亚·历·史·文·化·文·库·

几乎都有自己独特的音乐,如蒙古族的"赞歌",回、撒拉等族的"排歌",侗族的"大歌"等。乐器方面有笛、琵琶、筚篥、胡琴、羯鼓、腰鼓等。"藏剧"、"花灯剧"、"好来宝"等戏剧舞蹈,也极大地丰富了我国音乐、戏剧、舞蹈的内容。能歌善舞是我国少数民族共有的艺术"特性"和品格。

(3)少数民族在古代科技等方面的成就,拓展了我国古代科技领域的范围,丰富了古代科技成果。

在天文历算方面,如藏历、傣历;在医药卫生方面,如藏医、蒙医、满医、傣医、维吾尔医、彝医、苗医等,特别是在藏、蒙古、满、维吾尔等民族中,均有本民族的医药著作。各民族都根据各自的生活环境积累了丰富的医药卫生知识,总结出了诊治疾病、使用药物的规律和原则。此外,我国少数民族还在地理学、水利工程、建筑工程、数学等方面,有一些光辉的著作和成就。

(4)少数民族在史学、宗教学等方面也有着重要的贡献。

在史学方面,许多少数民族具有修史的传统。蒙古族历史学家们撰写有著名的《蒙古秘史》、《圣武亲征录》、《蒙古黄金史》、《蒙古源流》、《白史》、《黄金史纲》、《俺答汗传》、《黄史》等,藏族史学家所写《贤者喜宴》、《西藏王统记》、《西藏王臣记》、《新红史》、《青史》、《白史》等,满族的《满文老档》,傣族有《泐史》等,都是对我国史学的重要贡献。以蒙古族、满族为主的元、清两朝,对历史文献十分重视,元朝按中国历代一贯传统,设置了负责编史的官署,组织人力书写了《实录》、《起居注》,编写了《大元一统志》、《经世大典》。清朝更加重视史书和实录的编写,特别是在乾隆时期,进行了前所未有的大规模的收集、整理古籍的巨大工程,为我国古文献的保存做出了巨大的贡献。至今,《四库全书》仍是我国乃至世界文化宝库中罕见的稀世珍宝。

宗教作为文化的一种表现形式,在我国少数民族文化中,具有重要的地位。作为世界宗教的佛教和伊斯兰教传入我国以后,我国少数民族根据各自民族的文化基础和社会状况,创造出了适合自己民族的宗教形式。藏族把佛教一般原理结合自己民族文化的实际,建立起了藏传佛教文化体系和各种流派,创制出包括 4000 多种著作在内的藏文大藏经——《甘珠尔》、《丹珠尔》。我国回族、维吾尔族等将伊斯兰教的一般原则,结合自己民族和中国社会的实际,创立了中国伊斯兰文化的体系和各种流派。我国回族伊斯兰学者曾撰写出大量中国伊斯兰学著作,其中如明清之际的伊斯兰学者王岱舆(约 1570—1660)所著《正教真诠》、《清真大学》,清初伊斯兰学者刘智(约 1660—1730)著有《天方典礼》、《天方性理》等,为建立中国伊斯兰学说奠定了良好的基础。我国少数民族除了翻译大量佛教和伊斯兰教经典外,各民族宗教学者还结合本民族的文化,创作了大量本民族的宗教典籍,在我国宗教学说、宗教流派的建立等方面有突出表现。

1.6 反对侵略,保卫中华

19 世纪 40 年代以来,中国不断受到外国资本主义势力侵略,由于我国少数民族大多居住在边疆地区,因此首当其冲,遭到更加严重的外国列强各种形式的侵略。沙俄、英国、法国、日本等列强,对我国少数民族地区或不断侵吞、蚕食领土,或直接出兵进行武装侵略,或通过商业贸易垄断边疆经济命脉,或煽动叛乱、制造分裂,妄图分裂中国,变边疆为他们的殖民地。19 世纪中叶以来中国被瓜分的危险,最主要、最严峻的问题之一就是边疆地区的危机。

中国各族人民对资本主义列强的侵略行为进行了坚决的抵抗和斗争。1855 年,新疆塔城地区以回族领袖徐天尧、安一贤为首,联合各族人民火烧沙俄贸易圈,对沙俄侵略进行了坚决斗争。19 世纪 70 年代,新疆各族人民配合政府击溃了由英国支持的阿古柏匪帮的武装侵略,收复了沙俄抢占的伊犁地区。1888 年、1903 年藏族人民两次英勇抗击了英国的武装侵略。1885 年,在中法战争中,壮、彝、满等族人民和汉族一起,坚决抵抗法国对我国广西、云南等地的侵略,并在镇南关(今友谊关)重创法军,取得举世闻名的"镇南关大捷"。在中日甲午战争中,日本侵略军曾攻占我国辽东大片领土,在满族人魁福、锡寿等著名团练首领的组织领导下,满、朝、汉各族群众"壮夫老弱,死战不降",粉碎了日本抢夺奉天城的阴谋。1900 年,八国联军攻打北京之役,由回族官兵组成的甘肃军队,在廊坊、正阳门等地与侵略者进行了殊死的战斗。

这些英勇无畏的反侵略斗争,在中国各族人民反对帝国主义列强侵略,粉碎帝国主义妄图瓜分中国领土的革命斗争中,具有十分重要的意义。特别是在抗日战争中,站在抗日战争前线的东北、华南和内蒙古地区的各族人民,为推翻日本卵翼的日伪政府,粉碎日本侵占我国领土的野心,做出了巨大的牺牲和贡献。

1.7　对中国民主革命做出的巨大贡献

我国少数民族具有反抗民族压迫和阶级剥削的优良传统。在历史上,各民族人民为反抗统治者的压迫和剥削进行过多次反抗斗争。在旧民主主义革命时期,在壮、汉、瑶等族杂居的广西桂平金田村爆发了著名的太平天国运动。在金田村起义的群众中,壮族人民就达数千人。太平天国革命斗争中的许多骨干和著名将领都是壮族人,如碬王卢六、北王韦昌辉、西王萧朝贵、赞王蒙得恩、慕王谭绍光、著名将领李开芳、林凤翔等都是壮族人。在太平天国、捻军等革命运动的影响下,陕甘地区的回族也掀起了反对清朝统治的斗争。在内蒙古地区,蒙古族人民掀起了反对封建王公贵族的"独贵龙"运动等。1911 年,辛亥革命爆发,满族人鲍化南、何秀斋等领导了凤城等地的反清起义,后英勇牺牲。1911 年,广州黄花岗起义中有不少壮族革命者,在壮烈牺牲的 72 名烈士中,就有壮族志士韦云卿、韦树模等。1919 年,以五四运动为标志的新民主主义革命刚开始,我国回族、蒙古族中的先进分子就已经出现于我国反帝反封建和传播新文化革命思想的前列。中国共产党成立后,随着我国革命步伐的前进,我国少数民族中出现了中国共产党的组织,中国少数民族在中国共产党的领导下,在中国革命的各历史阶段,都做出了重要贡献。

在大革命时期,已经出现了回族革命家郭隆真,蒙古族革命家多松年、李裕智、乌兰夫,白族革命家张伯简、徐克家,壮族革命家韦拔群等,他们积极参加了各种革命活动,在蒙古族、黎族中还建立了中国共产党的组织。

第二次国内革命战争时期,邓小平、张云逸等同志组织和领导了由广西右江两岸壮、瑶、汉等族参加的"百色起义",并成立了右江工农民主政府,在整个广西掀起了革命高潮。

1930年,红军主力北上,以壮、瑶族战士为主的红二十一师,在师长韦拔群率领下改编为中国工农红军独立师,在右江地区坚持斗争两年之久,沉重打击了桂系军阀和国民党反动派。在湘鄂西,贺龙同志组织领导土家族人民积极参加国民革命军,第二次国内革命战争时期,贺龙等同志在土家族地区建立革命根据地,开展游击战争,打击了国民党反动派。以后许多土家族优秀子弟参加红二方面军,经历了长征的艰苦斗争。彝族、藏族地区的人民都为路过的红军做出过自己的牺牲和贡献,并在红军的影响和支持下,建立过劳动人民政权,有力地配合了当时的革命斗争。

在解放战争中,我国各少数民族在中国共产党领导下,也都为中国革命战争的最后胜利做出了卓越贡献。在解放战争中,先后有5万多名朝鲜族青年参加了解放军,仅延边地区就有222200多名青壮年参加担架队和运输队支援前线。蒙古族骑兵部队是中国人民解放军中威名远扬的部队,从1947年5月至1950年8月参加大小战斗600多次,做出了突出成绩。此外,在陕甘宁地区也成立有回族骑兵师。这个时期,在新疆西北爆发了维吾尔族反对国民党反动统治的"三区革命",打击了国民党反动派在新疆的统治,新疆各少数民族为新疆和平解放做出了贡献,有力地配合了全国的解放战争。在广西,壮、瑶各族人民纷纷组织游击队,开展反对国民党反动统治的斗争。广西巴马瑶族自治县西山的瑶、壮等族群众举行万冈起义,于1947年攻下万冈县城(今巴马县),配合了解放大军对广西的解放。海南地区的黎、苗等各族群众,从大革命时期以来一直坚持革命斗争,多次击败国民党反动派的武装

·欧·亚·历·史·文·化·文·库·

并保存了自己的武装力量。解放战争中,在中共琼崖特委领导下,他们建立起五指山根据地,为解放大军解放海南岛做出了重要贡献。

1.8　维护祖国统一,反对分裂

在我国漫长的历史发展过程中,中国少数民族中曾经涌现出无数维护祖国统一的卓越人物。其中如西汉时匈奴族的浑邪王、日逐王先贤掸、呼韩邪单于稽侯珊,东汉时匈奴呼韩邪单于比等,均为两汉时河西、西域和大漠南北的统一做出了巨大贡献。特别是在东汉明帝去世当年(75 年),西域部分地区在匈奴支持下,发生动乱,"攻没都护陈睦",当时任军司马的班超被围困于疏勒(今喀什地区),新上台的章帝刘炟,竟命班超等撤出西域。班超只好从命准备撤出。在此关键时刻,"疏勒举国忧恐",其都尉黎弇"以刀自刭",表达挽留班超的决心。超至于阗,当地王侯"互抱超马脚,不得行"。班超为此情所动,毅然返回疏勒,并平定了西域的动乱。[1] 这些都充分表达了两汉时期边疆少数民族维护祖国统一的意愿和要求。隋唐时期,突厥、回鹘、吐蕃兴起。突厥、回鹘虽与唐朝时有冲突,其可汗和首领中也有一些反对与唐和好之辈,但总体上保持了臣属、朝贡、互市的关系,突厥、回鹘可汗即位,都要取得唐朝册封,才被认为合法。在这个时期,曾涌现出不少在促使突厥、回鹘与唐朝保持属国关系方面起到重要作用的著名人物,其中如唐太宗时的突厥突利(东部)可汗,玄宗时的突厥毗伽可汗及其大臣阙特勤、暾欲谷,回鹘可汗吐迷度、比栗、顿莫贺等都为加强、加深突厥、回鹘与唐的关系做出了贡献。吐蕃与唐朝虽有过多年的征战,但吐蕃赞普松赞干布(617—650 年在位)、墀德祖赞(704—755 年在位)等排除一些大臣的干扰,主动为加强唐蕃之间的关系发挥积极作用。此后,萨迦班智达·贡噶坚赞、八思巴、五世达赖、八世班禅、九世班禅、格达活佛等均在加强西藏与内地的关系,维护祖国统一方面,做出了巨大贡献。

---

〔1〕《后汉书》卷 47《班梁列传》。

蒙古族为中国统一做出的贡献是巨大的。至清初，喀尔喀蒙古各部首领、内蒙古四十八旗首领在清朝统一中国的活动中，起了巨大的作用。在近代，蒙古族曾击败了沙俄趁辛亥革命前后鼓动的库伦"独立"、呼伦贝尔"独立"以及侵占内蒙古的闹剧。

1943 年，在新疆伊犁、塔城、阿尔泰发生了各族人民反对盛世才、国民党反动统治的"三区革命"，并于 1944 年年底成立"东土耳其斯坦人民共和国"临时政府。这个"临时政府"一成立，就为一些分裂主义分子所把持，他们企图把新疆从祖国大家庭中分裂出去。三区革命队伍中的一批革命青年，如阿合买提江、阿巴索夫等人，与这些分裂主义活动进行了斗争，并使三区革命走向正确的道路，成为我国新民主主义革命的一个重要组成部分。

所有这些都在一定程度上反映了边疆少数民族的向心力，反映了他们在不同时期对统一中国大业的贡献，也体现了中国边疆少数民族维护统一，反对分裂的优良传统。

1.9　共铸中华民族精神

在我国各民族长期共同创造中华伟业的过程中，各民族还共同创造了伟大的中华民族精神。中华民族精神，是随着我国各民族共创中华伟大事业的深入发展而逐渐形成和日益发展的，中华民族精神是我国各民族共创中华伟大实践在各民族精神生活中的集中反映。

首先，中华民族精神表现为各民族的爱国主义精神。我国各民族都无限热爱自己的家园，无限向往与自己有千丝万缕联系的中原地区。我国各民族历史上所反映出的对中原地区的向心力，经过各民族长期对中原地区以及广大边疆地区的共同开发、建设和保卫，形成了中华民族的爱国主义精神。正是在这种精神的支撑下，我国历史上虽然有多次分裂，但终于又实现了统一，特别是在近现代历史上，在中国中央政府软弱无能的情况下，虽有帝国主义列强的政治挑唆、物资利诱、武力威胁，但各族人民始终坚守边疆，最终粉碎了帝国主义分裂中国的无数

·欧·亚·历·史·文·化·文·库·

次阴谋,维护了祖国的统一。在长期反对帝国主义的斗争中,爱国主义精神是我国每一个民族深入人心的民族意识,是各族人民共同建立和保卫祖国的强大动力。

其次,中华民族精神还表现为中国各民族追求祖国统一的大一统精神。在我国几千年的历史中,出现过大一统的时期,也有不短的时期处于地方政权分裂割据状态。分裂给各族人民经济、社会、文化的发展造成很大破坏,给人民生活带来很大灾难。早在春秋战国时期,我国就出现了孔孟的大一统思想,这种思想以华夏的统一为核心。到十六国南北朝时,少数民族的一些统治者也提出过统一的思想。此后,在中国历史上,特别是在分裂时期,不管其动因是什么,许多民族的统治者都以统一中华为己任,以建立统一的中华政权为最大的光荣。实际上,除了汉族建立过统一的中华政权外,还有许多少数民族也建立过统一的中华政权。以中华统一为正常,以分裂为异常,已成为各民族的共识,这种共识为中华民族大一统思想的形成奠定了基础。

第三,中华民族精神还表现为中华各民族自强不息、共同发展的精神。中华各民族勤劳勇敢、吃苦耐劳、聪明智慧、具有广纳博取、热爱生活、不甘落后、善于创新的可贵品质。在几千年的历史发展中,中国各民族在祖国广阔的土地上,不管生存条件多么艰苦,都能以顽强的精神,辛勤劳动,努力开拓,不断进取。各民族都创造出了自己独特的、绚丽多彩的物质文明和精神文明。这种艰苦奋斗、自强不息的精神在千百年各民族的共同生活中,交织汇流并成为中华民族的伟大象征,成为中国在历史上长期保持世界领先地位的根本原因。

第四,中华民族精神还表现为汇百川而纳四海的博大胸襟和与时俱进的进取精神。自古以来,我国就是多民族国家,各民族虽然都有自己的活动地区,但是,各民族在地域上错居杂处,在政治、经济、文化上取长补短,相互依赖,共处、共存,建立了相互不可割离的密切关系。对外能容纳世界各种民族、各种物品、各种习俗。特别是在文化上,道教、佛教、祆教、摩尼教、伊斯兰教、基督教都曾在我国各民族中留传,并成为我国各民族的文化生活、社会生活的一部分。此外,在中国历史上曾起过重大作用的丝绸之路,正反映了中国各民族心怀世界、接纳各种文化、积极探索新天地的博大眼光和胸怀。

这里需要特别指出,中华民族精神的形成,是一个长期的历史过程,它有一个逐渐积累,不断发展,最终形成并为人们所认识的过程。

在中国古代史上,由于统治阶级民族压迫、民族歧视和民族仇视政策,影响了各民族人民对中华民族精神的认识和认同。但是,就是在这种情况下,由于中国各民族之间存在着密切交往和内在联系,中华民族精神的基础和各种因素,实际上通过各种不同形式已经出现和存在,甚至相互之间的尖锐对立,也可能反映着同一种思想和愿望。因此,在古代,中华民族精神已经有了深厚的基础和雏形。

19世纪中叶以来,中国进入近代社会,中国资产阶级的产生以及世界资本主义列强对中国的侵略,促进了中国各民族的觉醒,各民族的国家意识、民族意识进一步增强,中华民族精神再次强烈地表现出来。但是,以中国各民族一律平等为前提的新中华民族观的提出和形成,只能是在中国共产党成立以后。中国共产党从诞生之日起,就以马克思主义科学民族观为指导,以实现各民族一律平等、团结、进步、共同繁荣为奋斗目标。在人民民主革命和社会主义建设新时期,由于党的民族理论的科学性和党的领导的正确性,中国历史上存在的各民族在创建中华过程中形成的中华民族精神,得到进一步升华、提炼,并成为各民族人民团结奋斗、抵御外侮、共创中华各民族新纪元的强大精神力量。

因此,也可以说,中华民族精神的各种因素和基础,是在历史上由中国各民族在共创中华的伟大业绩中创造的,而中国共产党领导中国各族人民进行革命和建设伟大祖国,并使中华民族以崭新面目屹立于世界民族之林的伟大实践,将中华民族精神的各种因素汇集和提升为自觉的意识,给中华民族精神增添了新内容,注入了新生命,使中华民族精神成为中国各民族精神文化的组成部分,成为团结各民族共同奋斗的强大精神武器。

总之,中华各民族数千年来能聚集一堂,组成多民族国家,绝非偶然。这是中国各民族之间长期密不可分的内在联系的必然体现,是中

欧·亚·历·史·文·化·文·库·

华各民族同命运、共呼吸、团结互助、共同发展的必然结果。这是中华各民族共同的选择,在这个伟大选择的历史过程中,各民族共同创造了伟大的中华。共创中华的伟大业绩,又进一步把各族人民联系在一起,使中华各民族形成牢不可破的大家庭,各个民族成为这个大家庭内的平等、自豪的一员。今天,在中国共产党的领导下,中国各民族正在高举中国特色社会主义旗帜,为中华民族的复兴而奋斗。这是中国各民族在新的基础上共创中华的继续,而且必将取得更大的胜利。

(本文系 1999 年甘肃文化出版社出版的《各民族共创中华》丛书之序,后有所补充)

2 关于构建中国特色民族学的一些看法
——民族学本土化问题的探讨

自 20 世纪初民族学传入中国后,民族学本土化问题就愈来愈突出地摆在了中国学者的面前,从事民族学研究的中国学者,在实际研究中,自觉或不自觉地都为民族学的本土化做出了重要贡献。新中国成立以后,马克思主义成为指导我国社会主义事业的理论基础,当然也就成为包括民族学在内的我国哲学社会科学的指导思想。在这个时期,特别是改革开放以来,民族学本土化的问题,更成为用中国化马克思主义指导和改造民族学的发展,建构中国特色民族学的重大问题。时至今日,应该说,民族学本土化的工作已经取得重大成就,并到了深入总结和进一步发展的关键时期。

2.1 民族学本土化的历程

民族学传入中国的 100 年,实际上就是民族学本土化的过程。

民族学传入中国之初,有"民族学"、"人种学"、"人类学"等称呼,自 1926 年蔡元培先生发表《说民族学》一文之后,虽然仍有称之为"文化人类学"、"人类学"的,但国内一般都称之为"民族学"。这种称呼上的不同以及最后多数人称其为"民族学"一事,就反映了民族学最初的本土化成果。

20 世纪前期,中国面临内忧外患,社会矛盾尖锐复杂,边疆危机日益严重,新旧思想风云激荡,在这种情况下,忧国忧民的一些思想家提出了哲学社会科学为解决当前中国社会矛盾做贡献的问题。在这个大背景下,把在西方流行的民族学引入、传播于中国,并使其能够在研究、

·欧·亚·历·史·文·化·文·库·

认识、解决中国问题上发挥作用。特别是 20 世纪 30 年代以后,民族学本土化的问题,成为当时民族学发展的一个重大问题。当时一批留学于西方国家的民族学家,或主张传播西方民族学家的观点和方法研究中国的民族问题,或以西方某一派民族学的思想为主,结合中国的民族实际,形成中国的民族学,或主张在批判西方民族学的基础上进行创新,创建中国自己的民族学,等等[1] 特别值得一提的是,他们中的许多人突破西方民族学派的局限,在研究上进行了创新。他们不仅研究中国的少数民族,而且研究中国汉族的文明史;不仅进行大量的社会调查,而且十分重视历史文献的收集、考订并与现实材料进行比较研究;不仅重视现实的民族问题,而且重视民族历史的考订和研究;不仅从文化上研究民族自身的发展演变,而且从民族学的角度提出"边政学"的设想,专门研究边疆民族等[2] 因此可以说,20 世纪上半叶民族学在中国的发展,已经为民族学的本土化,开创了良好的前景。

中华人民共和国建立后,民族学本土化的发展推进到了一个新的阶段,其主要标志就是马克思列宁主义成为中国民族学发展的指导思想。

在新中国建立的头 15 年,民族学界曾为中国民族政策的制订和实行,为建立平等、团结、互助的民族关系,为国家边疆的稳定和发展,起到了积极的作用。特别是在国家民族识别的过程中,在多次少数民族社会历史调查中,在少数民族五套丛书的编写中,中国民族学界做出了巨大的贡献,而且这些涉及全国的空前大规模民族学的科学研究实践,推动了民族学本土化的进程,民族学由主要研究民族文化的学科,变成重视民族经济关系、社会关系和民族之间关系的学科。民族学界对民族这种共同体的认识更进了一步,民族学家们对民族的研究更为全面

〔1〕王建民:《中国民族学史》上卷,云南教育出版社 1997 年版;陈永龄、王晓义:《二十世纪前期的中国民族学》,载中国民族学研究会编:《民族学研究》第 1 辑,民族出版社 1981 年版;龙平平:《旧中国民族学的理论流派》,载和龚、张山主编:《中国民族历史与文化》,中央民族学院出版社 1988 年版。

〔2〕陈永龄、王晓义:《二十世纪前期的中国民族学》,载中国民族学研究会编:《民族学研究》第 1 辑,民族出版社 1981 年版。

客观,并走上了历史唯物主义的道路。

十分可惜,在十年动乱中,民族学刚走上的正轨道路被打断了。由于民族学的"出身问题"以及在企图用马克思列宁主义思想原则代替具体学科知识体系和"左倾"思想的指导下,民族学也被列为资产阶级学科而取消。

改革开放以来,中国的民族学得到了蓬勃发展。新的观点、新的论著、新的人才不断涌现,显现出一派繁荣发展的景象。但是正如任何事物的发展一样,在一个新的发展高潮出现的时期,总是泥沙俱下,一些陈旧思想趁机在新时期寻找出头的机会。在民族学蓬勃发展的今天,民族学中曾经被中国民族学学者扬弃的一些民族学初期的看法,又被当做真理摆在了人们面前。此外,过去民族学本土化的许多成果,并没有得到很好的总结,特别是在我国进入全新的历史转折时期,民族学如何更好地适应国内外民族问题的新情况,更是摆在中国民族学面前的紧迫任务。在这种情况下,再一次提出构建中国特色民族学的问题,笔者认为是非常必要的,这一问题的提出对中国民族学学科创新能力和服务社会能力的提高,都是非常重要的。

2.2 构建中国特色民族学的必要性

任何一种能流传于世的社会思想理论体系,都有其适合一切社会的普遍性知识和因素。同时,任何一种能流传于世的社会思想理论体系,也都是在其特有的社会环境、人文环境、理论传承以及自然生态环境等条件中产生和发展的,因此也都包含了一定的仅仅适合于产生这种思想理论体系的特有环境和条件的特殊因素。当这些条件和环境发生变化时,这种特殊思想理论因素就需要相应变化和修正,尤其是当这种思想理论体系从一种环境条件中被移植到另一种全新的社会、人文、思想环境中时,这种变动就成了保持其生命力的必然选择。民族学也是这样。它产生于 19 世纪中叶的欧美国家,可以称之为西方民族学。从总体上说,西方民族学是在当时欧洲自然科学新发现和启蒙运动思

·欧·亚·历·史·文·化·文·库·

想的基础上产生的,也是在西方列强殖民主义大发展以及殖民地与宗主国矛盾日益尖锐的社会环境条件中产生的。它带有极强的西方特色。但是西方民族学并不是一个具有统一理论体系的学科,它是一些既有研究对象方面的基本联系,又具有独立学术思想体系的众多学术分支构成的思想群体,在这个思想群体中,各种学术体系都具有强烈的区域性和时代性。也就是说,民族学从产生起,学者们在研究民族群体的过程中,自然地结合本国、本地区的实际,创建着自己特有的民族学理论体系。

最早形成民族学理论体系的学派被称为文化进化论学派。英国是进化论思想的故乡。英国著名哲学家斯宾塞(1820—1903)早在达尔文《物种起源》发表之前就提出了适者生存、自然选择的进化思想。英国著名生物学家达尔文(1809—1882)的《物种起源》一书的发表(1859),在英国和欧洲引起了更大的震动,学者们纷纷用进化论的思想研究社会、文化,为民族学在英国的诞生提供了直接的思想基础。英国人类学家马瑞特在《人类学》(1912)一书中,认为"人类学是达尔文的孩子,达尔文学说使人类学成为可能"[1]。在英国创立文化进化论学派的主要骨干人物是英国人泰勒(1832—1917),他被称为人类学之父。文化进化论学派的主要观点和方法论是认为人类的主要特征是文化,人类文化是进步的、发展的,都经历了大体相同的由简单到复杂、由低级到高级的历史过程,这个过程的动力,与生物进化一样,都受自然选择和适者生存的自然规律的支配,而各民族文化的一致性,决定于人类心理的一致性。

由于文化进化论学派在 19 世纪后期遭到了西方许多学派的攻击和批判,到 20 世纪 20 年代在英国又兴起了以英国人马凌诺夫斯基等为代表的文化功能学派,主张用"功能"的观点研究文化的发展和变化,把各种形态的文化当作是满足社会需要的工具,而且各文化之间是密切联系的,是一个整体,"功能"就是一部分活动对整体活动所做的

---

〔1〕黄淑娉、龚佩华:《文化人类学理论方法研究》,广东高等教育出版社 1996 年版,第 17 页。

贡献。只有发现了文化的功能,才能了解文化在整个社会中的意义。这一学派在学术理论上,与文化进化论学派是对立的。

西方民族学在法国也有自己特色鲜明的学派。法国是启蒙运动思想的中心,这里产生过伏尔泰、卢梭、狄德罗等著名的哲学家、思想家。在法国的这种社会思潮环境中,法国的民族学家以杜尔干(也被译作迪尔凯姆,1858—1917)、莫斯(1872—1950)为首,建立了法国特色的民族学。这种特色主要表现在法国民族学家从社会及社会结构关系的角度研究人类文化发展,对落后民族社会政治给予特别的关注,因此法国的民族学又被称之为"法国社会学年刊派"或"法国社会学派"。他们的代表人物杜尔干、莫斯等人主要从社会结构发展的角度,研究各民族文化的产生和发展,并认为要从社会内部来寻找社会、文化发展的原因。法国社会学派的理论基础,直接传承于法国启蒙运动某些学者的思想,特别是直接传承了19世纪初实证主义哲学家、社会学家孔德的思想。在20世纪中叶,法国民族学又形成了以列维·施特劳斯(1908—2009年)为代表的结构主义学派。

此外,民族学在德国的主要代表学派是文化圈学派,在美国主要是历史学派、民族心理学派等等。

这里还有必要对苏联的民族学说几句。苏联的民族学被称为"苏维埃民族学",而且确实在应用马克思列宁主义研究苏联和世界民族方面做了大量工作,产生了重大的优秀成果,形成了自己的学派。但是苏联在民族工作实践和民族学研究工作中,都出现了许多错误,特别是在民族关系方面,实行了大俄罗斯主义,加深加剧了国内的民族矛盾。苏联的解体,主要问题当然不是民族问题,但苏联解体在世人面前最突出的结果,是基本上以民族为界,分裂成了10多个国家。这在世界范围内是民族关系、民族主义思潮方面的全球性大事,也是苏维埃民族学最后失败的标志。

总之,从世界民族学的发展历程可以看出,民族学自产生以来,虽然研究的对象都是民族共同体,但是由于各国的理论传承、社会环境及面对的民族问题不同,从而使各国民族学研究问题的角度、重点及方法论方面有巨大的区别,形成了众多不同的学派,这些学派不仅有区域特点,而且也表现出了鲜明的时代特点。因此可以得出结论:民族学从来就是一个因地因时而异的,不断更新、不断发展的学科。当代的中国在繁荣发展中国哲学社会科学的过程中,建构具有中国特色的民族学,显然是民族学这门学科发展的自身需要,也是中国民族学界不可推卸的责任,是在中国发展民族学的唯一道路。

西方民族学虽然从来不是一个理论体系完整的学科,其各派都具有很强的区域性和时代性特点,但是,西方民族学各派又都或多或少、或强或弱地具有一定的共同的局限性:

西方民族学在社会目标上的局限性 西方民族学各派大都是欧美国家实行新老殖民主义政策条件下的产物。18世纪后期,西方殖民主义国家所控制的殖民地人民逐渐觉醒,特别是由老牌殖民国家西班牙、葡萄牙等国所控制的拉丁美洲殖民地人民奋起反抗,并在19世纪20年代纷纷实现了国家独立,旧的殖民体系受到巨大冲击[1] 世界其他地区的殖民地对西方殖民国家的反抗斗争也不断发生。在这种情况下,西方殖民国家不得不在一些地区改变直接用军事和政治统治殖民地的方法,而采取一些新的控制办法,其中就包括派遣资助官员和学者更多地了解和研究殖民地的情况等软性办法。在这样一个背景之下,对殖民地的民族进行科学研究的民族学,随之应运而生,并且随着各殖民国家殖民政策和殖民地情况的变化而发生变化。正如作为英国著名功能学派民族学领袖人物之一的拉德克里夫·布朗所说:"欲求殖民地行政之健全,必须对土著文化之系统的研究"、"许久以来,人类学家即呼号应用此种科学于实际殖民地治理之需要。关于英国,人类学之实际应用已采用相当步骤,政府对各殖民地皆派有人类学家佐理殖民

---

〔1〕一些学者认为,近代以来世界民族主义运动有3次大的高潮,即第一次世界大战后、第二次世界大战后和20世纪90年代苏联解体。这个看法是不全面的。美国独立战争后,整个拉丁美洲掀起反殖民主义的民族解放斗争,并于19世纪20年代有数十个国家实现了独立。这应该是近代世界上的第一次民族独立和解放运动。加上后面3次,近代世界民族主义高潮应为4次。

地行政,并训练殖民地人员"。[1] 英国著名民族学领袖人物马凌诺夫斯基也明确指出:"民族学的任务不在于阐明这些或那些制度的根源历史,而是在于教会与这些民族有关的殖民当局和企业主为更方便地达到自己的目的应如何对待这些民族。"[2] 布朗和马凌诺夫斯基的表白,应是对西方民族学社会目的的最清楚的、最自觉的声明。

西方民族学在研究对象上的局限性 从这个社会目标出发,西方民族学家研究的对象主要是殖民地的无文字的落后民族、原始民族。翻开西方民族学家的著名论著,可以看到一个非常明显的现象,那就是,学者们研究的对象,基本上是作为殖民地的美洲、非洲、亚洲、大洋洲的原始的无文字民族,他们研究的主要问题和成就就是原始的、无文字民族的文化如何起源、如何传播、如何发展、有何功用和作用,他们的社会何以存在、如何发展、如何组合,其家庭如何产生、如何结构、如何发展、亲属如何确定及其称谓等等,并在落后民族、原始社会的研究中,确实取得了巨大成就,由此,一些学者就认为民族学的研究对象就是无文字民族和原始社会。这个看法当然是片面的,同时也是那个时代所造成的局限性。

西方民族学在理论上的局限性 17 世纪末到 18 世纪,在欧洲(特别是在法国)知识分子中形成和兴起了所谓的启蒙运动思想,出现了一大批优秀的思想家,他们集中对上帝、理性、自然、社会、人类及其关系提出了一系列创新的思想和理论,他们批判上帝创造一切的思想,反对教会控制一切,反对封建专制制度,主张人性、人权、平等、民主、博爱,宣传和推崇理性主义、民主政体、人道主义、自然神论和人本主义,不仅为北美独立战争和法国资产阶级大革命提供了精神动力,也为欧美哲学社会科学的发展奠定了雄厚的基础,开辟了广阔的道路,给一批新的学科,包括民族学学科的产生提供了人文环境。因此,从总体上说,西方民族学思想的渊源来自欧洲启蒙运动思想,来自自然科学的巨

---

〔1〕拉德克里夫·布朗著,李有义节译:《人类学研究之现状》,载《社会学界》第 9 卷,1936 年 8 月,第 75-77 页。本文引自陈永龄、王晓义:《二十世纪前期的中国民族学》,第 287 页。

〔2〕欧潮泉:《民族学探索》,青海人民出版社 1987 年版,第 67 页。

大发展,民族学各种流派的产生正反映了启蒙运动思想的多样性,这些思想在当时虽然具有一定的进步性和科学性,但其局限性也日益明显,至今,它的一些基本观念已明显地阻碍到民族学的发展。

一般来说,19世纪中叶的民族学家基本上摆脱了上帝创造人的观念,但是在民族文化的形成上,在各民族形成道路和文化共同性方面,并没有摆脱民族由心理及其文化所塑造和决定的观念,甚至还没有完全摆脱自然神论观念的影响。在他们看来,民族是一个文化群体,不同的文化构成了不同的民族,文化的发展决定了民族的发展。因此,在西方民族学中,不论是哪一派,其研究的核心问题都是文化,都是从不同的角度出发,研究民族的文化,包括了精神文化、制度文化、物质文化等文化的进化、文化的传播、文化的地位和功能,并认为民族历史进程的一致性、其文化进程的一致性来自于心理的共同性及上帝的安排。许多民族学家也在研究民族的社会,如法国的民族学家杜尔干、莫斯等就以研究落后民族的社会为主,并提出和创立了民族社会学;也有的研究落后民族的经济,自称经济民族学,他们用经济人类学的研究方法和结构人类学的方法来分析落后民族的经济状况;有的甚至还打着马克思主义的旗号,自称是马克思主义的民族学派。以上种种,实际上是西方民族学理论日益衰竭、日益缺乏说服力的一种表现,西方民族学派中的社会民族学、经济民族学以及打着马克思主义旗号的民族学,其要害仍然是在形形色色的西方启蒙运动思想基础上的变形而已,他们都回避了对社会经济结构即生产关系、生产力之间矛盾运动的分析,避开了经济基础与上层建筑之间矛盾的分析,颠倒了物质生活环境与意识形态文化生活的关系。就是像摩尔根这种受到马克思、恩格斯高度赞扬的民族学家,也不可避免地受到种族优越论和自然神论的影响。他在《古代社会》一书中认为,"一部分人类早在大约五千年前就已进入文明社会,这必须被视为一个奇迹。严格地说,只有闪族和雅利安族这两支是未假外力独立地达到文明社会的。雅利安人代表人类进步的主流,因为它产生了人类的最高类型,因为它通过逐渐地控制地球而证明了它内在的优越性。"[1]人类的进步,"他们的劳动、他们的试验、他们的成功,都是上帝为从蒙昧人发展到野蛮人,从野蛮人发展到文明人而制订的计划中的一个组成部分"[2]。

西方民族学在研究方法上的局限性 由于西方民族学家研究的对象主要是无文字、落后的原始民族,也由于他们大都以实证主义作为研究方法的基础,主张实证描述和叙述,反对抽象概括和论述,因此他们都十分重视在这些民族中的实际调查,并创造和形成了一套比较完整的科学的调查方法,这对民族学的发展起到了巨大的推动作用。至今,实地调查研究仍是民族学界优秀的传统,但是在坚持实地调查的同时,大部分学者又都认为,或在科研实践中,把民族学当作一个叙述的学科,满足于描述,从而使民族学作为一个学科,缺乏理论的概括,很少进行质的分析。

这种局限性在我国民族学界仍有巨大影响,致使我国一些民族学,特别是人类学著作,仅仅满足于客观的、具体的描述,满足于对非主流社会文化的细小考据和搜寻,使民族学的研究难以进入主流社会、主流文化的殿堂,从而也限制了民族学对社会经济文化重大问题的关注和研究。

总之,西方民族学的这些局限性在我国民族学发展的实践中,虽然已经有了巨大改变和克服,但是西方民族学的这些局限性还时不时地有所表现,影响着我国民族学的发展。

除上述必要性之外,创建中国特色民族学的必要性还表现在,当前世界民族的政治、经济、社会状况已经发生了巨大的变化,世界上各民族的素质、共同体内部的结构、民族的自我意识、民族文化的发展都有着巨大的飞跃;同时,在经济上,全球化、一体化的进程日益加速,而世界范围内各民族之间的贫富差距依然巨大,发达国家对发展中国家和落后国家形形色色的政治控制、经济掠夺、文化渗透以及各种形式的侵

---

〔1〕摩尔根著,杨东莼、马雍、马巨译:《古代社会》,江苏教育出版社 2005 年版,第 446 页。

〔2〕摩尔根著,杨东莼、马雍、马巨译:《古代社会》,江苏教育出版社 2005 年版,第 446 页。

略干涉依然存在;民族主义思潮风起云涌,各种形式的民族矛盾和斗争不断出现。这反映出,全球范围内的民族问题在新形势下更加尖锐。旧的西方民族学在当前的民族问题中,更加显得束手无策和苍白无力。

在我国,民族问题除了具有与世界各国民族问题相同的一般特性之外,还具有自己的特点。这些特点归纳起来就是:

(1)我国是一个有几千年文明史的多民族国家,历史上各民族相互依赖、共同发展,都为中国的政治、经济、社会、文化和各民族族体的发展做出了巨大的贡献,各民族在历史发展中共创了中华,至今仍是世界上幅员辽阔、民族众多、历史最悠久、统一时间最长、保存各民族特有文化最多的统一多民族国家。这一特点不仅具有深刻的原因,而且对中国今天的发展有着极其重要的影响,研究中国民族发展的这一特点,是中国民族学的重要任务。

(2)新中国成立以来,我国少数民族的政治、经济、社会、文化都发生了翻天覆地的变化,各民族的民族素质有了极大的提高,平等、团结、互助、和谐的社会主义民族关系已经建立,与世界各民族的交往有了巨大的发展。但同时,在世界多极化、经济一体化进一步发展,世界处于大发展、大变革、大调整的大背景下,进一步促进我国少数民族经济大发展,缩小各民族之间社会发展的差距,推动少数民族跨越式的发展,进一步完善我国的民族政策,进一步落实和完善民族区域自治制度,实现共同团结奋斗、共同繁荣发展,是摆在中国民族问题面前的紧迫任务,这个任务是国家发展规划中的重大任务,同时也是摆在中国民族学面前的重大任务。

从民族学发展的历史看,从西方民族学本身存在的问题看,从当前世界民族问题以及我国民族问题的发展看,促进中国民族学的新发展,构建中国特色的民族学,是历史和当今时代赋予中国民族学界的迫切任务。

2.3　中国特色民族学基本特点的构想

作为一个学科,中国特色民族学的构建离不开世界和中国民族学发展的原有基础,离不开世界和中国民族学发展的优秀成果,更离不开中国的民族和现状,因此,我们必须以中国统一多民族国家的民族实际和民族问题为出发点,结合世界民族发展的新情况,构建既符合中国情况,又符合世界民族发展的新的民族学学科。中国特色民族学结构的特点,主要体现在以下几个方面。

2.3.1　基本指导思想和理论原则

中国特色民族学与其他民族学的最大区别在于中国民族学的基本指导思想是马克思主义的基本理论和中国化的马克思主义。

这主要表现在把生产力与生产关系、经济基础和上层建筑之间的矛盾、社会物质生活条件决定社会意识的原理,作为观察民族产生、民族发展的基本观点;在中国共产党领导中国人民改造中国社会的实践中,把马克思主义的普遍真理与中国社会实际相结合,创造性地发展马克思主义,形成了中国化的马克思主义,在此基础上,提出了关于各民族共同团结奋斗、共同繁荣发展为基本目标和出发点的一系列理论和政策,形成了中国特色的民族理论和政策体系,为中国民族学学科理论的形成奠定了基础。

同时,中国民族学理论又是开放性的,把自己置于世界民族学的继承者、创新者的地位,充分肯定各种民族学理论思想在推动民族学发展中的作用,对世界民族学理论的一切优秀成果采取肯定、吸收和积极发展创新的态度,并且随着世界及中国民族实际状况的发展,与时俱进。

中国的民族发展不平衡,中国各民族共同体的形成和形态也是多样的,学者们研究中国民族的角度和侧重点也不完全相同,因此,中国民族学理论的发展,应该是一个包容性很强的体系,在中国化马克思主义理论的指导下,坚持百家争鸣、百花齐放、多派并存、互相启发、共同发展。

2.3.2　研究对象和基本概念

民族共同体是民族学研究的主要对象。为了深入研究、了解民族共同体的发展过程,与民族共同体相关的一些群体,也应该是民族学研究的重要内容。如在民族形成以前出现的氏族、部落等带有血缘性质的群体,虽然不是民族,却是研究民族产生和形成不能不涉及的问题,而且许多民族在形成以后,氏族和部落仍然保存下来,成为构成民族的不可分割的一个部分。再如现在流行的所谓"族群",虽然并不规范,但是在一些国家中,已经成为区分不同群体的参考,或作为民族共同体的一种次生形态,因此对族群的研究也就自然成为我们正确认识民族共同体的重要补充。当前世界的社会面临着巨大而深刻的变化,人们的民族自觉、文化自觉越来越强,同时,民族共同体外在文化特征却日益淡化和趋同,民族作为人们的一种共同体,也面临着越来越大的挑战,民族共同体从内容到形式都在发生着各种变化。民族学的研究对象也应适应这种变化,随时发现人们共同体领域的各种变化。民族作为民族学的基本概念,虽然至今学者们对其仍有不同看法,但是在现实社会中,特别是在中国这种多民族国家以及世界上许多多民族国家中,民族不仅有自己的传统文化,而且具有地域的、政治的、经济的、社会的以及族体发展的利益,就是一些以某一民族为主的单一民族国家中,民族利益也以国家形式出现于国际上,保卫着自己民族的利益和权利。与民族相关的民族文化、民族自觉、民族意识、民族权益、民族平等、民族发展、民族融合、民族同化、民族趋同、民族歧视、民族关系、民族国家、多民族国家、民族政策等都是民族学研究的重要概念。当然,西方民族学使用过的民族文化进化、民族文化圈、民族心理、民族文化功能、群体性格等等概念,也应该给予必要的重视和利用。

2.3.3　研究内容

从中国民族的实际出发,民族是一个具有悠久历史的社会综合群体,正如恩格斯指出的那样,"从部落发展到了民族和国家"[1],作为民

---

〔1〕恩格斯:《家庭、私有制和国家的起源》,载《马克思恩格斯选集》第3卷,第515页。

族,它与其他人们共同体的不同之处在于它的共同性不仅是在历史上形成的,而且是十分稳定的。在民族形成中,构成民族共同体的因素是多方面的,其中包括自然生态环境的、社会的、政治的、经济的、文化的、心理的、生物的等各种因素,通过这些因素的相互作用,构成为一种稳定的共同体,形成了民族。人们认识、了解和研究民族,实际上就是要认识各种共同因素为什么会把人群联成一个共同体,各种共同因素在形成民族中起了怎样的作用,以及在民族发展中,这些因素本身的发展变化。

特别是当代,在世界经济全球化、社会生活现代化和一体化的冲击下,各民族之间交往日益频繁,世界范围内人口迁徙流动已成潮流,民族共同体的某些共同性因素日趋淡化,在这种情况下,民族学的研究更与当前各国、各地区主流的社会、政治、经济、文化问题相汇合,研究的范围也更加扩大。具体地说,民族学的研究内容主要包括:对民族共同体的形成、发展到消亡规律的研究;对民族共同体各种共同性因素在民族发展不同时期的地位、作用和状况,及其相互作用、运行机制的研究;对每一个具体民族从历史到现状进行综合的、全面的研究;对多民族国家民族关系及国家民族政策的研究;围绕中国和世界各国民族发展中的实际问题以及民族问题中提出的重大理论问题的研究等。

总之,应改变西方民族学主要围绕着民族文化的产生、形成、发展、传播、功能等进行研究的传统,把民族共同体作为社会综合群体,使民族学成为真正全面研究民族、真正揭示其发展规律的学科。

2.3.4　方法论

作为一个学科,正确的方法论是能否揭示研究对象本质内容的基础。方法论是认识其研究对象的基本角度、切入点和方法。中国特色民族学的方法论,可以从 3 个层次来建立。第一个层次是宏观层面,这个层面带有世界观性质,是认识对象及其有关问题的基本角度和立场。把民族共同体及其有关问题看做是不同物质生活条件和社会历史发展的产物,并从生产力和生产关系、经济基础与上层建筑的矛盾运动角度来分析研究其内部结构和发展,这无疑是历史唯物主义的方法论,也就是中国特色民族学应该坚持的方法论。第二个层次是中观层面,即研究中提出和概括出的具有一般指导意义的观点,如国外的进化的观点、功能的观点等;我国近年来民族学界提出的"多元一体格局"的观点、"各民族共创中华"的观点等等。这些观点产生于第一层面的方法论之上,同时对研究的对象也具有普遍性的指导意义。第三个层面,就是具体的方法。在西方民族学中,一般都很重视实地的调查,这是一种优良传统,我们应该继承,但是不应将调查作为民族学唯一的方法。我们应根据不同的研究内容,采用实证的、思辨的、比较的多种方法,定量与定性相结合,描述与分析综合相结合,田野与文献相结合,充分利用现代科学技术,促进民族学开辟更广阔的发展道路。

2.3.5 文化传承

构建中国特色民族学,不可能切断与世界民族学的关系。中国的民族学本身就脱胎于西方民族学,受到各国、各派民族学的熏陶和影响,而且,外国民族学界涌现出众多的杰出研究者,产生过众多的优秀学术成果,为中国民族学的产生和发展提供了丰富的资源。因此,构建中国特色民族学,必须充分吸纳和传承国外民族学的一切优秀成果和传统,从吸取他们的优秀传统中,形成自己的特色和体系。

构建中国特色民族学,当然要更加充分吸收中国历来关于民族共同体的一切思想成果。在历史上,中国就很重视对国内少数民族情况的记载。以公元前成书的《史记》为首的二十四史,以及浩如烟海的各种古籍中,大量记载了中国历史上各时期少数民族的活动以及历代政权对不同民族的态度、看法和政策,可以毫不夸张地说,中国是世界上最早有意识地把民族当做一个共同体来记述的国家,也是从民族共同体的角度记述得最多的国家,这些记载是民族学发展用之不竭的源泉。

中国自古以来就是一个多民族国家,各民族的互动推进了国家社会和多民族族体的发展,各民族相互之间的吸收融合,创造了博大精深、异彩纷呈的中华文化,各民族相互依存、共同发展造就了多民族统一大国的历史和现状。中国各民族的发展,与欧洲和亚洲许多民族所经历的历史发展道路不同,也形成了两种完全不同的结果。就中国来说,如此众多的民族在十分辽阔的疆域内,经历了极其复杂的历史过程,仍能维持数千年多民族国家的局面,这在世界民族发展、民族关系发展中是罕见的,它内存了极其宝贵而丰富的历史和现实经验与信息。

当代的中国在中国共产党的领导下,始终把搞好民族工作当做推进中国社会主义伟大事业的一项基本任务。早在新中国成立之初,党和政府在全国范围内进行了民族识别工作,在少数民族地区开展了大规模的社会历史调查,根据各民族的实际情况,逐步实行民主改革和社会主义建设,建立了民族区域自治制度,极大地推进了少数民族社会、经济、文化和族体的大发展。当前的中国,已经建立起平等、团结、互助、和谐的社会主义民族关系,并正在沿着各民族共同团结奋斗、共同繁荣发展的道路和目标前进。新中国成立以来,中国少数民族各方面发生的翻天覆地的变化,为民族学提供了极其丰富的研究课题和宝贵资源。

中国特色民族学应充分反映数千年来中国对民族共同体的认识、思想、研究、记述和处理民族问题的社会实践;充分反映新中国成立以来中国民族、民族关系的巨大变化,以及中国政府为促进中国民族发展而提出的理论、方针和政策。中国特色民族学,既是世界民族学发展的一部分,也是中国民族学发展的一个新阶段,在这样深厚基础上形成的中国特色民族学,必将为世界民族学的发展做出重要贡献。

(本文原载于兰州大学西北少数民族研究中心主办、甘肃民族出版社 2012 年 3 月出版的《中国民族学》第 8 辑)

·欧·亚·历·史·文·化·文·库·

3　中国民族关系理论的
几点思考

　　民族关系问题,是多民族国家中民族问题的核心内容之一。在漫长的历史长河中,我国各民族之间建立和形成了千丝万缕而又全面复杂的密切关系,深入研究我国各民族关系的形成,对正确认识我国各民族的形成、发展以及我国多民族国家的形成、发展具有十分重要的意义。特别是对正确认识中国共产党民族理论的正确性,对制定、完善、调整和落实我国民族政策,具有重大的现实意义。

　　目前,随着我国社会主义建设和改革开放的深入发展,我国各民族都处于由传统社会向现代社会的转型时期,随之在民族发展和民族关系方面,出现了许多新问题,在民族关系的理论研究方面,也出现了一些新的看法和观点。应该说,这是非常正常,甚至是可喜的现象,如用"族群"代替"民族",对我国民族关系实行"去政治化"、"文化化"等观点。但理论毕竟是用来影响社会、指导实践的,所以对之又不能不采取十分认真和谨慎的态度。对学术观点认真谨慎的最好态度,就是开展学术讨论,所以笔者不揣浅陋,针对当前提出的民族关系方面的一些观点,提出自己的看法,供方家学者指正。

3.1　关于"去政治化"与中国古代的
民族关系

　　中国是一个多民族国家,在漫长的历史进程中,国家虽经历了复杂的统一、分裂过程,各民族之间也有分分合合的斗争,但最终都能分而不离、散而又合,最终建立起幅员辽阔的大一统的多民族国家,形成包容众多民族的多民族大家庭,这也最充分地反映出,中国历史上就有一整套能处理多民族国家内部民族关系的卓越的思想和政策,积累了丰富的解决复杂民族关系问题的理论和措施。

对历史上中国处理各民族关系问题的理论和政策,学术界有过许多讨论。最近几年我国学术界有人认为:"从人类社会历史发展中各国的情况看,政府在如何引导族群[1]关系方面大致体现出两种不同的政策导向:一种把族群看作是政治集团,强调其整体性、政治权力和领土疆域;另一种把族群主要视为文化群体,既承认其成员之间具有某些共性,但更愿从分散个体的角度来处理族群关系,在强调少数族群的文化特点的同时淡化其政治利益,在人口自然流动的进程中淡化少数族群与其传统居住地之间的历史联系"[2]。该文进一步指出,"中国传统的族群观念中,'族群'在观念上和实际交往中是被努力地'文化化'了","中国的思想传统是将族群差异主要作为'文化差异'来看待"[3]。该文还指出,中华人民共和国建立以来,"在民族问题上也采取了把族群问题政治化和制度化的一整套措施"。作者在论述了"政治化"、"制度化"的系列弊病后认为:"中国传统中把少数族群'文化化'的成功思路,没有被我们继承下来,却在太平洋彼岸的美国发挥着积极的作用,这种历史错位的现象应当引起我们的反思。"[4]

我们且不论"人类社会历史发展中各国""政府在引导族群关系方面大致体现出两种不同政策导向"之论断是否正确,但就历史上中国在引导民族关系方面,绝不是实行第二种政策,即绝不是把民族看作"文化群体",不是"从分散个体的角度来处理"民族关系,更不是"努力"使民族关系"文化化"。

为了弄清楚这个问题,首先要辨清什么是中国古代传统的民族观

---

[1]该文将中国的民族都称之为"族群",而"族群"在该文作者看来"主要作为文化群体而存在"。对此我们认为不妥,所以除了引文之外,本文中只要提到中国民族,都用"民族"。

[2]马戎:《理解民族关系的新思路——少数族群问题的"去政治化"》,载《北京大学学报(哲学社会科学版)》,2004年11月第6期。

[3]马戎:《理解民族关系的新思路——少数族群问题的"去政治化"》,载《北京大学学报(哲学社会科学版)》,2004年11月第6期。

[4]马戎:《理解民族关系的新思路——少数族群问题的"去政治化"》,载《北京大学学报(哲学社会科学版)》,2004年11月第6期。

和传统的民族政策。

我国古代,特别是春秋战国时代的政治家和学者,认为中国社会有华夏族,还有众多的夷、狄、戎、蛮,而且十分重视"华夷之辨",也就是把区分华夏族和其他少数民族看作是"天下之大防",[1]是中国社会现象的一种根本区分。因此,对什么是民族,中国自古以来就有明确的看法。

早在甲骨文中就有了夷、狄、蛮、戎、羌等族名,周代又出现了华夏或中国、夷、蛮、戎、狄,并逐渐与一定的区域联结。较早的儒家经典《礼记》中对民族有一段精彩的描述:"凡居民材,必因天地寒暖燥湿、广谷大川异制,民生其间者异俗,刚柔、轻重、迟速异齐,五味异和,器械异制,衣服异宜"。"中国戎夷五方之民,皆有性也,不可推移。东方曰夷,被发文身,有不火食者矣。南方曰蛮,雕题交趾,有不火食者矣。西方曰戎,被发衣皮,有不粒食者矣。北方曰狄,衣羽毛穴居,有不粒食者矣。中国[2]、夷、蛮、戎、狄皆有安居、和味、宜服、利用、备器。五方之民,言语不通,嗜欲不同。达其志,通其欲,东方曰寄,南方曰象,西方曰狄鞮,北方曰译。"[3]这一段文字,是学术界熟知的,也是中国古代对民族这种人们共同体的精彩而明确的传统认识。这一段文字所透露出的,绝不是"中国儒家传统文化中'夏夷之辨'的核心并不是体现于体质、语言等方面的形式上的差别,而主要是指在以价值观念、行为规范为核心的内在'文化'差别",[4]恰恰相反,这段文字反映出,中国古代政治家和学者认为,中国的民族都与一定的地域相联系,都与一定的生态环境、生存条件相联系,并认为是在这个基础上,形成了特有的性格、习俗、工具、住室、语言和心理。不仅如此,在较早的《尚书·舜典》中还记载了"蛮夷猾夏"[5]之事。在周武王伐商的战争中,就有原属商的

---

〔1〕王夫之:《读通鉴论》卷14,国学整理社民国二十五年(1936)版。

〔2〕指中原地区的华夏族,以后延伸为中原地区及汉族。——引者

〔3〕《礼记·王制第五》。

〔4〕马戎:《理解民族关系的新思路——少数族群问题的"去政治化"》,载《北京大学学报》(哲学社会科学版),2004年11月第6期。

〔5〕"猾"作"侵"之意。——引者

微、庸、蜀、彭、羌、濮、泸、髳等非华夏族的武装参加。武王去世后,殷纣之子武庚联合东夷大国奄、薄姑等起兵反周,周公率兵东征,经三年始得取胜。其他夷狄蛮戎与周王和诸夏的大规模冲突和战争,在西周及春秋战国时期,充满了史册。可见,从一开始,中国古代少数民族与华夏族一样,绝不仅仅是"文化群体",古代人也从未将中国古代少数民族及华夏族之争仅仅看作是"文化群体"之争,或文化之争。

至于"夏夷之辨",这是春秋战国时期提出的口号。"夏夷之辨"本身就是一个政治性很强的概念,当时人们提出或强调"夏夷之辨"就是因为民族关系十分紧张而尖锐,"诸夷"已经严重威胁到"诸夏"的存在和发展。洪迈的《容斋随笔》中有一段话说:"成周之世,中国[1]之地最狭,以今地理考之,吴、越、楚、蜀、闽皆为蛮;淮南为群舒;秦为戎;河北真定、中山之境,乃鲜虞、肥、鼓国;河东之境,有赤狄、甲氏、留吁、驿辰、潞国;洛阳为王城,而有杨拒、泉皋、蛮、氏、陆浑、伊洛之戎;京东有莱牟、介、莒,皆夷也;杞都、雍丘今汴之属邑,皆用夷礼;邾近于鲁,亦曰夷。其中国者,独晋、卫、齐、鲁、宋、郑、陈、许而已,通不过数十州,盖于天下特五分之一耳。"早在西周时期北方的猃狁、东方的淮夷、西方的诸戎、南方的荆蛮等多次与周王室发生战争。四夷逐渐强盛,甚至周厉王被犬戎杀于骊山,周王室被迫东迁,戎狄的势力达到了镐京;被认为是四夷的楚、秦、吴、越诸国,在吞并邻近华夏诸族封国之后,也逐渐强大起来,而且其中一部分被看作"夷狄之国"的诸侯国,在各方面与华夏诸国日益接近,华夏化很厉害,出现了"南夷与北夷交,中国不绝若线"[2]的局面。在这种情况下,华夏族的一些政治家和知识分子,提出了"严夏夷之辨"的呼声,而应和这一呼声的,就是所谓"尊王攘夷"的号召和行动。因此,"华夏之辨"和"尊王攘夷"其中心是维护和保卫华夏族的政治代表——周王室免受四夷的侵袭,是一件事的两面,是两个相互呼应的政治口号。可见,中国的民族关系早在3000年以前就显现

---

〔1〕指华夏族及中原。——引者
〔2〕《春秋公羊传》"襄公四年"。

出了十分复杂的局面和强烈的政治意涵,与产生才两三百年、主要族群都来自别国移民的美国的族群关系,完全不可同日而语,不存在所谓"历史错位的现象",更不要说用他们处理族群关系的办法来处理中国的民族关系了。古代中国的民族之间的关系,从来就不是纯文化关系,而是一种具有浓烈色彩的政治关系,这种关系中充满了文化之争、领土之争、统治与被统治之争、政治之争以及直接的战争。这正是历史文化悠久、民族群体众多、政治斗争频繁、内容丰富多彩、具有特殊魅力并与众不同的东方文明古国——中国的重要特点之一。

中国古代的民族关系是十分复杂的,仅仅引用春秋战国或某一时期的只言片语来概括和认识中国古代的民族关系状况,只能得出片面的结论。要真正认识中国古代民族关系的状况,就需要对中国古代民族关系的发展脉络加以梳理。

中国古代民族关系的状况,虽然可追溯很远,但我们认为,从周代开始叙述,也许更为合适。根据我们的研究,中国古代民族关系的发展,大体上经历了3个阶段。

3.1.1　第一个阶段:以秦统一为下限(前1046—前220)

这一时期中国民族关系的特点主要是以中原华夏族为中心,通过四夷与华夏族的密切交往、同化,融合出人口众多、占地广阔、文化高度发展的汉族的雏形。

早在殷商时期,在处理民族关系和行政管辖方面就实行了"五服"制,到周朝,这一制度更加完善。所谓"五服"制,根据《国语》记载:"先王之制,邦内甸服,邦外侯服,侯卫宾服,蛮夷要服,戎狄荒服。甸服者祭,侯服者祀,宾服者享,要服者贡,荒服者王……先王之训也,有不祭则修意,有不祀则修言,有不享则修文,有不贡则修名,有不王则修德,序成而有不至则修刑"。[1]"五服"之制虽然带有很浓厚的理想主义色彩,但它毕竟反映的是当时统治者对各级领主、边疆少数民族以"内其国而外诸夏,内诸夏而外夷狄"的原则,处理民族关系的制度性措

---

〔1〕《国语》卷1《周语》上。

施。按这一规定,周王室对处于边疆地区的少数民族,根据其活动地区的远近,只要求他们纳贡("要服者贡")和承认周王室的统治地位("荒服者王")。违反此规定,或修德(说服、教育),或修刑(武力征讨)。这就是对少数民族实行的延续数千年的"两手"政策。

西周时期,周王室对四夷虽有多次大规模的讨伐、征战,但总体上来看,包括华夏族在内的各民族集团之间,和平交往频繁,社会比较稳定,经济文化均得到了较大的发展,各族体的内聚力得到加强,华夏和四夷的界限也较清晰,同时也有一部分邻近的华夏族和四夷,通过婚姻、杂居、人员来往及相互学习,产生了"以夷变夏"或"以夏变夷"的同化和融合现象。周穆王时(前976—前922)又将大批戎狄东迁至今晋、陕、豫境内,[1]与华夏族杂居,少数民族离镐京更近了。到周懿王时(前900—前892),四夷,特别是西北方的少数民族强大起来,出现了"戎狄交侵,暴虐中国"的局面。[2] 在民族关系方面,明显地出现了一个以华夏族为中心,四夷主动、自觉地在政治、经济、文化、社会以及在地域上,纷纷向华夏族靠拢的趋势,"以夏变夷"成为当时民族关系最明显的特点和趋势。在这个潮流中,秦、楚、吴、越等蛮夷之国起了重大的推进作用。

这几国,按照当时的说法,都是夷狄蛮戎之国,他们在西周、东周之际逐渐兴起,周王室对这些蛮夷之国,主要是采取"蛮夷要服"、"戎狄荒服"的政策,只要能尊重周王室,并不反对其存在。但这些少数民族政权兴起后,却用武力不断吞并邻近的"华夏"和夷狄之邦,并不断要求周王室给他们与华夏诸侯同等的待遇和地位。他们同时在其势力范围内推行"周礼",实行"华夏"化,争取周王的支持,甚至打起"尊王攘夷"的旗号,扩大自己的疆域,与华夏诸侯通使互聘,参与盟会,使自己也成为"诸夏"的一个部分。

其中如楚国,周初,是周朝"要服"之国。周成王封其首领熊绎于

---

[1]杨建新:《中国西北少数民族史》,民族出版社2003年版,第14页。
[2]《汉书·匈奴传》卷99上,第3744页。

楚蛮,以丹阳为都(今湖北秭归东南,又一说在今湖北枝江西)。周夷王时(前885—前878),"王室微,诸侯或不朝,相伐",[1]楚国乘机扩展领土至于鄂(今湖北鄂州),并声言:"我蛮夷也,不与中国之号谥",[2]也按华夏之制立其三子为王,至周厉王时,惧周伐楚,始去其王号。公元前706年(周桓王十四年),楚熊通提出:"我蛮夷也。今诸侯皆为叛相侵,或相杀。我有敝甲,欲以观中国之政,请王室尊吾号",提出要周王室按华夏之礼对待楚国,否则就要"观中国之政",即取而代之。为周拒绝后,熊通遂自立为武王,强行挤入诸侯之列。公元前671年(周惠王六年),楚成王立,"使人献天子,天子赐胙,曰:'镇尔南方夷越之乱,无侵中国'",[3]等于周室承认了楚的诸侯地位。从此,楚与诸夏的关系更为密切,晋公子重耳逃亡中曾至楚,楚成王"以诸侯客礼,而厚送之于秦";[4]鲁僖公曾求助楚伐齐;齐桓公的7个儿子逃至楚,成为楚的大夫,多次大会诸侯;楚灵王之子比曾留居晋国13年。[5] 这些都反映出当时的楚国与华夏诸侯的关系已十分密切,但周天子对其仍以"蛮夷"待之。楚灵王曾说:"齐、晋、鲁、卫,其封皆受宝器,我独不。今吾使使周求鼎以为分。"这个"分"也就是要求有华夏的地位。[6] 楚悼王时(前401—前381),聘吴起为相。吴起,卫国人,以孔子弟子曾秀为师,是一位熟知周礼的人,曾先后仕于鲁、魏,善于用兵,聘为楚相后,"明法审令,捐不急之官,废公族疏远者,以抚养战斗之士。要在强兵,破驰说之言从横者",[7] 他的这些改革措施,实质上是在楚推行"周礼",也就是实行"华夏化"。他的改革,增强了国力,收到了显著效果,楚国很快"南平百越,北并陈蔡,却三晋,西伐秦,诸侯患楚之强",[8] 吴起的改革应该是战国时期"以夏变夷"潮流的一个重大事件,也是楚

---

〔1〕《史记·楚世家》。
〔2〕《史记·楚世家》。
〔3〕《史记·楚世家》。
〔4〕《史记·楚世家》。
〔5〕《史记·楚世家》。
〔6〕《史记·楚世家》。
〔7〕《史记·孙子吴起列传》。
〔8〕《史记·孙子吴起列传》。

国吞并邻近各华夏诸侯小国的必然结果。他的改革,受到楚国守旧贵族的不满和反对。悼王死,"宗室大臣作乱",吴起被杀。但楚国推行"华夏化"已是大势所趋,无法停止。楚在其发展中吞并的南方数十个华夏和蛮夷小国,其中重要的有蔡(前447年,华夏)、陈(前478年,蛮夷)、许(前475年,华夏)、杞(前445年,华夏)、越(前306年,蛮夷)、鲁(前256年,华夏)、邹(蛮夷)、莒(前431年,华夏)、郳(蛮夷)、庸(前611年,蛮夷)等。其疆域以长江中游为中心,扩及今鄂、豫、皖、江、浙、湘、鲁等地。

楚为统一东南地区,为促进东南地区蛮夷的"华夏化"及这一地区汉族的形成,做出了重大贡献。

吴越两国也都是"蛮夷"之国。吴的祖先初在荆蛮,"文身断髪",后受楚的排挤,迁徙至吴(今苏州)一带。越亦"文身断髪,披草莱而邑焉",活动中心在会稽(今浙江绍兴)一带。吴王寿梦时(前585—前561),逃入晋国的原楚大夫申公巫臣,改造吴国军队,教吴人使用兵战,荐其子为吴"行人",推行"华夏化","吴于是始通于中国"。[1] 前544年,吴王派其兄弟季札专门到鲁、齐、郑、卫、晋等华夏诸侯国去访问学习。还接纳楚人伍子胥,举为"行人",参与"谋国",终打败楚,攻入郢都,后因秦出兵救楚及吴内乱,始退兵。后在伍子胥协助下,吴王夫差(前495—前473)打败越国,此后又多次击败齐、鲁,并"略地于齐鲁之南",进而"欲霸中国以全周室",但终于在前476年为越所吞并。

越国被吴国打败(前494)后,其王勾践卧薪尝胆以图强,任用楚人文种实行改革,推行所谓"七术"(又作"九术"),改变原有的"蛮夷"之俗,推行"华夏化",经20余年,国富兵强,打败夫差,吞并吴国,"与齐、晋诸侯会于徐州,致贡于周",周王赐胙,授予"伯"爵,后自称王。此时越国"横行于江、淮东,诸侯毕贺,号称霸王"。[2] 至楚威王时(前339—前330),楚兴兵伐越,"尽取故吴地至浙江","越以此散","滨于

---

〔1〕《史记·吴太伯世家》。

〔2〕《史记·越王勾践世家》。

江南海上,服朝于楚"。[1]

秦国,商朝时"在西戎,保西垂"。[2] 周时与申戎结亲,"西戎皆服,所以为王"。[3] 周孝王时(前891—前886),秦人首领非子及其族人被东召至"汧渭之间"(今甘肃天水以西至陕西宝鸡之间),为周养马,"马大蕃息",孝王封非子"邑于秦",为"附庸"。[4] 周宣王时,秦多次为周王室抵御戎的侵袭,其首领秦仲被戎所杀,宣王乃命秦仲长子庄公率兵七千,伐西戎,"破之。于是复予秦仲后,及其先大骆地犬丘并有之,为西垂大夫",[5] 秦的首领正式拥有了周朝较高的官级。公元前771年,周幽王被戎杀于骊山下,秦的首领襄公率兵救周,平王东迁时,又以兵护卫,"平王封襄公为诸侯,赐之歧以西之地"。[6] 从此秦始列于诸侯之国,逐渐采用周礼,与华夏诸侯通使互聘。然而直至秦孝公时(前361—前338),华夏诸侯国仍以"夷狄遇之",[7] 孝公自己也认为秦国虽"修德行武,东平晋乱","西霸戎翟","天子致伯,诸侯毕贺",但是,实际上"诸侯卑秦,醜莫大焉"。[8] 遂决心变法,即进一步推行华夏化。

在秦国推行变法的商鞅是卫国人,他在秦国所推行的新法,实际上主要是依据中原华夏诸国的模式,改秦国的血缘部落制为地缘的乡邑、县制,设流官,制法规,改民俗,发展农业,制定赋税,削弱宗族部落首领的权力,淡化血缘等级而以军功论尊卑等等。这些改革使"宗室贵戚多怨望",[9] 但受到"天子致胙于孝公,诸侯毕贺",[10] 更得到了老百姓的拥护,使秦国"国富兵强,长雄诸侯"[11]。秦庄王时,秦灭周王室,成

---

〔1〕《史记·越王勾践世家》。
〔2〕《春秋公羊传》隐公元年及何休注。
〔3〕《史记·秦本纪》。
〔4〕《史记·秦本纪》。
〔5〕《史记·秦本纪》。
〔6〕《史记·秦本纪》。
〔7〕《史记·秦本纪》。
〔8〕《史记·秦本纪》。
〔9〕《史记·秦本纪》。
〔10〕《史记·秦本纪》。
〔11〕《史记集解·新序》。

为最大的诸侯国。

嬴政为秦王（前246）后，大力"招致宾客游士，欲以并天下"。[1]
当时，较强的诸侯，包括秦在内共七国，秦国以其强大兵力，于前230年
灭韩，于前233年灭楚，于前225年灭魏，于前222年灭燕、赵，于前221
年灭齐，其疆域"东至海暨朝鲜，西至临洮、羌中，南至北向户，北据河
为塞，并阴山至辽东"。[2] 于是秦六合诸侯，一匡天下，从春秋到战国
纷纷扰扰500余年的中国大地，由秦统一，而这时的秦已不是原先的戎
狄之国，他经过数百年的变化、改革，在与华夏诸侯国的交往中，经历了
"以夏变夷"的过程，成为华夏的一部分。它统一全国后，进一步实行
行同伦、书同文、车同轨、量同衡，"匡饬异俗，陵水经地"等，最终使中
原及其邻近诸地的戎、狄、蛮、夷诸国同化和融合于华夏族之中。

周代这几个"蛮夷"之国，在春秋战国时期，一方面都吞并了大量
华夏族小邦；另一方面，与华夏诸侯及周王室频繁交往，接受华夏文化，
任用华夏人进行政治、经济、社会、文化各方面的改革，到后来，其华夏
化的程度，甚至不比一些华夏诸侯差，所谓"中国失礼，求之四夷"正是
指这种情况。先由被称为戎、狄、蛮、夷的秦、楚、吴、越等国逐渐强大，
吞并邻近各华夏和蛮夷诸国，同时进行以华夏化为中心的社会改革，最
后由华夏化最彻底、最接近周王室且拥有中原地区的秦统一了中国，实
现了当时中原王朝势力所及范围内华夏与各少数民族的同化、融合，为
汉族的形成奠定了基础。也正因为如此，至今的汉族虽都自认为是一
个民族，但东南西北各地汉族的语言、习俗，甚至体格都有着很大的差
别，正是由华夏族形成汉族的这段历史所留下的鲜明烙印。

他们"以夏变夷"的过程十分清楚，他们最初都是夷蛮戎狄的小政
权，以后逐渐强大；他们的社会都进行过较重大的改革；他们都与强大
的华夏诸侯有密切的联系、交聘、会盟和战争；他们的政权都曾得到周
王室的认可和授权；他们都吞并过不少华夏和蛮夷诸侯政权，最终又由

---

〔1〕《史记·秦始皇本纪》。

〔2〕《史记·秦始皇本纪》。

秦吞并各诸侯国,建立起统一的国家,并最终用华夏文化统一春秋战国时期活动于中原及其邻近各地的四夷,形成了汉民族共同体。这是自周以来,中国各民族关系发展的一条清晰而明确的政治交往、文化吸收、战争吞并的线路。

3.1.2　第二个阶段:从汉到唐(前3—10世纪)

这一时期中国民族关系的特点主要是以承认少数民族及其政权存在为核心的羁縻关系。

历史进入秦汉时期,春秋战国时的戎狄蛮夷大部分已成为汉族的一部分,以前的民族状况及民族问题不存在了,随着中国疆域的扩大,出现了大量新的民族共同体,如北边蒙古高原有以游牧为主的匈奴、东胡、乌桓、鲜卑以及以后的柔然、突厥、回纥等;西域有乌孙、月氏、西域三十六国、西突厥及以后的回鹘等;青藏高原有羌、氐、吐蕃等;云贵高原有苗、瑶、诸夷、诸蛮等。这些民族较之春秋战国时期的少数民族,其民族共同性更加明显和成熟,其活动地区与汉族的活动区域界限更加分明,他们活动于汉族的四周,大部分还建有机构完整、势力强大的民族政权。在这种情况下,以汉族为主建立于中原地区的政权,或在中原地区建立的少数民族强大政权,对边疆少数民族及其政权采取了所谓的"羁縻政策",形成了中央政权与边疆少数民族以"羁縻"为特色的依附和臣属关系。

实行羁縻政策的前提,是中原政府及其统治者都承认边疆少数民族及其政权的存在,并且希望避免与少数民族政权的战争,力争和力保和平交往的局面。从汉高祖到汉景帝都力争与匈奴"结为昆弟",文帝还亲自下诏,责让自己"不能远德,是以使方外之国或不宁息"。"今朕夙兴夜寐,勤劳天下,忧苦万民,为之怛惕不安,未尝一日忘于心,故遣使者冠盖相望,结轶于道,以谕朕意于单于。今单于反古之道,计社稷之安,便万民之利,亲与朕俱弃细过,偕之大道,结兄弟之义,以全天下元元之民。"[1]唐太宗也说:"自古皆贵中华贱夷狄,朕独爱之如一,故

---

〔1〕《史记·文帝记》。

其种落皆依朕如父母。"[1]唐玄宗在致吐蕃赞普书中说:"至于止戈为武,国之大猷;怀远以德,朕之本意。中外无隔,夷夏混齐,托声教于殊方,跻含灵于仁寿,朕之深意。"[2]这些言论,都充分反映了这时期中原汉族政权和统治者对少数民族的看法有了重大变化,对少数民族及其政权存在表示了容忍和承认的态度,并愿意与之保持和平关系的愿望。

羁縻政策从汉代确定后,其基本指导思想和内容,一直到唐代,虽有某些改变,但基本内容和做法未变,对中国民族关系产生了深远影响,为中国处理民族关系的政策制定和理论成论,奠定了坚实的基础。其基本内容如下:

(1)在"溥天之下,莫非王土;率土之滨,莫非王臣"的大前提之下,承认周边少数民族的存在和发展,并要求建立一定的臣属、依附关系。汉武帝在泰山刻石记功碑文中指出:"事天以礼,立身以义,事父以孝,成民以仁,四海之内莫不为郡县,四夷八蛮咸来贡职,与天无极,人民藩息,天禄永得。"[3]唐高宗也说:"画野分疆,山川限其内外;遐荒绝域,刑政殊于函夏。是以昔王御世,怀柔远人,义在羁縻。"[4]汉唐时期,其周边各少数民族政权林立,汉唐政府均以与国对待,但要求中国境内各少数民族及其政权要对中原政权有一定的隶属和臣服关系,即用羁縻政策来保持"溥天之下莫非王土"的政治原则。

(2)羁縻政策的基本原则,继承了周代对四夷"修其教,不易其俗;齐其政,不易其宜"[5]的传统思想以及所谓"要服"、"荒服"的制度,只要求少数民族在政治上建立依附关系,并不要求在实际上改变其社会生活和文化传统。

(3)"威"、"惠"并举,尽力保持中原政权与周边少数民族政权的稳定局面。《旧唐书》中曾指出:"自太宗平突厥,破延陀,而回纥兴焉。太宗幸灵武以降之,置州府以安之,以名爵玉帛以恩之。其义何哉?盖

〔1〕《资治通鉴》卷198《唐纪14》"太宗贞观二十一年"。

〔2〕《全唐文》卷40。

〔3〕《后汉书》志7《祭祀上》注引《风俗通》。

〔4〕《册府元龟》卷170《帝王部·来远》。

〔5〕《礼记·王制篇》。

以狄不可尽,而以威惠羁縻之。开元中,三纲正,百姓足,四夷八荒,翕然向北,要荒之外,畏威怀惠。不甚盛矣"[1] 两手政策,即"威"、"惠"并用,"剿"、"抚"并举,"武"、"文"并重,是历史上中原统治者对付边疆少数民族政权的惯用手法。实际上,少数民族政权也根据自己的生存状况对中原政府采取"反"、"服"、"打"、"和"、"顺"、"逆"等手段。双方的这些措施相互影响,交错使用,就形成了历史上我国民族关系的重要内容。两汉至隋唐,中原政府对少数民族使用武力征讨的事例不断,实际上都是推行羁縻政策的需要,也是推行羁縻政策的一部分。

(4)建立羁縻机构。为落实羁縻政策,中原政府一般都在有依附和臣属关系的边疆少数民族地区设立羁縻行政机构,即所谓的羁縻府州。这是此阶段中原政府处理民族关系的一个特色,也是羁縻政策得以落实的重要举措。西汉时,"西南夷君长以百数",汉代曾"请臣置吏",汉政府在当地设置羁縻郡、县,封夜郎王、滇王、南奥王、东奥王等,有汉一代,羁縻不绝。在西域,自武帝后,远在伊犁河的乌孙王及其属下,均佩汉印绶,在西域设"西域都护",任汉官为都护。在蒙古地区,匈奴单于"臣事于汉",并设"使匈奴中郎将",以扶助匈奴单于。在羌族地区(今青海)设"置护羌校尉,持节统领"[2] 东汉时,自光武帝后期,逐渐恢复西汉在边疆民族地区的各种羁縻措施。在西域"设戊己之官,分任其事,建都护之帅,总领其权";[3]在大漠南北,匈奴分裂,乌桓、鲜卑继起,东汉设乌桓校尉"开营府,并领鲜卑,赏赐质子,岁时互市焉"。[4] 至唐代,在边疆少数民族地区设置的羁縻机构更加完备。《新唐书·地理志》记载:"突厥、回纥、党项、吐谷浑隶于关内道者,为府二十九,州九十。突厥之别部及奚、契丹、靺鞨、降胡、高丽隶于河北者,为府十四,州四十六。突厥、回纥、党项、吐谷浑之别部及龟兹、于

---

〔1〕《旧唐书·回纥传》。
〔2〕《后汉书·西羌传》。
〔3〕《后汉书·西域传》。
〔4〕《后汉书·乌桓鲜卑传》。

阗、焉耆、疏勒、河西内属诸胡、西域三十六国隶于陇右者,为府五十一,州百九十八。羌、蛮隶剑南者,为州二百六十一。蛮隶江南者,为州五十一,隶岭南者,为州九十二。又有党项州二十四,不知其隶属。大凡府州八百五十六,号为羁縻云"[1] 羁縻府州的首领,都由各民族首领担任,世袭罔替,"虽贡赋版籍,多不上户部,然声教所及,皆边州都督、都护所领"[2]。设在西域及大漠南北的都护府曾由中央政府任命汉人担任,到唐代后期,一般也由少数民族首领担任。而各种"中郎将",由于负有扶助少数民族首领的职责,所以一般均由中央派汉人担任。设立羁縻机构,是实行羁縻政策的重要保证,也是这项政策的主要特点。

(5)因俗而治。这是中原政权对周边少数民族政权实行羁縻政策的一项基本内容,即不过多干涉边疆少数民族政权的内部事务,保持边疆少数民族原有习俗、原有制度、原有宗教、原有官员,即所谓"政教不及其人,正朔不加其国"[3]。

(6)羁縻政策的主要措施和手段是朝觐、纳贡、互市、和亲、策封、授官等。关于这些方面的情况论述很多,本文不再赘述[4]。

在这个时间段内,除了有像两汉、三国魏晋、隋、唐等以汉族统治者为主建立在中原地区的朝代以外,还有以少数民族的统治者为主建立在中原的朝代,即所谓十六国南北朝时期。这个时期,在中国民族关系发展的第二阶段所占时间约 270 余年,对这一段中国民族关系如何看,也需要做出一个判断。

首先,这个时期的出现,实际上是两汉及三国魏晋时期实行羁縻政策的一个重要结果。十六国南北朝时期的一个主要特点是,原居于周边的少数民族,主要是匈奴、氐、鲜卑、羌、羯(匈奴的别种)等的部落,大量南下进入中原及长江以北广大地区,并在那里建立了众多的民族政权。少数民族大量进入中原,主要是从东汉开始的。东汉时,匈奴衰

〔1〕《新唐书·地理志七下》。
〔2〕《新唐书·地理志七下》。
〔3〕《汉书·匈奴传》。
〔4〕彭建英:《中国古代羁縻政策的演变》,中国社会科学出版社 2004 年版。

欧·亚·历·史·文·化·文·库·

弱,章和元年(84),在鲜卑族的袭击下,匈奴58部20多万人南下,被东汉政府安置于朔方、云中、北地等郡。东汉末年,曹操将进入汉边的匈奴部落3万余户编为左、右、南、北、中5部,各部设帅或都尉,分布于今山西北部。到东汉三国、西晋时期,许多少数民族以部落为单位,在边郡各地,"与编户大同,而不输贡赋"。西晋时迁入内地的各族部落更多,"关中之人百余万口,率其多少,戎狄居半"[1]。曾建立据有大半个中国的前秦政权的氐族,从汉武帝开始,直到魏晋时期就曾多次被迁入内郡,至西晋时,已大量分布于陕西中部、甘肃东部许多地区。再如在十六国及南北朝时建立政权最多的鲜卑族,在三国时,慕容鲜卑就投靠于曹魏,进入辽东,其首领被封为率义王;至西晋,又被任命为鲜卑都督,长期生活于辽东,已改变为农耕[2]。慕容鲜卑在前秦的扶持下,先后在长安、洛阳等地建立了以鲜卑族为主的西燕和南燕政权。大量少数民族入居内郡,实际上也是中原政府对边疆少数民族及其政权实行羁縻政策的一个结果,这种举措虽然使进入内郡的少数民族在文化、习俗等方面都更加接近汉族,甚至不少上层人士都全盘接受了汉文化,但是,由于中原政府允许并有意识地保留了他们的社会组织,甚至保留发展和利用他们的武装力量,使这些少数民族在内郡成为一种特殊的势力。在西晋统治集团内讧激烈,出现所谓"八王之乱"的情况下,进入内郡的各少数民族割据一方,相继建立政权,政治上分裂割据、战乱不已的局面持续了200多年。

但这个时期又是羁縻政策的一个调整期。在十六国南北朝以后建立的唐朝,进一步总结了两汉以来羁縻政策的得失,建立了更大规模、更完整、更深层次的羁縻关系。实际上,十六国南北朝时期较大、较强的政权,对其他少数民族也都实行着羁縻政策。从这个角度说,十六国南北朝时期,完全属于中国古代民族关系发展的第二个阶段,是两汉羁縻政策的延续时期。

---

〔1〕《晋书·江统传》。
〔2〕杨建新:《中国西北少数民族史》,第229页。

3.1.3 第三个阶段：从 10 世纪到清代

这一时期中国民族关系的主要特征,是以中国各民族维护中国传统主流文化为基础的华夷相容而又对抗的关系。

10世纪以后,从民族关系的角度看,中国古代民族发展的历史进入一个新的历史阶段。曾在前一阶段中国历史上叱咤风云、强大一时的少数民族及其政权,大部分退出了历史舞台,在这些民族的基础上,经过分化、融合逐渐又形成了一批新的民族共同体,如契丹、女真、党项、畏兀尔、蒙古、白爨、黑爨、满等。这些少数民族就其族体发育状况来说,民族的共同性更强,与中原汉族的关系更加源远流长,他们都有明确的活动区域,而且所建民族政权的疆域,大多都包括了由汉族人口占多数的一部分中原地区或传统的汉族地区,其中蒙古族和满族,还建立了管辖整个中国疆域的全国统一政权。

这些民族与10世纪以前的少数民族相比,其政治、社会、文化有了更高的发展。首先,这些民族中有不少从边疆地区逐渐进入边郡,进而进入内郡,并长期与汉族杂居,不少由游牧经济发展成为半牧半农经济,社会生活有了很大提高;二,社会逐步由不稳定向定居以及城镇化发展;三,大部分民族都有自己的文字,其中一些文字虽由汉字演变而来,但反映了这些民族整体文化水平的提高,反映了复杂的社会需要以及其民族共同性的加强;四,大都建立有制度更加完备、机构更加完善、功效更加强大的中央集权政权机构。这些变化和发展,决定了各政权之间的关系,集中反映和代表了中国各民族,特别是汉族与少数民族之间的关系。在这个阶段,有时汉族政权与少数民族政权势均力敌,有时少数民族政权还处于优势地位。这一阶段中国民族关系发展的主要特点如下:

(1)这一时期许多少数民族扩大了自己的活动范围,所建立政权的版图中包括了大量的汉族,势力强大,与汉族政权相对峙。其中如契丹建立的辽,其主要的活动地区虽在大漠南北,但其南部占有汉族传统活动的燕云诸地,南边到达今河北中部巨马河、山西北部滹沱河一线;女真人建立的金朝,由东北地区南下,控制了长江以北中原地区,迫使南宋在江南一隅苟延残喘;党项族建立的西夏,以今银川为中心,控制了河西广大地区;而蒙古族和满族更统一了全中国,使中国各民族的关系发展到一个新的阶段,为中国各民族关系的发展奠定了基本格局。

(2)各民族所建立的政权,一方面都维护和创建各民族所特有的民族文化,同时也都自觉地维护和推行中国传统文化的主流——汉文化,使中国传统文化得到很好的发展。契丹、女真、党项、蒙古、满等族大部分都是游牧或农牧民族,但是他们在建立政权的过程中,大量吸收汉文化:在政治制度方面,大量和基本采用了中原政府所实行的中央、地方各种行政制度和官职名称;在文化方面,兴办教育,保留汉族文化,继承和发扬儒家思想;在经济上,重视农业,发展城镇;在民族关系上,吸收大量汉族和其他民族的知识分子参政、议政。在上述各少数民族统治的地区,各少数民族政权对汉族和其他民族的文化基本上采取了包容和保护的态度。

(3)各少数民族的政权与汉族政权都建立有十分密切的关系。如北宋时期,西夏与宋、喀喇汗朝与宋、哈喇契丹与宋、辽与宋、金与宋、各少数民族政权之间也都建立有密切关系,他们或和,或战,或朝贡,或臣服,或暂时联盟对付另一政权,关系十分复杂。在相互的关系中,保留了一些在羁縻时代就存在的交往手段,如所谓"通贡"、"互市"、"册封"、"赐赏"等。但由于双方强弱不等,所以这些交往手段的内容都有实质性的变化。这一时期相互交往最常用和典型的手段,则是和约和战争。

(4)这个阶段中国民族关系的主导权、控制权已由汉族政权转入少数民族政权及其统治人物的手中。要战要和、通商、通贡等实际上由势力强大的少数民族政权的活动决定。特别是对中原汉族政权与少数民族政权建立和平关系起促进作用的主要手段——和亲,已经基本退出历史舞台,宋与辽、金、西夏、喀喇汗朝、哈喇契丹等没有和亲关系,元、清两朝还严厉禁止蒙古、满洲与汉族通婚,但少数民族之间的通婚关系,特别是统治者之间的和亲关系却十分频繁。[1]

(5)汉族士大夫、知识分子,对少数民族的看法,对汉族与少数民族关系的看法,有重大改变。宋代人李觏曾说:"所谓夷者,岂披发衣皮之谓哉? 所谓夏者,岂衣冠裳履之谓哉? 以德刑政事为差耳。德勉刑中政修事举,虽夷曰夏可也。反是,则谓之夏可乎?"[2]这是中国古代对民族,特别是对少数民族看法的一大改变。他改变了人们所谓"夷狄犬羊也"、"戎狄兽心","非我族类,其心必异"的固定看法,认为只要"夷",即少数民族能做到"德勉刑中政修事举"就是"夏",就是"中国",与汉族一样。因此,认为"中国夷狄一气耳"[3] 在对周边各少数民族及其政权的态度方面,也发生了重大变化,王安石就曾说:"外敌强则事之,弱则兼之,敌则交之",[4]一改对少数民族及其政权鄙视、藐视的态度,而处于被动接受、无可奈何的地位。

从上述中国历史上民族关系发展的简述中,我们明晰地看到:

(1)中国古代所谓"夷夏之辨"的思想,反映出中国古代华夏族政治人物和士大夫非常重视民族问题,认为分清华夏与四夷、汉族与其他少数民族的界限,是治国安邦、稳定社会的重大问题。特别是在春秋战国时期,中国少数民族各诸侯国日益强盛,威胁到代表华夏族的政治中心——周王室的存亡,强调"夷夏之辨",其目的是要让华夏各诸侯国认识到"非我族类,其心必异",煽动民族情绪,动员华夏族各诸侯国"尊王攘夷",是保护周王室的一个政治口号。

(2)中国古代政治家和士大夫(包括少数民族的政治家)对夏与夷以及汉族和少数民族的区别,从来是十分清楚的。他们并不认为华夷"不是体现于体质、语言等方面在形式上的差别,而主要指以价值观

---

〔1〕崔明德:《中国古代和亲史》,人民出版社 2005 年版,第 14、15、16、17 章。

〔2〕《直讲李先生文集》卷 22《庆历民言·敌患》,《四部丛刊》本,第 112 页。

〔3〕魏了翁:《鹤山先生大全文集》卷 22《论夷狄叛服无常力图自治之实》,《四部丛刊》本,第 114 页。

〔4〕李焘:《续资治通鉴长编》卷 262"熙宁八年夏四月",第 1153 页。

念、行为规范为核心的内在'文化'差别",[1]而是既看到了少数民族与华夏族或汉族在文化上的区别,同时看到他们在体质、语言、物质生产、政治生活等方面也有很大差别。中国古代从来没有把少数民族与汉族仅仅看作是不同内在文化的群体,仅仅看作是具有不同价值观、不同规范的群体,而是看作一种具有独特的、不同的政治、经济、社会、宗教、文化和区域,甚至连体质都不同的实体。与华夏或汉族交往最多的少数民族,往往是以政权的形态、集体的形态、区域的形态出现并与华夏或汉族交往的。只要粗略地翻一翻《二十四史》有关少数民族的传记及中国其他古籍对少数民族的记载和描述,就可以看到,这些记述都有关于少数民族独特的社会生产、政权形态、社会组织、区域范围、语言文字、宗教信仰、体态形貌以及生活习俗、礼仪规范、行为准则等等。可见,所谓"中国传统的族群观念中,'族群'在观念上和实际交往中是努力地'文化化'了"[2]的论断,并没有反映中国古代对民族及民族关系看法的实际情况,是不真实的。

至于历史上汉族政权对少数民族"施行化夷为夏的策略"[3],那是有的。但是我们绝不能说,在长达两千多年由剥削阶级或封建地主阶级统治的时代,其政治家、思想家会认为"天下所有族群从本原来说都是平等的",也不可能只有"文化优越感"而无"种族优越感"[4]。这种说法,虽对古代中国政治家、思想家的宽广胸怀、政治远见给予了充分肯定和高度评价,但还应看到,受历史和阶级条件的限制,中国古代历史上的政治家、思想家的言论,充满了对少数民族的污言秽语,更谈不上提出"族群平等的基本理念"[5]。

(3)民族关系是人类社会中最复杂、最深层的关系之一。世界上有不同的国家,就有不同的民族关系,民族关系随着时代的变迁而发展

〔1〕马戎:《理解民族关系的新思路——少数族群问题"去政治化"》,载《北京大学学报(哲学社会科学版)》,2004年第6期。

〔2〕马戎:《理解民族关系的新思路——少数族群问题"去政治化"》。

〔3〕马戎:《理解民族关系的新思路——少数族群问题"去政治化"》。

〔4〕马戎:《理解民族关系的新思路——少数族群问题"去政治化"》。

〔5〕马戎:《理解民族关系的新思路——少数族群问题"去政治化"》。

着、变化着,民族关系有着极强的区域性、时代性和阶级性。

中国有几千年的历史,有着众多的民族,其民族关系的发展,有着自己的特点,与世界许多国家的民族关系,特别是与美国、欧洲等国的民族关系,有极大的差别。

美国是一个移民国家。在美国的领土上,现在生活着的民族几乎包括世界所有民族的成分,而且除了印第安人之外,几乎没有任何一个族群是在美国本土形成的(如果把美利坚看作民族,则美利坚民族是这里土生的,那么,美国就是一个单一民族的国家)。这些移民或族群大多是以个人或家庭为单位,因为各种各样的原因和目的而迁入美国,即便是同一个族群,也不大可能在美国社会中很快形成一种牢固的、密切的联系,不可能在美国有一块属于某个族群的区域,更不可能以某个族群的集体身份在美国政治舞台上获得特殊地位。简言之,不同时期、不同情况下迁入美国的这些民族成分,并没有民族的地位、民族的身份和民族意识,也不会与美国境内的某个地区有特殊的联系,他们之间的认同,完全是迁入者个人的私事,他们"主要作为文化群体而存在",对国家和社会来说,"所有族群的成员都被视作平等的国家公民"[1],"政府在各种政治、经济、文化活动中有意地淡化和模糊各个种族、族群之间的边界,鼓励族际通婚,并以各种方式来促进族群之间的相互融合,"并且"绝不允许建立在种族、族群方面具有排他性并具有'自治倾向'的政治组织和经济组织"[2]。美国对迁入其国的不同民族成分采取这种"去政治化",实行"文化化"的政策,自有其理由和道理,也是符合美国只有族群而没有像中国境内的蒙古族、维吾尔族、藏族等那种共同性十分严整、内凝力十分强劲的民族共同体的实际情况的。但是把这一套"去政治化"和"文化化"的政策搬到中国或用这种"文化化"的标准来衡量中国的民族关系,那就很不适合了。

我们在前面谈过,中国两千多年来就是一个多民族国家,中国的民

---

〔1〕马戎:《理解民族关系的新思路——少数族群问题"去政治化"》。
〔2〕马戎:《理解民族关系的新思路——少数族群问题"去政治化"》。

·欧·亚·历·史·文·化·文·库·

族问题,既是文化问题,又是社会问题,更是关乎国家统一的政治问题。许多民族都有自己开发、生息的传统区域,都曾有自己特有的物质生产方式,有独特的社会生活模式,有自己的宗教信仰、文化习俗,有的民族还曾经建立过民族政权。同时,各民族也都继承和维系着积淀了两千多年的民族关系的基本格局,各民族在共创中华的伟大实践中,都有辉煌的贡献。在美国正式形成前的 100 多年前,中国的清朝就建立起了多民族的统一大国。这个政权与中国历史上的所有政权一样,一方面实行了民族压迫政策;另一方面,承认各民族的特殊性,对各民族在政治、经济、社会、活动区域、宗教、文化等方面实行符合其本民族实际的特殊政策,维护了各民族关系的基本传统和格局。

清代后期,中国陷入半殖民地半封建的境地,帝国主义加强了对中国的侵略和瓜分,并把重点对准了我国边疆各少数民族地区。在帝国主义的挑唆和煽动下,边疆民族地区的反动民族主义分子不断兴风作浪,大搞分裂活动,一时间边疆民族地区曾出现过十分危险的分裂趋势和局面,使我国民族问题的政治性提高到了关乎中华民族兴亡的高度。

民国建立后,民国政府继承了清朝以来对边疆民族地区的基本政策,虽化解了一些危机,但基本局面仍未改变。

中华人民共和国成立后,民族关系仍然是关系着国家统一、边疆安全、民族团结的重大政治问题。中国共产党根据马克思主义关于民族的基本理论,结合中国实际,实行各民族一律平等的政策,制定和实行了民族区域自治制度,使各民族人民当家做主。这是完全符合我国民族关系实际状况的政策,也是对某些企图挑唆、煽动我国边疆少数民族分裂的民族主义分子的重大打击,是激发我国少数民族爱国主义的重大举措。唯有如此,才能使我国走上各民族团结一致,共创社会主义伟大事业的康庄大道。

3.2　关于民族关系发展的社会目标

民族关系问题,是多民族国家社会发展中的基本问题,国家对民族关系发展方向的引导对民族关系的发展有着决定性的影响,不同国家的政府对民族关系发展的方向和目标的要求是不同的。

政府在处理民族关系方面实行的政策,是实现其民族关系发展方向和目标最集中的体现。但是民族关系发展的社会目标,不是国家和政府领导人随心所欲,或个人好恶的产物,而是由这个国家的历史传统,多民族形成的实际,国家整体社会发展的需要及支配这个国家的意识形态、阶级基础等因素决定的。国家和政府用来引导民族关系发展达到其社会目标的各项政策,正是上述这些因素的集中反映。

从当前世界各国的情况看,民族关系发展的社会目标有很多类型。

以美国来说,根据美国学者米尔顿·M·戈登的研究,美国对其国内的族群关系的政策和社会目标经过 3 个历程,即所谓"盎格鲁一致性"、"熔炉理论"和"文化多元主义"3 个阶段。

所谓"盎格鲁一致性",其最终目标是把美国境内各民族同化于盎格鲁-萨克森人之中,是美国建国初期至 19 世纪末,在美国政府和社会推动下的一种同化政策。根据戈登的研究,在 18 世纪美国人中逐渐由"英国人、德国人和其他老移民组成了一个高个的、金发碧眼的'北欧日耳曼人'、'雅利安人'的优秀民族;而东欧人和南欧人构成了肤色较深的阿尔卑斯人或地中海人——两者都是'劣等人种'"。政府和社会的任务是打破这些群体与聚落的界限,将"盎格鲁-萨克森人的美德灌输给这些处于蒙昧状态的生灵"[1]。至于其他各种族群,更应该被尽快地同化于盎格鲁-萨克森人之中。这种同化政策,是建立在种族歧视之上的一种民族压迫政策,这也可以算作是美国最初阶段在族群关系方面实行"文化化"的一种政策和形式。这一政策的实际运行可以公式化为:$A + B + C + \cdots = A$。

所谓"熔炉理论",其社会目标就是将美国各族群融合成为一种新的美利坚人,我们可以称之为族群关系的融合政策。19 世纪末至 20

---

〔1〕米尔顿·M·戈登:《在美中的同化:理论与现实》,见马戎编:《西方民族社会学的理论与方法》,天津人民出版社 1997 年版,第 59 页。

世纪 50 年代经过两次世界大战,欧、亚、非的许多民族大批涌入,使美国民族成分的种类日益增多,一些族群人数迅速膨胀,族群之间的矛盾冲突日益加剧,实行同化于盎格鲁－萨克森人的政策,在实际社会生活中受到极大的阻碍和抗拒,特别是在美国社会的实际生活中,不同族群成员通过通婚等方式,融合趋势日益明显,美国被称之为"上帝的坩锅",也就是说在这时,美国社会的族群关系中实际出现了变同化为融合的趋势,即不同族群因具有了共同的美国意识、美国风格和习俗而形成美利坚人。社会学家认为,这个阶段是美国的族群关系的"熔炉"即融合阶段。这一政策的实际运行可以公式化为:$A + B + C + \cdots = E$。

但是美国各族群在现实社会中融合的程度及其趋势表明,这种融合有很大的局限性。有的学者在调查不同的族群之间的婚姻关系时发现,"通婚虽跨越了民族背景的界限,但却有一种强烈的倾向,各自局限在新教、天主教、犹太教三个主要的宗教群体之中",而且随着新的移民群的进入,这一代人的族群意识更强。

自 20 世纪中叶以后,社会学家们认为美国族群关系进入第三个阶段,即所谓"文化多元主义"阶段。"文化多元主义"是在对熔炉政策反思基础上的一种新概括。当人们沉醉在用熔炉政策消灭种族和族群区别和差异之中时发现,新的移民群的涌入以及原有移民之间的种族和族群的差异实际上仍然是很明显的,不同族群都保持着自己的文化和生活圈子,使"熔炉理论"在族群内部所形成的一种"组织化的和非组织化的社会关系网络"之前却步。因此政府官员和社会人士都将各族群在遵守美国社会制度和法律体系基础上,允许保持其原有的某些文化因素,作为自己的主张,以适应民主和人权的要求。这一政策的实际运行可以公式化为:$A + B + C + \cdots = E^a + E^b + E^c \cdots$

目前,学术界一般都认为对美国族群关系政策的这种概括,符合美国移民发展的历史过程,并认为就当前美国来说,在族群关系方面,仍然是"文化多元主义"占着主流地位。但实际上,不管是"盎格鲁一致性"的同化趋势,或"熔炉"的融合趋势,在美国社会中并未绝迹,而从实行"文化多元主义"目标的原因和归宿点来说,"文化多元主义"仍然是在民主和人权的口号下,实行的同化和融合政策的继续。这里所说的"文化多元",只是移民所带来的某民族文化的极不完善的若干因素,而不是原有民族文化的全貌,甚至是美国化了的奇风异俗,而其载体,是没有民族联系的、出身不同的族群个人。因此,所谓"文化多元主义"只不过是对异文化的容忍,而不是对不同民族文化以平等的待遇;是承认某些不同文化因素的存在,而不是承认不同民族的地位。正如戈登所说:"最突出的例子是黑人,他们多数人被坚决拒之于美国白人的小集团、社交俱乐部和教会之外。结果,通过适当地允许内部的阶级差异,他们建立了自己的组织和制度网络,他们自己的'社会世界'。"因此,他认为:"多元的社会结构,完全是由偏见和歧视的驱动所造成的,而不是由于少数种族自身的意识形态信条所强化的。"[1]

美国对境内族群关系确实实行了"文化化"的政策,但那是因为美国的族群绝大多数是以个人、家族的身份从国外迁徙来的某一民族的少数成分,他们是移民,他们与美国本土的联系从民族产生、形成、发展的角度看,是后天的。他们在美国境内,不存在作为一个民族对固有疆域的眷恋、建设之情,对历史文化的珍爱之情,对民族发展的殷切之情,以及对本民族政治地位的关心之情。

再以苏联来说,苏联是一个多民族国家,而且是在马克思主义政党领导下的多民族大国,在民族关系方面,根据马克思主义原则,强调实行各民族一律平等的政策。但是他们在国内强调俄罗斯化或苏维埃化,在各民族平等的旗号下,执行了一条民族同化的政策。特别是在后期,把"形成具有共同特征的,不同民族的新历史性人们共同体——苏联人民"作为他们在民族关系方面的社会目标,并写入 1977 年《苏联宪法》。所谓新的人们共同体——苏联人民,其实是苏联在民族关系方面长期实行的大俄罗斯主义和同化政策的延续。

对此,有的学者有一个看法,认为苏联解体的原因,是他们在处理民族关系方面的"政治化"、"制度化"和"群体化"造成的结果。他认

---

〔1〕马戎:《西方民族社会学的理论与方法》,天津人民出版社 1997 年版,第 75 页。

为正是由于这"三化"的实行,"一旦共产主义意识形态的权威地位淡化,统一的党中央内部发生分裂,中央政府的行政权威被急剧削弱,这些政治实体之间的纽带就会断裂,而以民族(族群)为基础设立的这些加盟共和国、自治共和国就会成为民族主义得以实施社会动员和争取独立分离的基础和宪法依据"[1] 这样的前景是值得警惕的,但出现这样的前景的原因,并不能简单归结于对民族关系采取的所谓"三化政策"。苏联在民族关系方面的失败,其实质的问题正是其领导层忽视了民族关系在苏联就是政治问题,应有正确的制度保证民族关系正常发展,要面对各民族都是实实在在的客观存在的实体这个政治现实,使各民族在国内都有应有的民族地位和政治地位。对这样的严肃问题,苏联的领导人却实行了以大俄罗斯主义为基础的"同化"和"融合"政策,引起了边疆各民族的不满,激起了各少数民族的分裂倾向,成为苏联解体的一个重要因素。

苏联的民族状况,与美国有着本质的不同。18 世纪,与美国形成的同时,沙皇俄国也成为一个拥有广大领土和众多民族的国家。沙皇俄国与美国不同,它所建立的多民族大国,不是在一块空旷的殖民地上移民的结果,而是吞并整块原有民族国家和民族地区(特别是中亚的民族和地区)的结果,而且其中许多民族有着悠久的历史,拥有明确的活动区域,创造有灿烂的文化,有着深厚的独特传统,有牢固的民族意识和民族心理。任何一个有正常思维的人面对这样的民族群体,只能顺应他们原有的历史、文化和疆域,建立与之相适应的统治形式,而不能随心所欲地加以改变,正因为如此,在沙皇俄国时期,这些被吞并的民族地区,都保持着一定的行政区域。十月社会主义革命后,这些已经宣布独立的民族地区,在苏联共产党的组织和领导下,纷纷成立自治共和国和加盟共和国,加入苏联成为苏联的组成部分。

苏联解体的原因很多,在处理国内各民族关系方面存在的问题,是造成苏联解体的一个重要原因。但据我们看来,苏联处理民族关系的

---

[1]马戎:《民族社会学——社会学的族群关系研究》,北京大学出版社 2004 年版,第 299 页。

失败绝不在于所谓"政治化"、"制度化"和"群体化",最实质的问题还是苏联党和政府对各加盟共和国和自治共和国实行了大俄罗斯化或同化政策。有学者认为"按照戈登的变量体系,苏联各民族之间的融合或同化达到了较高水平",既然"融合和同化达到了较高水平",那么为什么"苏联的族群团结和族群融合没有经受住政局变动的考验"呢?[1]其实这并不奇怪。正是因为"戈登的变量体系"是一种同化和融合的指标体系,而苏联党和政府对各少数民族实行大俄罗斯化的同化政策,已达到了与美国相似的"较高水平"。也就是说,苏联党和政府口头上主张民族平等,实际却推行大俄罗斯主义,或者说在政治体制上实行加盟共和国的联邦制度,在实际的政治和社会生活中却推行破坏联邦制度的大俄罗斯化或"文化化",不尊重各联邦的权利和利益,不维护各民族的传统,形成了各少数民族与俄罗斯之间的隔阂与矛盾,造成了俄罗斯联邦与各加盟共和国之间的矛盾和斗争,在其他条件成熟时,最后导致各加盟共和国的分裂。如果要回答为什么苏联各民族之间"融合和同化达到了较高水平",反而造成国家分裂的严重局面,答案就是这种高水平的融合和同化,损伤了各民族的自尊,削弱了各民族的传统,阻碍了各民族族体的发展,破坏了各民族共同繁荣发展的局面,引起了各民族对大俄罗斯的反感。独立建国后,苏联各加盟共和国,特别是从中亚各国当前发展的情况可以看出,除了俄语这个大俄罗斯化最大的成果之外,俄罗斯化的其他成果都在迅速消失,而各民族的传统,像被堵塞的洪水决口一样,得以欢畅流淌,迅速复兴。这也从另一个侧面反映出,苏联所实行的大俄罗斯化——同化政策,或"去政治化"和"文化化"政策,是失败的,这个教训应该是每一个多民族国家都需要吸取的。

中国共产党根据马克思主义基本原理,结合中国的民族及民族关系实际,一贯把各民族一律平等作为处理我国民族关系的基本原则。

---

[1] 马戎:《民族社会学——社会学的族群关系研究》,第 228 页。

毛泽东同志很早就指出"民族是至尊的,同时,一切民族都是平等的"〔1〕,"实行中国境内各民族一律平等政策"〔2〕。根据这一基本思想,新中国成立以来,我国制定和实行了民族区域自治制度,实行了一系列保证和促进少数民族在政治上、经济上、社会上、文化和族体发展上拥有平等权利的法律和地方法规;把各民族平等、团结、互助、和谐以达到各民族共同繁荣作为我国社会主义民族关系的主要特征。

我国社会主义民族关系的最终目标和立足点,不是同化,也不是融合。中国共产党并不讳言,民族作为一种社会现象,是会消失的,但是要强调4点。第一,绝对不主张用强迫的、行政的方法来促进民族的消亡,不会用强迫的或行政的手段实行同化和融合。第二,认为融合是一个自然的过程,只有在人类社会生产力极大提高,人类自身的发展得到极大提高的基础上,民族才可能消亡,而且认为那是很遥远的事,毛泽东同志曾指出:"首先是阶级消亡,而后是国家消亡,而后是民族消亡,全世界都如此"〔3〕。第三,社会主义是各民族大发展的历史时期,特别是我国社会主义还处于初级阶段,这时期大力促进各民族的全面发展,是国家发展的基本任务。胡锦涛曾指出:"促进各民族共同繁荣发展,是建设小康社会、加快推进社会主义现代化的必然要求,是巩固和发展全国各族人民的大团结、确保党和国家长治久安的必然要求,也是开创中国特色社会主义事业新局面、实现中华民族伟大复兴的必然要求。"〔4〕也就是说,"促进各民族共同繁荣发展"是我国社会主义民族关系的最终目标和社会目标。第四,我国是多民族统一的社会主义国家,我国各民族的每个人都是我国的公民,每个公民都应该遵守和了解国家的法律和制度,每个人都既要享受公民权利也要履行建设社会主义的义务,因此,在各族人民中进行爱国主义和社会主义的教育,树立

〔1〕中共中央统战部:《民族问题文献》,中央党校出版社1991年版,第323页。

〔2〕中共中央统战部:《民族问题文献》,第304页。

〔3〕金炳镐、王铁志:《中国共产党民族纲领政策通论》,黑龙江教育出版社2002年版,第4页。

〔4〕2005年5月27日胡锦涛在中央民族工作会议暨国务院第四次全国民族团结进步表彰大会上的讲话。

社会主义核心价值观、道德观,是非常必要的,而且在建设社会主义的伟大实践中,各民族的共同性会愈来愈多,各民族的爱国意识、公民意识、法律意识、社会主义意识以及社会主义核心价值观将愈来愈强,成为各民族共同发展、共同繁荣的基础。但是各民族共同性的加强并不妨碍各民族保持、传承和发扬各自特有的传统民族文化,以及反映和表现这些传统文化的民族意识和民族心理。

在我国,保证这一民族关系目标的就是民族区域自治制度。周恩来同志曾指出:"我们采取民族区域自治政策,是为了经过民族合作、民族互助,求得共同的发展、共同繁荣⋯⋯在共同发展、共同繁荣的基础上,建立起我们宪法上所要求的各民族真正平等友爱的大家庭。"[1]从这一基本立场出发,我们认为,我国社会主义民族关系的社会目标,还可以具体化为在社会主义时期,引导各民族相互尊重、和而不同、平等发展、共同繁荣。

"相互尊重"是我国处理民族关系的基本前提,也是各民族一律平等的体现。尊重,首先是承认各民族在我国历史发展中应有的作用和地位,承认各民族在当今政治、经济、社会和区域发展中应有的权力和利益,尊重各民族的文化、习俗、语言、传统和宗教,尊重各民族对自己族体发展的规划和向往。

"和而不同"就是在维护国家统一的基础上增强公民意识、国家意识、法律意识,并要把国家意识、公民意识、法律意识置于民族意识之上,发展以马克思主义为核心的社会主义价值观,树立以社会主义为核心的爱国主义和公共道德。同时提倡热爱自己的民族,热爱自己的家乡,发展正当的民族意识和民族心理,发展本民族的文化,继承本民族优秀的传统,保持本民族的特色。

"平等发展"就是借助民族区域自治的权力和机构,各民族都拥有平等发展本民族社会、经济、文化的权力,有处理本民族内部

---

[1]中共中央统一战线工作部、中共中央文献研究室:《周恩来统一战线文选》,人民出版社1984年版,第373页。

事务的权力。

"共同繁荣"是我国建立社会主义民族关系的根本目的。目前,我国各民族发展不够平衡,特别是在经济、社会发展方面,差距很大,支持和协助各民族发展,提高各民族人民的物质、精神文化生活的水平和质量,坚定不移地加快少数民族和民族地区经济社会的发展,是在很长一段时间内搞好我国民族关系的主要内容和根本途径。

马克思主义认为,民族作为一种社会现象,有其产生的原因,民族的消亡与其产生一样,都是不可避免的,但是,这个过程是一个自然发展的过程,是在社会高度发展的基础上,自然产生的现象,而非政府干预,特别不是强迫的结果。从当前世界上民族运动风起云涌、民族主义潮流迭起、民族冲突不断爆发、民族压迫依然存在、民族问题不断出现的情况看,民族的存在将是长期的,甚至数代人都将看不到民族消亡的彼岸。就我国的民族情况看,在很长一段时间,我国各民族在政治、经济、社会、文化领域都处于繁荣发展的时期,在处理民族关系问题上,更谈不上采取同化、融合措施和政策的问题。

因此,在我国搬用外国,特别是搬用美国这种不存在民族只存在族群的国家的"去政治化"、"文化化"的经验和同化、融合的政策,来处理我国的民族关系,是完全行不通的。

中国社会主义民族关系社会发展目标大体可用图表示意如下:

$$A + B + C + \cdots = A^{⑫} + B^{⑫} + C^{⑫} \cdots$$

注:ABC 为中国各民族;○为共同性的因素;○中数字为共同性因素的程度,数字越大,共同性因素越多。

3.3　我国民族关系的主导方、强势方和弱势方

多民族国家的民族关系是一个多层次、多维度的互动系统。从群体的角度看,各民族之间的关系首先取决于有关民族内部的政治结构和综合发展状况。在阶级社会里,民族关系受阶级和阶级关系的支配和影响,具有鲜明的阶级性,因此,从根本上说,民族关系首先取决于相

关民族统治阶级之间的关系,在相关民族都比较强大时,战争往往是解决民族关系的手段;在相关民族的强弱不均时,强大的民族往往会成为民族关系中的统治者、剥夺者和压迫者。对阶级社会里的民族关系,不从阶级关系角度分析,就无法揭示民族关系的本质。

我国是统一的多民族的社会主义国家,我国的民族关系与阶级社会的民族关系有本质的不同。但是,我国社会主义民族关系仍然是十分复杂的,各民族之间的关系,仍然受到各民族社会经济发展的影响,受到整个国家综合实力的发展及国家政策的影响,而且也受到我国历史上民族关系,甚至国内剥削阶级残余势力以及国外敌对势力的影响。从当前我国民族关系的状况来看,民族关系是一个多面体,在相关民族关系体中,各方面的功能是不相同的,在我国民族关系中,就其功能来说,有主导方、强势方和弱势方的区别。

主导方主要是代表国家的政府及其政策。不论任何时代、任何多民族国家,从民族关系的角度看,政府对民族关系的发展,都起着主导、引导、调整、协调等作用。代表不同阶级和民族利益的政府,在处理和调解民族关系中会自觉或不自觉地站在一定的立场和角度制定政策,采取措施,将民族关系引向一定的方向。中国的民族问题,自古以来就是中国政治生活中的大事。我国是中国共产党领导下以马克思主义理论为指导的社会主义的多民族国家,我国政府是代表中国各民族根本利益的人民政府,全国各民族的发展、平等、团结和共同繁荣,是中国共产党和政府制定民族政策的根本着眼点。民主革命时期,中国共产党把中国的民族问题当作新民主主义革命总问题中的一部分;在社会主义建设时期,也把民族问题作为社会主义建设总问题的一部分。中华人民共和国建国时期,中国共产党和中国政府根据马克思主义的一般原理,结合中国的实际情况,把实行民族区域自治作为解决中国民族问题的基本政策,把民族区域自治制度作为中国的基本政治制度之一,并制定了关于培养少数民族干部,关于尊重少数民族语言文字、风俗习惯和宗教信仰,关于发展少数民族经济和文化等一系列政策,这就为实现中国各民族的一律平等和建立各民族社会主义民族关系奠定了坚实的基础。

中国共产党和人民政府在社会主义建设的各个阶段,都十分重视和关心少数民族地区的发展。特别是改革开放以来,党中央和国务院提出了一系列加速发展少数民族社会经济的举措,以及不断引导我国民族关系健康发展的各种思想和政策。1999 年中央民族工作会议上做出"抓住机遇,加快少数民族和民族地区的发展"的决定,认为"这是我国社会主义事业的本质要求在民族工作上的体现,也是党的民族政策的基本出发点和归宿"[1],"没有民族地区的稳定就没有全国的稳定,没有民族地区的小康,就没有全国的小康,没有民族地区的现代化,就不能说实现了全国的现代化"[2]。1991 年 12 月发出《关于进一步贯彻落实 < 中华人民共和国民族区域自治法 > 若干问题的通知》,通知从增加投入、特殊措施和优惠政策、自治权限、对外贸易和经济技术合作、信贷资金、温饱问题、科技进步、民族教育、文化事业、机构建设、马克思主义民族观与爱国主义和社会主义教育等 11 个方面,对贯彻落实《民族区域自治法》提出了具体要求。2006 年国务院又制定了《国务院实施 < 中华人民共和国民族区域自治法 > 若干规定》共 29 条,以国家"规定"的形式对贯彻落实民族区域自治法提出了更加细致、具体的要求,如规定"未列入西部开发范围的自治州,比照西部开发的各项优惠政策"、"未列入西部开发范围的自治县,由其所在省一级人民政府比照西部开发有关政策给予扶持"、"对为国家的生态平衡、环境保护做出贡献的民族自治地方给予一定的利益补偿"、"中央财政设立的少数民族发展资金,主要用于解决民族自治地方发展和少数民族群众生产生活中的特殊困难"等。规定还确定国家通过一般性财政转移支付、专项财政转移支付、民族优惠政策财政转移支付以及其他方式,"逐步加大对民族自治地方财政转移支付的力度",并要求"上级有关部门各种专项资金的分配应当向民族自治地方倾斜"等等。2007 年 2

---

〔1〕国家民族事务委员会:《中国共产党关于民族问题的基本观点和政策》,民族出版社 2002 年版,第 305 页。

〔2〕国家民族事务委员会:《中国共产党关于民族问题的基本观点和政策》,第 308 页。

月 27 日国务院办公厅又将《少数民族事业"十一五"规划》向全国颁发,要求全国各级政府认真组织实施。所有这些政策和规定,都是党中央和国务院对我国民族关系进行的及时的、强有力的引导和调整,反映出中央政府和各级地方政府在我国民族关系的健康发展以及建设社会主义平等、团结、互助、和谐的民族关系方面,起着决定性的、主导的作用。

我国民族关系发展中,汉族占据着非常重要的地位。汉族在我国人口中是占有绝对多数的民族,汉族分布于全国各地,在任何一个民族区域自治地方和任何一个少数民族聚居区,都有一定数量的汉族居民,而且在全国任何一个省、市、县,也都有一定数量的少数民族;由于历史的原因,汉族与少数民族相比,其社会、经济、文化发展水平比较高,在我国的政治生活、经济生活、社会生活和文化生活中,都起着主导作用,因此,在全国的民族关系的总体格局中,汉族的优势十分明显,在整个国家中的作用更加巨大。如汉族出身的干部,在国家以及省、市、县的干部中占绝大多数;汉语在法律上虽无特殊地位,但实际上成为国家对内对外的主要用语;汉族的传统文化成为国家文化建设和文化生活中最突出的文化因素等等。这些情况我们可以归纳为,汉族在我国民族关系中占有强势地位。这种强势地位,不是法律上确定的法定地位,但的确是现实社会生活的反映,是由汉族在我国人口中占绝大多数并分布于全国各个地方的实际情况决定的。

同时也应看到,在我国某些地区,如少数民族聚居的地区,那里的汉族群众并不一定是强势方,其原因根源于,在这种地区,或某些民族地区,少数民族是多数,而且由于有民族区域自治法的保护以及国家对少数民族的优惠政策,这些地区的少数民族在政治上、文化上和社会上有较大优势,而汉族却处于弱势地位。但总的来说,汉族在我国民族关系中处于强势地位,因此,毛泽东也一再指出:"汉族和少数民族的关系一定要搞好。这个问题的关键是克服大汉族主义。"[1]"首先要反对的是大汉族主义，只要汉族同志态度正确，对待少数民族确实公道，在民族政策上、民族关系的立场上完全是马克思主义的、不是资产阶级的观点，就是说，没有大汉族主义，那么，少数民族中间的狭隘民族主义观点是比较容易克服的。"[2]汉族在民族关系中的强势地位，在我国社会主义建设时期，有可能使部分人产生大汉族主义思想，但是，在以马克思主义为指导的我国社会主义社会，不可能转化成为汉族的某种特权和特殊地位，相反，这种情况会成为汉族在建设我国社会主义民族关系中的更大的责任和义务，正如周恩来同志所说，在我国社会主义建设中，"汉族应该更多地帮助少数民族"[3]。

在我国民族关系中，总体来说，少数民族处于弱势地位，因为少数民族在我国社会中的状况与汉族正好相反，他们在 13 亿人口中仅占 8% 左右，而且由于历史的原因，少数民族的社会、经济、文化发展总体上都处于比较落后的状态，特别是我国少数民族地区，教育不发达，技术落后，生态环境脆弱，交通不便，基础设施不健全，城市化水平低，多处在边疆、边远、穷困地区，与汉族聚居区相比，经济发展水平差距很大且差距还在继续拉大；在当今全球化、一体化、现代化浪潮中，少数民族的传统文化以及表现在经济、文化、社会生活中的独特因素，更容易受到破坏和消失。这些因素决定了我国少数民族在我国的民族关系中的总体地位处于弱势。中国共产党和政府正是认识到这种状况，所以采取一系列措施，对少数民族和民族地区实行各种优惠和特殊政策，这种政策涉及政治、经济、社会、文化、信仰等各个方面，使少数民族在各方面与汉族保持着相对的平衡和平等，使我国平等、团结、互助、和谐的社会主义民族关系得以实现。但是相对来说，在少数民族区域自治地区，实行自治的某个或某几个少数民族，其地位较之汉族或非自治少数民族又转变成为强势民族，或者说在民族区域自治地方，自治的少数民族

〔1〕《毛泽东选集》第 7 卷，人民出版社 1999 年版，第 204 页。
〔2〕《毛泽东选集》第 5 卷，人民出版社 1976 年版，第 213 页。
〔3〕中共中央统一战线工作部、中共中央文献研究室：《周恩来统一战线文选》，第 309 页。

在民族关系中的地位又转变为强势方。

我国民族关系的这 3 个方面是客观存在的,每个方面在民族关系的网络中是不可或缺的,但其地位和作用是不同的。汉族和少数民族作为中国民族关系的强势方和弱势方,不是由人的主观意志造成的,而是由双方在中国历史发展过程中的处境所造成的,回避汉族和少数民族在中国民族关系中的这种地位,就不可能真正看清和了解中国民族关系的真实基础、状况和存在的问题以及这个问题的症结。正是由于在中国民族关系的网络中存在着强势和弱势的差异,所以,中国共产党和政府在中国民族关系的网络中起着决定性的作用。党和政府正是运用政策和法律手段,调动政治、经济、文化和社会的各种力量,使强势方成为帮助、支持弱势方的重要力量,使弱势方更快、更好地发展,使弱势方得到国家特殊的辅助、支持,改变其弱势地位,增强和培养其自我发展的能力,尽快改变其弱势地位,更好地、自觉地建设平等、团结、互助、和谐的社会主义民族关系,促进各民族共同繁荣和发展。中国共产党及政府的一切有关政策和法制,正是实现这一目标的保证。这也正是我国社会主义民族关系的实质,是我国社会主义制度优越性在民族关系方面的体现。

3.4 关于我国民族关系评价指标

一个时期民族关系的发展状况,即其发展程度,或好坏,是研究一定时期民族关系要回答的关键问题之一。由于对民族关系发展的目标和企望以及对处理民族关系问题采取的政策和措施不同,在回答和衡量其发展状况的好坏方面,有着不同的答案和标准。中国历史上的政治家和知识分子对这个问题的回答就是各种各样的。其中如春秋战国时期,政治家们在处理民族关系时,一般以"以夏变夷"作为衡量民族关系的标准。秦汉至隋唐时期,实行羁縻政策,在处理民族关系方面,主要是"外而不内,疏而不戚,政教不及其人,正朔不加其国。来则惩而御之,去则备而守之,其慕义而贡献,则接之以礼让,羁縻不绝,使曲在彼,盖圣王制御蛮夷之常道也"。[1] 这是一种比较开明的态度,即承认少数民族的地位,以保持相互间的和平交往作为衡量民族关系好坏的标准。当然更多的还是以周边少数民族是否臣属于中原政权为民族关系好坏的主要指标。南宋时的陈亮曾说:"待夷狄之常道莫详于周,而其变则备于春秋矣……周公相成王,朝诸侯于明堂,而列四夷于四门之外,分天下为五服,而以周索、戎索辨其疆,盖不使之参于中国也。宣王伐猃狁至太原而止,而蛮荆使之来威而已。此周道之所以中兴也。幽王之乱,而中国、夷狄混而为一矣,其后楚始僭王,以夷狄之道横行于中国,虽吴越奋自南方,以与晋、楚争伯,而晋楚不能抗,此商周而上夷狄未有之祸也。圣人忧焉而作春秋,其所以致夷夏之辨亦难矣。"[2]在他看来,正常的民族关系就是四夷宾服,岁岁来朝,内中华而外夷狄,华夏和汉族及其政权独尊的局面。

就目前状况来说,主张和实行民族平等的原则和政策,是现代社会处理民族关系的基本准则和共识。民族平等是西方资产阶级民主革命中提出的一般民主的一项基本内容,列宁曾指出:"关于一般平等问题,其中包括民族平等问题的抽象的或形式的提法,是资产阶级民主所特有的。"[3]但是在资本主义国家要真正实现民族平等,仍有漫长的道路。

在西方资本主义国家系统提出民族关系评价指标的,主要是美国社会学家戈登。1964 年,他提出"衡量族群关系的 7 个变量"。这个衡量体系,被学者认为是"在社会学领域中第一次比较系统地提出衡量族群关系的指标体系"。[4] 这些"变量"是:"(1)文化或行为的同化;(2)社会结构的同化;(3)婚姻的同化;(4)身份认同的同化;(5)意识中族群偏见的消失;(6)族群间歧视行为的消失;(7)公民的同化。"[5]1975 年,戈登又提出了族群相互融合过程中的"自变量"和"因变量"。

〔1〕《汉书·匈奴传》。

〔2〕《陈亮集》卷 4《问答下》,中华书局 1974 年版,第 47 - 487 页。

〔3〕《列宁选集》第 4 卷,第 271 页。

〔4〕马戎:《民族社会学——社会学的族群关系研究》,第 203 页。

〔5〕马戎:《民族社会学——社会学的族群关系研究》,第 230 页。

戈登关于衡量或评价民族关系的指标或变量是与他关于美国族群关系发展的目标一致的。这个目标就是促进美国各族群同化和融合，并在这个基础上，容许某些不违反美国核心价值的异文化现象的存在。从根本上说，他的指标体系的社会目标就是同化或融合。这个评价指标体系有以下一些特点：

首先，这个评价体系的评价对象不是群体，而是把具有一定族群印记的个人、家庭作为对象，通过调查获取个人在某方面的信息，经过数据处理，得出"变量"来确定某一族群在某项指标中的状况。这对美国这样一个只注重个体地位不注重族群地位，只有族群而无民族的社会来说，是合适的。

其次，这个评价体系的出发点和最终目的，都是族群的同化和融合，该评价体系是判明其同化和融合过程和程度的指标体系。

第三，在这个指标体系中，略去了国家政权和有关政策的作用，以及引导这个国家推动民族关系方面的意识形态的作用。

第四，这个指标体系把族群看作是文化群体，族群的消失就是其文化的消失，其衡量族群关系好坏的尺度，就是其文化消失的程度。

因此，这个标准在美国这样的国家中，对该国各族群的同化状况的测定是可行的，但是对中国的民族关系的测定却是不适合的。

马戎先生在研究美国族群同化指标体系的基础上，提出了8个对族群关系进行实际调查时可操作的变量指标，这8个指标是：语言、宗教、生活习俗的差异、人口迁移、居住格局、交友情况、族群分布、族际通婚、族群意识。[1] 这8个变量，基本上是在戈登"衡量族群关系和同化程度的两个变量体系"以及英格尔提出的"由14个变量组成的指标体系"基础上，设计出来的。笔者认为这些变量从一个方面衡量和研究我国的民族关系也是有用的，但用这些变量衡量我国民族关系的总体状况，局限性是很大的。一是因为这些变量侧重于民族个体成员之间的关系，而个体成员之间关系的总和在不同地区是不同的，如散居区、

---

〔1〕马戎：《民族社会学——社会学的族群关系研究》，第218－227页。

聚居区、城市、农村等是有差异的,这些变量并不代表和反映一个民族在某方面的整体的状况;二是因为作者把我国的民族看作"族群",又把"族群"视为"文化群体",然而恰恰相反,不论是我国政府还是各民族,都不把民族视为"文化群体",特别是在中国的实际社会中,民族更不是一种"文化群体"。因此,这种变量对衡量和了解我国各民族个体在一定区域内的关系,有一定的用处,但对了解各民族之间民族关系的总体情况,是不能反映实际情况的。此外,用这8个变量指标衡量民族关系的指向,与我国引导民族关系发展的方向是有差异的,而且这些变量过于一般,反映不了我国民族关系的特殊的、复杂的内涵。正因为如此,这些变量指标,可以作为一种一般社会关系的衡量指标,衡量中国境内的任何一种群体。如人们可以用这8个变量衡量在兰州的上海人、广东人等融入当地人群的状况;也可以用这些变量衡量在福建的甘肃人、陕西人等与当地人的相互接纳、相互融入、相互关系的情况。其结论肯定比衡量民族关系状况得出的结论准确、有用得多。

评价和衡量我国民族关系发展的状况,应有一套符合我国实际情况的评价指标,这种评价指标体系应有基本指标和可变指标,即主、次两套指标。次要的一套以民族个体之间的关系状况为主,这不是本文的重点,本文不再细谈。基本指标主要是指在政府政策引导下,少数民族或某些少数民族地区,其政治、经济、文化、社会及族体发展,在数量、质量和水平方面的状况,并将这种状况作为衡量民族关系状况的主要指标。

在我国,民族是一个客观存在的而且有悠久历史的实体,它有着十分复杂的政治、经济、社会、文化和族体发展方面的要求;在我国,民族关系发展的目标是平等、团结、互助、和谐以达到共同繁荣和发展;党和政府是我国民族关系发展状况的主导者和调整者;民族区域自治政策和制度是民族关系正常发展的主要保障,同时民族区域自治地方的发展,实际上是一个民族发展状况在民族关系中地位和状况的主要体现。这些情况表明,我国民族关系发展状况,主要是要评估作为一个民族在政治、经济、文化、社会及族体发展方面的总体情况,而其集中的体现就是民族区域自治地方的状况。一个民族的个体与另一民族的个体在居住、就业、财富、生产、行业、宗教生活、风俗习惯、交友等方面的交往状况,虽在一定程度上表现出民族关系的状况,但个人之间的交往受到社会环境、地区差异、个人差异、各种偶然因素、知识结构等多种因素的影响,用来衡量我国民族之间的关系,是不准确的。就以族际通婚来说,许多民族由于传统文化、宗教、习俗、家庭、社会以及族体发展等方面的原因,并不主张族际通婚。族际通婚比率小,并不一定反映某两个或几个民族之间关系不好或紧张。

3.5 关于"中华民族多元一体格局"与 "文化多元"、"政治一体"

20 世纪 80 年代,在我国民族关系的研究领域,费孝通先生提出了"中华民族多元一体格局"的观点,他认为中国"五十多个民族单位是多元,中华民族是一体",而且认为"中华民族作为一个自觉的民族实体,是近百年来中国和西方列强对抗中出现的,但作为一个自在的民族实体则是几千年的历史过程所形成的"[1]。对这一观点,一些学者提出,既认为中国的民族是 56 个实体,又认为中华民族也是一个实体,且对中华民族"作为一个自在的民族实体"或"作为一个自觉的民族实体"等的论述极易引起混乱,但此提法总的意思还是可以理解的。此后学术界对此还有多种讨论。近几年有学者进一步认为,中国的 56 个民族应叫作 56 个"族群",中华民族才能称为"民族",这样似乎就能解决 56 个民族与中华民族都被称为"民族"的混乱,而且认为"中华民族多元一体格局"可以理解为"政治一体"、"文化多元"。[2]

费先生"中华民族多元一体格局"的提法,是他对中国各民族关系发展历史的一种感悟和体认,很形象地反映了中国民族关系的总体状况和要求。但他对"中华民族多元一体格局"提法的解释,我们并不完

〔1〕费孝通等:《中华民族多元一体格局》,中央民族学院出版社 1989 年版,第 1 页。
〔2〕马戎:《民族社会学——社会学的族群关系研究》,第 142 页。

全认同。他所说的"中华民族多元一体格局",是从民族族体发展的视角,重点从时间上把中国各民族的发展分为"多元"时期和"一体"时期,认为中华民族的"主流是由许许多多分散孤立存在的民族单位,经过接触、混杂、联结和融合,同时也有分裂和消亡,形成一个你来我去、我来你去、我中有你、你中有我,而又各具个性的多元统一体",[1]但同时,费先生又指出,他所说的"多元"是指"五十多个民族单位","一体"是指中华民族。"虽则都称民族,但层次不同"。由于这一解释涉及"中华民族"的形成等问题,所以使人们对"多元一体格局"的理解,极易出现歧义。

在我们看来,"中华民族"与"中国各民族"这两种称呼的内涵是一样的,在强调中国各民族是一个整体,强调中国各民族具有同祖国、共命运、同传统、共前途的诸多共同性时,一般使用"中华民族"一词。而且"中华民族"是我国国歌中的用词,它最易使中国各民族的每一个人都体认到同命运共呼吸的强烈历史责任感。但在强调各民族都是中国民族大家庭中的平等一员,都拥有发展经济、社会、文化和族体的平等权利和应有地位时,一般多用"中国各民族"。因此,"中华民族"并不是"中国各民族"发展的一个新阶段或更高阶段的另一个"实体","中华民族"与"中国各民族"两种称呼的基本内容一样,只是由于语境不同,或重点所指不同,采用了不同的说法而已。试看我们如果将"中华民族多元一体格局"这一概括改为"中国各民族多元一体格局",在语意上似乎更加清楚。当然,这种改动是完全没有必要的。对"中华民族"这一名词,我们基本同意这样一种看法:"中华民族,是中国古今各民族的总称;是由众多民族在形成统一国家的长期历史发展中逐渐形成的民族集合体"[2] 我们理解的"民族集合体",其含义就是由很多共同性所联结起的若干民族。"中国各民族"就是由若干基本共同性因素所联结起来的"中华民族"。至于用"文化多元"、"政治一体"来

---

〔1〕费孝通等:《中华民族多元一体格局》,第1页。
〔2〕陈连开:《中国·华夷·蕃汉·中华·中华民族》,收入费孝通等:《中华民族多元一体格局》,第113页。

解释"中华民族多元一体格局"的观点,则更容易给"中华民族多元一体格局"这一概括,造成更多混乱。所谓"文化多元"、"政治一体"的看法,据作者所述,主要是"参考西方国家的体制与处理族群关系的思路",把"多元一体"的思想进一步具体化为"政治一体"和"文化多元"的相互结合,并且"在这样一个大框架下思考中国的族群关系问题"[1]该学者所谓"参考西方国家的体制与处理族群关系的思路",其实就是用美国关于族群关系的理论来套中国民族关系的实际。该学者明确指出:"戈登的'文化多元主义'有一个重要的不可忽视的前提,即美国各族群的'文化多元'是在美国国民保持'政治一体'的大前提下才可以存在的,即美国的主流社会在容忍'多元'的同时绝对没有放松'一体'的一面。"[2]

我们在本文中多次强调,中国的民族与美国的族群,完全不同,甚至可以说是本质上不同的共同体。中国对国内民族及民族关系的处理,与美国对族群关系的处理采用的也是完全或本质上不同的两种政策体制。"中华民族多元一体格局"是对中国民族关系的一种概括,中国的各民族并不仅仅是或者说不是"文化群体",怎么能够不顾中国民族的实际情况而去"接受"美国关于族群关系的"整体性框架"来套中国的民族关系呢?当然是不可以的,否则中国的民族关系就会受到巨大的损害。"中华民族多元一体格局"如果被解释为各民族"文化多元"、"政治一体",把各民族的文化生活与政治生活相割裂,那就更加不妥当了。

民族文化是与民族共同体的产生和发展一并产生、形成和发展的。每一个民族以其独特的文化而区别于另一个民族,民族文化是一个民族共同体的灵魂。民族文化的内容十分广泛,它包括每一个民族在其群体生活中所传承、所奉行、所遵从、所热爱的所有由本民族创造,或虽非本民族创造,但被本民族所接受并融入本民族原本文化之中的一切

〔1〕马戎:《民族社会学——社会学的族群关系研究》,第142页。
〔2〕马戎:《民族社会学——社会学的族群关系研究》,第141页。

文化因素和成分。

民族文化从其形态上可分为显性文化和隐性文化。简单来说,显性文化是指可以看得到的一切群体文化因素,它是一个民族区别于另一个民族的外在的重要标志,例如衣、食、住、行、婚丧、嫁娶、节庆、礼仪、宗教活动、语言、文字等能外在表现出来的一切文化因素;隐性文化主要是指存在于思想、意识、价值观念、性格、心理、信仰之中的群体文化因素,特别是民族意识、价值观念、历史情感、故土之情等等,这些文化因素虽然很难具体显现,但却存在于一个民族群体活动的一切文化因素之中,贯穿于每一个民族成员全部生活之中,成为维系一个民族内在的、无形的纽带,而且是在民族文化中生命力最强、作用最大的文化因素。

民族文化从其来源上说,可分为传统文化因素和当代文化或非传统文化因素部分。

我国各少数民族都有自己漫长的历史发展过程,有独特的生存发展的物质生活条件(包括自然生态环境),在这个基础上形成了各民族特有的文化,这就是传统文化。由于这种文化是在伴随每个民族的产生、发展过程中长年积累而成的,与其族体并存,因此,虽然各民族都经历了多次的社会和历史变迁,但其基本的文化因素却渗透于民族整体生活的各个方面,并成为其族体的真正灵魂。特别是其隐性的传统文化,成为一个民族实际存在的基本标志。至今,虽然我国各民族都已进入社会主义的新时代,各民族之间的关系发展到了一个更加密切的新阶段,但各少数民族的传统文化,却仍然是各少数民族文化中最基本、最主要的构成部分。从传统文化的角度看,我国各民族的文化具有很强的多元性、多样性和独特性。

但在我国各民族传统文化中并非仅有多元性、多样性和独特性,在各民族文化中同时也存在着共同性、一体性。这是因为,由于我国自古就是一个多民族国家,在长期历史发展过程中,有时是汉族的统治者统一了全国,汉族的文化成为整个国家一定时期的主导文化;有时某些少数民族的统治者成为全国或某些地区的统治者,少数民族的文化成为全国或某些地区一定时期的强势文化。但不论是在何时,在中国历史上,各民族之间的政治、经济、社会联系始终未断,相互之间的政治、经济、社会交流十分密切。因此,各民族的文化交流、文化融合,特别是汉族与其他各少数民族之间的文化交流,始终是各民族传统文化发展、变迁的重要内容,也是推动各民族传统文化发展和变迁的重要动力,因此在各少数民族的传统文化因素中,都大量吸收了其他少数民族(包括我国历史上曾存在而现在已不存在的许多民族)和汉族传统文化的因素,汉族的传统文化中也大量吸收了各少数民族传统文化的因素。这构成了我国各民族传统文化中的共同性、一体性,成为中国少数民族传统文化的一个重要特点。

在当前我国社会主义时期,各少数民族的传统文化都得到了保护、传承和发扬,但在我国少数民族的文化中,已经不仅仅只有传统文化,社会主义文化已经在我国少数民族的文化中,成为另一个重要的组成部分,而且逐渐成为在少数民族文化中起主导作用的文化成分。

中华人民共和国建立以来,从根本上废除了中国历史上的民族剥削压迫政策,实行各民族一律平等的民族政策,实现了各民族当家做主的权利;经过社会主义改造,消除了各民族内部的剥削阶级和各种剥削压迫制度。这一系列社会变革为各少数民族文化中以马克思主义为核心的社会主义文化成分、以社会主义为核心的爱国主义文化成分的存在和发展,奠定了坚实的基础。经过数十年我国社会主义文化事业的发展,以及我国各民族自觉开展和接受的社会主义教育和爱国主义教育,各少数民族绝大多数人的民族平等、民族团结、民族互助和热爱社会主义祖国意识逐渐建立;实现公平正义、共同富裕的社会主义远大目标成为更多人的生活追求;遵法、守法公民意识逐渐加强;发展和积极参与社会主义市场经济观念和社会主义新道德、新风尚逐渐形成;家庭、社区、社会关系产生一系列新变化;社会主义现代民族教育体系形成,民族整体文化素质不断提高;社会主义、爱国主义内容的文学、艺术日益兴旺;民族意识、国家意识、公民意识的协调发展等等。在我国各少数民族文化的构成中,现代文化即中国特色社会主义文化成分贯穿于少数民族群体文化生活之中,越来越成为其文化的一个重要组成部分,而且在各民族文化的构成中,越来越占着主导的地位。在建设中国特色社会主义道路的过程中,建设中国特色社会主义文化成为各民族共同繁荣发展的必然要求。

因此,就目前我国少数民族文化的构成来说,有由长期历史发展积累下来、至今仍鲜活地存在着的传统文化和中国特色社会主义文化这两个基本构成部分。

从总体上看,传统文化、社会主义文化以及某些国外文化因素,共同构成了当前中国少数民族文化。这种文化的成分,虽然来源不同、性质各异,但在当前我国具有中国特色社会主义的社会环境中,特别是在中国共产党的一系列科学的马克思主义政策的指导下,各种文化成分能在中国少数民族文化整体中和谐相处、融为一体,并且在以马克思主义为核心的社会主义文化的引导下,经过筛选、整合,成为中国少数民族的整体文化。因此,就我国当前各少数民族的文化来说,虽表现得千姿百态、多元多样,但其基础是社会主义文化,引导各民族文化发展的是以马克思主义为核心的社会主义文化、以社会主义为核心的爱国主义文化。笔者认为这就是我国少数民族文化上的"多元一体",而绝不仅仅只是"多元"。

从政治方面说,我国各民族的一体性和统一性是十分明显的。我国是统一的多民族国家,马克思主义的指导、中国共产党的领导、人民民主专政、社会主义道路,是我国各少数民族一体性和统一性最根本的基础。不论哪个民族及其个人的发展,都要建立在我国宪法和社会主义法制体系之上,都充分享有一律平等的权利,同时都有维护和保卫国家统一和安全的义务。这些集中地反映出我国各少数民族在政治上的一体性和统一性。但同时,我国各少数民族又都享有各种特殊的政治权利和待遇。我国实行的民族区域自治制度是我国少数民族享有的最基本的特殊待遇和权利,《中华人民共和国全国人民代表大会和地方各级人民代表大会选举法》第四章,为保证我国少数民族参政、议政做出了特殊的规定,其他关于培养和使用少数民族干部,关于保障和尊重少数民族语言、文字,关于散居少数民族权利的保障,关于少数民族风俗习惯,关于少数民族各项事业的发展以及在各方面的优惠政策等,都从法律上规定了少数民族政治上的特殊待遇。虽然这些都是在遵守基本国家制度前提之下的特殊的政治待遇,但这仍然是我国少数民族在社会生活、政治生活上拥有的特殊权利,是在坚持统一基本政治制度、法律制度的基础上,处理和协调民族关系的多样性表现。在我们看来,这应该就是政治上的"多元"或"多样"。

因此,各民族关系上的"多元一体",不仅在文化上表现出各民族文化的多样性,同时也表现出各民族在文化上有"一体"的内容;在政治上不仅具有"一体"的基础,同时具有"多元"的表现,保持着"多元"的特殊地位。

究竟如何正确认识"中华民族多元一体的格局"呢? 2005 年 5 月 27 日,胡锦涛主席在《中央民族工作会议暨国务院第四次全国民族团结进步表彰大会上的讲话》中指出:"在漫长的历史进程中,我国各族人民密切交往、相互依存、休戚与共,形成了中华民族多元一体的格局,共同推动了国家发展与社会进步。"胡主席的讲话从我国民族关系总体上,对"中华民族多元一体格局"做了阐述,把"多元一体"这一思想提升到一个全新的高度,既不是从族体上把少数民族看作"多元",把中华民族看作"一体",也不是在时间上把中华民族看作是由"多元"向"一体"的转化,更不是从空间上把"文化多元"与"政治一体"割裂,而是从总体上,把各民族的关系看作是在"多元"基础上不断构建"一体"的因素,在"一体"的基础上,又保存和发展着"多元"因素的存在,各民族始终是在建构"多元"和"一体"的互动中,推动着我国历史的发展,我国历史的发展也始终推动着中国各民族多元一体格局的构建。

中国的历史和现实都无可辩驳地表明,我国民族关系的发展是在"多元一体"的格局中前进的。早在春秋战国时期,蛮、夷、戎、狄、华夏各族,以"尊王攘夷"为口号,以中原周王朝为中心,经过长达数百年的斗争、互动、交流、融合,到秦汉时,逐渐形成了以汉族和中原为中心的中华民族"多元一体"的民族关系,为我国各民族多元一体格局的形成和发展,奠定了坚实的基础。此后,在我国漫长的历史发展中,新的民族群体的不断出现,各民族政治关系的进一步密切,特别是汉族和其他少数民族在中国建立的多民族统一政权的不断出现,经济联系、文化交流及相互吸收的进一步加强,到中国最后一个封建王朝——清朝,中国各民族之间的关系已经形成了"你中有我,我中有你"的稳定的"多元一体"的格局。进入近代,中国各民族都经历着帝国主义政治、经济、文化和军事的侵略,亡国灭种的危机进一步促进、激发和铸成了各民族同命运、共呼吸,休戚与共,共抗敌寇的血肉联系,大大提高了各民族多元一体格局的程度和水平。特别是在中华人民共和国建立后,在中国共产党的领导下,经过社会主义改造和社会主义建设的伟大实践,各民族共同建设的社会主义政治、经济、社会、文化,使我国各民族关系的"多元一体格局"的内容、形式和效果都得到了新的提升,真正实现了平等、团结、互助、和谐的社会主义民族关系,促进了各民族的进步和繁荣,这就是我国各民族关系的多元一体格局。

我国各民族关系的多元一体格局的形成和发展,大体可用图表示意如下:

$$A + B + C + \cdots \underline{春秋战国} \ A^{①} + B^{①} + C^{①} \cdots$$
$$A^{①} + B^{①} + C^{①} + \cdots \underline{秦汉} \ A^{③} + B^{③} + C^{③} \cdots$$
$$A^{③} + B^{③} + C^{③} + \cdots \underline{唐至清} \ A^{⑥} + B^{⑥} + C^{⑥} \cdots$$
$$A^{⑥} + B^{⑥} + C^{⑥} + \cdots \underline{社会主义} \ A^{⑫} + B^{⑫} + C^{⑫} \cdots$$

注:"ABC"为中国各民族;"○"为共同性因素;"○"中数字为共同性因素的程度,数字越大,共同性因素越多;"＿＿"为各时期民族的交流和交往。

3.6 关于"主体民族"

一些研究民族关系的论著提出,历史上我国各民族在交往中形成了一个"主体民族",这个"主体民族"就是汉族。[1] 对于汉族是我国"主体民族"的表述也不尽相同。有的认为汉族是形成中华民族的主体民族,有的认为汉族是祖国多民族大家庭的主体民族,也有的认为中国的主体民族就是汉族。这些表述虽不尽相同,但意思基本一致。此种说法,我们认为,是很值得商榷的。

谁也不能否认,在我国历史上,汉族人口最多,社会发展、生产技术和文化水平最高,中原地区的社会物质财富也最丰富,对中国历史的发展和中华民族的发展的贡献也最大。从这一点出发,我们可以说,汉族在中国历史的发展中,在伟大祖国广袤疆域的形成和缔造中,在多民族统一国家的形成中,都起着主导的、核心的作用。但是,因此而把汉族称作是中国的"主体"民族,我们认为是不全面的。

首先,这种提法与大汉族主义思想界限不清。

历史上的汉族统治阶级向来把汉族和内地看作根本,把少数民族和边疆看作枝叶,把汉族居住的地区叫"中国",把少数民族居住的地区称"四裔"、"藩属",把汉语称为国语,把汉族的统治看作"正统"等。如《汉书》记载匈奴浑邪王降汉,武帝将其封侯,给予优待,建立属国,一些大臣反对,认为这是"庇其叶而伤其枝"。[2] 唐朝大臣们在如何对待少数民族问题上争论也很大,而且多以枝叶和根本来做比较,认为"中国(中原)天下根本,四夷犹枝叶也"。[3] 贤明如唐太宗,他也认为:"中国,根干也,四夷,枝叶也,割根干以奉枝叶,木安得滋荣。"[4] 而

---

〔1〕持这种观点的论著很多,甚至可以说是我国民族关系研究的主流看法,如民族出版社1990年出版的《中国民族史》(上中下)、中国社会科学出版社1994年出版的《中国民族史》、中央民族大学出版社2001年出版的《中国民族概论》、中国财政经济出版社1999年出版的《中国民族史纲要》、宁夏人民出版社2001年出版的《民族史学概论》以及众多的有关论文等等。

〔2〕《史记》卷120《汲郑列传》。

〔3〕《新唐书》卷99《李大亮传》。

〔4〕《资治通鉴》卷195《唐纪》11"太宗贞观十三年六月"。

汉族是主体的思想的基本点，就是把中国民族分为主、次，而且既然是"主体民族"，那么这个民族就具有某种特殊地位。这是历来中央王朝对少数民族的传统看法，现在再提"主体民族"是汉族，很容易让人与历史上对待少数民族的传统观念相混淆，把中华民族区分为一个是主干、是主体，而其他少数民族是枝叶、是非主体。而且如果现在用汉族是主体这个观点来研究中国历史，那么中国历史上的疆域究竟在哪里？历史上的那些大汉族主义的思想和行为，不就可以在很大程度上得到解脱了吗？这显然是不行的。

其次，从我国历史实际看，也不应该说汉族是中国的"主体民族"。

从领土上来说，目前我国领土的 60% 以上是少数民族聚居地区，而历史上，我国少数民族地区更加广大，除现存的几个民族聚居地区之外，陇右河西、松辽平原、岭南丘陵、云贵高原等，在历史上也都曾经是我国少数民族聚居地区。因此在中国历史上，汉族人口虽然始终占多数，但在地区方面，却一直是少数民族占多数。他们长期开发和保卫了中国大多数领土，为塑造中国领土的基本面貌起了不可替代的作用。

从政治上说，少数民族的活动也是构成我国历史极其重要的一部分，对创造我国历史所起作用绝不占次要地位。例如，主要由少数民族建立起的十六国南北朝，统治我国北方将近 300 年；西夏、辽、金统治中国北方又是 300 多年；元、清两朝统治全国 360 多年，蒙古族、满族曾一度主宰过中国历史，并对今天中国的形成起着重大的作用。这些都是中国历史上的重要篇章。此外，历史上我国新疆、西藏、青海、蒙古、东北、云贵等地区的民族地方政权，虽与中原政权息息相通，却又自成体系，各有春秋，不仅在中国历史上占有重要地位，就是在世界历史上也有很大的影响。历史上没有这些少数民族的政治活动，中国的面貌就不可能是现在这种情况。因此，中国历史是由中国各民族共同创造的。如果仅仅把汉族说成是中国的主体，说成是中国历史的主体，就不可能正确、全面地认识中国的历史。

从文化上说，历史上汉族地区以农业为主，为文化的高度发展提供了良好的条件。我国的草原文明，却主要是由少数民族创造的。中国文明就是在农业文明和草原文明相互交错、支撑、交流和融合的基础上产生的。我国少数民族的文化在中国历史上占有光辉灿烂的一页。我国少数民族的舞蹈、音乐、美术等在中国历史上曾风靡一时,对中原地区艺术的发展起了重大的推动作用。少数民族文字的著作,由于历史原因,保留下来的不多,但从现存的看,不论是文艺作品,还是政治、历史、宗教著作,都丰富多彩。其他如医学、天文学、建筑技术等,都具有很高水平。正因为如此,汉族和少数民族之间有着长期的、密切的文化交流,汉族文化中包含了大量少数民族文化,少数民族文化是中华民族文化宝库中一块光辉夺目的瑰宝。

再次,这种提法与我国现行民族政策相悖。

各民族一律平等,是我国民族政策的基础。所谓"一律平等",就是包括了所有的民族,并且所有的民族在政治、经济、文化、社会各方面都应平等。列宁说:"我们要求国内各民族绝对平等",[1]"谁不承认和不坚持民族平等和语言平等,不同各种民族压迫或不平等做斗争,谁就不是马克思主义者,甚至也不是民主主义者"。[2] 我们党的领导人也一再指出:"在我国,各民族不论人口多少,地域大小,社会发展程度高低,都对祖国历史和现代化做出了宝贵的贡献,都是我们民族大家庭中平等的成员,在政治、经济、文化和生活的各个领域中享有平等的权利和承担着相同的义务。"[3]1988 年 4 月,中共中央召开的少数民族问题座谈会上也提出:"在民族关系上,必须强调大小民族完全平等,各民族在祖国统一的大家庭内团结合作。"[4]1990 年,江泽民同志在新疆考察期间,谈到马克思主义民族观的内容时指出:"各民族不分大小、历史长短、发育阶段高低,都应该一律平等,包括政治上的平等权利,发展经济文化的平等权利,语言文字的平等地位。还包括尊重各民

〔1〕《列宁全集》第 19 卷,人民出版社 1958 年版,第 100 页。

〔2〕《列宁全集》第 20 卷,第 110 页。

〔3〕中共中央统一战线工作部、中共中央文献研究室:《新时期统一战线文献选编(续编)》,中共中央党校出版社 1997 年版,第 160 页。

〔4〕金炳镐:《中国民族理论研究二十年(1978.12—1998.12)》,中央民族大学出版社 2000 年版,第 321 页。

族的宗教信仰和风俗习惯。坚决反对任何民族歧视,反对大民族主义和狭隘民族主义。"[1]江泽民同志还曾指出:"几十个解放前不被承认和处于无权状态的少数民族,堂堂正正地成为祖国大家庭里平等的一员。"[2]汉族是中国的"主体民族"的提法,显然不符合中国党和政府一贯主张的大小民族一律平等的精神。

第四,这种观点之所以不正确,还在于"主体"一词是一个带有法律含义的专用词。上海辞书出版社1992年版《辞海》对"主体"有3点解释:(1)事物的主要部分;(2)在哲学上同"客体"相对;(3)"法律关系主体"的简称。这3条关于"主体"的含义,用于"主体民族"都是不合适的。特别是第三条"法律关系主体",又可解释为"权利主体",把民族分为主体(即权利主体)与非主体(或非权利主体)更是错误的。世界上有在法律条文中规定某民族为该国的主体民族的例子,如马来西亚的马来族,就是该国的主体民族,因此马来族在该国政治生活中确实享有某些特权。世界上还有一些国家原来是单一民族国家,后来迁入了一些其他民族成分,如欧洲的许多国家,以及我们的近邻蒙古国、朝鲜、日本等,其主体民族的地位有的是由某种法律规定的,也有的是在历史上形成的既成事实。中国有无主体民族?我国法律中无汉族是主体民族之规定,但民族区域自治政策中有"实行民族区域自治的民族"的提法,这个民族在新疆维吾尔自治区主要是指维吾尔族,广西壮族自治区主要是指壮族,宁夏回族自治区主要是指回族,西藏自治区主要是指藏族,内蒙古自治区主要是指蒙古族,其他各级民族区域自治地方主要是指其他各族。在这些自治地方内,实行民族区域自治的民族,与境内的其他民族,应该说其地位和作用是有所不同的。如自治地区的人民政府主席等行政首脑,一般要由实行民族区域自治的民族成员担任,这实际上就是该少数民族在政治地位上的特权。这种在民族自

---

〔1〕国家民族事务委员会政策研究室:《中国共产党主要领导人论民族问题》,民族出版社1994年版,第228页。

〔2〕1992年1月4日江泽民同志在中共中央和国务院召开的中央民族工作会议上的报告:《加强各民族大团结,为建设有中国特色的社会主义携手前进》。

治地方有一定特殊地位的民族,可以称为该地区的主体民族。以此相推,如果说实行民族区域自治的某个民族可称为主体民族的话,那么称汉族是中国的主体民族,就非常不合适了。

把中国各民族在国家中的地位划分为主和次,一个重要的原因,是一些研究者把中国各民族在我国的地位,特别是政治地位,与各民族在中国历史上的作用这两个性质不同的问题相混淆了。我国民族政策的基础是各民族一律平等,这主要是指各民族的政治地位、在国家中的主人翁地位,是一律平等的,这是一个基本的原则。至于各民族在发展我国社会经济、政治、文化等各方面所起的作用,实际上是不同的,这是一个事实。但是,作用的不同,不能与地位上的不平等相混淆。汉族在历史上起主导、核心、凝聚整个中华民族的作用,这种作用是存在的。这是由于在长期的历史发展中,汉族人数最多、分布最广,经济、文化发展水平最高,在政治、外交上所起的作用不是其他民族所能取代的。就民族关系的角度说,汉族在中国政治社会中起主导作用、核心作用,但在地位上,少数民族与汉族应该是平等的。汉族是主体民族的提法,混淆了汉族与少数民族在中国的政治地位一律平等而社会作用有大有小这两个不同的概念,极易造成误解,笔者认为这一提法是有严重缺陷的。

因此我们认为,说汉族是中国的主体民族,是不够确切并容易引起误解的。实际的情况是,我国各民族人民共同缔造了伟大祖国,共同创造了中华,各民族都是共创中华的主体,不存在哪个是主体,哪个是非主体的问题。

(本文是作者所承担的教育部重大课题攻关项目《西部民族关系与宗教问题研究》成果的一部分,曾发表于《中国民族学集刊》(甘肃民族出版社 2008 年出版)第 1 辑。这本刊物现更名为《中国民族学》)

4 关于民族发展和民族关系的
几个问题

民族是一个历史范畴,是一个发展过程,民族在一定的社会历史条件下产生,在一定的社会历史条件下发展,同样,也会在一定的社会历史条件下消亡。原始社会末期在部落基础上产生了民族,这主要是指只有到这个时代,生产力的发展达到一定的水平,才为民族这种人们共同体的出现提供了社会物质条件,有了这种物质条件后,民族这种共同体的产生和消亡,就成为社会发展中经常出现的社会现象。正因为如此,在中国和世界历史舞台上,曾经不断形成和涌现出许多民族,同时也有不少民族在历史发展过程中消失。

4.1 民族共同体的发展阶段问题

民族共同体作为一种历史现象,是有发展阶段的,但是我们在考察民族共同体的发展阶段时,往往习惯于把民族共同体的发展与社会性质紧密相连,笔者认为这是不全面的。民族族体的发展与社会性质确实有密切的联系,但是将民族族体的发展阶段等同于社会发展的性质,实际上就忽视了民族共同体所具有的自然属性,在实践中就会否定和忽视各民族族体发展的不同程度和民族特点。因此笔者认为,研究民族共同体即族体的具体性质和发展水平,是非常必要的。有的研究者认为,民族离不开社会,民族就是在社会中活动的,因此,在划分民族的发展阶段时,一般都将其划分为原始社会民族、奴隶社会民族、封建社会民族、资本主义民族和社会主义民族,对于前 3 种社会的民族,有人也称古代民族。这种划分不无一定的道理,也应该说是认识民族共同体的一个重要方面。但这仅仅是一方面。社会的性质对民族族体的发展有巨大的影响,但同时应看到,民族族体即共同体有自己的发展阶段和发展规律。笔者认为民族共同体的发展有以下几个阶段,即形成和巩固阶段、发展和繁荣阶段、趋同和融化阶段以及消亡阶段。

这些发展阶段中有以下几个特点:

(1)民族共同体的发展是一个生命过程,在同一性质的社会里存在的民族,其发展程度并不是齐头并进的。在古代,许多民族开始兴起、繁荣,后来又消亡,这是民族共同体自身发展的完整过程,中国历史上的许多民族都是在同一性质的社会环境中完成了这一发展过程。比如,氐族曾有过辉煌的历史,但现在已消亡,应该说,这个民族经过了一个完整的民族共同体发展过程。历史上的匈奴、鲜卑、突厥等等民族,都经历过这样的发展阶段。中国历史上的这些民族从兴起到消亡,是民族共同体发展的完整过程。就一个民族共同体来说,实际上已完成了它的历史任务,这是民族共同体发展的规律,这个规律体现在每个民族具体的发展过程中。

(2)民族共同体的不同发展阶段,其发展基础不同,发展特点各异。在民族共同体的形成和巩固阶段,民族共同体的共同地域、共同社会生活和共同语言是其发展和存在的基础。没有这些基础,民族共同体很难形成和巩固。在民族共同体的发展和繁荣阶段,民族文化、民族意识开始起较大作用。而在第三个阶段,即趋同和融化阶段,其基础基本上不再是地域和社会,而主要是文化。一定程度上说,在这个阶段,民族共同体是一种超地域范围、超社会单位的共同体,文化在维系民族发展中起主要甚至是决定性的作用。发展到这个阶段,一个民族可以不在一个地区,而其存在和发展不受任何影响,其民族的认同感仍然存在;可以不在同一个社会,但民族之间有形无形的联系仍然存在。譬如犹太民族,近千年没有共同的地域和社会单元,但仍然自认是一个民族;华人(主要是汉族华人)在世界各地有几千万,他们自称汉人和华人,跟中国汉族不处于同一地域,不处于同一社会单元,但在民族共同体的认同上是一致的;中国国内的回族、满族都有这种情况,他们处于民族的第二或第三个发展阶段,在这个阶段,共同的地域、共同的社会单位在维系民族共同体中的作用和地位逐渐减弱和降低,而文化以及民族认同意识越来越起重要的作用,甚至成为这个发展阶段中民族共同体发展和存在的基础。

(3)推动民族共同体发展阶段不断向前的动力是民族关系,是民族之间的交往。总体来说,民族共同体的发展与生产力的发展有密切关系,这是从一般意义上说的。但是具体来说,从民族发展的 4 个阶段来看,并非在生产力发展水平很低的时期才形成民族,或者只在生产力发展水平很高的情况下民族才消亡。历史上的民族发展是此起彼伏,头尾相接的。在原始社会末期有民族产生,在生产力发展水平较高的元末明初,也可以产生大量民族。汉族从华夏族开始经历不同的发展阶段,回族、东乡族、保安族可以不经过以前中国历史上的一些社会发展阶段而直接形成一个民族,都说明民族的产生、巩固、发展、繁荣及消亡,与生产力发展水平、社会性质虽有密切的关系,但不是完全由生产力水平决定的。历史上民族共同体发展最重要的动力是统治阶级实行的以同化政策为基础的民族关系。中国历史上许多民族的消亡就是这种民族交往的结果。譬如氐族,在其形成后很长时间内,略阳氐族迁徙到河南,历史上称之为"枋头"的地方,过了近百年后,又回到甘肃、陕西,建立前秦,统一了整个中国北方。氐族是一个强大的民族,其所建政权也非常强大,它在发展过程中大量吸收汉族文化,吸收中原文化,其统治者苻坚汉文化程度很高,仍自称是氐。前秦灭亡后,大批氐族被迫成为羌、鲜卑人,氐最终融入汉族之中。可见,推动其发展和消亡的主要动力是以民族压迫和同化为基础的民族关系。

4.2 社会主义民族关系的特点问题

社会主义民族关系的特点,一般被描述为平等、团结、互助。这一描述既是对现实民族关系的概括,又是我国指导民族关系的一个基本原则和目标。为促进我国社会主义民族关系的进一步发展,笔者认为还应该注意下列一些问题。

（1）民族关系实际上是权益分配的关系，其核心是对各相关民族权益的正确处理和分配，既然是权益问题，所以仅仅有政策是不够的，还须要把政策、方针转化成法律、法制。

从现实来看，民族平等的原则在贯彻执行过程中，实际上是不完全的。因为各民族发展的起点不同，很难真正实现完全的平等。真正的平等需要政策来保证，用政策填补事实上实现不了的平等，尤其是在经济发展水平方面，各民族间存在着事实上的不平等，这是各民族长期发展不平衡造成的结果。把民族平等作为社会主义民族关系的第一个要素，只是我们国家的政策和指导原则，现实中民族平等的不完全性是客观存在的。民族团结是社会主义民族关系的第二个特点，然而团结主要体现在政策和指导方针上，缺乏硬性的衡量指标，所谓的团结也是相对的。既然有民族，就有差异，有差异，就有矛盾，有矛盾就有不团结的因素，这也是事实上存在的问题。我国社会主义民族关系的第三个特点和因素是互助，这也仅仅是一种方针、政策，在执行时也有很大局限。可见，我国社会主义民族关系的实际情况是，民族平等有不完全性，民族团结有相对性，民族互助有局限性，所以社会主义民族关系还应加入法律的基础。依法治国包括了加强民族团结、调整民族关系等内容。目前我国有关民族的立法有了很大成绩，但随着民族关系的进一步发展，民族法制也应进一步完善。如互助，这是社会主义民族关系的一个特征，应该有法律的支持来保证其实现。在依法治国的大背景下，把民族政策转化成较细的、可操作的民族法律和法制，使民族关系得到更好发展和保障，这是我们加强社会主义民族关系的一个重要措施。

（2）当前我国已完成了基本的民族平等的建构，民族团结也有了根本上的改变，民族互助有了较大的发展。现在在民族关系中最突出的问题是各民族共同繁荣的问题。西部大开发的基本意义就在于缩小东西部差距，实现共同的繁荣和发展。实际上，现在民族平等的不完全性、民族团结的相对性、民族互助的有限性，都植根于还有许多民族其社会经济发展滞后，本民族无力实现和达到国家所赋予的民族平等、团结的地位和权益，无法实现互相补充，相互援助，促使民族平等、团结、互助的良性机制的正常运行。因此,当前建设社会主义民族关系最基本的问题是促使各民族共同繁荣,这是发展社会主义民族关系的核心。目前我国政府的很多正式文件在提到我国社会主义民族关系的特点时,都仅提到民族平等、团结、互助,对此,笔者认为表述还不够完善。既然现在民族关系的核心是民族共同繁荣问题,对这一点,笔者认为在中央的文件中应有所体现,是非常必要的。

4.3 主体民族的提法问题

在某些作者的文章中经常见到这样的表述,即汉族是中国的主体民族。对此,笔者认为有进一步研究的必要。

(1)将汉族与其他少数民族做主次之分,是历史上歧视少数民族的做法。历史上很多朝代大臣一提到汉族与少数民族的关系,就将汉族比喻成肢体,把少数民族比喻成四肢,汉族是主干,少数民族是枝叶。如《汉书》记载匈奴浑邪王降汉,武帝将其封侯,给予优待,建立属国,一些大臣反对,说这是:"庇其叶而伤其枝。"唐朝大臣们在如何对待少数民族问题上争论也很大,而且多以枝叶和根本来作比较,认为"中国(中原)天下之根本,四夷犹枝叶也。"这是历来中央王朝对少数民族的传统看法,现在再提主体民族是汉族,很容易让人与历史上对待少数民族的传统观念相混淆,把中华民族区分为一个主干、主体,而其他是枝叶。探究这一提法背后的思想和认识,笔者认为是很不正确的。

(2)如果说当前这一说法还说得过去,但就历史上,中国少数民族的地位就更不是"次"的位置。现在中国少数民族聚居区占我国领土的64%,历史上少数民族的地域比现在还大,辽河流域、黑龙江流域、蒙古、西藏、新疆、青海、甘肃河西、岭南岭北等地都属于少数民族活动地区。至于历史上少数民族政权活动的时间,也不算短,南北朝十六国、辽、金、西夏、元、清等都是以少数民族为主的政权。仅以统治地区、活动地区及统治时间来说,少数民族为"次"的观念也是不合适的。

(3)划分主次的关键,是一些人把中国各民族在我国的地位和作用相混淆了。我国民族政策的基础,是各民族一律平等,这主要是指各民族在政治地位、在法律面前、在国家中的主人翁地位,是一律平等的,这是一个基本的原则。至于各民族在发展我国社会经济、政治、文化等各方面的作用,实际上是不同的,这是一个事实。但是,作用上的不同,不能与地位上的不平等相混淆。汉族在历史上起主导、核心、凝聚整个中华民族的作用,这种作用是存在的。这是由于在长期的历史发展中,汉族经济发展水平最高,文化水平最高,在政治、外交上所起的作用不是其他民族所能取代的。就民族关系的角度说,汉族在中国政治社会中起主导作用、核心作用,是完全正确的,也是客观事实,但在地位上,少数民族与汉族应该是平等的。汉族是主体民族的提法,混淆了汉族与少数民族在中国的政治地位和社会作用这两个不同的概念,极易造成误解,因此,笔者认为这一提法是有严重缺陷的。

(4)中国有无主体民族?民族区域自治政策中有"实行民族区域自治的民族"的提法,这个民族在新疆指维吾尔族,广西指壮族,宁夏指回族,西藏指藏族,内蒙古指蒙古族。在这些自治区内,实行民族区域自治的民族与境内的其他民族,应该说,其地位和作用是有所不同的。如自治地区的人民政府主席等行政首脑,要由实行民族区域自治的民族成员担任,这是由法律明确规定的,这实际上就是该少数民族在政治地位上的特权。这种在民族自治地方有一定特殊地位的民族,可以称为主体民族。以此相推,如果说实行民族区域自治的某个民族在当地可称为主体民族的话,那么称汉族是中国的主体民族,就非常不合适了。

4.4　历史上民族关系的主流和特点问题

在对中国历史上民族关系的讨论中,关于民族关系的主流和特点问题的争论很多,有主张是"压迫和被压迫"关系的,有主张是"友好往来是主流"的,后来又有人从维护民族团结的角度说,各民族的关系在劳动人民之间是友好往来等。笔者认为这些提法都不全面。如果用简单的词句来概括历史上民族关系的特点,笔者认为:长期联系、密切交往、相互依赖、共同发展就是中国历史上民族关系的主流和特点。

（1）长期联系。在我国,大多数民族从其形成以来,就与我国其他民族在相互联系中成长壮大。各民族之间的长期联系,为中国能多次分裂,而又不断统一,以及各民族之间的密切交往奠定了基础。

（2）密切交往。我国历史上各民族的交往包括两方面:一方面是友好往来,一方面是战争和各种争端。不管是友好往来还是战争,都是相互密切交往的一种形式。正是这种密切交往铸成了中华各民族"你中有我,我中有你,谁也离不开谁"的局面。

（3）相互依赖。在我国历史上,南北依赖,农牧依赖,中原与边疆地区的依赖是民族关系的一个重要特征。正是这种植根于各民族生活和生存需要的、天然的依赖关系,才使我国历史上众多的民族长期联系、密切交往,形成一个多民族的大家庭。

（4）共同发展。正是在长期联系、密切交往、相互依赖的过程中,中国各民族才都得到了发展,并且共同发展了我们的国家,共同缔造了中华。

这16字大概能概括中国历史上各民族之间复杂的民族关系,这也是中国历史上民族关系的主流和特点。

（本文原载《西北民族研究》2002 年第 1 期）

5   民族理论中的一个 ABC 问题

民族是人类社会发展到一定时期的产物,在当前世界上,民族是人类社会中普遍存在的一种人们共同体。就其产生来说,民族是一种客观的、自然发展的结果,其产生的基础是一定的自然生态环境、一定的人文社会环境以及政治、经济、文化和种族诸因素。因此,每一个民族共同体都有其不同的形成特征、历史发展的轨迹和种族的因素。但是,在民族的发展过程中,民族之间不可避免地要产生互相融合、趋同和同化的现象,而且随着世界经济一体化进程的发展,随着人口在全世界范围的流动和迁徙,一些民族内部成员之间的联系日益削弱,民族中离开自己母体或主体的部分越来越多,以及由于不同民族成员之间的通婚日益增多,民族这种人们共同体的主观意识程度日益加强,自认为是某个民族或者不承认自己是某个民族的现象也是十分自然而普遍的,因此,民族这种人们共同体在目前,随着人类社会、政治、经济、文化、人口和种族状况的日益复杂和频繁变化,正面临着更加复杂的变化,出现更多的类型,从而加大了研究它的难度和复杂程度。

民族这种人们共同体的存在,虽然有十分长久的历史,但是,人们对它的研究,却是后来的事,特别是从 19 世纪民族学作为一门学科形成以来,对民族的研究,逐渐在世界一些国家成为一门学科。这门学科的兴起虽然迟,但民族这种人们共同体存在的时间却很长,在民族学尚未形成一门学科之前,人们对这种共同体就有一定的认识和表述,所以这门学科建立后,就面临着各个国家人们对早已存在着的民族这种人们共同体的认识、观念、概念和称呼。其中就以对民族这种人们共同体的称呼来说,古希腊文作"əTHOC"("族体"、"民族"之意),而古代希腊著作中,对现在被看作是民族的共同体,一般是用某地区名加人来称呼,如 Achéens(亚该亚人)、Al ins(阿拉因人)等;德文中可以被译为民

· 欧 · 亚 · 历 · 史 · 文 · 化 · 文 · 库 ·

族的词,也有 volk-volker、nation、nationalitat;俄文中可以被译作民族的词,也有 народы、нородность、нация 等;英文中可以被译为民族的词有 people-peoples、nation 等;中国古籍中最初只作夏夷、华夷之分,即从华夏族的角度出发,对其他民族或具体指称其名,或以四夷、诸戎、诸蛮、夷狄等表示其存在,此外还有"族类"之称,在一些情况下,也以"某国"来表示其为一个共同体,更多的时候即用"人"来称呼一些民族共同体。[1] 自 19 世纪末至 20 世纪初,又有"民种"一称[2],而康有为的《大同书》(该书成于 1902 年)中则再一次明确使用了"民族"一词。此后,"民族"一词遂在我国广泛使用。至今,反映在比较权威性的著作——中国大百科全书出版社出版的《中国大百科全书·民族卷》中,对中国的族体均称"民族",对国外的族体一般称"人"。此种称呼和区分,在《中国大百科全书·民族卷》中虽未作明确说明,但不难看出,世界各国的民族和民族问题更为复杂,对民族的划分和分类,即对民族的识别,各国均根据自己的国情有多种原则和分法,有的国家甚至并不承认有民族的存在。因此,对世界上的民族,称其为某种人,而不用我国的"民族"一词,就显得更为确切。

我国所使用的"民族",是一个比较宽泛的词,或者说有狭义和广义两种含义。狭义的民族是指自民族这种共同体产生以后,各个历史阶段中存在的或曾存在的具有一些根本的、内在的共同性的人们共同体,如汉族、蒙古族、藏族、苗族、羌族、氐族、匈奴族等;广义的民族是指一个特定国家、特定地区、有某种明显共同性的民族集团,如中华民族、美利坚民族、印度民族、阿拉伯民族等。但是就我国民族学研究的对象来说,主要还是指狭义的民族。本文也主要是在狭义的层面使用"民族"一词。

---

〔1〕《礼记·王制》载:"凡居民材,必因天地寒暖燥湿、广谷大川异制,民生其间者异俗,刚柔、轻重、迟速异齐,五味异和,器械异制,衣服异宜……中国戎夷五方之民,皆有性也,不可推移。东方曰夷,被发文身,有不火食者矣。南方曰蛮,雕题交趾,有不火食者矣。西方曰戎,被发衣皮,有不粒食者矣。北方曰狄,衣羽毛穴居,有不粒食者矣。"这段记载很典型地反映了中国古代对民族共同体的认识。

〔2〕文廷式:《纯常子枝语》,台湾文海出版社影印著者手稿,第 2831–2832 页。

我国现代 56 个民族是新中国成立初期,在进行了大量科学的调查研究、识别的基础上,由政府正式确定的,他们都具有法定的社会政治地位。其中一部分民族,在历史上就十分明确且被公认是一个民族,如汉族、藏族、维吾尔族、蒙古族、回族、满族、苗族等。其他的许多民族,是我国民族学者和民族工作者,以马克思列宁主义民族理论为依据,根据我国民族的实际情况,坚持历史唯物主义观点,以其历史渊源、迁徙变化、语言状况、文化特征、地域联系,特别是其群体意愿、意识等综合因素,逐一确定的。这既是我国彻底消除民族压迫政策及其遗迹的切实而必要的步骤,也是实现各民族一律平等,实行民族区域自治,实现共同繁荣的前提和条件,而 56 个民族的格局,成为我国制定和实行各种民族政策、法规和法律,推进我国各民族发展的基础,同时"民族"的内涵和外延,也是我国民族学、民族问题研究的基本概念。

从上述情况我们可以看到,对"民族"这一人类普遍而且很早就存在的现象,在不同国家,由于其情况各不相同,在称呼方面,有着不同的表述。就是在我国,也有许多不同的看法和不同的表述,但用"民族"这一词来表述我国的 56 个族体,从理论到实践,都是有远见的、符合我国实际的科学概括。

5.1 世界民族情况的多样性

民族是人类社会发展到一定时期普遍存在的一种社会现象。由于各国的国情不同,民族形成、民族发育和民族关系不同,因此,人们对民族这种人们共同体的认识也各不相同。有人认为全世界有 2700 多个民族,仅非洲就有 700 多个民族,甚至有人认为仅非洲就有 5700 多个"民族单位"[1]。有的国家只承认有不同人种,但并不细分其民族。

民族虽然是普遍存在的,但各国对民族的划分标准并不一致,各国对民族的态度和政策也不相同。有的以国界为准,凡是某一国的国民,

---

〔1〕郝时远、赵锦元:《世界民族与文化》(下),中央民族大学出版社 1995 年版,第 438 - 439 页。

即称某国人,如美国人、印度人、巴基斯坦人等,在政治上并无民族的划分;有的以宗教为区别民族的标准;也有的只承认不同的语言集团、不同的宗教集团、不同的种族集团以及很少数的部落集团,但又不承认是多民族国家。

从总体上说,世界上各国可以分为单一民族国家和多民族国家两种。单一民族国家,即一个国家内只有一个民族,也就是说这个国家在其建国之初,是由某一单一民族建立的。但是,许多单一民族国家在其历史发展中,由于世界各国各民族交往日益频繁,移民条件越来越宽松、便捷,以及国界的变动,实际上也都有着许多的民族成分,从而在某种程度上变成多民族国家。如日本、韩国、意大利、法国、德国、爱尔兰等,分别是由大和民族、朝鲜族、意大利族、法兰西族、德意志族、爱尔兰族为主建立起的单一民族国家,但是近代以来也因各种原因出现其他民族成分,甚至形成较大数量的群体,这些单一民族国家也带有了一定程度的多民族的色彩。这种国家虽称单一民族国家,但并不是说,在社会上无其他民族和民族成分,只是就其历史发展和现状来说,某一民族一直或很长时期都是该国家的唯一或主要民族,甚至是主体民族。

另一种情况是多民族国家。这种情况又分为两种类型。一种是本土类型的多民族国家,即这种国家在其形成的漫长历史过程中就是多民族的国家,许多民族都有自己产生、发展的历史和开发的一定地区,民族和地区有着密切的联系。亚洲的许多多民族国家就属这一类型,如中国、泰国、缅甸等。多民族国家的另一种类型是移民型多民族国家,如美国,虽有很多民族和民族成分,但多数都是近代以来从世界各地,特别是从英国、非洲、亚洲等地迁去的民族成分,这些人在新的国家内,经过长期的发展、变化,与原来的母体民族的文化已产生了巨大差异,并形成了为大家共同接受的新的文化,从形式上看,是多民族的,而且都保留了一定程度的母体文化;但从另一方面看,他们已拥有一种共同的文化和民族认同,因此也有人认为他们已经形成了一种美利坚民族。然而这种民族中的各个群体均带有不同特点的母体文化,有着深深的移民烙印,在民族关系方面,比本土型多民族国家要简单得多。所以在美国,突出的是种族问题而不是民族问题,显现的是族群文化而不是民族文化。

此外,各国民族情况也受该国社会经济文化水平发展的很大影响。经济文化一体化发展程度很高的国家,其民族间的差异较小,其民族问题不突出,或者民族问题以种族和宗教等问题表现出来。社会经济文化发展水平不高的国家,其民族间的差异比较大,民族问题相对也就比较突出。

总之,世界各国的民族状况十分复杂,差别很大,各国对民族的认识、区分标准、对民族问题的处理和政策也各不相同。

西方民族学从产生就反映的是西方人的民族观念、民族环境、民族问题,主要研究对象是殖民地和落后地区的民族及其文化。西方民族学的许多原理、概念、范畴都是我们要借鉴的,但是,中国作为一个民族众多、民族历史悠久、民族文化丰富的多民族大国,不能照搬外国或西方民族学,而只能是吸纳他们的优秀成果,根据中国的民族理论、民族状况和民族问题创建中国民族学,并以此对世界民族学学科做出自己的宝贵贡献。

5.2　氏族、部落与民族

对民族的概念,国内学术界曾进行过多年的讨论,应该说到现在还没有取得完全一致的意见。

有一种看法,认为民族共同体包括了氏族、胞族、部落和民族。他们认为:"就群体而言,从原始游牧群起,随着生产力的发展,可逐渐依次演变为血缘家族、氏族、部族,直至民族。然而,不管是原始游群、血缘家族,还是氏族、部落,甚或是部族、民族,都属于人们的共同体,在民族学中通称为民族共同体,民族学的直接着眼点,正是这样的人们共同体。"[1]

---

〔1〕杨群:《民族学概论》,上海社会科学院出版社1998年版,第3页。

这种看法的根本缺陷是混淆了人们共同体和民族共同体的界限。

人们共同体,是一个很宽泛的概念,它包含了人类因一定共同性而联系在一起的、有一定稳定性的各种共同体,其中如大到一个国家内的所有的人可以称一个人们共同体,一个政治组织内的所有人也可以是一个人们共同体,小到一个宗族、一个社团也是一个人们共同体。家族、氏族、胞族、部落和民族,当然也都属于人们共同体的各种形式,但氏族、胞族、部落并不是民族,不属于民族共同体。氏族、胞族、部落是产生于原始社会,主要以血缘关系为存在基础和纽带的人们共同体。他们有一定的共同语言、共同经济生活、共同地域以及共同文化,但是他们是建立在血缘基础上的自然群体,其发育程度很低,地域范围和群体规模很小,同一个祖先、相同的血缘关系,是他们认同的基础和主要标志。但血缘纽带在这种共同体发展的过程中,按照其强度,一般来说,在五代之内,还可能起一定的作用,五代之外,血缘联系实际上不可能再起纽带和认同的作用,这正是中国所谓"五世而迁"的原因。因此,氏族、胞族和部落的发展并不稳定,而是在不断产生、不断分化、不断消失和不断变化中。当发展到一定数量和一定规模,血缘关系就淡远,终至断绝,共同的认同就不存在,从而产生不同的氏族、胞族和部落。而其他的共同性,如语言、地区、经济生活及其他文化因素,也都是建立在血缘关系基础上的,随着血缘关系的淡化和消失,其他共同性也必然发生变化。而且氏族、胞族、部落既是一种血缘关系的集团,同时也是当时社会的社会组织、生产组织和军事组织。氏族、胞族、部落都是原始社会组织生产、进行战争、维护秩序、保护成员、繁衍人口的带有一定强制性质的原始机构和基本社会组织。因此,这种共同体是以血缘这种自然关系为基础,以社会功能为主的一种人们共同体,并不是我们所说的民族共同体。

此外,氏族、胞族、部落各类型的血缘共同体的情况也很不相同。

氏族是原始社会最初的血缘共同体,同时也是当时社会生产的基本单位,在原始社会的大部分时期,氏族都是以母系氏族,即以母系血缘关系为纽带的。大约在野蛮时期的后期,氏族进入父系氏族时代,即以父系血缘关系作为氏族的纽带。

胞族主要是由氏族分裂而形成的,每一胞族包括若干血缘上相近的母系氏族。这种胞族的产生,在一定程度上也主要是适应氏族外婚制而形成的,但是胞族是一个较之部落更为脆弱的血缘共同体,随母系氏族的发展、变化和消亡,胞族的变动更为激烈,它作为氏族与部落之间的过渡或中间组织而存在。

部落是若干氏族和胞族自然发展的产物,其基础仍然是不同程度的血缘关系。氏族组成部落,在更大程度上是氏族安全的需要,地域扩大的需要,人口繁衍的需要。部落较之氏族具有更多内容,特别是文化上的共同性,而且在氏族社会的后期,部落也有非血缘关系的人和氏族的加入,但从总体上说,原始社会的部落仍是以血缘关系为基础的一种血缘共同体和社会组织。

总之,原始社会的氏族、胞族、部落是以血缘关系为基础的血缘共同体和社会组织,它的稳定性有很大的局限性,是相对的。它与民族共同体是性质上不同的两类共同体,但这种血缘共同体并非与民族共同体毫无关系,而是有密切关系的两类性质不同的共同体。其一,恩格斯指出:"从部落发展成了民族和国家。"[1]马克思也曾指出:"部落联盟是与民族最近似的东西。"[2]氏族、胞族、部落的发展,为民族的最后形成奠定了基础,民族共同体就是在氏族、胞族和部落创造的共同性诸因素的基础上形成的。但是只有当部落的血缘关系遭到破坏,部落范围更加扩大,而文化联系成为部落联盟之间的主要联系,地缘关系代替血缘关系成为其基础以及它们的社会组织职能消失或转化了的时候,部落联盟才转化成为民族共同体。其二,当民族共同体形成后,氏族、胞族、部落并不是完全消失,而是以各种形式进入民族共同体之内,成为民族共同体的社会组织,发挥着组织生产、维护社会生活秩序、承担各种权利和义务的作用。正因为如此,世界上许多民族社会内部保留着

〔1〕《自然辩证法》,收入《马克思恩格斯选集》第3卷,人民出版社1973年版,第515页。
〔2〕《摩尔根〈古代社会〉一书摘要》,人民出版社1965年版。

大量建立在一定血缘关系基础之上的氏族、部落。氏族、部落的文化成为民族文化的一种特殊形态,构成民族文化的一部分。但是,残留在民族内部的氏族、部落毕竟不同于原始社会的氏族和部落,他们在政治、经济和文化等方面已经是民族共同体的一部分,是附属于一定民族共同体的一种社会共同体或原始社区。

5.3　民族的概念

关于民族的概念或民族的定义,在我国已讨论了几十年[1]。这种讨论是很有意义的,因为民族学作为一门学科,"民族"是这门学科最基本的概念和因素,是这门学科研究的最基本、最主要的对象,对"民族"概念或定义认识不一致,这门学科的研究就不能深入,作为一门学科的体系和结构就不可能完善。此外,近几十年来对民族概念或定义的讨论的意义还在于,这个讨论过程,实际上就是各种民族学观念交锋、交流、交融的过程,特别是国外民族学(包括西方民族学、苏维埃民族学,甚至还有人类学)与中国民族实际和中国民族学传统思想相结合的过程,对构建中国民族学是很有意义的。

讨论民族的概念,不能不从斯大林关于民族的定义开始,因为新中国成立初期,斯大林的关于民族的定义被我们当作马克思主义的经典和基本原理对待,并有整整一代民族学者和民族工作者把这一定义当作自己研究和工作的重要基石。1913 年,斯大林在《马克思主义和民族问题》一文中,提出了他关于民族作为一个共同体的若干共同特征。他指出:"民族是人们在历史上形成的一个有共同语言、共同地域、共同经济生活以及表现于共同文化上的共同心理素质的稳定的共同体。"[2]此外,斯大林关于民族的论断还有其他一些,如认为民族"是一定时代即资本主义时代的历史范畴",在此以前,"是没有而且不可能

〔1〕金炳镐:《中国民族理论研究二十年(1978.12—1998.12)》,中央民族大学出版社 2000 年版,第 136 - 152 页。

〔2〕《斯大林选集》上卷,人民出版社 1979 年版,第 64 页。

有民族的"，"这些特征[1]，只要缺少一个，民族就不成其为民族"等论断，这些关于民族的性质、产生时代、基本特征等方面的论述，也都是构成斯大林关于民族的定义的基本内容。

对斯大林的这些观点，特别是关于民族是资本主义上升阶段的产物，在此之前不存在民族的论断，早在新中国成立之初就有著名历史学家提出了不同看法。1954年，我国著名史学家范文澜先生进一步提出异议，认为中国的汉族自秦汉时就形成为一个民族。此后也有很多讨论，其观点我们这里不再一一评述。下面提出我们对斯大林关于民族这个概念的看法，并提出我们对民族共同体的认识。

对于构成民族的基本要素和特征，在斯大林之前，已有许多说法，如瑞士－德国学者J. K. 布伦奇利认为民族有8种特质；孙中山先生认为形成民族的有"5个力"等。斯大林在前人研究的基础上，提出了民族的4个基本特征，应该说是最精练、最明确的。但是，我们要指出的一点是，斯大林没有从民族自身发展的不同阶段来阐述民族的基本要素和特征，而强调民族必须具备4个基本要素，这个观点是有很大片面性。因为从当今世界上许多民族和我国许多民族的实际状况看，并不是所有的民族，甚至可以说大部分民族并不是完全具备斯大林所指出的4个要素，我们不能因为某个民族不具备4个要素或不具备4个要素中的某几个要素而不承认他们是一个民族。实际上，这4个基本要素在民族形成和发展的整个过程中，其地位和所起作用是不同的。在民族形成时期，4个基本要素是民族形成的条件，在民族形成后的一段时间，这4个基本要素同时也是民族的重要标志。但是在民族形成以后的发展阶段中，4个基本要素在民族中的地位和作用实际上已发生了重大变化。由于斯大林把构成一个民族的基本要素绝对化、僵化了，导致其理论的不确切性。

民族形成于部落或部落联盟的基础之上，在民族形成以前，氏族、胞族、部落实际上就有自己的共同语言、共同地域、共同经济生活和共

---

[1]即前述4个基本特征。——引者

同文化,但这些只是在氏族、部落的狭小范围之内。随着生产力的提高、人们活动范围的扩大,不同血缘的氏族、部落之间,因某种原因打破血缘阻隔,实现以地缘关系为基础的联合,逐渐以某一个中心氏族和部落的语言、经济生活和文化为基础,产生和形成另一种新的、更加牢固的共同语言、共同经济生活、共同文化,并以新的更大范围的领域作为共同地域时,民族才算是形成了。因此,不同血缘关系的不同氏族、部落以地缘关系为基础,相互接近,相互交流,并在旧的氏族、部落的语言、经济生活、地域范围和文化共同性的基础上,产生和形成具有新的更加稳定的共同语言、共同经济生活、共同地域和共同文化的人们共同体,这种共同体就是我们所说的民族。

共同语言、共同地域、共同经济生活以及共同文化是民族得以产生的前提和基本条件。但这些因素又不仅仅是民族产生的前提和条件,它们同时也是作为一个民族的基本要素和基本内容,是一个民族在最初发展阶段的基本特征。但是,当一个民族产生和稳定以后,在其发展过程中,这些共同性并不是一成不变的,在民族族体的发展过程中,这些共同要素的地位和作用在发生着变化。

民族的本质不是单一或复合的社会、经济、政治共同体,而是一种以共同心理为基础的具有文化内在联系的综合性共同体。当一个民族建立在共同心理基础上的共同文化形成后,其他要素是可以变化的。

其中最早发生变化的要素之一,是共同地域这个要素。共同地域这个特征,在若干氏族和部落形成为一个民族之初的一段时间内,对一个民族共同体的形成、巩固和稳定是必不可少的要素。没有共同的、畅通无阻的活动区域,若干氏族和部落就不可能发生密切联系,并形成较稳定的共同特征。但是当民族作为一个共同体已经比较稳定了的情况下,民族共同体的某一部分离开其地域,与这一民族主体之间在地域上有了一定距离,并不妨碍他们之间在一定时期仍保持共同的民族认同。

共同经济生活是民族共同体形成的基础和基本条件,也是民族发展初期阶段不可缺少的基本要素,但是当一个民族共同体形成后,在民族族体的发展过程中,民族的共同经济生活也是很容易发生变化和发展的要素。任何一个民族在经济生活中,从总体上说都是能够适应所处社会和自然环境的变化,而采取相应的方式以维持本民族生存的。因此,在一个民族形成后,全部或部分成员由游牧经济生活变为农牧经济生活,或由渔猎经济变为畜牧经济和农耕经济,以及在一个民族内形成不同的区域经济特点,并不影响其民族共同体本身的存在。一个民族共同体经济生活的变化,在近代、现代则更是司空见惯的现象,不仅不会影响民族共同体的存在和发展,反而会更进一步促进该民族共同体的发展,巩固该民族共同体内在的联系。

作为民族共同特征的语言,有一个发展过程。民族的语言最初只是若干血缘氏族和部落的语言,当打破了血缘关系,在地缘基础上建立的新部落或部落联盟形成时,以某个强有力的部落或部落联盟的语言为基础,吸收其他一些部落或部落联盟的语言因素,在形成民族的过程中,同时形成了统一的新的民族语言。语言是民族诸基本特征中最稳定的要素,民族的统一语言一旦形成,它就成为维系和巩固民族共同体的基本要素,成为民族共同体共同社会生活、共同心理文化活动的基本载体,同时也就成为民族文化、民族心理和民族意识最深层次的组成部分和根基。但是,在民族族体的发展过程中,其语言也是在不断变化的,而且语言的变化,从根本上说,也不会影响民族共同体的存在。

作为民族共同特征之一,表现在共同文化特点上的民族共同心理素质,它涉及民族共同特征的其他各个方面,而且是对一个民族存在和发展影响最大的一个基本和核心特征。表现在共同文化特点上的共同心理素质,其内容十分丰富和广泛,凡一个民族的风俗习惯、婚丧嫁娶、伦理道德、宗教信仰、价值观念、思维方式、文学艺术、历史传统、神话传说等等,无不包括于其中。这种文化特征,是在氏族、部落的共同文化特征的基础上,经过长期的共同生活、共同实践最后形成,并融会于每一个民族成员的心灵深处,而且随着社会的发展,民族文化水平的提高,民族文化显现于民族意识、民族认同、民族感情、民族自尊等,并日益成为维系民族的强大纽带和凝聚力。在当今世界,随着经济、语言、文化、社会等的世界化、一体化趋势的加强,各民族对自己的传统文化

·欧·亚·历·史·文·化·文·库·

也就更加珍视,民族感情、民族自觉、民族认同、民族意识,已经或正在成为维系一些民族的唯一的或主要的纽带和标志,而且起着愈来愈重要和明显的作用。建立在共同心理基础上的文化联系、民族认同已经成为一种超时空的显现民族外部特征和维系民族内部认同的纽带。

总之,一个民族的共同地域、共同经济生活、共同语言及共同的心理和文化,在一个民族形成之初,是绝对不可或缺的,但是在其形成后,在其成为一个稳定的人们共同体之后,为了适应社会和自然环境的变化,民族的全部或部分成员主动或被迫改变自己的某些共同特征,是完全可能的。实际上,在长期的历史发展进程中,完全不改变某些共同特征的民族,应该说是不存在的,而且4个基本特征在民族共同体发展过程中的地位和作用也是不平衡的,是变动的。这就是为什么一个民族内部虽然出现有许多住在不同地区、操不同语言、有不同经济生活的不同的群体和地域性集团,但是,从总体上他们还自认是一个民族的原因。

我们认为,就民族形成、民族基本特征和民族特性来说,民族是这样一种人们共同体:民族是历史上由于拥有共同语言、共同地域、共同经济生活以及其他一些共同性特征,在长期历史发展中,以社会和政治联系为纽带而形成的具有以民族意识、民族认同为核心的民族文化(包括物质文化、精神文化、行为文化、制度文化)的稳定的人们共同体。在民族的发展过程中,文化的、心理的共同要素,以及作为文化、心理共同要素集中表现的民族认同感、民族意识、民族感情、民族自尊等,越来越成为一个民族存在的最强有力的纽带和支柱,成为一个民族存在的最主要的标志。

5.4　关于"族群"

在最近几年,一些学者从国外引进了"族群"(ethnic group)这一概念,并且在民族学和人类学的研究中,被许多人所使用。但是在习惯于使用"民族"、"民族共同体"一词的中国民族学界,"族群"一词的引入,既为民族学的研究提供了一种新的视角,一种新的思考,同时也由于"族群"一词使用面的浮泛,使人产生了疑惑。最近几年在我国各种杂志上,有关"族群"的论文达100余篇,其中对"族群"一词的看法多达数种。

"族群"这一概念产生于20世纪中叶的欧美学术界,并且是一个被广泛运用而其内涵至今尚不确定的概念。正如纳日碧力戈先生所说:"地区差别和文化殊异带来族群意义的变化多样,而不同的族群价值观也通过人的主观能动性对社会环境产生影响。固然,社会和文化的不同使人们对于族群的理解不同,但是,即便那些来自相同背景的人,也会有不同认识。"[1]可见"族群"一词就是在西方的学者中,也有不同的认识和理解。那么族群究竟是指什么? 这个概念有什么意义呢? 纳日碧力戈先生的《现代背景下的族群建构》一书,专门介绍和论述了族群问题。作者对族群的基本观点可以做以下一些归纳:

(1)族群"既可以指一种来自西方的社会哲学思潮,也可以指在这种社会思潮作用下发生的对于人类社会关系的一种新分类,它具有'客体化'的可能性和现实性。在这里族群所指的对象实体,是一种内核稳定、边界流动的人们共同体"。"族群在历史发展过程中,产生了超过其他人类群体形式的可塑性、包容性、象征性、创新性、民众性和稳定性。""各种政治、经济、文化的因素都可以被族群所容纳,打上族群的标记。"[2]

(2)"族群成员在互相认同的基础上,可以想象、改造乃至创造族群的特征或者标记,使之适应形势需要。民族是欧洲资产阶级革命以后的'新生事物',它既可以根据族群的政治、主权和领土扩展而来,也可以围绕一个核心族群形成多族'共和',甚至可以是重新创造和想象的共同体。"[3]

"17世纪欧洲资产阶级革命以来的'民族'就是族群政治化的产

〔1〕纳日碧力戈:《现代背景下的族群建构》,云南教育出版社2000年版,第2页。

〔2〕纳日碧力戈:《现代背景下的族群建构》,第2页。

〔3〕纳日碧力戈:《现代背景下的族群建构》,第4页。

物,和主权、经济、地缘、文明、公民权等等观念密切相关,是族群在空间和时间上扩展和延伸。"

这几段引文表达了纳日碧力戈对族群的基本观点。

从第一部分引文中,该作者认为族群是 20 世纪 60 年代以来,在西方流行的一种哲学思潮,是在这种思潮指引下,对社会群体的一种新分类,也是分别人类群体的一种新方法、新工具。这种群体应有一定的共同性,但这种共同性既可以是政治的,也可以是经济的,更可以是文化的,是一种组织符号。它的特点就在于内核(即某种共同性)稳定,边界(即群体的地域范围、共同性内容的多寡等)流动。

不同社会背景、不同哲学思想、不同认识的人们对族群有不同的分类标准和分类方法,甚至族群的成员也可以想象、改造、创造族群的特征和标记。因而族群是一种具有可塑性、包容性、象征性、创新性、民众性和稳定性的超过其他群体形成的共同体。一句话,族群是人们,包括族群成员对人类群体分类的新工具和新方法,是人们认识和表达人类群体的一种流动符号。

该作者认为民族是资本主义上升时期的产物,该作者所说"族群"概念,显然不仅与该作者所说民族不同,而且也与我国习用已久的民族一词不同。族群可大可小,民族既可以是族群在空间和时间上的扩展和延伸,族群也可以包括许多民族,当然也可以将一个民族视为一个族群。此外,族群与种族也有密切关系,种族在一定环境中,也可以被视为一种族群。一个民族中由于方言、信仰、习俗、地区、经济生活、历史等方面的差异和不同而形成的一些群体,以及跨国、跨界民族等,都可被视为不同的族群;一些有某种共同性,特别是多民族国家中的诸多民族,也可以称之为族群;而资本主义以前的历史上的民族,更应该是族群。

《现代背景下的族群建构》一书对族群还有很多论述,但笔者认为,上述两点是该书对族群的基本论述和基本观念。此外,徐杰舜先生在《论族群与民族》[1]一文中认为,从性质上看,族群强调的是文化性,而民族强调的是政治性;从社会效果上看,族群显现的是学术性,而民族显现的是法律性;从使用范围上看,族群概念的使用十分宽泛,而民族概念的使用则比较狭小。族群与民族的联系是:族群可能是一个民族,也可能不是一个民族;而民族不仅可以称为族群,还可以包括若干不同的族群。

关于族群的论述还有许多,我们就不再一一介绍。

对于"族群"这一概念,笔者在前面曾说过,引进这一概念,给我们认识我国的民族提供了新视角,帮助我们从新的角度考虑问题,是有益的。但是,笔者认为民族学作为一门科学,如果概念不清,则其认识事物的科学性就要受到损害。从民族学的角度,应如何对待"族群"这一概念呢? 笔者的看法如下:

(1)笔者认为,"族群"是西方人类学和社会学的一个概念和认识人类群体的一个工具。人类学、社会学与民族学有很密切的关系,在西方,人类学和民族学曾经是一门学科,而且到现在,人类学、社会学、民族学还有着大量的交叉,但是在学科日益细化和多学科交叉这两种趋势都在发展的今天,人类学、社会学和民族学还是不同的学科,而且各学科有自己的主要研究对象、主要研究范围和主要概念体系。

人类学的研究对象显然是整个人类各种群体的发生、发展和变化,包括其体质和文化两个部分。人类学的研究对象中,当然包括了作为人类群体的民族,但其重点不在于人类的民族,而是人类群体的各种文化和群体的形态,而"族群"就是适应于人类学研究要求和发展而出现的一个概念。

社会学的研究对象,简单来说就是人类社会。当然,社会学也要研究离不开社会的民族,但其研究的重点不在于离不开社会的民族,而在于社会的各个方面,包括了民族的社会。作为社会群体的一个单位,使用族群这一概念,也是顺理成章的。

---

[1]载《民族研究》2002 年第 1 期。

但是,在民族学中使用"族群"一词,特别是在汉语所含原义的基础上使用"族群"一词,就显得很不顺。民族学的研究对象,简单地说,就是研究民族的产生、发展和消亡的规律,研究民族的社会和文化,即民族的一切。"民族"一词是民族学学科体系中的基本概念,而且有一套比较成熟的、为大众所接受的概念系统。族群如果按照字面上的含义,即民族的群体,包括一个民族内的某些群体和若干民族组成的群体,这个词在民族学中也是可以用的,实际上许多文章中所使用的族群,就是在这个意义上使用的。但如果把"族群"当作民族学的一个基本概念,甚至用"族群"一词来取代或等同于"民族"一词,那不仅没有必要,而且只会造成混乱,而不利于民族学的发展。

因此笔者认为,西方学者们所用的"族群"一词及其含义,原本是人类学的一个基本概念,在民族学中,特别是在中国民族学中,不是不可引进,但要做出明确的界定,更不应代替"民族"一词。

(2)我国每一个民族中,都存在许多地域性的、文化性的群体,或者可以称之为"族群"。民族中不同群体的产生,是客观的、复杂的过程和现象。民族是人类社会的一个最基本、最稳定的人们共同体。但是,我们同时也应该看到,民族是不断发展、不断变化着的。民族的变化、发展有很多动力,就民族自身推动其发展变化的动力来说,那就是同化和融合。民族的同化和融合促使不同的民族成分以不同的形式相互吸收。这种吸收其他民族成分的痕迹,在一个族体中,会保留很久,并在文化上有所反映。因此,一个民族,虽然是一个共同体,但是任何一个民族共同体内都会出现不同的文化支系。例如,虽然语言相同,但方言很多;虽然习俗基本一致,但各地又有不少区别,"十里不同俗,百里不同风"就是这种情况的反映。总之,一个民族共同体内,在基本文化相同的前提下,出现许多有自己特点的文化群体,此种现象是普遍的。以汉族来说,汉族中就可分出许多有自己的方言、有自己的特有习俗、有自己的特有文化传统以及特有区域的群体,如客家人、吴越人、蜀人、陕人、甘人等等;藏族就可分为卫藏人、康巴人、安多人等;裕固族又可分为东部裕固人和西部裕固人等;蒙古族有东蒙古、西蒙古、喀尔喀蒙古等;彝族中有"诺苏"、"密撒"、"阿细"等支系。支系在我国各民族中,几乎是普遍存在的。其原因,正如上面所说,我国各民族在其发展中"融合"与"同化"现象始终是存在的,因此在文化上必然显现出这种融合和吸收的痕迹。此外,这种情况的出现还由于一个民族的分布地区较广,而各地自然条件不同,生活状况有差异,从而在一个民族中形成许多支系文化。在各民族交往中,邻近的不同民族互相学习,相互影响,也是造成一个民族共同体中出现不同支系文化的重要原因。

各民族中都有一定的群体和支系存在,这是一个客观事实,也是我们全面认识一个民族、研究一个民族必须注意的一个重要方面。如果将这种群体或支系称作"族群"也是可以的。

(3)还有一种情况,即若干个民族,由于在政治、经济、文化等各方面都有密切联系,甚至同命运,共兴衰,使各民族共同体在各自保持自己传统文化的同时,也具有了很多的共同性。这种多民族结成的具有共同特性的民族群体,实际上就是一种民族集合体。民族集合体现在存在,在我国历史上也存在。譬如我国古籍中所说东夷、西戎、南蛮、北狄就是这种民族集合体之一;再如我们现在所说南北朝至隋唐时期的突厥,它既是一个政权名,又是一个族名,同时还是一个拥有众多民族的民族集合体的名称。突厥汗国是一个客观存在,同时,以阿史那氏族为首领的突厥族也是一个客观存在的族体,而在突厥汗国中,还有各种与突厥族不同的其他突厥语族和操阿尔泰语系语言的部落和民族,如回纥、薛延陀、室韦、骨利干、拔塞密等。在当时,他们也被统称为突厥。其中许多部,在突厥汗国崩溃后,都曾成为独立活动的族体。特别是这时期的铁勒,虽未曾建立统一政权,但在铁勒名目下,却包含了从漠北东部到西域这个区域内的许多民族。古代这些民族的集合体也可以勉强称之为族群。这些族群的存在,其最基本的是他们或在文化方面,或在语言方面,或在地域,或在政治方面有一定的共同性。古代民族集合体,由于其每个民族发育状况不同,民族认同和民族意识还比较原始,因此,这种民族集合体,聚合容易,分裂也容易,缺乏有机的结合,缺乏自觉的纽带,带有极大的强制性、可塑性、象征性、被迫性和盲目性。这种集合体正是那种"被看成是政治、经济操作的工具,很难找到其同一、普遍、稳定的客观依据"的族群[1],而且也符合"族群不仅是一般现象或者哲学观念,它还是象征符号,可以随着时代的不同,文化的不同而有所变通,可以临时'命名',也可以'改名换姓'"的特性[2]。因此,这种中国历史上的民族集合体也可称作族群。

(4)"族群"一词也适合概括现在美国的民族状况。在美国,严格来说并没有我们现在所说的民族,实际上都是族群。美国是一个移民国家,除了少数土著的印第安人之外,最初主要是来自操印欧语系的许多民族的人,以后随着蓄奴制的兴起,大批黑人被当作奴隶运入,随着南北战争的结束和美利坚合众国的建立以及美国的发展,又有大批亚洲人、北欧人、西欧人等移入,致使美国人的民族成分,几乎遍及世界上的所有民族。为了使来自不同国家、不同民族、不同种族的人群汇集在一个政府之下,在19世纪30年代,美国国内曾推行过强制同化政策,即"美国化"政策,这种政策收到了一定成效,当然并没有解决根本问题。美国民族问题依然存在,但美国的民族和民族问题表现出自己的特点,即美利坚民族实际是由来自欧洲的白人、非洲的黑人、亚洲的黄种人等结合而成的。来自世界各地的民族仅是该民族的一小部分,而且分散于美国各地,所以美国的民族问题,也主要表现为种族问题,如黑人问题、亚裔问题等。也正因为如此,美国与中国在民族问题上有很大差距,在美国,只能把一些在种族上、在文化上相近的人称之为族群,这是很能反映实际的一种称谓,甚至把美利坚民族称为一种族群也是合适的。因此,"族群"一词,既可以指美国境内有一定共同特性,包括在种族上相同的这部分人群的称呼,也可以是整个美利坚人的一种概括。

有人把中华民族也称之为一个族群,笔者认为这是很不合适和很不确切的称呼。

---

[1]纳日碧力戈:《现代背景下的族群建构》,第9页。
[2]纳日碧力戈:《现代背景下的族群建构》,第12页。

从根本上说,中华民族也是对一个多民族的整体称呼,但是中华民族与美利坚民族、中华民族的各民族与美利坚的各族群完全不同。就美国来说:

(1)美国作为一个移民国家,在美国的移民中,几乎有着世界上所有民族的成分,这些民族的大部分仍都留在本国本地区,移居到美国领土上的只是这些民族中的少数人群,而且散布于各地。

(2)移居到美国去的这些民族成分,虽然都保留了自己民族文化的某些特点,但从总体上说,在地域上、在政治上、在经济上、在文化上没有发展自己独特民族文化的条件,因此这种民族成分,是一种不完善的民族而只能是族群。

(3)美国在政治上,虽然允许各种民族成分有自己的结社和保护自己权益的活动,如保护华人和各种人的权益的团体,但在政策上、在法律上,并不将他们看作是一个民族,而是突出其种族地位,只是视为白人与有色人种的区分,因此移居到美国的民族成分,实际上没有被当作一个单独的民族来对待。

(4)由此而组成的美国人中,虽然有众多的民族成分,但由于这些成分难以被当作一个有自己的历史、有自己的区域的民族来对待,所以美国人主要被区分为若干族群,即由美国建国200多年来形成的美国文化为基础所统一起来,但又各有自己独特文化因素的族群。

中华民族与美利坚民族完全不同:

(1)中国有56个民族,各民族都有自己长期生存、开发的区域,绝大多数民族是在中国的土地上形成、发展起来的,并且绝大多数民族的主体部分始终在中国。

(2)各民族都保存有自己独特的、长期发展形成的传统文化,而且至今仍有极大活力,并在自己的民族生活中,起着巨大的现实作用。

(3)中国实行各民族一律平等的政策,实行民族区域自治制度,保证了各民族在政治、经济、文化、社会各领域一律平等和当家做主的权利,并且为各民族各方面的繁荣和发展提供了保障。

(4)中国各民族与中国古代民族都有直接的承袭关系。中国的古

欧·亚·历·史·文·化·文·库·

代民族与现代各民族,在数千年的历史中,在共同创建中华中,都做出了巨大的贡献。

所有这些说明,我国的民族状况、民族问题都与美国的民族状况和民族问题有巨大的不同,因此,从美国和欧洲民族状况出发所概括出的一些人们共同体方面的概念,并不完全适合我国民族的情况,例如族群就是这样的概念。使用族群这个概念来反映我国民族中的某些情况是可以的,但族群一词并不能代替民族的概念,更不能成为中国民族学的基本概念。

(本文原载《民族理论论集》,民族出版社 2005 年版)

文化编

6　从民族关系视域论中华文化

几千年来,在中华大地上生存、繁衍和活跃过众多的民族,这些民族的社会发展水平有高有低,势力有强有弱,文化千姿百态,对中国历史发展的贡献有大有小,而且在历史长河中,不断有旧的民族消亡,又不断有新的民族涌现,各民族的兴衰存亡、强弱交替、交流互动、战和交错、治乱成败、同化融合,形成了中国历史发展的一幅恢宏壮丽、生气蓬勃的画面,成为推动中国历史发展的一股强大力量。它与中国历史上人们以阶级为基础形成的阶级关系、阶级矛盾、阶级斗争的主线相辉映、相交错、相影响,构成中国历史发展的主要内容。直到今天,在中华大地上被正式确认并拥有法律地位的民族,仍有 56 个。现代中国各民族,大都是中国古代民族的直接后裔,作为民族共同体,大都是中国古代各民族血缘和文化的传承者,各民族在全新的基础上,正以崭新的面貌,继续创新和丰富着本民族的文化,并且在塑造和共建中华文化全面发展的新阶段做出了自己的贡献。

什么是中华文化? 不同学科的研究者从自己的研究出发,有过很多不同的解释和理解。从民族关系的角度出发,笔者认为中华文化既指中华各民族(包括历史上的各民族)丰富多彩、各具特色的传统的和现代的文化,也指由中华各民族共同创建、普遍认同和共同享用的价值观体系及在其指导下的一切文化现象。也就是说,中华文化既包含和反映着中华各民族文化的多元性、多样性,也包含和反映着中华各民族文化中的同一性因素和发展趋势。

中国各民族丰富多彩、各具特色的民族文化都是中华文化的基本内容,对这一点,从理论上讲,人们的看法大体是一致的,分歧不大。但是对中华文化中有没有以及什么是各民族普遍认同和共同创建、共同享用的文化因素,以及在中华文化中各民族文化的地位和作用如何,人

·欧·亚·历·史·文·化·文·库·

们的看法并不一致。

本篇拟就中华文化的同一性因素以及中华文化中各民族文化的地位和作用,提出一些自己的看法。

6.1 历史上的中华文化

中华文化是在中华各民族的相互交往、交流、共生、共处的历史环境中产生的。历史上的中华文化与当代中华文化在性质上和发展程度、发展途径上完全不同,但是,生存在中华大地上的中华各民族,在中国古代长期的历史发展中,就已经产生并逐渐增多、增强着文化上各民族都普遍认同的共同性因素。这种共同因素,虽与今天的中华文化从形式到内容都有根本不同,但从渊源上说,历史上中华各民族文化中的共同因素,实际上就是古代的中华文化,它是当代中华文化的重要基础。

历史上中华各民族文化共同性的产生,即古代中华文化的形成和发展,是中国历史发展的直接产物,是由中华各民族历史发展中的许多因素和条件促成的。因此也可以说,古代中华文化是中华各民族共同创造的。

决定和影响历史上中华文化形成的因素,主要有中华各民族文化的同质性和中国历史上的大一统局面等。

6.1.1 中华各民族文化的同质性

中华各民族文化的同质性为历史上中华文化的产生奠定了基础。古代中国是中华各民族孕育、形成、发展和不断更新的时期,同时也是中华各民族文化的孕育、形成和发展的时期。从这个阶段开始,丰富多彩的中华各民族文化,就存在着众多的内在联系和共同特点,就内含着不同程度、不同层次的同质性、同一性和相融性,而且这种同质性、同一性和相融性在多元、多样的各民族文化中,其地位越来越突出,成分也越来越多。

中华各民族的文化各有各的特点而且丰富多彩,各民族的文化,都是在其生存的一定的物质生活条件和社会环境中产生的。在其发展中,各民族的文化又有着错综复杂的关系。有的民族之间的文化有着直接的传承关系;有的民族文化原本是一个,因受到某种因素的影响而发生变异、转折,导致多种文化的形成;有的民族文化原本不同,因某种条件的变化而汇合一起,形成一个或相似的文化;更有的民族文化就是在许多原有民族文化的基础上融合而成的新文化。而其中,汉文化的作用最为突出。由于汉族从汉代以来就是中国人口最多的民族共同体,加之在中国历史上的独特作用,汉族文化对各民族的文化都有巨大影响,反过来,各民族的文化也对汉族文化的形成和发展产生了重大的作用。汉文化中包含了各民族文化的诸多因素,这才使汉族呈现出语言、风俗、宗教、民情、生计方式等方面的巨大差异。

由于各民族文化有着密切的关系,所以从各民族生活的生态环境,文化联系的紧密度,文化变迁的轨迹及政治、经济的相互关系,中国各民族的文化大体上可以划分成 7 个大的系统。

(1)北方草原民族文化系统

其文化区域以蒙古高原为中心,东自大兴安岭,西到阿尔泰山脉,南到鄂尔多斯高原,北到西伯利亚。从匈奴到蒙古族的中国古代许多民族都发祥和活动于此。以游牧狩猎为主要的生计方式;政治上以分封式中央集权为主,社会以氏族、部落、部落联盟为基础,崇老贵壮,崇日月,信鬼神,重萨满;后期有佛教等传入;其语言属阿尔泰语系蒙古语族和突厥语族,并有高度发展的文字系统。

(2)东北松辽平原文化系统

其文化区域主要是西自大兴安岭,东至长白山的松辽平原,其生计方式主要以农为主,兼及畜猎;其语言大都属阿尔泰语系满 - 通古斯语族;渤海、契丹、女真等有自己的文字;其社会以血缘宗法制为基础,以村寨为主要组织形式。

(3)西域民族文化系统

西域文化的地理范围,各时期并不相同,而现代新疆地区则是古代西域的主要部分。西域是一个多民族、多文化、多宗教地区,是东西南

·欧·亚·历·史·文·化·文·库·

北各种文化的交汇区。其文化发展在前期受佛教影响巨大,后期,特别是 18 世纪 20 年代以后,伊斯兰文化影响始遍及天山南北。西域地区与北部草原和中原地区,通过人口迁徙、政治隶属等方式有直接关联,使西域文化的发展与之产生了内在的联系。特别是古代丝绸之路的开通和兴盛,为西域与中原的经济、文化、民族的交往和铸造共同命运、共同价值观,提供了深厚的基础。

(4)黄河上游民族文化系统

这个地区主要指今青海、甘肃、宁夏地区,这里北接草原文化,西通西域文化,南联西藏文化,它的东部,早就是汉文化覆盖之地,是中国多种文化的交汇点、联结点和交往枢纽。在这里活动的许多民族,如羌、氐、鲜卑、突厥、回纥、蒙古等族的文化,在这里都留下了深深的踪迹。此后,这里又成为伊斯兰文化、藏传佛教文化与中原文化的交流、交汇中心。

(5)南方丘陵红土地带民族文化系统

该地区主要是指以云贵川高原为中心的地区。农耕采集是这一文化地带的主要生计方式,其语言大多是汉藏语系,社会政治生活以血缘宗法制为基础,崇拜祖先、崇拜自然的原始宗教成为社会文化的主线。整个地区基本上笼罩在中原文化之下。

(6)西藏民族文化系统

西藏主要是藏文化地区。其语言属汉藏语系,较早出现文字。佛教在这个文化系统中占有十分重要的地位,并逐渐与本地宗教和文化融合,形成了以藏传佛教为特色的文化体系。早在 7 世纪,中原地区文化与藏文化即有了密切交往,14 世纪以后,两种文化的交流更加全面。

(7)中原的汉文化系统

中原是汉文化的中心地区。汉族以黄河流域为中心,逐渐扩散于中国各地。汉文化以儒家思想及其价值观为核心,成为中国大一统时期以及分裂时期大多数政权,包括以少数民族为主建立起的中国政权的指导思想和社会主流文化。汉文化以其强势文化和主流文化的地位和作用,主导和构建了中国的政治、社会、经济和文化的内在结构和发展趋势。各民族的思想在不同时期无不受到汉文化的熏陶和影响，汉文化影响各少数民族及其地区的主要途径，一是中国历史上的大一统政权及区域政权所实行的各种政策、制度、法令的直接影响，另一个就是在各个时代大量的以各种形式和身份进入少数民族及其地区的汉族移民、官员、士兵、商贾、僧侣、逃亡者和被迁谪的犯人。

中华各民族的文化从区域和传承的角度虽可分为 7 个系统，但是他们具有极强的同质性和共同性。

从政治上说，各民族社会发展水平虽有差异，但大体上都以集权制作为公共管理和统治的思想基础和政治制度。中央集权、君权天授、家族世袭、君臣有序等思想观念和价值取向，构成了中华各民族政治文化的精髓和传统。

从文化影响和联系上说，各民族的文化都受到一定程度的汉文化的影响。如佛教自东汉传入中原后，有一个中国化的过程，这个过程实际上就是佛儒道和当地宗教相互融合、相互交流，并最终形成内地佛教、藏传佛教等的过程；再如伊斯兰教传入中原后，也在回族等形成过程中，以儒诠经，促进伊斯兰教与汉文化的结合。

在社会生活中，遵行宗法制度，重视和维护家庭、家族、氏族、部落的血缘关系，血亲复仇、族长至上、长幼有序、重视门阀的血亲关系，成为社会关系的基本原则和基本纽带。

生计方式虽有农耕与游牧之别，但两种经济生活相互依赖、互为补充，且均以自给自足的自然经济思想为基础，重农牧、轻商贾、重土地、轻流动、重传统、轻变革构成各民族经济思想和生产活动的基本信条。

在社会道德和价值取向上，由于社会发展不均衡，各民族有较大差异，但总体上说，重义轻利、重男轻女、重社会、重群体、重天地神灵、轻个体、轻个性等观念既是民族的群体意识，也是个人的行为准则和追求。

以上共同点说明，中华各民族的文化虽然各有特色，多元性和多样性十分明显，但是社会价值观的一些基本内容和取向，具有极强的同质性，并为中华各民族关系的密切发展提供了十分广泛、深厚的基础，为

·欧·亚·历·史·文·化·文·库·

各民族相互交往、共生共存提供了认同的基础。

6.1.2 中国历史上的大一统局面

中国历史上的大一统局面,为中华各民族文化的共同性因素的产生、形成,创造了条件和环境,为促进中华文化的形成和发展提供了基本保证。

古代中华文化的产生,是中国历史发展的产物。在中国几千年历史发展中,虽有割据和分裂时期,但对中国历史起主导作用的是中国的大一统局面。这是中国历史的基础结构和脊梁。从秦、两汉、隋、唐、元到清,中国保持大一统的时间长达 1000 多年。就是在分裂时期,也保持着大区域的局部统一。

中国历史上大一统和分裂局面交替出现的情况,虽然主要是受中国社会中阶级矛盾和阶级斗争的影响和主导,但同时民族问题的积累、民族矛盾与斗争,也起着重大的作用,而且在统一、分裂、统一的大循环中,中华各民族的文化,以及反映中华各民族共同愿望、共同追求的中华文化,明显地起着十分重要的作用。原有的大一统局面孕育、形成的中华文化,是促进中国由分裂走向新的大一统的重要力量。因此可以说,中国大一统局面造成中华文化的形成、巩固和发展,同时,中华文化也对维系和促成新的大一统局面的出现起着重大作用。

秦朝是中国历史上第一次出现统一局面的朝代。这次的统一,虽在疆域上有一定的局限性,但其意义却十分重大。秦的统一,看似是强大的秦国通过残酷的战争手段取得的,实际上与当时中国各族文化同一性增强有着密切的关系。在秦朝统一之前,不论是春秋还是战国,除了与周王室同宗的华夏族之外,还有吴、越、楚、秦等蛮夷之国。这些蛮夷之国,有各自的文化和传统,在政治上相互之间以及与华夏族之间对立。春秋战国时期,特别是战国时期,蛮夷诸国出现的各种改革以及"百花齐放、百家争鸣"的局面,其主要内容和目的就是改变与时代不相适应的各种蛮夷之俗,满足时代需求,靠拢华夏文化,以适应所谓"礼"的要求。其中楚有所谓行"明法审令"、"废公族疏远者"等改革措施的吴起变革;吴有申公巫臣父子推行华夏化,"吴始通于中国";越

126

任文种,改变蛮夷之俗,"横行于江淮";秦有商鞅变法。结果,走在这个变革最前列的秦国脱颖而出,成为实力最强大的集团,并兼并了诸夏及蛮夷诸国,建立起统一的秦国。秦国建立之后,又凭借强大的政权力量,"一法度衡石丈尺,车同轨,书同文"[1]。所谓"焚书坑儒"也正是在当时条件下从客观上来说促进各族文化同一性的措施。秦朝结束了春秋战国几百年中原各种民族、各种文化、各种政治势力集团互相斗争的混乱局面,使中原及周边各地区统一于华夏文化,同时它的统一又进一步促进了中国各地文化的交流和融合,强化了中华文化的同一性。因此,秦朝统一时期并不长,但其意义却十分深远。

两汉的统一不仅使汉族正式成为一个人口众多、具有独特民族文化的民族共同体,而且使汉族与更大范围内的许多民族在文化上建立起密切的联系。两汉在中国多民族国家建立过程中,是具有里程碑意义的时代。两汉的统一,为中国拥有辽阔的版图及众多民族的基本格局,奠定了基础。汉朝通过"独尊儒术",进一步巩固和明确了汉文化的基本特征,而且通过各种形式和措施,加强了对周边各少数民族地区的统一。特别是在武帝、宣帝时期,平南越,定西南夷,降匈奴,通西域,在各边地,或设郡县,或置中郎将、都护长史,封官授印,与各地少数民族建立了统属关系。通过屯田、驻军、迁移等方式将内地的大量人员迁徙边地,其直接或间接统治地区已达今日中国的大部分地区。

唐代把中国的大一统局面推向一个崭新阶段。作为唐朝对边疆少数民族统治的基本政策——设置羁縻府州县,遍于东南西北各少数民族及其地区,在边地设立的邮置驿站、屯田驻军、官员臣属等遍布于天山南北、大漠上下、云贵高原、川岷盆地、青藏高原。汉文化和少数民族文化随着人员来往、政经联系,其交流、融合更加频繁。特别是汉族文化传入边地和各少数民族中,成为代表中原政府的官方文化而受到各少数民族官员和上层的尊重,并融入少数民族文化生活之中,而少数民族的所谓"胡风"、"胡俗"、"胡歌"、"胡舞"也大量渗入中原汉族生活

---

〔1〕《史记·秦始皇本纪》卷6。

之中。

元朝和清朝是由中国少数民族统治者建立的大一统政权,少数民族统治者在中国历史发展以及在古代中华文化的创建中,起着非常重要的作用。元朝的蒙古族统治者,在全国的大部分地区,抛弃蒙古族的传统文化,依据历代统治者的惯例,以"行汉法"为治国理念,使用各族人才,在政治、经济、社会和文化方面,既实行照顾各民族多种需要的多样化政策,又实行满足中原汉族社会需要的政策,维系了中国固有文化。特别是清朝这个由少数民族建立的空前大一统的中国政权,在它统治的250多年中,最后奠定了中国疆域的基础,巩固了中国多民族共存的格局,确立了中国中央和地方以及地方之间的地缘政治关系,明晰了古代中华社会的基本结构,继承和发扬了对中华各民族文化共存、包容和交流的传统。同时在思想意识领域,把代表汉族的儒家思想体系,提高到代表国家官方思想的高度,把贯穿儒家思想的文化活动,变成各民族文化活动的主导,使儒家思想体系成为中华各民族文化的基础,为创建古代中华文化做出了巨大贡献。

中国历史上的大一统局面,创造和积淀了为各民族普遍认同并共享的文化共同性。其中最主要的有:

(1)各朝各代各民族,都采取尊重、包容、发展中华各民族文化的态度和政策,各民族的统治者一致奉行所谓"依俗而治"的方略,对聚居和散居的少数民族和汉族,不强求用统治阶层民族的语言统一其语言,不强求用统治阶层民族的宗教、习俗、生活方式统一其他民族。从政治上保证了中华大地上宗教、语言、风俗及生活方式的多样性。

(2)各朝代的统治者都自觉地推崇儒家思想,提倡儒家文化,推行以儒家学说为核心的教育,给儒家思想的创始人孔子以崇高的社会地位,实际上是把儒家思想的核心观念作为各朝政治、社会、文化建设的指导思想和行为准则,以及维护社会秩序的最高标准,并以儒家思想所推崇的社会目标作为各自的社会发展目标。

(3)各朝在民族关系方面,虽然实行一系列的民族统治和剥削压迫政策,但同时也都把各民族"和而不同"、"统而共存"的理念,作为处理各民族关系的基本理念和态度,实行羁縻政策。对不同民族或要求其按时纳贡("要服者贡"),或要求其承认中央的统治("荒服者王"),因俗而治,羁縻不绝,但同时,采取"修德"(说服教育)和"修刑"(武力征讨)的两手政策。

(4)以中原及汉族作为中国统一国家建国的基础和中国国家的地理标志,把中原称为中国,以中原为中心的大一统思想作为国家最高理念,维护国家统一成为统治者和社会各阶层、各民族最高的社会道德原则。

(5)各朝都维护和延续了秦汉以来的官制、法律、历法、文教制度,科举制也成为唐代以后各少数民族政权取士的基本制度。

大一统时期由各民族的统治阶级所树立、继承的这些共同认识和经验,长期延续,成为各民族统治阶级的共识,成为建立统一国家、维护统一中国的政治原则,构成古代中华各民族文化中共有的精神财富,成为中华文化的基本内涵和基本特征。这些在统一时期由各民族普遍认同的文化因素,在分裂时期同样起了重大作用,成为促成区域统一,进而促成全国新的大一统的重要精神力量。

在各统一政权之间出现的由少数民族的统治阶级所建立的政权,如汉唐之间的十六国南北朝,宋元之间的辽、金、西夏和明代的蒙古、西域等,虽处于分裂的状况,但由统一时期积累和形成的各民族文化的同一性仍然在起着巨大的作用,使各分裂政权、地区和民族之间,保持着密切的联系,并为新的统一创造了必要的条件。控制中原地区以及以中原地区为中心实现全国的统一,这几乎是绝大多数少数民族统治者的传统的政治理念,在这个理念的支配下,分裂时期的各分裂政权和中原政权之间战争不断,特别是在少数民族政权强大时,立即举起统一大旗,以夺取中原,实现统一相号召。如十六国南北朝时期,氐族政权苻坚的表现最为典型。前秦苻坚即位之后,立即弃"帝"号改为"王",在坚持氐族文化的同时,大量使用汉人从政,重视文教,提倡汉文化,继承魏晋典章制度,出兵西域,"如汉法置都护以统理之"。不久,又以"四方略定,唯东南一隅,未宾王化,吾每思天下未一,未尝不临食辍餔",

出征偏居江南的东晋。此举虽未成功,但反映了传统的大一统思想对少数民族卓越人物的影响。而当时其他割据政权的首领,亦多在"大一统"思想的支配下,采取了统一各割据政权的政策。

中国历史上的分裂割据局面中,由少数民族所建立的政权,绝大多数在中原地区坚持使用中国固有的政治、经济和文教制度。由南宋人李焘所撰《续资治通鉴长编》在评论西夏时说:"得中国(指宋朝,以下皆同——作者)土地,役中国人力,称中国位号,仿中国官属,任中国贤才,读中国书籍,用中国车服,行中国法令。"[1]他虽然是说党项族,但用之于契丹的辽、女真的金,以及十六国南北朝时期的各少数民族政权,基本上都是适合的。总之,古代中华文化,即中国古代各民族独具特色的文化与各民族普遍认同的文化因素相结合的文化,是存在的,这个文化是在中国各民族共创中华的过程中创造的,在中国历史上起过十分重大的作用。但是,一部中国古代历史,是以阶级的存在和阶级斗争为基础的,各民族的统治阶级,既统治、剥削本民族的人民,也实行着统治、剥削、压迫别的民族的政策,因此,民族矛盾、民族压迫和民族斗争也充满于中国的历史。在这种情况下,各民族在文化上的认同是有限的,各民族文化的交流、融合也是有限的,而文化上倚强凌弱,以强吞弱的结果,又往往激起各民族之间的对抗。因此,古代各民族文化上的同一性往往局限于上层,局限于某一时段,局限于某些方面,真正的普遍性的文化认同只能在当代的条件下才能出现。

6.2　当代中华文化

1949 年中华人民共和国成立后,中国的民族关系发展进入一个新的历史阶段。经过一系列的民主改革、社会主义改造,以及在全国各民族聚居地区普遍实行的民族区域自治,逐步构建起平等、团结、互助、和谐的社会主义民族关系,走共同发展、共同繁荣的社会主义道路,成为

---

〔1〕李焘:《续资治通鉴长编》卷 150"庆历四年六月戊午",第 3641 页。

各民族共同的目标和愿望。

在这个历史进程中,各民族的文化得到了进一步的繁荣和发展,并逐步建设了新的当代中华文化。

当代中华文化是什么?简要地说,它包括当代中华各民族的传统文化、现代文化与当代中华各民族所共同创造、普遍认同和共同享用的文化因素,以及由这些因素有机结合起来的一种社会主义新文化。

历史上的中华文化与当代中华文化有密切联系,它们最大的共同点就是,它们都是中国这一统一的多民族国家现实生活需要的反映,其最基本的形态,就是统一性与多样性的有机结合。中国的统一局面创造了中华文化,中华文化反过来也给予中国的巩固和发展以重大影响。

实际上,历史上的中华文化是当代或社会主义中华文化的基础,当代中华文化也是历史上中华文化发展的必然结果,当代中华文化中包含了古代中华文化的众多因素,但是,当代中华文化从性质和内容方面,与古代中华文化又有本质上的不同。

当代中华文化,从文化的结构方面来说,主要有 3 个组成部分,即传统文化、现代文化和社会主义核心价值体系。

一是各民族的传统文化。

我国各民族都有悠久的历史,在历史活动中,各民族都创造了自己独特而丰富的古代文化,而且许多古代文化一直保持到现代,在各民族的生活中仍然具有强大的生命力。特别是在少数民族中,传统文化成为现代各少数民族民族性外在的重要标志和民族认同的内在的重要纽带。例如宗教信仰、语言文字、文学绘画、工艺建筑、节庆娱乐、婚嫁习俗、丧葬礼仪、禁忌好恶、歌舞弹唱、典籍传说、特殊的衣食住行等,都是传统文化的重要内容;传统文化更包括属于深层次的特有价值理念、心理素质、道德标准、生活习性、思维方式等;此外,散布于民族地区的与某个民族的历史、活动、文化有一定牵连的文物、古迹、区域、城镇、山水等,都记录和反映着少数民族的记忆、情感,都是民族传统文化的载体,所有这些就构成各民族的传统文化。

各民族的传统文化,是中华文化呈现多样性的主要因素,它是中华文化的基础,是中华文化民族性的主要表现。特别是在当前全球化、一体化的浪潮滚滚而来的时代,坚持中华各民族传统文化的保护、传承和发展,是中华民族繁荣发展的需要,没有中华各民族传统文化的传承和发展,就不可能有中华民族的平等、团结、互助、和谐。因此,保护、传承和发展各民族的传统文化,不仅是各民族的愿望和利益之所在,而且是各民族平等、团结、互助、和谐的重要基础,更是创建中华文化的前提。

二是我国各民族利用现代科学技术,适应现代生活所创造的各种现代文化。

在改革开放政策推动下,随着社会经济和科学、技术、教育、文化事业的巨大发展和提高,我国各民族社会经济文化生活发生了翻天覆地的变化,现代科学技术提供给现代人生活的一般性巨大便利和条件,已经成为我国各民族生活的重要内容和手段,我国各民族大都与世界现代文明有着各式各样不同程度的接触。由现代科学技术所创造的现代文化,构成各民族文化的一部分。各民族在保护和传承传统文化的同时,也创新和采用现代科学技术所提供的成果,改善、提高和创造了自己的生活。这个文化因素不仅显示着各民族文化的现代性,而且是各民族共同拥有、共同享用的文化因素。现代文化是随着各民族人民生活水平、城市化程度的提高而产生的文化,这种文化对传统文化产生了巨大的影响,但从根本上说,与传统文化并不矛盾,它在实际生活中,与传统文化相结合,构成各民族文化的一部分,使各民族的传统文化拥有了现代性因素。如果说,传统文化为各民族提供了展现与认同本民族文化的历史性和民族性的因素,则现代科技所创造的文化,就为各民族的民族文化提供了现代性和时代性的因素。

三是社会主义核心价值体系。

中华人民共和国的成立,是中国历史上一次空前的重大转折,她与中国历史上的一切政权,从根本上不同。这个不同点就是,她是由中国共产党建立的以马克思主义为指导,紧密结合中国社会的实际,以建设有中国特色社会主义为目标的政权,是代表人民的政权,是代表各民族利益的政权;她领导各族人民,推翻了剥削阶级的统治,消灭了阶级及一切剥削、压迫制度，从根本上改善了各民族的政治地位，极大地提高了各民族的经济生活水平，发展了各民族的民族文化。在这个过程中，通过各项政治运动、思想政治教育和社会主义文化建设，以马克思主义为核心的社会主义思想，以社会主义为核心的爱国主义精神，已经成为各民族普遍认同、共同享用的价值理念，并贯穿于各民族文化的方方面面，成为各民族文化不可分割的一部分。

这3个方面，即各民族历史上遗留下来的传统文化、由现代科学技术在生活中的应用而形成的现代文化、由新中国成立以来通过各项运动、思想政治工作和文化教育的发展所构建的社会主义核心价值体系，共同构成了新中国成立以来的当代中华文化。这种文化构成，与新中国成立前中华文化完全不同，是中华各民族共同创建的崭新的社会主义的中华文化。

在当代中华文化中，这3个部分的地位和作用并不相同。

传统文化对每个民族来说都是十分重要的。它是一个民族的灵魂，是一个民族区别于另一个民族的最根本的标志。它既是每一个民族文化的基础部分，也是中华文化的基础。不论何种文化因素要能够被另一种民族传统文化所接受，它都必须首先在一定程度上改变自己，以适应传统文化的要求，一种文化（实际上就是体现这种文化的人群），如果采取粗暴的方式和途径，试图完全取代一个民族的传统文化，占据传统文化的原有地位，消灭传统文化，那必定会付出巨大的代价，造成长期的严重后果，而且也不是现代文明所能容忍的。

由科学技术的进步所形成的现代文化因素，显现了我国各民族与时俱进，不断提高自己的社会、经济、文化生活水平的愿望，反映和显现了各民族文化的时代性和创造性，现代文化因素的不断发展、不断扩大，是发展趋势，是不可阻挡的。它对各民族传统文化的传承、保护和发展都起到了重要的支撑、提高和改造的作用。同时，不同的民族在运用现代科学技术中也在创造着具有本民族传统文化特色和烙印的具有民族特色的现代文化。

社会主义核心价值体系，是社会主义意识形态的本质体现，是我国建设有中国特色社会主义社会的指导思想和基础,当然,也是建设中华文化的主导思想。在中国共产党和政府的倡导、强力支持下,它在建设中华文化的各种文化因素中占有主导地位,起着整合和筛选的作用。它通过筛选和整合,使传统文化和现代文化中的先进和优秀成分,成为各民族文化的有机组成部分,使其糟粕和不适宜的成分,逐渐减少和消失,并主导和引导民族文化顺应时代的要求,向社会主义和现代化前进。

以各民族传统文化为基础,以现代文化为重要内容,以社会主义核心价值体系为指导的中华文化,具有强烈的民族性和历史性,同时,拥有鲜明的时代性和先进性,是由中国共产党和中国政府团结全国各民族共同建构的国家层面的文化,是为 56 个民族共创、共识、共享的文化。只有这种文化,才能反过来团结中国各民族,进一步加强各民族的团结,巩固国家的统一,实现各民族共同发展、共同繁荣的目标。

胡锦涛总书记在《中国共产党第十七次全国代表大会上的报告》中指出:"弘扬中华文化,建设中华民族共有精神家园。中华文化是中华民族生生不息、团结奋进的不竭动力。"在中共中央、国务院召开的新疆工作座谈会上,胡锦涛总书记又一次指出:"深入开展社会主义核心价值体系宣传教育,弘扬社会主义先进文化,广泛开展民族团结教育和民族团结进步创建活动,增强各民族人民对伟大祖国的认同、对中华民族的认同、对中华文化的认同、对中国特色社会主义道路的认同,巩固各民族干部群众共同团结奋斗、共同繁荣发展的思想基础,推动各民族和睦相处、和衷共济、和谐发展。"党和国家把构建中华文化,增强各民族对中华文化的认同,提高到巩固各民族共同团结奋斗、共同繁荣发展的思想基础的高度,更使我们加深了对共创、共识、共享中华文化的重大意义的认识。

6.3　中华文化中各民族文化的地位与作用

文化,特别是传统文化,都带有浓郁的民族特性,一定的民族共同体,必有其独特的文化。中国作为一个多民族国家,拥有56个民族,从总体上说,也就拥有代表56个民族的56种传统文化,而且我国56个民族都是祖国民族大家庭中平等的成员,56个民族的传统文化自然也都是平等的。

但是,在现实生活和理论研究中,观点并不完全一致。有人认为在中华民族中,我国有一个主体民族,同样,在中华各民族的文化中,也有一种主体文化,这个民族就是汉族,这种文化就是儒家文化或汉族文化。这个看法是不全面的。

在1949年中华人民共和国建立以前,中国历史上所建立的政权,在处理民族关系上,基本或本质上,都是由掌握政权的民族的统治阶级对其他民族实行压迫、歧视和控制的政策。

一般来说,某一朝的政权,不仅具有明显的阶级性,而且具有鲜明的民族性,统治者制定的政策和制度,不仅以阶级利益为基础,而且把他所代表的民族获得利益、取得政治上的特权作为执政首先考虑的前提和标准,在某种程度上,甚至可以说,他们这样做,带有很大的自觉性。在这种情况下,统治阶层属于哪个民族,这个民族在社会上的政治地位就比其他民族的地位高,在经济上所获利益就多,这类民族就可以称之为主体民族。主体民族是指多民族国家中,在政治上具有某种优势的特殊地位的民族。至今在某些国家中仍然明确指定某族是主体民族,就是这个意思。

1949年中华人民共和国的建立,改变了这个状况。中华人民共和国是中国共产党领导的国家,中国共产党以马克思主义为指导,在中国消灭了剥削阶级存在的基础,建立了社会主义制度,在民族问题上,实行各民族一律平等的政策,建立起了平等、团结、互助、和谐的民族关系,各民族都实现了当家做主的权利。在历史上曾经出现过的汉族和其他民族中拥有特殊政治权利、特殊地位的主体民族,在社会主义新中国是不存在的。正如我国领导人多次强调的那样:"在我国,各民族不论人口多少,地域大小,社会发展程度高低,都对祖国历史和现代化做出了宝贵贡献,都是我们民族大家庭中平等的成员,在政治、经济、文化和生活的各个领域中享有平等的权利和承担着相同的义务。"[1]反对民族压迫、剥削制度,实行各民族不论大小,一律平等的民族政策,提倡各民族共创中华,这是我国社会主义制度的本质要求,也是马克思主义理论与中国革命实践相结合得出的正确结论。在中国不存在谁是主体民族,谁不是主体民族的问题。如果要说有主体民族的话,中国56个民族都是中华人民共和国的主体,是中国各民族共同创建了伟大的祖国。[2]

儒家思想在历史上是汉族文化的核心,曾经是中国历史上,特别是大一统时期中华文化的主导思想,也是现代汉族传统文化中十分宝贵的遗产。在历史上,不论是统一时期,还是分裂时期,不论是哪个民族建立的政权或大多数区域政权,儒家思想都受到了尊重,有着崇高的地位,也可以说,在当时社会文化中,拥有主体的地位,起着主导的作用。就是在离中原较偏远的地区,儒家思想、汉族文化、统一过中国的其他少数民族的思想文化,也都有着很大的影响。

中华人民共和国建立以来,民族压迫的体制被打破,大民族主义和狭隘民族主义思想受到很大冲击,各民族,特别是少数民族的传统文化受到重视,在党和政府的支持下,得到保护、传承和发扬,各民族文化出现百花齐放的景象。发展文化教育,特别是用马克思主义理论和以马克思主义理论中国化的新发展武装和教育各民族人民,成为党和政府长期不懈努力的一项基本工作。这也是在中国共产党的领导下,团结全国各民族建设中国特色社会主义社会,实现各民族共同团结奋斗、共同繁荣发展的根本需要,是振兴中华的必然要求。

在新的历史条件下,汉族传统文化,特别是儒家思想,与其他民族的传统文化一样,得到了保护、传承和发扬,但是,在中华文化的发展中,经过长期提倡、教育和建设的社会主义核心价值体系已经融入各民族的生活之中,在各民族文化建设中占据了主导的地位,起着引导各民

---

〔1〕中共中央统一战线工作部、中共中央文献研究室:《新时期统一战线文献选编》(续编),中共中央党史出版社1997年版,第160页。

〔2〕杨建新:《中国少数民族通论》,民族出版社2009年版,第120－134页。

族社会生活和文化发展的作用。因此，汉族传统文化，特别是儒家思想，虽然还有广泛和深远的影响，且在新的历史条件下，它的价值又得到了充分肯定，但是它在中华文化的发展中，并不是主导，更起不到整合和筛选的作用。主导中华文化并为各民族共创、共识和共享的普遍性文化因素，是社会主义核心价值体系。

这里有一个问题，那就是汉族传统文化在中华文化中的作用如何评价？

汉族是我国人口最多的民族，占中国人口的 90%，汉族聚居的中原地区，从古至今一直是中国经济、社会、政治、文化发展水平最高的地区，汉族传统文化与其他民族文化相比，形态最为多样完整，内容最为丰富博大，发展水平最高，传承、保存、发展的运行机制最有活力，在古代中华文化及中国古代社会发展中作用和影响都最为巨大，曾长期起着主导中华文化发展的作用，也在世界文化体系中占有崇高的地位，并成为世界文化中中华文化的代表。汉族传统文化的地位和作用，是中国历史发展所造成的，也是中国各民族关系发展所决定的。

当代，我国实行各民族一律平等的政策，文化上一律平等是我国民族平等的基本内容之一。虽然汉文化与其他各民族文化在地位上一律平等，但是，无论从历史还是从中国的现实状况看，汉文化的巨大作用，是其他民族文化所不能取代的。例如，汉语、汉文是汉族传统文化的基本因素之一，但它同时是中国绝大多数人口所使用的语言文字，也是一些少数民族所使用的语言文字，而且在历史发展中，一些有自己语言的少数民族中的部分人和精英层，也都掌握了汉语汉文。至于文字，我国56 个民族中只有 20 余个民族有或曾经有过文字，而现在有必要经常和大量使用本民族文字的并不多。这就很自然地使汉语汉文成为中国各民族相互交往、交流的主要工具和符号，成为各民族文化建设的重要工具和符号，也就不能不成为代表国家在对外交往中用来表达和传播中华文化的主要工具和符号。也可以说，汉语汉文实际上成为中华文化中为各民族共认、共享的普遍性因素，在中华文化的传播构建中，已成为不可替代的主要工具。这种情况说明，我国各民族及其文化，虽在地位上无高低之分,但在作用上却有着大小之别。这种情况是中华文化几千年来发展的必然趋势,是由当前我国民族格局的实际状况决定的基本事实,也是中国各民族构建平等、团结、互助、和谐民族关系的根本要求,符合各民族共同团结奋斗、共同繁荣发展的根本利益。

总起来说,笔者认为中华文化的发展有两个阶段,即历史上的中华文化和现代的中华文化。历史上的中华文化包括各民族的传统文化和以儒家思想为核心的汉族文化,其中,汉族文化在大多数地区始终占据统治地位,在中华文化发展中起主导作用。

当代中华文化是中华人民共和国建立之后逐渐形成的社会主义文化,它是以 56 个民族的传统文化为基础,以现代科学技术形成的现代文化为主要内容,以社会主义核心价值体系为指导,并通过社会主义核心价值体系整合、筛选而形成的具有民族性、时代性、先进性的国家层面的文化。它的表达、传承、交流、传播以汉语、汉文为主要工具,与汉语、汉文相伴的概念、思维等自然为各民族所共享。它的基础就是各民族一律平等,共同团结奋斗,共同繁荣发展。

但是,由于历史的原因和汉族占据中国人口的绝大多数的客观现实,汉族传统文化自然在国内和国际上都有着巨大的影响,在世界文化研究的视阈和传统的序列中,它仍是全世界公认的中华文化的代表。

(本文原载于《中国民族学》2011 年 7 月第 7 辑)

7 论我国少数民族的传统文化

7.1 传统文化是民族文化的基因

民族传统文化是与民族共同体的产生和发展一并产生、形成和发展的。每一个民族以其独特的传统文化而区别于另一个民族,民族传统文化是一个民族共同体的灵魂。传统文化是指一个民族在其历史发展中产生和形成的本民族特有的原本文化,它与各民族的族体发展密切结合,历千百年沉积而成,虽经社会变迁、各种文化的冲击,仍能保留其基本内容和形态。至今民族的物质生活条件虽已发生重大变化,但传统文化却仍能在各民族的群体生活中,起着有形或无形的重大影响和作用,甚至成为当代区分不同民族的最基本、最重要的标志之一。因此,可以毫不夸张地说,民族传统文化是民族文化的基因。

民族传统文化的内容十分广泛,它包括每一个民族在其历史进程中所产生、所形成、所传承、所奉行、所遵从、所热爱的所有由本民族创造,或虽非本民族创造,但被本民族所接受并融入本民族原本文化之中的一切文化因素和成分。

民族传统文化从其形态上可分为显性文化和隐性文化。简单来说,显性文化是指可以看得到的一切群体文化因素,它是一个民族区别于另一个民族的外在的重要标志,例如衣、食、住、行、婚丧、嫁娶、节庆、礼仪、语言文字、宗教活动等等能外在表现出来的一切文化因素;隐性文化主要是指存在于思想意识、价值观念、性格、心理、信仰之中的群体文化因素,特别是民族意识、价值观念、特有心理、历史情感、故土之情等等,这些文化因素虽然很难具体显现,但却存在于一个民族群体活动的一切文化因素之中,贯穿于每一个民族群体的全部生活之中,也自觉

·欧·亚·历·史·文·化·文·库·

或不自觉地表现在一个民族多数成员的实践之中,成为维系一个民族的内在的、无形的纽带,而且是民族文化中生命力最强、起作用最大的文化因素之一。

我国少数民族传统文化形成和发展的一个基本特点,是汉族传统文化因素和各少数民族传统文化因素之间,以及各少数民族传统文化因素之间,相互吸收、交叉和融合。由于我国自古就是一个多民族国家,在长期历史发展过程中,有时是汉族的统治者统一了全国,汉族的文化成为整个国家一定时期的主导文化;有时某些少数民族的统治者成为全国或某些地区的统治者,少数民族的文化成为全国或某些地区一定时期的强势文化。但不论何时,在中国历史上,各民族之间的政治、经济、社会、文化联系始终未断,且交流十分密切。因此,各民族的文化交流、文化融合,特别是汉族与其他各少数民族之间的文化交流,始终是各民族传统文化发展、文化变迁的重要内容,也是推动各民族传统文化发展和变迁的重要动力。各少数民族的传统文化因素中,都大量吸收了其他少数民族和汉族传统文化的因素,汉族的传统文化中也吸收了大量各少数民族传统文化的因素。这成为中国少数民族传统文化的一个基本特点。

7.2 民族的传统文化与现代文化

提起民族文化,人们往往把它与传统文化相混淆,似乎一个民族的文化就是这个民族的传统文化,这种看法是不全面的。

民族文化的构成和内容反映着一个民族的历史和现状,是一个发展、变化过程的反映,也是一个不断充实、不断吸收的积累过程。任何一个民族为了适应当代社会生活物质条件的变化,顺应所处社会政治生活环境变革的需要,不仅需要不断变革自己的传统文化,而且需要不断吸纳、充实和形成新的民族文化因素。在这种情况下,每一个民族在其历史发展的重大变革时期,随着社会、经济和生态环境的变化,其民族文化也会发生相应的重大变迁,即在保留自己传统文化的同时,建立、形成和吸纳新的文化因素和成分。从这个角度说,民族文化的构成,始终都是多元的,是由多种成分构成的。特别是在现代化和全球一体化日益加速的今天,任何一个民族,为了生存和发展,都不可避免地要接纳现代化所产生的文明成果以及吸收其他民族的先进文化,并使之成为本民族文化的一部分。尤其是在一个统一的多民族国家内,各民族在文化上的相互交流、相互吸收以及建立共同的国家意识、公民意识、社会意识和发展目标,更成为各民族文化建设和文化发展的重要内容。

因此,就当前我国各民族的民族文化构成来说,我国少数民族文化中不仅保留着由历史上的物质生活条件和社会政治生活为基础形成的传统文化的成分,还形成或正在建设以当今我国各民族的物质生活条件和社会政治生活环境为基础的现代文化成分。也就是说,当前我国少数民族文化是多元的。

其中第一个构成部分,是在各少数民族历史上形成,而至今仍然在各少数民族群体中起作用的传统文化。

我国各少数民族,都有自己漫长的历史发展过程,有独特的生存发展的物质生活条件(包括自然生态环境),在这个基础上形成各民族特有的文化,这就是传统文化。由于这种文化是在每一个民族的产生、发展过程中长年积累而成的,与其族体并存,因此,虽然各民族都经历了多次的社会和历史变迁,但其基本的传统文化因素,却渗透于民族整体生活的各个方面,并成为其族体的真正灵魂。特别是隐性的传统文化,成为一个民族实际存在的基本标志。至今,虽然我国各民族都已进入社会主义新时期,各民族之间的关系发展到了一个更加密切的新阶段,但各少数民族的传统文化,却仍然是各少数民族文化中最基本、最主要的构成部分。

第二个构成部分,是在各民族文化中起主导作用的社会主义新文化。由于这个文化成分体现了时代精神,引导民族前进和发展的方向,因此又可称之为主流文化或主导文化。

中华人民共和国建立以来,从根本上废除中国历史上的民族剥削、

·欧·亚·历·史·文·化·文·库·

压迫制度,实行各民族一律平等的民族政策,实现了各民族当家做主的权利;经过社会主义改造,消除了各民族内部的剥削阶级和各种剥削、压迫制度,实现了社会和经济制度的根本性变革。这一系列社会变革为各少数民族文化中以马克思主义为核心的社会主义文化成分、以社会主义为核心的爱国主义文化成分[1]的存在和发展,奠定了良好的基础。

在建设有特色社会主义道路的过程中,建设以马克思主义为核心的社会主义文化,成为各民族共同繁荣发展的必然要求。经过数十年我国社会主义文化事业的发展,以及我国各民族自觉开展和接受的社会主义教育和爱国主义教育,使各少数民族文化的构成中,以马克思主义为核心的社会主义文化,以社会主义为核心的爱国主义文化成分贯穿于少数民族群体文化生活之中,越来越成为其文化的一个重要组成部分,而且在各民族文化的构成中起着主导的作用和地位。

此外,随着我国改革开放的深入发展,随着我国各少数民族地区与外国经济、文化、科技、教育联系的加强,以及整个国家开放程度的加深,外国文化,特别是西方文化中的一些先进文化,也逐渐成为中国少数民族文化中的一个构成部分。

从总体上看,传统文化、社会主义新文化以及某些国外文化因素,共同构成了当前中国少数民族文化。这种多元的文化成分,虽然来源不同、性质各异,但在当前我国建设中国特色社会主义的社会环境中,特别是在中国共产党实行的一系列科学的马克思主义政策的指导下,各种文化成分能够在中国少数民族文化整体中和谐相处、融为一体,成为中国各少数民族的民族文化,发挥着促进各少数民族经济发展、社会进步和共同建设中国特色社会主义社会的巨大作用。

当然,这些文化成分在少数民族文化总体中,虽然能和谐共处,但

---

〔1〕主要指民族平等、民族团结、热爱社会主义祖国意识的建立;国家和民族自治地方民族法律的制定以及遵法、守法公民意识的加强;发展和积极参与社会主义市场经济观念的树立;社会主义新道德、新风尚的形成;家庭、社区、社会关系的新变化;社会主义现代民族教育体系的形成;社会主义、爱国主义内容的文学、艺术的兴旺;整体民族文化素质的提高;民族意识、公民意识、国家意识的协调发展等等。

并不是毫无矛盾,而且这些文化成分在各少数民族文化的总体构成中,地位、作用也各不相同。因此,中国共产党和政府还需要指导和引导各少数民族在自己的文化建设中,经历一个自觉协调、主动磨合、相互适应的过程。

正如我们前面所述,各少数民族的传统文化,是少数民族在千百年历史发展中积淀下来的,是各民族区别于其他民族的特有的文化因素,因此,它是各少数民族文化的原本文化,各种文化成分都必须在一定程度上适应各民族的传统文化,而且各种非原本文化要为一个民族所接受,也必须适当改变自己的形态和内容,以适应该民族原本文化,减少或避免与原本文化的矛盾和冲突;以马克思主义为核心的社会主义新文化,在各民族文化中占有主导地位,这是各民族人民在中国共产党领导下,共同走社会主义道路的必然结果和必要条件,是推动各少数民族发展物质文明、精神文明、政治文明,提高本民族自强能力的可靠保障,也是促使少数民族多元文化融合为一个整体民族文化的主要动力,它在筛选、调整、整合、改造各种文化成分使之协调发展的过程中,能动地起着主导作用;至于外来文化因素,在当前的情况下,由于各民族的具体情况不同,这种文化因素在各民族文化中的地位并不相同,它在各民族文化中只处于一种附庸的、附加的地位,而且在以马克思主义为核心的社会主义文化的主导协调下,其先进成分被吸纳,而其损害少数民族发展、不利于民族团结的成分被予以抵御和排斥,从而使少数民族文化在总体上和谐发展。

7.3 少数民族传统文化的
结构和分类

文化的结构是从文化因素的内容方面,按照其功能、类型进行的一种分类,也是深入、具体地认识民族文化的另一个重要方面。

正如上面所述,在少数民族文化构成中,作为其重要组成部分的传统文化,当前虽然已经发生了不少变化,但是作为长期积累,已经在整个民族的各方面打上深深烙印的传统文化,至今仍然在民族的发展中起着重要的作用,而且是今天少数民族存在的外在标志之一,是今天维系少数民族族体重要的内在纽带。对少数民族传统文化进行结构分析,对我们深入研究和认识传统文化在今天的作用,也是十分必要的。

国内外对中国少数民族文化结构的讨论,众说纷纭。[1] 我国民族学界有代表性的著作对民族文化结构的分类,早期一般主张物质文化与精神文化的二分法结构,如认为民族文化是"各民族在其历史发展过程中创造和发展起来的具有本民族特点的文化。包括物质文化和精神文化"[2]。这一观点主要来自苏联民族学家。他们认为:"民族学家通常把文化分为物质文化和精神文化两大类。前者包括什物,即在一定时间存在于空间的物品……精神文化是存在于任何人类种群集体记忆中的信息,可以通过童话和传统相传,并可用一定的行为规范表现出来。"[3]我国民族学界曾长期以二分法研究民族文化的结构。林耀华先生主编的《民族学通论》,在论述民族文化时,就是采用了文化结构的二分法[4]。

杨堃先生是我国著名民族学家,他主张民族文化结构的三分法。他的《民族学概论》一书明确指出:"一般地讲,民族学上所说的文化分为三个方面:① 物质文化;② 精神文化;③ 社会组织(或社会结构)"[5],但是他在这部书中论述民族文化时,却只列出了精神文化一章,而把物质文化、社会组织的有关内容置于"技术发展史略说"、"财产发展史略说"和"家庭、婚姻发展史略说"之中。

宋蜀华先生与陈克进先生主编的《中国民族概论》一书,专门对少数民族的传统文化结构进行了研究和分析,其内容有颇多新意。按照该书的论述,少数民族传统文化结构被划分为基础结构(包括生态结

〔1〕宋蜀华、陈克进:《中国民族概论》第三章,中央民族大学出版社 2001 年版。

〔2〕《中国大百科全书·民族》"民族文化"条,中国大百科全书出版社 1986 年版。

〔3〕〔苏〕尼·切博克萨罗夫、伊·切博克萨罗娃著,赵俊智、金天明译:《民族·种族·文化》,东方出版社 1989 年版,第 202 页。

〔4〕林耀华:《民族学通论》,中央民族大学出版社 1997 年版。

〔5〕杨堃:《民族学概论》,中国社科出版社 1984 年版,第 252 页。

构、经济结构、政治结构）和价值结构。同时又根据传统文化的内容和功能对民族传统文化的各种因素进行了分类，将其划分为6个部分：衣食住行方面的生活文化；婚姻家庭和人生礼仪文化；民间传统文化；科技知识工艺文化；信仰崇尚文化；节日文化。该部分由祁庆富先生执笔，所以这部分内容与徐万邦、祁庆富所著《中国少数民族文化通论》[1]内容基本相同。

对少数民族文化结构的众多分类，反映出少数民族文化结构的复杂性，实际上精神文化总是要体现、依托、主导着物质文化，而物质文化总是精神文化的重要载体，各种文化因素确实是密切相关的。但是就文化诸因素的形态、功用、作用、性质来说，又不完全一样，而且确实是可以区分的。把民族文化的诸因素仅仅划分为物质文化和精神文化两类，过于简单，实际上很多文化因素的内容是综合的。如宗教这个文化因素，如果仅从信仰和有神论角度看，可以把它归属于意识形态领域，即精神文化。但实际上，宗教并不简单地只是意识形态问题，而是既包括了人们的认识、信仰方面的问题，也包括了活动场所、制度规范、人员构成、群体活动、生活习俗等等许多方面的问题。再如语言并非一般精神文化，它以语音显示其存在，又是一种社会交流工具和符号系统，并无一般精神文化的阶级属性。从这个角度来看，似也不应将其完全或仅仅归属于精神文化范围。

至于上述学者将少数民族文化诸因素分为基础结构和价值结构两部分，虽有可取之处，但在很大程度上又会把产生文化这种上层建筑的物质基础的某些因素，如社会经济形态、自然生态环境等与作为上层建筑的文化因素混同起来，使一部分明显属于非文化性质的物质生活条件的因素，成为文化的一部分。哪怕是用文化的"基础结构"、"生态结构"、"经济结构"的概念，也有将人类的物质生活条件，即文化产生的基础与文化本身相混之嫌，使读者分不清产生人类文化的物质基础和反映这种基础的、由人创造出的文化因素之间的本质差别和因果关系。

---

〔1〕徐万邦、祁庆富：《中国少数民族文化通论》，中央民族大学出版社1996年版。

文化因素和文化因素之间也并非都在一个层次，某部分文化因素可能对另一部分的文化因素有较大影响，如思想意识、价值标准、政治制度等对许多文化因素的发展、变化都起重大作用。此外，如一个民族文化中的传统文化对其他文化部分、一个民族文化中的主导文化对民族文化中的其他部分等，也都会发生很强烈的影响，但他们毕竟都属于文化范围，都最终受经济基础、物质生活条件的影响和限制，而只能是经济基础、物质生活条件的某种反映。

中国少数民族历史悠久，很多都拥有哺育该民族生长、发展、壮大的区域，并具有独特的自然生态环境，很多民族也拥有独特的社会、政治、经济状况，因此，在传统文化上都具有内容全面、层次分明、功能完善、来源复杂、表现独特的特点。它的结构和分类，笔者认为应从 4 个方面来认识，即物质文化、精神文化、制度文化和行为文化，也就是说，笔者主张文化结构的四分法。

7.3.1 物质文化

对"物质文化"这一概念，学术界并不是普遍认同的，因为"文化"和"物质"这两个概念在单独使用时，显然并不是性质相同的概念，一个重点指人类的创造或人类的观念，一个重点指不以人的意志为转移而客观存在的事物或者说是自然界创造的实物，但是我国学术界长期使用"物质文化"这一概念，人们一提到"物质文化"，都会不约而同地想到表现在器物中的人类的创造和文化信息。具体地说，物质文化就是指人们为了维持自己的生存和生活所创造的各种器物，其中包括各少数民族在衣、食、住、行和生产过程中所创造、所使用的各种器物，以及历史上遗留下的各种遗物、遗迹。在这些器物中反映出了少数民族的创造、意识、价值取向和心理信息，因此他们虽然是物质，是器物，但又都是少数民族文化的载体，反映了少数民族的文化。这一类反映在物质器物上的创造信息，被称为物质文化。

7.3.2 精神文化

各少数民族的精神文化，主要是指各少数民族的意识形态，如价值观念、道德观念、世界观、人生观、哲学观以及表现意识形态的各种文学艺术、绘画创作、论著记述等等。我国各少数民族的精神文化总体上是相似的。就世界观来说,一般表现为万物有灵、尊天崇神、祖先崇拜;就道德观念来说,尊老爱幼、长幼有序、好友重义、崇拜血缘;就价值观人生观来说,重诚崇信、重义轻利、重农牧轻商贾、重勇武轻柔弱、乐天知足、重传统轻变革、重集体轻个人等。此外,还有形式繁多、内容丰富而且有很强教化传承的说、唱、演、舞的表演和绘画、雕刻、塑造等艺术。

7.3.3 制度文化

在制度文化方面,我国各少数民族有着独特而多样的社会、政治、经济、家庭、亲属、法律等制度。这种制度多以习惯的形式存在,以习惯的实力和群体舆论为保障,并且通过老年人及各种说唱形式一代一代地传承下去。这些制度的基本作用,就在于保护各民族的生存环境、维护社会安定、繁衍发展、有序生产、团结自强、抵御外侵等。在新中国成立前,这些制度大多也是各族统治者控制劳动者,维护其统治的手段。各民族的制度文化虽然表现不同、内容各异、名目繁多,但其作用基本相同。以社会制度来说,渔猎、畜牧型的少数民族主要是氏族、部落制度,而农耕型少数民族的社会制度,则多以村寨、庄园制度为主。

7.3.4 行为文化

行为文化主要是指能体现少数民族文化的群体行为。行为文化与精神文化有明显的区别:精神文化主要直接表现意识形态,精神文化支配着每一个民族成员的行为,但这是一种隐性的精神的支配;行为文化的表现则主要是显性的,即文化体现在一个民族的群体行为之中,这种行为不仅是群体的,而且具有一定的规范和标准,如语言、文字、婚丧嫁娶、节庆民俗、宗教活动等等。虽然文学艺术论著等也属于文化行为,但这些行为毕竟是在某种意识形态指导下的个体行为,而不是民族群体的、有一定规范的行为,所以笔者认为文学艺术论著等属于精神文化,而不属于行为文化。

一个民族的传统文化是一个整体,但是,整体文化中的文化因素可能有许多特性,从一个角度看,一个文化因素可能属于精神文化,从另一个角度看,它又可能是行为文化。但从文化结构的角度分析其文化因素之间的关系,仍可以其主要特性将其列入一定的文化结构中。如宗教,从一个角度看,它是一种意识形态,属于精神文化,很多著作也都将宗教列入精神文化;但从另一个角度仔细分析其诸文化因素之间的关系,又可看到,它也是一个民族的社会行为,是一种行为文化。就宗教这一文化现象来说,宗教主要由 4 种文化因素组成,第一部分是意识形态方面的文化因素,包括有神论的观点、神鬼系统、宗教典籍等;第二部分是物质文化的因素,如寺院建筑、宗教器具等;第三部分是制度文化因素,包括清规戒律、仪式规范等;第四部分则是各种宗教职业者及教众的宗教活动。在这 4 部分文化因素中,第四部分文化因素是使宗教这一文化现象得以发生并起作用的主要文化因素,是将宗教其他 3 部分文化因素整合成为一种文化现象的纽带,因此从另一个角度看,它又属于行为文化。再如科学技术,从一个方面看,它具有很强的实用性,与物质文化有密切联系,但它又是思维的直接结果,许多人认为它是精神文化。但科学技术与人文社科不同,它不是局限于或主要局限于对人们实践活动的总结和预测,也不是表达对社会的观点,而是一种可以而且必须由实践来验证、来充实、来提高、来实现的文化活动。更重要的是科学技术与语言一样,它本身也没有一般精神文化所具有的一些根本属性,如阶级性,它是民族改造、适应自然的经验结晶,也是民族改造、适应自然的行为工具。不能帮助人们适应和改造自然的科技,就不是科技。因此,从总体上看,科学技术也应属于行为文化。

7.4 各少数民族传统文化的特色

中国各少数民族传统文化是在长期历史发展中积累形成的,其特色是由各少数民族历史上所拥有的物质生活条件决定的,同时受到相邻社会环境、文化环境的影响,受到历史上各民族关系的影响,也受到本民族内部政治发展、阶级结构的影响。因此,有不同的物质生活条件,有不同的外部社会、文化环境以及不同的内部政治状况,各民族的传统文化就有不同的表现形式和特色。

就中国少数民族传统文化的特色来说,我们大体上可以将其分为3种。

第一种是具有宗教性特色的文化。在一些少数民族社会中,宗教浸入了民族社会生活的各个方面,甚至成为民族群体生活习惯的一部分。宗教与社会紧密结合,导致宗教社会化、宗教政治化和传统文化宗教化,是这些少数民族传统文化的特色。如我国信仰伊斯兰教的民族和大部分信仰藏传佛教的民族,其传统文化基本上都具有宗教性特色。宗教在这些民族中都有很长的历史,宗教与这些民族的历史紧密相连,基本上是全民信教,宗教信仰、宗教活动与这些民族的社会生活紧密相连且有很深的渗透和影响,很多文化活动都带有强烈的宗教色彩或采取宗教的形式。这种文化的标志,主要表现在某一宗教思想成为这些民族判断是非、评价道德的重要根据和标准;成为人们追求真理、向往未来的理想;宗教活动成为正常社会生活的一部分;宗教成为文化传承的重要手段;宗教职业者在社会上具有很高的地位;不仅宗教思想贯穿于各种文字典籍、绘画艺术、雕刻塑像中,而且宗教典籍在传统文化中占重要地位;甚至宗教成为维系民族认同、民族情感的重要标志。时至今日,虽然在这些民族的文化中,以马克思主义为核心的社会主义文化和以社会主义为核心的爱国主义文化已经占有主导地位,但宗教在传统文化中的影响还很强,宗教与社会主义社会相适应还有一个过程,传统文化与现代文化的融合也还需要一个漫长的过程。拥有这类传统文化的少数民族主要是藏族、蒙古族、维吾尔族、回族、傣族等。

第二种是具有神灵宗法性特色的文化。新中国成立前,我国许多少数民族社会发展程度低,基本谈不上近代城市和市场经济的发展,社会长期处于停滞、封闭的状态。从文化的角度说,神鬼崇拜、祖先崇拜、万物有灵、魂灵崇拜弥漫于全社会,各种巫师在社会中有崇高的地位,甚至支配着人们的生活,但却未能形成系统的人为宗教或高级宗教的信仰[1]阶段,同时,社会经济的发展也未将人们之间的血缘纽带冲淡,以家庭、氏族、部落、村寨为单位的血缘观念和关系还很牢固,成为传统文化的基础。血缘关系与其他神灵一样被当作神圣不可侵犯、不可破坏的原则。神灵崇拜、祖先崇拜、血缘崇拜成为支配人们的价值观、道德观的基本信条,成为社会生活、政治生活的基本支配力量。这些少数民族一般无本民族的文字,经济比较落后,生活比较艰难,地区比较闭塞,受汉族文化影响比较少。例如东北地区的赫哲族、达斡尔族、鄂伦春族,西南地区的佤族、拉祜族、景颇族、阿昌族等。

第三种是以礼俗为主要特色的文化。在我国一些少数民族中,社会经济有一定发展,自然生态环境比较优越,已信仰某种原始和人为宗教,有较浓重的、在社会中有较大影响的,但不起决定性作用的血缘关系,在他们的传统文化中,长期积累的以民间娱乐、交往、纪念、传承、团聚为主要形式和特色的传统文化因素占着主要的、支配的地位,这种文化我们可以称其为以礼俗为主要特色的传统文化。它以民俗活动为主要表现形式,以维持、传承、宣传各种礼制作为主要内容。一年之中,几乎月月有不成文但又有繁琐礼俗的节庆,人们几乎生活于各种节庆礼俗的包围之中。这些少数民族多数无本民族的文字,无严密的宗教信仰和宗教结构,社会发展受汉族影响较深,无完整、统一的社会组织。因此,这些少数民族的传统文化主要表现为各种礼俗。各种礼俗成为约束人们生活的规则。物质的、精神的、制度的、行为的文化,都以礼俗为准,自发地支配社会的各个方面,周而复始,使社会的发展变得缓慢,甚至长期处于停滞不前的状态。这种以礼俗为主要民族传统文化特色的少数民族,在新中国成立前主要生活于我国中南、东南地区,如土家族、毛南族、仫佬族、瑶族以及布依族、苗族、哈尼族等。

上述这种划分,只是就少数民族文化外在表现出的特色以及诸文化因素中,与价值观念密切相关的因素的倾向来划分的,不可能涵盖一

---

[1]其中有的民族中也有部分人信仰佛教、道教以及由国外传教士传入的基督教,但它们对该民族的文化影响不大。

个少数民族传统文化的全部,甚至大部分内容。实际上,各少数民族的传统文化的内容非常丰富,要想用某个方面的特色来加以概括,是非常难的,这种划分,只能是一种角度。而且各少数民族的传统文化之间有很多相似之处,特别是自然生态环境相似的少数民族的传统文化,更有许多相似和交融之处,带有很强的地方特色,用地方性来概括少数民族传统文化的特色,似乎更能反映其特色,这也是当前用来划分少数民族传统文化的最简便、最常用的方法。

7.5 少数民族传统文化的性质

中国少数民族的传统文化与汉族的传统文化一样,都是历史的产物,是千百年来的文化积淀,是该民族为了自身的生存,适应和改造自然界和社会的伟大创造,是一个民族在生存、发展中创造出来的伟大的精神财富。因此,就内容来说,传统文化具有民族性、全民性,是全民族的灵魂。但是,在剥削阶级统治的历史时期,在社会经济生活中占统治地位的统治阶级的思想在文化、政治领域也必然占着统治地位。在阶级社会,统治阶级的思想、意识不可避免地充满在每一个少数民族的文化中,并起着主导作用,引导民族文化向为巩固剥削阶级统治的方向发展。因此,从另一个角度说,在阶级社会中,民族的文化是由占统治地位的剥削阶级所控制和主导的。也就是说,在这种社会条件下,民族的传统文化具有两重性,一方面,民族的传统文化是该民族全民的群众性的创造,带有民族性和全民性;另一方面,在阶级社会中,民族的文化又为该民族的统治阶级的思想所侵蚀,所控制,因而具有阶级性和社会性。全民性和阶级性两重性并存,就是阶级社会中民族传统文化的基本属性。

就当前来说,我国少数民族的传统文化与汉族的传统文化一样,已经发生了根本性的变化。新中国成立以来,在中国共产党的领导下,各民族传统文化存在的物质基础已经不复存在,特别是在我国消灭了各民族中阶级存在的经济和政治根源后,剥削阶级作为一个阶级从整体上已被消灭,虽然剥削阶级思想意识的残余还可能会长期存在,但是在各民族传统文化中已不占统治和主导地位。以马克思主义为核心的社会主义文化不仅成为各民族文化的重要组成部分,而且对各民族的传统文化发挥着改造、引导和重新整合的作用。在这种情况下,我国少数民族的传统文化已经发生了根本性的变化,其阶级性随着剥削阶级的消失而不复存在,现代我国少数民族的传统文化中,主要存在先进与落后、适合社会发展要求和不适合社会发展要求的差别。因此,就其性质来说,我国少数民族的传统文化与汉族的传统文化一样,是在以马克思主义为核心的社会主义文化主导下的我国文化宝库中的一个部分,是一种适应我国社会主义社会的文化成分。这部分文化与任何文化一样,都有一个不断改变和扬弃自己,以适应社会经济发展要求的责任,即使传统文化某些因素的内容已经不适应社会经济发展的要求,其形式也仍可因群众喜闻乐见而填充新内容,保持其生命力。

当前,社会经济发展突飞猛进,社会已进入信息时代,在我国各少数民族向现代化迈进的大环境中,传统文化如何适应时代的要求,仍然是一个值得深入研究和谨慎实践的大问题。

（本文原载《中国民族学集刊》第 2 辑）

8 关于中华民族精神和中华民族凝聚力

8.1 关于中华民族精神

说到中华民族精神,人们往往首先想到的就是勤劳、勇敢、谦虚、谨慎、锐意进取、同舟共济,以及刚健有力、自强不息、厚德载物等等。也有人认为,孔孟之道、儒家学说、爱国精神等,就是中华民族精神。毫无疑义,上述种种都在一定程度上反映和表现了中华民族的优秀文化传统和优秀品格。在中国共产党第十六次全国代表大会上,江泽民同志指出:"在五千多年的发展中,中华民族形成了以爱国主义为核心的团结统一、爱好和平、勤劳勇敢、自强不息的伟大民族精神。"这是对中华民族精神最简练、最全面的概括。诚如江泽民同志所说,"中华民族精神",是"在五千多年的发展中"形成的,也是中国各民族共同铸造的,是中华各民族民族精神的有机结合和凝练。

在讨论"中华民族精神"这一概念之前,先应该对"民族精神"这一概念的含义加以解释。

"民族精神"一词,严格来说,是一个中性词,它本身并不表达好、坏、高、低和其他性质,但是,"民族精神"一词在学术界和现实生活的运用中,实际上已经被赋予了一定的含义,并把那些能从积极方面最集中、最突出反映一个民族整体气质、风貌、性格、传统的思想和品质,称之为民族精神。"民族精神是一个民族赖以生存和发展的精神支撑"[1] 因此,"民族精神"一词,不是指一个民族共同体的一般传统

---

〔1〕江泽民:《全面建设小康社会,开创中国特色社会主义事业新局面》,2002 年 11 月 8 日。

文化和文化传统,也不是指一个民族共同体的一般表现于共同文化上的共同心理状态。结合着近年来对此问题的讨论,我们认为:

民族精神虽然不是指一个民族共同体的一般共有的传统文化和文化传统,但民族精神植根于一个民族共同体的传统文化和文化传统的沃土,具有本民族文化的特色和形式,并能够为本民族传统文化所吸收、所容纳,而且一般来说,民族精神既包含了该民族传统的优秀的思想文化材料,又包含了适应当代的新观念、新思想和新理论。一个民族的传统文化愈丰富、愈深厚,这个民族的民族精神就愈强烈、愈突出。民族精神从实质上说,是一个民族共同体解决自身生存和发展问题的社会需要在意识形态上的集中反映,也就是说,民族精神是一个民族共同体所面临的生存、发展等问题在民族意识、民族心理中的反映。因此,民族精神是一种维护和推动本民族求生存、图发展的巨大的能动的精神力量。

一个民族共同体在发展过程中,其求生存、图发展所面临的问题和挑战是随着时代和环境的变化而有所变化的。随着时代和环境的变化,作为能动地集中反映这种需要的民族精神,也就随之发生变化,因此,民族精神具有很强的时代特点。一个民族,在不同时期,其民族精神具有不同的内涵和表述。

一个民族共同体内部的不同阶级、不同阶层和不同的利益集团,对其民族生存和发展中存在问题的看法是有差异的,有时甚至是根本对立和相对抗的。但是,在一定时期、一定条件下,这些差异并不排斥形成一定程度的共同性。一个民族共同体的先进阶级、先进阶层的利益总是最能代表和反映整个民族在解决民族生存、发展问题上的需要,因此,民族精神一方面具有全民性,即在一定程度上能够为全民族所接受,表现于一个民族的整体风貌和要求,但它往往同时体现在民族共同体的最先进阶级、阶层的意愿之中。在阶级社会,民族精神并不是超阶级、超利益的,而是具有很强的社会属性的。此外,民族精神往往由民族中先进的阶级、阶层中的领袖和先进人物加以概括、总结、提炼而成,并能为群众所接受。

民族精神是一种能动的力量,一旦形成和提出后,它必能成为动员、引导和团结全民族的强大力量;民族精神又是一种传承性极强的传统文化,一旦形成,必将一代一代传承,成为支撑一个民族生存和发展的巨大力量。

这就是民族精神的基本属性和特征。

那么什么是中华民族精神呢?笔者认为我们还得对中华民族有一个界定。

中华民族一词目前在我国的使用,与中国各民族这一概念,是同一个层次的词,但并不是同一词。中国各民族一词的重点在于说明中国是一个各民族一律平等的、统一的多民族国家。中华民族一词的使用,则是表示中国各民族之间内在的、历史的多方面密切联系,强调各民族内在的整体性、统一性,同时它不否认我国 56 个民族各自作为一个民族共同体,都享有各自的特有权利和地位,有自己的民族特性;这个词表示着中国 56 个民族是由历史、文化、社会、共同利益结合在一起的一种多民族结合体。中华民族作为这种多民族结合体,是由如下一些条件造成的:

(1)中国各民族在自己漫长的历史发展过程中,在政治、经济、文化、人种上有密切的交往、吸收和融合。这表现在:中国各民族中有的在语言上一致,有的在宗教上相同,有的来自同一族源,有的具有同一的习俗,有的数千年来相互依存,有的本身就产生于中国各民族的融合,有的民族中融入了大量其他民族的成分,特别是汉族之中,融入了大量少数民族成分,等等。中国各民族的这种密切关系,不仅相互形成了一条剪不断的民族链条,一环紧扣一环,各自成为中华民族这个链条中的一环,而且形成了一种相互渗透的民族有机结合体类型。

(2)中国各民族在漫长的历史上就共同居住在中国这块大地上,共同缔造、开发和保卫了伟大祖国。而且这块领土,早在两千多年前就曾实现过统一,更难得的是,在历史上虽多次出现分裂,但在统一——分裂,又统一——又分裂,最后达到统一的过程中,统一的程度反而越来越强。就是在分裂时期,许多分裂政权所控制的地区,并不仅仅局限于少数民族地区,而且各分裂地区相互之间仍有密切的多种形式的政治、经济交往;统一时期,也不仅仅是汉族统治者统一了全国,而且任何一族的统治者统一了全国,都要大量吸收中国境内其他民族参予政事。中国历史的这种独特性,反映了中国各民族有内在的共同利益和密切联系。从这个角度说,中华民族一词,正表示了中国各民族共同缔造了中华版图,共同缔造了伟大祖国的历史事实。

(3)生活在中国这块土地上的各民族,长期以来,自然形成了一种经济上互相补充、互相依赖、互相促进的共生关系,这种经济上的内在联系,表现为互市、通贡、和亲、内附、迁徙等等,甚至边疆地区和中原地区之间的许多战争、游牧民族的南下和北上等等,也都是在当时历史条件下,各民族经济上内在联系的不同表现。因此可以说,中华民族这个多民族结合体是一种密切的经济链条,相互构成对方经济生活得以发展的内在和外在条件。

(4)100多年前,中国陷入半殖民地的境地,我国各族人民都受到帝国主义列强的侵略和欺侮,在帝国主义侵略下,中国各民族同命运,共患难,在共同抗击帝国主义侵略的斗争中,结成了更加密切的历史联系,形成了共同的历史命运。

(5)至于近50年,中国各民族在中国共产党领导下,共同推翻了三座大山,走上了社会主义道路,在政治、经济、文化上具有了更多的共同利益、共同要求、共同特点,中华民族作为一种多民族有机结合体,具有了更丰富、更充实的内容。

这些笔者认为就是中华民族这个多民族结合体形成的条件,也是中华民族一词的基本内容和所反映的中国各民族的共同特点。

既然中华民族一词是中国各民族有机结合体的称谓,那么,它的存在,不应该排斥、妨碍和影响各民族繁荣发展自己独特的民族政治、经济和文化,相反,只有在中国境内或在这个民族结合体内的各民族的政治、经济和文化得到了充分的发展和更大的繁荣,这个结合体才能更加有生气、更加巩固,中华民族才能有更加灿烂光辉的未来。因此,中华民族一词是历史客观事实的反映,是一种表达中国各民族具有深厚的内在联系,具有共同命运、共同历史使命的名称,又是促进和保障各民族共同繁荣昌盛的大家庭。

同时我们也应看到,中国历史上各民族之间的关系有一个发展过程,有一个日益密切的过程,有一个从自发发展到自觉发展的过程,因此,中华民族作为多民族结合体,其发展过程是有阶段性的。从中华民族各民族之间共同命运、共同利益产生发展的程度,以及从各民族对这种共同命运、共同利益的认同、自觉程度来说,中华民族这个多民族结合体的发展,有3个大的阶段。

第一个阶段从古代起,其下线大体可以划到清代统一全国以前,即公元18世纪30年代。这是一个中国各民族共同益利、共同命运逐渐形成、逐渐沉积、逐渐被认识的漫长历史时期,是中国各民族政治、经济、文化关系日益密切、交流日益频繁的时期,也是中国疆域逐渐定型化的时期。经过数千年的锤炼,到清代康熙、乾隆时期,中国版图进一步统一,中国版图上各民族的构成更加稳定,中国各民族关系进一步密切,它标志着中国各民族共同利益、共同命运的最终形成,作为多民族结合体的中华民族才可能出现。

第二阶段大体是清代中期到新中国成立前。这个时期的特点,一方面是在世界民族主义思潮影响以及国内资本主义的兴起条件下,中国各民族自觉程度、民族意识进一步加强,同时,特别是鸦片战争后,帝国主义列强加紧侵略和瓜分中国,中国各民族都受到帝国主义列强侵略扩张的威胁,特别是20世纪日本帝国主义对中国的侵略战争,使中国各民族面临生死存亡的选择,使中国各民族对中华民族的认同更加强烈。中华民族这一民族结合体中,各民族由自在阶段逐渐转入自觉阶段,或者说,中国各民族在一部分民族以及这部分民族中的先进的阶层的努力下,开始有了中华民族的自觉意识和认同。

第三阶段,即新中国成立后的50多年。这个时期,在中国共产党领导之下,中国各民族摆脱了受帝国主义侵略、欺侮的命运,多民族的祖国,走上繁荣、强大道路,各民族之间实现了民族平等,共同繁荣,共同发展;各民族内部实行了社会主义改造,消灭了阶级对立,中国各民族从经济基础到上层建筑,从国际环境到国内环境,都发生了全新变化,这种变化更进一步加强了中国各民族的共同命运、共同利益,增强了各民族维护团结、合作的愿望,增强了各民族热爱祖国、加速祖国发展的要求,所有这些,都为中华民族这一多民族结合体增加了新内容,增强了内聚力和维护中华民族的自觉性。在这个时期,中华民族的发展,才进入各民族自觉认同,自觉维护的全新阶段。

既然中华民族作为一个多民族结合体有 3 个发展阶段,那么笔者认为中华民族精神也应与之相适应,有过 3 种表现。

在第一阶段,即中华民族这一民族有机结合体发展的初期阶段,中华民族精神只能处于酝酿、萌芽状态,这时的中华民族精神还具有不同程度的民族特点、地域特点以及局限性、不完善性,或者说,还很难有为当时中国各个民族都能接受、认同的民族精神。这是因为:首先,中国的统一局面还很不稳定,民族之间的对立还时有发生;其次,还很难产生和形成有明显的、为各民族均能感受到的共同利益、共同命运;第三,中国各个民族,包括汉族在内,其民族发展的程度极不平衡,任何一个民族的代表人物,都无能力提出能够团结其他各族、解决中华民族面临重大问题的思想和理论。在这种情况下,占统治地位,或在某些方面处于优势地位的民族的利益、命运,超越于其他民族之上,民族精神也只能反映某个占统治地位,或在某些方面处于优势地位的民族发展中存在的问题及其意志和愿望。正因为如此,我们有时硬要在中华民族形成发展的这个阶段找出这一时期的统一的民族精神,往往就要遇到困难和矛盾,就很难找出为中国各民族都能接受的统一的中华民族精神,有的只是中国各民族各自的民族精神。

在中华民族发展的第二阶段,情况发生了变化,这个时期,中国的统一得到了进一步的巩固、稳定和明确,中华民族越来越强烈地感受到了帝国主义列强的侵略,在中华民族中起主导作用的汉族,其民族共同体的发展进入一个新阶段,新阶级、新思想、新观念产生并发展,其代表人物已能提出一系列的思想、观念和理论,来联合中国各民族团结奋斗,共图自存和发展,以解决中华民族所面临的急迫任务。这一时期,才能说得上有较成熟的中华民族精神的出现。在这个时期,康、梁的变法维新,孙中山先生的三民主义以及林则徐、邓世昌等人表现出来的反抗帝国主义侵略的行为等,都是这一时期中华民族精神的体现和组成部分。特别是中国共产党人所提出来的反帝、反封建、反对官僚资本主义,建立新中国的口号及其实践,更成为这一时期中华民族精神最集中、最完善的表现。概括起来说,这一时期能表现中华民族精神的思想和行为,就是对外反抗帝国主义的侵略,对内革故鼎新。因为这两方面正是当时中华民族所面临的最大问题,是中华民族求自存、图富强的需要,是能涵盖中国各民族共同利益的最大需要和保障。

1949 年新中国建立后,在中国共产党领导下,中国各民族摆脱了帝国主义、封建主义和官僚资本主义的压迫和剥削,各民族实现了政治上的平等,各民族自身的发展进入了一个新阶段。在进行社会主义改造后,各民族面临的主要问题就是改变社会落后面貌,使中国跻身于世界先进民族的行列。特别是在当前科学技术发展一日千里,世界各国经济发展迅猛异常的形势下,中华民族要自立于世界民族之林,要摆脱落后、被动、挨打的局面,要巩固自己的团结,就必须发展经济、改革开放、团结奋斗、振兴中华。这就是当代中华民族最迫切的任务。为了实现这个任务,就应该继承、发扬中国各民族最优秀的思想和品格,就应该提出一系列适应当前世界新形势的思想、观点和理论,通过中国各民族振兴中华的实践,凝结、提炼出现代中华民族精神。而目前中国共产党及其领导人所提出的"以爱国主义为核心的团结统一、爱好和平、勤劳勇敢、自强不息"的精神,就正是当代中华民族精神最基本的因素和内容。

8.2 关于中华民族凝聚力

中华民族凝聚力的问题,与中华民族精神问题虽有密切的关系,但它们不是同一个问题,而是两个层次的问题。

一个共同体的凝聚力,其最大的特点,就在于这种力量不带半点强制的性质,而是产生于每个成员自然的认同和自觉的行动。从民族共同体的形成来看,任何一个民族,从它一形成,就存在着凝聚力,只是程度的大小不同而已。产生民族凝聚力最基本的因素,就是一个民族共同体所拥有的共同因素综合起作用的结果。如共同的血统,共同的种族,共同的语言文字,共同的地域,共同的经济生活,共同的信仰,共同的理想,共同的传统文化,共同的文学艺术,共同的思维方式,共同的道德观、价值观以及共同的历史发展,共同奋斗的历程,共同崇拜的英雄人物,共同的风俗习惯等,都构成产生民族共同体凝聚力的基础。因此,凝聚力是一种产生于民族共同体诸共同因素基础上的、维系民族生存的综合力量。但是,在产生民族凝聚力的诸共同性因素中,占首要地位的是对民族历史的热爱,对民族文化的热爱,对共同目标的追求和实践,对祖国故土的热爱,等等。

在研究凝聚力的同时,还应该研究与凝聚力相对立的一种力量,即民族分散力或离心力。这同样是一种客观存在的力量。这种力量来自两个方面,一方面来自民族内部,包括民族社会的长期的混乱,民族经济的破坏和民不聊生的政治、社会、自然生态环境等;另一方面来自外部环境,如其他民族优越条件的吸引、外部力量的打击等等。而往往是内部和外部力量相结合,能形成最大的分散力或离心力。一个民族的发展,实际上就是凝聚力和离心力不断对抗、消长的过程,并且在不断克服和战胜分散力、离心力的过程中,加强凝聚力。在一个自觉的民族共同体中,他的先进阶层和最活跃的力量,往往能够自觉地克服、战胜离心力,努力加强自己民族的凝聚力,克服和消除各种不利于自己民族发展的分散力和离心力。

凝聚力与民族精神一样,在民族发展的不同阶段,有不同的功用、不同的地位。一个民族处于自发阶段时,其最强大的凝聚力偏重于一个民族自身所具有的共同因素所产生的亲和力,也就是同种、同宗、同祖、共同地域及传统文化等在凝聚力中起主要作用。这种凝聚力的作用是自发的,是每个民族成员出于生活的需要而自然产生的。在当代民族发展中,民族凝聚力的大小强弱,已经由主要依靠自然因素、客观因素起作用,发展到自然因素与社会控制相结合,客观因素与主观认同、自觉调整相结合,而且以社会控制为主,以自觉调整为主的阶段。由此又产生了一个新的问题,即社会力量、国家力量对民族凝聚力大小强弱的影响、控制和作用问题。

在现代社会中,增强民族凝聚力,国家、社会和政党起着非常重要的、巨大的作用。这是因为,在当代社会条件下,个人在社会中的独立地位更加提高,传统的血缘、种族、语言、文化等力量,在维系个人和民族共同体的关系中的地位有所降低,离开本民族集体,对个人的利益并无明显影响,人们与国家和社会的关系,却明显地、直接地给个人的利益带来影响,因此,在民族国家中,社会、政党、国家的发展和政策,对民族的凝聚力的加强和削弱起着重要的作用。总而言之,对现代民族来说,它的凝聚力的大小强弱与民族成员对本民族的社会、国家的看法有直接的关系,民族凝聚力的强弱,主要是通过民族成员对社会、对国家的态度来体现的。离开了民族成员对本民族社会、国家的积极态度和严肃的责任感,就谈不到所谓民族凝聚力的问题。特别是对作为多民族有机结合体的中华民族,加强其凝聚力是一件极其复杂的伟大历史使命。中华民族凝聚力的构成,与一般民族共同体的凝聚力的构成有很大不同,中华民族作为多民族有机结合体,其凝聚力应能够对 56 个民族都具有凝聚的作用。它主要形成于中华民族的发展过程,是在历史发展中逐渐出现、逐渐形成、逐渐加强的。

中华民族凝聚力本身是由多种因素构成的,加强中华民族凝聚力,也必须调动多方面的力量,从多方面入手。我们认为,当前在增强中华民族凝聚力的诸因素中,起主要作用的是下列一些方面:[1]

首先,与中国共产党的领导有密切关系。半个多世纪来,中国共产党领导全国各民族推翻了三座大山,实现了民族平等,走上了社会主义道路,近几十年来,在邓小平同志建设有中国特色社会主义理论的指导

---

〔1〕《中华民族凝聚力的形成与发展》(该书编写组编写,民族出版社 2000 年版)一书认为中华民族凝聚力有六大要素,而且主要是在历史上形成的。本书对此观点不完全同意。

下,我国以经济建设为中心,实行改革开放,取得了伟大的成就。特别是与绝大多数少数民族有关的西部大开发战略的实施,赢得了少数民族的衷心拥护和欢迎,并已经取得了巨大的实际效果。"三个代表"重要思想的提出,进一步明确了中国共产党在新时期领导中国人民进行新征程的伟大使命。实践证明,中国共产党的各项政策和思想路线,特别是民族政策、宗教政策和改革开放政策等,是加强中华民族凝聚力的最重要的因素。当前在我们党的领导下,我国社会主义建设事业蒸蒸日上,各民族人民生活水平不断提高,社会主义法制日臻完善,各民主党派团结一致,各民族在政治上一律平等,我国国际地位日益提高,是中华民族凝聚力最强大的时期。这些都说明,对于加强中华民族凝聚力,在今天来说,中国共产党的政策和国家法制起着最重要的作用。中国共产党的领导,是当前我国社会中增强中华民族凝聚力最活跃、最主动、最强有力的因素。

其次,增强中华民族凝聚力,也是中国各民族,包括港澳台同胞、海外侨胞共同的伟大事业。中国各民族都经历过苦难的漫长岁月,特别是近代历史的教训说明,中国各民族的不团结,只会给各民族带来深重的灾难,只会给各种外国敌对势力、分裂势力造成觊觎侵略的条件。各民族的先进分子早就从历史中总结出:中华民族只有团结一致,维护祖国统一,提高科学技术水平,发展社会经济,才能振兴中华,强大祖国。同时应该看到,强调加强中华民族的凝聚力,并不排斥和削弱各民族本身的凝聚力。既然中华民族是多民族有机结合的共同体,那么中华民族中的每个民族,自己首先应该要有自己的凝聚力,这种凝聚力同样来自对本民族的血统、种族、历史、社会、文化的认同。此外,这种凝聚力还表现为对中华民族其他各兄弟民族的认同和对自己赖以存在的社会、国家的责任感。也就是说,作为中华民族的凝聚力,不排斥各民族也都有自己的凝聚力,而且这种凝聚力又是整个中华民族凝聚力的一个组成部分。各民族凝聚力的交汇点,主要集中在各民族对共同缔造伟大祖国历史的认同和对赖以存在的社会、国家的责任感上。因此,热爱社会主义、热爱伟大祖国、维护中华民族的团结,这就是确定当代中华民族凝聚力强弱的最高标准。

中华民族有强大的凝聚力,与汉族在中华民族中的作用分不开。汉族在中华民族形成中的地位和作用是十分突出和明显的,但是,正如本书在前面所述,我们不同意现时许多论著认为"汉族是中国的主体民族"的提法,因为这种提法容易与古代关于汉族是躯干、根本,少数民族是肢体、枝叶的说法相混淆,与封建社会的大汉族主义划不清界限。更重要的是,这种提法并不能反映历史和现实的实际,因为就现实来说,仅少数民族区域自治的地方,就占了中国 960 万平方公里陆地领土的一半以上,而历史上少数民族的地域,在中国疆域中所占的比重还要大。然而,我们认为汉族在中华民族的形成、存在、发展中,起着主导的、核心的作用,这种主导和核心作用的表现之一,就是汉族对形成和加强中华民族的凝聚力起了十分重要的作用。这是因为,汉族本身,有着十分强大的凝聚力,具有数千年的历史,成为中国最稳定、最强大的民族共同体。由于历史的条件和客观的因素,汉族与其他少数民族比较,在历史上就有高度发展的文明,这种文明又是广泛吸收各民族文化的精华,融合自己的固有文化创造而成的,这就对其他少数民族具有内在的吸引力。汉族所生活的广大中原地区,气候适宜、物产丰富,特别是在经济上对四周少数民族具有极大的吸引力。有些以游牧为主的少数民族,甚至在经济上对汉族有着依赖的关系。自汉代以来,随着各族之间政治、经济、文化的交流,各民族在中国这块土地上互相迁徙,少数民族居住的地区呈"大分散、小集中"的特点,而汉族由于人口的优势,插居于全国各地。这种少数民族大分散、小集中,与汉族遍布少数民族地区的状况,加强了各民族之间的地缘关系,形成难以分开的局面。由于汉族经济文化发展程度比较高,在人口、经济、文化、政治、军事上形成优势,因此在中国历史的政治舞台上,汉族往往处于主导地位,就是在少数民族统治阶级掌握全国和部分地方政权时,汉族知识分子,汉族的经济思想、社会政治思想、伦理道德、价值观念在实际社会生活中仍然是左右这种政权的力量。

所有这些,就使得汉族在中国历史上,在中国政治、经济、文化发展中,在中国民族关系的发展中,实际上起着主导和核心的作用。汉族的这种作用,在民族关系上,表现为一种强大的稳定力量和凝聚力量。在今天,这种力量仍然是中华民族强大凝聚力的一个重要因素。当前,正确发挥汉族在建设中国特色社会主义中的作用,加强汉族地区对边远地区的援助,尽快消除历史遗留下的少数民族地区的落后状况,消除少数民族落后地区与汉族地区在经济文化发展上实际的不平等,使中国各民族的社会、经济、文化都得到共同繁荣,则是增强中华民族凝聚力的重要内容。

第三,弘扬中华民族优秀传统文化、弘扬中华民族精神,也是增强中华民族凝聚力的重要内容。

中华民族精神和中华民族凝聚力之间既有联系,又有区别,是两种有密切联系的精神力量和认同感。正如前面所谈到的,民族精神是一个民族或民族有机结合体求自存、图发展所需要解决的最紧迫问题在意识形态上的反映,它既有社会政治的因素,又有经济的因素,同时也要看到,文化、历史因素在加强和弘扬中华民族精神中起着十分重要的作用。而民族精神的提倡和弘扬,对增强民族凝聚力起着巨大的作用。因为民族精神反映了整个民族的要求和根本利益,能够起到统一和团结民族内部各种积极力量的作用,能够为全民族的行动提出奋斗目标,它在增强民族凝聚力中的作用,是其他因素所不能取代的。因此,增强中华民族凝聚力,还必须努力弘扬中华民族一切优秀的传统文化,弘扬、表彰和提倡中华民族精神。在这方面,我们必须要弘扬和继承优秀的传统文化。文化作为一种上层建筑,它会随着时代的变化而变化,有些原来属于优秀的部分,会落后,会不适应新时代、新变化的要求,甚至会成为新事物发展的障碍。这种情况,在任何一个民族的传统文化中都会存在和出现。当然,这仍然有一个如何识别传统文化中的精华和糟粕的问题。在继承、弘扬优秀传统文化时,还应高度重视这样一个问题,即我们所说的优秀传统文化是整个中华民族的优秀传统文化,也就是说,应包括中国各民族的传统文化在内。汉族的传统文化,是中华民族传统文化中的一个重要部分,是应该大力宣传和弘扬的;同样,少数民族的传统文化,也是中华民族传统文化中的重要部分,毫无疑问也是应该大力宣传和弘扬的。把中华民族传统文化仅仅归结为汉族的传统文化,是片面的,对增强中华民族凝聚力是不利的。

要弘扬、表彰、提倡那些体现了各时代中华民族精神的一切优秀人物和事件。民族精神具有很强的时代性,它是随着时间的迁移,随着民族所面临的问题的变化而变化的,但是不管什么时代的民族精神,一旦在一个民族的意识形态中沉积生成,它就会具有强大的生命力,就会成为这个民族传统文化的一个组成部分,并且为不断变化的新时代民族精神所吸收、继承,成为新时期民族精神的一个有机组成部分。曾经体现旧时代民族精神的人物和事件,虽然已不再具有和体现新时期民族精神的活力,但仍然是这个民族历史上时代精神的体现,像历史本身一样,仍然起着借鉴、鼓舞、激励的作用,仍然具有增强民族凝聚力的重大作用。所以,我们应当弘扬、表彰各民族中曾经体现过去不同时期中华民族精神的一切人物和事件,更要弘扬、表彰各民族中体现现代中华民族精神的一切人物和事件,通过弘扬、表彰、提倡中华民族中一切反映、代表、体现各时代中华民族精神的优秀人物和事件,来加强中国各民族对中华民族的认同感,加强中华民族自爱、自尊、自强的精神,加强中华民族的凝聚力。

(本文原载《西北史地》1993 年第 2 期)

9　宗教与社会主义社会相适应的必然性、可能性及其运行机制

——以中国伊斯兰教为视角

宗教与政治,这几乎是自国家产生以来便相伴相生的一对社会博弈力量。特别是在现代国家政治进程中,虽然有比较明确一致认可的政教分离原则,但宗教界对人类个体精神权威的垄断仍然时时处处存在,甚至左右一国的世俗政治生活。所以,如何妥善处理好宗教与政治的关系,是 21 世纪的一个复杂而又重大的政治课题,它既是对一个执政党执政能力的考验,更是一个国家在现代化进程中必须直面的一个社会性难题。

中国共产党在领导中国人民进行革命斗争和社会主义建设时期,都面临着十分复杂而关系重大的宗教问题,特别是在社会主义建设中,宗教问题关系着民族团结、社会发展、边疆巩固、国家统一,是关系中国建设社会主义社会成败的重大问题。"积极引导宗教与社会主义社会相适应",就是中国共产党在社会主义社会建设时期,对待我国宗教的基本思想和政策。

9.1　正确把握"相适应"理论的深刻内涵

9.1.1　"相适应"不是指思想体系方面,而是指社会制度方面

所谓"宗教与社会主义社会相适应",不是指唯心主义思想体系与唯物主义思想体系相适应,而是指宗教与社会主义制度相适应。毛泽东同志曾说过:"共产主义是无产阶级的整个思想体系,同时也是一种新的社会制度。"宗教与科学社会主义在思想体系上是无法调和的。宗教所讲的神是虚幻的,宗教作为虚幻的反映,把"被压迫阶级"所追

求的理想变成天堂的幻想,用彼岸世界的天堂和来世的报偿给"苦难人民"一种幻想的幸福;而科学社会主义是建立在对社会历史发展客观规律的科学认识的基础上的,它主张不断认识和改造客观世界,通过自身的斗争经由社会革命消灭剥削制度,实现人类的幸福和解放,因此,宗教与科学社会主义的思想体系是根本对立的。但从社会制度来说,宗教能够同社会主义社会相适应。因为从宗教内在因素看,每种宗教都含有可变和不可变的两个相统一的组成部分。宗教神学思想的核心无论在哪个时代都是不变的部分,即神(上帝、真主、神明)的启示、神的世界的存在、神具有至高无上的权威、神创造世界、神创造和救赎人类等。而宗教神学思想的表现形态是可变部分,即可以随着时代的前进、社会的发展而发生某些调整、改革,以适应社会的变革。如对神学思想的某些具体内容的解释、阐述和理解,不同历史时期、不同教派、不同神学家都有可能做出不同的解释,而这些解释又一定是适应他们那个时代和社会的。宗教的表现形态,如仪式、制度、规范、宗教团体的组织形态,活动方式及对所处社会的态度等也都是可变部分。正是宗教的这些可变部分,为宗教思想的某些内容与社会主义社会相适应提供了突破口。宗教与社会主义社会相适应,这种相适应,并不要求各宗教组织和广大信教群众放弃唯心主义、有神论的思想体系,而是在保证宗教信仰自由的前提下,要求他们在政治上拥护社会主义制度,拥护共产党的领导,遵守宪法和法律,同时发扬具有某些积极作用的宗教教义、教规和宗教道德,改变那些不利于社会主义制度,不利于人民生产、生活和身心健康的教规、教义。因此,要区分社会主义思想与社会主义制度,前者与宗教不相适应,后者可以容纳宗教。因为宗教对于社会主义社会来说,也是它的一个正常的组成部分。

9.1.2 "相适应"是双向互动的过程

"积极引导宗教与社会主义社会相适应"这一命题本身就意味着宗教既包含有有利于社会主义社会的因素,也包含有不利于社会主义社会的因素。发扬其有利因素,则宗教可与社会主义社会相适应,但如不克服其不利方面,则宗教与社会主义社会就会不相适应。这种"发扬"与"克服",就是党和政府所说的"积极引导"。但是,如果认为社会主义社会只是单方面地要求宗教不断调整自己以适应社会,而社会主义社会则静如止水,不积极地创造条件,为宗教在社会主义社会提供发挥其积极作用的空间,那么二者的"适应"也难以实现,而且,在实际运作上也容易出现问题。所以,"相适应"涉及政教双方。对于宗教来说,社会主义社会是新事物,要有一个熟悉和与之协调的过程;对于社会主义社会来说,由于自身还处在一个不断发展、健全的历史时期,究竟如何引导宗教与社会主义社会相适应,也有一个不断积累经验的探索阶段。在这一过程中,彼此都需要不断调适,否则就会出现不适应或紧张状态,这对社会主义事业和宗教本身的健康发展都不利。因此,适应不是单方面的。党和政府的积极引导,而不是强迫;宗教主动、自觉、积极地适应,而不是对抗和顺从,构成了社会主义社会中特有的宗教与现实社会相适应的双向互动的特点。

回顾新中国成立以来我国政教关系的历史进程,既有相适应的时期,也有不相适应的阶段。凡是相适应的时期,莫不外乎两方面的因素:一是党和政府尊重宗教信仰,实行正确的宗教政策,如建国初期;二是宗教界按社会主义社会的要求规范自己。但在"大跃进"及"文革"时期,在极"左"路线的影响下,党和政府曾将宗教作为"四旧"之一,做出了诸如消灭宗教、破坏宗教文物、批斗宗教界人士等过火行为,导致了灾难性的后果。当代,随着党和政府对宗教认识的逐渐全面和深刻,宗教政策亦愈完善;宗教界也做出了积极的回应,在思想建设和制度建设方面,都加大了力度,出现了较好的相适应的局面。可见,双向互动是"相适应"的必要条件。但同时也要看到,互动的双方不是对等的协调、配合、适应,而是有主次之分。"相适应"主要是指宗教适应社会主义社会的发展要求。身处中国社会的宗教,只有不断调整自身,适应不断变化的社会环境,才能求得自身的生存和发展。这是问题的主要方面,或者说是调整的主体方面。虽然社会主义社会做出相应的调整和反应是问题的次要方面,但亦是不可忽视的方面,而且在已经有50多年历史的社会主义国家的今天,从某种意义上看,它是决定"相适应"

的关键。因此,只有宗教与社会主义社会双向互动、相互协调,整个系统才会处于良性运转之中。

9.1.3 "相适应"不等于调和论

切勿把"相适应"理解成"相融合"或"相融化"。宗教与社会主义社会相适应,不是指宗教与社会主义社会的融合,更不是指无神论和有神论的折衷。一方面,"相适应"是对立面的统一。这种统一是以对立面的区别为前提的,即以社会主义不是宗教,宗教也不是社会主义为前提的。而"相融合"或"相融化"则是抹杀了二者的区别,或用宗教融化社会主义,变成宗教社会主义,或用社会主义融化宗教,变成社会主义宗教。宗教社会主义意味着改变社会主义的性质;社会主义宗教则意味着改变宗教的性质。如果这样,那么,宗教与社会主义社会之间的关系就成了相互消灭或相互同化。另一方面,"相适应"也不是指唯物主义和唯心主义两种世界观可以相互替代、相互融合。不能用马克思主义代替宗教,更不能用宗教代替马克思主义。用马克思主义代替宗教,违背了党的宗教信仰自由政策;用宗教代替马克思主义,不符合中国的国情,从根本上违背了广大人民群众的意愿。

马克思主义诞生前后,试图把宗教与共产主义融合起来的思潮影响比较大的有3次:第一次是空想社会主义者,他们把社会主义学说同宗教结合起来;第二次是列宁时代的俄国布尔什维克党内的"造神说",主张创造一个无产阶级的神,建立"社会主义宗教";第三次是第二次世界大战以来出现的各种宗教社会主义,其中影响较大的是基督教社会主义和伊斯兰社会主义。中国共产党是以马克思列宁主义、毛泽东思想、邓小平理论为指导的,因此那些试图把宗教与社会主义融合起来的宗教社会主义,在中国根本没有市场。所以"相适应"不是抹杀差别,使宗教与社会主义完全一致,而应是和而不同:一方面承认差别,另一方面保持和谐,是在"两尊重",即充分尊重宗教的特点和充分尊重社会主义庄严的前提下,建立宗教与社会主义社会之间的和平合作关系。

·欧·亚·历·史·文·化·文·库·

9.1.4 "相适应"是"求同存异"、"和而不同"思想的升华

传统的"求同存异",就其精神实质来说,体现了一种政治文明的包容性和宽容精神,反映了政治文明的多样性与差异性的互动关系,在这里,"同"是指政治之同,即广大穆斯林群众现实的根本利益同社会主义事业现实的目标是一致的,建设中国特色社会主义,振兴中华,完成祖国统一,是社会各界人士包括中国伊斯兰教界人士及广大穆斯林群众的社会共同目标和共同利益。"异"是指信仰之异,即有神论与科学社会主义的世界观——辩证唯物主义、历史唯物主义之异。"存异"的目的在于"求同"。两者既并列,又互动,同不妨异,异不碍同;同则相亲,异则相敬,处于一种良性互动的和谐状态。这就是周恩来同志所说的"互信不立,共信不生",具体体现为"政治上团结合作,信仰上相互尊重"。只有在政治上真诚团结合作,才能做到在信仰上互相尊重;只有在信仰上互相尊重,才能有效地巩固和加强政治上的团结合作。这是我党领导全国各族人民在解放全中国、建设新中国的革命斗争中,坚持以马克思列宁主义为指导,理论联系实际,在处理宗教问题上确立的一条正确的指导原则。这条原则经受了历史实践的考验,既是我党一如既往地做好宗教工作的根本性指导原则,更是处理新时期宗教与社会主义社会关系仍然要恪守的首要原则。

同时也应看到,"求同"处理不好会影响"存异","存异"处理不好也会影响"求同"。如果过分强调和片面追求"同",事物非但得不到发展,反而会走向对立面,要承认有"不同",并在"不同"的基础上形成"和",即"和而不同"。这里的"和",不是把多样的事物合并为单一的事物,而是追求多样事物之间的和谐统一。也正是由于中国传统文化的"和",才使中国传统文化"成功吸收了印度佛教,容纳了伊斯兰教和基督教,形成了历史上多民族多宗教共生共长的良性文化形态"。[1]"从根本上说,和是中华民族的灵魂。中华民族的发展史,就是一部不

---

[1]叶小文:《有"和"乃大,中国传统文化开放和包容》,载《中国新闻周刊》2006 年第 42 期。

断融合、不断多样化的历史,它有着和的图腾,和的民族,和的文化"[1]。这个"和"不同于"同"。早在西周末年,人们就已经认识到"和"与"同"的辩证关系。史伯(周太史)把"和"即多种事物(各种不同的"他")的相互作用和"同"即单一事物的重复循环相比对,提出:"和实生物,同则不继。以他平他谓之和,故能丰长而物归之。若以同裨同,尽乃弃矣。"[2]这种重和去同的思想得到了孔子的继承和发展,他主张"礼之用,和为贵",[3]认为治国处事、礼仪制度,应以"和"为价值标准,并提出"君子和而不同,小人同而不和"[4]。《管子·幼官》中说:"畜之以道,则民和,养之以德,则民合。和合故能习,习故能偕,偕习以悉,莫之能伤也。"其意是说民众在共同的理想、信念和道德的基础上互相学习、和谐融合、亲密无间、同心协力,为共同的事业努力奋斗,这样的国家、民族能够经得起各种考验,是任何力量也难以撼动的。总之,崇尚"和"、主张"和为贵",是中华民族世代相传的价值观念和民族心态。"同"是一致,"和"是和谐,所以叫"和而不同"。和而不同的理念是在尊重文化丰富性,多样性、差异性的前提下,博采众长,求得不同民族、不同文化、不同宗教、不同社会制度的协调——既追求统一,又保留和尊重各自不同的特点,求同存异,从而促进人类文明的发展。

纵观中国历史,各民族之间有矛盾、有冲突、有战争,但矛盾、冲突、战争的最终结果是建立统一的政权,而且无论是哪个民族占据统治地位,在进行民族压迫和民族剥削的同时,都采取过招抚、和亲、会盟、互市等政策或策略。尽管这是统治者维护其统治的需要,但在客观上都促进了各民族的相互了解、交流和融合,从而增强了中华民族之间的认同感,结成了"谁也离不开谁"的兄弟关系。伊斯兰教自唐永徽二年(651)由海上和陆上两条路线传入我国始,至今已有1300多年的历史。伊斯兰教之所以能够在中国生存并得到发展,除了自身不断调整,

〔1〕叶小文:《对社会主义社会宗教问题的再思考》,载《中国宗教》2003年第1期。

〔2〕《国语·郑语》。

〔3〕《论语·学而》。

〔4〕《论语·子路》。

并经历了中国化、民族化、地方化的进程之外,也与历史上各个时期的统治者对伊斯兰教的政策和措施有着密不可分的关系。从唐永徽二年到南宋末年(1278)的600余年,是伊斯兰教在中国内地传播的早期阶段。唐朝作为我国封建社会高度发达的时期,表现出了一种磅礴的气魄和广阔的胸怀,因而使我国传统政治思想中的"修文德以来之,既来之,则安之"、"圣人能从天下为一家,中国为一人"、"夷狄而进于中国则中国之"、"四夷可使为一家"这些有利于民族团结、国家统一的积极思想得到充分发挥。唐朝统治者对当时人口较少而居住集中的穆斯林采取和其他少数民族一样"恩惠扶和"的态度,给予穆斯林以平等的地位和机会参与政治,也允许他们参加科举考试来步入仕途,因而出现了万方云集、华夷归心的盛世局面。到了宋朝,由于宋朝政府对各个宗教都采取了宽松的态度,因而使得这一时期的伊斯兰教能在一个宽容与和平的政治环境中得到一定程度的发展。到了元代,由于许多回回穆斯林对元朝的建立做出了贡献,所以无论在政治上还是在经济上,回回都享有极高的地位。同时,由于元朝统治者对待各种宗教都采取了"兼容并蓄"、"恩威相济"的治理策略,"服从者恩之以仁,拒敌者威之以武,恩威相济,功乃易成",[1]"因其俗而治其民",所以礼拜寺与佛家寺院、道观一样都受到了政府的法律保护。这时的伊斯兰教不再像唐宋五代时被视为一种个人的行为,性质不明,甚至被视为一种风俗习惯,而已被提高到与佛、道等宗教并列的中国宗教之一的高度来认识。伊斯兰教学者"答失蛮"(波斯语译音,指有学识者)也与其他宗教学者一样,受到法令保护并享有免除赋税之优待。1368年,朱明王朝建立。由于在朱元璋起兵反元之始,即有不少被称作色目人的回回将领为其治国、安邦、平天下的建国大业立下了功劳,如常遇春、胡大海、丁德兴、沐英、蓝玉、冯国用等,所以这些回族穆斯林作为明王朝的开国元勋,受到了明朝皇帝的重用。而对于他们所信仰的伊斯兰教,明朝统治者也采取了宽容、厚待的态度和"优容扶治"的策略。主要表现在:其一,明

---

〔1〕《元史·陈天祥传》卷168。

朝几代皇帝都对伊斯兰教给予肯定、表扬;其二,统治者也相应地对回回穆斯林的生活、风俗习惯给予尊重和照顾;其三,允许广大回回穆斯林前往朝觐。同时,明朝统治者也曾经做出过规定来保护清真寺。诸多举措,再加上明朝历代帝王较为开明的西域及域外政策,吸引了大量的"西域回回"入居中国内地。诚如李兴华先生所言:"在明代以后,无论对于穆斯林小社会,还是对于中国大社会,求大同存小异都是一个严肃的政治问题。"[1]清朝作为中国历史上继元朝之后第二个以少数民族身份入主中原而建立起来的封建政权,在沿袭历代封建王朝对伊斯兰教宗教政策的基础上,又根据统治需要加以总结和完善,实行了"齐其政而不易其俗"的政策,在要求回回穆斯林服从其统治的基础上,对伊斯兰教采取了尊重、宽容、保护和利用的政策。清朝中后期,由于朝廷腐败、社会矛盾激化,有些地方官吏利用宗教派系之争和回汉个人纠纷,煽动民族矛盾,先后引发了 18 世纪和 19 世纪陕、甘、滇、新等地穆斯林的反清起义,结果使这些地方的伊斯兰教蒙受惨重的损失。辛亥革命时期,孙中山先生提出了"汉满蒙回藏五族共和"、"五族一家立于平等之地"。民国约法和中国国民党党纲中明确指出"信教自由"。民国成立后,孙中山明确表态:"前清之教会,不能信仰自由",[2]而"今日之中华民国,乃五族同胞合力造成,国家政体既经改良,不惟五族平等,即宗教亦均平等"。同时,孙中山还投入到支持各宗教自由发展、自由传教的宗教信仰自由政策的实践中。1912 年 3 月,孙中山强调:"人民有信教之自由。"[3]1912 年 9 月,孙中山在北京回教俱乐部演说时,希望回教能"联络全国回教中人,发其爱国思想,扩充回教势力,恢复回教状态"[4]。

由于历史文化的不同,各民族之间存在着不同的宗教信仰和风俗习惯。如何对待这些不同的宗教信仰和风俗习惯,中国的历史提供了

---

〔1〕李兴华等:《中国伊斯兰教史》,中国社会科学出版社 1998 年版,第 98 页。

〔2〕《孙中山全集》第 2 卷,第 361 页。

〔3〕《孙中山全集》第 2 卷,第 477 页。

〔4〕《孙中山全集》第 2 卷,第 277 页。

很好的借鉴,那就是"和而不同"。早在20世纪50年代,国务院就制定了关于少数民族在某些重大节日给予放假的规定;国家商业部门注意安排同少数民族风俗习惯有关的特需用品的生产和供应;民政部门也颁布了有关尊重少数民族丧葬习俗的规定;国家有关部门还多次发出通知,要求在宣传报道和文艺创作中正确对待少数民族风俗习惯。而1997年新颁布的《中华人民共和国刑法》第251条规定:"国家机关工作人员非法剥夺公民的宗教信仰自由和侵犯少数民族风俗习惯,情节严重的,处两年以下有期徒刑或者拘役。"这些法规和措施的制定实施,为保护少数民族宗教信仰的"不同",实现"和"的目标奠定了基础。也正是基于不同的文化传统和价值观念,我国政府强调建立各民族平等、团结、互助、和谐的社会主义民族关系。而"宗教往往使一个民族具有凝聚力,民族又往往使某种宗教具有生命力。民族借助宗教张扬其个性,宗教利用民族扩大其影响。宗教歧视源于民族压迫,宗教和睦基于民族平等。"[1]正是在我国各民族平等的基础上,形成了今天宗教的和睦。这种"宗教的和睦"在我国宗教方针政策中也得到了体现,即"和而不同"——在坚持政治上一致性的基础上,保持其他方面的多样性,承认差别、尊重差别、照顾差别,从而实现真正的和谐与和睦。这正如叶小文同志所说:"一个心胸狭窄的灵魂,总是把不同视为对立,将差异变成仇敌;而对于一个襟怀博大的精神来说,不同意味着多姿多彩,差异包含着统一与和谐。"[2]因此,党和政府在对待和处理宗教问题时,不仅不断巩固和扩大同宗教界在政治经济根本利益上的一致性,而且努力处理好意识形态上的"异",并在承认"异"的基础上达到"和"。

〔1〕叶小文:《与时俱进话宗教》,载《中国宗教》2001年第6期。

〔2〕叶小文:《中国宗教的百年回顾与前瞻》,载《中国宗教》2002年第1期。

9.2　中国伊斯兰教与社会主义社会相适应的必要性、可能性

9.2.1　"相适应"的必要性

中国伊斯兰教之所以必须与社会主义社会相适应,既是社会主义社会发展的需要,更是中国伊斯兰教自身存在和发展的需要。

首先,"相适应"是社会主义社会发展的需要。

社会主义的本质是解放生产力、发展生产力、消灭剥削、消除两极分化,最终达到共同富裕,因而,把经济搞上去,提高国家的综合国力,提高人民的生活水平,是我国各族人民的共同愿望,当然也是广大信教群众的愿望。信教群众作为宗教组织的成员,他们以教徒的身份从事纯宗教的活动,这只占他们整个社会活动的一部分,而他们同时又各自以工人、农民、知识分子等各种社会主义的劳动者和建设者的身份参与经济建设。换言之,他们一方面是宗教徒,另一方面又是社会和国家的主人。他们与其他群众在信仰上存在着差异,但却有着共同的经济利益和政治利益,即发展经济、建设社会主义现代化强国。在发展经济、建设社会主义现代化强国的历史进程中,穆斯林群众同样是创造历史的主角,党和政府也需要充分发挥穆斯林群众的作用,需要把一切社会力量(包括宗教方面的力量)团结起来,引导到国家所确定的社会发展目标上来,这样才能最终实现社会主义现代化。另一方面,发展经济、建设社会主义现代化强国需要一个稳定的社会环境。改革、发展、稳定是我们党和国家的重要政策,改革是动力,发展是目的,稳定是条件。毛泽东同志有一句至理名言:"国家的统一,人民的团结,国内各民族的团结,这是我们的事业必定要胜利的基本保证。"如果国家不统一,民族不团结,就没有社会的稳定,而如果没有一个稳定的社会环境,改革和发展就无法进行,就无法集中力量进行经济建设,各民族也就不可能实现共同发展。一句话,没有团结稳定的政治局面,什么事情也搞不成。在西北地区,由于受国外敌对势力的渗透、影响和国内少数坏人的

蒙蔽,个别地方有时会出现一些影响社会稳定的宗教问题,这就严重影响了我国经济的发展和建设社会主义现代化强国目标的实现。而引导中国伊斯兰教与社会主义社会相适应,不仅可以解决宗教问题,而且还可以进一步促进民族的团结,维护国家的统一和社会的安定。所以,"相适应"是社会主义社会发展的需要。

其次,经济基础决定上层建筑,因而要求中国伊斯兰教必须与社会主义社会相适应。

历史唯物主义认为,社会作为人类生活的共同体,是各种社会现象有机联系的整体,是适应一定生产力水平的经济基础与上层建筑的统一。一定社会的经济基础,就是该社会的经济结构、经济制度,即这个社会占统治地位的生产关系各个方面的总和;一定社会的上层建筑,则是建立在一定的经济基础之上的各种政治法律制度、设施(政治上层建筑)和意识形态(思想上层建筑)的总和。在庞大而复杂的社会结构中,宗教属于思想上层建筑的范畴,占据着特定的位置。在社会这个矛盾统一体中,经济基础决定上层建筑,规定着上层建筑的性质和基本内容,经济基础的变化决定上层建筑的变化和发展方向。因此,恩格斯说:"每一时代的社会经济结构形成现实基础,每一个历史时期由法律设施和政治设施以及宗教的、哲学的和其他的观点所构成的全部上层建筑,归根到底都是应由这个基础来说明的。"[1]宗教与社会主义社会相适应的哲学基础,就在于经济基础决定上层建筑,上层建筑一定要与经济基础相适应。同时,在全部上层建筑中,政治上层建筑又起着主导作用,直接制约着思想上层建筑的变化。

宗教不仅是一种意识形态,也是一种拥有宗教团体、活动场所和广大信徒的社会实体,必须依赖、适应于一定社会的政治经济制度,在保持其基本信仰、教义、经典的情况下,不断调整对信仰的诠释以及表达、表现的方式,使之适应不同历史时期的需要。但是,从经济基础与上层建筑的关系看,宗教不论是作为社会意识形态还是作为社会实体,都属

---

[1]《马克思恩格斯选集》第3卷,第35页。

于社会上层建筑;在庞大的上层建筑体系中,宗教的意识形态部分虽然采取了超人间力量的神秘主义的形式而远离物质经济基础,是对客观世界虚幻的、歪曲的反映,但归根到底,必须服从被经济基础所决定、被政治上层建筑所制约这一客观规律,必须依赖、适应一定社会的经济制度和政治制度,并为之服务。宗教作为一种社会现象虽然经历了较长的历史过程,但宗教并不是脱离或超越社会历史的发展而存在的,宗教总是某一社会的宗教。它作为上层建筑的一种形式,总是反映着当时社会的经济、政治和文化面貌,同时又随着社会经济、政治、文化的发展而发展,随着社会形态的变化而变化。

中国伊斯兰教进入社会主义社会后,随着剥削制度和剥削阶级的消灭,宗教存在的阶级根源已基本消失,但由于种种原因,伊斯兰教在社会主义社会一部分人中的影响不可避免地长期存在。新中国的成立,社会主义经济基础和政治制度的确立从根本上改变了影响宗教发展变化的旧的政治思想和政治制度,这就决定了作为思想上层建筑的宗教本身必须适应社会主义经济基础和政治制度的要求而发生相应的变化,逐步与社会主义经济政治制度相适应,否则就不可能长久地存在下去,更谈不上获得发展。中国伊斯兰教只有适应了社会主义社会的经济与政治制度,才能进一步处理好与其他意识形态的关系,才能在社会主义社会中找到自己的适当位置,才能发挥自己的积极作用。

再次,宗教具有的"五性"决定了中国伊斯兰教必须与社会主义社会相适应。

建国初期,我们党对宗教情况作了科学分析,提出了中国宗教具有"五性"的基本特点,即:长期性、复杂性、群众性、民族性和国际性。宗教的"五性"概括,正确反映了我国宗教的社会特征。

(1)长期性

宗教的长期性是由其发生、发展和消亡的阶级根源、社会根源、自然根源和认识根源所决定的。江泽民同志指出:"社会主义制度的建立,有利于消除宗教存在的阶级根源,但宗教存在的其他社会根源和自然根源、认识根源的消失,则需要经历一个极为漫长的历史时期。从长远看,随着社会主义经济建设、政治建设、文化建设和社会建设的进一步深入,人们不断掌握自然界的奥秘和自己的命运,对客观世界、生命运动和宗教本质的认识不断趋于科学和理性,有利于宗教最终走向消亡,但这个过程是十分复杂的,绝不是短时间内可以达到的。"在进入新世纪之际,党中央之所以强调宗教问题最根本的特点是长期性,就是要求充分认识到宗教是人类社会的客观存在,不仅过去长期存在,将来也会长期存在,不可能强制地消灭它。要立足长远,着眼当前,按照宗教规律去做宗教工作,不能操之过急,不能超越阶段。

（2）群众性

一是说明信教群众人数比较多,二是指信教者与不信教者都是国家的主人、社会主义的建设者;三是表明正确对待宗教问题,就是正确对待群众问题。宗教工作,归根到底就是信教群众的工作。当前,我国已进入全面建设小康社会、加快推进社会主义现代化建设的新的发展阶段,要实现社会主义现代化,实现中华民族的伟大复兴,必须在爱国主义的旗帜下,把包括 2000 万穆斯林群众在内的各族人民最大限度地团结起来,把他们在生产和工作中的积极性、创造性、主动性充分地调动起来。

（3）民族性

中国伊斯兰教在回族、维吾尔族等 10 个少数民族中有着悠久的历史和深远的影响。在这些全民族信仰伊斯兰教的地区,宗教习俗与民族风俗融为一体,宗教问题与民族问题也往往交织在一起,使中国伊斯兰教具有了民族性的特征。

（4）复杂性、国际性

宗教本身就是一个复杂的社会现象。宗教问题从来就不是孤立存在的,它总是同政治、经济、文化、民族等方面的历史和现实的矛盾相交错,常常与现实的国际斗争和冲突相交织。随着国际形势的发展变化,境外敌对势力通过宗教对我国进行渗透活动已成为对外开放条件下的宗教工作面临的一个重要课题。另外,在国内也存在一些民族分裂分子和宗教极端势力,对民族团结和国家统一构成威胁。对此,党中央第三代领导集体十分关注。江泽民同志曾明确指出:"国内外敌对势力一直把利用宗教进行政治渗透作为他们对我国推行和平演变战略的一个重要手段。这实质上是政治问题。我国各爱国宗教团体应当教育自己的教职人员和信教群众,经常保持警惕,自觉地抵制这种渗透。"[1]因此,宗教既是群众的信仰问题,又会在一定条件下成为政治问题,它主要属于人民内部矛盾,但又可能被国内外敌对势力所利用,从而使矛盾激化。

总之,对于中国伊斯兰教,要充分考虑到其所具有的长期性、群众性、民族性、复杂性和国际性的特点,采取"特别慎重"、"十分严谨"和"周密考虑"的态度,把宗教工作放在应有的位置上。

最后,"相适应"是中国伊斯兰教自身存在和发展的需要。

在人类历史的长河中曾经有过许多种宗教,有的夭折消亡,有的却从一个地区或者一个民族的宗教演变为世界性宗教,其根本原因就在于宗教自身能否适应社会发展而不断变革。适者生存,不适应者只能随同旧制度一起被埋葬。在奴隶社会、封建社会、资本主义社会是这样,在社会主义社会也是这样。任何一种宗教要想在人类社会变迁的历史长河中生生不息,就必须顺应时代的潮流,适应当时社会制度的变化,并随着社会政治、经济、文化的发展、变化不断调整其教义、教规,组织和礼仪的内容、形式等,以追求被社会所接纳,从而求得自身的生存与发展。宗教适应社会的发展,并与之相协调,是宗教自身得以生存和发展的必然选择。这已是被宗教长期发展的历史进程所证明的客观规律。那么,推动这一变化的原动力是什么呢? 宗教神学家要么将其归功于神或先知的启示,要么归功于宗教领袖的创造。但是,按照历史唯物主义的观点来看,推动宗教产生以及不断变化的原动力是人类社会自身的不断变化。任何一种宗教只有适应了这种变化才有可能存在发展,否则只能是人类历史中的匆匆过客。

---

〔1〕江泽民:《保持党的宗教政策的稳定性和持续性》,收入《新时期宗教工作文献选编》,宗教文化出版社 1995 年版,第 209 – 210 页。

与现实社会保持一种互动关系,是绝大多数宗教在发展中逐渐摸索出来的道路。伊斯兰教从产生之日起就不断适应着现实社会的需要,伊斯兰教之所以逐渐由阿拉伯人的民族宗教演变为世界性的大宗教,就在于伊斯兰教在不断与新传播地区民族的传统文化相互影响与渗透中得到了发展。这一过程就是伊斯兰教不断自我调节、自我完善以适应在新传播地区的生存和发展环境的过程。中国伊斯兰教正是在与中国传统文化的碰撞、交流、融合和整合中得以生存和发展的。伊斯兰教在中国 1000 多年的历史,就是它与中国社会不断协调和适应的历程。当然,伊斯兰教的适应性是有一定限度的。不可能完全改变其基本教义,并且这种适应性在不同领域也是不同的。在政治上的适应表现得较为迅速明显;在学理上的适应较缓慢;而在道德观念、风俗习惯方面的适应性则更为缓慢,只有当社会生活发生巨大变革后,才会发生缓慢变化。

新中国成立以来,中国伊斯兰教与社会主义社会之间,经历了一个从不太适应到逐渐适应的历史发展过程。从目前的情况看,伊斯兰教与社会主义社会相适应,也只是初步的。这是因为,当今的社会是一个充满生机、不断发展的社会,社会主义社会的政治、经济、文化将会随着时代的变化而不断提出新的课题。这就要求作为意识形态的中国伊斯兰教,要不断考虑如何调整自身,以达到同社会发展趋势、同社会主义现代化进程相适应的问题。

"现代文明是以科学技术的日新月异、迅猛发展为基本特征的,市场经济作为现代文明发展的动力、手段和载体,猛烈地冲击着民族、地域以至国家固有的壁垒而不断实现全球化,成为当今一切民族、国家不可遏止的发展趋势和历史潮流。因此,迎接以科学技术为基本特征、以市场经济为动力和载体的现代文明的挑战,也成为一切国家和民族不可回避的历史现实。"[1]那么,人类该如何迎接这一挑战,已成为当今社会普遍关心的话题。有一点可以肯定的是,现代化的进程如此迅猛,

---

[1]纳麟:《传统与现代的整合》,云南大学出版社 2002 年版,第 136 页。

如此势不可挡,以传统的思维方式来迎接这种挑战显然已经不能适应。人们清醒地认识到,现代化的发展,毫不留情地损害着传统民族文化借以存在的社会条件和经济基础,损害着以传统民族文化作为生活导向的那些传统社会。30多年的改革开放已使中国社会进入了一个不可逆转的现代化发展轨道中,"如果宗教想要在现代社会立足对现代人有任何价值,它就必须适应现代生活环境的性质需要,实现自身的现代化"。[1] 因此,与现代社会相适应,是中国伊斯兰教发展的必然。无论中国穆斯林是否情愿,是否自觉,新的世纪对于每一个民族的冲击都无法回避。

9.2.2 "相适应"的可能性

9.2.2.1 社会主义社会为"相适应"积极创造条件

9.2.2.1.1 建国50多年来国家宗教政策的发展与完善

新中国成立以来,党在探索宗教与社会主义社会这一关系的历程中经历了曲折的前进道路。

新民主主义革命时期,中国共产党根据当时革命发展的需要,提出了对待宗教的方针和原则,谨慎而稳妥地处理宗教问题。1931年中华苏维埃第一次全国代表大会通过的《中华苏维埃共和国宪法大纲》中规定:"在苏维埃政权领域内的工人、农民、红军士兵以及一切劳苦民众和他们的家属不分男女种族宗教,在苏维埃法律面前一律平等。""中国苏维埃政权以保障工农劳苦民众有真正的信教自由的实际为目的。""实行政教分离原则。"1940年,毛泽东同志在论及新民主主义文化时指出:"共产党员可以和某些唯心论者甚至宗教徒建立在政治行动上的反帝反封建的统一战线。"[2] 1945年,在中共第七次全国代表大会上,毛泽东同志在《论联合政府》的政治报告中明确指出:"根据信教自由的原则,中国解放区容许各派宗教存在……只要教徒们遵守人民政府法律,人民政府就给以保护。信教的和不信教的各有他们的自

---

〔1〕时光、王岚:《宗教学引论》,中央民族大学出版社1997年版,第245页。

〔2〕《毛泽东选集》第2卷,第707页。

由,不许加以强迫或歧视。"[1]周恩来同志也多次强调,要尊重和保护宗教信仰自由,建立我党同宗教界的爱国政治联盟。

新中国成立以后至"文革"前,1949年,中国人民政治协商会议通过的《共同纲领》第53条明文规定:中华人民共和国境内各民族一律平等,各少数民族地区应实行民族区域自治;各少数民族均有发展其语言文字、保持或改变其风俗习惯及宗教信仰的自由,人民政府应帮助各少数民族的人民大众发展其政治、经济、文化、教育的建设事业。1952年10月8日,《国务院关于伊斯兰教的人民在其三大节日屠宰自己食用的牛羊应免征屠宰税,并放宽检验标准的通令》发布。1950年12月2日,毛泽东同志在接见西藏致敬团代表时重申:"共产党对宗教采取保护政策。信教的和不信教的,信这种教的或信别种教的,一律加以保护,尊重其宗教信仰。今天对宗教采取保护政策,将来也仍然采取保护政策。"[2]1954年,第一届全国人民代表大会通过的新中国第一部宪法中,就"公民有信仰自由的权利"作了明文规定。1956年6月2日,中华人民共和国国务院发布《关于伊斯兰教名称问题的通知》,就伊斯兰教是一种国际性的宗教,伊斯兰教也是国际通用的名称,规定:"今后对伊斯兰教一律不要使用'回教'这个名称,应该称'伊斯兰教'。"对伊斯兰教准确、科学的称谓,受到广大穆斯林的赞同与拥护。1956年,周恩来同志在同外国伊斯兰教代表团谈话时指出:"宗教在教义上有某些积极作用,对民族关系也可以起推动作用。"[3]"我们要造成这样一种习惯,不信教的尊重信教的,信教的尊重不信教的,和睦相处,团结一致。"[4]1957年,他在全国人民代表大会召开的民族工作座谈会上指出:"现在我们只把宗教信仰肯定为人民的思想信仰问题,而不涉及政治问题。不管是无神论者,还是有神论者,不管是唯物论者,还是唯心论者,大家一样地能够拥护社会主义制度。"[5]同年,李维汉同志在

〔1〕《毛泽东选集》第3卷,第1092页。

〔2〕《毛泽东西藏工作文选》,第88页。

〔3〕《周恩来统一战线文选》,第308页。

〔4〕《周恩来统一战线文选》,第309页。

〔5〕《周恩来统一战线文选》,第388页。

第七次全国统战工作会议上总结了社会主义时期宗教的 5 个基本特征,即群众性、民族性、国际性、长期性和复杂性。这些思想观点对全面正确地贯彻执行党的宗教政策具有重要的指导意义。为了割断我国宗教与帝国主义、封建主义的联系,我们党鼓励支持宗教界开展轰轰烈烈的反帝爱国运动和宗教制度民主改革运动,使宗教摆脱帝国主义和反动势力的控制,废除了封建特权,从政治上解决了我国各宗教何去何从的重大问题,使宗教真正成为我国宗教徒自办的事业。

1957 年以后,反右斗争扩大化,加之苏联"左"的宗教思想的影响,我国的宗教工做出现了"左"的偏差。不少宗教界人士被打成右派,宗教活动场所被大量占用,宗教受到了很大的冲击。1962 年 9 月,八届十中全会后,"以阶级斗争为纲"的指导方针严重冲击了宗教信仰自由政策,把社会主义社会中一定范围内存在的阶级斗争扩大化和绝对化,把丰富的马克思主义宗教理论仅仅归结为"宗教是麻痹人民的鸦片",视宗教为反动的意识形态,是社会主义的异己或敌对力量,认为在任何时候都要限制、削弱宗教,而社会主义时期宗教工作的根本任务就是要最终消灭宗教。1962 年召开的第七次全国宗教工作会议错误地认为:"宗教方面的阶级斗争是很激烈的,部分披着宗教外衣的反动分子明目张胆地向党进攻,地主富农分子也利用宗教进行复辟。"[1]

"文革"时期,在"左"的路线特别是"以阶级斗争为纲"的错误指导下,我们党在处理宗教问题上产生了严重的错误。主要表现在:(1)在思想观念上,混淆两类不同性质的矛盾。在"左"的思想冲击下,片面夸大宗教与社会主义社会的不协调部分,把人民内部信教与不信教的差异上纲上线为阶级斗争。(2)在实际工作方针上,一度把削弱宗教,促进宗教消亡作为指导方针,政府干预宗教内部事务,平调教堂寺庙财产,强制神职人员还俗,强占寺庙,禁止一切宗教活动,将其看作"破四旧"。(3)在组织机构上,宗教工作部门被批判为"修正主义"、"投降主义"。当时的中央统战部部长李维汉被公开点名批判,各级宗

---

〔1〕转引自王晓朝:《宗教学基础十五讲》,北京大学出版社 2003 年版,第 358 页。

教工作机构被全部撤销。[1]

十一届三中全会以后,随着党在各个方面的拨乱反正,中国共产党关于宗教问题的理论、路线、方针和政策得以全面恢复和落实。1979年6月15日,邓小平同志在全国政协五届二次会议致开幕词时指出,建国30年来各民族不同宗教的爱国人士有了很大的进步,代表党和国家明确否定了"文化大革命"期间对宗教界人士的不公正待遇。1979年9月1日,邓小平同志在听取第十四次全国统战工作会议的情况汇报时强调,宗教工作也有许多政策问题,要统战部议一议宗教问题。1980年,邓小平同志在同班禅额尔德尼·确吉坚赞谈话时讲了一句话:"对于宗教,不能用行政命令的办法,但宗教方面也不能搞狂热,否则同社会主义,同人民的利益相违背。"[2]邓小平同志一生中很少讲宗教问题,但这一句话非常经典,揭示了处理社会主义社会与宗教之间关系的要害所在。1982年,在经过9个月的调查研究后,中共中央于3月31日发布了《关于我国社会主义时期宗教的基本观点和基本政策》的文件,即19号文件。这个文件全面系统地阐述了中国共产党对宗教问题的基本观点和基本政策:"在人类历史上,宗教终究是要消亡的,但是只有经过社会主义、共产主义的长期发展,在一切客观条件具备的时候,才会自然消亡。对于社会主义条件下宗教问题的长期性,全党同志务必要有足够的清醒认识。那种认为随着社会主义制度的建立和经济文化的一定程度的发展,宗教就会很快消亡的想法,是不现实的。那种认为依靠行政命令或其他强制手段,可以一举消灭宗教的想法,更是背离马克思主义关于宗教问题的基本观点的,是完全错误和非常有害的",并强调"全体信教和不信教的群众联合起来,把他们的意志和力量集中到建设现代化的社会主义强国这个共同目标上来,这是我们贯彻执行宗教信仰自由政策,处理一切宗教问题的根本出发点和落脚点。任何背离这个基点的言论和行动,都是错误的,都应当受到党和人民的

---

[1]转引自姚南强:《宗教社会学》,东华大学出版社2004年版,第301-302页。

[2]见中共中央文献研究室编:《邓小平思想年谱(1975—1997)》,中国文献出版社1998年版,第167页。

坚决抵制和反对"。1982年10月,胡乔木同志提出了"宗教与社会主义社会相协调"的主张,这种表述已接近"相适应"理论。

以江泽民同志为核心的党中央第三代领导集体主持中央工作以来,将宗教与社会主义社会关系的理论和实践不断推向前进。1990年《中共中央关于加强统一战线工作的通知》中提出:"要引导爱国宗教团体和人士把爱教与爱国结合起来,把宗教活动纳入宪法和法律的范围,同社会主义制度相适应"[1],在党的文件中第一次使用了宗教要同社会主义制度相适应的提法。这标志着"相适应"理论已初步形成。1991年,《中共中央、国务院关于进一步做好宗教工作若干问题的通知》(6号文件)进一步确认,"动员全党、各级政府和社会各方面进一步重视、关心和做好宗教工作,使宗教与社会主义相适应。"1992年,中办转发的《九十年代统一战线部门工作纲要》也做出了"积极引导宗教与社会主义社会相适应"的规定。1993年11月7日,江泽民同志在全国统战工作会议上讲话时指出:"在宗教问题上我也想强调三句话,一是全面、正确地贯彻执行党的宗教政策,二是依法加强对宗教事务的管理,三是积极引导宗教与社会主义社会相适应"[2],并指出,"贯彻党的宗教信仰自由政策也好,依法加强对宗教事务的管理也好,目的都是要引导宗教与社会主义社会相适应。"这三句话标志着我们党关于积极引导宗教与社会主义社会相适应科学论断的明确提出和确立。江泽民同志进一步阐述,宗教是一种历史现象,在社会主义社会将长期存在,如果宗教与社会主义社会不相适应,那么,二者将会发生冲突,但这种适应并不是要求宗教信徒放弃有神论的思想和宗教信仰,而是要求他们在政治上热爱祖国,拥护社会主义制度,拥护共产党的领导;同时,改革不适应社会主义社会的宗教制度和宗教教条;利用宗教教义、教规和宗教道德中的某些积极因素为社会主义社会服务。1999年3月,江泽

---

〔1〕《中共中央关于加强统一战线工作的通知》(1997年7月14日),2013年3月6日,来源:http://news.xinhuanet.com/ziliao/2005-02/18/content_2591242.htm.

〔2〕江泽民:《全国统战工作会议上的讲话》,收入《历次全国统战工作会议概况和文献(1988—1998)》,文化出版社1998年版,第163页。

民同志在同全国政协九届二次会议的民族、宗教界委员座谈时,进一步阐述了"相适应"的两方面的含义:一是信教群众要遵守社会主义国家的法律、法规和方针政策,法律保障宗教信仰自由,宗教必须在法律范围内活动;二是宗教活动要服从和服务于国家的最高利益和民族的整体利益,宗教界人士要爱国、进步,要为祖国统一、民族团结和社会发展多作贡献。[1] 在 2001 年 12 月 10 日的全国宗教工作会议上,江泽民同志又提出宗教与社会主义社会相适应的"两个基础"、"两个要求"和"两个支持"。[2]

党的十六大报告 4 次提到宗教问题,并将今后国家宗教工作的方针政策概括为"四句话",即"贯彻党的宗教信仰自由政策,依法管理宗教事务,坚持独立自主自办的原则,积极引导宗教与社会主义社会相适应。"[3] 十六大报告将"坚持独立自主自办"与过去关于宗教工作的"三句话"并提,既是对历史的深思,也是对现实的深刻洞察。这段话是几十年来我们党处理宗教问题实践经验的结晶。2003 年以后,党的有关文件开始将这 4 句话概括为党的宗教工作基本方针。2006 年,胡锦涛同志在第二十次全国统战工作会议的讲话中明确强调要全面理解和认真贯彻党的宗教工作基本方针,这里讲的党的宗教工作基本方针,就是指这 4 句话。十七大第一次将党的宗教工作基本方针的表述写进党的代表大会的报告,而且还首次写进了党章。而贯彻宗教信仰自由政策也好,依法管理宗教事务也好,坚持独立自主自办的原则也好,都是围绕着一个大目标、大方向,这就是积极引导宗教与社会主义社会相

---

〔1〕江泽民:《在同全国政协民族宗教界委员座谈时的讲话》,1999 年 3 月 4 日。

〔2〕"两个基础":引导相适应的提出,是建立在"两个基础"之上的,即包括信教群众在内的广大人民群众根本利益的一致性,我国各宗教自身的改革和进步。"两个要求":对宗教界人士和广大信教群众来说,关键是"两个要求",即在尊重他们的基本信仰的前提下,要求他们热爱祖国,拥护社会主义制度,拥护中国共产党的领导,遵守国家的法律、法规和方针政策;要求他们从事的宗教活动要服从和服务于国家的最高利益和民族的整体利益。"两个支持":积极引导的主体是党和政府,要做到"两个支持",即支持宗教界人士努力对宗教教义做出符合社会进步要求的阐释;支持宗教界人士和信教群众与各族人民一道反对一切利用宗教危害社会主义祖国和人民利益的非法活动,为民族团结、社会发展和祖国统一多做贡献。参见江泽民:《在全国宗教工作会议上的讲话》,载《人民日报》,2001 年 12 月 13 日。

〔3〕《中共中央关于加强党的执政能力建设的决定》,载《人民日报》,2004 年 9 月 27 日。

适应。

总之,研究建国50多年来国家宗教政策的发展与完善不仅仅是为了梳理宗教政策发展的脉络,更重要的是为了在深层次上和中长期上把握国家宗教政策走向的大趋势。

9.2.2.1.2　新时期社会主义社会为"相适应"提供政治基础

社会主义制度的确立,使中国伊斯兰教界人士和广大穆斯林群众成为了国家的主人。在社会主义社会,随着剥削制度和剥削阶级的消灭,宗教存在的阶级根源已基本消除。作为劳动群众一部分的广大穆斯林群众,摆脱了被剥削、被压迫的地位,在政治上获得了新生,中国穆斯林由政治上受压迫的民族成为了国家的主人,被全社会认同为历史的创造者。他们作为社会主义劳动者,同其他民族在国家政治、经济、文化生活中享有平等的权力。在社会主义劳动者之间,不存在尖锐的矛盾和根本的利害冲突,他们在政治和经济上的根本利益是完全一致的。信教群众与不信教群众在政治、经济上的这种利益的一致性,远远大于在思想信仰上的差异性,前者是主要的,后者是次要的。中国共产党同爱国宗教界相互遵守着政治上团结合作、信仰上互相尊重的和平共处的原则,团结合作的政治基础不断得到巩固。

特别需要指出的是,在社会主义条件下,穆斯林群众能够积极参与政治生活。在现代西方政治学关于自由理念的阐述中,有消极自由与积极自由之分,但传统上更注重的是消极自由,因为它基于权利本位主义,针对的是公权力可能对私权利的侵犯。但在社会主义社会,人民当家做主的政治性前提规约,更注重的是积极自由,即通过对政治生活的积极参与,在维护自身权利的同时,实现当家做主的政治构想,因而从理论上消解了对消极自由的顾虑。当然,现实生活中也需要强调消极自由,以此来抵抗因社会公权力的官僚主义化(韦伯语)而造成的对私权利的侵犯。如今,不少伊斯兰教界人士当上了各级人大代表、政协委员,他们代表着2000万穆斯林群众参政议政,参与国家大事和社会重要问题的讨论,并就政府涉及宗教的工作提出意见、建议或方案、提案,这充分体现了社会主义社会的"积极自由"。

187

现阶段,全国各族人民有着共同的理想和目标。20世纪90年代以来,在建设有中国特色社会主义理论的指导下,坚持"一个中心,两个基本点"的基本路线,维护祖国统一和民族团结,把我国建设成为富强、民主、文明的社会主义现代化国家,是包括广大穆斯林群众在内的全国各族人民的共同愿望和一致要求。中国穆斯林早已把自己的命运和社会主义事业有机地联系在了一起。国家的兴旺发达、民族的繁荣昌盛,是包括广大穆斯林群众在内的全体国民所热切盼望的。我国有2000万穆斯林,遍布于全国各地,西北边穷地区和各地农村尤多。因此,从一定意义上讲,穆斯林群众要求变革社会、早日实现现代化的愿望尤为迫切。特别是在新时期,由于中国共产党制定的民族宗教政策深入人心,充分尊重广大穆斯林的宗教活动、宗教信仰、宗教情感和风俗习惯,更大地激发和调动了穆斯林群众建设社会主义祖国的积极性和热情,使中国伊斯兰教真正走上了与社会主义社会相适应的道路。

我国实行的是宗教信仰自由政策。我们党把马克思主义宗教观同我国宗教工作的具体实际相结合,制定了正确的宗教工作方针和政策,其核心内容就是尊重和保护宗教信仰自由政策。这是我们党对待和处理宗教问题的一贯政策,也是一项长期的政策。实践证明,党的宗教信仰自由政策是真正符合广大人民利益的唯一正确的宗教政策,为进一步做好引导宗教与社会主义社会相适应的各项工作提供了先决条件和重要保证。新中国成立后,党和政府把这一政策写进了宪法,用法律的形式确定下来。在这一政策指导下,广大穆斯林群众真正享受着宗教信仰自由的权利。十一届三中全会以来,党中央对宗教问题的理论和政策作了进一步的丰富和发展,形成了一整套正确认识和处理宗教问题的基本观点和基本政策,有力地保护了公民宗教信仰自由的权利,加强了广大信教群众和不信教群众的团结,增强了党在广大信教群众中的凝聚力和吸引力,这为中国伊斯兰教与社会主义社会相适应提供了可靠的保证。

在社会主义条件下,由于整个社会的根本利益同宗教徒的根本利益是一致的,没有对抗阶级之间的利益冲突,加之马克思主义政党和人民政府机关所执行的是科学的马克思主义的宗教政策,所以任何不断发生的不适应的现象都是能够通过不断地高度自觉协调来克服的。社会主义时期的宗教及宗教问题的性质总体上已不属于对抗性阶级斗争的范畴。社会主义社会的基本矛盾表现为生产力和生产关系、经济基础和上层建筑之间既适应又不相适应的关系。但是这种不相适应基本上是属于非对抗性的,可以通过社会主义内部的调整和改革使之得以妥善解决。同样,作为思想上层建筑的伊斯兰教与社会主义社会之间也是既有相适应的一面,也有不相适应的一面。而这不相适应的一面也许将会长期存在,但也是可以通过人民内部矛盾的正确处理,通过伊斯兰教自身的改革和发展而趋向解决的。

9.2.2.2　伊斯兰教的自我调适机制为"相适应"提供了可能

宗教作为人类社会中长期存在的历史文化现象,有其产生、发展和演变的历史。为了保持其社会作用的有效性和活力,宗教总是经历着一个又一个不断变革和创新的过程,伴随着不同广度与深度的改革,与一个个不同地域的社会制度、文化传统以及不同的社会发展阶段相适应。因此,宗教改革是人类社会发展中的一种普遍现象,也是宗教自身发展的客观规律。

从宗教内在性格的双重性来看,一方面,宗教具有保守顽固性。宗教对业已形成的一些基本义理、伦理原则、道德规范、仪式习俗等,总要尽量加以维护,力图以凝固化的形式保持其原有的面貌。所以,"从实质上看,不管[宗教]如何灵活多变,都是万变不离其宗,离经而不叛道。"[1]另一方面,宗教具有灵活适应性,即在社会变动面前,它不只有墨守成规、维护传统的一面,同时也表现出很强的应变能力。能够顺应社会变革的要求,不断调适自身。这种灵活适应性,从纵向发展来看,是指宗教随着社会的发展而不断地改变自己的形式,以适应不同社会制度的需要;从横向发展来看,是指宗教向异族、异地传播过程中,与当地民族经济、政治、文化的调和、相容乃至改造自身,以适应新的社会环

---

〔1〕黄海德、张禹东:《宗教与文化》,社会科学文献出版社 2005 年版,第 11 页。

境的需要。简而言之,宗教的适应性就是它的变动性,即以改变自身的形式来求得生存和发展。宗教本质上是一种社会意识形态,是"支配着人们日常生活的外部力量在人们头脑中幻想的反映"。

宗教的这种本质决定了它的内容与形式具有很大的可变性。事实证明,宗教在其存在的过程中,总是随着社会的某些变化而发生变化。宗教在传播到世界各地后,都注意到将其进行民族化、本土化改造,在各自宗教所允许的限度内对某些含义模糊、具有抽象性和普通性的教义和语义做出新的解释和补充,也根据外部环境变化对某些教规礼仪和宗教组织机构、制度进行改革和调整,从而使其在领导、礼仪、宗旨等方面均带有鲜明的民族色彩、地方色彩,使之更适应本土的政治斗争和社会文化生活的需要,从而呈现出绵延数世的生命力。

伊斯兰教在中国历史上就曾经发生过多次改革——自我调适的经历。其中最具典型性的是明末清初的经堂教育、汉文译著运动和中国伊斯兰教内部出现的教派门宦制度。

9.2.2.2.1 明末清初的经堂教育和汉文译著运动

明代末期,由于政府推行"汉化"、"儒化"政策,加之回族穆斯林居住分散,长期处于儒、释、道文化形成的汪洋大海的浸泡之中,因而绝大部分回族先民已不懂以阿拉伯语、波斯语为主的伊斯兰经典。伊斯兰教在中国呈现出日渐衰微的态势。为了使伊斯兰教在中国继续传承,并进一步繁荣与发展,经堂教育率先从回族经济发展较为稳定的陕西关中地区兴起。经堂教育的创始人是明代著名的伊斯兰学者——陕西咸阳渭城人胡登洲(1522—1597)。以胡登洲为代表的一批宗教教育家倡导发起的经堂教育,至清初已发展到全国各地,并形成了若干派系和多种讲学风格。经堂教育不仅传承了伊斯兰文化的核心——信仰与价值观,起到了维系、巩固穆斯林群体的作用,而且在提高穆斯林民众的文化素养和道德水准的同时,造就了一批又一批德才兼备的宗教职业者、经师和学者。

几乎与此同时,以王岱舆、刘智、马注、马德新等为代表的一批穆斯林学者发起了汉文译著运动。汉文译著运动采取"以儒诠经"的方式。

伊斯兰教作为一种外来宗教,要想在中国的土地上生根、传播、发展,甚至形成中国社会上层建筑的一个组成部分,就必须适应在中国传统文化中占主导地位的儒家文化。中国封建社会的经济结构和政治结构有其特殊性,以封建宗法制度为核心的封建专制主义统治了中国两千多年,而支撑这一社会制度的主要思想支柱,正是大力宣扬"三纲五常"的儒家思想。在这种文化环境下,伊斯兰教必然要受到古老的中国儒家思想的影响和渗透,并主动向儒家思想靠拢,尽可能地用儒家的语言对自己的教义加以解释,从而求得其合法的地位。因为凡是外来文化,如果不受儒家思想的欢迎,就无法在中国长久存在。像摩尼教、火祆教、景教、婆罗门教等,都曾在中国广泛流传,甚至在不同程度上受到中央或者地方封建统治者的优待而盛极一时。香火旺、僧侣众、广传经文,但也均很快就被淹没不传,除了留下一块大秦景教碑和一些残破不全的墓碑石可供考证外,其他遗迹已很难寻见。所以,宗教能否适应社会而不断变革、不断调整,是其能否生存与发展的关键。拒绝变革,就意味着消亡,古今中外,概莫能外。同样,伊斯兰教若不适应中国社会的环境,主动向儒家思想靠拢,那么,要想在中国岁长代久地生存下去也是根本不可能的。这是伊斯兰教在中国发展的一个先决条件。另一方面,明清之际,"以儒诠经"之所以成为可能,也是因为以伊斯兰教为代表的伊斯兰文化与汉儒文化之间存在着某些相似或相近之处。清顺治(1644—1661)时的何汉敬在读了王岱舆的《正教真诠》后,认为王岱舆所介绍的伊斯兰教思想"与吾儒大相表里"[1]。著名经师马明龙明确指出:"吾教与儒教同伦理,凡循礼法者,必以忠君孝亲为事业。"[2]刘智在他的《天方性理》自序中也明确指出:"天方之经大同孔孟之旨也。"[3]而穆斯林学者正是紧紧抓住伊、儒两种文化在道德伦理方面的相通性,并以此为基点和切入点,借题发挥,因势利导地征引儒家言论,宣传伊斯兰教,在坚持信仰的条件下,适当地"附锚而行"。但是"以儒

---

〔1〕王岱舆:《正教真诠·叙》。
〔2〕王岱舆:《正教真诠·叙》。
〔3〕刘智:《天方性理·自序》。

诠经"不是为了迎合儒家思想而穿凿附会地将二者勉强"捏合",也不仅仅是为了适应环境的权宜之计,更不是"反经异俗",使伊斯兰教文化成为儒家学说的"翻版",而是"用儒文传西学","原儒语以明其义"。《古兰经》的经文是不会变的,可是它的注释却因注释者对经文内容理解的不同而有差异。这种互不相同的注释的出现,恰恰是以时间、地点、人物、条件为转移的。伊斯兰教在地方化和民族化的过程中,毫不改变它作为伊斯兰教的质的规定性。反之,在注释的过程中,放弃了那些来自其他地区和其他民族的,不适应在中国当地传播、发展的因素,增添了适应在中国得以传播、发展的新因素。总之,"以儒诠经"的学者们接受了所能接受的,排斥了所能排斥的,在没有违背伊斯兰教的基本准则和精神实质的前提下,做适当变通,以使伊斯兰教适应中国社会的发展。

总之,无论是文化的创新,如经堂教育,还是文化的重新诠释,如"以儒诠经",都是宗教适应国家与社会关系转型、变迁的结果。"就其实质而言,中国穆斯林以经堂教育和汉文译著的方式所做出的努力,正是一种自我调适,正是中国伊斯兰教在遭遇挫折、坠入发展低谷时的一次宗教自我拯救运动。"[1]这种"宗教自我拯救运动"也可称之为中国伊斯兰教历史上的"文化自觉"[2]。"历史已经证明,某种宗教(包括世俗意识形态)纯粹要以其原始发源地的原始面貌来覆盖时时变化着的世界,是根本办不到的。它只能是乌托邦理想。我们之所以宝贵清

---

〔1〕马平:《试论中国伊斯兰教的自我调适机制》,载《西北第二民族学院学报》2002 年第 1 期。

〔2〕1997 年费孝通先生在北京大学社会学人类学研究所举办的第二届"社会学人类学高级研讨班"上作了题为《反思·对话·文化自觉?》的主旨发言。对于"文化自觉",费孝通先生认为,"是生活在一定文化中的人对其文化有'自知之明',明白它的来历、形成过程、所具有的特色和它的发展趋向,不带任何'文化回归'的意思。不是要'复旧',同时也不主张'全盘西化'或'全盘他化'。自知之明是为了加强对文化转型的自主能力,取得决定适应新环境、新时代文化选择的自主地位。文化自觉是一个艰巨的过程,只有在认识自己的文化、理解所接触到的多种文化的基础上才有条件在这个正在形成中的多元文化世界里确立自己的位置,然后经过自主的适应,和其他文化一起取长补短,共同建立一个共同认可的基本秩序和一套各种文化都能和平共处、各抒所长、发展的共处守则。"引自费孝通:《从实求知录》,北京大学出版社 1998 年版,第 398－399 页。

代中国伊斯兰教义学家的训示,就是因为他们指出了一条'双荣'的道路。这是中国穆斯林社会宗教文化同传统文化和谐发展的基础"。[1]

9.2.2.2.2 中国伊斯兰教内部不断产生的新的教派门宦问题

中国伊斯兰教内部不断产生的新的教派门宦问题,也在某种程度上反映出宗教的自我调适。中国伊斯兰教教派门宦制度是我国伊斯兰教特有的历史现象,它是以农业为主的封建经济发展到一定阶段的产物。它的由来和发展,有其深刻的社会根源和思想根源,也就是说,中国伊斯兰教的教派门宦是国外不同教派思想传入后,与中国穆斯林地区的实际相结合,并吸收中国文化的内容和传统习俗,经过变革而民族化的结果。它呈现出中国民族的形象和特质。按照传统说法,中国穆斯林的绝大多数属伊斯兰教的逊尼派。中国伊斯兰教逊尼派,由于受苏菲派的影响,并吸收中国文化的内容,内部又可分为不同的派别:有格底目、伊赫瓦尼、西道堂三派和以苏菲派教理为核心的虎非耶、哲赫忍耶、嘎的忍耶、库不忍耶四大门宦,每个派别中又有若干个小的支派。有些小支派以地名命名,如毕家场、临洮、北庄等;有些以创始人的姓氏命名,如胡门、洪门、丁门等;也有些以首倡人的形象特征命名。

以往对中国伊斯兰教派门宦众多问题的评价较多停留于表层。有人认为教派门宦的林立反映了这一宗教的内部矛盾、分歧与动荡,因而是宗教走向衰落,甚至消亡的前兆;也有人认为教派门宦分化是所谓阶级斗争的产物,在社会主义制度下的新中国,只要消灭了阶级,也就清除了教派门宦分化的土壤;还有人断言今后不会再有新的教派门宦产生了等等。[2] 诚然,宗教的分化,教派门宦的不断产生,曾给中国伊斯兰教带来过一些矛盾和麻烦,但是,从辩证的角度看,新的教派门宦的产生也不完全是一件坏事。因为,从一定意义上来说,正是由于这些教派、门宦的产生,给当时中国伊斯兰教赢弱乏力的躯体注入了新鲜血

〔1〕秦惠彬:《中国历史上的穆斯林社会》,收入《伊斯兰文化论集》,中国社会科学出版社2001年版,第48页。

〔2〕马平:《试论中国伊斯兰教的自我调适机制》,载《西北第二民族学院学报》2002年第1期。

液,带来了新鲜空气,才导致了中国伊斯兰教保持生动活泼的创造力和凝聚力,能够不断地适应中国社会发展的需要而与时俱进。当然,对于新教派分化要具体问题具体分析,不可一概而论。的确,有个别教派的创始人怀有极端的个人目的,为了争权夺利,而不是真正为了宗教的正常发展,但是不能因此就得出"凡教派分化都是错误的"这一结论。所以,承认伊斯兰教有分歧,并非就是对伊斯兰教的否定。新的教派、门宦的产生是宗教生存和发展过程中的必然现象,它反映出宗教内部的革故鼎新和相互补充。

伊斯兰教的经典中有两部分主要内容,一部分是论述人与真主的关系,另一部分是论述社会中人与人的关系。前者是万变不离其宗,而后者,有的却根据当时的历史条件、政治斗争、宗教斗争及社会生活的需要择机而变,原则性与灵活性相结合。早在穆罕默德时代,这种生动事例就不少,《古兰经》中也有反映。翻开中国伊斯兰教的理论篇章,我们可以发现,中国伊斯兰教与穆罕默德时代的传统伊斯兰教相比,不论是在经训汇集方面,还是在教法礼仪以及哲学理念、道德规范、功修方式等方面,都发生了一定的变化。伊斯兰教之所以能够不断地进行变革,归因于伊斯兰教自我更新、自我完善、自我调节机制在发挥作用。这种自我更新、自我完善、自我调节机制,是在坚持伊斯兰教基本教义和基本信仰的前提下,对外界社会变化所做出的反映,其目的在于通过调节机制的作用使伊斯兰教不断适应变化了的生存条件。近代伊斯兰世界最负盛名的思想家、泛伊斯兰主义的代表人物扎马鲁丁·阿富汗尼明确指出:"时代并不是停滞不前的,穆斯林必须把这点看作是他们教义中富有生机的原则,政治体制、社会理想和智力的表现形式,必须随着时代的变化而变化。穆斯林必须鉴别、接受一切有益的东西,摒弃他们厌恶的东西。"[1]一些富有远见的伊斯兰思想家也指出,一种宗教教义绝对离不开适应性的原则,因为唯有那自身能适应之物,才能自我更新;一个能自我更新之物,才能随着时代的发展而做出新的解释。

---

[1]赛义德·菲亚兹·马茂德:《伊斯兰教简史》,中国社会科学出版社1981年版,第600页。

总之,中国伊斯兰教就是伊斯兰教改革的结果。伊斯兰教作为一种外来文化,从公元651年传入中国至今已有1300多年的历史。在这漫长的时段中,中国的历史经历了风云变幻、错综复杂的时势变迁。伊斯兰教在中国的不同历史时期既有平顺与发展,也曾经遭遇过不少的麻烦与困难。然而,无论中国历史进程如何变化,伊斯兰教却始终在中国的土地上站稳了脚跟,并基本保持了与中国社会的和谐。之所以如此,是因为伊斯兰教为了不断与发展中的中国社会相适应,总是在遵守基本教义教理、维护宗教信仰的前提下,对伊斯兰教的某些具体制度、礼仪、组织形式和活动内容等进行变革和完善,对伊斯兰教的基本教义和经典根据社会需要和穆斯林的要求不断地做出新的阐释和补充,从而形成了今天具有自身特色的中国伊斯兰教。这表明伊斯兰教并不固定与某种社会形态相适应,它可以与多种社会形态相适应。伊斯兰教与社会相适应的问题是一个古老而又实在的问题,历史就是这么走过来的。现在新的问题是:伊斯兰教能否与社会主义社会相适应。这个问题的特殊性在于社会主义社会是以公有制为主,不同于以往一切私有制的崭新的社会制度。在这种情况下,伊斯兰教是否能像适应以往社会那样适应社会主义社会呢?我们的回答是肯定的。宗教过去与不同社会的适应是在以私有制为主体的社会背景下的适应,宗教与社会主义社会的适应则是在从私有制社会演变到以公有制为主体的社会的根本变革过程中的适应。这是对宗教适应私有制社会的彻底否定,是从私有制到公有制的根本性质的变革,所以这种适应也是根本性的和真正意义上的适应。社会主义社会的本质是解放生产力,发展生产力,消灭剥削,消除两极分化,最终达到共同富裕。"共同富裕"这一目标为宗教与社会主义社会相适应提供了最广泛的空间和最大的可能性。在"共同富裕"目标的指引下,各宗教都可以寻求到自身与社会主义本质要求相一致的契合点,从而使广大信教群众和宗教界人士在思想上、心理上将宗教信仰与拥护社会主义社会很好地协调起来。

　　但是,在强调中国伊斯兰教与社会主义社会相适应的同时,还要防止另一种倾向——伊斯兰教对社会现实无原则的适应。科学社会主义是建立在辩证唯物主义和历史唯物主义基础之上的社会历史学说。这一学说的基本点是遵循社会历史发展的客观规律,通过现实的物质力量来实现其社会理想,而宗教正是由于其有神论的本质,才使其成为宗教,并与社会主义有着根本的区别。因此,在讨论中国伊斯兰教与社会主义社会相适应时,必须注意到这种适应是建立在二者的本质区别之上的适应。

9.3 构建中国伊斯兰教与社会主义社会相适应的运行机制

把属于哲学范畴,具有悠久历史的中国伊斯兰教同今天正在进行着的社会主义现代化建设联系起来,意在说明在建设中国特色社会主义社会的过程中,需要调动一切积极因素,需要团结一切可以团结的力量,需要从人类历史上的各种学说和传统文化(包括宗教)中吸取和借鉴有益的成份,从而使中国伊斯兰教与社会主义社会相适应。"中国伊斯兰教与社会主义社会相适应不是封闭、静态的系统,而是一个开放、动态的系统,所以要使中国伊斯兰教与社会主义社会相适应就要建立起二者内外有机关联的运行机制。"[1]也就是说,在"相适应"的关系中,既涉及宗教如何去适应社会主义社会的问题,也涉及党和政府如何对宗教因势利导的问题。只有二者基于内部构成要素之间以及同外部诸要素之间的有机关联性结成一个开放的、动态的系统,才能在促使该系统良性运转的过程中,进一步发挥中国伊斯兰教的积极作用。

9.3.1 "相适应"的外部运行机制

"中国伊斯兰教与社会主义社会相适应结成的系统,必然同整个社会大系统中的其他系统和要素之间,有着相互联系、相互作用的有机关联性,由此而构成了其运行的外部机制。"[2]这种"运行的外部机

---

〔1〕杨启辰、杨华:《中国伊斯兰教的历史发展和现状》,宁夏人民出版社1999年版,第432页。

〔2〕杨启辰、杨华:《中国伊斯兰教的历史发展和现状》,第432页。

制"也就是促使中国伊斯兰教与社会主义社会相适应所结成的系统良性运转的过程中不可或缺的外部条件,即"相适应"过程中,党和政府所提供的措施保障及积极引导。

改革开放以来,党和政府在引导中国伊斯兰教与社会主义社会相适应方面做了大量卓有成效的工作,取得了很大成绩,但是,如何引导中国伊斯兰教与社会主义社会相适应,还是一个新问题。因为如前所述,"相适应"是一个长期的、不断解决矛盾的过程。适应不是绝对的一致,适应是相对于不适应而言的,没有不适应也就无所谓适应。所谓引导,就是一方面为"相适应"指明方向;另一方面通过法律、行政手段,从立法、政策上为"相适应"疏通渠道,创造条件,把这种适应由可能性变为现实性。

9.3.1.1 夯实"相适应"的政治基础——贯彻党的宗教政策

正确对待信仰问题也就是一个正确对待群众的问题。宗教政策是引导中国伊斯兰教与社会主义社会相适应的基本指南。建国 50 多年来正反两方面的经验和教训充分证明:什么时候宗教信仰自由政策得到正确地贯彻执行,党同宗教界人士及宗教信徒的统一战线就得到巩固和发展;什么时候宗教信仰自由政策遭到破坏,党同宗教界人士及宗教信徒的统一战线也就要遭到严重损失。因此,贯彻执行党的宗教信仰自由政策是处理一切宗教问题的根本依据。而宗教信仰自由政策的实质,就是在政教分离的原则下,使宗教信仰完全成为公民个人的私事。

十一届三中全会以来,党中央对有关宗教问题的理论和政策作了进一步的丰富、发展和完善,形成了一整套正确认识和处理宗教问题的基本观点和基本政策,有力地保护了公民宗教信仰自由的权利,加强了广大信教群众和不信教群众的团结,为引导中国伊斯兰教与社会主义社会相适应创造了良好的社会环境。而宗教信仰自由政策也得到了中国伊斯兰教界人士和广大穆斯林群众的积极拥护。伊斯兰教界的有识人士为更好适应新时代的要求,也在努力探索宗教的变革,对宗教理论做出符合时代要求的阐释,这是宗教适应社会主义社会发展要求的高层次的体现。新时期,只有坚定不移地执行宗教信仰自由政策,尊重和保护公民宗教信仰自由的权利,保护正常的宗教活动,保护包括宗教界在内的信教公民的合法权益,才能把包括穆斯林在内的数以亿计的信教群众真正团结在党和政府的周围,才能调动和发挥其积极性、主动性和创造性,把他们的智慧和力量凝聚到引导中国伊斯兰教与社会主义社会相适应的进程中来。总之,"当人们以科学精神和求真务实的态度去看待宗教时,就会改变过去那种对宗教极端幼稚的看法,就会承认宗教有其不以人的意志为转移的客观运动规律,就会认可宗教信仰应属于个人的私事,宗教信仰自由是公民的基本权利之一,从而不再重复历史上曾有过的以简单粗暴的态度对待宗教和信教群众的错误。可以相信,在今后的岁月里,宗教信仰自由政策必将得到更加全面的贯彻实施,信教群众的宗教信仰也会得到更大程度的尊重"。[1]

9.3.1.2 健全"相适应"的法制保障体系

"相适应"需要政策引导和法律保障,依法管理宗教事务是政策调节和法律规范的并行并重。

过去,对宗教的管理方法是人治化,而现在,采用的是法治化的管理方法。在社会主义事业发展过程中,将人治化的管理方法转化为法治化的管理方法是必然趋势,因为人治化的行政管理方法存在着较大的弹性和人为因素,不能完全体现国家和人民的意志,因而曾经给国家和人民造成极大的损失,如"文化大革命"中,许多民族地区的清真寺被拆毁,寺内设施被毁坏。而造成这些损失的根本原因,就是不能以马克思列宁主义的宗教观对待宗教问题,且缺乏科学的法律体系和法律的权威性做保障。故只有使宗教事务管理法制化,才能使伊斯兰教工作健康、正常地发展。

依法对宗教事务进行管理,是建设社会主义法治国家,实行依法治国方略的必然要求,也是宗教事务管理实现法制化、现代化的必然要求,更是使宗教同社会主义社会相适应的必然要求。中央6号文件曾

---

[1]张永庆:《知识经济与中国宗教的走势》,载《宁夏社会科学》2001年第1期。

明确指出："依法对宗教事务进行管理,是指政府对有关宗教的法律、法规和政策的贯彻实施进行行政的管理和监督。"这种管理和监督是为便于使宗教活动在国家的法律、法规和政策的范围内正常进行,使公民宗教信仰自由的权利和宗教界的合法权益受到法律的保护,而不是去干预正常的宗教活动、干预宗教团体和寺院的内部事务。我国实行政教分离的原则,任何国家机关、社会团体和个人都不得损害宗教界的合法权益,干预正常的宗教活动;任何宗教也都没有超越宪法和法律的特权,也都不能干预国家行政、司法和教育等国家职能的实施。依法对伊斯兰教事务进行管理,就是在维护安定团结和保障各族人民利益的基础上,把宗教活动纳入到宪法、法律、法规和政策许可的范围内,使宗教事务管理法制化,并保障宗教信仰自由政策的切实贯彻执行。

依法加强对宗教事务的管理是保护合法、制止非法、打击犯罪三者的有机统一。一是保护合法。中华人民共和国宪法中规定:"中华人民共和国公民有宗教信仰自由。""任何国家机关、社会团体和个人不得强制公民信仰宗教或者不信仰宗教,不得歧视信仰宗教的公民和不信仰宗教的公民。""国家保护正常的宗教活动。任何人不得利用宗教进行破坏社会秩序、损害公民身体健康、妨碍国家教育制度的活动。"另外,在刑法、民法通则、民族区域自治法、义务教育法、人民代表选举法等相关法律中都有关于保障公民宗教信仰自由、保护宗教教职人员正常的教务活动、保护信教群众正常的宗教活动等方面的具体规定。二是制止非法。宪法、法律、法规对两种行为进行了限制,一是对宗教活动超出宪法、法律和政策允许范围的事件进行管理,二是对背离党的宗教政策和国家的有关法规,侵犯宗教团体和信仰者合法权益的事件进行管理。换言之,前者是对宗教组织和信教群众而言,后者是对宗教管理部门而言。三是打击犯罪。主要是打击不法分子或国外敌对势力利用宗教进行危害国家和人民根本利益的活动。因此,要区分什么是合法的、什么是不合法的以及什么是反动的。对于合法的,可以坚持和保护;对于不合法的,要予以制止;而对于反动的,则要坚决打击。

另外,针对当前国家有关宗教方面的法律法规不健全的问题,应继续推进宗教立法工作,对包括伊斯兰教在内的各种宗教的权利、义务、活动进行更加系统地规范,切实做到有法可依、有章可循。在尽快建立、颁布《宗教法》的同时,要健全相关的法律法规,进一步完善、充实、细化宗教工作的规章、制度,并对涉及的一些具体问题做出可操作性的规定,在保证宗教管理工作依法进行的同时,继续推进宗教工作的法制化建设。

但同时也应看到,中国伊斯兰教在政府依法加强对宗教事务管理的过程中,并不仅限于"被管理"的角色。伊斯兰教在法律法规允许的范围内依宗教传统开展正常的宗教活动的同时,也要积极地监督政府部门在依法行政过程中对权力的使用,这也是宗教界积极参与社会主义政治文明建设的一个重要体现。而政府在依法加强对宗教事务管理的同时,也要从政策引导的层面逐渐向法律监督转变。这就是"法律上互相监督"。

9.3.1.3 面向经济主战场

在现实生活中,经济利益是广大穆斯林群众的根本利益,如果穆斯林群众的经济利益得到保证,物质富裕了,生活提高了,那么他们就会从内心深处拥护中国共产党的领导,拥护社会主义制度,就会更切实地把伊斯兰教的信仰要求同社会主义的理想追求有机地结合起来。而如果不建立起把广大穆斯林聚居区的经济发展引导到社会主义经济建设上来的可靠的运行机制,那么这种"适应"就会缺少坚实的经济基础,就难以持久,就不能说从根本上解决好了"相适应"的问题。我国穆斯林群众绝大部分分布在西北边疆地区,自然生态环境比较恶劣,人们的社会交往活动也明显地受到自然条件的限制,尤其是那些地处边远山区的民族更是处于半封闭隔绝的状态,致使西北省区(尤其是甘、宁、青三省)与东部沿海地区的经济发展水平相比,存在着较大的差距。要改变这种状况,首先,要把发展穆斯林聚居区经济纳入政府行为,尤其是纳入到以穆斯林为主的地方政府的经济计划中,给广大穆斯林群众一些特殊照顾、优惠政策、扶持政策,以看得见、摸得着的现实效果,使他们切身感受到社会主义社会的优越性,借此激发他们积极参与社会主义现代化建设的热情,全力以赴地投身于这场伟大的建设浪潮中来。其次,借助商品经济发展的巨大推动力,加强当地穆斯林群众与内地其他民族及国外邻近民族的经济文化交流,开阔穆斯林群众的眼界,扩大他们进行社会交往的领域和范围,打破原先半封闭隔绝的状态,从而促进当地经济社会的整体发展。

另一方面,大力支持各地清真寺开展的经济活动,充分发挥清真寺服务于社会,促进经济文化发展的积极作用。新中国成立以后,通过社会经济制度的深刻改革和宗教制度的重大改革,我国各清真寺的经济状况已发生了很大的变化。清真寺的主要经济来源不再依靠地租、高利贷等封建性剥削,而主要依靠"自养"。现在清真寺的经费来源主要有三:一是正常的宗教收入;二是宗教团体房产收入;三是组织教职人员参加农业、商业、手工业生产劳动及举办一些社会性服务事业的收入。许多地区的情况表明,清真寺依靠上述经济来源大都实现了"自养"。其中不少地区清真寺的经费还有节余。如今,一些清真寺在国家对内搞活、对外开放政策的指导下,根据各自的条件,又创办了一批工农业生产基地和社会服务事业,开创了"自养"的新途径。与此同时,各地清真寺积极参与到各地的文化建设事业中,通过支持文化教育卫生事业的发展,并热心参与社会公益事业,中国伊斯兰教向社会充分表明了自己的爱国热忱,从而转变了其他社会成员对伊斯兰教界的认识,为伊斯兰教界赢得了全社会的理解和尊重。

但从目前情况看,西北地区清真寺的自养活动由于受到该地区经济发展总体状况的影响,开展得极不平衡。在一些乡村地区,清真寺的收入主要依靠穆斯林群众的捐助。这一方面是由于一些教职人员对自养活动存在一些误解和不正确的认识;另一方面源于部分领导担心宗教经济发展起来可能会给违法宗教活动和暴力恐怖活动提供经济支柱,因而不敢鼓励清真寺发展经济。实际上,这是两个不同的问题,我们应相信广大宗教界人士和信教群众的觉悟。当然,一旦发现这种情况,应坚决依法严肃处理。

既然认定开展"以寺养寺"有重要的现实意义,那么,政府各有关部门就应进一步在资金方面对各地清真寺开展的经济活动予以支持和帮助,并在政策上给予倾斜;另一方面,强调清真寺在开展经济文化活动的同时,注意保持伊斯兰教原有的民族宗教特色,尊重广大穆斯林群众的宗教感情。总之,只有在积极支持清真寺办"自养"的同时,又充分考虑伊斯兰教自身的特点,发展具有伊斯兰特色的经济,才能使其正常、健康、顺利地发展。

另外,为了杜绝侮教事件的再次发生,在全社会普及一些伊斯兰教的基本知识,特别是作为从事图书出版的编辑人员和新闻部门的从业人员更应该多了解一些宗教知识。穆斯林群众在长期的历史过程中形成了具有自身特点的民族心理和宗教感情。这种心理和感情也是伊斯兰教领域易于发生事端的社会心理基础。非穆斯林群众要避免触碰这些敏感的领域,学会尊重别人的信仰,要一切以维护民族团结,维护社会稳定为出发点,对涉及宗教方面的敏感问题,要送报宗教部门审查;对那些摘取少数民族宗教信仰和风俗习惯中某一点而妄加渲染,甚至丑化、侮辱信教群众的文章、作品,应坚决不予刊登;对那些因玩忽职守、把关不严,而致使丑化、侮辱少数民族宗教信仰和风俗习惯的文章、作品公开发表,造成严重不良影响的,应追究其行政或法律责任。

9.3.2 "相适应"的内部运行机制

促使"相适应"良性运转的内部运行机制,即促使"相适应"的内部条件,是宗教界自身的积极响应和配合。

9.3.2.1 与时俱进

江泽民同志曾指出,要"利用宗教教义、宗教教规和宗教道德中的某些积极因素为社会主义服务"。胡锦涛总书记在接受第十一世班禅拜见时也指出,宗教界要"弘扬宗教教义中扬善抑恶、平等宽容、扶贫济困等与社会主义道德要求贴近的积极内容"[1]。中国伊斯兰教作为中国多元文化中的一部分,其教义、教规中确有许许多多于社会发展、时代进步有益的内容,需要中国伊斯兰教进一步发扬,并在发扬的基础

─────────────

〔1〕《人民日报》(海外版),2005年2月4日。

上，与时俱进——进一步对中国伊斯兰教教义做出符合社会进步要求的阐释，从而"使之与当代社会相适应，与现代文明相协调，保持民族性，体现时代性"[1]。

继续发扬爱国主义的优良传统。伊斯兰教圣训中明确指出："爱国是伊玛尼（信仰）的一部分，反之不爱国，伊玛尼难以成立。"因此说，爱国是穆斯林的天职。而坚持爱国的正确方向，积极维护社会稳定、民族团结、祖国统一，实现各民族共同发展，是中国伊斯兰教经过50年来的实践证明了的正确道路。就中国伊斯兰教本身而言，只有在团结、稳定、统一的大前提下，才有可能使自身得到健康地发展。这一点在中国伊斯兰教界和广大穆斯林群众中早已形成了共识。

发扬崇尚团结、反对分裂的优良传统。伊斯兰教是崇尚和平、崇尚团结的宗教。伊斯兰教所提倡的团结是指全人类各民族之间的团结。它的宗旨是消除人类的一切隔阂，各民族一律平等。所以不论是穆斯林，还是非穆斯林都要团结，和睦相处。

发扬善于经商、讲职业道德的优良传统。伊斯兰教重视商业，鼓励人们积极从事商业活动，伊斯兰教也重视职业道德和市场规范。这些经济思想对穆斯林产生了重要的影响。他们素来以善于经商、注重经济伦理道德而闻名全国。

发扬重视教育、提倡科学的优良传统。伊斯兰教一贯重视并提倡学习，认为学习是每个穆斯林的天职。伊斯兰教还十分尊重科学技术，善于接受新生事物，努力吸收各种文明成果。

发扬伦理道德思想中的积极因素。宗教不仅在现代社会得以生存和发展，而且积极参与并维系着现代社会的道德体系，这已是一个无可争辩的事实。现代社会越来越严重的道德危机，包括人与人的危机、人与自然的危机、人与社会的危机、国家与国家的危机，都显示出对宗教精神资源特别是宗教道德资源的强烈诉求。如前所述，中国伊斯兰教

---

〔1〕2007年10月15日胡锦涛在中国共产党第十七次全国代表大会上的报告：《高举中国特色社会主义伟大旗帜，为夺取全面建设小康社会新生力量而奋斗》。

伦理道德思想中存在着诸多与社会主义社会相适应的积极因素,而且因为伊斯兰教道德与伊斯兰教信仰紧密地联系在一起,故而增强了道德的神圣性。这正如叶小文同志于 2003 年 10 月在中国伊协成立 50 周年庆祝大会上所说,中国穆斯林在传统上就有,今天更要发扬光大爱国者的好形象;中国穆斯林在传统上就有,今天更要发扬光大尊知识、重文化的好形象;中国穆斯林在传统上就有,今天更要发扬光大讲和平、讲团结、讲宽容的好形象;中国穆斯林在传统上就有,今天更要发扬光大聪明勤劳、人才辈出的好形象。[1]

对伊斯兰教思想中与社会主义社会相适应的方面,伊斯兰教界人士在充分发挥宗教文化道德教化功能的同时,进一步对教义、教规努力做出与社会主义社会相适应的阐释。目前,我国伊斯兰教界开展的"解经"工作和讲新"卧尔兹"活动,就是以经训精神为指导,以历史传统为参照,以现实需要为准绳,对宗教教义做出的符合时代要求的初步尝试和具体体现。如在全国"卧尔兹"演讲比赛中,各民族穆斯林的优秀选手不仅引经据典,就伊斯兰教的教义、教法、教规、功修、人生观、道德观和先知先贤们的事迹等内容进行演讲,而且在进一步挖掘和弘扬我国伊斯兰教优良的历史文化传统和高尚道德风尚的基础上,将爱国主义教育和法制、政策教育同演讲教义、教法有机地结合起来,赋予传统的宣教方式以新的生命。"解经"工作和讲新"卧尔兹"等活动表明,伊斯兰教界有识人士已不再仅仅就宗教在社会主义社会如何生存进行思考,而且更进一步着眼于宗教在社会主义社会中如何发挥其积极作用进行思考。伊斯兰教界为挖掘和弘扬伊斯兰教教义、教规和伊斯兰教道德中的积极因素所做出的努力以及依据经、训原则规定,根据当前社会发展和实际需要,对教义、教规所做出的既符合伊斯兰教教义精神,又符合时代发展需要的阐释,是促进中国伊斯兰教与社会主义社会相适应的重要环节。

---

〔1〕《内强素质 外树形象——叶小文局长在"中国伊协成立五十周年庆祝大会"上的讲话》,载《中国穆斯林》2003 年第 6 期。

9.3.2.2　加强宗教建设

9.3.2.2.1　加强宗教理论建设

一方面,在宗教理论建设上,把重点放在理论和实践相结合的研究中。宗教作为一种意识形态和思想信仰,有它自己的理论体系和价值取向。宗教也是一门精深的学问,无论是宗教信仰者研究宗教,还是社会科学工作者研究宗教,都是在学习和掌握有关宗教方面的理论和知识的基础上,掌握其发展规律和趋向,考察其与社会诸多领域的关系以及对当代社会的功能和影响。新中国成立后,特别是党的十一届三中全会以来,在中国伊斯兰教协会的协调组织下,在中国社会科学院宗教研究所、民族研究所的带动下,全国社会科学工作者和民族宗教工作者坚持解放思想、实事求是的思想路线,以调查研究为基础,收集整理了大量有关伊斯兰教方面的资料,取得了伊斯兰教研究的丰硕成果。而我们今天要讲的是如何把伊斯兰教的研究工作继续深入下去的问题。目前,伊斯兰教研究工作的重点应是将伊斯兰教理论与穆斯林群众的现实实践相结合,使研究工作真正为现实服务。由于历史原因,穆斯林在全国的分布不平衡,有大分散、小集中的特点,对此,研究人员不可因为他们都信仰伊斯兰教,同是穆斯林,就等同看待。在我国西北地区,穆斯林群众由于聚居生活,其宗教色彩比较浓厚。在这里应当认真了解和掌握穆斯林群众的心理状态和要求,尽量满足其宗教生活的需要,把他们引导到建设社会主义现代化强国的目标上来。而散居区,如河北、山东、东北三省、安徽、河南等地,穆斯林人口呈分散居住状态,因而他们的信仰有自己的特色,但他们的民族自尊心很强,民族凝聚力很大,所以应当关心他们的宗教生活和日常生活,使其能有一个较为稳定的生活环境。此外,还有不少穆斯林生活在杂居地区,他们人数少,能量小,宗教要求不多。尽管他们中的一些人对伊斯兰教知之较少,但也不能容忍别人的侮辱和攻击,因而也应当给予重视。从穆斯林群众的居住特点出发,分析其宗教信仰的特征,才能有的放矢地去研究和探讨当代中国伊斯兰教中那些带有规律性的东西,从理论上做出概括,从而真正地去解决一些实际问题。

另一方面,继续做好"解经"工作。宗教经典是信教群众确立自己信仰的根本依据。无论是宗教人士还是信教群众,都把宗教经典看成是至高无上和神圣不可更改的东西。"当今世界的人为宗教,特别是世界性宗教的一个突出特点,就是其经典所阐述的宗教教条和教义带有抽象性和普遍性,这就为宗教人士结合不同的具体实际对其做出注释和发挥留下了广阔空间。高素质、高水平的宗教人士,能根据时代发展需要,对宗教经典加以符合时代发展要求的阐释和发挥;低素质的宗教人士,简单地照本宣科;反动的宗教人士,可以利用宗教经典和教条鼓吹和煽动宗教极端思想,给社会带来危害。"〔1〕因此,对宗教经典如何注解和阐释,即"解经",就成为影响穆斯林群众的关键环节。

如前所述,伊斯兰教教义、教规中有许多内容是与社会主义经济建设、政治建设、文化建设和社会建设的要求相吻合的。所以在对这些具有积极向上精神的内容进一步进行挖掘整理和弘扬的基础上,对一些不符合经典、不适合时宜的传统习俗及时地给予适当的调整,并对一些长期困扰或阻碍穆斯林社会发展的突出问题做出确切的回应,这也是"解经"工作的一个重要内容。在对经典做出新的阐释时须注意:首先要以维护伊斯兰教的整体利益和促进伊斯兰教健康发展为出发点;其次,必须以经典为依据,要在准确理解经典本意的基础上充分考虑现实社会的特点,从而进行新的诠释,切忌凭个人主观臆断曲解经典的原意或脱离社会现实,避免造成不应有的矛盾或冲突;最后,要有组织、有计划地进行,并在广泛征求各方面意见的基础上,以逐步达成共识。总之,"只要新的解释符合《古兰经》、圣训和伊斯兰教的立法原则,符合广大穆斯林群众的心愿,顺应时代发展的潮流,有利于促进伊斯兰教在中国的健康发展,就应当毫不犹豫地加以肯定和弘扬"〔2〕。

---

〔1〕李建生:《关于引导新疆地区伊斯兰教与社会和谐的思考》,载《新疆师范大学学报》(哲学社会科学版),2006年第3期。

〔2〕海俊亮:《开拓视野,更新观念,积极开展解经工作——促进中国伊斯兰教与社会主义社会相适应》,载《中国宗教(论坛)》2005年第10期。

9.3.2.2.2　加强教职人员队伍建设

由于宗教教职人员在宗教中的特殊地位,他们的宗教权力总是被广大宗教信徒普遍认同,从而产生出特殊的号召力与凝聚力,所以成为了宗教体系中的核心力量。这些宗教教职人员凭借在信教群众中极高的名望和威信,用信徒可以接受的观点,用他们听得懂的语言或感情去宣讲,这在落实党的方针政策,宣传民族团结,发展生产,发扬互敬互爱,相互帮助的社会道德规范等方面无疑起到了特殊宣传员的作用。宗教工作的实践经验和教训反复证明,伊斯兰教教职人员在各自所联系的群众中往往具有其他领导干部或其他组织所不能替代的作用。所以中央19号文件早就指出:"有计划地培养和教育年轻一代的爱国宗教职业人员,对我国宗教组织的将来面貌具有决定的意义。"2003年2月14日,中共中央政治局常委、全国政协主席贾庆林同志在看望各宗教团体负责人和工作人员时,也强调要大力支持爱国宗教团体加强自身建设,重点是加强人才的培养,努力培养和造就一支具有较高的政治素质和宗教学识、爱国爱教、为广大信教群众所拥护、适应社会发展需要的宗教教职人员队伍。

以伊斯兰教经学院为例。新中国成立后,中国伊斯兰教现代院校教育,为培养合格的伊斯兰教人才开辟了道路,培养了几百名阿汉兼通、德才兼备的优秀宗教人才,他们在改革开放后形成的学习环境里,通过现代化教育手段在外语、宗教知识和科学文化知识等方面都取得了可喜的成绩。近几年来,各地也有计划、有组织地分期、分批对伊斯兰教教职人员进行了集中培训。在培训内容上,突出了对党的宗教政策、国家有关法律法规和《宗教事务条例》的学习,加强了有关民族发展史、宗教演变史和科学文化知识的学习,还安排了"卧尔兹"规范讲法、参观现代化工农业等活动,有重点地培养了一批中青年爱国宗教骨干人士。如宁夏回族自治区根据该地区信教群众多,且近年来,由于受中东伊斯兰地区不稳定局势的影响,境外宗教向其渗透的情况时有发生,信教群众中依然存在不稳定因素的状况,在自治区党委统战部的领导下,于2004年3月31日至12月16日在宁夏社会主义学院举办了8

期全区伊斯兰教教职人员读书班,对 766 名中青年伊斯兰教教职人员(其中男 761 人,女 5 人,共占伊斯兰教职业人员总数的 17.5%)进行了培训。读书班针对伊斯兰教职业人士的特点共安排了 13 个教学专题讲座,涉及政治、经济、民族政策、宗教政策以及如何做合格阿訇等相关内容,组织外出考察活动和小组交流讨论,结业时推选出优秀成员进行了大会交流。[1] 如今,全国各地清真寺的普通教职人员已基本满足了当前教务的需求,教职人员年轻化、知识化、专业化的态势业已呈现。

随着形势的发展和教务工作的需要,对高素质、高层次、高水平的复合型人才的需求将大大增加,这也对伊斯兰教工作提出了新的要求。培养合格的伊斯兰教事业接班人,伊斯兰教经学院、各大清真寺及各级相关部门都责无旁贷。

9.3.2.3 促进经济发展

商品经济的发展可以创造丰富的物质财富,提高人们的生活水平,为少数民族生活方式的变革提供相应的物质基础和条件。民族地区大量的事实都表明,凡是商品生产和商品交换发展得比较快的地方,人们的生活方式也变化得比较迅速、生活条件也得到较快的改善。而那些生活在较贫困地区的民族,其商品生产和商品交换的程度都较低,因此,大力发展商品经济,对于改变少数民族地区生活贫困状况起着重要的作用。改革开放几十年来,西北地区经济发生了可喜的变化,但经济发展水平还是很低。以甘肃为例,2001 年全国农民人均纯收入达 2366.40 元,而甘肃农民人均纯收入只有 1508.61 元,其中临夏州农民人均纯收入 1055.22 元,甘南州 1223.09 元,人均纯收入不足千元的有 6 个县,最少的是东乡县人均纯收入仅有 804.00 元。[2] 为了促进和加快西部地区经济的发展,中央采取了不少优惠政策和倾斜政策,这对西部地区的人民来说,不能不说是一个难得的机遇。当前,如何引导广大穆斯林积极响应中央加快西部建设步伐的号召,最大限度地使伊斯兰

---

〔1〕刘平安、石媛:《由伊斯兰教职业人员读书班看宁夏社院在维护全区稳定大局中的作用》,载《陕西社会主义学院学报》2005 年第 2 期。

〔2〕甘肃年鉴编委会:《甘肃年鉴》,中国统计出版社 2002 年版。

教与党和政府的经济战略目标相协调,与建设中国特色的社会主义社会相适应,也就是说,如何引导穆斯林群众在满足了精神生活的前提下,努力创造丰富美好的物质生活,这是摆在伊斯兰教界人士面前的一个大问题。在发展社会主义市场经济的过程中,充分运用中国伊斯兰教注重商业活动的优势,引导和组织广大穆斯林投身于商品经济的大潮,帮助他们提高商品的科技含量,尽力打造自己的民族品牌,利用共同的宗教信仰优势,积极发展同伊斯兰国家的民间经济文化往来,为现代化建设吸引大量外资,并及时抓住中国加入世界贸易组织的机会,在清真食品、医药等方面尽力发挥自身特有的优势。诸多举措不仅能促进穆斯林聚居区经济的发展,而且使伊斯兰教在新的历史条件下也焕发出新的活力,从而具有新的时代特征。

对于清真寺而言,一是要进一步转变发展观念,拓宽自养渠道,努力开发带有宗教特色的民族文化资源,如发展民族文化旅游业。1000多年来,伊斯兰教给人们留下了不少名胜古迹和人文景观,这是一个有待开发的旅游资源。二是发挥宗教自身所拥有的资源优势。伊斯兰教有诚实经商、公平交易和凭约守信等商业规范,清真寺从事商业经营,在穆斯林心目中是遵守这些经济道德规范的楷模和表率。他们所开的餐馆、旅社、商店具有服务周到、清洁卫生、无假货、无欺诈和信誉好等特点,这不仅获取了穆斯林顾客的普遍信赖,在非穆斯林群众中也有较好的声誉,这本身就是一种无形的资源和优势。所以,在大力发展经济的同时,充分考虑到伊斯兰教自身的特点,尊重广大穆斯林群众的宗教感情,注意保持伊斯兰教原有的民族宗教特色,才能使宗教经济得到顺利发展。

总之,在未来伊斯兰教的发展问题上,有学者精练地概括为:"价值观念古兰化;圣训使用精神化;教法演绎时代化;学术语言华语化;名称称谓中国化;思想建设普世化;宣教方式多样化;为教工作社会化;学校教育现代化;诵读经典明意化;寺院管理民主化;教长标准学者化;理论探索本土化;爱国行为具体化"。[1]

中国伊斯兰教与社会主义社会相适应是一个大课题,几乎涉及宗教工作的全部内容,所以应该是社会主义社会和宗教界双方共同的任务。它的实现是双方互动的过程。对党和政府来说,引导中国伊斯兰教与社会主义社会相适应,体现在通过全面贯彻宗教信仰自由政策,努力营造一种和谐的社会环境,把握正确的政治导向,坚持正确引导,热情鼓励,改进服务,积极推动,以使宗教在社会主义社会的发展中找到自己的位置,发挥自己的特有优势;对中国伊斯兰教来说,就是要面向新时代、新问题,与时俱进,跟上时代和社会发展步伐,成为推动社会主义前进的积极力量。只有将这两个方面密切结合起来并坚持下去,才能把中国伊斯兰教和社会主义社会之间关系的适应引向最优化的方向发展,中国伊斯兰教与社会主义社会相协调的关系也才会不断得到巩固,中国伊斯兰教在社会主义现代化建设中积极作用的发挥也才能得到切实的保障。

(本文原载《中国民族学集刊》2009 年第 1 辑,为杨建新、庚荣合作)

---

〔1〕马驭方:《试论新世纪中国穆斯林的发展》,载《中国穆斯林》2004 年第 1 期。

10 宗教自身被信仰的内在原因

　　宗教从根本上说,是一种社会意识形态,但它并不完全是意识形态,它还包括了宗教组织、宗教制度、宗教活动、宗教建筑(活动场所)和信仰宗教的群众,它在一定意义上说,实际上是一种意识形态、物质实体和社会力量紧密相结合的社会存在。它产生于原始社会的后期,比民族的产生早很多,也可以预期它存在的时间,可能比民族存在的时间还要长。它的基本特征,就是相信和崇拜超自然、超社会力量的神灵。它实质上是支配着人们日常生活的自然力量和社会力量在人们头脑中歪曲的、虚幻的反映。但是它是人类智力发展到一定程度的产物,是人类对世界的一种认识,也是人类用来保护自己,维持群体社会的一种需要、手段和力量。

　　当一个生活于东部沿海一带的人来到西部少数民族地区,目睹藏传佛教寺庙中的朝佛者或者目睹清真寺聚礼的景象时,大多都会对当地少数民族的宗教信仰表示震惊,继而也许还会问少数民族为什么会信仰宗教,其原因何在? 对此,人们可以找到各种理由,如历史传统、生存环境恶劣,科技发展水平低以及历史上少数民族社会的政教合一制度等等。这些都是一些外部原因,并未从根本上说明问题。其实,人们之所以信仰宗教的根本原因在于,宗教为人们提供了意义系统,即为信徒群体以及个体提供意义系统。这是宗教的核心任务。其实现的具体方法是对人在宇宙中的位置,对人在社会中的地位和为什么会有这样的地位,以及人与人之间的关系原则、规则,提供合理主义的说明。这样才会产生出让信徒信服的力量,进而使信徒按照宗教的"指示"去行动。当然需要指出的是,宗教并不是唯一的意义提供者,唯物主义同样也能提供意义系统。下面对宗教意义系统的构成机制进行理论分析。

·欧·亚·历·史·文·化·文·库·

10.1 宗教提出了对"人生"的基本看法

10.1.1 人在世界中的地位

对人在世界中的地位的理解,直接关系到宗教对人生价值的规划和设计。对此,宗教与自然科学和唯物主义哲学的看法不同,后者承认人的生存和发展对自然的依赖,以及人在自然界中的发展进化,因此,人与自然是既依赖、适应自然又改造自然的关系。宗教则认为在生命和非生命物体之外存在有特殊的超自然、超人间的神,神是宇宙万物的创造者和主宰者,它控制着世界一切事物的生死存亡、运动变化。基督教认为,上帝按照自己的意志,在 7 天之内创造了天地万物,根据自己的形象创造了男男女女。伊斯兰教认为,真主安拉用血块和泥土创造了人类始祖。佛教以"缘起论"解释宇宙万物的发生。认为世界万物无一不是因缘和合而成,无论时间上的过去、现在与未来,还是空间结构上的人类社会、天界和地狱,均受因果律支配。佛教传入我国少数民族地区后,与少数民族的传统文化结合,渗入了原始宗教的内容。

人在世界万物之中又居何位置? 宗教对人在世界中的地位的看法有二重性:人是自然万物中的特殊一类。一方面,多数宗教认为人类虽属自然万物但高于自然万物,在世界中具有优越的地位。基督教认为人受上帝之命支配和管理自然万物;伊斯兰教认为人被真主赋予完美的形态和聪明才智,是真主在大地上的统治者;佛教与基督教和伊斯兰教不同,认为宇宙间所有生命在地位上是一样的,讲求众生平等,没有高低上下之分。另一方面,宗教又认为人类与神圣者相比较是微不足道的。基督教认为,在至善至尊、全知全能的上帝面前,人是有罪的、渺小的、卑贱的,因为人是被上帝创造的,就达不到创造者的完美程度,而且人类被创造之后,违背上帝的成命,顺从自己的私欲,犯下了原罪;伊斯兰教认为人类作为真主的创造物,其地位和价值是真主赋予的,但人类始祖经不起魔鬼的引诱,违背了真主的诫命,犯下了错误,所以人类是不完美和不可靠的;佛教在宣称众生平等的同时,又把宇宙间的一切生命体分为"四圣六凡",所谓"四圣"是指已经获得解脱的生命体,"六凡"是指没有超脱生死轮回的凡庸者,所以佛教认为人不是世界的主人,不处于世界的中心地位。

宗教对人在世界中地位的二重看法,其目的是论证宗教存在的合理性,一方面人是宗教信仰的主体,动物是没有宗教的,如果把人等同于自然万物,也就否定了人信仰宗教的可能性,消灭了宗教存在的基本前提;另一方面,如果宗教只肯定人的价值,认为人是完美无缺的,是自然万物和自身的主人,那么人又何必去信仰宗教呢?所以宗教既肯定人类高于自然万物,在世界中有较高的地位,以鼓励人们信仰宗教,崇拜神灵,按照宗教的原则来生活,追求宗教所宣扬的彼岸幸福,同时宗教又强调人在神面前的渺小与卑微,以说明人信仰宗教的必要性,使人们对神灵保持敬畏之心。

10.1.2　人性论

各宗教大都承认人的性善趋向。多数宗教认为,人被造之初是纯洁无染、完美无缺的,分享造物主的神性,造物主是至善的,因而,人被造之初也是至善的。然而,后来人类纯洁的本性受到玷污,便堕落了。基督教认为,人类始祖亚当是神按照自己的形象创造的,后来他们犯下罪过,惹怒了上帝;这罪成为整个人类的原始罪过传给后世子孙。所以,人是有罪的,人性是恶的,而恶的根源在于人的意志自由。上帝在造人的同时,也将道德选择权留给了人,偷吃禁果正是滥用自由的结果。人之神性和罪性相混杂的观点,构成了基督教的人性论。伊斯兰教认为人最初也是善的,但又是不完美和不可靠的,人性为贪婪所支配。大乘佛教认为,每个人都有佛性,佛性是每个人成佛的根基与前提。但是,人性又是贪婪和无知(无明)的,为各种世俗欲望所浸透。善的佛性与恶的无明根本就是难兄难弟,分割不开,有佛性的时候,就有了无明,他们是一体两面。

10.1.3　灵魂不灭

灵魂观念是整个宗教信仰的发端与存在的基础。没有超自然、不朽的灵魂观念,就不可能有超自然的、超人间的神灵观念,从而也就不会有宗教信仰本身。不灭的、既能独立存在又能与肉体结合的灵魂观念,导致了原始宗教中万物有灵论的产生,进而发展成为多神论和一神论的宗教之神。基督教对于神的描述,提出了圣灵观念。伊斯兰教也是如此。佛教以缘起论为基础的无我说,不会承认灵魂观,但因果报应、生命轮回的教义在逻辑上必然导致灵魂的存在,并作为业报轮回的主体。

与灵魂不朽相联系的是天堂地狱观念,它与人性中的趋利避害一道,构成宗教影响人的思想和行为的前提。灵魂在来世是进入幸福的乐园,还是阴惨的地狱,取决于人们今生今世行为的善恶。天主教讲天国与地狱,前者是神的主权统治之国,也是人最深刻的期盼的圆满实现;后者是行恶者的最后归宿。伊斯兰教讲天园与火狱,象征着安拉的仁慈和严厉,弱小者进入充满幸福的天园,享受安拉的喜悦;强霸者忍受火狱中的酷热。佛教的"六凡四圣"和业报轮回要求信仰者行善止恶,人的一切行为都将因其善恶而得到死后的报应,无善不偿,无恶不罚——或升为天神,或重新降为人,或转为畜牲,或沦为饿鬼,或打入地狱。"尽管佛教为道德罪人准备的地狱极其残酷,但对礼佛斋僧的罪人却慷慨仁慈至极点。只要对僧佛慷慨施舍,或者捐造浮图寺庙,便是无量功德,不仅可免生前罪愆,而且可以泽及先人。"[1]

10.2　宗教提出了"人生"的理想设计

人生价值问题回答的是人生应当怎样度过才有意义和价值,回答这一问题就必须了解人的实际生存状态。一般来说,宗教对人类的现实生活评价不高,认为现实人生是痛苦的、罪恶的,只有很小的价值或没有什么价值,现实人生并不具有神圣的意义。既然现实人生是苦难的,而人作为具有理性思维能力的生命存在,总要追求一种生活的意义和价值,以作为人生的精神寄托。这种追求不是要人们完全抛弃现实

---

〔1〕吕大吉:《宗教学通论》(上),中国社会科学出版社 1998 年版,第 133 页。

人生乃至毁掉自己的生活,而是要认识到现实人生中有神的存在,神在人的生活中是至高无上的,是人生的主宰者和监督者。人生的价值就在于认识神的存在,信仰神、崇拜神,并按照神的要求生活,使世俗的人生宗教化,神圣化,也就是说,自然人生是没有价值的,只有与神相连,人生才能获得意义和价值。宗教正是由它对现实人生的基本价值判断出发,提出了理想的人生。"四圣谛"[1]是佛教的基本教义,是整个佛教思想体系的核心,它所讲的就是人生的痛苦及如何摆脱人生痛苦,达到理想人生境界的问题。其中的"苦谛"认为,人生是痛苦的,整个人生犹如茫茫苦海,没有尽头。在佛教经典中,有数百种苦,八苦是最常见的说法,具体分为生苦、老苦、病苦、死苦、怨憎会苦、爱别离苦、求不得苦、五阴盛苦 8 种。"集谛"是对苦难的推究,现世所受生死诸苦,乃由前世所集业因而致,现世之因所集,则必致未来之苦。"灭谛"就是在明白"集谛"道理的基础上,灭绝苦的根源和烦恼。"道谛"就是"灭谛"的道路和达到涅槃境界的方法。在佛教看来,人生价值就在于信仰佛教,感悟佛理,修炼佛法,获得解脱。人生价值的大小,取决于人对佛理领悟的程度。人觉悟的程度越高,离涅槃境界越近,人生价值就越大,人生就越有意义,反之人生的价值就越小。佛和菩萨是佛教所追求的理想人格,集中表现了佛教对人生价值的根本看法,就是摆脱生死轮回的束缚,得到根本解脱,达到涅槃境界。小乘佛教认为佛就是释迦牟尼佛,大乘佛教认为除释迦牟尼佛之外,宇宙间还有很多佛,大乘佛教还信仰菩萨,视其为地位仅次于佛的神,在未来可以成就佛果的修行者。所以佛教所信仰和崇拜的佛、菩萨的重要特征,就是能够解脱众生之苦难,帮助一切众生成佛。以佛、菩萨为理想人格,正体现了佛教,特别是大乘佛教的人生价值追求。藏传佛教对极乐世界进行了绘声绘色的描述,在极乐世界,众生没有痛苦,只有尽情享乐,这与人世间的欲望、饥渴、争执、怨恨,甚至相互仇杀等一系列阴暗面,是一个鲜明对照。

　　伊斯兰教把蒙受真主的喜爱,死后进入真主为善人所准备的乐园,

---

[1]即苦谛、集谛、灭谛、道谛。

当作人生的最高理想,因而认为人生价值就在于为进入乐园而虔诚信仰,努力行善,为真主贡献自己的一切。人为真主所做的越多,人生的价值就越大。伊斯兰教创始人、先知穆罕默德是伊斯兰教所追求的理想人格的化身,集中体现了伊斯兰教的人生价值理想。穆罕默德是真主安拉的最后一位使者,是人类最伟大的先知,是伊斯兰教的圣人。

宗教对现实的评价低,其根源在于社会。宗教反映了现实社会的各个方面,善良与丑陋、美好与瑕疵缺陷并存。然而,宗教的目的是实现一种美好的社会,不过正如涂尔干所说,这种社会并不是人们所经历过的、已经确定的并且可以观察到的社会。这种社会只是一种梦想,是人们曾经以之平息痛苦但从未在其中生活过的一种幻境,是表达思想中隐隐约约渴望美好、幸福和理想的一种简单观念。从发生学角度看,这种观念起源于集体生活,当集体生活达到某种狂热程度时,人们处于一种兴奋状态,活力显著,感情激动,感觉灵敏,有些情感只有在这时才表现出来。此间,人不能认识自己,他感觉自身发生了变形,进而也改变了周围环境,为了理解这些极特殊的感受,人们赋予其最直接有关的东西,即某些他们本来并不具有的性质,以及某些世俗物体所不具备的特殊能力和效力。总之,人们假设在自己度过世俗生活的现实世界之外,还有另一个世界,从某种意义上讲,这个世界只存在于人的思想中,但人们却赋予其一种比现实世界更高的尊严。总之,宗教的理想是社会生活而不是个人生活的产物,一个社会如果不能创造出理想,就不能自我创建与再造。它的出现使社会因之而完善自身,是一种周期性的创造和再创造,并将其通过周期性的活动贯彻到个人身上。当然,集体理想在体现到社会个人身上时,可能会个体化——每个人都会以自己的方式去领会这些理想,并在这些理想中留下自己的痕迹。随着人的个性的发展和成为一个独立的行动源,个人理想会逐步摆脱社会理想的束缚。不过,宗教礼仪所针对的宗教力量,只不过是集体力量的个人化。尽管宗教似乎完全处于个人的内心世界,而其赖以生存的生命源泉仍然存在于社会之中,那种试图使宗教完全变为一种个人的事情的彻底个体化思想,实际上否定了宗教生活的基本条件。[1]

10.3 宗教的入世性

尽管宗教强调其神圣性和超越性,但宗教也有其入世的一面,也就是说,宗教的理想要落实在现实中。为说明该问题,有必要引入宗教世俗化这个概念。宗教世俗化是一个过程和趋势,在这个过程中,因为宗教与政治分离,政教关系发生重大变化,现代学校教育的普遍建立、医疗网点的普及、生命科学的发展和知识的普及、抗灾减灾能力的提高以及社会保障体系的逐步建立,使宗教原来的许多社会功能被替代性功能系统所替代,宗教的社会功能大大减弱;另一方面,宗教也因应外部条件,积极地适应社会变化,积极参与社会的各项事业,通过自身的变化改善人们对宗教疏远的状况,实质上是改革旧的教义教理和存在形式,以拓展自己生存空间的过程。

从某种更为宽泛的意义看,中国的宗教世俗化老早就发生了。当代中国的五大宗教中,只有道教是本土宗教。佛教、基督教、天主教和伊斯兰教是外来宗教,然而,在传入中国的过程中即经历了“中国化”历程而成为“中国佛教”、“中国基督教”、“中国天主教”和“中国伊斯兰教”。这里的“中国”已经不仅是一个地理概念,更是一个文化概念。中国化的过程也就是各大宗教与中国世俗社会相适应的过程,在此过程中,体现出了宗教积极的入世精神。佛教传入中国后,经历了本土化和民族化的过程。这个过程是从两个向度进行的:一为汉化,即与中原和汉族实际相结合,建立了汉传佛教的典型宗派禅宗等,后经过儒道佛的合流,形成理学,不仅完成了佛教汉化的过程,而且将佛教融入中国文化之中;二为藏化(1300 年的历程),经过佛苯斗争和融合,形成藏传佛教,随后又建立了活佛转世制度,并进行了改革,形成典型的藏传佛教宗派格鲁派。进入 20 世纪,汉传佛教和藏传佛教都面临着现代化和

_____

〔1〕涂尔干:《宗教生活的初级形式》,中央民族大学出版社 1999 年版,第 463 - 474 页。

世俗化的问题。汉传佛教倡导"人间佛教"、"庄严国土,利乐有情",禅宗就有"佛法在世间,不离世间觉;离世觅菩提,恰如求兔角"的训导,要求佛教徒以实现人间净土为己任;藏传佛教倡导民主管理寺院,"爱国爱教,以寺养寺",符合佛教世俗化的客观要求。另外,中国基督教的"荣神益人",道教的"济世救人",伊斯兰教的"两世吉庆"等教义的提倡及现代阐释,都体现出当代中国宗教的入世意识。也就是说,中国宗教始终继承着其入世的传统,通过世俗化的方式,不断地调整自身以适应社会变迁的需求,积极寻求着与中国社会相适应的有效途径。

所以,宗教世俗化其实是把宗教的重心转向了现世的人、社会,转向了人的今生今世,使宗教不再像以前那样只关心来生、天堂、极乐世界和灵魂的得救等,而不注重人的现世生活。宗教的世俗化从表面来看,似乎是宗教在衰退,但从深层次来看,却是宗教的一种新的发展,是宗教为自己的发展寻找新的契机。因此,宗教的世俗化并不意味着宗教失去了对社会的重要作用,而是试图以新的模式和形态对社会产生影响。

如果从宗教理论本身出发,我们也会发现宗教入世的一面。就以被人们比较普遍地认为出世性较强的宗教即佛教为例,佛教规定了不同层次的目标:终极的和现实(接近终极)的目标。前者是涅槃,这主要是针对修行比丘的;后者是针对凡夫俗子的,过上清净而富足的生活,包括了来生转世时生于富贵人家,或生在天上,也包括更为紧迫的今生今世丰衣足食或有钱有势之类。一般情况下,不同层次的目标是结合在一起的。它是人生现实的写照,不必也无法割裂开来。在现实中,每个人的具体情形不同,在修行层次上也会有差异。"三道"理论就是根据修行理想、修行境界和心愿的不同而提出的:境界最低者只求自己脱离三恶道,为此皈依三宝,信因果,不作恶,奉守五戒十善;境界为中者求自己脱离六道轮回,常思四圣谛和十二因缘之理,希望能到达涅槃境界;境界最上者求众生能够离苦得乐、脱离轮回,自觉担负起普度众生的责任和义务。从下士到上士(即从自觉到觉他)正是一个人伦理道德不断提升和高扬的过程,它对应着世间不同修行者,鼓励每个人都首先为自己负起责任,同时也努力为他人和社会负责。

　　所以,佛教是悲观主义或注重彼岸世界的说法是有道理的,但不全面。佛教所谓"重出世"与"轻入世",并非不要现世或不关注现实人生,芸芸众生所受之苦实在是因为自己的业力所致,要脱离苦海,只有崇信佛理,自律行善,避免恶果,追求善果,才能在来世有一个好的果报。从此种意义上讲,我们将此称为"重今世,修来世"也许更为恰当。佛教的重视现世,可以由有名的《三世因果偈经》看出端倪:"欲知前世因,今生受者是;欲知来世果,今生作者是。"佛教认为人生的祸福苦乐不是前世注定、无法改变的,而是主张人类造下什么业因,将来一定要对自己的行为负责任,受到相应的果报。人的身、口、意的活动均在造业,业力是相续不断的。做的业,迟与早是要受报应的。在条件成熟时,善业得福根,而恶业得祸报,所以佛教强调"诸恶莫作,诸善奉行"。佛教的因果报应观,拒斥了无因论与宿命论的人生观,要求信徒把握每一刻真实的现在,努力开垦自己生命的园地。因此佛教虽然说过去、现在、未来,但是更重视现世的完成。

10.4　宗教规范了人的理想行为

　　宗教是对神圣物的信仰,宗教要对广大信仰者发生作用,必须与现实结合,从现实的角度出发,才能避免超越现实而堕入不切实际。因此,最为实际的是对日常生活做出规定,以规范信徒的日常行为,实现理想的秩序。佛教有一套让人望而生怯的深奥理论,但也注重根据不同的对象施予相应的教育。佛教有"观机逗教"之说,即佛教是属于大众的,为了度尽一切有缘的众生,需要按照众生的根器,施予相应的教化,以得当实用之法,做到上契诸佛之理,下契众生之机。除了少数学者和宗教职业者之外,人们对于佛教形而上的一套哲学其实是生疏的,一般也不会有太大兴趣,他们更加喜欢的是喜闻乐见的通俗故事、形象化的描述和具体的宗教活动。比如,对于佛教中很复杂的"六道轮回"这一深奥教义,在藏传佛教中是以连环画式的"生存圈"图解说的。藏

·欧·亚·历·史·文·化·文库·

传佛教认为在神明界无法通向成佛的道路,而只有在人间才可通过修炼成佛。这样的描述使藏传佛教的信仰者在知晓人生疾苦的同时,也领会到人身难得、珍惜生活的道理。只有相信三宝,积德行善,懂得施舍,就能在来世有个好的果报。佛陀的慈悲利众、众生平等、行善积德等则有佛陀舍身饲虎、割肉喂鹰等典范行为以达到教化目的。五戒十善则要求信徒在行为规范层面实现教义。对教义的领会,还通过一系列宗教礼仪,如朝佛转经的礼仪,敬献哈达的礼仪,叩拜佛塔、佛像、神山、神湖、活佛的礼仪,布施茶食的礼仪等。信徒们更是在吃穿住行、婚丧嫁娶、生老病死等人生的各个环节中去领会佛教教义。

伊斯兰教中理想行为的实现,是通过对天堂和地狱的描述得以保证的。伊斯兰教认为,人们都要经历今世和后世,今世是暂时的,后世是永久的。在后世,曾经在今世生活的一切将复生,接受真主的总裁决,行善者接受嘉奖进入天堂,作恶者下地狱。为了在后世中得到真主的各种恩赐,人们应该积极行善。伊斯兰教还认为,人的一生都有真主创造出来的天使在观察,特别是一个人的左右两边都有天使,右边的专记一个人一生的善,左边的专记一个人一生的恶。所以每个人在世都必须谨慎自己的言行,即便个人独处,也要心想为善,行动为善,如此,死后方可进入天堂。

从宗教的基本主张和要求的简略分析中可以看出,宗教并不是一种肤浅的胡闹,它有着极深厚的社会根源和思想基础,它从一个侧面,实实在在地反映了人类所面临的各种苦难、矛盾和危机,它确实能给人们从一个角度指出解脱苦难、矛盾和危机的道路和前途,并能引导人们通过一系列切实易行的方法,在享受现实生活乐趣中,从精神上解脱这种苦难所造成的痛苦,迅速收获心灵上最大的慰藉、满足和期望。这就是宗教能够长期存在并被虔诚信仰的主要原因。列宁早在100年前就指出:"为什么宗教在城市无产阶级的落后部分中,在广大的半无产阶层中,在农民群众中能够保持它的影响呢?资产阶级的进步人士,即激进或资产阶级唯物主义者回答说,这是由于人民的愚昧无知。由此得出的结论说:打倒宗教,无神论万岁,宣传无神论观点是我们的任务。

马克思主义说:这话不对。这是一种肤浅的、资产阶级的、狭隘的文化主义观点。这种观点不够深刻,这不是用唯物主义的观点,而是用唯心主义的观点说明宗教的根源。在现代资本主义国家里,这种根源主要是社会的根源。'恐惧创造神'。现代宗教的根源就是对资本盲目势力的恐惧,而这种势力确实是盲目的势力,因为人民群众不能预见到它,因为它们使无产者和小业主在生活中随时随地都可能遭到,而且正在遭到'突如其来的'、'出人意料的'、'偶然发生的'破产和毁灭,使他们变成乞丐,变成穷光蛋……凡是不愿一直留在预备班的唯物主义者,都应当首先而且特别注意这种根源。"[1]我国少数民族的宗教信仰,都有悠久的历史,是在历史上形成的。当前我国正处于社会主义初级阶段,宗教的根源不仅没有消除,而且在新的时代条件下,还有大量的人在宗教中找到新的慰藉,宗教的存在和被信仰,将是长期的。

(本文收入中国统一战线研究会主编:《当代中国民族宗教问题研究》,甘肃民族出版社 2008 年版,为杨建新、王存河合作)

---

〔1〕列宁:《论工人政党对宗教的态度》,收入《列宁选集》第 2 版第 2 卷,第 378 – 379 页。

边

疆

编

11 历史上中国的疆域问题

有的同志认为,当前中华人民共和国的疆域,是确定历史上中国疆域范围的标准。也就是说,要用今天中华人民共和国的疆域,来"套"历史上中国各时期的疆域。持这种看法的同志,力图改变过去历史学界确实存在的大汉族主义的观点,把中国历史作为现在中国境内各民族共同发展的历史,把中国看作是中国境内各民族共同开发、共同缔造、共同结合而成的国家。同时,这样说也有利于消除邻近国家的疑虑,明确国家领土主权。但是,这种看法也有一定的局限性。首先是因为历史上中国的疆域是有变化的,用现在中华人民共和国的版图来"套"历史上各个时期的版图,那必然有削足适履之弊。其次,中国不仅是现在中国境内各民族共同缔造和结合而成的国家,而且也是现在已不存在,但在历史上曾积极活动过,并对缔造和形成中国的历史和疆域起过重大作用的民族共同缔造的。这些已不存在的中国历史上的少数民族,其领地并不局限于现在中华人民共和国的版图,如果仅以现在中华人民共和国的领土范围来"套"历史上的中国疆域,势必无法全面反映中国这个从来都由多民族结合而成的国家的历史。第三,我们还应当看到,今天中国疆域的范围,是帝国主义,特别是沙俄侵略大片中国领土之后确定下来的,它并不完全反映历史上中国疆域的情况。因此,在具体说到历史上中国疆域范围时,特别是在涉及历史上沙俄侵占中国领土的问题时,我们就不能把自己限制在现在中国疆域的范围内,而应当以当时中国疆域的范围为准,这样才便于客观反映中国历史发展的过程,分清历史是非,揭露新老沙皇侵略扩张的罪行。

为了进一步说明我们对这个问题的看法,有两个问题还需要加以明确和区分。一,我们所说历史上中国疆域的范围问题,主要是从它的形成和发展来说的,必须把这个问题与中国历史的研究对象的范围,即

·欧·亚·历·史·文·化·文·库·

中国史这门学科研究的空间范围问题,加以区别。从历史上中国疆域的形成和发展来说,它是有一个过程的,疆域范围是有一定幅度的摆动的。而从中国史研究的对象来说,则凡是现在中华人民共和国的疆域,凡是中华人民共和国境内的民族,无论历史上他们处于何种状况,他们的历史都是中国史研究的对象和范围。中国历史,就是历史上曾经存在过的中国各民族历史的总和。因此,历史上中国疆域的范围问题和中国史研究对象的范围问题,是两个不同的问题。二,要把历史上中国疆域范围问题与现在的领土主权问题加以严格区分。历史上曾经是中国的领土,并不意味着到现在仍有领土主权问题,这是常识,也是绝不能含糊的一个原则。因此,我们在谈到中国疆域问题时,必须严格区分今天中国的领土和历史上中国曾达到的疆域范围,前者存在着领土主权问题,后者是弄清历史事实的问题,这是两个性质完全不同的问题。

也有人认为,确定历史上中国的疆域,要以汉族皇朝的疆域为历史上中国疆域的范围。

这个观点是片面的。因为首先,中国从来就是一个多民族的国家,在中国历史的发展中,不断有新的民族加入,中国的版图范围,从来没有以民族划分过。以西周来说,境内就有羌、蜀、微、庐、彭、濮、庸、髳等等其他民族。秦代中国的版图"东至海,西至临洮、羌中,南至北响户,北据河为塞,并阴山至辽东",这就包括了古代所谓东夷、南蛮、北狄和西戎的很大一部分,而且在山西、河北、陕西、陇东等中原地区,也杂居着许多少数民族。就是连统一了当时中国的秦朝统治者自己,也被认为是起于西戎的。[1] 到汉代,中国的版图有了很大发展,就以西北边疆来说,汉宣帝时,天山以北的乌孙、天山以南的西域三十六国、大漠南北的匈奴等,相继归属汉朝,这就使西北古代各少数民族及其地区,进一步与中原在政治上结成一体,在经济上相互依赖,在文化上互相渗透,边疆民族大量内迁,汉族人遍布于边疆各地,为中国疆域范围的确定奠定了基础。此后中国封建社会的历史,就是基本上在汉代所奠定

---

〔1〕《春秋公羊传》:"秦者夷也";《春秋谷梁传》:"狄,秦也……乱人子女之教,无男女之别"。

的多民族的中国版图范围内,有合有分地向前发展着。中国历史上每一次的大一统,都大体上保持和进一步巩固了从汉代起就形成的中国领土范围。在分裂时期,中原王朝与边疆各少数民族和他们所建立起的政权之间,也大都保持着一定的从属关系。这就说明,仅仅把汉族王朝的疆域范围当作中国的疆域范围,是完全不符合中国历史发展实际的。

其次,主张历史上汉族王朝的疆域才是中国疆域的同志,主要是根据中国古籍中"中国"一词的含义来理解中国疆域范围的,这必然造成很大的片面性。实际上,"中国"一词在历史上,其内容是有变化的。周以前,"中国"一词的含义主要是"都城"的意思[1]。到西周、春秋和战国初期,"中国"一词的含义有了新的内容,即指"山东诸侯齐、魏之六国"[2],"以诗书礼乐法度为政"[3]的才被称为"中国"。就连虽曾称霸于诸侯各国,但在文化传统和族源上与中原不同的吴、楚、秦等国,在当时都没有资格称"中国"[4]。汉、唐时期,中国虽出现了大一统的局面,中央号令已颁于各边疆少数民族地区,但当时"中国"一词,仍是中原地区的专称。这说明,中国历史上所说的"中国"一词,含有强烈的民族主义和正统观念的意义,这个词在当时主要是一种文化类型和政治地位的区分,而不是领土主权范围的概念,也不是指政治上的归属和管辖范围的概念[5]。就是到了清代前期,当时所说"中国"一词的含

---

[1]《史记·五帝本纪》说:尧死之后,舜避尧之子丹朱于"南河之南",但百姓都不去找丹朱,而去找舜。于是"舜曰:天也夫。而后之中国践天子位焉"。《史记集解》引刘熙的解释说:"帝王所都为中,故曰中国。"

[2]《史记·张仪列传》。

[3]《史记·秦本纪》。

[4]《史记·楚世家》:"熊渠曰'我蛮夷也,不与中国之号谥'"。周平王时,楚伐随,随曰:"我无罪"。楚曰:"我蛮夷也,今诸侯皆为叛,相侵或相杀,我有敝甲,欲以观中国之政。"又如,楚成王即位,派人到周天子处贡献,周天子赐胙曰:"镇尔南方夷越之乱,无侵中国。"这都是楚不称"中国"之证。《史记·吴太伯世家》:"自太伯作吴,五世而武王克殷,封其后为二。其一虞在中国,其一吴在夷蛮。十二世而晋灭中国之虞,中国之虞灭二世而夷蛮之吴兴。"此以文化类型为"中国"之标准。《史记·齐太公世家》:"时周室微,唯齐楚秦晋为疆,晋初与会,献公死,国内乱,秦穆公辟远,不与中国会盟。"秦也不被列入"中国"。

[5]如《礼记·中庸》说:政教之流行,"洋溢乎中国,施及蛮貊",《孟子·梁惠王》说:"莅中国而抚四夷",《诗经·大雅·民劳》:"惠此中国,以绥四方"等等,都有助于说明这个问题。

义,仍欠妥当。"中国"一词摆脱了民族主义和正统观念束缚,真正成为反映我国多民族国家发展实际的概念,那是近代的事。毛主席在《中国革命和中国共产党》一文中指出:"中国是一个由多数民族结合而成的拥有广大人口的国家。"这里所说的中国,就是反映中国历史实际的一个科学概念。

综上所述,我们认为不能用现在所说"中国"一词的含义来解释古代文献中所说的"中国",也不能用仅仅反映中国历史上某个统治集团疆域范围、反映某种文化类型的"中国"一词解释和代替历史上实际存在的由多民族结合而成的中国。苏联文人利用"中国"这个词大做文章,在我国各民族间进行挑拨、分裂,为老沙皇的侵略辩护,那更是需要警惕的。

那么如何确定历史上中国的疆域范围呢?我们认为:

(1)中国历史上的秦、两汉、隋、唐、元、明[1]、清这些朝代,都是基本上实现了全国统一的时期,是中国历史发展的主干,这些时期的疆域也是确定历史上中国疆域范围的主要标志。中国历史上的大一统时期,与世界历史上经常出现的那种强行用军事行政办法联合成的军事帝国不同。这种帝国缺乏内在的经济、文化联系,主要靠军事力量作为维系帝国的纽带,因此当统治者的军事力量削弱后,这种帝国随之就烟消云散,无法再形成新的统一。而中国却不是这样。中国的大一统是建立在深厚的经济、文化联系,特别是建立在中原地区与边疆少数民族地区之间深厚的、源远流长的经济、文化和政治联系基础上的,因此,在封建社会内部因矛盾尖锐而破坏大一统局面,引起分裂之后,中国仍能一次、再次、多次形成新的统一局面。直到帝国主义,特别是沙俄帝国主义强行侵吞中国大片领土之前,中国仍然基本上保持了从汉代就开

---

〔1〕一般认为明代疆域西不出嘉峪关,北不过长城。其实不然。以北边来说,明朝政府为了防止退入蒙古地区的元朝贵族的威胁,与蒙古贵族进行过长期的战争,这完全是国内战争,即为争夺全国统治权性质的斗争。而且到隆庆时期,为蒙古"诸部长"的俺答汗,归附明庭,明朝政府册封他为顺义王,"长北方诸部",封各蒙古部吉为都督同知、指挥同知、指挥金事、正副千户、百户等职官,皆可世袭罔替。以西边来说,瓦剌各部、别什八里、于阗、哈密、吐鲁番等地,"咸修职贡",接受明朝政府的封爵、官职、印玺。因此,明朝时期也可以说基本实现了中国的统一局面。

始形成的广大的疆域范围。历史上中国的大一统时期,酝酿了中国境内的割据和分裂,因此分裂割据时期,是大一统时期国内各集团之间政治斗争的继续;而分裂和割据情况的发展,又为新的大一统时期的形成创造了条件,促成新的大一统局面的出现;在大一统时期受中央王朝有效管辖的地区和民族,在分裂时期都是中国的地方割据政权,这些地方割据政权在分裂时期与中原较强大的政权有着密切的从属关系,这本身就是中原与边疆地区有着内在的经济、文化和政治联系的体现。同时,以边疆少数民族为主的地方割据政权,对结束分裂和创造历史上中国新的大一统局面也起过重大的作用。

(2)行政管辖对确定历史上的疆域范围,是个主要因素,而一个国家对自己领土和人民的管辖,在不同时期有不同的形式,是不能强求一律的。历史上的中国,作为一个幅员辽阔,以农为主的封建国家,将人口众多、同其政权的兴衰存亡有直接关系的农业地区,即中原地区,视为腹地,管辖严密。而对以游牧为主、人口稀少、经济落后的边疆地区,则遵循一条所谓"守在四方,羁縻不绝"的原则,因俗设政,管辖比较松散、管理形式各代不一,或设立军政机构,或置官封爵,或驻兵屯田,或称臣颁玺等,虽与对内地的管辖有很大差别,但在当时条件下,都是中央政府对边疆少数民族及其地区的管辖形式。而且这种因俗设政的管辖形式,并不仅仅行之于边疆地区,就是对杂居在中原地区的少数民族,中央政府的管辖也与对汉族地区不同。如行之于西北地区的"属国都尉",行之于全国许多地区的土司制度等,就是这种因俗设政的管辖形式。这种管辖形式,无论是实行于边疆,还是实行于内地,都是当时中国行使主权和管辖的标志。

(3)历史上中国的边界,在 1689 年以前,从未与其他国家用条约的形式确定过。而且由于历史上中国边疆,特别是西部和北部边疆,都居住着以游牧为主的民族,流动性很大,因此有些地段的边界不是很明确的。但是中国边疆少数民族都有自己传统的、较固定的游牧地,这些游牧地一般都以高山、大河为标志,有一定的范围,有些地段的边界,也有明确的记载。历史上中国在这些地段的边界,就应该以这些有明确

·欧·亚·历·史·文·化·文·库·

记载的中国少数民族的游牧地和游牧地的边界为准。

那么反过来讲,是否凡是历史上中国少数民族的游牧地,都是中国的疆域呢?也不能一概而论。我们所说的属于中国领土的少数民族的游牧地,是指中国某个少数民族传统的、长期固定的、在历史上曾受过中国中央王朝明确管辖的领地。我们并不认为,凡是中国游牧部落曾经到达或曾经游牧过一段时间的地区,都是中国的领土。例如16世纪时,中国厄鲁特的一些部落,曾经到达托博尔河、雅依克河(乌拉尔河),甚至到达伏尔加河下游。这些地区,仅仅是中国厄鲁特的一些游牧部落到过的地方,与中国领土无关。但是鄂木河以南,额尔齐斯河中、上游广大地区,是中国厄鲁特各部落传统的、固定的游牧地,是历史上中国曾经管辖的地区,当然是历史上中国的领土。而中国柯尔克孜的游牧地,自古以来就在叶尼塞河中、上游,直到16世纪末、17世纪初沙俄入侵时,柯尔克孜的游牧地仍在此处。很明显,叶尼塞河中、上游广大地区是中国柯尔克孜族传统的、固定的领地,是长期受中国各种形式管辖的地方,当然也是历史上中国的领土。17世纪20年代沙俄在中国柯尔克孜族地区修建城堡、武装殖民的活动,是沙俄最早对中国领土的侵略。

(选自《沙俄最早侵占的中国领土和历史上中国的疆域问题》,收入《中俄关系史论文集》,甘肃人民出版社1979年版)

12 "中国"一词和中国疆域
形成再探讨

历史上"中国"一词的含义与现代"中国"一词的含义有很大不同，由古代"中国"一词的含义发展到现代"中国"一词的含义，有一个演变过程；同样，由古代"中国"的疆域发展到现代"中国"的疆域，也有一个演变过程。今天的中国是历史上"中国"的积淀、发展和延续。这个问题在学术界已进行了多年讨论，但仍有一些问题，需要深入具体地加以论述。

12.1 关于历史上"中国"一词的含义

"中国"一词，在中国历史发展的早期阶段——最晚在周初就出现了。随着中国历史的发展、中国疆域的演变、人们国家观念的变化以及对中国历史发展认识的不断提高和深化，其内涵不断丰富，外延不断明确，发展到今天，"中国"一词已经是一个词义十分明确的概念。但在历史上这个词变化的轨迹，却仍然不是十分明确，遇到中国历史上的一些具体问题，历史上"中国"一词与现代"中国"一词的概念，仍有混淆之处。

中国历史文献中有关"中国"一词的内涵和外延，有过多次的变化，也有一个发展过程，但就基本的含义来说，始终贯穿着"中央之国"、"宗主之国"、"万邦之国"的意思。既然"中国"有"中央之国"的含义，"中国"之内，就还允许有许多"国"的存在，在现在中国的疆域内，历史上的"中国"也就与许多其他"国"并存不悖。这种情况的出现，是由中国历史发展的特点造成的。

（1）从"中国"一词的产生时代来看，它主要产生于中国早期封建社会,这时期国家的政治制度是分封制,其特点就是由最高、最大的封建领主将其所统治下的领土再分封给其他领主,或是将臣服于自己的其他领主,在保持其领土占有权的基础上,建立隶属关系,即所谓"溥天之下,莫非王土;率土之滨,莫非王臣"。在这两种情况下出现的封建领主的地方政权,一般都被称之为"国"或"属国",而拥有许多属国的最大的宗主国,即被称为"中国"。如周朝,由武王以镐京为中心直接统治的地区是宗主国,对所封各诸侯国来说,就是"中国"。这种分封制维持了很长时期,就是分封制被废除后,用这种分封制的传统政治理念来考察国内政权之间关系的传统也仍然存在。这就是中国历史上在中国疆域范围内,不论是统一时期,还是分裂时期,都有许多被称之为"国"的政权与"中国"并存的重要原因之一。

(2)中国自古就是一个多民族国家,各民族文化特质不同,社会经济发展水平不同,社会政治制度不同,许多民族在其地区很早就建立有较完整的、传统的政权机构,特别是由于各民族地区与中原的关系有一个发展过程,因此在很长的时期,甚至就是在全国统一时期,如汉代、唐代和元代,边疆地区的许多少数民族政权虽然都臣属、归附中央王朝而成为中央王朝统治下的一部分,但中央政府对这些边疆地区少数民族政权,仍然看作是隶属于自己的特殊政权和属国,仍称其为"国",将自己直接统治的地区,或将中原地区称之为"中国",将边疆政权与"中国"加以区分。这应该是中国历史上的统治者正统观念的一种表现,更是中国中央政权制御边疆和少数民族政权的一种传统治术,也是造成历史上"中国"与诸"国"并存的重要原因。

(3)历史上所说"中国",在很长一段时间,主要是指中原地区。这里主要是华夏族——汉族形成和活动的地区,是我们现在所知中国境内古代历史上人口最多、政治活动最活跃、政权势力最强大、经济发展水平最高、文明发展程度最高、历史活动时间最长,对现代中国境内各地各民族影响最大的地区。因此,在历史上不仅是中原地区的统治者自认,而且其他地区的统治者也都承认,建立在中原地区的政权是"中央之国"、"宗主之国"、"万邦之国",即"中国"。

这些因素就是长期以来中国历史上既存在"中国",又存在许多其他名目的"国"的主要原因。

历史上"中国"一词的含义是有变化的。从"中国"一词内容不断丰富,外延不断明晰以及含义逐渐明确的发展过程来看,"中国"一词的含义,大体上经过了5个发展阶段。

第一个阶段是周以前。在这一阶段,有关史料是很缺乏的。特别是很难找到第一手资料。《诗经》有"惠此中国,以绥四方"[1]的句子。《毛传》释"中国"为京师。《诗经》有云:"小雅尽废则四夷交侵,中国微矣。"[2]《史记》中也有一条早期关于使用"中国"一词的记载。《史记·五帝本纪》记尧死后,让位于舜,舜却故意避居"南河之南",让尧子丹朱处理政事,但众人均"不之丹朱而之舜",舜不得已,"之中国而践天子位焉"。这里所说"中国",据《史记集解》引东汉人刘熙"释名"的解释,"帝王所都为中,故曰中国"。则这时期"中国"一词的含义为"都城",这可能是"中国"一词最早的含义。

第二阶段为周至战国时期。这时期"中国"一词主要用于与夷狄、四夷相对应,既有区分文化高低之义,也有区分华夏族与边疆各族之义。《公羊传》载:赤狄潞氏"离于夷狄,而未能合于中国。晋师伐之,中国不救"[3]。同时,"中国"也是"以诗书礼乐法度为政"的"山东诸侯齐、魏之大国"的称呼。

"中国"一词在这里主要是指以华夏族为主,由周天子直接统治的、具有较高文化水平和地位的中原地区的人和地。《礼记·王制》在确定周朝制度及天子、诸侯的各种行为规范时特别提到,对天子治下的各种人,要"修其教,不易其俗;齐其政,不易其宜。中国、戎、夷五方之民,皆有性也,不可推移"。又说:"中国、夷、蛮、戎、狄,皆有安居、和味、宜服、利用、备器。五方之民,言语不通,嗜欲不同。"这一段论述,反映了当时人把"中国"当作是周天子统治中心地区之民,而其东边之

---

〔1〕《诗经·大雅·民劳》。
〔2〕《诗经·小雅·六月序》。
〔3〕《春秋公羊传》"宣公十五年六月癸卯"条。

民称"夷",南边之民称"蛮",西边之民称"戎",北边之民称"狄",只是由于地域不同,其文化各异,因此称呼也不相同。实际上是把华夏族及其所建政权和地区称"中国",其他少数民族及其所建政权和地区称戎夷。

第三阶段是秦汉到唐,这时期"中国"一词,在中国分裂时期,一般将中原地区称为"中国"。如三国时期,内地处于魏、蜀、吴三个政权的控制之下,这三个政权虽然都是以汉族为主建立的,但并不都称"中国",只有据有中原之地的曹魏政权被称为"中国",而蜀、吴两国亦皆以魏为"中国"。《三国志·吴书·孙破虏讨逆传》载,孙策对张昭等臣下说:"中国方乱,夫以吴、越之众,三江之固,足以观成败。"在赤壁之战前诸葛亮亦曾激孙权说:"若能以吴、越之众与中国抗衡,不如早与之绝;若不能当,何不案兵束甲北面而事之。"这里所说"中国",都是指曹魏和中原之地。这说明,这个时期所说的"中国"一词的含义,已经发生了重大变化,它逐渐淡化了文化高低的含义,而是一种特指中国境内特有地区——中原地区的专称。

在统一时期,一般仍以中央政府直接控制的地区,或以中原为"中国",其含义仍然保持了"中国"与四夷、内地与边疆的区分。如汉代,在西域已设西域都护府,唐代在西域设安西、北庭大都护府,匈奴及突厥亦归附于汉唐,但"中国"一词,仍指中央政府直接控制的地区,或指中原。这时期的"中国"一词的含义已发生了重大变化,它逐渐突出了政权关系及其辖地居民的含义,淡化了文化高低的含义,但区分华夷、区分内地与边疆的意义仍然十分强烈。

第四阶段是宋元明时期。这一时期,中国的民族关系发生了重大变化。从北宋时期起,契丹族、党项族、回鹘族等在内地,甚至在中原建立政权,这些政权一方面保持和推行了自己特有的文化;另一方面又吸纳和实行了某些汉族文化和中原制度。这种变化在两宋知识分子的思想上引起极大反响,对"中国"一词含义的解释,也逐渐发生变化。如北宋时的思想家李觏就曾说:"夷夏奚若?所谓夷者,岂被发衣皮之谓哉?所谓夏者,岂衣冠裳履之谓哉?以德刑政事为差耳。德勉刑中政修事举,虽夷曰夏可也。"[1]二程也曾指出:"中国而用夷狄礼,则便夷狄之。"[2]这几位思想家关于"中国"的观念,由于当时中国一些少数民族南下中原,所以与以往关于"中国"的观念有了较大变化,即不以中原和边疆、华夏与夷狄的区分为"中国"的标志,而主要以是否做到"德勉刑中政修事举",以是否实行"礼义"为"中国"的标志。这是对"中国"一词在观念上的一次大变动,它反映了中国民族关系的新变化、新格局。而到了南宋末、元初,对"中国"一词的理解,更有新的变动。当时的一些学者提出了"正统"一说,认为有些朝代虽可称"中国",但不是"正统"。这时期的文人郑思肖认为,"若论古今正统,则三皇五帝三代西汉东汉蜀汉大宋而已",而其他朝代或"绝无善治",或"俱无善治",虽"可以中国与之,不可列之于正统"。而唐朝李家皇族"实夷狄之裔,况其诸君家法甚缪戾,特以其并包天下颇久,贞观开元太平气象,东汉而下未之有也,姑列之于中国,特不可以正统言之"。在他的观念中,"夷狄"所建立的政权,虽也可被称为"中国",但不能算做"正统",即所谓"夷狄行中国之事曰僭"[3]。

元朝是以蒙古族统治者为主所建立的政权,在称元以前,忽必烈继承其祖兄之业,曾自称"大蒙古国皇帝",但于1271年明确诏告天下,"建国号曰大元",一方面表示自己所建立的政权与"大蒙古国"不同,一方面表示自己承绪了中国的"正统",而且以"中国"自称。一部分汉族文人学士,虽认同元朝为"中国",但却不认为元朝是"正统",到了明代,中国国内民族关系、民族格局又为之一变。明朝是在推翻元朝统治的基础上建立起的政权,因此对"华夷"之辩更为注重,自认"中国"并自认"正统",但对少数民族的态度却有较大变化。朱棣就曾明确指出:"华夏本一家。"[4]但到明末,女真对明构成极大威胁之时,"华夷"之辩又严重起来。

---

〔1〕《直讲李先生文集》卷22《庆历民言·敌患》,《四库丛书》本。

〔2〕《遗书》卷2,收入《二程集》第1册,中华书局1981年版,第43页。陆九渊也说:"贵中国者非贵中国民,贵礼义也。"见《象山先生全集》卷23《白鹿洞书院讲义》。

〔3〕郑思肖:《心史》,广智书局光绪三十一年版,第106页。

〔4〕《明太宗实录》卷127"永乐二十一年九月"条。

在这个时期,中国的社会政治实际已突破了传统的"中国"观念,突破了"夏夷之限"和"文野之分"的传统观念,在不得不承认少数民族政权亦可称"中国"的情况下,又提出了"正统"中国与非"正统"中国的区分,来平衡当时汉族士大夫们的传统观念与现实之间的矛盾。这是这个时期有关"中国"一词的含义在认识上的一个重大变化。

第五阶段从清代到民国,即"中国"一词的含义发展到现代中国含义的阶段。真正现代国家观念的产生,是随着西方民主法制思想的传入,而在清朝后期产生的。但从清朝早期开始,"中国"一词的含义,就明显地出现了本质不同的新含义,从这时期开始,"中国"已不仅仅是中原和汉族的另一种名称,而是包括了现代中国诸基本因素在内的含义,即从疆域上说,包括了现代中国的边疆和内地;从民族方面说,包括了汉族和其他各少数民族;从政治上说,强调了全国政令的统一等。如雍正曾指出:"我朝肇基东海之滨,统一诸国,君临天下,所承之统,尧舜以来中外一家之统也;所用之人,大小文武,中外一家之人也;所行之政,礼乐征伐,中外一家之政也。""夫满汉名色,犹直省之各有籍贯,并无中外之分别也。"〔1〕起初强调"中外一家"、"无中外之分",继而自称"中国",他明确指出:"自古中国一统之世,幅员不能广远,其中有不向化者,则斥之为夷狄……自我朝入主中土,开拓广远。"〔2〕到清乾隆时期,"中国"一词的含义更为明确,同时也使用"中华"、"中土"来称"中国"。《钦定西域图志·皇舆全图说》就明确指出:"中华当大地之东北,西域则中华之西北。"〔3〕文人学士随之亦大造舆论。黎庶昌在《拙尊园丛稿》中就曾指出:"孔子作春秋,明王道,制义法,诸侯用夷礼,则夷之,进于中国,则中国之。"〔4〕这一观点实际上是从宋元以来就存在了,到了清代就更加明晰、更加系统化,并具有了现代意义。

至于民国时期,继承清代"中国"一词的含义,孙中山关于"五族共

---

〔1〕《大清世宗宪皇帝实录》卷130"雍正十一年癸丑夏四月己卯"条。

〔2〕《大清世宗宪皇帝实录》卷86"雍正七年己酉九月癸未"条。

〔3〕《钦定西域图志》卷5《皇舆全图说》。

〔4〕《拙尊园丛稿》卷5《尊攘纪事序》。

和"的思想则更是这一阶段"中国"含义的最高境界。孙中山明确指出"对于满洲,不以复仇为事,而务与之平等共处于中国之内,此为民族主义对国内诸民族也。"他认为"国家(中国)之本,在于人民,合汉、满、蒙、回、藏诸地为一国,即合汉、满、蒙、回、藏诸族为一人"[1]。黄兴也说:"天牖吾华,共和告成,登五族于一堂,合四远以为国,泯种族之界,无主属之分,泱泱大国,肇基于此。"[2]"现在中国外患紧迫,我们五族弟兄同心同德,大家负起责任来。"[3]经过这一个阶段的发展,应该说是已完成了"中国"一词含义现代化的转变。

从上述"中国"一词含义的变化可以看到,最初是以王畿即由王所直接控制的地区为"中国";至春秋、战国时,又增加了文化程度高低和区分华夏夷狄之别的含义;在两汉隋唐等大一统时期,"中国"一词虽仍有华夷之辨、文野之辨的含义,但主要是指中原地区及中原地区所建政权;宋以来,由于国内民族关系的进一步演化,"中国"一词作为区分华夷的含义越来越淡,主要是指文化传统以及以中原为主的广大地区;明代虽有反复,但已主张"华夷一家"[4];至清代,更强调"华夷一家","中国"一词的含义已没有区分华夷、中外(此处之"外"是指中国少数民族地区,即边疆)的含义,而是指大清朝所属各民族和各地区;到民国时期,"中国"就正式具有了包含各民族在内的历史文化政治主权实体的含义。由此可见,历史上的"中国"一词与现代"中国"一词,并不是内涵一致和在同一层次上的词。现代意义上的"中国",是古代和现代中国的各民族在几千年的历史长河中共同缔造的;现代意义上的"中国","是一个由多数民族结合而成的拥有广大人口的国家"[5]。因此,清代以前汉族统治者和史籍中所说的"中国",是现代中国的一个基础,是现代中国的一部分;现代的中国,是历史上汉族聚居的中原地区与各边疆少数民族聚居地区在长期的历史发展过程中结合而成

〔1〕《孙中山全集》卷2,中华书局1981年版,第2页。
〔2〕《黄兴集》,中华书局1981年版,第156页。
〔3〕《黄兴集》,中华书局1981年版,第263页。
〔4〕叶向高:《苍霞草》卷12《北虏考》。
〔5〕《毛泽东选集》第2卷,人民出版社1966年版,第616页。

的,是各民族共同缔造的。现代中国的历史,包括了中原地区及边疆少数民族地区的历史,包括了汉族的历史,也包括了历史上和现代中国各少数民族的历史。

12.2 历史上中国的疆域及其形成

中国的疆域是在历史上形成的,有一个发展过程。发展、变化、逐渐形成,这是所有国家疆域形成的普遍规律和特点,而不仅仅是中国的特点。例如俄国,最初是形成于10世纪的基辅罗斯,至12世纪时又分裂为许多小公国。后来这些公国中的莫斯科大公国逐渐强大,13—15世纪又为蒙古钦察汗国所统治。在伊凡三世(1440—1505年在位)领导下,莫斯科大公国挣脱金帐汗国的统治,兼并了所有斯拉夫人的土地(即今俄罗斯欧洲部分的土地),至沙皇伊凡四世(1530—1584年在位)时,俄罗斯疆域有了更大扩张,并进入西西伯利亚。至亚历山大一世(1801—1825年在位)时,才形成了相当于今天的俄罗斯国家版图。与此同时,俄罗斯的政治制度、民族组成和格局、文化传统、社会结构及其特点也逐渐形成。也就是说,最少经过8个世纪,俄罗斯国家作为一个多民族的历史文化政治主权实体,才最终较稳固地形成了,而且在这期间及以后,俄罗斯的版图又曾发生过多次重大变化和发展,这里毋庸赘述。

再以美国来说,其形成、巩固也有一个发展过程。美国是一个移民国家。16世纪初,欧洲殖民者开始大量涌入北美,英国在那里建立起13个殖民地,后来这些殖民地开始反对英国统治,于1776年第二次"大陆会议"发表《独立宣言》,建立起美利坚合众国。1783年独立战争结束,英国承认了13个殖民地独立,当时美国疆域仅限于密西西比河以东至大西洋,其疆域面积还不及今日美国领土的1/3。以后又经过多年的发展,在200多年的历史发展中,美国逐渐成为拥有50个州的国家,并形成了自己国家的政治、经济、文化和民族传统。

中国作为亚洲地区的一个多民族历史文化政治主权实体,其发展经历了比俄罗斯和美国等更为悠久、更为复杂的历史过程。

从中国疆域形成、发展的总进程来看,中国疆域的形成过程中,有一个起核心、凝聚作用的中心地区,以这一中心地区为基础,主要通过开拓式和嵌入式两种途径,逐渐形成或结合成了中国的疆域。或概括地说,"一个中心、两种途径"是中国疆域形成的主要模式。而主导这一模式的,就是中国各民族。

"一个中心",是指中国的中原地区。中原是中国疆域形成过程中自然形成的一个传统的区域,就其形成来说,中原是在自然和人文相结合的基础上形成的人文地理区域。从自然状况方面来说,它以黄河中下游流域为纽带,以黄土高原东部、华北平原西部为中心,按现在的行政区划,其范围以河南、陕西为主,大体包括了山西南部和山东西部的广大地区。这里土地肥沃、地势平坦、气候温和、水流众多、物产丰富。就其人文方面的状况来说,这里是后世各朝代所推崇的盛世典范夏、商、周三代的政治中心,在这一地区形成了中国最早、最基本的思想传统、政治传统、社会经济传统、历史文化传统;这里又是在整个中国各民族中,政治、文化、生产发展水平最高的华夏族——汉族的主要聚居区和活动区域,因此,早在秦汉以前,这一区域,或这一区域的核心部分,就被称为"中土"、"中夏"、"中国",并逐渐形成了"中原"的概念。由于这一地区具有丰厚的历史文化积淀、高度发展的社会经济文化水平以及富饶的物质财富,对周边其他地区有巨大的辐射和吸引力,因此,这里被历史上中国各民族视为中心,各种政治势力都以夺取这一地区作为其统治合法性的标志,夺取了这一地区的政治势力,也以中央王朝——"中国"自居,这一地区也就很自然地成为中国境内各民族政权、各种政治势力自觉、不自觉靠拢和依附的中心。在整个中国疆域的形成过程中,中原地区,也就成为中国疆域形成过程中最具吸引力、最具凝聚力的中心。这个中心,对中国疆域的最终形成,起了不可替代的作用。

"两种途径"是指开拓式和嵌入式。今天中国广大疆域的形成和发展,以中原地区为中心和基础,而其他地区,特别是边疆地区成为中国疆域的一部分,经过了一个漫长的历史发展过程,这个过程主要是通过两种途径实现的:一种是开拓式,一种是嵌入式。

所谓开拓模式,就是以中原为基础,以中原地区的政权为核心,主动以政治、经济、文化等和平手段为主,不断扩大中原政治、经济、文化的影响力,经过多年的经营和开拓,使边疆地区与中原建立不可分割的联系,最终成为统一的中国疆域。在这一长期的开拓过程中,不排除武力在开疆辟地中的作用,但从总体上看,武力所起作用是次要的、辅助的。因此开拓式是历史上以和平的渗透、影响、经营、互动为主的一种形成和扩大中国疆域的模式。

开拓模式的基本特点:一是渐进性,二是非占领性(武力),三是互动性。为了更好地说明开拓模式的这几个特点,我们以汉朝对古代西域的开拓为例,对开拓模式的这些特点加以说明。

西域[1],包括我国今新疆维吾尔自治区地区,古代就是一个多种族、多民族、多文化、多政区、多生态环境的地缘政治单元,与我国其他地区,包括中原地区很早以来就有密切关系。汉宣帝元康二年(前64)就曾在乌垒(今新疆轮台县东策大雅南)设"护鄯善以西校尉"之官,管理新疆部分地区。宣帝神爵二年(前60)又设立西域都护,管理当时的"西域三十六国",标志着今新疆地区最终成为中国领土的一部分。这一结果的出现,当然不是偶然的,而是以中原政权为中心,各民族共同开拓、拓展的结果。根据考古发现,中原以及内地与西域地区的交往早在公元前13世纪就有了。[2] 战国时期中原的器物在新疆也多有发现。许多历史文献,如《穆天子传》、《管子》、《山海经》以及《史记》中,都有先秦时期中原与西域交往的记载。秦汉之际,原游牧于甘肃河西一带的月氏族、乌孙族曾先后举族西迁伊犁河流域,为内地与西域之间广泛的交往开辟了道路。匈奴族也在汉朝早期就进入西域,把汉朝大量丝绢器物带入西域。所有这些都为西汉经营、开拓西域提供了基础,

---

〔1〕本文从广义上使用"西域"一词。

〔2〕中国社科院考古研究所:《殷墟妇好墓》,文物出版社1980年版;杨建新、卢苇:《历史上的欧亚大陆桥——丝绸之路》,复汉出版社(台湾)1993年版,第2页。

也可以说是中原政权开拓西域的最初活动。

汉初，我国北方的匈奴族进入并控制了西域，西域成为匈奴侵袭中原地区的重要后方。武帝即位后，于公元前139年派张骞出使西域，其任务是说服原游牧于河西的月氏，与汉朝结成同盟，共同打击匈奴。张骞虽无功而返，但却了解了西域各地的情况。公元前121年，游牧于河西地区的匈奴浑邪王、休屠王率部归附汉朝，使得汉朝西部与西域接壤。为了实现"断匈奴右臂"的战略构想，武帝于元狩四年（前119）再次派张骞率300多人的使团，带大量财物出使西域。这次出使的具体目标，是说服由河西迁牧于伊犁河流域的乌孙返回故地。这次出使的目标虽未实现，但张骞及其使团在西域地区广泛宣扬汉朝的强盛及和平诚意，与西域各国建立了良好的关系。乌孙派数十名使者随张骞来到长安，与汉朝建立起密切关系。汉朝应乌孙王的要求，先后两次嫁公主给乌孙王，派校尉常惠率屯田军驻乌孙首府赤谷城，助乌孙王治理乌孙，抗击匈奴；应乌孙的要求，汉朝政府给乌孙王及各大臣授以汉朝印绶，封授官职，在西域都护设立之前，乌孙已归属汉朝。天山以南的西域三十六国亦多派使者到达长安，与汉朝建立起关系，汉朝与西域诸地商人使者相互往来"相望于道"，建立起了十分密切而友好的关系，开拓活动进入更深入的互动阶段。汉与西域友好关系的发展，引起匈奴的极大不满，并极力利用西域各国抗拒汉朝势力在西域的发展。在此期间，汉朝为了打通与西域的交往曾于公元前108年击破匈奴控制下的楼兰，于公元前104年、公元前102年两次出兵伐大宛，于公元前89年出兵车师北，击匈奴，但这些战事都不是以占据西域和消灭西域诸国政权为目的，而是以抗拒匈奴对西域的控制，打破匈奴对汉朝势力向西开拓的阻扰和发展汉朝与西域的正常交往为目的，并在战事结束后，将军队撤回内地，或改为屯田士卒。

公元前60年，匈奴统治西域的日逐王主动归降汉朝，汉在西域正式任命郑吉为"骑都尉谏议大夫使护西域三十六国"，简称"都护"。西域都护的建立，标志着西域三十六国以及乌孙地区在政治上完全隶属于汉朝，正式成为汉朝的疆域。这是汉朝政府以及汉朝以前中原地区

·欧·亚·历·史·文·化·文·库·

长期开拓、拓展西域地区的结果。这个拓展的主要形式是广泛的政治、经济、文化的交流;是推行经济开发、发展屯田提高当地的经济水平;是派遣官员、使者进行经营和帮助各地稳定社会、抗拒邻国侵袭等等。这种开拓也是互动的、是双方主动的,乌孙、西域三十六国以及匈奴,从国王、官员到商人等与汉朝的主动接近、交往、奉献和归属,形成了一种必然的发展趋势和局面,使西汉时中国的疆域得到了开拓。

此外,开拓式还表现在通过中国历史上几次大的统一王朝的建立,使中国领土的格局由分散发展到统一于一个政权的行政管辖之下。其中如周、秦、汉、唐、元、清这些朝代,都在前一朝代的版图基础上,拓展了中国的领土,使中国疆域内各民族之间、各地区之间的政治、经济、社会、文化和族体方面的联系得到更进一步的加强,并最终在清代稳定了中国的疆域范围。

中国广袤疆域形成的另一种模式是嵌入式,即在中国疆域形成过程中,不断有新的民族和政权主动嵌入正在形成和发展的中国版图之中,并与中国其他民族和地区,形成密切的政治、经济、社会、文化和族体方面的联系。这种模式在中国疆域的形成中,也是一种普遍的形式,并对中国疆域的形成,起着重大的作用。例如西藏成为中国领土的一部分,就是嵌入模式的一个最好例证。许多论著在论证西藏是中国领土不可分割的一部分这一历史事实时,往往强调自元代开始,西藏"正式纳入"中国的版图。这一提法有一定的道理,但是也有缺陷。它强调了行政管辖这个主权标准,符合于现代领土主权的观念。但历史是复杂的,一个国家领土的形成和结合是一个过程,可以有多种途径,其中西藏成为中国领土的途径就是一种嵌入式。

自松赞干布统一西藏建立吐蕃王朝后,即与唐朝和今青海地区的吐谷浑发生了密切的关系。贞观十二年(638),吐蕃大军攻入吐谷浑,并于龙朔三年(663)占据已归附唐朝的吐谷浑,大批吐蕃部落进入了今青海及与之相邻的今甘、川地区和今新疆东部且末、若羌等地。[1]

---

〔1〕杨建新:《中国西北少数民族史》,第341页。

至 8 世纪中叶,吐蕃王朝进一步占据了河西、陇右和今川西北、滇西北广大地区,大批吐蕃部落进入这里,与当地汉族和其他民族杂居,使今西藏与唐朝的广大领土连成一片。今青海、河西、陇右、川、滇和新疆一部分地区当时已经与中国其他地区统一于唐朝的行政管辖之下,藏族的主动北上东进,则是把西藏嵌入了传统的、原来旧有的中国版图之内,使西藏与祖国其他地区和民族结成了不可分割的联系。9 世纪中叶,吐蕃王朝崩溃,西藏以及河西、陇右及川、滇各地均处于割据状态。9 世纪末,唐朝也开始出现分崩离析的迹象。至 10 世纪初,整个中国进入所谓"五代十国"以及以后的宋、辽、金、西夏等许多民族政权割据状态,在几百年中,西藏与祖国其他地区遭受着同样的命运。

从 7 世纪初到 13 世纪初,我国藏族从西藏逐渐扩散于今青海、甘肃、四川、云南的广大地区,在这个过程中,藏族在族体上、文化上吸收了上述地区各民族的民族成分和文化因素,使西藏与祖国广大西南、西北地区发生了密切的政治、经济和社会联系,使西藏从民族分布、文化构成、政治经济、社会联系等许多方面嵌入了祖国大家庭之中,这实际上是藏族在缔造伟大祖国历程中做出的重要贡献。

13 世纪中叶,在我国蒙古族建立大蒙古国的过程中,蒙古王阔端与代表西藏藏传佛教各派及西藏各政治势力的萨迦班智达·贡噶坚赞签订了西藏归属大蒙古国的协议,西藏在政治上归附于大蒙古国。忽必烈继位后,西藏在行政管辖上统一于元朝,这应该是中原和西藏、汉族和藏族之间关系长期历史发展所导致的一个必然结果。

从西藏和藏族历史发展的进程看,在元代之前,西藏和藏族已经嵌入了当时中国的疆域和民族政治、社会、文化生活之中,聚居于西藏及今青、甘、川、滇的藏族就已经成为中国历史上的民族;西藏的历史就已经成为中国历史的一部分;西藏地区也成为中国历史疆域不可分割的一部分。到元朝,西藏进一步在行政管辖方面,与中国其他地区一起,统一于元朝的管辖之下。这一结果,正是西藏从民族、政治、经济、社会、文化等多方面嵌入伟大祖国的必然结果和历史进程。

开拓模式和嵌入模式在中国疆域形成中,作为主要途径,是相互促进、互为因果的。嵌入为领土的拓展创造了条件,而拓展也为嵌入创造了条件,在开拓和嵌入的交互作用下,创造了中国广袤的疆域。开拓模式在大多数情况下,主要是政治、经济、文化交往等综合力量起作用的结果;而嵌入模式主要是嵌入地区民族的向心力和中原地区吸引力相互作用的结果。

（本文原载《中国边疆史地研究》2006 年第 2 期）

13　清代的西北边防政策

19世纪20年代初,沙俄实行了《西伯利亚吉尔吉斯条约》,废除了左部哈萨克的部落制度,建立了所谓的吉尔吉斯草原外围区,把长期与清政府有藩属关系的左部哈萨克(即中帐)变成沙俄西伯利亚总督统治下的一部分。此后,沙皇俄国对中国西北边疆领土进行大规模侵占活动,就更加方便,而且规模也更大了。他们首先从乌斯季卡缅诺戈尔斯克——当时的中俄交界向南推进,侵入中国的科科佩克特河,强占了斋桑湖以西塔尔巴哈台参赞大臣所辖的中国领土,接着又从爱古斯河越过边界,向南把侵略势力伸到列普西、哈喇塔拉等地。19世纪30年代末,沙俄又征服了当时中国的藩属右部哈萨克(即大帐)。到19世纪40年代,清朝伊犁西路的北部,即苏联的谢米列契的大部分地区,都成为沙俄的势力范围。而到1860年以前,伊犁河以南到天山的所谓外伊犁部分地区,即清朝伊犁西路南部的大部分地区,也成为沙俄的势力范围。在这期间,沙俄对自己的侵略扩张活动并不是没有疑虑的。他们知道,谢米列契地区的哈萨克部落"是中国皇帝的臣民"[1],担心自己在这里的侵略活动,会"引起俄国与中国的冲突"[2]。在这一带居住的哈萨克和布鲁特部落,也曾多次请求清政府加以保护,以免受沙俄的侵略。但是,出乎俄国人意料,也出乎边境少数民族部落的意料,清朝对沙俄的侵略,只作了不大的反应,从而使沙俄轻易地把侵略势力深入这些地区。1860年沙俄强迫清政府签订《中俄北京条约》时,把一条中俄西部划界走向强加给中国。沙俄提出这条划界走向是有恃无恐的,因为在这条线以西的大片中国领土,当时实际上已为他们侵占。而被

---

[1]哈萨克共和国科学院:《哈萨克共和国史》,阿拉木图1949年版,第244页。

[2]贾姆格尔钦诺夫:《吉尔吉斯归并于俄国》,莫斯科1959年版,第132页。

·欧·亚·历·史·文·化·文·库·

第二次鸦片战争吓破了胆的清政府,由于对西部边界情况所知无几,只能含糊地说几句"西疆早有定界"的话,却提不出具体反驳意见;被迫在条约上签了字,却还要打肿脸充胖子,胡说西部边界条款"尚属妥协"。1864 年,在准备根据该条约与俄国具体谈判边界时,清政府又竟然连一张中国西北边界地图也找不到,连一个熟悉西北边界的人也难以物色。结果虽经清朝代表竭力争辩,《中俄勘分西北界约记》还是签订了。这个议定书不仅使沙俄非法侵占的中国领土合法化,而且使沙俄侵占了许多新的中国领土。

毫无疑问,沙俄强占中国西北大片领土,是这个军事封建帝国无穷的贪婪和它的扩张政策所导致的直接结果,但是在痛定思痛,追忆这些以往的惨痛教训的时候,我们还要问,在《中俄北京条约》签订以前,沙俄就能在清政府不知晓的情况下,实际占领大片中国领土,而清政府在《中俄北京条约》签订以前,就对当时卡外民族和领土主权采取睁一只眼闭一只眼的态度,是否能完全归因于沙俄扩张成性和清政府软弱可欺呢?我们认为,不能完全归结于此。为了揭示事情的复杂内容,吸取必要的教训,还应该从清政府的边防政策本身存在的问题方面,作一些必要的探讨。

清政府在西北边疆的边防政策,是在乾隆时期确定的,这些措施比起历史上其他朝代对中国西北边疆的防务来说,前进了一步。当时清政府在天山南北,特别是塔尔巴哈台、伊犁、喀什噶尔等边境地区,驻守大量军队;设置了将军、参赞大臣、都统、统队大臣等为首的完整军事行政管理系统;在几年之内,就在南北疆开垦屯田 30 多万亩,新建城市 20 多座;台站四通八达,卡伦星罗棋布,空前地加强了内地与西北边疆的联系。对于西北边界的划分,当时清政府也十分重视。早在 1756 年,乾隆皇帝就因西域"山川部落前史类多舛误",命工部侍郎何国宗等带西洋人,"前往伊犁一带[1]测量晷度,绘画地图",并将"山川地名

---

[1]清代所说伊犁,包括巴尔喀什湖以东、以南到塔拉斯河的广大清代边疆地区。

按其疆域方隅,考古验今,汇为一集"[1]。平定大小和卓的叛乱后,乾隆又命钦天监监正明安图等到天山以南测量绘图,厘定边界。经过两次的测量绘图,清政府对天山南北广大边疆地区的认识,比中国历史上任何一个朝代都更加清楚,特别是对边界,有了更具体明晰的概念。后来乾隆朝曾陆续颁发了《乾隆内府皇舆图》、《新疆北路地界全图》、《新疆地界图说》等,并于1782年颁布了《钦定皇舆西域图志》,详细介绍了西北边疆的山河城镇,记载了清朝政府在西北边疆的行政管理,明确了清代中国与俄国,与左、右哈萨克,布鲁特以及浩罕、巴达克山等地的边界,这部书颁发全国,中外皆知。

乾隆前期,清政府对边界的方位也是很重视的。乾隆曾多次下令驱赶进入边界的外藩哈萨克、布鲁特的游牧部落,下令拆除过俄国哥萨克越界建筑的木栅以及驱逐进入境内的俄属乌梁海游牧部落,还曾多次向左右哈萨克、东西布鲁特、浩罕的汗和首领发照会,要求他们各守边界,不得越界游牧和侵犯。到了乾隆以后的嘉、道两朝,清政府也曾对邻近国家和地区,特别是对俄国的越界侵犯活动,多次提出过照会和抗议。这些情况都表明,清政府的边防政策比起中国历朝政府来,确有很大进步。

然而,乾隆时期确定下来的西北边防政策,从一开始就存在着严重的问题。这些问题在国力强盛的乾隆时期尚不易暴露出来,而一旦清政府势力衰弱,它就给边防造成了严重的损害。这些问题主要表现在3个方面。

13.1　在对待哈萨克和布鲁特的问题上

在平定准噶尔和大小和卓的过程中,左、右部哈萨克以及东、西布鲁特相继表示"臣服"清朝政府。乾隆皇帝对他们采取所谓"归则受之,不过羁縻服属"的态度,向他们明确宣布:不易服色,不改旧俗,不

---

[1]《钦定皇舆西域图志》卷首《清实录·高宗实录》第504卷"乾隆二十一年正月辛未"条。

设官爵,给其首领赐以封号,对其部落准予贸易,来贡则"赏",无供亦不勉强。对其内部事务,则一概不加过问,甚至明知道左部哈萨克脚踩两只船,与俄国也有一定的关系,亦听之任之,只要求他们"谨守本境,勿阑入侵扰",充当清朝西境的屏藩,以保证边境内的安宁。就这一点来说,乾隆皇帝比起那些到处进行扩张、到处兼并别国的沙皇们来说,确实是一位爱好和平和没有侵略野心的皇帝。

对乾隆的这种不并人国土的态度,我们无可非议。问题是他和他的后继者,在这方面所采取的一些措施也是矛盾的、混乱的。

第一,他首先把自己曾明确划定的清朝与左右部哈萨克、布鲁特的边界界线弄混乱了。

乾隆三十二年(1767)以前,如前所述,清政府对西部边疆的守卫是很严格的。左右部哈萨克、布鲁特依恃是中国的"藩属",曾经常越界进入勒布什河、哈喇塔拉、库克乌苏阿斯坦额莫勒、特穆尔图诺尔(即苏联伊塞克湖)等水草丰美的地方游牧、耕种,清政府对这种越界活动,采取严肃的态度,一经查出,立即把越界者驱赶出境。乾隆帝还曾向左右部哈萨克、布鲁特首领警告,不能因为是清朝政府的"藩属",就可越境游牧。[1] 但是到1767年(乾隆三十二年),乾隆帝竟大发慈悲,对边境官员将越界者的牲畜没收,人即驱逐,"殊觉不忍"[2],下令准许左部哈萨克的一些部落,在冬季可以越过爱古斯河进入中国塔尔巴哈台境内游牧,按牲畜头数交租上税,春天仍旧出界。此例一开,与右部哈萨克、布鲁特交界的伊犁边境,也只得一律照办,整个西部边界的防卫为之一松。此项政策贻害无穷。至嘉、道时期,越界游牧者虽然仍旧交纳租税,但很多外藩部落在边境地区来来往往,甚至常年定居,边防部队赶不胜赶,原来严格的边界限制,无形中被打破了。

第二,乾隆及其继承者,把作为"内属"的哈萨克、布鲁特部落与作为"外藩"的左、右部哈萨克和东、西布鲁特的界限也弄混了。

〔1〕《清实录·高宗实录》第613卷"乾隆二十五年五月庚午"条。
〔2〕《清实录·高宗实录》第780卷"乾隆三十二年三月己"条。

左、右部哈萨克和东、西布鲁特成为清朝的"外藩"以后，其中许多部落并不满足这种"外藩"关系，他们举族内徙，恳切要求"内属"，即成为中国的少数民族部落。[1] 乾隆、嘉庆时期，都曾陆续接受过一些哈萨克部落、布鲁特部落内属。这些部落按清政府指定在卡外一定地区游牧，也有在卡内的；其首领被封以王、公、台吉的爵位，有的还有一定的年俸。这些部落一般就近归伊犁将军、塔尔巴哈台、喀什噶尔和乌什参赞大臣等统辖，他们都要向清政府按时、按数呈交一定的贡赋，有的还承担管理马厂、派兵、巡边等任务。如喀什噶尔参赞大臣所辖的19个布鲁特部落，塔尔巴哈台参赞大臣所辖的穆隆奈曼鄂托克、奈曼鄂托克[2]等哈萨克部落，就是这种内属部落。此外，那些由清政府允许进入卡内境内地区游牧的哈萨克部落，他们常年不迁，定居于中国境内，向清政府交纳租税，供应巡边部队的食住，甚至参与巡边活动，后来实际上也都成为中国的内属部落，这些内属部落与作为外藩的左、右部哈萨克和布鲁特，是有根本区别的。但遗憾的是，清政府并没有制定出专管卡外内属部落的政策和制度。清政府一方面承认有内属部落，给他们许多权利，一方面却又十分害怕这些部落成为自己的包袱，对他们之间的纠纷以及沙俄对他们的侵犯，竟然采取能推就推，能不管就不管的态度。特别是对哈萨克部落，到嘉庆时，凡在卡外的，虽是内属部落，也都按外藩对待，即对其事务一概不管。这实际上是把中国少数民族部落推了出去。

　　喀什噶尔所属的内属布鲁特，情况比较好些。乾隆年间，对这一带内属部落之间的纠纷，对内属部落与外藩部落之间的关系，以及内属部落首领的功过，都有一定的处置。到嘉庆时期，清政府仍然按章办事，还曾处理过"内属"布鲁特希布察克首领迈莫特比的案件，虽然处理失当，但也表现出了清政府对内属部落的主权关系。道光前期，由于平定张格尔叛乱要借助于内属布鲁特的力量，而且用兵于卡外境内之地，所

---

〔1〕《清实录·高宗实录》第759卷"乾隆三十一年四月丙辰"条；《清实录·高宗实录》第763卷"乾隆三十一年六月庚甲"条。

〔2〕《清实录·高宗实录》第1444卷"乾隆五十九年正月壬寅"条。

以对内属布鲁特仍然采取了一定的管辖措施。但是道光中期,清政府对内属布鲁特的管辖也日渐松懈,而且由于张格尔的残余势力不断掀起叛乱活动,不少布鲁特部落也参与和牵连其中,在这种情况下,清政府不是采取积极措施,恢复对卡外内属部落的管理,反而尽力割断与卡外内属布鲁特部落的关系。根据这种不管政策,在1851年签订《中俄伊塔通商章程》时,清政府竟急不可待地主动要求在条约中写明"俄商在卡外被抢,中国概不经管"的字样。这样一来,就彻底将卡外内属部落完全推出门外,把"内属"部落又变成"外藩",为沙俄侵占中国大片领土打开了绿灯。

13.2 在卡伦设置和巡边制度方面

清政府防卫西北边境的具体措施,最主要的是安设卡伦和派兵巡边。

清政府在新疆哈密、巴里坤等地区早就设有卡伦,而在西部边境地区设卡,则始于乾隆二十二年。这些边疆地区的卡伦离边界都很远,虽不是国界的标志,但有保卫边防的作用。如前所述,最初清政府不准外藩哈萨克、布鲁特等逾越边界,他们当然也就更到达不了设置卡伦的地方。乾隆三十二年后,清朝政府允许外藩部落进入卡外边境地区游牧,这就使外藩部落与卡伦有了接触,有的地方为了使外藩部落找到适宜的越冬牧场,甚至将卡伦内撤,有的内撤达三四百里,春天外藩部落退出边界时,再把卡伦展放至原地,这样就有了所谓春季卡伦和冬季卡伦之分。而且卡伦的边防作用,也大大加强。

但是到道光年间,由于边防松弛,游牧部落冬天进入边境后,春天不迁出,内移的卡伦也不再展放,结果使卡伦更加远离边界,最外的卡伦,有的距离边界远达1000多里。

对卡伦以外的边境地区,清政府的管辖措施主要是派兵巡边。

乾隆二十四年(1769),清政府发现外藩哈萨克部落进入塔尔巴哈台和伊犁西路北部边境地区游牧,于是决定派兵到边境一带进行巡查,驱赶入境者;以后又发现外藩布鲁特部落也进入伊犁西路南部边境地区,甚至有的到特穆尔图淖尔一带游牧耕种,于是也派兵到这一带进行巡查驱赶。此后,在西北边境全线派兵巡查边界就逐渐制度化,即有了一定的时间、一定的兵力、一定的路线,成为清政府的一项重要边防措施。

在乾隆时期,伊犁驻军与喀什噶尔等地边防驻军就规定每年或隔年有一部分要换防。嘉庆三年(1798)以来,为了节省兵力,命换防部队兼任巡边任务,将换防和巡边合为一体。但是,换防和巡逻一个要走近道,一个要往远行,本不能互代,清政府用换防军队代替巡边,实际上就是削弱巡边的一方。果然,巡边由换防军队代替后,巡边路线向内迁移,改为经过纳林河,由塔拉斯河上游、特穆尔图淖尔以西,到伊犁,实际上已不能到达边界。到道光十年(1830),又把巡边线路改为渡纳林河向东北过特穆尔图淖尔东南巴尔珲岭,经穆素尔达坂到伊犁,这就离边界更远了。而且换防有时2年一换,有时3年一换,巡边也只好以换防的时间为准。道光时期,由于张格尔及其后裔不断骚扰边境地区,巡边更是时断时续,清政府虽曾到吹河一带巡查过几次,但所起作用已微乎其微。在伊犁西路的北部和塔尔巴哈台地区的巡边部队的巡边路线,至道光时期也越来越向内靠,巡边部队只到斋尔等地转一转而已。《中俄北京条约》签订后,清政府发觉吃了大亏,又派部队向吹河、哈喇塔拉、爱古斯等地巡查,但为时已晚,无可挽救了。

从上述卡伦设置和巡边制度的情况可以看到,这种边防措施本身存在着严重的缺陷。第一,乾隆时期,巡边每年只有一次,整个时间也不过两三个月,不仅不能对卡外边境地区进行全部巡视,就是能到达的边境主要道口,也不过停留几天,甚至一晃而过,更不可能对几乎每天都可越界游牧的外藩部落搜净驱尽。巡边部队一过,卡外边境地区又成了越界游牧者的天下。所以这种巡边制度与其说是边防措施,不如说是体现主权的一种象征性举动,它缺少边防措施应有的那种经常性。第二,卡伦虽然一般说是常设的,有一定的稳定性,但都远离边界,对边防来说,有很大局限性,而且与巡边活动完全脱节,无法给巡边以后勤和兵力上的支援。早在乾隆末允许哈萨克部落在卡外游牧之前,清政府就给予其稽查外藩部落入境游牧的任务,这本来就是自相矛盾的;在准许哈萨克入境游牧后,又将卡伦迁来迁去,也是自坏藩篱,极其愚蠢的。第三,从乾隆时起,既派兵巡边,又设卡伦,就其本意来看,是把巡边作为第一线保卫边界的措施,而把设置卡伦作为第二线的边防措施,但是,到嘉、道之时,巡边次数愈来愈少,巡边线路愈来愈向内靠,而且哈萨克、布鲁特部落在卡外境内地区云集,又长年不迁,致使清政府不得不把边防的主要任务放在卡伦上。加之清政府将内属部落与外藩部落相混淆,对卡外边境地区采取不管的态度,逐渐使卡伦在边防中的实际作用上升到第一线。这就为沙俄把卡伦作为中国国界的标志提供了口实。

13.3　没落、腐朽的羁縻思想

"守在四方,羁縻不绝"是中国历代统治者制定边疆政策的传统指导思想。在这种思想指导下,就是中国历史上的汉唐盛世,也只是采取驻兵、屯田、设置羁縻府州、派遣中央代表、任命地方民族首领为当地各级官员等等措施,来管理边疆地区。在这些朝代的统治者们看来,只要通过这些措施能保证边疆地区成为中原的藩篱,他们就十分满意了。

这种羁縻思想在古代的社会条件下,是一种与强迫同化、灭绝种族相对立的思想,它在一定程度上给少数民族以自行发展的条件,因而有一定的进步意义。但是,这种思想削弱了多民族国家的集中统一,是造成中国历史上边境地区多次分裂、割据的一个重要因素。

如前所述,清政府平定新疆之后,在西北边疆地区的边防政策,与历代朝廷相比有了很大改进,但从总的方面来看,仍未摆脱中国传统的羁縻思想的桎梏。在这种思想指导下,乾隆在统一新疆时,最初仍想分立厄鲁特四部首领为4个汗,由中央遥控,使西北边疆成为中原的屏藩,并不想在这里设官置守。阿睦尔撒纳的叛乱给他以极大的教训,从而打消了他分立四汗的念头,而下决心在新疆设官置守,由中央直接管辖。然而屯田、驻兵、建城等建设边疆的措施,却只限于塔尔巴哈台、伊犁和喀什噶尔等边境地区的东部。对于这些地区的西部即卡外边境地区,仍是"羁縻不绝"。就是这种思想决定了乾隆及其之后清代几朝皇帝对左右部哈萨克、东西布鲁特,对内属哈萨克、布鲁特以及在设卡、巡边等方面的错误态度。为什么中国历代皇帝把羁縻思想作为指导边疆防务的原则呢?究其根源,一是由于以农业为主的中国封建统治阶级为了巩固自己的统治,保证经济上的剥削收入和人力物力的供给,只要控制了中原农业地区,就可以享有取之不尽、用之不竭的资源。所以,他们视中原为安身立命之地,而对以游牧经济为主的边疆地区,则认为其地不足以耕种,民不足以增兵,赋不足以资用,也就是说,这些地区对其统治地位的巩固和经济来源,并不十分重要,这就是羁縻思想产生的基础。此外,以汉族为主的封建统治者,向来以文明程度高自居,把少数民族看作"化外"之人,不可以礼义喻。"非我族类,其心必异",这是汉族统治阶级大汉族主义思想的一个基本信条。清朝统治者虽是少数民族,但他们终究是当时中国的统治民族,是老大,而且为了巩固自己的统治,尽力适应被统治的大多数人的思想和文化,儒家学说也成了他们的主导思想。而羁縻思想正是儒家思想在对待边疆和少数民族问题上的一个基本理论。这种指导思想在古代尚有一些进步作用,但到清代,在世界上民族国家纷纷建立,殖民活动蓬勃开展,国家边界日益明确和稳定,特别是在沙皇俄国四处扩张的情况下,清政府仍然坚持这种思想,就更显得腐朽没落,而只好被动挨打了。

以上3点就是清代边防政策的最大弊病,而这种弊病的种子,在乾隆时期就种下了,清政府的腐朽和国力衰败,仅仅是这个种子的催化剂。

那么,清政府边防政策上的这种缺陷和问题,在沙皇侵占中国西北大片领土的问题上,究竟起了多大的作用呢?

笔者认为不应低估清政府边防政策存在的这些问题给中国领土完整所带来的危害。"物必自腐而后虫生",这句话不是没有道理的。我们可以举几个例子来看看。

嘉庆十八年(1813),沙俄借口内属哈萨克台吉罕巴尔的部落掳掠了俄属安集延人,派兵直至卡伦外几十里处向罕巴尔索要安集延人。经守卡官员抗议,俄兵退至卡伦外六七十里处等候。伊犁将军晋昌派协领哈芬布前往查办,经核实确有被掳安集延人,即令罕巴尔将这些人退还,俄人亦退出边境。在俄人退出时,防御吉勒抗阿率部尾随五百余里直至边境。[1] 这本是边防官员处理内属部落事务,保卫边防的正常而又正当的行为,应受到嘉奖,然而此事却受到嘉庆帝的严厉申斥,认为对这些事"天朝断不值代为剖断"[2],尾随出境更是不对,伊犁将军晋昌、防御吉勒抗阿竟因此而丢了乌纱帽。此后,还有哪个胆大的官员敢再管伊塔所属卡外边境地区和内属哈萨克部落的事呢?

又如道光五年(1825),俄国西伯利亚总督派遣舒宾上校率兵三百侵入中国哈喇塔拉地方,盖屋筑堡,以图久住。此时正值领队大臣乌凌阿巡边到达哈喇塔拉地方,游牧于该地的内属哈萨克公阿布拉、台吉图鲁克报告说,有俄国人在该地筑房、种地并向哈萨克部落收税,已为他们所拒。伊犁将军庆祥将此事上报清廷,并指出"勒布什河外五百里,始为爱古斯河边界。勒布什内七百余里,为哈喇塔拉,离博洛霍济尔卡伦,仅四百余里,彼处断难令其侵占",应向俄国行文抗议。道光帝犹豫不决。乌里雅苏台将军松筠、大学士托津等竟胡说什么:"哈萨克散出疆外","哈喇塔拉地方距我卡伦尚有四百里之遥,究未侵占内地","圣朝幅图甚广,总以图识可考者为凭,其疆界不清者例不查办",主张佯装不知,任其发展。[3] 松筠担任过伊犁将军,托津也在新疆担任过职务,他们的这一派胡言,说明清政府在对待哈萨克、布鲁特以及对待卡伦外边境问题上的混乱。只是由于庆祥等人的力争,才向俄国发出照会查询此事。沙皇政府一方面不得不于次年撤出军队,拆除所建屋舍[4],另一方面,却诡称是哈萨克部落"因结仇争斗,往返贸易,前来我国求兵相助"[5]。而清政府得此复文后,对俄兵越界之事毫不在意,对俄兵向中国哈萨克征税毫不过问,却一再申斥哈萨克公阿布拉等是

---

[1]《清实录·仁宗实录》第272卷"嘉庆十八年八月甲辰"条。

[2]《清实录·仁宗实录》第270卷"嘉庆十八年六月癸丑"条。

[3]《清代外交史料·道光朝二》:"军机处寄伊犁将军庆祥俄罗斯人越界建房之事松筠奏请毋庸行文查询折","大学士托津奏俄罗斯越界建房之事未可尽信请免行文查询折"。

[4]巴布科夫:《1859—1875年我在西西伯利亚服务的回忆》,彼得堡1912年版,第154页。

[5]《清代外交史料·道光朝二》:"俄罗斯咨复在哈萨克界内建房一事。"

"妄禀"，并警告说："此次姑免治罪,嗣后不准再行妄禀"[1]。此后还有哪个内属部落首领敢犯"天颜"与沙俄的侵略活动对抗呢？这不是自坏藩篱吗？

再如道光十年(1830),游牧于卡外边境地区的内属布鲁特、哈萨克曾多次向伊犁将军报告关于浩罕在吹、塔拉斯等地修堡驻兵、侵犯边境的事。伊犁将军玉麟等向道光皇帝上奏,要求派兵由喀什噶尔、伊犁两路出兵驱逐入侵者,以"永除边患"。道光皇帝在朱批中竟如是说："此计早在朕心思维已久……然可言而不可行之事也……试思卡外步步非吾土,处处非吾人……兵饷二字朕不知其当几何矣。"[2]道光皇帝哀叹"卡外步步非吾土,处处非吾人",反映了这个满族封建头子对边境少数民族和卡外边境地区的极端错误看法。然而既然卡外在他看来已"非吾土"、"非吾人"了,当然也就只好任人侵占了。而且他还威胁说,如果谁要敢加强边防,"或前或后稍有疏失","虽万死不能偿误国之罪"[3]。从道光皇帝的这些言论和行动来看,他早就存心出卖卡外边境地区了。

这些事例说明什么问题呢？笔者认为它向我们说明,早在1840年鸦片战争爆发前,清政府就已经对卡外边境地区和少数民族采取可有可无的态度,因而也就对外来侵略采取妥协退让的态度,这对早怀觊觎之心的沙俄,无疑是一个鼓励和刺激,对保卫边疆的少数民族和边防官员,是一个极大的限制和打击。因此在笔者看来,从中国方面来找丢失领土的原因,最主要的是清朝边防政策的混乱和错误,是清朝统治者边防思想的落后和腐朽。

(原载《西北史地》1980年第1期)

---

〔1〕《清代外交史料·道光朝二》："伊犁将军长令奉遵将俄罗斯回文情形传申哈萨克公阿布拉并严谕嗣后不准妄禀片"。

〔2〕《清代外交史料·道光朝二》："伊犁将军玉麟等请分兵征剿浩罕折"朱批。

〔3〕《清代外交史料·道光朝二》："伊犁将军玉麟等请分兵征剿浩罕折"朱批。

14　历史上的中国西北边疆

　　中国的西北边疆,清朝前期,北到鄂毕河上游,西至巴尔喀什湖和帕米尔地区。在这块辽阔的土地上,喀喇昆仑山横空出世,耸立于南;阿尔泰山、萨彦岭峰峦横亘,屹立于北;号称世界屋脊的帕米尔高原[1],坐落于西南;天山山脉东西横亘于中,把中国西北边疆分成南北两块各有特色的地区。在阿尔泰山环抱中的捷列茨科耶湖[2],中外驰名的巴尔喀什湖[3],景色秀丽的伊塞克湖[4]和水产富饶的斋桑泊[5],与博斯腾湖、罗布泊一样,都是中国的内湖。哈屯河(卡通河)、塔拉斯河[6]、伊犁河,与塔里木河、玛纳斯河一样,都是当时中国的内河。

　　很早以前,西北边疆这块辽阔富饶的地区就与内地发生了密切的政治、经济、文化联系,特别是自2000多年前西汉政府在西北边疆建立直接的行政管辖以来,这里与内地就成为不可分割的统一整体。经过以后历代中央和地方政府及各族人民的共同努力,这种关系得到了进一步的加强和巩固。

　　"中国是一个由多数民族结合而成的拥有广大人口的国家。"[7]中国历史上的塞种、月氏、匈奴、坚昆、乌孙、羌、鲜卑、柔然、铁勒、突厥、回鹘和契丹等族,从古代起,就在西北边疆劳动、生息,开发了祖国的西北边疆,发展了边疆各族人民与内地人民之间的政治、经济、文化联系;中

---

　　〔1〕中国原称葱岭。

　　〔2〕中国原称阿勒坦泊。

　　〔3〕中国清代文献写作巴勒喀什淖尔(蒙古语称湖为淖尔)。

　　〔4〕中国原称图斯库勒或图斯池,又称特穆尔图淖尔(维吾尔语称池为库勒)。

　　〔5〕中国原称烘和图淖尔。

　　〔6〕中国古代文献称称都赖水,又称答剌速没辇(没辇即河)。

　　〔7〕毛泽东:《中国革命与中国共产党》,收入《毛泽东选集》第2卷,人民出版社1969年版,第585页。

国各兄弟民族如维吾尔、哈萨克、蒙古、柯尔克孜、满、回、锡伯、塔吉克、乌孜别克、达斡尔、塔塔尔和汉等各族人民,在长期的历史发展中,共同建设和保卫了祖国的西北边疆,在建设一个统一的、多民族的、幅员辽阔的国家的过程中都做出了自己的贡献。

中国自 2000 多年前成为统一的多民族的中央集权制的封建国家后,在漫长的历史发展中,同世界上许多国家一样,都曾出现过分裂的局面。但是,在中国历史上,统一始终是主流。在分裂时期,中国西北边疆各民族建立的地方政权,也如同在内地出现过的许多地方政权一样,都是中国国内的割据政权,它们所统治的地区,都是中国领土的一部分,在这些领土上生活的民族,都是中华民族大家庭中的成员。

历史上的中国西北边疆,在沙皇俄国入侵以前,其边界是明确的。这条边界是在长期的历史发展中形成的。沙皇俄国越过这条边界所侵占的土地,是中国的固有领土。这个铁的历史事实,是由大量的历史文献所证实的。

14.1　清以前中国历代对西北边疆的管辖

14.1.1　西域与内地的联系源远流长

从遥远的古代起,中国西北边疆各族人民就和居住在内地的华夏族有着亲密的交往。据考古发现,分布在新疆的细石器文化具有共同特征,在地域上连成一片,是中国北方细石器文化的一个组成部分。新疆许多地区出土的彩绘陶器,其制作、形制和彩绘,也与甘肃、青海一带出土的彩陶相似。苏联阿尔泰巴泽雷克地区发掘的公元前 5 世纪的墓葬中,出土有不少中国内地生产的绣花丝织品,其中一件绣着中国特有的凤凰图案。在这些古墓中还出土有中国内地制作的铜镜。[1] 1965年在新疆阿勒泰县克尔木齐公社的考古发掘中,也发现了一面战国时代由内地制作的素面小铜镜。这些出土的文物确凿无疑地证实,从原

---

〔1〕С.И.鲁金科著,潘孟陶译:《论中国与阿尔泰部落的古代关系》,载《考古学报》1957 年第 3 期。

始社会到战国时期,内地与西北边疆一直有着不可分割的联系。

内地华夏族与西北边疆各民族的交往与情谊,还凝结成了许多动人心弦的故事和传说,记载在先秦的许多古籍里。成书于战国时期的《山海经》,记载了"西王母"和尧、舜、禹交往的传说,还提到了渤泽[1]。在《穆天子传》、《逸周书》和《禹贡》中都提到了"昆仑"。《逸周书》传说在周成王灭商以后,"莎车"以及葱岭以西的"渠搜国"、"康国"、"大夏"等地的民族首领都曾前来"镐京",表示祝贺。此外,《史记》还有南疆地区的玉石很早就传入内地的记载[2]。其他一些中国古籍中,也提到了西北边疆的一些山川河流及有关传说。

居住于内地的一些古代民族,也曾大量向西北边疆迁徙,他们与当地古代民族共同生产和生活,对开发、建设祖国西北边疆做出过贡献。公元前 180 年以前,伊犁河流域广大地区,游牧着被称作塞种的古代民族[3]。公元前 2 世纪 70 年代,原来游牧于甘肃河西走廊一带的月氏西迁,赶走了塞种,游牧于此地[4]。公元前 2 世纪 60 年代,曾与月氏共同游牧于"敦煌、祁连间"的乌孙族,西击月氏,迫使月氏南迁,这里又成为乌孙的游牧地[5]。中国内地这几个古代民族相继在这里生产、生活,开发和建设了伊犁河流域的广大地区。天山以南,中国历史上著名的羌族的一支,在汉代以前就由内地迁到这里。据历史文献记载,羌族的活动范围十分广大,沿昆仑山,东自若羌,西至葱岭数千里,都散布

---

〔1〕即今新疆罗布泊。《史记正义》引《括地志》:"蒲昌海一名渤泽";徐松《汉书西域传补注》:"罗布淖尔即蒲昌海也。"

〔2〕《史记》第 43 卷《赵世家》记载有一封苏厉给赵惠文王的书信,其中说,假如秦国出兵逾勾注山,切断恒山一线,则"昆山之玉"不复为赵王所有。可见当时新疆的玉早已经常输入赵国。

〔3〕《广弘明集》第 7 卷中荀济《论佛教表》引《汉书·西域传》:"塞种本允姓之戎,世居敦煌。"根据这一记载,塞种或其中一部原是中国内地的古代民族。惟荀济所引之语,今本《汉书西域传》无。

〔4〕《汉书》第 61 卷《张骞传》。

〔5〕《汉书》第 61 卷《张骞传》。

着羌族的部落。[1] 这些部落与西域[2]各民族共同发展了当地的农牧业生产,建造了城镇,开发和建设了直至葱岭的天山以南广大地区。

上述出土文物和历史文献的记载说明,在汉代以前,西北边疆就与内地存在着密切的政治、经济和文化联系。这种联系为西北边疆与内地在政治上的进一步统一奠定了基础。

14.1.2 两汉时期

西汉(公元前 206—公元 8 年)初,在中国北部边疆,是匈奴族奴隶主建立的政权。匈奴西边的阿尔泰山及其以北的广大地区,是中国古代游牧狩猎民族乌揭和坚昆活动的地区。天山以北,玛纳斯河、准噶尔盆地以西的广大地区,如前所述,原居住着塞种,以后相继为月氏和乌孙所占据。他们当时都以游牧为主,中国古代文献称他们为“行国”。天山以南(包括天山以北的玛纳斯河以东的部分地区)直至喀喇昆仑山,东起罗布泊,西至葱岭,是中国古代西域少数民族所建立的地方政权。他们多以农业为主,中国古代文献称为“城郭诸国”。西汉初,这里大约有 36 个地方政权,被称为“西域三十六国”。

在这个时期,中国匈奴族强大起来,逐步控制了乌揭、坚昆、乌孙和“西域三十六国”,还特别在焉耆、危须(今新疆博斯腾湖北)、尉犁(今新疆博斯腾湖西)一带,设立“僮仆都尉”,在天山以南各地征取赋税,榨取农牧产品。匈奴奴隶主还经常骚扰内地,抢掠城镇,破坏生产。西汉政府为了巩固和发展地主阶级中央集权的封建统治,加强与西域各民族的联系,开展了对匈奴奴隶主的斗争。

公元前 138 年(汉武帝建元三年)和公元前 119 年(汉武帝元狩四

---

〔1〕《史记》第 123 卷《大宛传》记载,张骞第一次出使西域到大夏,“留岁余,还,并(即傍——引者)南山,欲从羌中归,复为匈奴所得”。这里所说的南山在于阗之南,即现在的昆仑山。《三国志》第 30 卷引《魏略》的记载说:“从若羌西至葱岭数千里,有月氏余种、葱茈羌、白马、黄牛羌,各有酋豪,北与诸国接,不知其道里广狭。”徐松《汉书西域传补注》认为,上面所说的“盖同为羌种”。王先谦《汉书补注》也认为:“若羌国带南山,西有葱岭,余种或虏或羌,户数甚多。”由这些记载和研究可以看出,最早活动于甘肃东部一带的羌族,除一部分向南、向东南迁移外,还有一部分向西迁徙,进入天山以南,沿昆仑山直至葱岭的广大地区。

〔2〕“西域”一词在我国古籍中所表示的地理范围大体有 3 种:一是指天南以南;二是指天山南北;三是泛指玉门关以西,包括中亚、西亚等广大地区。本书主要采用第二种说法。

年），西汉政府两次派遣张骞到西域联络月氏、乌孙等。公元前104年（汉武帝太初元年），西汉政府伐大宛，打击和削弱了匈奴奴隶主在天山以南的势力，遂由敦煌至盐泽（即渤泽，今新疆罗布泊）建立亭站，在轮台（今新疆轮台东南）、渠犁（今新疆库尔勒西南）设立"使者校尉"，管理驻兵、屯田等事。汉宣帝时，又任命郑吉为"护鄯善以西校尉"，管理鄯善[1]以西"南道诸地"[2]。公元前60年（汉宣帝神爵二年），受匈奴单于委派统治西北边疆广大地区的匈奴日逐王归降汉朝，西汉政府废除了匈奴奴隶主设立的"僮仆都尉"，命令郑吉除管理南道诸地外，还管辖北道诸地[3]。由于他既"护"南道诸地，又"护"北道诸地，所以称为"都护"。此后，"都护"就成为西汉派驻西域最高军政长官的正式官名。都护府驻地在乌垒城（今新疆轮台县策大雅）。在西汉时期任过都护一职的有郑吉、韩宣、甘延寿、段会宗、廉褒、李崇[4]等18人。西汉政府还在车师前王庭设"戊己校尉"，在伊循（今若羌县东北）设"伊循都尉"等，管理有关地区的驻兵、屯田。[5]

此外，西汉政府还特别给西域一些地区的羌族首领颁发了"汉归义羌长"印，让他们代表汉朝政府管理这些地区的羌族。在新疆沙雅县于什格提遗址内，就曾发现过一枚这样的印。

东汉（公元25—220年）对西域的管理，基本上沿袭了西汉旧制。公元29年（光武帝建武五年），行河西五郡大将军窦融，以东汉政府的名义任命莎车王康为"汉莎车建功怀德王、西域大都护"，管理西域地区。[6]公元74年（明帝永平十七年）正式恢复了西域都护和戊己校尉。公元123年（安帝延光二年）改设西域长史，驻柳中（今新疆鄯善县鲁克沁），以代替都护一职。东汉时担任过都护或西域长史的官员

---

〔1〕鄯善原名楼兰，公元前77年西汉政府更名为"鄯善"，在今罗布泊西南若羌地区。

〔2〕当时在天山以南，主要有两条通向中原地区的道路。沿天山南麓和塔里木盆地北缘的通道称北道，沿昆仑山北麓和塔里木盆地南缘的通道称南道。"南道诸地"是指南道所经过的各地区。

〔3〕即北道所经过的各地区。

〔4〕都护李崇的私印曾在新疆沙雅县裕勒都司巴克地方被发现。

〔5〕《汉书》第96卷《西域传》。

〔6〕《后汉书》第118卷《西域传》。

有陈睦、班超、任尚、段禧、班勇、赵评、王敬等。

都护(或东汉时期的长史)是两汉时期中央政府派驻西域的最高军政长官,代表中央政府指挥和征调西域各地的军队,处理边疆地区的各项事务。其主要任务是执行中央政府的各项政令,保卫祖国的西北边疆。西域都护下设副校尉、丞、司马、侯、千人等官员。[1] 在西域的各个地区,两汉政府还任命当地少数民族的首领为王,在西域都护或长史的统率下,管理和保卫西北边疆。在各王所辖地区,又根据不同情况设置各类官吏。据《汉书》记载,各级地方官吏有译长、城长、君、监、吏、大禄、百长、千长、都尉、且渠、当户、将、相和侯。汉朝政府给王和各级官吏都颁发了印绶。[2] 在新疆民丰县尼雅遗址出土的一件木牍的封泥上,还保留有"鄯善都尉"的印记。

汉代对西域的统一,消除了西域各地的分裂割据状况,促进了当地社会经济的发展,因而,代表汉朝政府的都护在西域各地受到了积极支持和热烈拥护。西汉政权被推翻后,莎车王就主动联合西域各地抗击匈奴奴隶主的骚扰,保护"故都护吏士妻子千余口"免遭匈奴奴隶主的残杀,并致书河西地区,探问内地的情况。[3] 东汉政府建立后,西域各地立即派人到洛阳要求派遣都护。[4] 东汉章帝时曾下令撤销西域都护一职,结果引起西域各地的很大震动。在都护班超奉命回洛阳时,疏勒(今喀什地区)都尉黎弇劝阻无效,竟当场拔出佩剑自刎。于阗王及其下属各官吏,在班超与他们告别时,"皆号泣",竭力挽留。[5] 在西域各地的强烈要求与班超等人的努力下,东汉政府终于收回了成命。

汉代西域都护管辖范围的西境,即那时中国西北边疆的西境,据历

---

〔1〕《汉书》第 19 卷《百官公卿表》。

〔2〕《汉书》第 96 卷《西域传》。

〔3〕《后汉书》第 18 卷《西域传》。

〔4〕《后汉书》第 118 卷《西域传》说:"建武中(西域各地)皆遣使求内属,愿请都护。"该传"莎车"条也说:建武"二十一年冬,车师前王、鄯善、焉耆等十八国俱遣子入侍,献其珍宝。及得见,皆流涕稽首,愿得都护"。

〔5〕《后汉书》第 77 卷《班超卷》。

史文献记载,包括了巴尔喀什湖以东、以南的乌孙[1]、大宛和葱岭。

中国乌孙族自公元前 2 世纪 60 年代左右西迁后,[2]就活动在巴尔喀什湖以东、以南,包括伊塞克湖周围和楚河、塔拉斯河流域的广大地区[3]。乌孙在当时西域各地区中,人口最多。据《汉书》记载,有户 12 万,人 63 万。[4] 乌孙首领称作"昆弥"或称"昆莫"。

早在西域都护设立以前,乌孙就与西汉政府有着密切的政治关系。公元前 119 年(汉武帝元狩四年),西汉政府曾派张骞专程到乌孙。张骞返回时,乌孙昆弥派人护送,并向西汉政府献马数十匹。乌孙昆弥还要求与西汉皇室联姻。汉武帝将宗室江都王刘健的女儿细君封为公主,嫁给乌孙昆弥为妻。[5] 她带去了内地大量的舆服等物,西汉政府为公主设置了一整套官署,派遣了大批宦官侍御,并按内地建筑式样在乌孙地区修建了宫殿楼阁。公元前 71 年(宣帝本始三年),由于匈奴奴隶主不断派兵袭击乌孙,乌孙昆弥向内地告急,汉朝政府派遣大军五路出兵,与乌孙部队共同进攻匈奴,给匈奴奴隶主以沉痛的打击。在这次战争中,汉朝政府派常惠代表中央政府,实行统一指挥。战争胜利结束后,西汉政府又特派常惠代表中央政府对有功的乌孙官兵分别加以奖励。

西域都护建立后,西汉政府更进一步加强了对乌孙的管辖。宣帝时,西汉政府立元贵靡为大昆弥,驻赤谷城(苏联伊塞克湖东南别牒里山隘西北的依什提克),乌就屠为小昆弥,给他们分别颁发了印绶,命他们分别管理乌孙地区。此后,乌孙昆弥死,新昆弥继位,都要由西汉

〔1〕"乌孙"一词在中国古代文献中,既是族名,又指这个族所居住的地方及其所建立的地方政权。本书采用了这个用法,在作族名时,后面加"族"字。

〔2〕关于乌孙族西迁的时间,中外史学家有过许多不同的说法。有的认为在公元前一二六年左右,多数认为在公元前 2 世纪五六十年代。参阅桑原骘藏著,杨炼译《张骞西征考》。

〔3〕1957 年苏联哈萨克共和国科学院出版社出版的《哈萨克共和国史》、1963 年苏联吉尔吉斯国家出版社出版的《吉尔吉斯史》也都认为巴尔喀什湖以东、以南是乌孙族的居住地。

〔4〕乌孙地区的居民主要是乌孙族,但也有其他族的人住在这里。《汉书》第 96 卷《西域传》说:"乌孙民有塞种、大月氏种。"

〔5〕汉皇室与乌孙昆弥联姻共有 3 次。第一次是把宗室女细君嫁给昆弥猎骄靡。第二次是把楚王刘戊的孙女解忧嫁给昆弥。这两次都在汉武帝时期。宣帝时期又以相夫为公主,嫁给昆弥归靡岑陬。西汉政府送相夫至敦煌,翁归靡死,乌孙内乱,遂招回相夫。

政府册封。韩宣任都护时,又报请西汉政府批准,给乌孙大吏、大禄、大监等官员,颁发了"金印紫绶"[1]。西汉政府对乌孙内部事务的管理也十分重视。公元前 1 世纪中期,乌孙大昆弥星靡不能镇守地方,曾跟随汉公主解忧长期居住在乌孙的冯嫽自愿要求再赴乌孙,西汉政府即派遣她扶助大昆弥治理乌孙,镇守边疆。[2] 长罗侯常惠曾助乌孙大、小昆弥"分别其人民、地界",并且亲率部队"三校"在乌孙赤谷城地区屯田驻守,[3]维护了乌孙地区社会的安定,发展了当地的农业生产。都护郑吉、韩宣、甘延寿、廉褒等也都曾亲自处理乌孙事务,排解乌孙首领之间的纠纷。特别是段会宗任西域都护时,乌孙大昆弥"怯弱",不善治理,他亲为大昆弥"招还亡畔,安定之",在乌孙地区威望很高。段会宗任满调离后,西域各地向西汉政府呈递报告,要求段会宗继续留任。汉成帝时,乌孙大、小昆弥互相攻伐,汉朝政府特派段会宗前往惩办祸首,升授"讨贼"有功的翎侯难栖为"坚守都尉",收回失职的大禄、大吏、大监诸官的"金印紫绶",给他们更换"铜印墨绶"[4],以示惩处。段会宗一生中曾 5 次被派去乌孙,最后以 75 岁的高龄,病逝于乌孙,西域各地为他发丧立祠,表示怀念。[5]

大宛在苏联费尔干纳盆地。据《汉书》记载,大宛有户 6 万,人 30 万,也早与中原有密切的联系。公元前 2 世纪时,大宛境内就有汉族人"知穿井",帮助当地人民打井取水。[6] 汉武帝曾封宛人昧蔡为宛王。昧蔡死,蝉封继位,并派遣其子到长安。西域都护设置后,大宛成为都护直接管辖的地区。

西域都护管辖的西北边疆的西南部,是葱岭(即今帕米尔)地区。

---

〔1〕《汉书》第 96 卷《西域传》。汉制,两千石以上官吏,如相国、丞相、太尉等佩"金印紫绶"。

〔2〕《汉书》第 96 卷《西域传》。关于冯嫽,《汉书·西域传》说她是公主解忧的侍者,她跟随公主到乌孙后,曾经代表公主以西汉政府的名义,向天山以南各地进行"赏赐","诸国敬信之,号曰冯夫人,为乌孙右大将妻";还曾"锦车持节",代表西汉政府帮助长罗侯常惠处理乌孙事务。

〔3〕《汉书》第 96 卷《西域传》,又见第 69 卷《辛庆忌传》。

〔4〕汉制官俸在六百石到两千石的官员,佩铜印墨绶。

〔5〕《汉书》第 70 卷《段会宗传》。

〔6〕《史记》第 123 卷《大宛传》:"宛城中新得秦人,知穿井。""秦人",《汉书》第 61 卷《李广利传》作"汉人"。

《汉书》记载,当时天山以南都护管辖的"三十六国"中,在葱岭的有:无雷,在苏联巴达克山地区的南部,包括罗善山脉和阿尔楚尔山脉的广大地区;休循,在帕米尔北缘和阿赖谷地等。到东汉时期,汉朝政府又命班超等恢复葱岭及其周围地区与中央的关系,"超遂逾葱岭,迄县度,出入二十二年,莫不宾从,改立其王而绥其人"[1]。

在西起乌孙、大宛和葱岭各部,东到阳关、玉门关的广大西域地区,两汉政府还通过西域都护及其所属各级军、政机构举办屯田,兴修水利,发展商业和交通运输,组织边疆各民族进行大规模的生产活动。

汉朝在西域实行的最重要的经济措施是发展屯田。前面已经提到,早在公元前104年,西汉政府就在轮台、渠犁举办了屯田。当时的搜粟都尉桑弘羊曾建议进一步发展西北边疆的屯田事业,主张先由轮台以东开始,然后逐渐扩大,"益垦溉田,稍筑列亭,连城向西……"[2]。到西汉昭帝时,根据鄯善王尉屠耆的意见,派司马一人,吏士40人,屯田伊循城,以后又扩大屯田规模,改派都尉管理其事。西域都护设立后,屯田事业有了更大的发展,[3]屯田地区由东向西,一直发展到乌孙赤谷城。在伊犁河西南和伊塞克湖等地区的汉代乌孙墓葬中,就发现有碾谷子用的石头碾子、磨盘、烧焦的谷粒和黏附在一个器皿底部的谷粒皮。[4]

随着屯田的兴办,水利事业也有了很大发展。据考古发现,在库车西南沙雅县境内有一条汉代古渠,保存的遗址长达100多公里,渠宽8米,深3米,至今人们仍称为"汉人渠"。米兰古城遗址,即伊循附近的汉代灌溉系统也很完整,渠道沿着古米兰河道,修建了总闸、分水闸、干渠和支渠。

---

〔1〕《后汉书》第77卷《班超传》。

〔2〕《汉书》第96卷《西域传》。

〔3〕关于汉代在西域屯田的情况,在罗布泊出土的汉代木简中,有很多记载。从木简的记载中可以知道,汉代屯田士卒有的还携带家属共同在边疆从事劳动。例如有一条简文说:"里公乘史隆家属畜产衣器物籍"。还有一些记载屯田士卒妻子人数的简文。简文中还提到了一些谷仓的名称。

〔4〕阿基谢夫:《1954年伊犁考古考察团工作报告》。载苏联《民族志和考古学历史研究所著作集》,第1卷,考古学。苏联哈萨克共和国科学院出版社,阿拉木图1956年版,第29-30页。

内地与西域的交通运输,早在汉代以前就有了一定的发展。到汉代,内地由长安经河西走廊到西域的交通通道,在天山以南,主要有两条:一条是南道,即从阳关(甘肃敦煌市西南)西南行,顺昆仑山北麓,沿塔里木盆地南缘,到达葱岭,还可继续通往大月氏、安息等地;另一条是北道,即从玉门关西行,沿天山南麓,经疏勒,到葱岭和大宛,还可继续通往康居等地。这两条商路,又称"丝绸之路"。此外,据《后汉书·西域传》记载,在天山以北,还有一条经"后部西通乌孙"的大道,这条通道经车师后王庭(今吉木萨尔南),通过卑陆(今阜康东)等地,沿天山北麓、准噶尔盆地南缘西行,到达乌孙。[1]

汉朝政府对这些通道的维修和行旅的安全也十分注意。在吐鲁番盆地和罗布泊地区,至今还保留着一些修整得很好的汉代古道路遗址。在通道的主要地段,汉朝政府还设有许多烽燧台,其遗址在罗布泊附近以及在天山南麓的焉耆至库车的交通线上也发现不少。库车县西克孜尔尕哈的烽燧台遗址,至今仍然保存着。

直至158年(东汉桓帝永寿四年),时任"龟兹左将军"的刘平国,曾督帅"秦人孟伯山"等6人,在现在拜城县境内凿岩作孔,修筑列亭,设立关卡,以稽查行旅,维持治安。在拜城县东北卡拉达格山麓的岩壁

---

〔1〕天山以南的南道从阳关西行,沿着南山(今昆仑山)北麓,经鄯善(今若羌东)、且末(今且末西南)、精绝(今民丰北)、扞弥(今于田东)、于阗(今和田南)、皮山(今皮山一带)、莎车等地,然后越过帕米尔到大月氏、安息。天山以南的北道,后来又称中道,从玉门关(今敦煌西北)西行,沿天山南麓,经车师前王庭(今吐鲁番西)、焉耆、尉犁、乌垒、龟兹(今库车)、姑墨(今温宿)、疏勒等地,经过帕米尔到大月氏、大宛、康居等地。"后部西通乌孙"的这一道,出敦煌,经伊吾(今哈密)、蒲类(今巴里坤)、车师后国,渡伊犁河、楚河达西海。

·欧·亚·历·史·文·化·文·库·

上,刻有当时记述这件事的诵文[1]。

两汉政府的这些措施促进了西域地区商业贸易的发展及其与内地的联系。汉代的五铢钱遍布于新疆各地的遗址中。在和田地区,还发现了一面铸有汉字,一面铸有佉卢文[2]的铜质钱币[3]。

上述各方面的情况说明,由于当时实现了全国大一统,有力地促进了西北边疆社会经济的发展,加强了内地和边疆的密切联系,为巩固和发展国内各民族的团结,为以后进一步加强中央政权对西北边疆的管辖,奠定了深厚的基础。

14.1.3 魏、晋、南北朝、隋、唐时期

自东汉政权灭亡到隋唐统一,是中国历史上一次政治形势大动荡、各民族大融合的时期。这时中国的西北边疆和内地一样,处于许多地方政权割据的状况。但是,建立在邻近西北边疆的内地政权,对西北边疆仍然保持着不同程度的管辖。

---

[1]据考订,其文为:

龟兹左将军刘平国以七月廿六日发家

从秦人孟伯山狄虎贲赵当卑万阿羌

石当卑程阿羌等六人共来作列亭从

□□关八月一日始斫岩作孔至十日

□坚固万岁人民喜长寿亿年宜

子孙永寿四年八月甲戌朔十二日

乙酉直建纪此东乌累关城皆

将军所作也俱拔山□

在此刻文近处又刻有:

敦煌长□

淳于伯隗

作此诵

参考孟池:《从新疆出土文物看汉代在西域的政治措施和经济建设》,载《文物》1975 年第 7 期。

[2]佉卢文大约是公元 2 至 3 世纪时曾一度通行于鄯善和于阗一带的中国古代少数民族文字。这种木牍,在民丰县尼雅遗址出土很多,若羌等地也有发现。

[3]这种钱币又称"汉佉二体钱"或"和田马钱",是一种无孔、无周廓的圆形铜币,有大、小两型。大型的正面中心有篆文"贝"字形,周围有"重廿四铢铜钱"六字;反面中心有马形图案,环以佉卢文字母 20 个,内容为于阗王名及其封号。小型的重量只有大型的 1/4,正面汉字篆文"六铢钱"三字;反面中心或作马形,环以佉卢文字母 13 个,或作骆驼形,环以佉卢文字母 12 个,也都是于阗王的名字。根据东汉魏晋一般衡制标准考察,这种钱的实际重量与币面的铢数相差不到 2% 。这表明于阗地区同内地的衡制是统一的。

曹魏(公元220—265年)建国初就在西北边疆恢复了戊己校尉和西域长史。戊己校尉最初由凉州刺史兼任，[1]治所在高昌。西域长史驻海头[2]。曹魏政权还给西域一些地区的少数民族首领授予封爵，颁发印信。如封车师后部王壹多杂为"魏侍中"，号"大都尉"，并授予印信。[3] 当时曹魏对西域的管辖，正如历史文献所说：自曹魏兴起，"西域虽不能尽至"，但其主要地区，如"龟兹、于阗、康居、乌孙、疏勒、月氏、鄯善、车师之属，无岁不奉朝贡，略如汉氏故事"[4]。

西晋(公元165—316年)政权建立后，承袭魏制，在西域设戊己校尉和西域长史，还册封西域一些地区的民族首领为王，授以晋朝的官职。在民丰县尼雅遗址出土的晋代木简上，就有"晋守侍中大都尉奉晋大侯亲晋鄯善、焉耆、龟兹、疏勒、于阗王"[5]的记载。西晋的一些政令在这里得到了执行。如西晋政府规定，凡外出远行，须向官府领取"过所"，即通行证。从新疆出土的西晋木简中可以看出，这项政令在西域地区就得到推行。持敦煌太守发放的"过所"，即可通行西域地区。[6] 此外，西域还曾派遣官员到费尔干纳地区，封兰庚为大宛王。[7]

十六国时期(公元317—420年)的前凉、前秦、后凉、西凉、北凉等王朝，都先后在西域的一些地区设立过行政管辖机构。

前凉于327年在吐鲁番地区设高昌郡、田地县，[8]把内地的郡县制推行到了西域；335年又派沙洲刺史杨宣统一西域其他地区，[9]逐步

〔1〕《晋书》第14卷《地理志》上载：曹魏以凉州刺史"领戊己校尉护西域，如汉故事，至晋不改"。

〔2〕海头在罗布泊西。王国维说海头在罗布泊东北，有误。据他的《流沙坠简序》说，斯坦因等人在罗布泊窈取汉晋木简的海头，在"稍西于东经九十度，当北纬四十度三十一分之地"。按这个经纬度来计算，海头当在罗布泊西，而非东北。见《观堂林集》第17卷。

〔3〕《三国志》第30卷《东夷传》引《魏略·西戎传》。

〔4〕《三国志》第30卷《东夷传》引《魏略·西戎传》。

〔5〕王国维：《流沙坠简后序》，《尼雅城北古城所处晋简跋》，见《观堂集林》第17卷。

〔6〕民丰县尼雅遗址出土的晋简中，有一些记载着"过所"的事。如其中一枚写到："违会不还或安别收私行杂买无过所启信各私从吏"。又一枚称："□右一人属典客寄□纤钱佛屠中自齎敦煌太守住还过[所]"。

〔7〕《晋书》第97卷《大宛国传》。

〔8〕徐坚：《初学记》第8卷，引顾野王《舆地志》。

〔9〕《晋书》第97卷记载："其后，张骏遣沙洲刺史杨宣率众疆理西域。"

·欧·亚·历·史·文·化·文·库·

设立了西域都护、戊己校尉和西域长史等,管理天山以南广大地区。在罗布泊附近楼兰古遗址中,就曾发现前凉西域长史李柏给焉耆王的书信。[1]

前秦政权成立后,382 年,车师王、鄯善王等到长安,要求恢复西域都护,加强对西域的管理。前秦政府即任命车师前部王为"平西将军、西域都护",鄯善王为"散骑常侍、都督西域诸军事、宁西将军",并派吕光率领部队与车师、鄯善等的部队配合,统一了天山以南广大地区。吕光到达龟兹时,西域各地首领不远千里都来归附,把汉朝政府授予他们的"节传"交给吕光验视,并由吕光给他们换发了前秦政权的"节传"[2]。386 年吕光继前秦建立了后凉政权后,又于 394 年任命其子吕覆为"使持节镇西将军都督玉门以西诸军事西域大都护",设衙于高昌。[3]

南北朝时期(公元 420—589 年),北魏太武帝曾派董琬、高明等"招抚"西域。董琬到达乌孙,受到乌孙王的热情欢迎。乌孙王"拜受"了北魏的"赏赐",还向董琬说,破洛那[4]等地"皆思魏德,欲称臣致贡",希望董琬前去,以"副其仰慕之诚"。乌孙王还特派向导和翻译陪同魏使到达破洛那等地,宣布了北魏的诏谕。[5] 从此,龟兹、疏勒、乌孙和葱岭的渴盘陀等都向北魏政权遣使朝献,年年不断。[6] 北魏还在鄯善地区,任命韩拔为"假节征西将军、领护西戎校尉、鄯善王","赋役其人,比之郡县"[7];在吐鲁番地区,大批汉人陆续迁入,各地普遍都有

---

〔1〕在罗布泊发现的李柏书稿共 4 份。一份是李柏向前凉政府的报告,另外 3 份是给焉耆王的书信草稿。其中有"诏家(指前凉政府——引者)见遣□来慰劳诸国"等语,见《流沙坠简序》,载《观堂集林》第 17 卷。

〔2〕《晋书》第 122 卷《吕光载记》。"节"、"传"是中央政府发给有关官员的一种凭信,用以证明中央政府给予有关人员的某种权力、任务和官爵。"节"、"传"有的由金属制作,有的用竹、帛制成。

〔3〕《晋书》第 122 卷《吕光载记》。

〔4〕即《新唐书》所说的"拔汗那",又称"钹汗",在帕米尔北缘阿赖谷地。

〔5〕《北史》第 97 卷《西域传》。

〔6〕《魏书》第 4 卷《太武帝纪》;《北史》第 97 卷《西域传》。

〔7〕《北史》第 2 卷《魏本纪》;《魏书》第 102 卷《西域传》"鄯善"条。

汉族居民。[1] 北魏时期,这里曾建立了以汉人为首的高昌政权。如481 年,敦煌人张孟明立为高昌王。497 年,金城郡榆中县(今甘肃榆中县)人鞠嘉又立为高昌王,北魏政府任命他为"持节平西将军、瓜州刺史、泰临县开国伯"。这个政权一直存在到唐代。

6 世纪后期,西突厥统治了西北边疆的广大地区。突厥族是中国古代的一个民族,原游牧于叶尼塞河、阿尔泰山一带。6 世纪中叶,突厥族逐渐占据了"东自辽海以西,至西海万里;南自沙漠以北,至北海五六千里"的广大地区。[2] 6 世纪80 年代,突厥分裂为东西两部,西突厥控制了整个西北边疆地区。隋朝(公元581—618 年)建立后,西突厥首领阿史那玷厥,顺应祖国统一的历史趋势,于584 年归属隋朝政府,[3] 西北边疆地区遂与中央政府恢复了隶属关系。隋朝政府设立西域都护管辖西域各部,并在西域的东部地区设立了鄯善、且末[4]、伊吾[5] 3 郡。

唐朝(公元618—907 年)是中国历史上又一次实现了全国大一统的时期。这一时期,中央政府对西北边疆的管辖,也在历代都护制的基础上有了很大发展。

在唐政权建立后的第三年(公元620 年),西突厥首领统叶护向唐朝政府遣使进贡。633 年(太宗贞观七年),唐朝政府派鸿胪少卿刘善因到西突厥,册立其首领泥孰为"咄陆可汗"[6]。634 年,咄陆可汗死,唐朝政府又册立其弟同娥设为"咥利失可汗"[7]。7 世纪30 年代末,西突厥以碎叶为界,分为两部,在碎叶东的称"咄陆部",在碎叶西的称"弩失毕部"。两部首领均向唐朝政府要求承认和册封。641 年(贞观

<hr>

〔1〕据《魏书》第101 卷《高昌传》记载:高昌"有八城,皆有华人"。

〔2〕《北史》第99 卷《突厥传》。

〔3〕《隋书》第1 卷《文帝本纪》。

〔4〕《隋书》第3 卷《炀帝本纪》。

〔5〕见敦煌发现的《唐光启元年写本沙洲、伊州地志残卷》,转见《唐代文献丛考》,第72 页。

〔6〕《旧唐书》第194 卷《突厥传》记载:"咄陆可汗泥孰者,亦称大渡可汗。……武德中尝至京师。时太宗居藩,务加怀辑,与之结盟为兄弟。既被推为可汗,遣使诣阙请降。太宗赐以名号及鼓纛。贞观七年,遣鸿胪寺少卿刘善因至其国,册授为吞河娄拔奚利邲咄陆可汗。"

〔7〕《旧唐书》第198 卷《西戎传》;《旧唐书》第185 卷《韦机传》。

十五年），唐朝政府派左领军将军张大师，册立驽失毕部的首领为"乙毗钵罗叶护可汗"，赐以鼓纛，又遣使册立咄陆部首领为"乙毗射匮可汗"[1]。唐太宗末年，游牧于阿尔泰山一带的部分西突厥部落，因参加平定龟兹贵族叛乱有功，被唐朝政府安置于今阜康东北的准噶尔盆地，在那里设置瑶池都督府，以其首领阿史那贺鲁为"左骁卫将军、瑶池都督"[2]。

唐朝政府对天山以南各地的管辖，也得到了迅速的恢复。630—640 年（贞观四至十四年），唐朝政府相继在伊吾设立伊州，在疏勒设立疏勒都督府，在高昌设立西州，在乌鲁木齐以东的吉木萨尔设立庭州。为了统一管理这个地区，唐朝政府于 640 年在西州设立了安西大都护府，任命郭孝恪为第一任都护。以后又在焉耆设立焉耆都督府，在龟兹设立龟兹都督府，在于阗设立毗沙都督府，均归安西大都护府管辖。

至此，唐朝政府通过册立可汗或设立都护府、都督府，恢复了对天山南北广大地区的管辖。

651 年（永徽二年），设立于准噶尔盆地一带的瑶池都督府的都督阿史那贺鲁发生叛乱，率领部落西走，击破唐朝政府正式册立的乙毗射匮可汗，自号"沙钵罗可汗"，建牙帐于双河（今新疆博尔塔拉），又进犯庭州，严重威胁唐朝政府统一西域所取得的初步成果。唐朝政府经过 6 年的斗争，于 657 年（显庆二年）平定了阿史那贺鲁的叛乱，遂在西突厥咄陆部地区设立昆陵都护府，任命阿史那弥射为"昆陵都护、兴昔亡可汗"，统率五咄陆部；在驽失毕部地区设立濛池都护府，任命阿史那步真为"濛池都护、继往绝可汗"，统率五驽失毕部。据史书记载，到 7 世纪 60 年代，唐朝政府在西域设立行政机构的地区"极于西海"。

702 年（武则天长安二年），唐朝政府为了进一步加强对西域地区的管辖，对西北边疆的行政设施进行了调整，除原有的安西大都护之外，又在庭州设立了北庭大都护府。

---

〔1〕《旧唐书》第 194 卷《突厥传》。

〔2〕《旧唐书》第 194 卷《突厥传》。

唐朝政府在西域地区的行政设施,大体分两类。在一部分地区与内地一样,实行州、县、乡、里制度;其他地区实行都护制。

　　实行州、县、乡、里制的,主要是伊州、西州和庭州。伊州,下辖伊吾、纳职、柔远 3 县;西州下辖高昌、交河、柳中、蒲昌、天山 5 县;庭州,下辖金满、轮台[1]、蒲类 3 县[2]。唐朝政府的一切政令、制度,如均田制、租庸调法、乡里制度等,在这里与内地一样,都得到了贯彻执行。[3]

　　在西域的其他地区,唐朝政府继承和发展了汉代以来管理西域的都护制,先后设立了安西和北庭两大都护府。在两大都护府下,又设有各级行政、军事组织,执行唐朝政府以及两大都护府的各项政令。

　　北庭大都护府,治所在庭州,管辖天山以北等西突厥广大地区。下辖昆陵、濛池两个都护府。昆陵都护府的管辖范围,北自阿尔泰山,南到天山,东起巴里坤,西至楚河流域的碎叶。昆陵都护府下辖匐延、双河、鹰沙、咽面州、温鹿州、洁山、阴山州、大漠州、玄池州、金附州等 23 个都督府。[4] 其中阴山州都督府、大漠州都督府、玄池州都督府、金附州都督府设立在西突厥葛逻禄部地区,管辖范围在阿尔泰山与塔尔巴哈台之间,包括斋桑泊、乌伦古湖等地。咽面州都督府管辖阿拉套山以北,巴尔喀什湖与阿拉湖之间的地区。温鹿州都督府管辖伊犁河中上游广大地区。洁山都督府在温鹿州都督府西北。这 3 个都督府的辖地,正是巴尔喀什湖以南的广大地区。濛池都督府的辖地,东自碎叶以西,西到西海。塔拉斯河流域的怛罗斯(苏联江布尔)等,是这个都护府辖地内的重要据点。

　　安西大都护府的治所,先在西州(今吐鲁番西交河故城),后迁至高昌(今吐鲁番东高昌故地),658 年(显庆三年)又迁至龟兹。这个大都护府管辖天山以南直至帕米尔的广大地区,下辖很多都督府、州。在

---

　　[1]唐代轮台在乌鲁木齐北古牧地(今米泉)一带,与汉代轮台同名而异地。

　　[2]后来庭州又成为北庭都护府所在地,又增设西海一县,合上述 3 县为 4 县,属北庭都护府管辖。据《旧唐书》第 40 卷《地理志·河西道》记载,庭州于“长安二年改为北庭都护府”。

　　[3]由于这部分地区靠近内地,有关唐朝政府管辖的文献资料和考古资料十分丰富,中外史学界都有详细的研究和论述,我们在这里就不做具体介绍了。

　　[4]《新唐书》第 215 卷《突厥传》。

271

葱岭以东有龟兹都督府,下领九州;疏勒都督府,下领十五州;毗沙都督府,下领十州;焉耆都督府,不分州。在锡尔河和阿姆河中游,有康居都督府(苏联撒马尔罕地区)、大宛都督府(苏联塔什干地区)、休循州(苏联费尔干纳地区)、安息州(苏联布哈拉地区)。在毗沙都督府以西,波斯以东,包括葱岭广大地区,共设置了 16 个都督府,80 个州,110 个县,126 个军府。[1] 其中的鸟飞州都督府等就在今帕米尔地区。

安西、北庭两大都护府的大都护都是唐朝从二品大员。都护府中还有副大都护 1 人,从三品;副都护 2 或 4 人,正四品上;长史 1 人,正五品上;司马 1 人,正五品下。此外,在 8 世纪 30 年代以后,唐朝政府还根据西域地区政治、军事需要,设置了安西节度使和北庭节度使,管理西域各地军队、戍守等事,[2] 节度使一般由都护兼任。两大都护府的各级官吏,均由唐朝政府任命。担任过两大都护府一职的有郭孝恪、汤嘉惠、郭元振、王方翼、牛师奖、杜暹等。特别是唐肃宗李亨在当太子的时候,兼任过安西大都护。[3] 这说明,唐朝政府对西北边疆的防卫和管理是十分重视的。在两大都护府下,唐朝政府还任命西域各少数民族的首领担任都督、刺史等各级官吏。唐高宗时曾下令,给西突厥一般首领授刺史以下官,[4]并给他们颁发了印信。[5] 这些官吏中,有些还属于"给禄居藩"[6],享有中央政府发给的固定俸禄。同时唐朝政府也允许西域各地区的首领保存"王"的称号。

安西、北庭两大都护府和各都督府中,设有功曹、仓曹、户曹、法曹、兵曹等。各州设有司功、司仓、司户、司兵、司法、司士等,与内地都督

〔1〕《旧唐书》第40卷《地理志》、《唐会要》第73卷所载唐朝政府在这里所建都督府、州、县、军府的数字相同,我们采用了这个数字。《资治通鉴》第200卷《唐纪》16所载数字为:"都督府八,州七十六,县一百一十,军府一百二十六"。《新唐书》第43卷《地理志》所载州数为88。

〔2〕据《旧唐书》第38卷《地理志》记载:开元二十一年(733年)"分天下为十五道。……又于边境置节度经略使……安西节度使抚宁西域,统龟兹、焉耆、于阗、疏勒四国。北庭节度使,防制突骑施、坚昆、斩啜,统瀚海、天山、伊吾三军"。

〔3〕《旧唐书》第10卷《肃宗本纪》。

〔4〕《旧唐书》第194卷《突厥传》。

〔5〕《新唐书》第73卷"节度使"条。

〔6〕《新唐书》第221卷《西域传》。

府、州的设置基本相同。两大都护正是通过这些机构,代表中央政府实际管辖着西域广大地区。近几年在吐鲁番哈拉和卓古墓中出土了《贞观十九年行兵请赐物牒》和《高昌县上安西都护府牒》两件唐代文书,前者上面有安西大都护府的朱泥印文,后者是高昌县因一民事案件上呈大都护府的文书[1]。此外,还在出土的各种文书上见到"安西都护府印"、"北庭都护府印"以及"高昌"、"柳中"、"轮台"等县印。

安西和北庭两大都护府也是唐朝政府派驻在西北边疆的最高军事机关,它除了有权调遣和指挥下属各府州的军事力量外,还直接统率着唐朝政府驻守在西北边疆的常备戍军。

唐朝政府为了巩固国家的统一,保卫边疆,在广大西北边疆驻兵守卫。天山南北和葱岭内外,"烽戍逻卒,万里相继"[2]。唐玄宗时,在西北边疆驻军的数量,达到44000名[3]。由内地派驻在西北边疆的军人,起初戍期较长,717年(开元五年)唐玄宗下令改为每期4年的轮换制[4]。唐朝政府在西北边疆驻军的建置有军、守捉、城、镇等。当时在北庭大都护所辖范围内,驻有瀚海军、天山军、金牙军、玉河军、清海镇、神山镇等。安西大都护府掌管四镇重兵,即唐代安西四镇:龟兹、疏勒、于阗、碎叶。此外,设置在葱岭地区的葱岭守捉等也归它管。

碎叶镇和葱岭守捉是唐朝政府设在巴尔喀什湖以南和葱岭的两个重要军政机构,是唐朝政府有效管理巴尔喀什湖和葱岭广大地区的重要标志。

碎叶镇设在碎叶城,又称素叶水城,是唐朝安西四镇中地理位置最靠西的一镇。它位于楚河南岸(苏联托克马克附近),是西突厥设牙帐的一个地方,又是中西陆路交通的要冲,占有重要的军事和经济地位。

〔1〕新疆维吾尔自治区博物馆:《吐鲁番阿斯塔那——哈拉和卓古墓群清理简报》,载《文物》1972年第1期;《"丝绸之路"上新发现的汉唐织物》,载《文物》1972年第3期。《高昌县上安西都护府牒》残纸的主要内容是:一批由弓月城运往龟兹的绢,中途发生了问题,一个叫□禄山的人向西州长史做了报告,并由高昌县把这件事上报安西都护府。这件文物证明了那种认为安西都护府只管军事不管民政的说法是错误的。

〔2〕《旧唐书》第196卷《吐蕃传》。
〔3〕《旧唐书》第38卷《地理志》。
〔4〕《册府元龟》第135卷。

唐代大诗人李白就出生在这里。

早在 7 世纪 20 年代末,唐代著名僧人玄奘曾在这里会见过西突厥叶护可汗,当时碎叶城的城周约六七里,已是不小的城镇。西突厥归属唐朝后,唐朝政府于 7 世纪 40 年代设立安西四镇,碎叶就是安西四镇之一。[1] 碎叶镇设镇守使,先后有保大军、瀚海军、天山军驻扎该地。[2] 679 年(高宗调露九年),检校安西都护王方翼整修碎叶城,"立四面十二门,皆屈曲作隐伏出没之状,五旬而毕"[3],进一步加强了碎叶镇的防守。8 世纪初北庭大都护府设立后,碎叶地区即随同天山以北其他地区一起,由原属安西大都护府划归北庭大都护府管辖。719年(开元 7 年),安西节度使汤嘉惠向唐朝政府建议,在安西都护府管辖的焉耆地区设镇以代替碎叶。[4] 此后,唐代安西大都护府所辖安西四镇中就只有焉耆而无碎叶了。唐代碎叶镇地位重要,镇守使一职往往由都护兼任。在碎叶镇隶属安西都护时,安西都护王方翼、杜怀宝等都曾驻守过碎叶。在碎叶隶属北庭都护府后,北庭都护吕休璟等兼任过碎叶镇守使。直到 13 世纪 20 年代,经过碎叶地区的耶律楚材,还亲眼看到碎叶镇城的遗址。

联系到唐代碎叶镇的设置,需要提一提有关的考古发现。据报道,1953—1954 年在楚河南岸的托克马克西南 8 公里处,曾发现一座规模巨大的唐代古城遗址。古城西南部的佛庙被确定为 7 世纪到 8 世纪的建筑物。据研究,这座庙宇墙壁的建筑原理,"是古代中国佛庙建筑学所特有的"[5]。在这座庙宇的出土文物中,有一条很精致的瓷砖残

〔1〕四镇设置时间,史无具体记载。据《旧唐书》第 198 卷《龟兹传》记载:"先是太宗既破龟兹,移置安西都护府于其国城,以郭孝恪为都护,兼统于阗、疏勒、碎叶,谓之四镇。"唐太宗平定龟兹在 648 年(贞观二十二年),四镇设置时间当在 648 年或稍后。

〔2〕瀚海军原驻北庭,天山军原驻西州,703 年(长安三年)郭元振奏置瀚海军、天山军并在碎叶城(《唐会要》第 78 卷"节度使"条)。

〔3〕《旧唐书》第 185 卷《王方翼传》。

〔4〕《旧唐书》第 221 卷《焉耆传》。

〔5〕克兹拉索夫:《1953—1954 年对阿克别西姆古城遗址的考古研究》,见苏联《吉尔吉斯考古——民族志考察团著作集》,第 2 集,苏联科学院 1959 年版,第 189 页。

龙。[1] 在古城中发现的莲花纹瓦当,与西安出土的唐代大明宫宣政殿莲花纹瓦当一模一样。[2] 虽不能断定这个唐代城堡就是著名的碎叶城镇,但它肯定与当时的碎叶镇有密切的关系,它也充分反映了唐朝政府在楚河流域修城筑堡、屯军设防、施行管辖的历史事实。

葱岭守捉是唐朝政府设置在今帕米尔地区的军事机构。开元(公元 713—741 年)中,唐朝政府为了进一步加强在葱岭的军事力量,于渴盘陀地方(今塔什库尔干一带)置葱岭守捉。葱岭守捉扼守于葱岭,标志着唐朝政府对这个地区的有效管辖。

唐代两大都护府对保卫西北边疆,维护祖国统一,起了重大的作用。

公元 755 年(天宝十四年),唐朝发生"安史之乱",中原地区战乱频仍,藩镇割据,中央政府的权力受到极大削弱。在西域地区,吐蕃势力日渐强大,两大都护府与唐朝中央政府之间的道路梗绝,往来不通。但是,在李元忠、郭昕等率领下,两大都护府的官兵守卫西域地区达 30 多年之久。[3] 据唐代僧人悟空的记载,788 年(贞元四年)他从印度回国,在疏勒见到疏勒王裴冷冷和镇守使鲁阳;到于阗时受到于阗王尉迟曜、镇守使郑据的迎接;到龟兹时,见到了龟兹王白环和安西副大都护、四镇节度使郭昕;到焉耆时,受到焉耆王龙如林、镇守使杨日佑的迎接;在北庭看到节度使御史大夫杨袭古。这些官员都坚守岗位,与当地民族官员共同保卫和管理着西北边疆。[4]

自 7 世纪二三十年代西突厥归属唐朝政府,特别是自 640 年安西大都护府建立后,直至 8 世纪末,唐朝政府的政令通过两大都护府,广泛推行于西域各地。例如,唐玄宗时,曾下令在南疆的焉耆、龟兹、疏勒、于阗及北疆的轮台等地征收来往商人的商税。[5] 出土的当代文书

〔1〕克兹拉索夫:《1953—1954 年对阿克别西姆古城遗址的考古研究》,第 177、201 页。
〔2〕阿克别西姆遗址出土的莲花纹瓦当,见基谢列夫著:《中国瓦当的历史》,载《苏联考古》1959 年第 3 期。参看中国科学院考古研究所编著:《唐代长安大明宫》。
〔3〕《全唐文》第 464 卷。
〔4〕《悟空入竺记》,见《大正新修大藏经》,第 51 卷。
〔5〕《新唐书》第 221 卷《焉耆传》。

中,就有关于在轮台设置"孔目司"负责征收商税的记载。此外,唐朝的钱币,也在西域地区流通使用。这种钱币在天山南北各地的遗址中发现很多。在托克马克西南8公里的阿克别西姆唐代遗址中也曾发现"开元通宝"、"乾元重宝"、"大历元宝"等唐代货币。在这个遗址中还发现有一面铸有汉字,一面铸有西域少数民族文字的唐代钱币。

屯田也是唐朝政府在西域地区实行的一种发展生产、巩固国防的重要措施。据记载,唐朝政府曾在安西屯田 27 屯,疏勒 7 屯,焉耆 7 屯,北庭 20 屯,伊吾 1 屯,天山 1 屯。每屯以 50 顷计,这个数字也是十分庞大的。[1] 随着屯田和其他农业生产的发展,唐朝政府还在西域设有专门管理水利的"陶拓所",任命"知水官"。在吐鲁番出土的唐代文书中,有一件高昌县知水官杨嘉恽、巩虔纯等关于修理堤堰的报告。[2]

唐朝兴办水利的措施,也推行到了塔拉斯一带。据耶律楚材的记载,他在路过塔拉斯时,就看到了唐朝在这里开凿的渠道、石闸等遗迹,还看到了唐朝"节度使参谋检校刑部员外郎"太原王济的碑。[3]

唐朝政府对发展和维护西域地区的交通运输也十分重视。这时期西域的交通通道,在原来的 3 条大道之间增辟了许多新的支线,其中比较重要的有从北庭到碎叶、从龟兹经热海(苏联伊塞克湖)到碎叶、从龟兹向北到弓月(今新疆霍城)等路线。为了保证内地与西域交通运输的畅通和安全,在从长安出发,经河西走廊到西域各地的交通大道上,唐朝政府设立有许多驿站,便利来往官员和商人。新疆出土的唐代文书中,记载了许多驿站名称,还有驿站的马料帐,签署者为"捉馆官"。其中一件文书记载着唐朝诗人岑参住驿站的有关账目。岑参曾有一首诗说:"一驿过一驿,驿骑如星流。……西来谁家子,自道新封侯。前月发安西,路上无停留。都护犹未到,来时在西州。十日过沙

---

〔1〕南宋本《唐六典》第 7 卷,"屯田郎中"条注,转引自玉井是博:《南宋本大唐六典校勘记》。

〔2〕在吐鲁番墓葬中出土的这件文书上记载,知水官杨嘉恽等预算修塞新兴谷内堤堰 16 所,需要单工 600 人,修塞城南草泽堤堰及箭干渠需要单工 850 人。从文书中还可以看出,这些堤堰每年都需要定期差人夫修塞。人夫的来源有农民、手工业者,还有当地落户的"胡人"。

〔3〕耶律楚材:《西游录》,转引自《汉西域图考》第 1 卷。

碛,终朝风不休。马走碎石中,四蹄皆血流。"〔1〕这首诗生动地描写了在西域地区乘驿行路的情况。

唐朝对西域的进一步统一,也大大地促进了西域和内地各民族间的交往和接近。当时,有大批少数民族人士进入内地,不少人成为唐朝统治阶级中的显赫人物。据《资治通鉴》记载,在唐代,突厥族的上层"布列朝廷,五品以上百余人,殆与朝士相半,因而入居长安者近万家"〔2〕。其中当有不少是西突厥的上层。内地的汉族也大量进入西域,其中最多的是当时的屯田士卒、卫戍战士,他们长期留驻西域,与当地各族人民共同开发和保卫祖国西北边疆。据《旧唐书》记载,自设置安西四镇后,每年都要从内地调发大量壮丁到西域充当戍卒。〔3〕 敦煌石窟发现的《景云二年(711)张君义告身》中说,他和他的同伴们在"安西镇守军镇,在镇多年,积劳有功",受到表彰。同他一起受奖的共有263 人,他们来自中原各地,其中有南方的洪州(今江西南昌)、婺州(今浙江金华)、润州(今江苏丹徒);北方的燕州(今北京市顺义)、冀州(今河北冀市);东部的青州(今山东益都);河南的汝州(今河南临汝)、汴州(今河南开封);西北的西(今新疆吐鲁番)、沙(今甘肃安西)、肃(今甘肃酒泉)、兰(今甘肃兰州)、灵(今宁夏灵武)各州。〔4〕

内地与西北边疆地区的文化交流,也随着政治上的大一统而有了更大的发展。例如西域乐曲在内地得到普遍流行,著名的唐代十部乐中,就有龟兹、疏勒、高昌、安国、康国 5 部。尤其是龟兹乐,在唐代极受欢迎,影响很大。作为统一政令,传播中原文化的汉字、汉语在西域的一些地区也得到了进一步的推广。1969 年在当时的吐鲁番县阿斯塔那唐代古墓中,出土了一个 12 岁的"义学生"卜天寿手抄的《论语郑氏注》残卷,上边还有随手抄录的《千字文》开头 5 句。这件珍贵的文物,生动而具体地说明:唐代西域有和中原一样的私塾(义学),教授汉文

〔1〕岑参:《初过陇山途中呈宇文判官》,收入《全唐诗》第 198 卷。
〔2〕《资治通鉴》第 193 卷《唐纪》。
〔3〕《旧唐书》第 196 卷《吐蕃传》。
〔4〕卫江:《碎叶是中国唐代西域重镇》,载《文物》1975 年第 8 期。

典籍;同中原一样,《千字文》也是西域学童启蒙的识字课本。当时西域少数民族的上层,懂汉语、汉文的大有人在。岑参的诗中就有"花门[1]将军善胡歌,叶河蕃王能汉语"[2]的句子。

14.1.4　五代十国、辽、宋、元、明时期

唐代末期,回鹘族大批进入西域,对西北边疆社会政治经济的发展产生了重大影响。

中国古代回鹘族又称"袁纥"、"回纥"、"韦纥"。他们原游牧于漠北鄂尔浑河流域,是突厥的属部。唐初,回鹘等部在唐的支持下,摆脱了突厥贵族的统治。647年(贞观二十一年),唐朝在回鹘地区设六府七州[3],划归燕然都护府管辖,授其各级首领为都督、刺史、长史、司马等官职,[4]封回鹘大首领吐迷度为"怀化大将军兼瀚海都督"。第二年,吐迷度死,唐朝任命其子婆闰为"左骁卫大将军、大俟利发、使持节回纥部落诸军事、瀚海都督"。唐高宗初,西域瑶池都督阿史那贺鲁叛变,回鹘出兵5万,先后在伊犁道行军大总管苏定方等人的统率下,转战西域,在维护祖国统一的斗争中起了重大作用。

744年(天宝三年),回鹘部徙牙帐于乌德鞬山、嗢昆河[5]之间,唐朝政府册封其首领骨力裴罗为奉义王,后又改封为"骨咄禄毗伽阙怀仁可汗"。中原地区发生"安史之乱"时,回鹘曾出兵参加平乱,帮助唐朝政府收复了西京和东京。唐王室曾先后5次把公主嫁给回鹘可汗。788年(贞元四年),应回鹘可汗的要求,唐朝允许将其汉字族名"回纥"改为"回鹘",取"回旋轻捷如鹘"之意。[6] 9世纪30年代,回鹘为天灾和内乱所削弱,又受到黠嘎斯部的袭击,各部四向迁徙,回鹘首领驮职及庞特勒率领的15个部落,迁入巴尔喀什湖以东以南、楚河流域

---

〔1〕"花门"指中国古代回鹘族。

〔2〕岑参:《与独孤渐道别长句兼呈严八侍御》,收入《全唐诗》第199卷。

〔3〕六府为:回纥、仆骨、多滥葛、拔野古、同罗、思结;七州为浑、斛薛、奚结、阿跌、契苾、思结别部、白霫。

〔4〕《新唐书》第217卷《回鹘传》。

〔5〕乌德鞬山是今杭爱山一高峰,嗢昆河即今鄂尔浑河。

〔6〕《资治通鉴》第233卷考异;《新唐书》第217卷《回鹘传》:"言捷鸷犹鹘然。"

一带,与当地西突厥葛罗禄部[1]共同游牧。在安西(吐鲁番)、河西走廊、于阗直至葱岭一带,也都有回鹘部落迁入。857年(大中十一年),唐朝册封庞特勒为"嗢禄登里罗汩没密施合俱金录毗伽怀建可汗"[2]。唐懿宗时,回鹘首领仆固俊,配合瓜州等州节度使张义潮击败吐蕃奴隶主贵族,并获得唐朝的许可,迁入吐鲁番一带,[3]以后又逐步移居到了西域各地,并与突厥、羌等族和其他土著人民在长期共同生活中,逐渐融合为中国新疆地区的维吾尔族。

回鹘族大量进入并定居西域的时期,正值唐朝政权灭亡,中原地区进入了五代十国时期(公元907—960年)。这个时期西北边疆也处于割据状态。当时割据于西北边疆的地方政权主要有3个:在原唐代北庭、安西两大都护府所辖地区的西部,包括巴尔喀什湖以东、以南的广大地区,出现了以中国葛罗禄和回鹘族为主的黑汗王朝,这个政权有两个中心,一个在喀什噶尔,一个在八拉沙衮。在原唐朝安西大都护府辖地的南部,以于阗为中心,形成了李氏政权,其统治者自称是唐朝皇室的宗亲。938年(晋天福三年),后晋授于阗王李圣天为"大宝于阗国王"[4]。在原唐代的西州和安西都护所辖地区的东北部,是回鹘人建立的高昌政权,又称西州回鹘,这个地方政权一直使用开元七年唐朝政府颁发的历书,还特别珍藏着唐太宗、唐玄宗颁发的诏书。[5]

这3个政权都是中国西北少数民族建立的地方政权,其中高昌和于阗两个地方政权与中原王朝始终有着密切的政治关系。962年(宋太祖建隆三年),高昌回鹘政权与宋朝建立了朝贡关系,此后,历年朝献不绝。984年,北宋政府派王延德出使高昌,向其王颁赐袭衣、金带等物。于阗地方政权也经常向宋朝遣使朝贡。1063年(嘉祐八年),宋

---

〔1〕葛罗禄部原住在阿尔泰山南北,当时已南迁于此。
〔2〕《唐大诏令》第128、129卷;《新唐书》第217卷《回鹘传》作"怀远可汗"。
〔3〕《新唐书》第217卷《回鹘传》。
〔4〕《新五代史》第74卷《四夷附录》。
〔5〕《宋史》第490卷《高昌》。

·欧·亚·历·史·文·化·文·库·

朝政府应于阗黑韩王的要求,册封他为"特进归忠保顺碛磷[1]黑韩王"[2]。于阗王还与敦煌地区的宋归义军节度使、敦煌郡王曹氏家族,建立了姻亲关系。在敦煌千佛洞中,就有于阗王修建的洞窟,洞窟的壁画和题词中保留着这方面的宝贵史料[3]。

10世纪20年代建立的辽朝(公元916—1127年)也曾在高昌和于阗设立高昌国大王府和于阗国王府[4]。辽朝政府有权向各王府征调兵马,[5]据《辽史》记载:926年(天显元年)就曾以回鹘等"从征有功,优加赏赉"[6]。

公元12世纪初,辽朝的一些贵族以耶律大石为首,率领部分臣民西迁,以虎思斡耳朵(苏联托克马克东)为都城,重建辽政权,史称"西辽"。

西辽政权,其组织机构完全承袭辽朝的制度。耶律大石号葛儿罕,称"天佑皇帝",年号延庆。以后西辽各帝都有汉字尊号和年号。西辽的官制也与辽朝一样,设南面、北面[7]或称南衙、北衙。

西辽管辖的地区,包括了唐代安西大都护府辖地和北庭大都护府所辖西南地区,具体来说,北边包括额敏、海押立(苏联科帕尔),南边达到喀喇昆仑山和阿姆河,东边包括吐鲁番,西边到达咸海。

13世纪初,蒙古贵族消灭了西辽,逐步统治了西北边疆。13世纪中叶,库尔喀喇乌苏以东由畏兀儿亦都护管辖,西北边疆其他地区都是

---

〔1〕"碛磷"即"金翅鸟"。

〔2〕《宋史》第49卷《于阗传》。

〔3〕在敦煌千佛洞中,有3座洞窟与于阗王有关。一座是61窟,建于979—995年之间。这座洞窟为曹元忠的妻子凉国夫人所建。窟壁上有曹氏一家人的画像,其中有"回鹘公主"和"于阗公主"的画像。一座是444窟,建于盛唐,但窟东壁两侧有宋时于阗王太子的题记,全文是:"大宝于阗国皇太子从进供养","大宝于阗国皇太子□原供养"。仍沿袭后晋所授"大宝于阗国王"的封号。第三座是98窟,建于938年,是为于阗王李圣天所建,题记用"大朝大宝于阗国大明天子"。题记中的"大朝"是指后晋。

〔4〕《辽史》第46卷《百官志》。

〔5〕《辽史》第36卷《兵卫志》记载:辽对各属国"有事则遣使征兵,或下诏专征,不从者讨之,助军众寡,各从其便,无常额"。

〔6〕《辽史》第2卷《太祖纪》。

〔7〕《金史》第121卷《粘割韩奴转》。

成吉思汗第二子察合台和第三子窝阔台的领地。

忽必烈灭南宋建立元朝（公元 1271—1368 年）后，察合台、窝阔台的后裔和畏兀儿亦都护，都在元朝政府的管辖之下。1268 年（至元五年）以后，窝阔台后裔和察合台后裔蒙古贵族发生叛乱，元朝政府经过 40 多年的平叛斗争，使窝阔台、察合台后裔的一些蒙古贵族逐渐恢复了对元朝政府的隶属关系。

自元朝建立以来，伊犁以东的广大地区一直是在元朝政府的直接管辖之下。在伊犁地区，早在 1268 年（至元五年），忽必烈就以皇子北平王那木罕为总管，统率大军驻守于阿力麻里（今新疆霍城）。在畏兀儿地区，包括吐鲁番和北疆东部地区，设置了镇北庭都护府。[1] 1295 年（元贞元年），又设北庭都元帅府。1279—1289 年，在和阗设有宣慰使元帅府。此外，元朝政府还在西域地区设立了北庭都元帅府、提刑按察司、交钞提举司、宣慰司、织造司、西域亲军都指挥使司等军政机关。

元朝政府通过这些机构在西域地区实行统一的军政管理，推行与中原统一的货币，[2]直接向当地人民征收赋税和征调军队。[3] 同时也调遣内地人民到天山南北进行屯种。仅 1286 年（至元二十三年）10 月，元朝政府就派遣侍卫新附兵千人屯田别失八里（今新疆吉木萨尔县北破城子）。这年 11 月，又派遣蒙古千户曲出等统领新附军 400 人屯田别失八里。[4] 元朝政府还在西域境内和由内地到西域的交通要道上设立了许多驿站。1274 年（至元十一年），在太和岭（今山西雁门以北）到别失八里之间的交通要道上增设新驿 30 所。[5] 这些水陆驿站的设置，促进了内地与西域地区经济文化的交流，促进了西域地区社会经济的发展，进一步加强了元朝政府对西北边疆的管辖。

在元代，西北边疆的少数民族，特别是维吾尔族大量进入中原，并在整个中国的政治、经济和文化领域发挥了重大的作用。在进入内地

---

〔1〕《元史》第 11 卷《世祖本纪》。

〔2〕《元史》第 10 卷《世祖本纪》；第 11 卷《世祖本纪》。

〔3〕《元史》第 10 卷《世祖本纪》；第 13 卷《世祖本纪》。

〔4〕《元史》第 14 卷《世祖本纪》。

〔5〕《元史》第 8 卷《世祖本纪》。

· 欧 · 亚 · 历 · 史 · 文 · 化 · 文 · 库 ·

的维吾尔族中,有很大一部分是从西域征调来的手工业人(匠户)和军队。直到元朝后期,维吾尔族的军队仍驻扎在湖北等地。[1] 还有不少精通汉文的维吾尔族官员和作家,在内地从事政治、科学和文学活动。在政治方面,廉希宪、阿礼海涯等都担任过元朝中央政府的中书平章政事、尚书右丞相,阿散担任过甘肃省平章政事,燕只不花担任过广东宣慰使,脱烈海牙先后担任过吏部尚书、礼部尚书、荆湖北道宣慰使等职。在文学、史学、科学方面,沙剌班曾参加过《金史》的纂修工作;廉惠山海牙是《辽史》的编纂官,并参加了《英宗实录》、《显宗实录》的编修;贯云石是著名的文学家;鲁明善有《农桑衣食撮要》,是杰出的农学家。还有一些翻译家,把《资治通鉴》、《本草》、《贞观政要》、《申鉴》等书译成维吾尔文。他们对中原和西域地区的文化交流起了重要作用。

元朝灭亡后,西北边疆广大地区仍然在中国蒙古贵族统治之下。巴尔喀什湖以东、以南的广大地区为帖木儿所统治;天山以北、伊犁以东有蒙古贵族建立的别失八里政权;天山以南有于阗政权。据《明史》记载,自元朝灭亡,天山南北"各自割据,不相统属……迄宣德朝,效臣职,奉表笺,……多至七八十部。"[2]

明朝(公元1368—1644年)洪武时期,帖木儿政权曾向明朝政府"称臣纳贡"[3]。别失八里[4]政权的首领黑的儿火者、沙迷查干、马哈木、纳黑失只罕、歪思等,也始终与明朝政府保持着明确的隶属关系。他们不仅经常派代表向明朝政府朝贡,就一些重大的对外关系问题向明朝政府报告和请求批准。例如1407年,别失八里王沙迷查干向明朝政府提出,撒马尔罕原是察合台系蒙古贵族的辖地,请求明朝政府批准出兵收复;[5]1416年,别失八里王纳黑失只罕与哈烈首领发生争端,他

---

〔1〕《元史》第42卷《顺帝本纪》。

〔2〕《明史》第332卷《西域传》。

〔3〕《明史》第332卷《西域传》。参见杨兆钧译:《克拉维约东使记》,商务印书馆1957年版;冯承钧译:《帖木儿帝国》,商务印书馆1935年版。

〔4〕别失八里自歪思汗起,王庭迁至伊犁地区,所以又称"亦力把里"。

〔5〕《明成祖实录》第49卷,第3页,"永乐五年四月"。

即向明朝政府报告,由明朝政府出面处理。[1] 别失八里的首领继位,也要由明朝政府颁发玺书给予承认和批准。[2] 明朝政府还任命其各级首领为都督佥事、指挥佥事、正千户、副千户等官职,颁发诰命、冠带等物。[3]

吐鲁番、于阗和哈实哈尔(即喀什噶尔)等地区的蒙古统治者,也都与明朝政府有着隶属关系,他们经常向明朝政府朝贡。吐鲁番的一些蒙古贵族还被明朝政府任命为都督、指挥佥事等官职。[4] 此外,明朝政府还于 1404 年(永乐二年)封哈密地区的蒙古贵族安可帖木儿为忠顺王。1406 年设立哈密卫,给忠顺王安可帖木儿颁发哈密卫印,委派了经历、长史、纪善等官佐,任命哈密地区的其他首领为都督佥事、指挥佥事等官职。哈密成为明朝著名的"关西七卫"之一。

至于当时占据着哈密、别失八里以北广大地区的瓦剌与明朝政府的隶属关系,我们将在下一节作专门叙述。

自西汉在西北边疆建立行政管辖机构以来,一直到明代,期间经历了 1700 至 1800 年。在这段时间内,中国的中央和地方政权在西北边疆广大地区设官置守、驻兵屯田、兴修水利、开通道路,有效地保卫和建设了祖国的西北边疆。在长期的历史发展中,西北各少数民族与汉族之间,血肉相连,休戚与共,在政治、经济和文化上形成一个整体。正是在这个基础上,形成了包括巴尔喀什湖以东以南和帕米尔广大地区在内的清代中国的西北边疆。

14.2 清代的中国西北边疆

14.2.1 清初对西北边疆统一管辖的加强

明末,中国西北边疆广大地区主要居住着蒙古、维吾尔、哈萨克、柯

---

[1]《明成祖实录》第 100 卷,第 9 页,"永乐十四年三月"。
[2]《明成祖实录》第 100 卷,第 9 页,"永乐十四年三月"。
[3]《明宣宗实录》第 29 卷,第 9 页,"宣德二年七月"。
[4]《明宣宗实录》第 49 卷,第 3 页,"宣德三年十二月"。

尔克孜、塔吉克、乌梁海等中国少数民族。当时,在这里处于统治地位的:天山以北是厄鲁特蒙古贵族,天山以南是察合台系的蒙古贵族。

厄鲁特蒙古是中国蒙古族的一支,主要居住在巴尔喀什湖以东以南的广大地区。此外,还有一些部落游牧在额尔齐斯河、鄂木河、伊希姆河、托博尔河一带。苏联一些历史著作也承认,现在苏联境内的彼得罗巴浦洛夫斯克、鄂木斯克以南的广大地区,在历史上都是中国厄鲁特蒙古的辖地,[1]巴尔喀什湖以西和西南的哈萨克部落、伊塞克湖一带的柯尔克孜部落,也曾经是厄鲁特蒙古的属部。

12世纪末,厄鲁特蒙古活动于叶尼塞河河源,被称为"斡亦剌惕"[2]。13世纪初,成吉思汗统一蒙古各部时,以忽都哈别乞为首的一部分斡亦剌惕部归附成吉思汗,并帮助术赤[3]统一了斡亦剌惕和其他10余个部落,得到成吉思汗的嘉奖。成吉思汗将女儿扯扯干嫁给忽都哈别乞的儿子脱劣勒赤。从此,斡亦剌惕部贵族与成吉思汗家族结成了世代的姻亲关系,在蒙古族各部中处于显赫的地位。成吉思汗曾派兵在他们居住的叶尼塞河上游地区屯守。到窝阔台时,在叶尼塞河地区设置了谦谦州。忽必烈时,又在谦谦州设置万户府,并在斡亦剌惕部和吉利吉斯部之间,设置驿站,[4]加强了对斡亦剌惕部的管辖。到元代后期,元朝政府正式册封斡亦剌惕部的首领也不干为"延安王"[5]。

元朝灭亡后,蒙古族分裂为几个大的集团,厄鲁特部(在明代称作瓦剌)就是其中的一个集团。15世纪初到15世纪中叶,瓦剌贵族强大起来,统一了蒙古各部,在漠北、漠南建立了隶属于明朝政府的地方政权,他们的首领马哈木等,于1408年(永乐六年)向明朝政府"请印信

---

〔1〕苏联哈萨克共和国科学院:《苏联哈萨克共和国史》,第1卷,阿拉木图1957年版,第179页;兹拉特金:《准噶尔汗国史(1635—1758)》,莫斯科1964年版,第118页。

〔2〕《元朝秘史》第12卷称"厄鲁特"为"斡亦剌惕";参见《多桑蒙古史》(上),中华书局1962年版,第164页。

〔3〕成吉思汗的长子。

〔4〕《元史》第16卷《世祖本纪》。

〔5〕《元史》第109卷《公主表》;《新元史》第28卷《表第二》。

封爵"[1]。第二年,明朝政府正式册封瓦剌的 3 个首领马哈木、太平、把秃孛罗为顺宁王、贤义王、安乐王[2]。此后,他们的子孙仍然承袭王爵。明朝政府还多次任命瓦剌各级首领为都指挥佥事、指挥佥事、都督等职务,任命瓦剌的僧侣为慈善弘化国师、都纲等僧官,并向各级僧官颁发印、册[3]。一直到明末,沙俄派到瓦剌的使者还亲眼看到明朝政府的官员在向瓦剌部征收赋税[4]。

明代,瓦剌与中原地区的经济联系也很密切[5]。他们每年通过"贡马"的形式,把大量牲畜运入内地,换取生活、生产用品。"进贡"的人数经常在几百人以上,有时达 3000 人;"贡马"的数量经常达到三四千匹,各种毛皮万余张[6]。

15 世纪中期,瓦剌又开始向西扩张,以后逐渐越过杭爱山到达斋桑湖、额尔齐斯河上游以及以北的广大地区,西南到达吹河、塔拉斯河流域。

16 世纪后期,在厄鲁特蒙古中逐渐出现了准噶尔、和硕特、杜尔伯特和土尔扈特四大部。各部"部自为长"[7],但也组成了一种比较松散的统一机构,即"丘尔干"(盟会之意)。"丘尔干"设有 1—2 个首领。自"丘尔干"建立以来,其主要首领一直由和硕特部的首领担任。据记载,和硕特部的首领博贝密尔咱始称"卫拉特汗",即担任"丘尔干"首领,后传至其子哈尼诺颜洪果尔,16 世纪末 17 世纪初,又传至拜巴噶斯。

在拜巴噶斯统治时期,正值明朝的统治日益腐败,农民起义的烈火燃遍中原,在东北地区,中国满族逐渐强大,取代了明朝在这里的统治。

---

〔1〕《明成祖实录》第 59 卷,第 5 页,"永乐六年十月丙子"。

〔2〕《明史》第 328 卷《瓦剌传》。

〔3〕《明英宗实录》第 37 卷,第 3 页;第 38 卷,第 7 页。

〔4〕巴德雷:《俄国、蒙古、中国》第 2 卷,伦敦 1919 年版,第 37 – 39 页。

〔5〕《明经世文编》第 19 卷,胡濙《论虏情疏》中说,瓦剌派到内地的贡使"络绎于道,驼马迭贡于朝"。

〔6〕《明英宗实录》第 84 卷,第 7 页,"正统六年十月甲申";第 160 卷,第 7 页,"正统十二年十一月甲申":瓦剌使臣皮儿马黑麻等 2472 人来朝,贡马 4172 匹,貂鼠、银鼠、青鼠皮 12300 张。

〔7〕祁韵士:《皇朝藩部要略》第 9 卷《厄鲁特要略一》。

·欧·亚·历·史·文·化·文·库·

这种形势,在厄鲁特蒙古中引起了巨大反响。厄鲁特首领拜巴噶斯的弟弟图鲁拜琥当时就从天山以北的牧地向尚未入关的清政权遣使进贡。[1] 1637年(崇祯十年),他又率领一部分和硕特部落向东迁徙,迁入青海、西藏等地,成为以后清朝政府管辖下的青海厄鲁特蒙古。1640年(崇祯十三年),拜巴噶斯死,其子鄂齐尔图率部分厄鲁特部落进入河套以西的阿拉善地区,成为清政府管辖下的西套厄鲁特蒙古。1646年(顺治三年),清朝政府任命图鲁拜琥为厄鲁特首领,"赐甲胄弓矢,俾辖诸厄鲁特"[2];1653年又正式封他为"遵文行义敏慧顾实汗"(简称"顾实汗")。

17世纪中叶,准噶尔部逐渐强大起来,其首领巴图尔珲台吉排挤顾实汗,把厄鲁特蒙古各部置于准噶尔贵族的统治之下。巴图尔珲台吉死后,其子僧格继任准噶尔首领。不久,准噶尔贵族内讧,僧格被车臣和卓特巴巴图尔所杀,其子策妄阿拉布坦立。僧格弟噶尔丹戮逐车臣,杀策妄阿拉布坦,自立为准噶尔汗。

噶尔丹从小在中国西藏地区当喇嘛。僧格被杀后,他立即赶回准噶尔,于1670年(康熙九年)成为准噶尔的首领。他每年向清朝政府派遣大批"贡使",特别是在18世纪80年代左右,准噶尔的"贡使"经常多达千余人或数千人,连绵不绝于途。[3] 噶尔丹还向清朝政府"吁请恩赐白金,以育众庶"[4]。1679年(康熙十八年),西藏五世达赖喇嘛以黄教首领的名义授给噶尔丹以博硕克图汗号,噶尔丹即向清朝政府报告,请求批准。清朝政府也不断派遣官员前往准噶尔,特别是在平定吴三桂的叛乱后,清朝政府派大员到准噶尔等边疆各地告捷,以示庆贺。康熙帝在给噶尔丹的谕旨中特意指出:"……自尔父兄历世相承,虔修礼好,敬贡有年。延及尔身,笃尽悃忱,往来不绝,殊为可嘉。……兹海宇升平,惠泽宜溥,特遣大臣侍卫官员等,赍捧重赏"[5] 1688年

〔1〕祁韵士:《皇朝藩部要略》第9卷《厄鲁特要略一》。
〔2〕祁韵士:《皇朝藩部要略》第9卷《厄鲁特要略一》。
〔3〕温达:《亲征平定朔漠方略》第2卷"康熙二十二年九月癸未"。
〔4〕温达:《亲征平定朔漠方略》第8卷"康熙二十九年十二月己未"。
〔5〕温达:《亲征平定朔漠方略》第1卷"康熙十八年九月丁酉"。

（康熙二十七年），噶尔丹发生叛乱，但是，就在这个时候，噶尔丹还承认"与中华一道同轨"[1]，表示不敢"自外于中华"[2]。1695 年（康熙三十四年），噶尔丹叛军被清朝政府击溃后，五世达赖特意请求清朝政府不要削除噶尔丹的汗号，"仍使留存，且加敕印恩赐"[3]。这些记载都表明，噶尔丹时期，准噶尔与清朝政府的隶属关系是十分清楚和明确的。

在噶尔丹发生叛乱，率兵进入喀尔喀蒙古后，以噶尔丹的侄子策妄阿拉布坦为首的准噶尔贵族，占领了准噶尔地区，他立即向清朝政府"告捷"，并保证"嗣后大君凡有谕旨，俱愿遵行"[4]。策妄阿拉布坦统治准噶尔的前期，与清朝政府的隶属关系也是十分清楚的。他遵照清朝政府的指示，在阿尔泰地区切断了噶尔丹的归路，加速了噶尔丹的灭亡。1695 年（康熙三十六年），噶尔丹死，策妄阿拉布坦遵照康熙帝的指令，将噶尔丹的尸体及其女儿一并送交清朝政府。在一些重大问题上，策妄阿拉布坦也要奏请清朝政府批准。如 1698 年，准噶尔与哈萨克发生了战争，策妄阿拉布坦立即向康熙帝报告说：哈萨克头克汗杀掠厄鲁特人民，抢劫厄鲁特所属乌梁海，"臣是以兴兵而往，恐圣上谓臣喜事好兵，故陈此自白"[5]。

18 世纪四十到五十年代，准噶尔贵族之间发生了内乱。清朝政府于 1755 年（乾隆二十年）分两路出兵西域，任命班第为定边将军，厄鲁特蒙古辉特部贵族阿睦尔撒纳为定边左副将军，率北路军进驻伊犁。在清军进驻伊犁后，阿睦尔撒纳要清政府封他为厄鲁特四部的汗，又妄

〔1〕《清圣祖实录》第 103 卷，第 16－17 页。

〔2〕温达：《亲征平定朔漠方略》第 7 卷"康熙二十九年七月"。

〔3〕温达：《亲征平定朔漠方略》第 15 卷"康熙三十四年四月庚子"。

〔4〕温达：《亲征平定朔漠方略》第 9 卷"康熙三十二年戊午"。

〔5〕温达：《亲征平定朔漠方略》第 48 卷"康熙三十七年四月癸亥"。策妄阿拉布坦对清朝政府的隶属关系，当时的俄国人也是承认的。例如，曾经代表沙俄与清政府签订《布连斯奇条约》的萨瓦·卢基奇·务拉的思拉维赤－拉古津斯基在他呈递给沙皇政府的一个报告中曾说："浑台吉（指策妄阿拉布坦——引者）……将来可能脱离中国人而成为俄国的藩篱和最有益的同盟者，那么对他保持友善关系不是坏事情。"这段话充分暴露了沙皇侵略者的野心，他们明知准噶尔隶属于中国清朝政府，仍极力图谋分裂中华民族，侵吞中国准噶尔地区。转引自巴布科夫：《1859—1875 年我在西西伯利亚服务的回忆》，圣彼得堡 1912 年版，第 126 页。

图在西北边疆搞割据。由于野心未能得逞，阿睦尔撒纳即发动了叛乱。但是，西北边疆各族人民反对这一小撮厄鲁特贵族的叛乱，坚决支持清朝政府统一西北边疆，因而阿睦尔撒纳等人的叛乱很快就被平定了。至此，西北边疆完全置于清朝中央政府的直接管理之下。

准噶尔小撮贵族的叛乱活动，一直遭到要求祖国统一的厄鲁特各阶层人民的反对。

在准噶尔发动叛乱的时期，大批厄鲁特蒙古部落离开了准噶尔地区。1684 年（康熙二十三年），以憨都台吉为首的一部分准噶尔部落逃入内地，其首领向清朝政府控告噶尔丹的残暴统治[1]。在噶尔丹进入喀尔喀蒙古后，准噶尔部落大半归附策妄阿拉布坦[2]。跟随噶尔丹的准噶尔牧民，也大批逃亡[3]。噶尔丹的叛乱就是在这种众叛亲离的情况下，被清朝政府平定的。此后，只要准噶尔贵族有叛乱活动，总有大批厄鲁特部落摆脱准噶尔部的统治向东迁徙。1762 年（雍正四年），潜入阿尔泰推河一带的准噶尔部、杜尔伯特部、辉特部的牧民，数量已经很大，清朝政府把他们编设了 6 个旗[4]。此后，厄鲁特各部牧民向东迁徙更加频繁。1753 年（乾隆十八年），杜尔伯特部 6000 余户由额尔齐斯河牧地东迁，清政府将他们安置在阿尔泰推河一带游牧[5]。第二年，辉特部、和硕特部 4000 余户东迁[6]，其他部落也纷纷向内地迁徙[7]。厄鲁特各部牧民摆脱准噶尔贵族统治向东迁徙的行动，表达了厄鲁特人民反对准噶尔贵族叛乱，要求祖国进一步统一的强烈愿望。1755 年（乾隆二十年），清军在向西北边疆进军途中，沿途的厄鲁特各部落牧民，有的主动向清军供应羊马牲畜、奶酪。在厄鲁特人民支持下，清军只用了 80 多天就到达了伊犁[8]。

〔1〕温达：《亲征平定朔漠方略》第 3 卷"康熙二十三年十一月甲子"。
〔2〕温达：《亲征平定朔漠方略》第 13 卷"康熙三十二年二月己丑"。
〔3〕温达：《亲征平定朔漠方略》第 33 卷"康熙三十五年十一月戊午"。
〔4〕祁韵士：《皇朝藩部要略》第 11 卷《厄鲁特要略三》。
〔5〕祁韵士：《皇朝藩部要略》第 12 卷《厄鲁特要略四》。
〔6〕祁韵士：《皇朝藩部要略》第 12 卷《厄鲁特要略四》。
〔7〕祁韵士：《皇朝藩部要略》第 12 卷《厄鲁特要略四》。
〔8〕何秋涛：《朔方备乘》第 4 卷。

此外,当时轰动中国的土尔扈特部返回祖国的事件,也是厄鲁特蒙古人民热爱祖国,要求祖国统一的一个生动事例。

　　土尔扈特部是厄鲁特蒙古四部中的一部,原游牧于塔尔巴哈台地区,17 世纪 30 年代初,迁徙到伏尔加河下游一带。18 世纪 70 年代初,土尔扈特部首领渥巴锡不堪沙俄的勒索和压迫,毅然率领 33000 余户,169000 余人[1],扶老携幼,赶着畜群,不畏艰难险阻,沿途冲破沙俄军队的堵截,返回祖国。渥巴锡向清朝政府呈交其先世所受明朝永乐八年封爵的汉篆玉印一颗,[2] 表达他对祖国的深厚感情。土尔扈特部在离开中国 140 年后经历千辛万苦重新返回,是厄鲁特蒙古人民维护祖国统一,热爱祖国的最好证明。

　　厄鲁特蒙古的历史十分清楚地表明,厄鲁特蒙古是中国蒙古族的一部分,是中华民族的成员之一。厄鲁特蒙古在政治上,从来就对中央王朝有着明确的隶属关系;在经济上,与中原地区从来就是密切联系、共同发展的。厄鲁特蒙古的广大人民对统一祖国、保卫祖国边疆做出过重要的贡献。

　　中国维吾尔族在清朝政府统一祖国西北边疆的斗争中,也做出了巨大的贡献。

　　维吾尔族聚居的南疆地区,17 世纪初,仍然在以叶尔羌为中心的察合台系蒙古贵族的统治下。17 世纪中叶,明朝政府被推翻后,吐鲁番的首领阿布勒阿哈默特阿济即于 1646 年(顺治三年)向清朝政府遣使"奉贡表"。顺治帝在"谕旨"中说:"吐鲁番……今得幸而复合,……所受有明敕印,可遣使送缴,以便裁酌授尔封爵"[3] 1655 年(顺治十二年),叶尔羌的首领向清朝政府遣使进表,[4]整个天山以南恢复了与中央政府的隶属关系。

　　1678 年(康熙十七年),噶尔丹趁南疆地区各封建主内讧的机会,

　　[1]松筠:《新疆识略》,卷首,《御制优恤土尔扈特部众记》。但据何秋涛的《朔方备乘》记载,返回的土尔扈特部为"四十余万部众",《西域闻见录》更说是"四十六万余户"。
　　[2]何秋涛:《朔方备乘》第 38 卷《土尔扈特归附始末》。
　　[3]祁韵士:《皇朝藩部要略》第 15 卷《回部要略一》。
　　[4]祁韵士:《皇朝藩部要略》第 15 卷《回部要略一》。

进兵叶尔羌,统治了天山以南。准噶尔贵族在各城分设头目,榨取苛重的赋税,仅叶尔羌一城,每年要交纳 10 万"腾格"[1]。准噶尔贵族任意强征劳役,抢夺牲畜,奸淫妇女,肆行残杀,造成了许多地区荒芜。如喀喇沙尔(即焉耆),原为"人户繁盛,果木黍稷盘空被野,夙称富庶之邦"。准噶尔贵族占领南疆后,"占踞其地为牧场,……民不堪其扰,死绝逃亡,地遂空虚"[2]。

准噶尔贵族的破坏和骚扰,引起了维吾尔族各阶层的反对。1696年(康熙三十五年),哈密首领额贝都拉摆脱了准噶尔贵族的统治。第二年,他配合清军抗击准噶尔贵族的叛乱,擒获噶尔丹的儿子色布腾巴勒珠尔,给噶尔丹以沉重打击。1698 年(康熙三十七年),清朝政府在哈密编设旗队,设管旗章京、参领、佐领、骁骑校等各官[3]。哈密成为清朝政府统一西北边疆的重要前哨阵地,哈密地区的维吾尔族人民,成为统一祖国西北边疆的一支重要先头部队。

吐鲁番地区以额敏和卓等为首的一部分维吾尔族首领,苦于准噶尔贵族的压迫和掠夺,从 18 世纪 20 年代起,就请求清朝政府向吐鲁番地区派驻部队。清朝政府也曾多次在吐鲁番驻兵、兴屯。1732 年(雍正十年),清朝政府根据吐鲁番额敏和卓的要求,将吐鲁番近 1 万户维吾尔族迁入内地。[4] 在乾隆平定准噶尔贵族叛乱时,这部分维吾尔族的部队同哈密等地维吾尔族的部队一起进军伊犁。准噶尔贵族的叛乱平定后,迁入内地的维吾尔族即于 1756 年(乾隆二十一年)返回吐鲁番。清朝政府命额敏和卓等管辖吐鲁番地区,并升授额敏和卓为贝子,授其子素赉璊为公。[5]

1755 年(乾隆二十年)清军进入伊犁后,释放了被准噶尔贵族监押

〔1〕温达:《平定准噶尔方略》正编,第 77 卷。"腾格"是当时南疆地区的货币单位。一"腾格"值银一两。

〔2〕七十一撰《西域闻见录》第 2 卷。

〔3〕祁韵士:《皇朝藩部要略》第 15 卷《回部要略一》。

〔4〕温达:《平定准噶尔方略》前编,第 32 卷"雍正十年十一月乙未";第 33 卷"雍正十二年十二月庚午"。

〔5〕祁韵士:《皇朝藩部要略》第 15 卷《回部要略一》。

在伊犁的叶尔羌和卓的后代布拉尼敦(即大和卓)和霍集占(即小和卓),还特派军队护送布拉尼敦回喀什噶尔。1758年(乾隆二十三年)霍集占竟伙同布拉尼敦发动叛乱。霍集占等破坏统一、搞封建割据的活动,违反了各族人民的共同愿望,遭到南疆各地维吾尔族人民的强烈反对。哈密札萨克玉素卜率领哈密维吾尔族部队参加平叛。[1] 吐鲁番的额敏和卓担任参赞大臣,在平定大小和卓的叛乱中起了重要作用。库车"阿奇木伯克"鄂对、拜城"伯克"色提卜阿勒氏因反对大小和卓的叛乱,被迫逃往伊犁,后又随同清军平定叛乱。在和卓兄弟被清军击败,逃往阿克苏、乌什城时,乌什"伯克"霍集斯等拒绝他们入城,并配合清军追剿叛军。

在维吾尔族等西北边疆各族人民的反对下,大小和卓的叛乱于第二年就被清朝政府平定了。

在清朝政府统一西北边疆的斗争中,西北边疆的其他各少数民族,如哈萨克、柯尔克孜、塔吉克、锡伯、达斡尔等族也都发挥过重大作用。其中,锡伯族和达斡尔族等是从遥远的东北边疆移住于此的,他们与当地各族人民一起,守卫卡伦,巡查边界,建驿站,兴水利,开屯田,设牧场,对开发和保卫西北边疆做出了重大贡献。

14.2.2　鸦片战争前的中国西北疆域

清朝政府平定准噶尔贵族和大小和卓的叛乱后,随即在阿尔泰、萨彦岭、巴尔喀什湖以东以南与帕米尔的广大地区,以及天山南北,逐步设立了各级地方行政机构。

按清朝的地方行政区划,中国的西北边疆分为两个部分:北部,即额尔齐斯河、斋桑泊以北,阿尔泰、萨彦岭地区,归乌里雅苏台定边左副将军管辖;南部,包括天山南北、巴尔喀什湖以东以南直至帕米尔地区,

---

〔1〕和宁:《回疆通志》第12卷。

归总统伊犁等处将军管辖,这块地区自古称作"西域",清代称"新疆"[1]。

在中国漫长的西北边界上,19世纪中叶以前,与沙皇俄国交界的,只是从沙宾达巴哈[2]到额尔齐斯河一段。至于从额尔齐斯河到帕米尔这段边界,当时中国主要与左、右部哈萨克[3]、浩罕、拔达克山等为邻,同沙皇俄国相距还十分遥远。中国清朝政府曾多次正式向这些国家和地区明确了各自的管辖范围。这在当时中国的官方文件和有关的历史著作以及许多地图中,都有明确的记载。

下面就平定准噶尔贵族叛乱后,中国西北边界的走向以及清朝政府在边界地区的具体管辖情况,分别作一个概括的叙述。

14.2.2.1　乌里雅苏台定边左副将军所辖地区[4]

中国西北边疆的北部,是清代乌里雅苏台定边左副将军管辖下的科布多与唐努乌梁海部的一部分地区。这段边界的北部和西部,都与沙皇俄国交界。对这段边界的走向,中国的官方文件和著作有明确的记载。

这段边界的最东端为沙宾达巴哈,是1727年(雍正五年)中俄《布

---

〔1〕新疆,历史上称作西域。自两千多年前汉朝统一西域以来,就一直在中国中央王朝和地方政权的管辖之下。明末清初,我国准噶尔贵族在这里建立了割据政权,随后又发动了叛乱。清朝政府平定了这次叛乱,重新统一了西北边疆。在向准噶尔进军时,乾隆曾说:"汉时西陲塞地极广","天山南北"皆曾屯戍","唐开都护府,扩地及西北边"(见《清高宗实录》,第482卷,第19页)。这表明,乾隆并非不知道西域早就是中国的固有领土。但是,为了宣扬重新统一西北边疆的这件"武功",又把西域称作"新疆"。乾隆年间编纂的《西域图志》还处处把清朝对西域的管辖同以前各朝对比,同时批评了一些朝代管辖西域方面的缺陷。那种故意割断中国历史,闭眼不看两千年的事实,说什么"新疆"就是中国的"新边界"、"新的疆界",这完全是别有用心地歪曲事实。

〔2〕清代文献又作"沙必乃达巴汉"或"沙弼奈岭"。满语称"岭"为"达巴哈"。此地在苏联图瓦自治省的西北,仍沿用旧名。

〔3〕左部哈萨克(即中帐),于1757年归顺清朝政府,其首领阿布赉向清朝政府表示:"情愿将哈萨克全部归顺",并派遣亨集噶尔等7人入觐。第二年,右部哈萨克(即大帐)首领阿比里斯等也向清政府声明:"我右哈萨克久欲归诚",此后当"奋勉自效,永无二心"。自左、右部哈萨克归顺清朝政府后,年年入贡,经常入觐,清朝政府曾册封阿布赉及其子斡里相继为汗。两部的其他首领也曾接受清朝政府的官职。特别是右部哈萨克,与清朝政府的这种关系一直维持到19世纪40年代。

〔4〕清朝乌里雅苏台定边左副将军统辖唐努乌梁海、科布多地方,喀尔喀四部官兵,并会办库伦以西事务。本节仅述定边左副将军所辖的一部分。

292

连斯奇条约》所规定的最后一个界牌。这个中俄交界点载之条约,是举世皆知的。

从沙宾达巴哈往西北,在中国唐努乌梁海境内有阿穆哈河(苏联阿巴根河)和察罕米哈尔河(苏联切罕河)。据清朝文献记载,这两条河北流汇合后,"又北流达俄罗斯界"[1]。

由这里往西,中国唐努乌梁海和科布多境内有向北流的阿勒坦河(苏联毕雅河)和哈屯河(苏联卡通河),二水合流后,即为鄂毕河。据清代文献记载,中俄交界处在二水合流的西北。[2] 苏联的历史著作也承认,18 世纪 50 年代,俄国的堡垒线才扩展到这两条河汇合处的比斯克。[3]

从比斯克起,中俄边界转向西南,以察拉斯河(苏联恰雷什河)的支流白河为界。对这个交界点,俄国文献有明确的记载。1756 年(乾隆二十一年),中国乌梁海宰桑鄂木布及其子博罗特等人逃入俄境,清朝政府派兵追赶到边界,并行文俄国西伯利亚当局索要逃犯。[4] 1757年,俄国政府就这件事给清朝的复文中明确地说:博罗特等人"惧罪逃入俄国边堡,该地位于国界处之白河岸上"[5]。可见,白河是中俄边界上的一个交界点,沙俄政府是十分清楚的。

从白河向西南,中俄边界到达额尔齐斯河。俄国在额尔齐斯河上最东的居民点,是乌斯季卡缅诺戈尔斯克,中国文献称作铿格尔图喇,

---

〔1〕何秋涛:《朔方备乘》第 25 卷《色楞格河源流考》。

〔2〕何秋涛:《朔方备乘》第 26 卷《额尔齐斯河源流考》。

〔3〕德鲁日宁:《苏联史纲(18 世纪后半叶)》,莫斯科 1956 年版,第 665 页。

〔4〕当时西伯利亚总督米亚特列夫曾向沙皇政府报告说:"鄂木布及其子博罗特等逃入俄国境内克雷完工场(位于白河西岸),清军追赶逃犯追近白河(见班蒂什‐卡缅斯基:《1619—1792 年俄中外交资料汇编》,喀山 1882 年版,第 266 页)。

〔5〕王之相、刘泽荣编译:《故宫俄文史料》,故宫博物院 1936 年版,第 178 页。

当时中俄在额尔齐斯河上的分界点就在这里。[1]

对唐努乌梁海和科布多地区中俄交界的这段边界走向,1956 年出版的《苏联史纲》也得出了与我们相同的结论。在这部书的 18 世纪下半叶分册中说,18 世纪中叶,沙皇俄国在逐步侵占了托木斯克以南原属中国准噶尔部的辖地后,于 1759 年建立了一条"堡垒线",它由相距数十里的许多小堡垒组成。这条堡垒线起初是由塞米巴拉金斯克向东北延伸,1762 年又改为从乌斯季卡缅诺戈尔斯克起,向北到白河西岸的克雷完工场,又向东北,经过比斯克,到库兹涅茨克(苏联斯大林斯克),俄国人称这条堡垒线为"克雷完-库兹涅茨克堡垒线"。该书作者说,这条堡垒线是俄属"西西伯利亚的南面屏障"[2]。可见,由沙宾达巴哈经比斯克到额尔齐斯河这段中俄边界,是沙俄在逐步侵占了托木斯克以南原属中国准噶尔部的辖地后才形成的。

清朝政府对这段边境地区,行使着有效的管辖。

当时,在这段边界以内居住的主要是中国的乌梁海部落。

在这段边境东部地区游牧的乌梁海部落,原属中国喀尔喀蒙古扎萨克图汗。18 世纪初,清朝政府把这部分乌梁海部落编设佐领,任命扎萨克辅国公博贝等管辖。1733 年(雍正十一年)后,又增编为 46 个佐领。因为这部分乌梁海居住在唐努山一带,所以称唐努乌梁海部。唐努乌梁海各佐领分布的地区很广,大部分在沙宾达巴哈东南,少部分

---

〔1〕据《平定准噶尔方略》续编第 40 卷记载,1761 年,中国准噶尔人色布腾等叛逃俄国,清军追至"俄罗斯之铿格尔图喇",向俄方索要逃犯。对这件事,俄国官方文件中有相应的记载说:沙皇政府即命令乌斯季卡缅诺戈尔斯克的少校康斯坦丁·沙伊斯基接受清朝政府提出的逃犯名单,并将色布腾等 153 人交回中国(见班蒂什-卡缅斯基:《1619—1792 年俄中外交资料汇编》,第 303 页)。乌里雅苏台定边左副将军成衮扎布在乌斯季卡缅诺戈尔斯克的少校交回色布腾等人后,向乾隆皇帝报告说:"俄罗斯铿格尔图喇玛玉尔(俄语"少校"的音译——引者)等奉伊吉纳尔衙门来文,将玛哈沁色布腾等一百余人及军器马匹等物,全行送出"(见《清高宗实录》第 647 卷,"乾隆二十六年辛巳十月丁亥")。从中俄双方对色布腾事件的记述中,清楚地看到,乌斯季卡缅诺戈尔斯克就是铿格尔图喇,这里是中俄的一个交界点。此外,据《平定准噶尔方略》正篇第 35 卷记载,1757 年清军追剿阿睦尔撒纳直至"俄罗斯境之铿格尔图喇,遣人告之,十八日俄罗斯喀丕坦(俄语"大尉"的音译——引者)等至额尔齐斯河滨相见"。这个记载也说明,乌斯季卡缅诺戈尔斯克是当时中俄在额尔齐斯河上的分界点。

〔2〕《苏联史纲》,第 663 页。

在沙宾达巴哈以西、以南。在沙宾达巴哈以西、以南的唐努乌梁海各佐领布分的情况是：沙宾达巴哈南，是定边左副将军直辖的 4 个佐领；[1]鄂尔噶汗山以北，阿穆哈河与察罕米哈尔河汇合处以南，是三音诺颜部所属的 13 个佐领；[2]阿穆哈河与阿勒坦河之间，是定边左副将军直辖的 10 个佐领。[3] 中国唐努乌梁海各佐领地处边界，在开发和保卫祖国边疆方面，发挥了重要作用。正如《朔方备乘》一书所说的：唐努乌梁海各佐领，"北控罗刹，南卫卡伦，峻岭回还，巨川萦绕，洵极边之保障也"[4]。

在这段边境的西部，是中国科布多参赞大臣管辖下的乌梁海部落。这部分乌梁海部落原来都在中国准噶尔贵族的统治之下，1754 年（乾隆十九年），游牧于南部阿尔泰、推河、哈屯河地区的乌梁海首领扎木图、祃木特、韦根、赤伦、察达克等相继归清朝政府直辖。1755 年，清朝政府将这部分乌梁海部落编为 7 个佐领，任命察达克为副都统、总管。1762 年，清政府又把他们改编为左右两翼，左翼四旗，右翼三旗，任命两个总管分别管理。[5] 因为这部分乌梁海部落居住在阿尔泰（又作阿勒坦）地区，所以清代把他们称作阿勒坦乌梁海。

1757 年（乾隆二十二年），游牧于阿勒坦乌梁海西北部的乌梁海部落，也相继归清朝政府管辖。清朝政府统编这部分乌梁海部落为二旗，四佐领，[6]任命其首领特勒伯克扎尔纳克为三品总管。因为他们游牧的地区主要在阿勒坦淖尔（苏联捷列茨科耶湖）附近，所以称这部分乌梁海为阿勒坦淖尔乌梁海。

阿勒坦乌梁海和阿勒坦淖尔乌梁海各佐领的牧地，分布在从阿勒坦河到铿格尔图喇这段边界以内的广大地区。1759 年（乾隆二十四

---

〔1〕《嘉庆重修一统志》第 532 卷《乌里雅苏台统部》。

〔2〕《嘉庆重修一统志》第 532 卷《乌里雅苏台统部》。据许景澄：《西北边界地名译汉考证》，鄂尔噶汗山即苏联境内的喀尔雷罕山脉。

〔3〕《嘉庆重修一统志》第 532 卷《乌里雅苏台统部》。

〔4〕何秋涛：《朔方备乘》第 11 卷《北徼形势考》。

〔5〕《平定准噶尔方略》续编，第 19 卷。

〔6〕《平定准噶尔方略》第 17 卷。

·欧·亚·历·史·文·化·文·库·

年），清朝政府在科布多设立参赞大臣，管理这两部分乌梁海及其他游牧部落。按清朝政府规定，他们每户每年要缴纳貂皮两张，由乌里雅苏台定边左副将军负责收齐上交。[1] 1827 年（道光七年），清朝政府还因为他们能按时按量呈交貂皮，赏给阿勒坦淖尔乌梁海总管蒙古勒花翎。[2]

在唐努乌梁海和科布多广大地区，除了由乌梁海各佐领根据乌里雅苏台定边左副将军的指示保卫地方，行使管辖以外，在境内的一些交通要道上，清朝政府还设有许多卡伦，以区分各部落的游牧区，稽查行人，防御盗贼。科布多地区最西部的卡伦：现在苏联境内额尔齐斯河上游右岸，有和尼迈拉虎卡伦；那雷姆河上游，有那林卡伦；在和尼迈拉虎卡伦以东，有库兰阿吉尔噶卡伦；在布克图尔玛河上游左岸，有昌吉斯台卡伦；在斋桑泊以东，即现在苏联的阿克求别地区，有玛呢图噶图勒干卡伦，等等。这些卡伦均由科布多参赞大臣管理。

此外，清朝政府在这段边境的一些地区，还定期进行巡查。起初规定 3 年一次，1771 年改为每年稽查一次。[3] 每次查边，均由杜尔伯特协理台吉 1 人率兵 80 名、阿勒坦乌梁海章京 1 人率兵 10 名、喀尔喀扎萨克 1 人率兵 20 名，于 5 月间在哈克诺尔会齐，在哈屯河、汗山[4]一带边境地区巡查。[5] 1863 年（同治二年），清朝政府仍然要求科布多地方官员"晓谕阿勒坦淖尔乌梁海等齐心御侮"[6]，指令科布多参赞大

〔1〕富俊：《科布多政务总册》。

〔2〕《清宣宗实录》第 115 卷"道光七年三月戊子"。清朝政府对阿勒坦淖尔乌梁海和阿勒坦乌梁海进行有效的管辖，也为当时的一些俄国人所承认。帝俄五级文官、科学院院士米列尔，在 1763 年写的一篇文章中就承认："鄂毕河与额尔齐斯河之间"的广大地区，由清朝政府管辖，这里的居民把"特产优质貂皮"作为赋税，交给中国政府，并说，这一地区与库兹涅茨克和克雷完－沃斯克列谢斯克工场为邻（见班蒂什－卡缅斯基：《1619—1792 年俄中外交资料汇编》，1763 年附件，第 391 页）。米列尔所说的这个地区，正是阿勒坦淖尔乌梁海和阿勒坦乌梁海诸佐领的辖地。

〔3〕《清高宗实录》第 888 卷，第 32 页。

〔4〕何秋涛：《朔方备乘》第 23 卷《北徼山脉考》："汗阿林在中国科布多西北，乃金山西北大干，随额尔齐斯河东岸以北者"，即阿尔泰山脉的西部诸山。汗阿林即"汗山"的意思。"阿林"为满语"山"的音译。

〔5〕《科布多政务总册》。

〔6〕《清穆宗实录》第 66 卷"同治二年五月己酉"。

臣派官兵到哈屯河一带进行巡查。[1]

14.2.2.2 伊犁将军所辖边境地区

在平定准噶尔贵族和大小和卓的叛乱以后,清朝政府于 1762 年(乾隆二十七年)正式设立了总统伊犁等处将军(简称伊犁将军)一职,统辖从额尔齐斯河、斋桑泊以南到帕米尔,包括天山南北、巴尔喀什湖以东以南的广大地区。伊犁将军下设参赞大臣、办事大臣、领队大臣、都统等各级地方官员,分别管理伊犁、库尔喀喇乌苏、塔尔巴哈台、乌鲁木齐、古城、巴里坤、吐鲁番、哈密、喀喇沙尔、库车、阿克苏、乌什、喀什噶尔、叶尔羌、和阗等地。

在伊犁将军所属各地区中,位于边界的,主要是塔尔巴哈台、伊犁和喀什噶尔。

14.2.2.2.1 塔尔巴哈台地区

明末清初,塔尔巴哈台地区是中国厄鲁特蒙古土尔扈特部的牧地,土尔扈特部西迁后,成为中国厄鲁特蒙古辉特部的游牧地。[2] 同时,在塔尔巴哈台西北沿边一带,还有中国哈萨克族乃曼部的游牧部落。这部分哈萨克族在清朝政府平定准噶尔贵族叛乱以前,是准噶尔的属部。18 世纪中叶以后,乃曼部在其首领阿布尔芳斯的率领下,归属清朝。清朝政府给阿布尔芳斯及该部其他首领册封官爵,颁发印诰。1783 年阿布尔芳斯死后,又册封其女婿和卓为汗。这部分哈萨克部落一直在清朝政府的管辖之下,并成为现在中国哈萨克族的重要组成部分。[3]

---

〔1〕《清穆宗实录》第 77 卷"同治二年八月丁酉"。

〔2〕魏源:《圣武记》第 4 卷《乾隆新疆后事记》。

〔3〕据俄国人列夫申所著《吉尔吉斯－哈萨克各帐及各草原的叙述》一书的记载,乃曼部首领阿布尔芳斯和俄国没有任何联系。列夫申还指出,乃曼部"由于驻扎在原属准噶尔人的领土上,所以得到了博格达汗(指清朝皇帝——引者)的保护"。一直到 18 世纪 80 年代,乃曼部的阿布尔芳斯仍然"臣服于中国"。1781 年、1783 年阿布赉、阿布尔芳斯相继逝世,沙俄乘机立阿布赉的儿子瓦里为左部的汗,但遭到阿布赉其他几个儿子的反对。据列夫申说,阿布赉死后,"除了瓦里以外(实际上他也接受了清朝政府给他的汗号——引者),阿布赉的其他几个儿子们和近亲们很少和俄国人来往。其中几个明确地自认是中国的臣民"。他们与阿布尔芳斯的后代联合,推举阿布尔芳斯的女婿和卓为汗,请求清朝政府批准。这就是中国文献中的杭霍卓。乾隆四十八年,清朝政府正式任命他为哈萨克汗。以他为首的哈萨克部落,是中国哈萨克族的一个重要部分。

清朝政府平定准噶尔贵族叛乱后,为了进一步加强对塔尔巴哈台地区和在这里的游牧部落的管辖,于 1763 年(乾隆二十八年)正式设立参赞大臣一员,领队大臣二员,管理这一地区的军民、边防事务。塔尔巴哈台参赞大臣的驻地设在雅尔,即现在苏联境内的乌尔扎尔。据《西域图志》记载,雅尔在塔城以西 200 里。1764 年(乾隆二十九年)经清朝政府批准,由参赞大臣绰勒多"率绿营兵六百名,屯种雅尔地方,建城垣,并派京健两营兵驻扎"[1]。第二年,雅尔城竣工,塔尔巴哈台参赞大臣正式移驻雅尔,新城被命名为"肇丰"[2]。后因雅尔冬季雪大,清朝政府又于楚呼楚地方另筑一城,就是现在的塔城。

塔尔巴哈台地区东北沿额尔齐斯河、斋桑泊与科布多相接,东南是乌鲁木齐、古城地区,南边是库尔喀喇乌苏,西南隔勒布什河与伊犁地区相接,西北与左部哈萨克交界,只有北头一角,隔额尔齐斯河与俄国铿格尔图喇相望。中国清代文献对塔尔巴哈台地区的这段边界,有清楚的记载。

塔尔巴哈台这段边界的北部,有喀尔满岭,又称喀拉玛岭,即现在苏联境内的喀尔宾山,为额尔齐斯河支流布昆河(苏联布康河)、楚克里克河(苏联科克佩克特河)与察尔河(苏联恰尔河)的分水岭。据《朔方备乘》记载,喀尔满岭是"中国与俄罗斯交界处诸山"之一[3]。该书还说,额尔齐斯河西北流至铿格尔图喇,河北是科布多地区,河"以南亦属中国界"[4]。1757 年(乾隆二十二年)以富德为首的大批清军就曾驻扎在喀尔满岭[5]。

由喀尔满岭再向西南,塔尔巴哈台的边界在爱古斯河,即现在苏联境内的阿亚古斯。《西域水道记》记载:"爱古斯河东距塔尔巴哈台

---

[1]松筠:《新疆识略》第 2 卷。

[2]参加过 1862—1864 年中俄边界谈判的俄方全权代表巴布科夫在他的《1859—1875 年我在西西伯利亚服务的回忆》一书中也承认:"在现在的乌尔扎尔哥萨克村庄,出现了塔尔巴哈台城,后来被迁到往东一百二十俄里(1 俄里合 1.0668 公里)的现在这个地方。"(见该书,第 149 页)

[3]何秋涛:《朔方备乘》第 23 卷《北徼山脉考》。

[4]何秋涛:《朔方备乘》第 23 卷《北徼山脉考》。

[5]《平定准噶尔方略》正篇,第 45 卷"乾隆二十二年十月甲申"。

城四百余里,与哈萨克以此河为界。"[1]1757年(乾隆二十二年),清朝定边右副将军兆惠的使者达里库,就在当时的边界爱古斯河旁,接受了左部哈萨克首领阿布赉要求归顺清朝政府的表文。[2] 清朝政府还在爱古斯地区(苏联阿亚古斯地区)设立鄂博[3],禁止牧民越界游牧。1761年(乾隆二十六年),乾隆帝批驳了所谓清朝政府将爱古斯地方"赏给"左部哈萨克的谣传,并再次重申,爱古斯河是中国的边界。[4]

根据这些记载,在塔尔巴哈台地区,清代中国的边界走向是:从铿格尔图喇跨额尔齐斯河往西南,越过喀尔满岭,沿爱古斯河到巴尔喀什湖。

这条边界以东的大片领土,在鸦片战争后被沙皇俄国逐渐侵占。被侵占的领土,是中国塔尔巴哈台最膏腴的地区,那里河流纵横,湖山相映,宜耕宜牧。北部,有著名的斋桑泊,中国清代文献称烘和图淖尔。早在隋唐时期,中国历史著作中就有关于这个湖的记载,当时称它为"仆固振水"[5]。在塔尔巴哈台西南境的阿拉克图古勒淖尔(苏联阿拉湖和萨司克湖),是清代塔尔巴哈台境内的又一大湖。塔尔巴哈台参赞大臣每年派兵"巡淖尔一周"[6]。1766年(乾隆三十一年),清朝政府规定,以后每年春秋对这个湖进行祭祀。[7]

清朝政府在塔尔巴哈台境内设立有许多卡伦。早在1758年(乾隆二十三年)塔尔巴哈台参赞大臣尚未设立之前,清朝政府就在布昆河

---

〔1〕徐松:《西域水道记》第4卷。

〔2〕《平定准噶尔方略》正篇,第41卷,"乾隆二十二年七月丙申"。

〔3〕《清代外交史料·道光朝二》,第15页。

〔4〕《平定准噶尔方略》续篇,第9卷,"乾隆二十六年元月丙辰"。直至1767年(乾隆三十二年)经左部哈萨克的多次要求,清朝政府始允许在爱古斯河边界以内,于"秋冬雪落后,……暂令哈萨克等住牧,每牲百只抽一,交卡上官员收取,以充贡赋,春季仍行遣回"(《清高宗实录》,第780卷,"乾隆三十二年二月己卯")。19世纪20年代清朝政府还一再声明:"哈萨克自臣服我朝以来,向只准在爱古斯河以外游牧,嗣蒙恩赏借卡伦外千余里之地,令其住牧,仍在我鄂博以内"(《清代外交史料·道光朝二》,第21页)。

〔5〕徐松:《西域图志》第25卷。巴布科夫在他的回忆录中也供认:"应当指出,……在《北京条约》订立以前,斋桑湖始终在中国版图内。"(见巴布科夫:《1859—1875我在西西伯利亚服务的回忆》,第199页)

〔6〕《西域水道记》第5卷。

〔7〕《西域图志》第25卷。

一带"可入俄罗斯之要路,俱安设卡伦"[1]。其中:辉迈拉虎卡伦,在额尔齐斯河左岸,与科布多所属和尼迈拉虎卡伦隔河相对;[2]扎哈苏淖尔卡伦[3]也在额尔齐斯河左岸;阿布达尔莫多卡伦在斋桑泊西北的阿布达尔莫多河南岸;在斋桑泊西南的布古什河(苏联布噶孜河)和哈尔巴哈河(苏联喀喇布噶河)河岸分别设有布古什卡伦和哈尔巴哈卡伦[4],等等。

每年秋季,塔尔巴哈台参赞大臣还要派领队一人带兵到边境地区进行巡查。[5] 1760 年(乾隆二十五年),参赞大臣阿桂率兵巡查边境,在勒布什等地发现越界游牧者,立即派副都统伊柱领兵驱逐出境。[6] 1765 年(乾隆三十年),参赞大臣爱隆阿巡查边境时,又在勒布什等地发现越界游牧者,也立即驱赶,令其出境。[7] 到 1826 年(道光六年),清朝政府仍派兵巡查边界,"直至勒布什地方"[8]。

清朝政府每年还派遣官员到金集里克、雅尔等地向当地中国哈萨克族征收赋税,按百匹抽一的规定,每年约收赋马八九百匹。[9] 这也充分显示了清朝政府对塔尔巴哈台西部地区的主权。

14.2.2.2.2 伊犁地区

伊犁地区是中国准噶尔部的游牧地,1762 年(乾隆二十七年),清朝政府在这里设伊犁将军,统辖天山南北各地;又设参赞大臣、抚民同知、理事同知、领队大臣等各级地方行政军事官员,具体管理伊犁地区。

清代伊犁辖地十分辽阔,它的东北部与塔尔巴哈台相连,东面是库尔喀喇乌苏、喀喇沙尔,南部与阿克苏、乌什、喀什噶尔相接,它的西北、西面和西南,分别与左部哈萨克、右部哈萨克、浩罕等交界。

---

〔1〕《平定准噶尔方略》正篇,第 55 卷"乾隆二十三年五月壬辰"。

〔2〕《平定准噶尔方略》续篇,第 13 卷"乾隆二十六年九月辛丑"。

〔3〕《平定准噶尔方略》续篇,第 13 卷"乾隆二十六年九月辛丑"。

〔4〕松筠:《新疆识略》第 11 卷。

〔5〕《平定准噶尔方略》续编,第 13 卷"乾隆二十六年九月辛丑"。

〔6〕《平定准噶尔方略》续编,第 8 卷"乾隆二十五年十二月壬申"。

〔7〕《平定准噶尔方略》续编,第 30 卷"乾隆三十年四月丁未"。

〔8〕《清代外交史料·道光朝二》,第 23 页。

〔9〕《塔尔巴哈台事宜》第 2 卷《杂赋》;第 3 卷《议叙》。

清代中国伊犁地区的边界,在中国历史文献中有明确的记载。这段边界的西北在巴尔喀什湖的北岸。这个湖,清代文献写作"巴勒喀什淖尔"或"巴勒喀什池"。据《西域图志》记载:"巴勒喀什淖尔,周回八百余里,伊犁全河,经流千里,屈折至此,百川万派,于焉归宿,盖准噶尔西北境最大泽也。"[1]又说,伊犁西路"北至巴勒喀什淖尔"[2]。《嘉庆重修一统志》的记载与上书相同,指出伊犁边境"北至巴勒喀什池,接左哈萨克界"。《清朝通志》和洪亮吉撰写的《乾隆府州厅县图志》对此也都有明确的记载。1771年(乾隆三十六年),中国厄鲁特蒙古土尔扈特部渥巴锡率部返回祖国,他们所经过的路线,据《西域闻见录》记载,是沿额尔齐斯河"入中国,乃由巴尔噶什淖尔(即巴尔喀什湖——引者)而进"。

　　此外,沙皇俄国和苏联的许多著作、历史地图也都确认,巴尔喀什湖是清代伊犁地区的湖泊。例如,1958年苏联政府审定出版的苏联海军参谋部编制的《海洋图》中,有一幅16—17世纪的中国地图,就十分明确地把当时中国的边界划在巴尔喀什湖北岸。1958年由苏联政府审定出版的《苏联历史地图集》,也明明白白地划着中国的边界直到19世纪还在巴尔喀什湖。连沙俄时代的《大百科辞典》对这一点也是承认的。[3]可见,中国的西北边界在巴尔喀什湖,中俄双方都是确认的。

　　巴尔喀什湖西南的吹河,据《嘉庆重修一统志》记载,吹河是"伊犁西北境之巨川也"。由吹河向西南,有塔拉斯河(现在苏联境内,仍沿用旧名)。塔拉斯河是当时中国伊犁境内的大河。《清朝通志》记载,塔拉斯河"西北流经塔拉斯地,汇为淖尔,是为伊犁之极西境"[4]。塔拉斯河下游两岸,清代称塔拉斯地区。这个地区的西境有"阿尔沙郭勒、阿克库勒淖尔、必库勒淖尔"[5],都是伊犁西路境内的河、湖。必库

　　〔1〕《西域图志》第26卷。

　　〔2〕《西域图志》第13卷。

　　〔3〕《大百科辞典》第76卷,彼得堡1903年版,第805页。

　　〔4〕《清朝通志》第27卷《地理略》。

　　〔5〕《嘉庆重修一统志》第517卷《伊犁》。

勒池"又西行入哈萨克界"[1]。至今,这些河、湖仍沿用着旧名。

从必库勒池往东南,中国伊犁地区的边界过哈喇布拉岭。《西域图志》记载,萨尔巴噶什"西北有哈喇布拉达巴"[2],又说,"由是西北入右部哈萨克界,南踰山入安集延诸部界"。《西域图志》、《嘉庆重修一统志》的伊犁地图也明确标出,哈喇布拉岭西北是右部哈萨克。

根据以上清代历史文献的记载,当时伊犁地区边界的走向是,从巴尔喀什湖的北岸到塔拉斯河的西端,又从东南沿塔拉斯西南的哈喇布拉岭,到纳林河。

在伊犁西路的许多地方,清朝政府都设有卡伦。1761年(乾隆二十六年),清朝政府命令阿桂在伊犁西路各交通要道选择设置卡伦的地方。阿桂从爱古斯河南下,在爱古斯、招摩多、勒布什、阿勒坦额墨勒(在苏联境内伊犁河中游的北岸,现仍沿用这个地名)一带,选择了安设卡伦的地点。[3] 以后又在伊犁河以北设立数十座卡伦,其中在图尔根河(苏联境内的博罗呼济尔河)河源地区设有博罗呼济尔卡伦;在图尔根河中游设有奎屯卡伦;在奎屯以南(苏联境内阔克塔勒附近)设有惠番卡伦;在奎屯卡伦以西(苏联境内昆乃伦列地区)设有匡果罗鄂伦卡伦等等。[4] 在伊犁河南,沿察林河,设有12座卡伦。在察林城东设有特勒克卡伦;再往南,在特穆尔里克河(苏联仍沿用此名)与察林河汇合处,设有渡口卡伦;再往东南,设有格根卡伦(苏联格根城附近),等等。[5] 伊犁西路南部,有善塔斯卡伦(苏联伊塞克湖以东的善塔斯地区)。[6] 这些卡伦设在伊犁西路的一些重要道路上,稽查行人,防卫地方,是清朝政府管理伊犁西路地区的重要措施,是清朝政府行使主权的重要标志。清朝政府还在伊犁西路许多地方设立石碣,祭祀山川,从事工农业生产。例如,清朝政府在勒布什(苏联克科列支特附近)、塔

[1]《西域图志》第13、21卷。

[2]蒙语、维吾尔语称"岭"为"达巴"或"达坂"。

[3]《平定准噶尔方略》续编,第17卷,"乾隆二十七年闰五月午寅"。

[4]以上"卡伦"均见《西域水道记》第4卷;《西域图志》第13卷。

[5]以上"卡伦"均见《西域水道记》第4卷。

[6]徐松:《西域水道记》第5卷。

拉斯(苏联江布尔)等地立有石碣。[1] 1763 年(乾隆二十八年),清朝政府还规定,每年春秋两次祭祀阿勒坦额默尔岭。[2] 清朝政府平定准噶尔贵族叛乱后,在新疆各地大兴屯田,其中,伊犁西路的吹河上游,就是当时屯田的一个重要地区。[3] 特别值得提出的是,1766 年(乾隆三十一年),伊犁将军明瑞在达布逊淖尔(苏联喀拉套山西南的土孜库勒湖)以西格根河北岸,建起了一座炼铅厂,每年产铅六七千斤至万斤不等。1795 年以后,因产量渐少,才迁至他处。[4]

伊犁西路地广人稀,界内外游牧部落复杂,迁徙不定,所以清朝政府对伊犁西路边境地区的巡查工作十分重视。据清代历史文献记载,早在伊犁将军设立之前,对伊犁西路的巡查就已经开始。1760 年(乾隆二十五年),境外的一些游牧部落要求进入中国到巴尔喀什湖以东、以南地区游牧,清朝政府立即严词拒绝。同年,清朝政府命令参赞大臣阿桂等率兵到巴尔喀什湖以东、以南巡查边境,驱赶越界游牧的部落。[5] 1763 年(乾隆二十八年),乾隆又指示军机大臣:"传谕明瑞等酌派人员,率同熟悉地理之厄鲁特,前往吹、塔拉斯、阿勒和硕、沙喇伯勒等处巡查",又命令对"特穆尔图淖尔亦应一体巡查"[6]。此后,就正式规定每年八九月间由领队大臣一员,领兵 500 名,巡查边境地区。巡查路线虽有过变动,但大体上分为两路。一路从惠远城出发,沿伊犁河北岸向西北,过哈喇塔拉(苏联塔尔迪·库尔干以南)到达勒布什地区,与塔尔巴哈台巡边官兵会哨,即交换情况,互取凭据;[7] 另一路从惠远城出发后,向西南跨伊犁河,沿伊犁河南过古尔班阿里玛图(苏联阿拉木图),到沙喇伯勒(苏联楚伊犁山一带)、吹、塔拉斯,再向东南到纳林河与喀什噶尔巡边部队会哨。1763 年(乾隆二十八年),副都统伊

〔1〕《清穆宗实录》第 41 卷;《清代外交史料·道光朝四》。
〔2〕《西域图志》第 22 卷。
〔3〕和瑛:《三州辑略》第 8 卷。
〔4〕《西域水道记》第 4 卷。
〔5〕《平定准噶尔方略》续编,第 17 卷"乾隆二十五年十二月壬申"。
〔6〕《平定准噶尔方略》续编,第 22 卷"乾隆二十八年七月癸未"。
〔7〕《清代外交史料·道光朝二》,第 23 页。

·欧·亚·历·史·文·化·文·库·

勒图向清朝政府建议,把向南面巡查的这一路再分为南北两路,"南路自特穆尔图淖尔之南,由巴尔珲岭至塔拉斯、吹地方;北路沿伊犁河,由古尔班阿里玛图至沙喇伯勒地方"[1]。从乾隆后期至嘉庆初年,西南一路伊犁巡边官兵的巡边路线,改为沿伊犁河南,经古尔班阿里玛图、沙喇伯勒、吹、塔拉斯至纳林桥,与喀什噶尔的部分官兵换防,然后经特穆尔图淖尔南岸返回,如此"周历查勘"[2]。1798 年(嘉庆三年)以后,清朝政府把伊犁和喀什噶尔换防兵所经路线改为越善塔斯山,经特穆尔图淖尔以南的巴尔珲岭,过纳林桥到喀什噶尔,巡边路线又发生了一次变化。1812 年(嘉庆十七年),索伦营领队福勒洪阿巡边时到达特穆尔图淖尔,看到湖北岸有许多中国古代石翁仲残像,触景生情,乃吟诗一首:"久成边城客似家,而今雁爪更天涯,殷勤说与残翁仲,不是前朝旧鼓箛"[3]。

在巡查边界时,巡边官员还要向边境地区中国哈萨克、柯尔克孜游牧部落收取赋税,"牛马百取一,羊千取一"[4]。1833 年(道光十三年),沙俄侵略势力已逐渐南侵,清朝政府还命令伊犁将军向境内的部落宣布,他们"在特穆尔图淖尔海迤西及吹、塔拉斯等处游牧,皆系天朝戡定地界,每年应交纳租马数十匹,仍当照常输纳"[5]。

14.2.2.2.3　喀什噶尔地区

清代喀什噶尔地区北边与伊犁相接,西部与浩罕、拔达克山等为邻,清朝政府在这里设有参赞大臣总理南疆各地事务,还设有协办大臣等文武地方官员和各级伯克,具体管理喀什噶尔地区。

清代居住在喀什噶尔边境地区的,主要是中国柯尔克孜族的游牧部落。对柯尔克孜族游牧部落的管辖,就体现着清朝政府对边境地区的主权。

---

〔1〕《清高宗实录》第 696 卷,第 4 - 5 页。

〔2〕《清代外交史料·道光朝四》,第 19 页。

〔3〕徐松:《西域水道记》第 5 卷。

〔4〕《西域闻见录》第 1 卷,第 10 页。

〔5〕《清宣宗实录》244 卷,第 18 - 19 页。

柯尔克孜族在清代被称为"布鲁特",是中国的一个古老民族。[1]他们最初游牧于叶尼塞河中上游,9—10世纪,其中一部分逐渐向西迁徙,游牧于天山中部广大地区。17世纪末、18世纪初,准噶尔首领策妄阿拉布坦将游牧于叶尼塞河一带的柯尔克孜人搬迁到天山中部,使两部分柯尔克孜人汇合在一起。[2]

18世纪中叶,在清朝政府平定准噶尔贵族和大小和卓叛乱的斗争中,柯尔克孜族各部积极主动地支持清军,并于1758—1759年先后归属清朝政府,[3]在平叛和统一祖国的斗争中,做出过重要的贡献。

18世纪50年代以前,中国柯尔克孜族的部落主要游牧于阿特巴什河以西的广大地区。以后各部落要求清朝政府准许他们越过阿特巴什河向东游牧。[4]1758年,经清朝政府批准,柯尔克孜族各部落遂越

---

〔1〕汉代称柯尔克孜族为"鬲昆"或"坚昆",唐代称为"黠戛斯",元代称作"吉利吉斯"或"乞儿吉斯",清代始称"布鲁特"。柯尔克孜族很早以来就在中国中央政府的管辖之下。643年(唐贞观十七年),黠戛斯向唐朝政府派遣使者,贡貂裘及貂皮。647年,黠戛斯首领失钵屈阿栈亲赴长安,觐见唐太宗。唐朝政府应他的请求,设立了坚昆都督府,封失钵屈阿栈为左屯卫大将军、坚昆都督府都督,属燕然都护府管辖。在整个唐代,黠戛斯始终与唐朝政府保持着隶属关系。宋、辽时期,辽朝政府在黠戛斯地区设黠戛斯大王府,委派黠戛斯头领和契丹人担任"大王"、"于越"等官。明代,柯尔克孜族成为当时中国割据政权别失八里的一部分。17世纪,柯尔克孜成为准噶尔的属部。清代所说的布鲁特,也包括了一部分中国塔吉克族。

〔2〕兹拉特金:《准噶尔汗国史(1635—1758)》,第337页。列夫申所著《吉尔吉斯－哈萨克各帐及各草原的叙述》一书的第二部分第一章和瓦里汗诺夫所著《准噶尔概况》中,均有考证和论述。

〔3〕清代布鲁特以游牧为主。"爱曼"是社会基层组织,若干爱曼为一"鄂拓克",其首领称"比"。每位比有管一二十或二三十爱曼的。就整个布鲁特族来说,18世纪中叶时,在政治上并不统一。《西域闻见录》说,布鲁特各部"虽皆为布鲁特,而其比不一,各君其地,各子其民,力敌势均,不相统辖"。但大体上亦可分为东、西两部分。1758年东布鲁特各部归属清朝政府。1759年,布鲁特额德格讷部首领阿济代表西布鲁特向清朝政府表示:"自布哈尔以东,我等二十一万人,皆为臣仆。"(《平定准噶尔方略》正编,第78卷,"乾隆二十四年九月庚申")

〔4〕1758年(乾隆二十三年),萨尔巴噶什部首领车里克齐向到达图克斯塔老等地招抚柯尔克孜部落的侍卫乌尔登请求,准许他们到伊塞克湖一带游牧。乌尔登当即指出:就是柯尔克孜各部"现在耕种之纳里特(即纳林河一带——引者)、珠木罕、塔拉斯等处,从前尚为厄鲁特所据,今大兵平定准噶尔,格根、喀尔奇喇、特穆尔图淖尔等处,仍须安设卡伦……若尔等游牧狭隘,惟行诚恳请,恭候皇帝天恩指定,不可私行迁徙"。(《平定准噶尔方略》正编,第58卷,"乾隆二十三年七月壬辰")

过阿特巴什河,进入伊塞克湖一带。[1] 到 18 世纪 50 年代末 60 年代初,柯尔克孜族的游牧部落就遍布于"塔拉斯河与楚河流域,伊塞克湖沿岸,科契科尔和珠穆翰,阿特巴什山和纳林河,克特缅丘别、图古斯塔老和其他天山地区"[2]。

当时柯尔克孜族各部落在政治上不统一,流动性很大。根据中国历史文献的记载,当时属于中国柯尔克孜族部落的有 18 个。其中萨尔巴噶什或布库部、萨亚克部、希布察克部、奇里克部、蒙科尔多部、额德格纳部、冲巴噶什部、萨尔特部的游牧地,都在喀什噶尔西部和北部边境,归清朝喀什噶尔参赞大臣统辖。清朝文献对中国柯尔克孜族部落在喀什噶尔境内的牧地及喀什噶尔地区与浩罕、拔达克山等地的边界,都有明确的记载。

这段边界的北部,从纳林河的下游起。在纳林河的南岸,主要是中国柯尔克孜萨亚克部和萨尔巴噶什部[3]游牧的地区。这两个部落在平定准噶尔贵族叛乱后,最早归清朝政府管辖。1758 年(乾隆二十三年),清朝政府派侍卫乌尔登等到达纳林河下游南岸的图古斯塔老,代表清朝政府视察、招抚萨亚克和萨尔巴噶什部落。[4] 当年,萨尔巴噶什首领车里克齐即"赴京入觐",乾隆帝接见了他,并命他"扈木兰行围,赐宴万树园",授三品顶花翎。1785 年(乾隆五十年),车里克齐死,其长子承袭品位,又授其次子萨哩木伯特五品顶花翎,皆"世袭罔替"。同年,蒙科多尔部首领玉托伊玛斯在萨亚克部牧地图古斯塔老以东的纳林河上,修建浮桥。此后,每年由伊犁到喀什噶尔的换防官兵和巡查布鲁特游牧的巡边部队,即由塔拉斯东南行经纳林河桥,在萨亚克、萨尔巴噶什等部游牧地区进行巡查,该部落首领派人协同巡边。1824

---

〔1〕1758 年柯尔克孜族部落入觐首领又提出到伊塞克湖一带游牧的请求。乾隆当时即指出:"……尔等既为臣仆,此处颇属宽闲,或附近游牧之处,酌量赏给,以裨生计。"并指示兆惠等具体办理。此后柯尔克孜部落遂大批向东迁徙。(《平定准噶尔方略》正编,第 62 卷,"乾隆二十三年十月丁巳")

〔2〕佐姆戈尔捷诺夫:《吉尔吉斯归并于俄国》,莫斯科 1959 年版,第 9 页。

〔3〕萨尔巴噶什部以后分为萨尔巴噶什和布库两部,清代文献仍习惯把这两部都叫萨尔巴噶什部或布库部。

〔4〕《平定准噶尔方略》正编,第 56 卷,"乾隆二十三年五月甲寅"。

年,大和卓布拉尼敦的孙子张格尔窜扰喀什噶尔地区,并在纳林河流域建立据点。清军在柯尔克孜牧民协助下到达纳林河流域,清剿张格尔。1830年(道光十年),巡边部队和伊犁换防官兵经过纳林桥时,喀什噶尔参赞大臣又曾派遣萨亚克部首领伊里斯满底修复已经损坏的纳林桥。清军到达纳林地区时,萨亚克部的另一首领汰劣克遣人在纳林桥迎送,并向喀什噶尔参赞大臣"递禀请安"。布库部、萨尔巴噶什部的首领也都来协同查边,还预备了二百人马,听候调遣。[1] 19世纪30年代,由于浩罕不断蚕食我国柯尔克孜的游牧区,萨亚克、萨尔巴噶什等部落的首领在纳林桥一带聚会,共同约定,协同清朝政府抵御浩罕侵略。

由萨亚克部落的牧地往南,中国与浩罕以噶布兰、苏提布拉克二岭为界。据《西域水道记》记载:"回部(指南疆地区——引者)分界处有二岭,曰噶布兰,曰苏提布拉克,……岭东为回部,岭西为霍罕(即浩罕——引者)。"噶布兰、苏提布拉克在苏联的古里察[2]与奥希之间。

在这个交界点以东,是中国柯尔克孜族冲巴噶什和额德格讷两个部落的游牧区。冲巴噶什的首领阿瓦勒,曾于1759年(乾隆二十四年)到北京入觐,被授予五品顶戴。清朝政府还在其游牧地区设立马场,由冲巴噶什部首领经管。1765年(乾隆三十年),阿瓦勒因管理马场等事有功,授三品顶戴。阿瓦勒死,其子博什辉承袭品位。1789年(乾隆五十四年),博什辉被清朝政府升授二品顶戴。[3] 直到19世纪20年代,清朝政府授予冲巴噶什部落首领二品至七品官爵的达20余人。[4] 其中许多人领取清朝政府发给的俸禄,他们和国内其他地方官吏同样接受清朝政府的考核和奖惩。1761年(乾隆二十六年),冲巴噶什部的一个首领乌默尔率众抢掠安集延商人,喀什噶尔参赞大臣接到该商人的控告后,就将乌默尔传调至喀什噶尔审讯,并报请清朝政府法办乌默尔。乾隆帝指示:"必宜赏罚严明,……着将乌默尔比……送

---

〔1〕《清代外交史料·道光朝三》,第42页。

〔2〕古里察在奥希东南50多公里处,又作"古勒沙"。

〔3〕松筠:《新疆识略》第12卷《布鲁特头人表》。

〔4〕松筠:《新疆识略》第12卷《布鲁特头人表》。

京。"[1] 以后,清朝政府还特别向喀什噶尔参赞大臣指示:"嗣后当钦遵圣谕,有似阿瓦勒比之守分效力者,加以奖励,有似乌默尔比之盗窃为匪者,加以惩创,庶赏罚严明。"[2] 19 世纪 30 年代,浩罕不断侵袭喀什噶尔边境地区。1830 年(道光十年),浩罕首领寄信冲巴噶什部首领托依莫特等,煽动他们扰乱边境地区,托依莫特立即将浩罕书信呈交清朝政府,并协助喀什噶尔参赞大臣探听浩罕动静,抵御浩罕入侵[3]。

在这段边境地区游牧的,还有中国柯尔克孜族额德格讷部。这个部落的游牧地区,较冲巴噶什部的牧地广大,除在喀什噶尔西北山地与冲巴噶什部交错游牧外,还向南延伸,直至阿赖岭[4]。中国喀什噶尔与浩罕交界的噶布兰岭、苏提布拉克及其东西的古里察和奥希,都是额德格讷部的游牧地。额德格讷部是清朝政府管辖的一个柯尔克孜族部落。1759 年(乾隆二十四年),额德格讷部首领阿济代表西布鲁特各部向清朝政府正式申请,表明归清朝政府管辖。1762 年(乾隆二十七年),额德格讷部属地奥希(即鄂什、鄂斯)为浩罕侵占。阿济亲自到喀什噶尔报告。乾隆帝立即指示喀什噶尔参赞大臣派员向浩罕交涉,要回了奥希[5]。19 世纪初,浩罕又侵占了奥希,并控制了额德格讷部的一部分。1828 年(道光八年),因不堪浩罕的掠夺和压迫,额德格讷部10 位首领率两万余人摆脱浩罕的控制,返回祖国。清朝政府即安置他们居住在喀什噶尔所属特依列克达坂(又名铁列克达坂、铁列克达湾,苏联帖列克岭)一带游牧[6]。清朝政府曾多次征调这个部落的人员维持地方秩序,其首领多人被清朝政府授予四品至六品顶戴和金顶[7]。

再往南,清代中国的西北边界在葱岭地区。葱岭(今称帕米尔),是清朝喀什噶尔参赞大臣管辖地区。据《西域图志》记载:"葱岭,一名

〔1〕《平定准噶尔方略》续编,第 9 卷"乾隆二十六年正月乙卯"。

〔2〕《平定准噶尔方略》续编,第 11 卷"乾隆二十六年四月乙未"。

〔3〕《清代外交史料·道光朝四》,第 15 – 16 页。

〔4〕佐姆戈尔捷诺夫:《吉尔吉斯归并于俄国》,第 36 页。

〔5〕《平定准噶尔方略》续编,第 17 卷,"乾隆二十七年七月乙亥";第 21 卷,"乾隆二十八年壬申"。

〔6〕《清代外交史料·道光朝二》,第 54 页。

〔7〕构筑:《新疆识略》第 12 卷《布鲁特头人表》。

极疑山,在天山西南,与南山(指昆仑山——引者)会合处。连岗叠嶂,数百余里,起伏逶迤,高者上薄霄汉,为西域西境之屏障。"[1]葱岭以西,与清朝喀什噶尔交界的主要是拔达克山。

在葱岭,清代中国的边界有下面几个明显的标志。

(1)阿赖谷地

阿赖谷地在葱岭的北端,1815年(嘉庆二十年)喀什噶尔的孜牙墩叛乱,喀什噶尔参赞大臣即调派柯尔克孜族希布察克部队"在阿赉地方截堵"孜牙墩。喀什噶尔阿奇木伯克玉素普也派出精壮维吾尔族部队100名,"由乌帕拉特卡伦抄道赴阿赖地方"。1827年(道光七年),张格尔匪帮曾以阿赖地区为据点进行窜扰,清军进入阿赖地区,"把战士一小群一小群地分派到各个地区搜寻张格尔"[2]。据清代文献记载,1827年秋,长龄、武隆阿致书正在阿赖地区的杨芳说:"驻兵阿赖,距浩罕较近,应须加意抚绥。"[3]在这次平叛中,柯尔克孜族首领率领部民积极配合清军,他们或协同作战,或充当向导,探报敌情,在"军营出力,经各大员奖赏翎顶者",就有16人之多[4]。这些记载说明中国喀什噶尔管辖的范围到达阿赖谷地。

(2)和什库珠克岭

据《西域图志》记载,和什库珠克岭在喀什噶尔城西500里,为喀什噶尔属山。岭东有大池,称哈喇库勒(苏联喀拉湖)[5]。1759年(乾隆二十四年),大小和卓叛乱,曾据守该岭。清军越哈喇库勒在和什库珠克岭击败叛军。大小和卓退据阿喇楚勒(苏联北阿尔楚尔),又被清军击败,清军于阿喇楚勒设营。

〔1〕《西域图志》第23卷。
〔2〕吉尔吉斯苏维埃社会主义共和国科学院历史研究所:《吉尔吉斯史》第1卷,伏龙芝1963年版,第286页。
〔3〕《钦定平定回疆剿擒逆裔方略》第48卷。
〔4〕那彦成:《那文毅公奏议》第80卷。
〔5〕即喀喇湖,"哈喇"是"黑"的意思。"库勒"是维吾尔语"湖"的意思。

（3）伊西洱库尔淖尔（又称叶什勒库勒淖尔）

据《西域图志》记载,伊西洱库尔淖尔"在布隆库勒(苏联萨色克库勒湖)西40里,水势深广,万山环绕,北通安集延,西限葱岭,南抵拔达克山",是喀什噶尔地区的湖泊。1759年(乾隆二十四年),大小和卓由这里逃入拔达克山境,清军即驻守伊西洱库尔淖尔西岸,致书拔达克山首领,索要逃犯。拔达克山首领将他们擒杀,献尸清军。后来清朝政府在伊西洱库尔淖尔以北10里的苏满塔什地方,修筑纪功碑一座。碑上刻有乾隆亲自撰写的碑文,其中说:"伊西洱库尔淖尔者,我副将军富德等穷追二酋(即大小和卓——引者),至拔达克山之界。"[1]嘉庆时编纂的《会典》也明确指出:"伊西洱库尔诺尔,在喀什噶尔西,上有高宗纯皇帝圣制碑,为伊犁[2]极西境。"

从伊西洱库尔淖尔西南行,清代边界与拔达克山的什克南为邻。由此转东,到达喷赤河的上游,就是清代西北边界的南端。

喀什噶尔的这一段边境,是柯尔克孜族希布察克部落的游牧地。清代文献记载,希布察克的游牧地"通拔达克山、布哈尔等地方"[3]。《吉尔吉斯归并于俄国》一书也说:希布察克的游牧区,"分布在从奥希起,沿帕米尔高原到巴达克山,并由此沿喀喇昆仑山一带"[4]。也就是说,和什库珠克、阿喇楚勒、伊西洱库尔淖尔等葱岭西部地区,是中国希布察克的游牧地。

1759年(乾隆二十四年),清朝政府授予希布察克首领阿奇木"散秩大臣"称号。大小和卓被清军击败,逃入葱岭后,希布察克部积极参加了平定大小和卓叛乱,维护祖国统一的斗争。1760年年初,兆惠向乾隆帝报告说:"蓝翎侍卫启泰招降希布察克布鲁特,在阿勒楚尔、伊西洱库尔淖尔击贼,直至拔达克山,俱奋勉效力。"[5]1765年、1784年(乾隆三十年、四十九年),清朝政府又授予希布察克首领拜尼杂六品

---

〔1〕《西域图志》第28卷。

〔2〕因为当时天山南北均属伊犁将军统辖,所以又称"新疆"为"伊犁"。

〔3〕松筠:《新疆识略》第12卷《布鲁特头人表》。

〔4〕佐姆戈尔捷诺夫:《吉尔吉斯归并于俄国》,第36页。

〔5〕《平定准噶尔方略》正篇,第83卷,"乾隆二十四年十二月己卯"。

顶蓝翎。到 19 世纪 20 年代,清朝政府先后给这个部落的 20 多个首领以官爵顶戴,其中有的还领受清朝政府的俸禄。1772 年(乾隆三十七年),乾隆帝的上谕说:"富森布等奏称,希布察克部落布鲁特阿森、冲巴噶什部落布鲁特阿瓦勒比,奋勉当差,并无养赡之项,恳恩赏给等语。阿森、阿瓦勒比前俱在军营出力奋勉,既无养赡之项,着加恩于喀什噶尔库贮赏余一百腾格普尔内,每年各偿给五十。"[1]到 1815 年,清朝政府仍对希布察克部进行着有效的管辖。

自纳林河下游南岸到葱岭的这段中国喀什噶尔边界,不仅有清代文献的明确记载,而且也为苏联一些历史著作所承认。《吉尔吉斯史》一书称,1759 年,东天山的柯尔克孜族部落:萨亚克部、萨尔巴噶什部,接受了清朝政府的管辖,接着,东吉尔吉斯的其他部落、南吉尔吉斯各部落也都"臣服"了清朝。[2] 他还承认,一些柯尔克孜族部落,如奇里克、冲巴噶什、布库等,在 19 世纪 60 年代"北吉尔吉斯"被俄国吞并以前,仍然是中国的游牧部落。[3] 另一本苏联著作《吉尔吉斯归并于俄国》中也说:"清朝当局为管理吉尔吉斯人建立了某些卫所","卫所的划分不尽与吉尔吉斯人的氏族单位相符,卫所主要是按地方……命名的"[4]。这些著作虽然都在极力歪曲柯尔克孜族各部落与中国清朝政府的关系,但是,这些柯尔克孜族部落是中国清朝的游牧部落,清朝政府对他们及其游牧地行使着有效的管辖,对于这个基本事实,他们还是掩盖不了的。

综上所述,可以看出,在 19 世纪 40 年代以前,中国的西北边疆是明确的。直到沙俄侵占这些中国领土之前,清朝政府对这些地区仍然行使着有效的管辖。这是无可辩驳的历史事实,是任何人都篡改不了的。

(原系 1979 年人民出版社出版的《沙俄侵略中国西北边疆史》第一章,本章由作者撰写)

〔1〕《清高宗实录》第 923 卷"乾隆三十七年十二月丁亥",第 39 – 40 页。
〔2〕吉尔吉斯苏维埃社会主义共和国科学院历史研究所:《吉尔吉斯史》第 1 卷,第 273 – 277 页。
〔3〕吉尔吉斯苏维埃社会主义共和国科学院历史研究所:《吉尔吉斯史》第 1 卷,第 274 页。
〔4〕佐姆戈尔捷诺夫:《吉尔吉斯归并于俄国》,第 31 页。

15　忽必烈对中国边疆地区的经营和治理

忽必烈的一生，可以分执政前和执政时两个阶段。从其政治活动中发生的一些标志性事件和变化来看，忽必烈的整个政治生涯可以划分为 4 个时期。

第一个时期是从贵由汗去世后，他公开出面支持他的兄长蒙哥为汗开始，到他即汗位。这 10 年期间，是忽必烈在蒙古贵族中崭露头角，展现其军事才能于世之时，也是他独树一帜，诚心接纳汉族知识分子，虚心学习汉法，了解汉人思想和心理，了解中原社会政治、经济、文化情况的时期。这一时期，他在诸多蒙古贵族中显得十分突兀，他的活动体现了他是一位积极学习农业民族社会的统治经验，力图改变其草原蒙古贵族传统思维方式和统治方式的杰出人物。

第二个时期，大约从 1260 年到 1271 年。在这 10 年期间，他集中精力，努力调动一切力量来巩固自己的统治。首先的一大要务，就是平定蒙古贵族反对其继承大汗地位的反抗活动。他一即位，首先遇到他弟弟阿里不哥的武装反对，这次武装叛乱虽然在 1264 年阿里不哥归降后结束了，但以阿里不哥为代表的蒙古部分贵族反对他的活动，却持续了多年，甚至可以说与忽必烈在位相始终。其次就是铲平了以李璮为首的汉族军阀官员的叛变，并以此为契机，忽必烈采取措施削弱了归降的汉族军阀官员们的割据势力，进一步加强了中央集权。其三是以中原地区的历史与现实为基础和主要依据，建立各级官制，制定各种制度，完善管理体制。在这一期间，忽必烈表现出他的聪明才智和雄才大略，反映了他敢作敢为、刚毅豁达的气度，同时这一时期也是他虚心吸取汉族谋士的智慧，大量采取汉法的阶段。这一时期的一系列措施，为蒙古贵族和元朝的统治打下了坚实的基础。

忽必烈政治活动的第三个时期,大约从元朝正式建立(1271年)到1281年,也是10年。这10年他的主要活动,是集中力量,出兵消灭南宋,实现中国统一和治理江南,进一步巩固政权,这10年应该说是忽必烈一生中最辉煌的时期,也是元朝的鼎盛时期。由于全国统一,社会生产得到恢复和发展,科学技术、文化艺术在这样的沃土上也得到了发展,形成了元朝独特的文化风格。同时,中国境内各民族社会经济生活更加接近,各民族关系日益密切,民族融合和同化现象日益明朗,特别是大量蒙古人、女真人、契丹人、党项人日益汉化,大量的色目人或汉化或发生新的融合,为我国回族和其他一些民族的形成奠定了基础,使我国的民族格局基本形成。这个时期是中国历史上一个重要的历史时期。

忽必烈政治活动的第四个时期,是从至元十九年(1282)到他去世,又是10年时间。这期间,忽必烈在军事上统一全国的胜利,使他飘飘然,特别是由于国内经济有了一定的基础和发展,南宋军队投降,也使他猛然间增加了大量水军,于是他有意无意地继承其先辈们的做法,穷兵黩武,对外扩张,对日本和东南亚发动了多次武装侵略,而且这些侵略活动,基本上以失败而告终。这些扩张活动,给被征伐的国家和地区造成严重的灾难。此外,忽必烈为了维持东侵南伐的大规模军事活动,就需要大量征兵,更需要大量财力,于是支持和督责其臣下想尽办法向老百姓搜刮财富、开辟新的财源、增加赋税等,这也成为该时期元朝国内政治的重要特征,而这一切必然引起元朝各地,特别是直接受到忍受征兵、征赋之苦的南方各省农民的反对。在忽必烈眼里,这些反抗活动不仅是乱民造反,而且是汉族反对蒙古族统治的一种表现,于是他进一步强化了对国内汉族,特别是对南方汉族的防范和镇压,这又进一步激化了国内民族矛盾。再加上忽必烈在当时虽然只有67岁,但长年酗酒,身体肥胖,行动不便,记忆衰退,思考问题已经感到吃力。这时期的他,身边已经没有多少汉族大臣,他所信任的一批蒙古贵族和色目商人出身的大臣以及番僧所行的政策,远离儒家思想,也就远离广大中原地区的实际,使忽必烈陷入了恶性循环的政治漩涡而难以自拔。

忽必烈是一个很复杂的历史人物,因此,对他的评价,有许多角度,也有很多说法,主要集中在所谓"改行汉法"、"附会汉法"的问题上。

忽必烈在藩府以一个蒙古族亲王的身份从事政治活动以来,就以尊重汉族士人、推行汉法的面目出现于世,到他称汗,建立元朝后,更是适应中原广大地区的实际的汉族社会的传统思想文化,在中原地区恢复和实行了自古以来的"汉法"。应该说,从蒙古汗国建立以来,这是忽必烈对蒙古汗国的统治思想和他们所施行的蒙古传统制度的一种改革,这种改革是需要极大勇气和魄力的,也是忽必烈本身的伟大之处。但是,在充分肯定这一点的同时,许多人过高地估计了忽必烈实行汉法的深度及其作用,把忽必烈抬高到一个完全脱离蒙古贵族传统思想和地位的超人,或把他与汉族出身的封建帝王相提并论。笔者认为,这是不符合实际的。

不错,历史上的确曾经有过一些少数民族的统治者,尊奉汉文化和汉法,极力推行过一些汉化政策,如由氐族建立的前秦皇帝苻坚、羌族建立的后秦皇帝姚兴、北魏皇帝拓跋宏等。特别是拓跋宏,不仅采用汉化,而且在鲜卑中提倡汉文化,改革鲜卑风俗,令鲜卑人使用汉语,与汉族通婚等。他的这种政策,显然是一种汉化政策。清朝的玄烨、胤禛、弘历也都是实行汉化的著名人物。但是忽必烈与他们,绝对不能同日而语。忽必烈只是根据他所处地位和面临的问题,在统治汉地时,采用汉法,对他来说,在面对汉族人为主的中原地区,也采用一种"因俗而治"的政策和思想。他虽然对汉文化很推崇,对汉族知识分子很尊重,然而他自己作为一个蒙古贵族,几乎不懂得几个汉字,不会说几句汉话,汉族大臣虽然喋喋不休地给他讲孔孟之道和修身、齐家、治国、平天下的道理,但他仍是囫囵吞枣,一知半解。他凭借对汉族知识分子的信任,以及当时面临的实际问题,采取了一系列的汉法,但他并不急于追求汉族的文化和价值观,特别是他并不主张用汉族的传统思想和习俗,来改变蒙古族的传统和习俗,甚至在某种程度上,他还采取一切办法来阻止这类事情的发生。因此,他所谓"行汉法",与汉化是完全不同的,在他的行为中不排斥他所遵行的一系列传统的蒙古草原游牧贵族所惯行的制度和做法。

忽必烈是一位敢于突破某些游牧贵族制度和传统的改革者,但同时,从骨子里他仍是一位蒙古人,是在蒙古草原上长大的,有头脑,敢于进取,敢于改革的蒙古族的伟大人物,正因为如此,他比那些所谓完全汉化的人更伟大、更有智慧。这样看,也就能更好地理解他的所作所为,更便于确定他在中国历史上应有的崇高地位。

15.1　平定西北诸王

窝阔台去世后,由于在汗位继承上的争执,蒙古各贵族集团之间,已有了不少或明或暗的斗争,但由于老一辈贵族们多方斡旋和维持,这些争执一直未发展到大规模动武的地步。自从忽必烈即位之后,矛盾激化,并发展成为大规模武装斗争。首先是以他的弟弟阿里不哥为首的贵族集团公然掀起的武装斗争。在阿里不哥的叛乱被武装平定后,其他贵族藩王的反抗,接二连三,终忽必烈之世未断。

在阿里不哥之后,反抗忽必烈最有力的藩王是窝阔台的孙子海都。窝阔台原来的封地,大约在额尔齐斯河上游、巴尔喀什湖以东、伊犁河以北至卡通河的地区,主帐设在叶密立(即今新疆额敏)。窝阔台即位后,实际上据有了拖雷封地,把自己的封地交贵由管理。贵由即大汗位,封地由其三子忽察、脑忽、禾忽管理。蒙哥即汗位,忽察、脑忽心怀不满,带兵东进,为蒙哥所擒。蒙哥为了加剧窝阔台一系诸王内部的矛盾,消灭贵由的势力,遂将窝阔台汗国封地分割给窝阔台系诸王。其中窝阔台之孙海都被封于海押立(今哈萨克斯坦塔尔迪库尔干东南库加雷)。阿里不哥称汗,海都立即拥戴,与之相呼应,反对忽必烈。但忽必烈一再忍让,未使矛盾激化,使海都保持了一定程度的中立。阿里不哥归降后,忽必烈立即对海都进行拉拢,派铁连为使,赴海都处传达忽必烈希望与海都和好的意愿,说服海都放弃反抗立场。海都当然不会为之所动,但铁连却受到海都优厚的接待,被赠予皮衣等物。铁连回朝后,忽必烈令将此皮衣全饰以金,凡有朝会,铁连可穿此衣,以示忽必烈对海都的思念和尊敬。以后铁连还多次出使海都处,忽必烈曾赞扬铁连说:"有铁连,则朕之宗族将不失和也。"[1]可见,忽必烈对海都的处理,是十分慎重的。但海都并未为之所动,反而在阿里不哥失败后,联络术赤后王别儿哥,以及察合台汗诸王、钦察等地蒙古诸王,与忽必烈对抗。

察合台汗国的疆域,最初北以伊犁河与窝阔台汗国相邻,西至锡尔河中游,南达阿姆河,包括楚河、锡尔河、阿姆河上游、河中地区及天山南北西部地区,察合台去世(约1242)后,乃蛮真可敦以察合台孙哈喇旭烈兀监国。贵由汗即位后,立察合台次子也速蒙哥为察合台汗。后因也速蒙哥反对蒙哥汗即位,蒙哥汗命哈喇旭烈兀为察合台汗国可汗,并曾下令处死也速蒙哥。但因哈喇旭烈兀病死,其妃倭耳干纳遂代行使命,杀了也速蒙哥,自为监国。忽必烈即位后,察合台汗国诸王成为忽必烈和阿里不哥争取的重要对象,各自派拥护自己的察合台后裔,去主持察合台汗国的汗位。结果,忽必烈所派察合台之孙阿卜失合,为阿里不哥属下捉获,送往和林。阿里不哥所遣察合台之孙阿鲁忽到达察合台汗国,迫使倭耳干纳交出政权,成为察合台汗国之汗。

但阿鲁忽继察合台汗位之后,对求索无厌、节节败退的阿里不哥,并未伸出援助之手,反而于中统三年(1262),一方面派人向忽必烈表示效忠,一方面率军东向,袭击阿里不哥的军队,并与窝阔台汗国后王禾忽联军,在窝阔台境内叶密立河(今额敏河)及伊犁河地区,与阿里不哥军展开激战。结果阿鲁忽军反被击溃,阿里不哥军追至天山以南浑八升(今阿克苏),互相混战,阿鲁忽被迫西逃至察合台汗国西部的薛米思坚(今撒马尔罕一带),阿里不哥占据察合台汗国中心。此时的阿里不哥,实际上已经占据了窝阔台汗国、察合台汗国的大部分地区。但是由于阿里不哥对这里的诸王聚敛无度,又不知依靠和拉拢两汗国诸王,再加上忽必烈军事上的胜利,愿支持他的海都、别儿哥(拔都之弟、钦察汗国之汗)都改变了态度,阿里不哥只好投降忽必烈。而海都

---

[1]《元史》卷134《铁连传》。

此时乘机占据察合台汗国大部分地区,察合台汗八剌(当时已继阿鲁忽为汗)归附于海都,远居于汗国西部河中地区,察合台汗国实际上成为窝阔台汗海都的附庸。

至元十一年(1274),海都拥立原察合台汗八剌之子笃哇为察合台汗,笃哇死心塌地听从海都的意志,与他联合起来公开反对忽必烈,并于当年进兵畏兀儿地区进行骚扰。

早在至元五年,忽必烈为了抵御海都侵占窝阔台汗国以东地区,就派皇子北平王那木罕出镇西域,建牙于阿力麻里。[1] 随那木罕镇戍阿力麻里的还有皇子阔阔出、昔里吉、脱黑帖木儿等亲王七八人,他们各率所部相从,对海都的东侵起了很大的遏制和威慑作用。至元十二年,元军集中力量于灭宋,中原空虚,海都、笃哇联军在西北地区大举东进。而同那木罕一起镇抚西域地区的亲贵大臣、诸王之间,时间一长,出现了一系列矛盾,那木罕大有难于驾驭之虞。忽必烈为了加强边防,巩固那木罕的地位,遂派中书右丞相安童,以行中书省枢密院事,到阿力麻里协助那木罕。安童虽为木华黎之孙,受过良好的教育,但却无指挥战争的实际经验,也缺乏处理边疆军政事务的能力,年纪又轻(时年30岁左右),更不为各位手握重兵的亲贵大臣所重视,所以安童的到来,不仅未能加强边防,反而加剧了诸贵族之间的矛盾。至元十三年八九月间,随那木罕率军驻守阿力麻里的脱里帖木儿(成吉思汗弟斡赤斤之曾孙),勾结阿里不哥之子药不忽儿、玉龙答失(蒙哥汗之子,从那木罕镇戍阿力麻里)之子撒里蛮等,拥立蒙哥汗之子昔里吉(蒙哥汗第四子,玉龙答失之弟,亦随那木罕镇戍阿力麻里)为汗,发动叛变,劫持北平王那木罕、安童等,企图与海都结盟,共同抗拒忽必烈。但此阴谋并未得逞,海都坚持窝阔台、察合台后裔共同反对拖雷后裔主政的狭隘观念,不愿与以拖雷后裔为主的反忽必烈的势力合流,昔里吉等只好纠合其部,东进侵犯和林。当时,翁吉剌部首领只儿斡带,在应昌(今内蒙

---

〔1〕《蒙兀儿史记》认为此为察合台汗国建牙之地,有误。实际是窝阔台汗国建牙之地,在今霍城一带。

古克什克腾旗西达来诺尔西南）起兵响应。忽必烈急命刚从平宋前线归来的伯颜，率兵北上平叛。叛军在元军的攻击下，退守叶尼塞河上游吉尔吉斯地，不久，昔里吉叛乱集团矛盾尖锐，撒里蛮分裂出来，严重削弱了昔里吉的势力。昔里吉被迫率部南退额尔齐斯河上游一带，其部被各个击破。至元十九年，昔里吉被俘，押送上都，被流放于海南岛而死。而撒里蛮等扣押那木罕，依附于海都对抗朝廷，直至至元二十二年，那木罕等才被释放，忽必烈改赐他为"北平王"，仍镇戍于别失八里地区。

在昔里吉叛乱后，海都虽不愿与之合作，但却乘元朝政府集中力量平定昔里吉集团的大好机遇，"侵扰天山南北，殆无虚岁"，今新疆各地连年遭受海都兵燹之苦。同时也迫使忽必烈加强了对今新疆一带的防务。至元十五年起，先后设置别失八里、哈喇火州（今新疆吐鲁番东南）、兀丹（今新疆和田）等处宣慰司都元帅府，又命阿老瓦丁、忽必来、别速台、忽都鲁迷失等先后戍兀丹、阿塔海戍曲先（今新疆库车）、綦公直戍别失八里等重要战略要地。在那木罕被劫持的情况下，命亲王合班阿只吉节度诸军。至元十八年，又改畏兀儿断事官为北庭都护，以脱脱木儿领都护职。

海都当时虽可号令大部分窝阔台、察合台诸后王，声势十分浩大，而且企图控制整个新疆，但在戍守天山南北诸将及畏兀儿亦都护的合力抗击下，其图谋始终未能得逞。在海都对西部侵扰 10 多年的过程中，畏兀儿亦都护在抗击海都的侵扰中，有过突出的表现。

元代畏兀儿亦都护所控制的地区，主要在以吐鲁番盆地为中心的今新疆东部地区。海都和昔里吉之乱，其主要活动地区虽在吐鲁番盆地以西，但对亦都护控制地区的骚扰，也时有发生，致使"种人不安其业，多所流亡"，忽必烈曾下旨，命亦都护将流散于各宗王地区的维吾尔族群众，招回本地加以安置。[1] 至元十二年（1275）附于海都的笃哇等，再一次率兵侵扰吐鲁番盆地，亦都护火赤哈儿的斥退守哈喇火州

---

〔1〕《蒙兀儿史记》，第316页。

（今吐鲁番市），为笃哇12万大军围困，逼亦都护投降。火赤哈儿的斤率全城居民拼死守城，被围达半年之久。笃哇见久攻不下，遂射书于城上，提出："尔能以女与我，我则休兵，不然则急攻尔。"[1]当时城中粮食将尽，人心不稳。为了顾全大局，保全全城居民，火赤哈儿的斤答应笃哇的要求，将女儿也立亦黑迷失别乞周身用厚毡包裹，用绳索从城上吊出城外。笃哇久攻不下，又惧怕忽必烈的援军，在得到此女后，也只好收军西撤。其后火赤哈儿的斤到大都觐见忽必烈，受到忽必烈的嘉奖，并将贵由汗的公主巴哈儿嫁给他为妻，发钞十万锭，恢复火州城的生产和生活，同时批准将火州城的居民暂时迁徙到辟展（今鄯善）居住。不久火赤哈儿的斤在抗击海都、笃哇的战斗中牺牲。

至元二十三年，海都、笃哇联军进攻别失八里，大败元军于洪水山，俘辅国上将军、都元帅、宣慰使綦公直及怀远大将军、管军总管李进，于是海都、笃哇声势大振。至元二十四年，乃颜在辽东叛乱，海都欲千里应援，使东西两股叛乱力量相连。幸有伯颜奉命驻镇和林，遮断海都东进与乃颜联兵的通道，再加上乃颜迅速被平定，海都遂打消东进的企图。但海都势力得以越过阿尔泰山东扩，至元二十五年侵袭甘肃北部，次年入蒙古中部杭爱山一带，长期驻守沿边的皇孙甘麻剌率军迎战，结果被围于薛凉格河（今色楞格河）一带，幸有援军即时赶到，始得解围。海都此次东进，在蒙古地区扩大了自己的影响和声势，和林宣慰使怯伯、同知乃满带等，竟率军响应海都，"漠北大震"，一时间，整个漠北似有被海都占有的危险。在这种情况下，忽必烈于至元二十六年7月北上亲征，大军至和林以北，海都有意回避，忽必烈未能找到海都大军，于10月无功而返。至元二十九年，岭北枢密院副使、钦察亲军卫都指挥使土土哈率军征讨海都，在金山（阿尔泰山）一带大败海都，俘虏海都部兵三千余户还和林。至元三十年，土土哈又率军进入叶尼塞河上游吉尔吉斯地区，收复唐努山以北吉利吉思、乌斯、撼合纳、谦州、益兰州五部之地，并在此处屯兵驻守，给海都以巨大打击。

---

〔1〕《元史》卷122《火赤哈儿的斤传》。

海都自至元七年以窝阔台汗国汗王身份,起兵反抗忽必烈,后又联合察合台汗国后王笃哇等,一起联兵在天山南北、大漠以北以及中亚一带,骚扰 20 余年,使这一带社会、经济遭受破坏,给忽必烈的统治以很大打击。但在西域及金山以南和察合台汗国的基地,海都都遭到元军的打击,而在西域及金山以南和察合台汗国其他地区,反抗忽必烈的势力仍很强大,原来属于蒙古大汗管辖的各汗国,已完全脱离了蒙古大汗及元朝皇帝的管辖,而窝阔台汗国诸后王、察合台汗国东部诸后王,反而成为忽必烈的敌对势力,给元朝西部、北部边疆造成严重威胁。忽必烈就是带着这一遗憾于 1294 年去世的。

忽必烈去世后,海都之乱并未平息,元成宗铁穆耳即位之后,防御海都仍是其西部大事,双方之间曾多次发生大战,互有胜负。大德五年(1301),海都、笃哇召集两汗国四十王,与元朝军队在金山以东激战数十日,笃哇膝部受伤先退,海都亦只好西还,途中病死,时年约 60 岁。在笃哇主持下,立海都之子察八儿为窝阔台汗。长年征战使蒙古西部、金山南北、天山南北部落分散、人民贫困,就连一部分诸王贵族亦厌恶战争,希望和平。海都死后,诸王贵族中要求和平的人数增多。察合台汗笃哇首先向察八儿建议,向元朝中央政府"遣使请命,彼此罢兵,通一家之好"[1]。察八儿欣然同意,遂于大德七年(1303)遣使元朝中央,表示归附。但不久,笃哇、察八儿失和,并于大德十年(1306)双方大战于忽毡(今塔吉克斯坦苦盏,原列宁纳巴德)、薛米思坚(今乌兹别克斯坦撒马尔罕),最后笃哇偷袭察八儿成功,同时元成宗命元朝军队逾阿尔泰山,袭击察八儿后方,进军至额尔齐斯河,配合笃哇对察八儿的进攻。察八儿由此一蹶不振,只好归附于笃哇。笃哇不仅乘机将海都所占察合台汗国领土全部收回,而且将窝阔台汗国大部领土兼并。不久,笃哇死(约在大德十年),察八儿于至大三年(1310)至上都投降元朝政府。从此,整个西域为察合台汗国所占有,窝阔台汗国实际消失。对元朝来说,首先由窝阔台汗国汗王海都所发动,以后又有察合台汗国后王

---

〔1〕《蒙兀儿史记》卷 74《昔里吉传》。

笃哇参加的反对忽必烈的叛乱活动,延续近50年,在忽必烈去世15年后,终于基本结束。但这场战争却使漠北、新疆及中亚一带的社会经济遭到很大破坏。笃哇死后,长子宽阁继察合台汗位,他继续笃哇最后与元朝中央政府和好的政策,在武宗时,宽阁"将成吉思汗时所造户口青册进于朝"[1],表示服从元朝中央政府。此后诸察合台后王与元朝政府的关系时好时坏,但隶属关系始终未断,中央在察合台汗国境内的官员、屯兵也维持了很长时间。以后随着元中央政府的腐败、中原地区的动乱以及察合台后王内讧的加剧,察合台各后王独自为政,互相攻伐,一直延续到明朝建立。

15.2 对西北边疆地区的经营和管理

元朝西北边疆,主要指今新疆地区。这里最早与蒙古发生关系的是高昌回鹘王国。高昌回鹘王国是9世纪60年代由回鹘人以高昌(今吐鲁番)为中心建立起来的地方政权。其范围大约东起哈密,西到阿克苏、温宿,北至伊犁河,南与吐蕃势力相接,即达今若羌、且末一带。11世纪初,高昌回鹘王国归附于喀喇汗王朝。12世纪,西辽建立后,高昌回鹘又归附于西辽,受西辽所派"少监"控制,向西辽缴纳大量贡赋。13世纪初,蒙古在阿尔泰山一带连连取得重大胜利,声名远播天山南北,高昌回鹘亦都护巴尔术阿而忒的斤于1209年杀西辽"少监",归附于成吉思汗。1211年,亦都护还亲自到克鲁伦河畔觐见成吉思汗,成吉思汗封巴尔术阿而忒的斤为第五子,又以亲女嫁给亦都护。从此高昌回鹘与蒙古建立了密切联系,其首领世代与蒙古黄金贵族联姻,成为蒙古统治高昌地区的基本支柱。但在高昌回鹘西部的天山南北及中亚地区,仍是西辽的势力。在高昌回鹘政权归附蒙古政权后,成吉思汗又派大军经阿尔泰地区,进入西辽境内,并占领原西辽的广大地区。

西辽是原辽朝契丹贵族耶律大石在新疆西部和中亚东部建立的政

---

[1]《蒙兀儿史记》卷32《察阿歹传》。

·欧·亚·历·史·文·化·文·库·

权。1124 年,在辽朝即将灭亡的前夕,耶律大石自立为王,率众西遁,凭借辽朝的威望,组织了 10 多万人的军队,于 12 世纪 30 年代初,进入新疆西部地区。在当地回鹘政权和居民的支持下,逐渐扩大势力,并趁喀喇汗朝内部矛盾加剧,消灭喀喇汗王朝,建立起以虎思斡耳朵(又称八剌沙衮,今吉尔吉斯斯坦托克马克西南布拉纳古城)为首都的西辽政权。

13 世纪初,以铁木真为首的蒙古部兴起,打败了强大的乃蛮部,乃蛮部首领屈出律逃到了西辽境内,为西辽国王直鲁古所接纳,并将女儿嫁给他,屈出律由一个逃亡者一跃而成为西辽国的驸马爷。1212 年,屈出律乘西辽各部闹分裂之机,与西辽内部的反叛势力相勾结,篡夺了政权,成为西辽政权的国王。成吉思汗的宿敌乃蛮部首领屈出律的得势,对刚刚兴起的蒙古来说,当然是心腹之患。1218 年,成吉思汗命大将哲别率军进攻屈出律。不到一年时间,蒙古军队消灭屈出律的势力,占有了原西辽的广大地区。成吉思汗去世后,新疆西部地区分别成为察合台汗国和窝阔台汗国的重要组成部分。

忽必烈即位后,今新疆地区的形势发生了重大变化。在阿里不哥公开反对忽必烈后,窝阔台汗国后王海都以北疆为基地,首先打起拥戴阿里不哥、反对忽必烈的旗号,接着,察合台后王阿鲁忽亦采取骑墙态度。阿里不哥投降后,窝阔台后裔海都实际控制了新疆西部大部分地区,并联合受其控制的察合台后裔笃哇,共同抗拒忽必烈,成为元朝西部的心腹大患,因此,治理今新疆地区就成为忽必烈抵御西部诸王叛乱、巩固元朝政权的重要一环。当时忽必烈一方面依靠高昌回鹘亦都护抵御笃哇的侵犯,同时采取一系列措施,治理天山南北。

1268 年(至元五年),海都等率兵内侵,忽必烈率大军迎击,海都兵败,忽必烈大军追至阿力麻里,海都远遁。忽必烈为加强新疆地区抵御海都的力量,任命皇子北平王那木罕为首率亲王 7 人、兵马数千,建牙于阿力麻里,作为元朝在西部边疆地区的最高军事长官。在这件事上,忽必烈很可能是想利用各路王子的身份和地位稳定那里的形势,结果事与愿违。那木罕、阔阔出虽是他的儿子,但并无多高威望,亦无统兵能力,对这些亲王并无多大约束力。其他几位亲王,如玉龙答失(蒙哥汗子)、昔里吉(蒙哥汗子)、药不忽儿(阿里不哥子)、撒里蛮(玉龙答失子)、阿速带(蒙哥汗子)、脱里帖木儿(铁木哥斡赤斤孙)虽都表示拥戴忽必烈,但大都曾跟随阿里不哥反对过忽必烈。何况七八个亲王各率所部驻守于阿力麻里,岂能长期相安无事,矛盾冲突必多有发生,最后必然导致发生严重分裂。在这件事上,显然是忽必烈的一个失误。

至元十一年,海都拥立察合台后裔八剌之子笃哇为察合台汗国之汗,窝阔台后裔和察合台后裔这两股反对忽必烈的势力在新疆联合,势力大增,给那木罕以很大压力。驻守阿力麻里的诸王开始动摇、分裂。至元十二年,海都、笃哇联军进攻高昌城,围城达半年之久,亦都护火赤哈儿的斤,被迫将亲女献出,始得解围。在这次事件中,那木罕、安童竟未出兵相援,这也反映出当时驻守阿力麻里的元兵的形势十分险恶。至元十四年[1],驻阿力麻里的各亲王之间发生分裂,蒙哥汗诸子昔里吉、玉龙答失之子撒里蛮,阿里不哥之子药不忽儿等劫持那木罕、阔阔出及安童,推昔里吉为大汗,率众叛变,企图与海都联合,并率众东进和林。忽必烈在新疆地区的兵力和管理机构受到严重打击。此后,忽必烈逐步加强了对新疆地区的兵力和管理。在南疆地区,以斡端(今和田)为中心,大量进驻军队和官员。至元十五年,忽必烈派西域人阿老瓦丁"将兵戍斡端",抵御海都入侵。至元十六年初,海都部众又一次大规模东进,侵入南疆,形势危机,又以"忽必来、别速台为都元帅,将蒙古军两千人、河西军一千人戍斡端城",正式设立斡端宣慰使都元帅府,任命川西道宣慰使刘恩为都元帅,率兵进驻斡端,元军大败海都部将玉伦亦撒,稳定了南疆局势。虽然如此,但由于对南疆地区缺乏长远而有力的治理措施,元朝在南疆的兵力难以长期维持。在海都等叛王的压迫下,忽必烈终于在至元二十六年撤销了斡端宣慰使都元帅府,这应该说是忽必烈对南疆政策的又一个失误。[2] 新疆北疆地区,一直是忽必烈心

---

〔1〕《蒙兀儿史记》以为在十二年。

〔2〕《蒙兀儿史记》卷100《李进传》。

目中的重点保护地区。自阿力麻里失守,那木罕被俘,元朝在这里的统治就岌岌可危。在那木罕被俘后的第二年(至元十五年),授八撒察里虎符,命其掌管别失八里和高昌城的军站事,保证新疆与内地的交通畅通。至元十七年,正式改畏兀儿断事官为北庭都护,都护秩二品,置官十二员,驻别失八里,初以脱脱水儿等领其事,[1] 至元十八年,任万户綦公直为都元帅、宣慰使,任都护,镇别失八里。[2] 綦公直在别失八里镇戍五年,在他任内,忽必烈曾将北庭都护改为北庭大都护,以诸王阿只吉掌大都护事,以统管南北疆军事和元军。[3] 至元二十二年,因"阿只吉失律"被撤销都护事,将当时驻守在和林的老帅伯颜调至别失八里,坐镇新疆,抵御海都。忽必烈时期,由于他认识到今新疆地区的特殊性,没有在这里设置像内地一样的管理机构,他主要是依靠和利用畏兀儿亦都护和当地原有地方机构和部落首领进行管理。同时,在阿力麻里、别失八里、斡端等主要地区,驻守大量军队,并设置了宣慰司、都护府以及按察司等官员。但这些官府和官员,大多是因事而设,事毕即撤,并无完整和稳定的行政部门,在新疆所设官府,主要还是军事部门。这正是忽必烈继承历代王朝对西域边疆的统治经验,并根据当时的实际情况所采取的治理措施,应该说从整体上看,还是成功的,特别是对待高昌亦都护和当地各部、各地方首领的态度上,既继承了历史上各统治王朝因俗而治的羁縻政策,又派亲王、大将率兵戍边并设流官处理地方事务,这些政策对团结抵御海都等的侵袭、安定地方秩序,都起了积极作用。

此外,忽必烈在新疆地区大力推行屯田,发展当地经济,并十分重视这里驿站的建设。这既是管理和统治新疆的需要,也是防御海都等内侵的需要。这对加强新疆与内地的联系,起了很大作用。

早在至元三年,忽必烈就看中了和阗的丝绸生产,他设置了"忽丹八里局",以促进和阗丝绸生产的发展。"和阗绸"至今仍是闻名于中

---

〔1〕《元史》卷 89《百官志》5。

〔2〕《元史》卷 11《世祖本纪》为十七年,《綦公直传》为十八年。

〔3〕《元史》卷 89《百官志》5。

亚的土特产品。至元二十三年,忽必烈又在别失八里设"别失八里局",负责当地丝绸纺织品等的生产。[1] 特别由别失八里局"掌织造御用领袖纳失失等段"。"纳失失"为波斯语,是中亚、波斯等地生产的一种锦缎织品的名称,这个局的作用,就是组织该锦缎的生产和采购,产品主要供给朝廷皇室的需要。

当时的钞法亦行于新疆各地。至元十七年,忽必烈下令"立畏吾境内交钞提举司",管理和负责新疆地区元钞的印制、发行和兑换事宜,这对推进新疆地区经济的发展,是十分有益的。

忽必烈时期为了沟通与伊儿汗国、中亚其他地区以及南北疆之间的联系,在新疆广设驿站。至元十一年在于阗(今和田)、鸦儿看(叶尔羌,今莎车)两地,共设水驿13站。至元十八年又从太和岭(今外高加索山太和岭,非山西之太和岭)至别失八里(今新疆吉木萨尔县北破城子)修建新驿站30个,大大加强了元朝中央王朝与伊儿汗国之间的联系,新疆地区作为中间地带,起了重大作用。此条驿站线,虽然主要是为了方便伊儿汗国与元朝政府的联系,同时,它也加强了蒙古地区与内地的联系,是忽必烈为恢复和发展丝绸之路所采取的规模巨大的重要措施。至元十九年,忽必烈同意镇戍斡端的蒙古军将领别速台的建议,在新疆东部罗卜(今若羌)、阇鄽(今且末)设立驿站,更便利了斡端地区与内地的联系。至元二十二年,忽必烈又批准诸王阿马吉的要求,设"别失八里站赤,置马六十匹,牛、驴各二十五只,岁支首思羊一百口,解渴酒一千五百升,各给价钱备买,仍与钞六百锭,以供后来之费"[2]。这都显示了忽必烈对新疆地区交通建设的重视。

忽必烈对在新疆地区的屯田,也十分重视,因为这不仅对发展当地经济有好处,特别对加强边疆地区的防务有很大作用。

最初,忽必烈对新疆地区的官员、驻军的粮食等物,主要由内地供应,凡调入这里的部队,除拨调必需的粮秣兵饷外,还赐予大量用品,如

---

〔1〕《元史》卷85《百官志》1。

〔2〕《永乐大典》卷19418,第4页。

阿老瓦丁率兵到斡端,一次拨给他米 3000 石,给綦公直一次赐钞 12500 锭,但这并不能完全解决驻军的粮秣和需要。至元十六年,在新疆农业地区,开始实行计亩征税,以满足元朝在新疆地区的官员和驻兵的需要和供应,而真正能解决新疆地区戍军供应问题的,还要靠兵丁在当地的屯田。因此,忽必烈在新疆地区设立了许多屯田区。至元二十三年,派侍卫新附军千人屯田于别失八里,并在那里置元帅府总管屯田事宜。至元二十四年,又派军士在阇鄽(且末)屯田,而且屯田规模也日益扩大。斡端也是元代屯田的要地。至元二十五年,"命斡端戍兵三百一十人屯田",不仅将大量戍军转为屯田兵士,并逐渐由军屯发展到由移民进行的民屯。至元二十四年年底,发"河西、甘肃等处富民千人往阇鄽地,与汉军、新附军杂居耕植"。这一年"以忽撒马丁为管领甘肃、陕西等处屯田等户达鲁花赤,督斡端、可失合儿工匠千五十户屯田"。屯田的建立,对新疆地区农业生产的发展,起到了促进作用。

15.3 对西藏和藏族地区管理的加强

据许多藏文史籍记载,在成吉思汗第三次进攻西夏时期(1206),就曾与藏族地区有过交往。1227 年消灭西夏后,成吉思汗亦曾通过在西夏的喇嘛向西藏发出诏令。[1] 但蒙古与西藏建立正式关系,是由窝阔台的第三子阔端打开的局面。

窝阔台即位初,分兵三路攻宋,阔端为右军,率部从西部攻取秦、巩,入四川向东攻宋。阔端在这一带征战 10 余年,今甘肃、宁夏、川西广大地区,均在其控制之下。在此期间(约 1239),根据窝阔台的命令,阔端曾派以多达那波为首的一支蒙古军,由青海南下进入西藏,[2] 在拉萨地区驻军两年。阔端进军西藏的目的,根据当时蒙古统治者的一贯想法,当然是为了征服一切还不曾臣服于蒙古的民族和地区,但进军

---

〔1〕王辅仁、陈庆英:《蒙藏民族关系史略》,中国社会科学出版社 1985 年版,第 14 – 15 页。
〔2〕《史集》第 2 卷,第 33 页记窝阔台"派遣托雷汗的侄子和儿子们带着两万［军队］穿过吐蕃"。此事,很可能即指多达那波进藏之役。

西藏的艰险,蒙古统治者当然也是很清楚的。因此,了解西藏的状况,与西藏地区的地方势力建立友好关系,并使之亲自前来进谒,达成正式协议,是达到这一目的的最好方式。多达那波十分准确地领会了这一意图,他在西藏充分了解了西藏各教派、各地区的情况和势力,在给阔端的报告中说:"在边地西藏,僧伽组织以噶当派的最大,顾惜脸面以达垅噶举派的领袖最甚,排场华丽以止贡噶举派的京俄为最,教法以萨迦班智达最精通,迎请何人请示明喻。"[1]但此时,窝阔台已去世,阔端要回和林参加窝阔台的葬礼,他只好将多达那波及其所率部队撤回甘肃。

在和林期间,窝阔台的皇后脱列哥那(乃马真氏)称制摄国政,将唐兀之地(即原西夏地区,包括甘肃河西、湟水流域、洮水流域、宁夏以及陇右)作为阔端的封地,以西凉(今甘肃武威)为其王府所在地,[2]"承制得专封拜"[3]。1245年,阔端遂派多达那波等人入藏,邀请实际控制以日喀则为中心的后藏地区并在全西藏有重大影响的藏传佛教萨迦派班智达("大学者"之意)贡噶坚赞来凉州,商讨西藏归顺之事。阔端在给萨迦班智达贡噶坚赞的信中说:"我召请你,文殊菩萨的化身,萨迦·班智达,请你不要踌躇的前来。假如拖延不肯前来,我将派大军去杀戮百姓,蹂躏西方的唐兀和土番。你的心不将[因此]大为伤痛吗?"[4]这封信最明显地体现了蒙古统治者对一切尚未臣属地区民族的态度。

1245年,年已63岁的贡噶坚赞,携带自己的两位侄子——10岁的八思巴和6岁的恰耶多吉,由萨迦起程,经拉萨,过青海,于1246年到达凉州。当时阔端因参加推举贵由为汗的忽里勒台,尚未从和林返回。

〔1〕第五世达赖喇嘛阿旺罗桑嘉措:《西藏王臣记》。
〔2〕《史集》称"蒙哥合罕把唐兀惕地区封给他作分地(禹儿惕),并把他和军队一起派遣到了那里"。见第2卷第10面。结合汉文史料,《史集》关于蒙哥把唐兀地区封给阔端之说,显然是误记。
〔3〕《蒙兀儿史记》卷37《阔端传》。
〔4〕《金轮千辐》,转引自札奇斯钦:《蒙古与西藏历史关系之研究》,台北正中书局1978年版,第24页。

1247 年,阔端回到凉州,与贡噶坚赞见面,并达成了西藏归附蒙古汗国的协议。该协议宣告,西藏官员百姓都要承认自己是蒙古汗国的臣民,由蒙古汗国委派萨迦派领袖人物主持西藏事务,将西藏民户、贡赋登记成册,送交阔端。贡噶坚赞并向西藏各教派和各地首领写信通报这次会谈的内容,劝告他们归附蒙古汗国。这封信被后人称作《萨迦班智达致蕃人书》。[1]

在阔端与贡噶坚赞会谈后不久,阔端就去世了。[2] 萨迦班智达·贡噶坚赞也于 1252 年,即蒙哥汗二年,在凉州去世。蒙哥即汗位后,又派官员入藏清查户口,划定地界,八思巴亦受命派人随同前往,协助蒙古官员完成此项事务。[3]

在蒙哥时期,蒙哥以及忽必烈与西藏的另一藏传佛教教派——噶玛噶举派的领袖人物噶玛拔希,有密切的来往。蒙哥曾封他"国师"的称号,忽必烈在临洮和蒙古地区,会见过他。[4]

忽必烈在即位前,亦曾两次会见过八思巴,此后八思巴又随忽必烈回开平,二人相处十分融洽。[5] 对西藏的情况,通过与八思巴等人的接触,忽必烈早已有所了解,所以他即位后,对西藏十分重视,采取的治藏政策,也比较符合实际。

关于忽必烈的治藏政策,《元史》中有一段话概括得很好,即所谓:"世祖以其地广而险远,民犷而好斗,思有以因其俗而柔其人,乃郡县土番之地,设官分职,而领之于帝师。"[6]这个政策主要体现在以下三个方面:一是设立帝师,优宠喇嘛。13 世纪,元朝统治者根据藏族对藏

〔1〕原文载贡噶索南札巴坚赞著:《萨迦世系史》,陈庆英等译,西藏人民出版社 1989 年版。

〔2〕《史集》在"窝阔台合罕的儿子贵由汗纪"中记载:"当阔端的病加剧时,他派遣一名急使去告诉他的兄弟贵由汗说,病的发生是法提玛哈敦施行巫术的结果……接着就传来了阔端去世的消息……贵由即位后,头一件事就是审讯法提玛。"见第 2 卷第 213 页。按此说法,阔端应在贵由即位(1264 年)前就去世了,这显然是误记。《世界征服者史》明确记述阔端出席了 1246 年推举贵由即位的忽里勒台,并"一心要获得这个(汗位——引者)荣誉"(见上册 294 页)。结合藏文史料,证明《史集》有关阔端去世的时间,也是误记。

〔3〕《萨迦五祖全集》,德格木刻版,b 函,第 320 页。

〔4〕王辅仁、陈庆英:《蒙藏关系史略》,第 24 页。

〔5〕王辅仁、陈庆英:《蒙藏关系史略》,第 26 页。

〔6〕《元史》卷 202《释老传》。

传佛教的信仰,及藏传佛教在西藏所处地位,进一步强化和树立藏传佛教特别是藏传佛教萨迦派在全西藏的权威,来达到对西藏的直接治理。中统元年(1260),忽必烈一即位,立即将八思巴封为国师;1270年,忽必烈又赐其号为"皇天之下,一人之上,化身如来,宣文辅治,大圣大德,普觉真智,佐国如意,造字圣人,大元帝师"[1],并赐玉印,帝师制度自此成为定制。忽必烈最初有意独宠萨迦派,但后因八思巴的奏议,始允许西藏各个教派自行发展,对其个别领袖人物,亦给予适当封号,从八思巴受封帝师直至元末,受封为帝师者共14人,历任帝师大都出自萨迦款氏家族,且帝师极受尊崇,"朝廷所以敬礼而尊信之者,无所不用其至",甚至"帝师之命,与诏敕并行于西土"[2]。帝师的职责,一是作为皇帝之师,向皇帝传授佛法,为皇帝举行传法受戒的灌顶仪式;二是统领天下僧尼,主管佛教事务,并负责弘扬佛法;三是作为元皇室的教祖和精神支柱,随时为皇帝和国家作佛事,以保障皇帝的平安和国家的兴盛。帝师之责既然如此之重,其备受尊崇和优礼,则是理所当然了。帝师甚至在死后都受到极高的礼仪,如八思巴死后,不仅受到加赐的封号,还在京城为其建造舍利塔。

除了专设帝师之外,忽必烈还优宠一般的西藏僧人。这主要体现在以下几个方面:首先,对其赐官封号,使之获得巨大的政治利益。他们有的受封为王,有的尚公主,有的被皇子、宗王们奉为上师,有的在朝廷任职,取得各种封号,"(帝师)弟子之号司空、司徒、国公,佩金玉印者,前后相望"[3]。1264年,忽必烈颁行了《珍珠诏书》,规定:"对依律而行的僧人,无论军官、军人、守城官、达鲁花赤、金字使者皆不准欺凌,不准摊派兵差、赋税和劳役……僧人之佛殿及僧舍,金字使者不可住宿,不可索取饮食及乌拉差役。寺庙所有之土地、河流和水磨等,无论如何不可夺占、收取,不可强迫售卖。"[4]这不但使藏传佛教各教派势

---

[1]转引自东嘎·洛桑赤列著,唐景福译:《论西藏政教合一制度》,甘肃人民出版社1984年版。

[2]《元史》卷202《释老传》。

[3]《元史》卷202《释老传》。

[4]阿旺·贡嘎索南著,陈庆英等译:《萨迦世系史》,西藏人民出版社1989,第112–113页。

力在西藏本土的利益得到保障,同时也确立了他们在内地享有优越地位,不少西藏僧人,分别在内地和中央取得很大政治权力。如西藏僧人杨琏真伽,在任江南释教总统期间,即通过重赂桑哥,"发掘故宋赵氏诸陵之在钱塘、绍兴者及大臣冢墓,凡一百一所,戕杀平民四人,受人献美女宝物无算,且攘夺盗取财物,"[1]他们之所以敢如此胡作非为,不能不说与忽必烈对西藏僧人的支持、纵容有关。他们甚至还有法律上的特权:"西僧为佛事,请释罪人祈福,谓之秃鲁麻。豪民犯法者,皆贿赂之以求免。有杀主、杀夫者,西僧请被以帝后御服,乘黄犊出宫门释之,云可得福。"其次,给予僧人丰厚的赏赐,使其在经济上大获其利。1270 年,忽必烈再次从八思巴受灌顶,"所奉献大供养为白银一千锭,绸缎五万九千匹。还有每次见面时所送的礼品及哈达、银币等。仅皇帝临时奉献的礼品,据说总计有黄金一百多锭、白银一千锭、绸缎四万多匹。"[2]忽必烈给藏传佛教以很高的地位,在内地大力提倡和宣扬,并在京城和全国各地大量兴建佛教寺庙,大兴佛事。在忽必烈的推崇下,藏传佛教由西藏不断向全国传播、发展,并且因以帝师为首的西藏僧人拥有统领天下僧尼、主管佛教事务的权力,使之在西藏本土乃至全国,都享有了很大的宗教利益。

忽必烈治藏政策的第二方面,就是坚持和利用萨迦派政教合一的地方政权。

忽必烈对西藏寓政于教的统治和管理,主要是通过并依靠萨迦派的势力实现的。忽必烈不仅在宗教上提高萨迦派的地位,而且在政治上大力扶持,从而在西藏境内建立起政教合一的强大地方政权——萨迦政权。有元一代,萨迦地方政权在元朝中央政府的授权下,对西藏本土实行具体管理,其第一任法王为八思巴,主持总制院(后改为宣政院),"掌释教僧徒及吐蕃之境而隶治之"。[3]"总其政于内外者,帅臣

---

〔1〕《元史》卷 202《释老传》。

〔2〕《萨迦世系史》,第 147 页。

〔3〕《元史》卷 97《百官志》3。

以下,亦必僧俗并用,军民通摄。"[1]通过萨迦政权,在西藏本土实行政教合一制。至元二年(1265),八思巴返回吐蕃,向忽必烈推荐本家族的释迦桑波担任萨迦本钦(即乌思藏宣慰使),获准为十三万户首领,赐予印鉴,主持当地政务。此后历任萨迦本钦都由帝师辟举,皇帝任命,并颁予印信。因此,萨迦本钦的主要职责,是代表元朝中央实行对西藏的行政管理和统治。而元朝在西藏推行的各项行政统治措施,包括清查户口、划分十三万户、建立驿站系统等,均是在萨迦本钦及其行政班子的协助下贯彻实施的。可见,从萨迦政权开始的这种以教派势力为基础而形成的政教结合的政权模式,已成为西藏政教合一制的开端,它的形成和确立,显然是忽必烈大力扶持和支持的结果。正如东嘎·洛桑赤列所论述的:"萨迦派的宗教上层人士,为了巩固和发展自己的势力,以元朝的政治力量为靠山,而元朝为了加强在西藏的统治,需要利用当时在西藏社会上有声望的萨迦派人士,在双方利益结合的情况下,萨迦派才能够成为西藏政教两方面的领主。"[2]所以,萨迦政权并非是一个独立自主的西藏政权,而是隶属于元朝,并由中央政权直接控制的地方政权。元朝中央政府赋予萨迦政权以巨大的政教权力,使之成为自己在西藏的行政代理人。

忽必烈治藏政策的第三个方面是,一方面特别支持萨迦派,但并不忽视西藏的其他各教派和各种地方势力。他将西藏原有各教派和各地方势力的首领封为万户,在西藏建立起包括萨迦派在内的十三万户。忽必烈虽然特别优待萨迦派的势力,封赐萨迦本钦为"乌思藏三路军民万户"的头衔,但实际上,萨迦派政权只不过是卫藏十三万户之一。八思巴所获得的卫藏十三万户的供养,也仅具有宗教象征意义,对卫藏十三万户的控制和管理权,仍属于元朝中央政府。

卫藏十三万户,实际上只是元代藏区的一部分。从蒙哥时期到忽必烈时期,曾在藏区建立3个宣慰使司都元帅府(简称宣慰司),分别

〔1〕《元史》卷202《释老传》。
〔2〕东嘎·洛桑赤列著,陈庆英译:《论西藏政教合一制度》,民族出版社1985年版,第46页。

进行管理。

（1）吐蕃等处宣慰使司都元帅府

治所在河州（今甘肃省临夏市），设置于蒙哥汗时期（约1253）。有宣慰使五员，下辖脱思麻（即安多）路军民万户府、河州等处军民总管府及元帅府、招讨司、军民安抚司、万户府、千户所等机构。管辖范围为今青海省东部和南部、甘肃省南部和四川省西北部，包括今青海省的海南、黄南、果洛藏族自治州和甘肃省的甘南藏族自治州、四川省的阿坝藏族羌族自治州的北部。因其主要辖地为脱思麻路，故又称脱思麻宣慰司。

（2）吐蕃等路宣慰使司都元帅府

治所不详，为忽必烈时期所置（约1280年前后），有宣慰使四员，下辖朵甘思（即多康）田地里管军民都元帅府、招讨使司、安抚使司、万户府等机构。其辖区在今四川西部、云南西北部、西藏自治区东部和青海省西南部，包括今四川省的甘孜藏族自治州、西藏自治区的昌都地区和那曲地区的一部分。该宣慰司亦称朵甘思宣慰司。

（3）乌思藏纳里速古鲁孙等三路宣慰使司都元帅府

设立于至元十七年（1280）前后，当时称乌思藏宣慰使司都元帅府，后将阿里（即纳里速）地区划入，简称乌思藏宣慰司。有宣慰使五员，其下有都元帅府，招讨使、转运使、万户等官员。该地区即前面所说的卫藏十三万户的分布区域。其辖区包括今西藏自治区除昌都地区以外的大部分地区。

此即忽必烈时期整个藏区的行政区划。

忽必烈在至元元年就设立了总制院，命国师八思巴兼领，总管藏区事务。至元二十五年，将其改为宣政院，其职责为：（1）负责对藏区的军事管理。（2）荐举官员。藏族地区各机构中的高级官员的任命由宣政院或帝师的荐举，皇帝授给他们金、银牌，宣敕委任为宣慰使司都元帅、元帅、招讨使、安抚使、达鲁花赤等。（3）管理驿站。（4）管理佛事。

元朝在藏族地区设置的3个宣慰使司都元帅府，具体实施宣政院的各项职能，或专管元朝驻军和地方军队，或负责驿站及军队后勤。对于民政,则主要委任地方首领担任。而在乌思藏宣慰司的辖区内,元朝则扶持萨迦派,由萨迦派的领袖及其属下的萨迦本钦负责民政和司法,管理各个万户府。

清查户口是中央政权对其管辖区行使主权的一项行政措施,忽必烈对西藏不止一次地清查户口,以此作为其征收贡赋和设立站赤的根据。1260 年忽必烈即位之初,即派以达门为首的官员到西藏,清查西藏及沿途的户口。1268 年,八思巴返回西藏时,忽必烈又派了阿衮、弥林等 3 位官员到卫藏,进行精确的人口调查,其目的在于确定乌思藏地区握有实权的人物,弄清人口多寡和资源丰瘠,以便设官征税和调发。这次人口调查,并不仅限于乌思藏,还包括今青、康地区。中央和地方合作协调,对于建立地方行政体系以及安排驿站供应起了决定性作用。此后,在 1287 年(至元二十四年),忽必烈又派使者入藏,在 1268 年人口调查的基础上,进一步稽查户口、赋税,并作了一定的调整。

在 1268 年的人口调查之后,元朝即在萨迦设置了一名本钦,由中央授权萨迦本钦释迦桑布提名,确定了卫藏十三万户各自应纳贡品种类和质量。“万户”则成为中央任命的西藏地方官职,西藏的地方行政建制初步确定,也是西藏政教合一制的开始。

忽必烈为了加强对藏区的直接治理,还设置了完备的驿站系统。清查户口和设置驿站,总是同步进行的。1260 年第一次人口调查之后,就根据沿途各藏族地区人口及物产不同,共设置了 27 个“甲姆”,即驿站(汉语的“站”,是一蒙语借词,源于“甲姆”)。具体为:朵堆(甘孜、昌都)地区设置了 7 个甲姆;朵麦(甘肃、青海)地区设置了 9 个甲姆;各甲姆之间又设置若干小甲姆。驿路贯穿 3 个宣慰使司都元帅府的辖区,止于萨迦。规定沿途居民,负责传送公文,供给马匹,供应往来官员食宿。这种支应差役,突厥语称之为“乌拉”,西藏的乌拉差役即始于此。这种完备的驿站系统,对于传达和贯彻中央政令,巩固元朝对藏区的直接统治,无疑具有重要意义。而从元朝统治者设立驿站的初衷,及驿路在设立之后所起的作用来看,其意义显然已非仅限于交通方面,而是忽必烈所采取的一项集政治、经济、军事乃至文化意义于一体

·欧·亚·历·史·文·化·文·库·

的、综合性的治藏措施。意大利藏学家毕达克认为："蒙古在乌斯藏地区正式建立了行政统治，即建立了驿站，并进行了一次括户。这二项措施都是在从中原派往西藏的帝国官员和萨斯迦住持的行政班子通力合作下进行的。萨斯迦住持是蒙古忽必烈可汗选中的合作者和西藏新组织的工具。"[1]

15.4　对蒙古本土的治理

蒙古地区作为蒙古族兴盛之地，在忽必烈之前的诸蒙古汗的眼中，都是根本之地，也是政治中心。而忽必烈的即位，是在阿里不哥占据蒙古地区，并且把蒙古地区作为对抗忽必烈的基地的情况下实现的。这样就迫使忽必烈把蒙古地区作为在政治上的一种异己的，甚至是敌对的力量和地区看待。在阿里不哥之后，海都、笃哇又多次率军进入蒙古，而且每次都得到蒙古地区一些宗室亲王的支持和响应，这就更加强了忽必烈对蒙古的戒心。实际上，成吉思汗子弟及其遗孀的封地都在蒙古，一些留居蒙古的贵族，大都眼光短浅，守旧保守，对忽必烈的许多作为看不惯，而忽必烈也以远离他们最为省事。再加上忽必烈在青年时代，虽然生活于大草原，但由于他心胸开阔，并不留恋大草原。他清楚地懂得，蒙古族兴起于大草原，依托大草原进入了广大汉地，但不能依靠大草原的力量和资源来治理汉地。他并不欣赏大草原的生活、生产和贵族势力。因此，自从他即位以来，除了几次率兵打仗进入蒙古地区之外，没有再回到大草原。正是从这一点出发，在他眼里，蒙古地区与其他边疆地区没有两样，是他的一个边疆省，而且是一个经常出乱子的省。

忽必烈即位之初，主要是从政治上考虑，为了保持其正统地位和团结、争取蒙古宗王贵族，还曾承认和林是首都，是政治中心；但阿里不哥归降后，忽必烈立即升开平为上都；至元二年（1265）又以燕京为中都，

---

〔1〕〔意〕毕达克著，沈卫荣译：《蒙古在西藏的括户》，载《国外藏学研究译文集》第 1 辑，西藏人民出版社 1985 年版，第 207 页。

和林降至一般地区；至元九年，又在其前辈作为"大斡耳朵"的和林，设置转运司；[1]到后来又改置宣慰司都元帅府，作为中书省派出机构，使蒙古地区在政治上，处于一般边疆的地位。[2]

忽必烈在蒙古地区建设中最突出的贡献，是在叶尼塞河上游地区。这里在蒙古时期分为5个部分，分别称益兰州（突厥语，意为"蛇"，在今叶尼塞河上游乌鲁克木河南）、吉利吉斯（柯尔克孜语"40个姑娘"之意，在今叶尼塞河上游阿浦河及其以北）、谦谦州（叶尼塞河上游乌斯河流域，吉利吉斯以南）、乌斯（叶尼塞河上游，乌斯河流域，谦谦州以东）、撼合纳（今叶尼塞河上源贝克木河流域），都是拖雷长妻、忽必烈母亲唆鲁和帖尼的封地。唆鲁和帖尼死后，其封地由阿里不哥继承，阿里不哥降后，此地区宗王势力大大削弱。为了进一步控制阿里不哥的势力，忽必烈于至元七年，派汉人刘好礼担任益兰州等五部断事官，在益兰州设衙。忽必烈批准刘好礼的要求，派大量汉族工匠到那里，帮助当地居民建城郭、官署，兴修水利，发展农业、手工业，开通驿站，使之成为抵御海都、笃哇的重要战略要地。至元十二年，驻阿力麻里的贵族昔里吉、脱里帖木儿叛，俘那木罕，又率兵东进，侵入吉利吉斯五部之地，刘好礼被俘。从此，吉利吉斯等五部即为叛王所据。当时攻南宋之役正在紧张进行，忽必烈一时不能北顾。至元十三年南宋投降后，于至元十四年，命灭宋名将伯颜，率大军北入蒙古，一方面抵御海都、笃哇，同时扑灭昔里吉等人的叛乱。伯颜与叛军相遇于斡鲁欢河（今鄂尔浑河），叛王昔里吉的部队被击溃，昔里吉被杀，叛军在蒙古地区受到严重打击。伯颜即驻军于蒙古，抵御叛王东犯。当时由于伯颜功大位高，手中握有重兵，经常遭到朝廷小人攻讦，诬他谋反。忽必烈对这类言传虽不相信，但实际上心中对伯颜仍有一定防范，调他到蒙古地区，就可能有防范之意。至元十八年，忽必烈又命梁王甘麻剌（太子真金之子，成宗时封其子为燕王）坐镇和林，协调蒙古地区的各路军队。至元二

〔1〕《元史》卷7《世祖本纪》4。

〔2〕《元史》卷58《地理志》1。

十二年,坐镇阿力麻里的宗王阿只吉"失律",忽必烈命伯颜到别失八里统率北疆各路元军,直到至元二十四年,乃颜叛事发生,忽必烈又调伯颜从别失八里移镇和林,专力切断海都与乃颜的联系。至元二十六年,忽必烈始正式在和林设行枢密院,由伯颜任知行枢密院事。此后伯颜坐镇和林,多次击溃海都东侵,保证了蒙古地区的安宁。至元二十九年,又有人谮告伯颜"久居北地,与海都通好"[1],引起忽必烈的疑心,于是忽必烈调伯颜至大同听命,改封梁王甘麻刺为晋王,将其由云南再调和林,代替伯颜,坐镇和林,而且明确命其"统领太祖四大斡耳朵及军马、达达国土"[2],并准其设立王府,置王傅、内史等官,成为忽必烈时期在蒙古地区设立的最完备、权力最大的宗王官署。

忽必烈时期,由于蒙古地区是阿里不哥的领地,不少贵族亲王以蒙古地区为基地,反对他的统治,所以忽必烈在政治上有意冷淡、忽视和降低以和林为中心的蒙古地区的地位。但是,从另一方面来说,以和林为中心的蒙古地方势力,又是唯一有理由、有力量与他的正统地位相对抗的势力,如果蒙古地区一旦为海都等人所占据,必使忽必烈腹背受敌,使他的统治在战略上受到重大威胁。因此,对以和林为中心的蒙古地区,他又给予很大的重视,特别是平定南宋后,他调派伯颜长期驻守,也是这个意思。然而不管怎样重视,他都是从防范的角度出发,而不是从依靠、发展的角度来经营蒙古地区。因此,忽必烈时期在蒙古地区虽也设立了一些屯田,也调入了一些工匠,但社会经济并无多大起色,甚至可以说,较之窝阔台、贵由和蒙哥时期,蒙古地区的社会经济不仅没有前进,反而凋敝了许多。

---

[1]《元史》卷 127《伯颜传》。
[2]《元史》卷 115《显宗传》。

15.5　对云南边疆的治理

云南是忽必烈率部攻取下来的,也是他初试自己力量的地方,应该说也是他对之有特殊感情的地方,对云南的各方面,他也确实都给予了更大的关注。

忽必烈在攻取大理后,率军北上,留兀良哈台继续攻取大理各地。经过两年的征战,兀良哈台与其子阿术"平大理五城八府四郡泊乌、白蛮等三十七部",云南大部分地区为蒙古所控制。兀良哈台曾报请蒙哥"请依汉故事,以西南夷悉为郡县,从之"。郡县之事,可能由于当时条件并不成熟,所以难以执行。但当时依蒙古兵制,在各地设立了万户、千户、百户,并以其各地旧有首领为之长,实行了千百户制。同时设立大理等处三十七部宣慰使都元帅府,以当地首领宝合丁为都元帅。1257年(蒙哥五年),蒙哥加兀良哈台为大元帅,又命他"还镇大理"[1],并率兵向东南亚扩张。在这时期,兀良哈台及其子统率蒙古军以及云南各族军队,在东南亚以及广西、贵州等地攻城掠地,同时镇抚云南。他又配合忽必烈征鄂之役,由南向北经湖南袭击南宋,至蒙哥汗去世,始率兵北归,他对云南的稳定和统一起了很大的作用。

至元四年(1267),忽必烈又一次任命皇子忽哥赤为云南王,出镇云南,兼辖大理、善阐及察罕章、合剌章、赤秃哥儿、金齿等处,并为其立大理等处行六部,以阔阔带为尚书兼云南王傅,柴桢为尚书兼府中尉。忽哥赤南下前,忽必烈对其面嘱:"大理朕手定,深爱其土风,向非历数在躬,将于彼分器焉。汝往,其善抚吏民",表达了他对云南地区的关心和重视。[2]

云南地区自兀良哈台北上之后,大权完全落入大理等处三十七部宣慰使都元帅宝合丁之手,他打着蒙古官员的旗号,以云南最高军政长官的身份,发号施令,统治云南达八九年之久。也可能是因为忽必烈发

〔1〕以上均见《元史》卷121《兀良哈台传》。
〔2〕《蒙兀儿史记》卷76《忽哥赤传》。

现了宝合丁"有窃据之志",所以才派自己的儿子忽哥赤为云南王,镇抚云南。这一措施当然使宝合丁的专制大权受到极大削弱和束缚,也是宝合丁极不欢迎的。忽哥赤到大理后,与宝合丁矛盾日益尖锐,宝合丁用各种办法拉拢王府官员,王傅阔阔带等为其收买。至元八年(1271),宝合丁等竟设宴毒死忽哥赤,谎报忽哥赤暴病身亡,此事为王府中尉柴桢、文学张立道等发觉,并密报忽必烈,忽必烈闻讯,立即派断事官博罗欢、吏部尚书别帖木儿"驰驿往按",查清事实,将宝合丁及阔阔带等人处死,云南的一桩大案得以了结。但云南政事,引起忽必烈更大的注意和关心,他立即派遣阿鲁忒儿等赴大理参与治理,又派宗王脱忽鲁(又作秃鲁)镇抚云南。但他仍不放心,至元十一年,忽必烈决心派他十分赏识的赛典赤赡思丁去治理云南。

赛典赤赡思丁是中亚不花剌人,从其祖父时,就投归成吉思汗属下。[1] 忽必烈即位后,即任赛典赤赡思丁为燕京宣慰使,后任其为中书平章政事,并多次委以重任,十分器重。至元十一年,委派他到云南时,忽必烈面嘱他:"云南朕尝亲临,比因委任失宜,使远人不安,欲选谨厚者抚治之,无如卿者。"[2]遂在云南设立行省,命他为平章政事,主持云南行省之事。忽必烈对赛典赤赡思丁才智品德的认识,是十分正确的,任命他去治理远离中央政府的云南边疆,也是十分明智的。赛典赤在云南虽然只有6年(至元十六年在任上去世),但他对云南边疆的社会安定、生产发展,都起了重要作用。赛典赤到云南后,首先遇到的是与宗王脱忽鲁的关系问题。脱忽鲁怕赛典赤夺他的权,多方阻挠赛典赤入滇。赛典赤遂派其子纳速剌丁向脱忽鲁解释来意,并表示尊重他的地位,愿与他共治云南。脱忽鲁在诸王中,应该说还是一位明白人,他竟能信任赛典赤的解释,并确实在治理云南事务中,与赛典赤同舟共济。至元十二年,赛典赤向忽必烈上奏:"云南诸夷未附者尚多,今拟宣慰司兼行元帅府事,并听行省节制。"又奏:"哈剌章、云南壤地

---

〔1〕邱树森:《中国回族史》(上),宁夏人民出版社1996年版,第178页。

〔2〕《元史》卷125《赛典赤赡思丁传》。

均也,而州县皆以万户、千户主之,宜改置令长。"[1]他的这些意见,均得到忽必烈的同意,从此,行中书省成为云南最高行政机关,但就云南全省的行政设置来说,仍是两套系统。一方面是郡县制,在大理国时,云南就有"八府四郡",经赛典赤的重建,在行省之下设路、府、州、县,[2]收回了部分掌握在各族首领手中的郡县权,以流官充任郡、县长官,这是由行省直接领导的地方行政机构。此外大部分地区仍是非郡县地区,也即由当地少数民族担任首领的各级土司衙门。在忽必烈征大理时,就曾将内附的摩些(纳西族)首领麦良任命为察罕章管民官、副元帅,赐虎符金牌,从征大理,其职位世袭罔替。[3] 大理国国王段兴智,为蒙哥赦免,遂"献地图,请悉平诸部,并条奏治民立赋之法。宪宗大喜,赐兴智名摩诃罗嵯,命悉主诸蛮白爨等部"。[4]段兴智死后,其亲属信苴日于中统二年入觐,忽必烈将大理、善阐、威楚、统矢、会川、建昌、腾越等城交给他管理。赛典赤在整顿云南行政制度时,遂以信苴日为大理总管。至元十八年,忽必烈又正式任命他为大理、威楚、金齿等处宣慰使、都元帅,实际上是当时云南地区的最大土司。[5] 此外,在由土司为安抚司、宣抚使所管辖的范围内,除了有"部"以外,也有"路"的设置。中统二年在滇西北(今德宏等地)以当地少数民族为首领设金齿安抚司。至元八年,应金齿(傣族先民)、白蛮(白族先民)各族首领的要求,以怒江为界,分设东、西两路安抚使。至元十二年时,曾改西路为建宁路,东路为镇康路。至元十五年,又重新设宣慰使,立六路总管府。[6] 但不管是以当地少数民族为首领的安抚司、宣抚使等土司衙门,还是以流官为首长的路州府县,自云南行省设立后,统归行省管辖。这就在政治上使云南地区进一步统一,也加强了中央政府对云南边疆

---

〔1〕《元史》卷125《赛典赤赡思丁传》。

〔2〕《元史》卷61《地理志》4载:"云南诸路行中书省,为路三十七、府二、属府三、属州五十四、属县四十七。"这并不是赛典赤初设之数,而是元末数字。

〔3〕《新纂云南通志》卷188《汉至元耆旧传》。

〔4〕《元史》卷166《信苴日传》。"摩诃罗嵯"梵语"大王"之意。

〔5〕《元史》卷166《信苴日传》。

〔6〕《元史》卷61《地理志》4。

·欧·亚·历·史·文·化·文·库·

的管辖和统治。

云南地区在历史上长期闭塞,交通十分不便。中统二年有两位金齿使者朝见忽必烈,竟走了整整两年才到达上都。[1] 忽必烈也亲自到过云南,对这里的交通困难状况有亲身体验,所以忽必烈对云南地区的交通和开发十分重视。特别是忽必烈时期多次对东南亚地区用兵,所以他对云南的交通予以特别关注。到至元七年时,今昆明、大理、德宏、丽江等地,就都建立有驿站。云南建省后,更是广置驿传,逐渐形成了贯通全滇的驿站网。仅从省治中庆(今昆明市)向四处辐射的驿道就有:由中庆经乌蒙(今昭通)至叙州(今四川宜宾)道[2];中庆经建都(今武定、禄劝一带)等处至成都道[3];中庆达邕州(今广西南宁南郁江南岸)道[4];中庆经乌撒(今贵州威宁)达泸州道;中庆经大理过金具(指今德宏、保山地区)道,这条道路在至元七年设驿12站,[5]大致是沿袭了汉蜀身毒道的南段。从腾冲南下,可经天部马(今瑞丽)、骠甸(在今陇川县)、阿郭地(今盈江县)3道达江头城(在今缅甸杰沙)。[6] 至元十六年,元在金齿入缅路段初置驿传[7],从江头城沿伊洛瓦底江南下,可至蒲甘城(今缅甸蒲甘)和班加剌(今缅甸勃固)。由今缅甸北部向西,还可达今印度。《马可波罗行纪》说:今大理等地产良马,"贩售印度"[8]。元人述律杰说:云南盛行佛教,"由其地东连西竺,与佛国通,理势然也"[9]。中庆经蒙自达安南(今越南北部)道,在云南行省建立以前,这条道路已经通行,至元十二年正式设站[10],可直达今越南河内。

---

〔1〕王恽:《秋涧先生大全文集》卷81《中堂事纪》。

〔2〕姚燧:《牧庵集》卷19《李公神道碑》。

〔3〕《永乐大典》之《站赤二》、《站赤三》。

〔4〕《永乐大典·站赤八》。

〔5〕《永乐大典·站赤二》。

〔6〕《元文类》卷41,"经世大典·征伐"条。

〔7〕《元史》卷10《世祖本纪七》。

〔8〕冯承钧:《马可波罗行纪》(中册),中华书局1954年版,第466页。

〔9〕述律杰:《重修大胜寺碑铭并序》,载《新纂云南通志》卷94《金石考》。

〔10〕《元史》卷8《世祖本纪五》。

忽必烈时期所建立起的这些道路和驿站,为当时加强对云南地区的管理,促进云南与其他地区的联系,促进云南经济的发展以及巩固云南边疆,都起到了重要的作用,这也应该是忽必烈在巩固中国西南边疆方面的一大贡献,具有较大的历史意义。

忽必烈还很重视在云南边疆地区进行屯田。平定大理后,忽必烈深感云南地区地广人稀、生产落后。后来在治理云南中,又遇到驻军口粮和当地百姓食用的困难,因此对发展云南地区的生产十分重视。至元四年(1267)忽必烈以亲王忽哥赤镇抚云南时,特将自己身边的谋士张立道,派给忽哥赤为王府文学。忽哥赤到云南后,张立道劝他"务农以厚民"。忽哥赤遂任命他为"大理等处劝农官,兼领屯田事"[1]。但屯田尚未开展,忽哥赤即遭宝合丁之毒手。立道揭露宝合丁后,奉调至大都,至元十年,也就是在赛典赤行省云南之前,忽必烈又以立道熟习云南情况,任命他为"大理等处巡行劝农使,佩金印"。以后在赛典赤等人支持下,张立道在云南地区大力提倡农业和蚕桑,收到很好效果。他在云南看到昆明池(今滇池)经常闹水灾,淹没城镇,危害甚大,遂决心治理,"役丁夫二千人治之,洩其水,得壤地万余顷,皆为良田。爨、僰之人虽知蚕桑,而未得其法,立道始教之饲养,收利十倍于旧,云南之人由是益富庶"。中庆达鲁花赤爱鲁,亦在云南农业发展中起了很大作用。云南行省建立后,赛典赤令他"疆理永昌(今云南保山县),增田为多"。至元十一年,"阅中庆版籍,得隐户万余,以四千户即其地屯田"[2]。在忽必烈时期,云南行省的屯田有很大增长,有威楚(今云南楚雄县)提举司屯田,有大理金齿等处宣慰司都元帅府军民屯田,有鹤庆路(今鹤庆县)、武定路(今武定县东)、威楚路军民屯田,有中庆路军民屯田,有曲靖(今曲靖县)等处宣慰司兼管军万户府军民屯田,有乌撒宣慰司军民屯田,有临安宣慰司军民屯田,有临安宣慰司兼管军万户府军民屯田,有梁千户翼军屯等[3]。这些屯田对云南的农业开发,起

---

〔1〕《元史》卷167《张立道传》。

〔2〕《元史》卷122《爱鲁传》。

〔3〕《元史》卷100《兵志》3。

了非常重要的作用。

中国边疆地区政治状况的发展,是十分复杂的,它与中国中原地区的政治状况的发展有极密切的联系。汉、唐在中国中原地区建立起强大的中央政权,其辐射力达到边疆地区,使中原地区与边疆的政治关系密切,并形成了大一统的局面。自唐代后期直至忽必烈消灭南宋统一中国之前,近300多年的时间,在中原和东南沿海一带,相继出现五代十国、辽、金、北宋、南宋,边远和边疆地区则出现有西夏、回鹘各部、喀喇汗朝、哈剌契丹、吐蕃诸部、蒙兀、大理等等政权,虽然其中有的在蒙古统一前已经被取代了,但总的形势是分裂割据状况十分严重。从历史上看,统一中原地区于一个政权之下是困难的,但统一边疆民族地区于中原王朝的管辖之下,则更难;用武力统一各地,也是很难的,但要长期保持统一的稳定和巩固,则更困难。忽必烈在中国历史上的一大贡献,就是他既消灭了南宋朝廷,实现了中国政治上的统一,同时稳定和巩固了中国的统一,使中国在分裂300多年之后,又实现了将近100年的大一统局面,这在中国历史发展上是一个里程碑,它对以后中国历史的发展有重大影响。

忽必烈之所以能实现中国的统一,并在一定时期内稳定和巩固这种统一,主要是他采取了与以往蒙古统治者所不同的3项措施。一,他彻底改变了以往蒙古贵族在征服中和征服以后所采取的屠杀、掳掠政策,代之以劝降、安抚、保民的政策,所以他能最终瓦解南宋军队,消灭南宋政权。二,他适应不同情况,建立起既保持其传统,保证其权力,又符合各地情况的管辖机构。他在中原地区,采用汉法,建立起完整的中央和地方机构,同时,他并未彻底抛开蒙古传统,并用各种制度保证蒙古贵族的统治。三,对各边疆民族地区,他因俗而治,采取各种适应各地习惯和传统的统治措施,大量任用各民族首领,在边疆各地形成了一支维护忽必烈统治的土司队伍,建立了完整的土司制度。他重视各边疆地区的经济发展,大力推行屯田农业生产,发展边疆与内地的道路驿站,使各边疆地区与中原和中央王朝之间,建立起了中国历史上空前广泛的交通联系。

这三条,都是以前的蒙古统治者,甚至以前的一些汉族统治者,在对边疆地区的统治中没有做到,或没有完全做到的,而忽必烈在其前辈的基础上实现了,因而也就实现了对整个中国的统一,并能在相当长的一段时期,稳定和巩固这种统一。

(本文原载杨建新:《忽必烈评传》,收入《成吉思汗忽必烈评传》,南京大学出版社 2002 年版)

中外交往编

16 月氏

关于月氏的族属,说法不一。《魏略·西戎传》称其为羌,[1]《旧唐书》以其为戎,[2]有认为属突厥,[3]也有人认为是雅利安人。[4] 据《史记》、《汉书》记载,周秦之时,与乌孙共同游牧于敦煌、祁连之间,势力十分强大。[5] 匈奴头曼曾送子为质。[6] 秦汉之际,乌孙亦为其击溃。[7] 到匈奴冒顿单于(?—前174)时,匈奴强大,月氏为匈奴击败,被迫西迁,赶走了塞种,占据伊犁河流域。[8] 这部分西迁的月氏人,我国史书中称大月氏,古代印度人称其为吐火罗人。[9] 有人认为古希腊地理学家斯特拉波著作中的阿息人,也指大月氏。[10] 约在匈奴老上单于(前174—前161年在位)后期,大月氏在乌孙与匈奴联军的攻击下,离开塞地南迁,过费尔干纳盆地(即古代大宛)进入索格底亚那(即今锡尔河、阿姆河之间泽拉夫善河流域),在阿姆河北建立了大月氏王庭。[11] 又经过约20年,大月氏越过阿姆河,攻入大夏(古希腊著作称

〔1〕《三国志·魏志》卷30引《魏略·西戎传》;格鲁姆·格尔日麦洛:《西蒙古与乌粱海边区》,彼得堡1921年版,第92页。

〔2〕《旧唐书》卷40《地理志》3,"姑臧"条、"敦煌"条。

〔3〕格鲁姆·格尔日麦洛:《西蒙古与乌粱海边区》,第92页;羽溪了谛著,贺昌群译:《西域之佛教》,商务印书馆1956年版,第112页。

〔4〕巴尔托里德著,耿世民译:《中亚简史》,新疆人民出版社1980年版,第6页;羽田亨著,耿世民译:《西域文化史》,新疆人民出版社1981年版,第7页。

〔5〕《汉书·西域传》。

〔6〕《汉书·匈奴传》。

〔7〕《汉书·张骞传》;杨建新:《关于汉代乌孙的几个问题》,载《新疆大学学报》1980年第2期。

〔8〕羽田亨著,张宏英译:《中央亚细亚的文化》,商务印书馆1941年版,第28页;杨建新:《关于汉代乌孙的几个问题》。

〔9〕巴尔托里德著,耿世民译:《中亚简史》,第5页;《新唐书》卷221《西域传》"吐火罗"条。

〔10〕藤田丰八:《月氏故地与其西移年代》,收入杨炼译:《西北古地研究》,商务印书馆1935年版,第91—92页;王治来:《中亚史》第1卷,中国社会科学出版社1980年版,第78页。

〔11〕《汉书·西域传》;《汉书·张骞传》。

巴克特里亚,原指兴都库什山与印度河间之地)本土的北部,大夏国王赫里奥克里斯及其家族越兴都库什山南逃,[1]结束了希腊人对这里的长期统治,大夏地区以后逐渐为大月氏完全占据。

对月氏的这一段历史,中外史学家的看法颇不一致。据王国维说,月氏即《逸周书·王会解》中的禺氏,《穆天子传》中的禺知或禺氏;战国时禺氏在雁门之西、黄河以东,秦汉之际始迁至敦煌、祁连间。对月氏西迁的路线,王国维根据我国古籍关于"玉起于禺氏"的记述和其他有关记载,认为在汉文帝初,月氏为匈奴击败,由敦煌西南行,先到昆仑山脉北麓的且末、于阗(今和田)等地,在这里留居近30年,于武帝初,始越葱岭,至大夏。[2]对月氏在西迁之前的住地,除上述说法外,有人主张整个河西走廊均为月氏的住地,亦有人认为月氏游牧于敦煌以西至天山东部一带等。[3]

大月氏占据大夏后,曾分为5部,或最少有5个大的地区性集团,即"五翎侯"。据《汉书》记载,这5个翎侯分别为:休密翎侯,其治所在和墨城;双靡翎侯,其治所在双靡城;贵霜翎侯,其治所在护澡城;肸顿翎侯,其治所在薄茅城;高附翎侯,其治所在高附城[4]。对上述各翎侯治所的具体位置,考之者甚多,然迄今尚无可信的说法。总之,大月氏当时占领地区已很辽阔,北自索格底亚那,东南到印度河,西接安息,东至葱岭。公元1世纪中期,五翎侯中的贵霜翎侯强大起来,统一了各部,建都于蓝氏城,一般认为即今阿富汗北境的巴尔赫(今称瓦齐拉巴德),大月氏建立的这个国家,又被称为贵霜王国,我国古籍中仍称大月氏。[5]

大月氏国王的承袭次序、在位时间等问题也多不可考。据《汉书》记载,统一大月氏的贵霜翎侯名"丘就却",一般认为即大月氏钱币上

〔1〕羽田亨、耿世民译:《西域文化史》,第20页。

〔2〕《观堂别集》卷1《月氏未西徙大夏时故地考》。

〔3〕格鲁姆·格尔孔麦洛:《西蒙古与乌梁海边区》,第93页。

〔4〕《汉书·西域传》;《后汉书·西域传》,《后汉书》所记五翎侯中,无高附,有都密。

〔5〕《后汉书·西域传》;《中国历史地图集》第2册,第13－14图,中华地图出版社1975年版;冯承钧:《西域地名》,中华书局1980年版,第8－9页。

的库祖拉·卡德菲斯。据推测,他大约是在公元1世纪中期即位,在位约35年。[1] 也有人认为,在丘就却之前,大月氏国还有三王,即迦腻色迦一世(据推测约于公元前58年即位),在位约28年;胡韦斯迦(据推测约于公元前31年即位),在位约40年;韦苏特婆(据推测于公元10年即位),在位约30年。[2] 在丘就却时,大月氏国"侵安息,取高附地。又灭濮达、罽宾,悉有其国"。[3] 他的统治范围达到了伊朗东部、阿富汗南部和克什米尔地区。丘就却80余岁死。其子阎膏珍(即大月氏钱币上的威马·卡德菲斯)约于公元75年即位,在位20余年。[4] 也有人认为其在位时间为公元50—90年之间。其统治范围曾达到印度河以西及印度东北部等地。他在这里置将一人,监临其地。[5] 在阎膏珍时期,大月氏与东汉有密切的交往,曾助班超平定车师、疏勒等地之乱。[6] 公元90年,大月氏王以助东汉平定车师有功,要求与汉公主结婚,为班超拒绝,并扣留其使臣,大月氏王遂派副王谢,率兵7万,逾葱岭进攻班超。班超当时驻守于疏勒,部队很少,军民恐慌,他激励战士坚守,并指出,大月氏军虽众,但远离后方数千里,中有葱岭阻隔,运输不便,只要坚壁清野,大月氏军食无着,数十日内必自降。果不出班超所料,东汉军队坚壁清野,坚守不出,大月氏军粮草不继,派人到龟兹求援,使者又为汉军截杀,谢只好向班超认罪求和。班超以友好为重,放大月氏军回国。[7] 这次事件对大月氏震动很大,此后,大月氏恢复了向东汉的朝献和友好关系。

大月氏国最繁荣的时期,是迦腻色迦(阎膏珍之孙)在位期间。据推测,迦腻色迦约于2世纪初即位。[8] 迁都于布路沙布罗(今巴基斯

〔1〕〔日〕羽溪了谛著,贺昌群译:《西域之佛教》,第74-75页;也有人认为他约于公元25—50年期间或西汉末东汉初在位。

〔2〕〔日〕羽溪了谛著,贺昌群译:《西域之佛教》,第95页。

〔3〕《后汉书·西域传》。

〔4〕〔日〕羽溪了谛著,贺昌群译:《西域之佛教》,第95页。

〔5〕《后汉书·西域传》。

〔6〕《后汉书·班超传》。

〔7〕《后汉书·班超传》。

〔8〕〔日〕羽溪了谛著,贺昌群译:《西域之佛教》,第95页。也有人认为在公元100—162年期间在位。

坦白沙瓦）。由于此地当时称犍陀罗,所以这时的大月氏也被称为犍陀罗国。迦腻色迦在位期间,继续扩张领土,花剌子模、布哈拉等地可能均在其统治之下。安息、罽宾及印度中部,都曾受其统治,对葱岭以东,亦有强烈影响。东汉安帝元初年间(114—120),疏勒王安国将其舅臣磐遣送至大月氏,安国死,无子,臣磐在大月氏支持下返回疏勒,自立为王,[1] 使大月氏在葱岭以东的影响更为巩固。《大唐西域记》也记载:"闻诸先志曰:'昔犍陀罗国迦腻色迦王,威被邻国,化洽远方,治兵广地,至葱岭东,河西蕃维,畏威送质'"。为了显示大月氏的强大和对诸质子的优待,其王冬天将质子送至印度诸国,夏天置于迦毕试国,春秋居于大月氏国都。[2] 由此可见其控制地区之广。

迦腻色迦王死后,大月氏势力渐衰,被其征服的各地先后独立。公元229年,大月氏王波调向曹魏遣使朝献,被封以"亲魏大月氏王"的称号。[3] 4—5世纪时期,大月氏四周邻近地区发生了重大变化。在其北部,先是鲜卑族"西兼乌孙故地"[4],继则有柔然南下,大月氏"数为所侵"[5]。西部有波斯的萨珊王朝兴起,夺回了曾被大月氏占去的安息的一些地区,甚至原为大月氏占据的赫拉特和阿富汗的南部,也为萨珊王朝所占领。曾一度被大月氏统治的印度东南部,这时也乘机摆脱大月氏的统治,纷纷建立起许多小国。特别是4世纪前半期兴起的笈多王朝,从南部对大月氏的统治给予了巨大打击,在这种情况下,大月氏国的疆域逐渐缩小到今阿富汗喀布尔和巴基斯坦北部一带,大月氏人也逐渐与当地土著融合同化,至5世纪后半叶,嚈哒人侵入,其王南走,大月氏国遂灭亡。[6]

大月氏国是建立在社会经济文化发展已有较高水平的大夏国的基础上的,因此,大月氏国的社会经济文化也很发达。大月氏人在河西及

---

〔1〕《后汉书·西域传》。

〔2〕《大唐西域记》卷1。

〔3〕《三国志·魏志》卷3"明帝太和三年"条。

〔4〕《北史》卷1。

〔5〕《北史》卷97。

〔6〕王治来:《中亚史》第1卷,第131-132页;〔日〕羽田了溪著,贺昌群译:《西域之佛教》,第110页;〔日〕羽田亨著,张宏英译:《中央亚细亚的文化》,第36页。

迁入塞地后,都以游牧经济为主,自南下大夏后,适应当地社会经济情况,大部分逐渐走向定居和从事农业,并建立了比较发达的水利灌溉系统。大月氏国城市商业也很繁荣,特别是由于丝绸之路在西域的南、中两道,越过葱岭均进入当时大月氏国境内,[1]所以,这里成了中原的丝绸等商品远销小亚细亚、地中海沿岸和印度半岛的转运站。早期大月氏钱币多仿照大夏钱,铭文也多是希腊文,并有希腊、印度、波斯的神像。[2] 丘就却时的钱币,开始铸有佉卢文和佛像,有的钱币铸有"正法之保卫者"的字样。[3] 阎膏珍时还铸有金币。这种货币流行于中亚、印度许多地区,由于其数量较大,而大月氏留下的其他文物和记载却很少,因此,研究这些钱币,就成为了解大月氏历史的重要文物,"贵霜古钱学"已成为考古学、古钱学的一个重要内容。大月氏的商人是丝绸之路上最活跃的商人之一。北魏太武帝时期,大月氏商人在洛阳用当地原料制造了大量五色琉璃,其光泽、质量都超过从西方运来的琉璃。太武帝令工匠用这些琉璃造成宫室,可容纳百余人,光色映彻,见之者莫不惊骇,以为神明所作。从此,冶制琉璃的技术就传入了中原。[4]

　　大月氏国内的宗教信仰是多种多样的,如祆教、希腊神的崇拜、地方神的崇拜等,但总的来说,佛教却占着重要的地位,特别是在向东方传播佛教方面,大月氏起了十分显著的作用。大月氏人大约在公元前2世纪末或公元前1世纪中就开始信奉佛教。[5] 中原人信奉佛教,从现有资料来看,最早是由大月氏人传授的。《魏略·西戎传》记载,公元前2年,汉朝博士弟子景卢受大月氏王使伊存口授《浮屠经》。[6] 到大月氏王迦腻色迦时,他大力提倡佛教,召请各地佛教大师,汇集于迦湿弥罗(今克什米尔)宣讲佛法,著书立论。[7] 这次盛会被称为佛教发

　　[1]《三国志·魏志》卷30引《魏略·西戎传》。
　　[2]〔日〕羽溪了谛著,贺昌群译:《西域之佛教》,第78-79页;王治来:《中亚史》,第119页。
　　[3]王治来:《中亚史》第1册,第119页。
　　[4]《北史·西域传》。
　　[5]汤用彤:《汉魏两晋南北朝佛教史》(上),第48页;〔日〕羽溪了谛著,贺昌群译:《西域之佛教》,第68-69页。
　　[6]《三国志·魏志》卷30引《魏略·西戎传》。
　　[7]《大唐西域记》卷3"摩揭陀"条。

展史上的第四次结集。他还在境内到处修建佛塔、佛寺和雕塑佛像,推动佛教向各处传播。古代我国新疆于阗、喀什等地都是佛教圣地,有人认为,早在公元 1 世纪佛教即已传入这些地区,[1]也有人认为大约是在迦腻色迦王时代传入的。[2] 曾到中原来传教的著名大月氏人,有东汉末的支娄迦谶,三国时的支曜、支谦等。[3] 著名的犍陀罗佛教艺术,在大月氏占据犍陀罗地区时期有了更大的发展,而且随着佛教的传播,流传到了许多地方。我国新疆和敦煌千佛洞石窟的一些雕塑艺术所表现的犍陀罗艺术风格,与大月氏人也有直接的关系。

大月氏国内民族众多,语言不一,流行着多种文字,如希腊文、阿拉米亚文、佉卢文、粟特文、贵霜文、花剌子模文等。这反映出大月氏国有高度发展的文化。

大月氏国在 5 世纪末就灭亡了,但大月氏人在中亚地区的影响却很大。6 世纪分布于中亚广大地区的康国、米国、安国、石国等昭武九姓国家,其统治者的祖先均来自河西昭武(今甘肃临泽县昭武)地方,自认是大月氏人的后代。[4]

在大月氏由河西迁至中亚时,还有一部分月氏部落仍留在河西,向南进入祁连山以南,与青海羌族杂居,这部分月氏被称为小月氏,[5]又称湟中月氏胡。[6] 汉代开河西、湟中地区,小月氏又向东北迁徙,游牧于湟中、令居一带。在那里,他们有 7 个部落,胜兵 9000 余人。在张掖一带,也有几百户,被称为义从胡。[7] 河西及金城诸守将部下,多有小月氏士兵。在塔里木盆地南缘,沿昆仑山北麓直至葱岭,也有许多月氏部落。[8]

此外,据《魏书》记载,还有小月氏国,国都富楼沙城(今巴基斯坦

〔1〕〔日〕羽田亨著,耿世民译:《西域文化史》,第 57－58 页。

〔2〕王治来:《中亚史》第 1 册,第 125 页。

〔3〕《高僧传》卷 1;冯承钧:《历代求法翻经录》,商务印书馆 1931 年版,第 11 页。

〔4〕《新唐书·西域传》有关各条。

〔5〕《汉书·西域传》。

〔6〕《后汉书·西羌传》。

〔7〕《后汉书·西羌传》。

〔8〕《三国志·魏志》卷 30 引《魏略·西戎传》。

白沙瓦)。其王为大月氏王寄多罗(约公元 5 世纪中期在位)之后裔。寄多罗受嚈哒逼迫西迁,令其子守此城,遂被称为小月氏国。[1]

由月氏人所建立的贵霜王国在历史上有过巨大的影响,所以研究月氏人及其所建立的国家——贵霜王国的历史,成为国际学术界十分重视的一个课题。早在 20 世纪 30 年代以前,有关大月氏历史中的重大问题,几乎都被探讨过,研究过。但是,由于有关大月氏的历史记载很少,就文字材料来说,主要是靠不多的中文文献以及少量的希腊、波斯和阿拉伯文献,因此,大月氏历史虽然引起学术界重视,但存在的问题很多,几乎每一个问题,都存在许多不同看法。在这方面,法国人、德国人、英国人、日本人和俄国人都有不少关于大月氏的研究著作问世。近几十年来,苏联学术界对大月氏的研究做出了巨大的努力,并取得显著成就。1968 年,在苏联塔吉克加盟共和国首府杜尚别,召开过有关贵霜时代中亚历史、考古和文化的国际会议,参加这次会议的有 18 个国家的 250 位学者,他们讨论了大月氏问题的各个方面。[2] 在这次会议前后,苏联的一些科学研究机构,曾联合组成以马松为首的巴克特里亚考察队、以李特文斯基为首的南塔吉克考古队以及 1969—1973 年苏联 – 阿富汗联合考古队等。[3] 他们在考察中发现了许多用帕提亚(即安息)、花剌子模、大夏、希腊、印度等文字书写的文献、铭文;发现了大量大月氏钱币,特别是在苏联塔吉克的瓦赫什地区,首次发现了大月氏时期的钱币窖藏。[4] 发掘了大量大月氏时期的古城遗址。[5] 所有这些,都极大地丰富了大月氏的历史、语言、艺术等各方面的材料,为研究大月氏的历史打开了新的局面。

(本文原载《西北史地》1983 年第 2 期)

〔1〕《魏书·西域传》。

〔2〕中国社会科学院考古研究所:《考古学参考资料》第 3 – 4 期,文物出版社 1980 年版,第 82 页。

〔3〕中国社会科学院考古研究所:《考古学参考资料》,第 67 页、第 87 页注 34。

〔4〕中国社会科学院考古研究所:《考古学参考资料》,第 73 页。

〔5〕中国社会科学院考古研究所:《考古学参考资料》,第 80 – 81 页。

17　关于汉代乌孙的几个问题

乌孙是我国历史上的一个民族。公元前 2 世纪以前,他们劳动、生息在河西走廊一带;公元前 2 世纪初,移居于巴尔喀什湖以东以南的广大地区。

本文拟就乌孙的原住地及其西迁、西迁后住地的范围、乌孙与汉朝政府的关系、乌孙社会的性质等问题,进行一些探讨。

17.1

关于乌孙的原住地及西迁的情况,《史记》、《汉书》中都有一些记载。据《汉书》记载,乌孙"本与大月氏俱在祁连、敦煌间",在其首领难兜靡时,遭大月氏袭击,土地被占,部落星散,难兜靡被杀,其子昆莫当时尚在襁褓中,为匈奴单于收养。昆莫长成后,单于以乌孙旧部归其统辖,势力逐渐强大。这时大月氏早已被匈奴赶出河西,迁至"塞地"。[1]"昆莫既健,自请单于报父怨,遂西攻破大月氏。大月氏复西走,徙大夏地。昆莫略其众,因留居。"[2]

《史记》对这段历史的记载,与上述《汉书》的记载有所不同;对有些事,两书的记载也都不够清楚。例如,乌孙在难兜靡时,究竟居住在哪里?是匈奴、还是大月氏击破乌孙,杀了难兜靡?乌孙投奔匈奴后,被安置在哪里?乌孙是于何时向西迁徙的?等等。这就为我们研究乌孙西迁以前的历史,提出了一系列需要解答的问题。

关于乌孙在难兜靡时居于何地的问题,《史记》无明确记载,只说

---

〔1〕大月氏进入巴尔喀什湖以东、以南广大地区之前,这里活动的民族在我国史书中称为"塞种",所以这里也被称为"塞地"。

〔2〕《汉书·张骞传》。

乌孙这时是"匈奴西边小国"[1]。《汉书》则具体指出,这时乌孙"与大月氏俱在祁连、敦煌间,小国也"。围绕《史记》、《汉书》的这些记载,后代的研究者对此问题众说纷纭,莫衷一是。早在唐代,颜师古的《汉书注》就认为,乌孙在敦煌以西,天山以东;《史记正义》的作者张守节认为,战国时乌孙在瓜州,以后到了瓜州西北;杜佑《通典》则说乌孙故地在庭州(今吉木萨尔)。近几十年来,不少外国学者,更提出乌孙与大月氏谁东谁西的问题。德国人舍拉托雷认为,两个自行管理的民族,不可能住在一块领土上,他根据张掖到敦煌之间河流的流向,把月氏与乌孙分置于东西。[2] 日本人白鸟库吉认为乌孙在敦煌,位于月氏之西;[3]桑原骘藏认为乌孙在张掖,位于月氏之东;[4]藤田丰八则认为乌孙在瓜州,而其西移前,似居天山东北侧,位于月氏之西[5]等等。

以上这些说法,各有一定的根据和独到之处,本文不想一一加以讨论。但是,对这些说法所涉及的两个基本问题,却是应该弄清楚的:其一,《汉书》所说"祁连、敦煌间"究竟是什么地方;其二,大月氏的住地与乌孙住地的关系。这两个问题弄清楚了,乌孙在难兜靡时居于何地的问题也就迎刃而解了。

《汉书》所说"祁连、敦煌间"是指什么地方?颜师古在《汉书·霍去病传》的"祁连山"下注:"祁连山即天山也,匈奴呼天为祁连"。根据这个认识,颜师古把乌孙的住地置于敦煌以西,直到天山。

但是,颜师古的这个看法显然与《汉书》的本意大相径庭。因为《汉书》中既提到了祁连山,也提到了天山,对这两座山的地理位置有很明确的记述。如公元前121年,汉朝政府命霍去病击匈奴,其进军路线是"出陇西、北地二千里,过居延,攻祁连山"[6]。这条进军路线是由

---

〔1〕《史记·大宛列传》。

〔2〕格鲁姆·格尔日麦洛:《西蒙古与乌梁海边区》第2卷,列宁格勒1926年版,第99页注(2)。

〔3〕白鸟库吉:《乌孙考》。

〔4〕桑原骘藏著,杨炼译:《张骞西征考》。

〔5〕藤田丰八:《月氏故地与其西移年代》,收入杨炼:《西北古地研究》。

〔6〕《汉书·匈奴传》。

今甘肃过宁夏银川等地,西北进入额济纳旗的居延,又向南,溯弱水,黑河进击张掖以南祁连山的匈奴。汉武帝在表彰这次战役时也曾说:"攻祁连山,扬武乎鱳得。"[1]鱳得即以后的张掖县。这次战役后,占据河西地区的匈奴浑邪王,始归服于汉朝政府,"金城,河西并南山至盐泽,空无匈奴"[2]。足见《汉书》所说的祁连山,地理位置十分清楚,是在河西境内,这就绝不可能是天山。

自匈奴浑邪王归服汉朝后,汉朝政府在河西设郡,通往西域的道路畅通,《汉书》的有关记载中才开始有了天山。如公元前99年,"汉使贰师将军将三万骑,出酒泉,击右贤王于天山"[3];公元前91年,重合候莽通率部出酒泉千余里至天山[4]。这两次进军的路线也十分清楚,都是以酒泉为基地,向西达到天山。《史记》对祁连山和天山的记载与《汉书》相同,对这两座山的地理位置,也有明确的区分。

有的研究者说,公元前72年,汉朝政府命五将军出兵配合乌孙进攻匈奴,预定"在天山山麓之车师处攻击匈奴",所以五将军中的田广明被命名为"祁连将军",可见,祁连即天山。[5] 这个看法也是站不住脚的。五将军出塞进攻匈奴,是在东起云中(今呼和浩特西南),西到酒泉,分五路同时北出,并未预定都要在车师会师,而"祁连将军"田广明,是从西河(今陕西神木以北)进攻匈奴,也无命令他到车师去的记载,因此,田广明被命名为"祁连将军"一事,与天山毫无关系。

《汉书》所说的祁连山,是指张掖西南的那一段,[6]不包括现在所说的整个祁连山脉,[7]《汉书》所说的天山是指现在天山的东部。颜师古误认祁连山为天山,因此,他对《汉书》所说乌孙在"祁连、敦煌间"的

---

〔1〕《汉书·霍去病传》。

〔2〕《汉书·张骞传》。

〔3〕《汉书·匈奴传》。

〔4〕《汉书·张骞传》。

〔5〕杨炼:《西北古地研究》,第76页。

〔6〕张守节:《史记正义》:"祁连山在甘州西南";司马贞《史记索隐》:"西河旧事云:山在张掖酒泉二界上,东西二百余里。"

〔7〕《汉书》称昆仑山为南山,即西域南山。河西走廊的祁连山,也称南山,又称汉南山,以与西域南山相别。

认识,也就不正确了。

至于乌孙与月氏住地的关系,《汉书》说得十分清楚,是"俱在祁连、敦煌间",似不宜把祁连、敦煌间一部分划为乌孙之地,一部分划为大月氏之地。至于大月氏的游牧地除了与乌孙共居的"祁连、敦煌间"之外,是否还有其他地区,那倒是值得进一步研讨的一个问题。

《史记》、《汉书》都说大月氏"本居祁连、敦煌间",但是从秦代匈奴与大月氏的地理位置看,大月氏的住地并不局限于"祁连、敦煌间"。

秦末,秦王朝直接控制的最西两个郡是陇西(包括今黄河以东甘肃的东南部)和北地(包括黄河以东今甘肃的东北部和宁夏的东南部)。陇西郡的西南,是河湟地区,为氐、羌的老根据地;北地郡的西北,是腾格里沙漠,也称流沙。[1] 陇西、北地郡的西部,是河西走廊的东头。据《史记》记载,当时匈奴"右方王将居西方,直上郡,以西接月氏、氐羌"[2]。上郡在北地郡以东,匈奴右方王将的牙帐若在上郡以北,那么他管辖地区的西界即应在上郡以西,达到北地郡西北的流沙。所谓匈奴"以西接月氏",就是匈奴与大月氏相接于流沙,河西走廊的东头,也是月氏的居住地。唐人所著《括地志》就认为:"凉、甘、肃、瓜、沙等州,本月氏国"[3],这个看法得到我国史地著作的普遍确认。由此看来,"祁连、敦煌间"为乌孙、月氏共居之地,而河西走廊的东头——武威地区,则主要是月氏的游牧地区。乌孙与匈奴之间,还有月氏的游牧部落相隔。《史记》说乌孙为"匈奴西边小国",是就其大体方位说的,并非一定说乌孙与匈奴的西界相连。

根据对上述两个问题的认识,我们认为,在难兜靡时,乌孙的游牧地在张掖以西,敦煌以东。

关于击破乌孙的是匈奴,还是大月氏?《史记》说是前者,《汉书》却认为是后者,两书记载不同。这个问题的解决,与确定乌孙、月氏和匈奴的地理位置,有很大关系。前面我们说过,匈奴西界在流沙,月氏

---

〔1〕黄文弼:《中国古代大夏位置考》,载《齐大国学季刊》新第1卷第1期。
〔2〕见《史记·匈奴列传》,《汉书·匈奴传》中,此句无"月氏"二字。
〔3〕转引自张守节《史记正义》。"瓜"字原文为"延",显系"瓜"字之误。

据有整个河西走廊,与匈奴以流沙为界,而乌孙仅在张掖到敦煌一带,并不与匈奴交界。根据这样一个地理位置,《汉书》关于大月氏击破乌孙,杀死难兜靡的说法,较有道理。一则因为乌孙与匈奴并不交界,而大月氏与乌孙居一地,在当时,发生矛盾和冲突是不可避免的;二则当时大月氏强盛,匈奴通过武威等大月氏住地去袭击乌孙,其可能很小;三则如果是匈奴击破乌孙杀死难兜靡,匈奴单于就不会再收养难兜靡的儿子,并让他继续统管乌孙各部。当然也有一种可能,即大月氏在攻击乌孙时,曾征调当时附属于自己的匈奴出兵协助,或主要征调匈奴兵袭击乌孙。《史记》关于匈奴击破乌孙的说法,若指这种情况,则是完全可以理解的,这样就与《汉书》的记载不矛盾了。

关于乌孙被月氏击破后的居住地,《汉书》没有记载,《史记》说,匈奴单于令"长守于西城"[1],这当是昆莫时期乌孙的住地。

西城系指何地?

《史记·大宛列传》曾两处提到"西城"。一处是说匈奴单于令昆莫"长守于西城";一处是说公元前122年霍去病"破匈奴西城数万人,至祁连山"。《汉书》无昆莫守"西城"的记载,对公元前122年霍去病击匈奴的事有记载,但不是说破匈奴"西城",而是说破匈奴"西边"[2]。"西城"和"西边"是否指同一个地方?《史记·大宛列传》中只是说霍去病"破匈奴西城数万人,至祁连山",在《匈奴列传》中,有这次进军的路线,就是我们前面曾引过的:"出陇西、北地二千里,击匈奴,过居延,攻祁连山。"《卫将军骠骑列传》也说这次战役是"逾居延,至祁连山"。《汉书》对这次战役所经路线的记载,与《史记》完全相同,是把居延到祁连山的这一带叫作匈奴"西边"。由此可见,《史记》所谓"西城",并不是指某个具体的城,而是泛指一个地区,就是《汉书》所说的"西边",而"西城"或"西边"就是额济纳河流域(弱水,今黑河流域)。乌孙昆莫长成后,匈奴单于就命他带领乌孙旧部,游牧于额济纳

---

[1]《史记·大宛列传》。

[2]《汉书·张骞传》。

河流域。

关于乌孙向西迁徙的时间,这与大月氏的迁徙有密切关系。

在秦代,大月氏是我国西部地区很强大的一个民族,他们占据河西走廊广大地区,连强悍的匈奴也曾一度依附于它。秦汉之际,匈奴强大起来,在匈奴的袭击下,大月氏被迫西迁,占据了塞地。不久,大月氏又受到袭击,被迫南下,进入大夏(今阿姆河上游南北之地),乌孙遂进入巴尔喀什湖以东以南广大地区。那么,大月氏是什么时候离开河西的?是什么时候,被哪个民族赶到大夏的?乌孙又是什么时候进入巴尔喀什湖一带的?对这些问题,历史文献的记载很不清楚。

根据《史记》、《汉书》的记载,匈奴、乌孙对大月氏的袭击,大体可归纳为4次。

第一次是在秦代。匈奴头曼单于将其子冒顿质于大月氏,又突然袭击大月氏,欲借刀杀人。当时大月氏还很强大,因此,匈奴的这次袭击,当然不可能引起大月氏的迁徙。

第二次约在汉高祖在位年间。匈奴冒顿杀死头曼,自立为单于后,对内经过一番改革,势力增强,遂乘东胡不备,东破东胡,回师向西,"击走大月氏"[1]。《史记》、《汉书》都说得很清楚,是把大月氏"击走"了。从此河西走廊落入了匈奴之手。大月氏离开河西后,"西破走塞王,塞王南越悬度,大月氏居其地"[2]。根据这个记载,匈奴的第二次袭击,使大月氏由河西迁至巴尔喀什湖一带。《汉书·张骞传》也说:匈奴单于收养乌孙昆莫,"及壮,以其父民众与昆莫,使将兵,数有功。时,月氏已为匈奴所破,西击塞王,塞王南走远徙,月氏居其地"。这里所说昆莫"及壮",以年龄推算,当在文帝以前,与上述材料所说时间大体一致,也就是说在文帝以前,大月氏已迁到巴尔喀什湖以东以南广大地区了。

第三次袭击大月氏的,也是匈奴,时间大约在公元前177年(汉文

---

〔1〕《史记·匈奴列传》;《汉书·匈奴传》。

〔2〕《汉书·西域传》。

帝前元三年）。据公元前 176 年冒顿单于给汉文帝的信中说,他"罚右贤王,使至西方求月氏击之。以天之福,吏卒良,马力强,以灭夷月氏,尽斩杀降下之。定楼兰、乌孙、呼揭及其旁二十六国,皆已为匈奴,诸引弓之民并为一家"[1]。这封信中特别值得注意的是:一,此时大月氏已远离河西,所以才有"罚右贤王,使至西方求月氏击之"的说法,若如某些研究者所说,在此之前大月氏尚未离开河西,[2]就无必要"罚右贤王,使至西方求月氏"了;二,这封信中提到的地区和民族,除乌孙外,都在河西走廊以西。如呼揭,当时在阿尔泰地区,[3]楼兰,在今罗布泊西南,"其旁二十六国",显然是指与大月氏、楼兰、呼揭相邻近的地区,那只能是姑师(今乌鲁木齐以东以南,包括吐鲁番地区)、蒲类(今巴里坤、哈密一带)和天山以南的广大地区。匈奴右贤王在往"西方求大月氏"的征途或回程中,又征服了与大月氏邻近的西域其他地区。匈奴在西域设"僮仆都尉",即应在此时。冒顿的这封信进一步证明了我们前面所说的,在文帝以前,大月氏即被匈奴赶至巴尔喀什湖一带了。

对大月氏的第四次袭击,《史记·大宛列传》说:"至匈奴老上单于[4]杀月氏王,以其头为饮器……及为匈奴所败,乃远去,过宛(今费尔干纳盆地),西击大夏而臣之,遂都妫水(今阿姆河)北为王庭。"根据《史记》的记载,老上单于时,匈奴第四次袭击了大月氏,迫使大月氏由巴尔喀什湖以东以南又迁徙到阿姆河上游。

大月氏离开"塞地"之时,是否就是乌孙进入"塞地"之日呢?《史记》没有明确交代,只是含糊地说:"单于死,昆莫乃率其众远徙中立,不肯朝会匈奴。"这里所说"单于死",从上文看,显系冒顿之死,冒顿死后,老上继位,乌孙始"远徙"。根据这个记载,乌孙进入塞地之日,也在老上单于在位之时。之于大月氏离开塞地和乌孙进入塞地的关系,

〔1〕《史记·匈奴列传》;《汉书·匈奴传》。

〔2〕欧洲、日本主要研究者关于月氏西迁的年代,见桑原骘藏著,杨炼译:《张骞西征考》,第11－12 页;格鲁姆·格尔日麦洛:《西蒙古与乌梁海边区》,第 99 页注 2。

〔3〕"呼揭"即"呼得"。《三国志·魏志》第 30 卷引《魏略》:"呼得国在葱岭北,乌孙西北,康居东北。"

〔4〕冒顿单于死,其子稽粥立,是为老上单于,在位时间一般认为在公元前 174—前 161 年。

在《汉书》中可找到答案。

《汉书》对大月氏遭第四次袭击的记述,共有 4 处,[1]对于月氏是如何离开塞地的问题,《汉书》本身有两种说法,一说是匈奴袭击的结果,与《史记》记载相同;一说是乌孙袭击的结果,与《史记》不同。但仔细分析起来,这两种说法并不矛盾。因为乌孙当时是匈奴的属部,乌孙首领的行动要听命于匈奴单于,也可打着匈奴旗号行事。《汉书·张骞传》就明确说:"昆莫既健,自请单于报父怨。"可见,大月氏第四次遭袭击,就主要原因和主要力量来说,是乌孙昆莫为了"报父怨",由乌孙进行的一次大规模的血族复仇;就主导者来说,乌孙的这些行动,是由匈奴老上单于批准和控制的。战争胜利后,匈奴老上单于得到了大月氏王的头,并把它作为酒器来夸耀,也就毫不奇怪了。从这个角度看,《史记》与《汉书》以及《汉书》本身关于这一点的记载,是不矛盾的。可以说,对大月氏的第四次袭击,实际是乌孙、匈奴联合进行的,通过这次袭击,赶走了大月氏,而由乌孙进入巴尔喀什湖一带。

综合以上的分析,我们对乌孙西迁前的历史的看法是,乌孙原与大月氏的一部分部落共同游牧于张掖到敦煌之间的广大地区。汉初,乌孙被大月氏击破,乌孙部落归附于匈奴。文帝以前,匈奴击破大月氏,大月氏西走塞地,匈奴将乌孙部落安置在额济纳河流域游牧,并扶植难兜靡的儿子昆莫继续统辖乌孙各部。匈奴老上单于时(公元前174—前161年),乌孙在匈奴支持下,举族西迁,袭击大月氏,大月氏被迫南走,乌孙遂占据了巴尔喀什湖以东以南广大地区。

17.2

乌孙在塞地的范围,东接"山北六国"[2]的乌贪訾离、东且弥(两地在今呼图壁地区),南接焉耆、龟兹(今库车)、温宿(今乌什)、捐毒(今克孜勒河上游),西南是大宛(今费尔干纳盆地),西北包阗池(今伊

---

[1]见《汉书·西域传》"大月氏"条、"难兜"条;《汉书·张骞传》。
[2]汉宣帝地节、元康年间,将原车师故地分为车师前后国及山北六国。

·欧·亚·历·史·文·化·文·库·

塞克湖)与康居为邻。康居的东界,一般认为北自巴尔喀什湖西岸,[1]南到塔拉斯河中游,与大宛接。乌孙的北界到达什么地区,在研究者中看法很不相同。李光庭《汉西域图考》一书说:"汉时,伊犁河以北为伊列国,属匈奴,河南尽乌孙地。"[2]按此说法,乌孙的北界仅达伊犁河。国内外的一些著作和历史地图,也有持这种看法的。[3] 但是,这个看法是值到商榷的。李光庭的主要根据是《汉书·陈汤传》。该传记载陈汤对甘延寿说:占据了康居的北匈奴郅支单于,如果征服了乌孙和大宛,又"北击伊列,西取安息(在阿姆河以北——引者)","数年之间,城郭诸国危矣"。按李光庭的理解,"北击伊列"就意味着伊列在乌孙之北。这显然是误解。这段话中的"北击伊列",是说占据了康居的郅支,在征服乌孙、大宛之后,还会攻击在康居之北的伊列和在康居以西的安息。这句话恰恰说明伊列在康居之北,而不在乌孙之北。《册府元龟》曾明确指出:"乌伊别国(即伊列——引者)在康居北。"[4]这个说法与《汉书》的记载完全一致。因此,说伊列在伊犁河北,是不正确的。

乌孙的北界到什么地方呢?据《汉书》记载,宣帝末年郅支单于"益西,近乌孙,欲与并力",击呼韩邪单于,乌孙昆弥"乃杀郅支使,持头送都护在所,发八千骑迎郅支。郅支见乌孙兵多,其使又不反,勒兵逢击乌孙,破之,因北击乌揭,乌揭降,收兵西破坚昆,北降丁令,并三国,数遣兵击乌孙"[5]。这段记载说明:一,在"山北六国"以北的致支单于,"益西"始近"乌孙",而不是往西南在伊犁河与乌孙相近。如果伊犁河北是伊列,那么郅支要接近乌孙,或是通过西域都护所辖车师、"山北六国",或是通过伊列,这就要引起很大的震动,但史料中却无此

〔1〕《钦定皇舆西域图志》第4卷,列表1《伊犁西路表》。

〔2〕《汉西域图考》第3卷"乌孙"条。

〔3〕这方面的地图和著作很多,如顾颉刚等编的《中国历史地图集》;日本学者箭内亘编的《东洋读史地图》;丁谦《汉书西域传地理考证》;徐松《西域水道记》、《汉书西域传补注》等。

〔4〕《册府元龟》第958卷,第11272页;《三国志·魏志》第30卷引《魏略·西戎传》亦称"乌伊别田"。《汉记》第33卷又称"伊娄"。

〔5〕《汉书·匈奴传》。

记载;二,郅支单于向乌孙靠近的主要目的是要与乌孙并力,攻击呼韩邪单于,如果乌孙在伊犁河南,则乌孙与呼韩邪单于相隔很远,且有伊列和西域都护所辖其他地区阻隔,如何得以"并力";三,郅支单于击败乌孙后,北击乌揭,这说明乌孙北与乌揭相邻,而乌揭在阿尔泰地区,乌孙的北部即应在阿尔泰地区以南的塔尔巴哈台山。公元前54年左右,乌孙贵族乌就屠等,因内乱,"俱去北山中,扬言母家匈奴兵来",这里所说的"北山",就是塔尔巴哈台山。《钦定皇舆西域图志》也明确指出:"塔尔巴噶台(即塔尔巴哈台——引者),当属汉匈奴、乌孙交界处。"

　　总括起来,乌孙的住地,以今天的地理位置来说,正好是天山以北直至塔尔巴哈山,东自玛纳斯河,西至巴尔喀什湖、塔拉斯河中游。

　　对乌孙的住地,除了《汉书》的有关记载以外,我国其他古籍中,也早有定论。《旧唐书》指出,西突厥的住地,就是"乌孙之故地"[1]。《钦定皇舆西域图志》也指出:"汉乌孙居天山北,与匈奴接壤,南临城郭诸国。"[2]许多外国研究者,如俄国的巴托尔德、格鲁姆·格尔日麦洛等都认为乌孙就在巴尔喀什湖以东以南。[3] 1963年出版的《伊犁河谷塞克与乌孙的古代文化》一书说:"众所周知,乌孙住在谢米列契[4]和吉尔吉斯北部。乌孙部落联盟的边界,西部沿楚河到塔拉斯河两河间的边缘通过,东止天山,北到巴尔喀什湖,南达伊塞克湖。"[5]此外,在楚河谷地、伊塞克湖盆地、阿拉木图以及伊犁河北,都发现有大量属于乌孙的古墓群和其他遗迹。[6]

　　与乌孙住地相联系的一个问题,是关于乌孙首府赤谷城的位置。

---

〔1〕《旧唐书》第194卷《突厥传》。

〔2〕《西域图志》第12卷《疆域五》。

〔3〕巴托尔德:《谢米列契简史》,伏龙芝1943年版;格鲁姆·格日尔麦洛:《西蒙古与乌梁海边区》第2卷。

〔4〕"谢米列契"哈萨克语"七河"之意。系指北到巴尔喀什湖,东南到准噶尔阿拉套山脉,南达中亚天山以北之间的地区。

〔5〕阿基谢米·库沙耶夫:《伊犁河谷塞克与乌孙的古代文化》,阿拉木图1963年版。

〔6〕《吉尔吉斯考古民族志考察团著作集》第2集,莫斯科1959年版,第103－104页;《哈萨克共和国史》,阿拉木图1943年版,第48页。

赤谷城在什么地方?《汉书》中仅有一些零星的记载,致使研究者仁者见仁,智者见智,迄无定论,就各家的主要意见来看,说法多达5种。一种认为在今阿克苏以北、特克斯河南岸一带;[1] 第二种认为在伊塞克湖东南;[2] 第三种认为在伊塞克湖西呼巴海山,即今吉尔吉斯阿拉套山一带;[3] 第四种认为在伊塞克湖西南阿特巴什河下游;[4] 第五种认为在纳林河流域,即在伊塞克湖之南。[5] 多年来经各家结合考古发掘进行研究的结果,以上5种说法中,第一种已越来越不能成立,而倾向于第二种说法的人却越来越多,本文也是倾向这种观点的。

《汉书》中直接有关赤谷城方位的记载,主要是《汉书·西域传》"温宿"条。这条材料说,温宿"北至乌孙赤谷六百一十里"。研究者都很重视这条材料,但解释并不一致。这里首先要确定温宿的方位。汉代温宿的方位,《汉书》本已明确指出,在姑墨之西,姑墨又在龟兹之西。[6] 但《钦定皇舆西域图志》、李光庭的《汉西域图考》等书,错以今阿克苏为温宿,以今乌什为姑墨,将汉代姑墨与温宿的位置东西相错,许多人没有细究,又圈于一"北"字,遂推定赤谷城在特克斯河流域,现经多人考订,今阿克苏为汉姑墨地,而乌什为汉温宿地,坚持李光庭等人错误看法的已寥寥无几。订正了温宿的方位,则根据温宿"北至乌孙赤谷"这条材料认为赤谷城在特克斯河流域之说,就很难成立了。另外,对这条材料中所说的"北"字,也要稍加分析。《汉书·西域传》记载了许多地点的具体方位和相互间的里程,这对我们了解当时西域各地的情况是极其宝贵的。但是由于当时各种条件的限制,以及传抄的错误,也有不少不确切的地方。因此,对待这方面的记载,要持分析态度,要与其他的有关记载加以比较、验证,对确定这条材料中的"北"是否确切,我们可以有两条材料来加以比较、验证。其一,《汉书·陈

〔1〕丁谦:《汉书西域传地理考证》"乌孙国"条,见《浙江图书馆丛书》。

〔2〕巴托尔德:《七河史》。

〔3〕《西域图志》第22卷,《山三》。

〔4〕谢苗诺夫:《天山游记》;瓦列汉诺夫:《通往喀什噶尔和返回阿拉塔夫边区的线路》。

〔5〕桑原骘藏著,杨炼译:《张骞西征考》。

〔6〕《汉书·西域传》"姑墨"条、"温宿"条、"龟兹"条。

汤传》说，陈汤讨伐郅支单于，发兵六校，"其三校都护自将，发温宿国，从北道入赤谷"。温宿已如前所说，在今乌什。所谓"北道"，并非由乌什向北而上，而是指汉代西域南、北两道的"北道"。由北道到赤谷的路线只能是经温宿西南行或西北行，而可能性很大的是从乌什西北行，经别迭里山口到达赤谷。按照这一路线，赤谷城就不可能在特克斯河流域。其二，《新唐书》记载"安西入西域道"的路程是："大石城，一曰于祝，曰温肃州，又西北三十里至粟楼烽，又四十里度拔达岭，又五十里至顿多城，乌孙所治赤山城也，又三十里渡真珠河。"[1]这里所说的温肃州，经多人考订，就是汉温宿，即今乌什，"温肃"、"温宿"、"乌什"都是一音之转；拔达岭并非凌山（穆素尔岭），而是现在的别迭里山口，清人又作"必达尔"，"拔达"、"必达尔"、"别迭里"也是一音之转；至于赤山城，《新唐书》已经交代得很清楚，是乌孙的治所，即汉代的赤谷城，而过赤谷城30里即至真珠河，《新唐书》也说得很清楚："药杀水（锡尔河——引者）入中国谓之真珠河"[2]，而锡尔河在当时中国境内的那一段——真珠河，就是现在的纳伦河。《新唐书》这条材料很清楚地指出，从乌什向西北，过别迭里山口，即到赤谷城，这里距纳伦河不远，与上引《汉书》所记陈汤进兵的路线完全一致。至于说《汉书》记载从温宿到赤谷是610里，而《新唐书》则说从温肃州到赤山城只有100多里，两者里程对不上的问题，那也要看是怎么个算法，《西域图志》对中国古籍中所记里程有一段议论颇为实在："史家记载道里远近，或从边界起数，或从都城起数，或径行，或绕道，广狭各殊，即一书中已有不可合者，惟论其大较。"[3]《新唐书》的这段里程与《汉书》不同，很可能就是计算起点不同所造成的。

根据上述的考察，我们认为赤谷城不可能在特克斯河流域，而是在今伊塞克湖东南、汉代温宿即今乌什北部偏西的地区，对《汉书·西域传》所说温宿"北至乌孙赤谷"的"北"，应理解为赤谷在温宿的北部。

〔1〕《新唐书·地理志》。
〔2〕《新唐书·西域传》。
〔3〕《西域图志》第17卷《疆域十》。

17.3

西迁到了新住地的乌孙,从汉武帝时开始,就与汉朝政府建立了十分密切的关系。这种关系的发展大体可分两个阶段,即汉朝政府设立西域都护以前和设立西域都护以后。

在设立西域都护以前,汉朝政府与乌孙的关系,主要是在汉朝中央政府统一指挥下,互为犄角,抵御匈奴贵族的侵袭和骚扰。

乌孙自占据巴尔喀什湖以东以南地区后,"不肯复朝事匈奴",匈奴曾多次攻击乌孙,使乌孙安全受到很大威胁。公元前138年张骞第一次到西域时,得知乌孙的消息,回长安后,建议汉朝政府与乌孙取得联系,"招以东居故地,以断匈奴右臂"[1]。公元前119年,汉朝政府派张骞专程前往乌孙,说服乌孙东迁,为乌孙拒绝,但此行却使汉朝与乌孙建立了密切的政治联系。汉武帝曾先后两次应乌孙王的要求,将宗室女嫁给乌孙王,以加强和巩固汉朝政府与乌孙的关系。公元前104—前99年,汉朝政府伐大宛后,"自敦煌西至盐泽[2]往往起亭,而轮台[3]、渠犁[4]皆有屯田卒数百人,置使者校尉领护"[5]。同时,汉朝政府又于公元前99年和前89年先后派兵攻取车师,[6]使汉校尉领护的西域地区,与乌孙连成一片,取得了直接通往乌孙的通道。武帝末年,搜粟都尉桑弘羊等还建议,继续向西,"益垦溉田,稍筑列亭,连城而西,以威西国,辅乌孙为便"[7]。昭帝后期,匈奴又占据车师,不断掠夺乌孙,并企图隔绝乌孙和汉朝政府的联系。在昭帝末、宣帝初,乌孙一再向汉朝政府告急,要求派兵保护。公元前73年,汉朝政府一面派校尉常惠到乌孙,"护乌孙兵"出击匈奴,一面"大发关东轻锐士,选郡

---

[1]《汉书·张骞传》。

[2]今罗布泊。——引者

[3]今轮台东南。——引者

[4]今库尔勒西南。——引者

[5]《汉书·西域传》。

[6]《汉书·西域传》。

[7]《汉书·西域传》。

国吏三百石伉健习骑射者,皆从军"[1],共得军 15 万,由五将军统率,分五路配合乌孙袭击匈奴。公元前 72 年,乌孙兵东进至匈奴右谷蠡王庭,击败匈奴,匈奴再次撤离车师,汉朝校尉辖地又与乌孙地区相通。汉朝政府还特派常惠"持金币,赐乌孙贵人有功者"[2]。

公元前 60 年,汉朝玫府在西域置西域都护,"汉之号令班西域"[3],乌孙对汉朝政府的隶属关系,就进入汉朝政府对乌孙全面管理的阶段。

西域都护设立不久,乌孙贵族发生内乱,乌孙王子乌就屠杀害其父,自立为乌孙昆弥(即乌孙王)。汉朝政府派遣曾随汉公主到过乌孙的冯嫽为使,竺次、甘延寿为副使,到乌孙处理变乱。随后,由常惠代表汉朝政府,在赤谷城正式宣布"立元贵靡为大昆弥,乌就屠为小昆弥,皆赐印绶"[4]。乌孙在行政管理上,正式划为南北两部,大昆弥坐镇于赤谷城。从此,汉朝政府对乌孙的管辖就更加直接和具体。宣帝五凤至甘露时,汉朝政府派常惠率"三校"军队进驻乌孙,屯田赤谷城,[5]以维持当地秩序。常惠又为两昆弥"分别其人民、地界",给大昆弥分定 6 万户部众,给小昆弥分定 4 万户部众,以避免两昆弥和各部之间的纷争。大昆弥元贵靡死后,其子星靡继大昆弥位,因其年幼,汉朝政府又派冯嫽协助星靡。韩宣任西域都护时,报请汉朝政府给大昆弥的大吏、大禄、大监等官员,授以金印紫绶。公元前 11 年,小昆弥末振将派人刺死大昆弥雌粟靡,汉朝政府任命雌粟靡的叔父伊秩靡为大昆弥,并派段会宗前去处理两昆弥的纷争,段会宗到乌孙后,末振将已病死。[6] 段会宗依法处决了末振将的儿子,处分了大昆弥的大吏、大禄、大监,收取了他们的金印紫绶,擢升有功的翎侯难栖为坚守都尉,从而平定了乌孙

---

[1]《汉书·匈奴传》。

[2]《汉书·西域传》。

[3]《汉书·郑吉传》。

[4]《汉书·西域传》。

[5]《汉书·辛庆忌传》。

[6]《汉书·段会宗传》说:"末振将杀大昆弥,会病死";《汉书·西域传》说末振将使人刺杀大昆弥后,"大昆弥翎侯难栖杀末振将"。不知孰是。

内部的又一次叛乱,维持了乌孙的安定,此后,乌孙两昆弥更加"亲倚都护"。公元前 1 年,大昆弥伊秩靡千里迢迢到长安朝觐汉哀帝。当时正值匈奴乌珠留若鞮单于入朝,一时间,北部边境的匈奴单于、西部边境的乌孙昆弥双双入朝,成为标志当时国内大一统的一件盛事。

汉朝政府在西域设都护不久,匈奴呼韩邪单于也归附汉朝政府。但匈奴和乌孙之间仍不断发生纠纷。因此,调解和处理汉朝政府所属的这两个边境民族地方政权的关系,仍然是汉朝中央政府的一项重要责任。汉成帝时,归附汉朝的北匈奴郅支单于,因"怨汉拥护呼韩邪而不助己"[1],占据了乌孙以北的阿尔泰地区,与康居结盟,"数借[康居]兵击乌孙,侵入至赤谷城,杀略民人,殴畜产",乌孙西边"空虚不居者且千里"[2]。不久,郅支单于又杀害康居王,占据康居,更加频繁地"侵陵乌孙"。西域都护甘延寿、副校尉陈汤,统领乌孙和西域各地部队袭杀郅支单于,除去了对乌孙的威胁,安定了汉朝的西部边疆。公元前 5 年,小昆弥的弟弟卑援疐入匈奴"寇盗牛畜,颇杀其民",匈奴单于发兵五千骑击乌孙,并使卑援疐遣子入质于匈奴。汉朝政府遣中郎将丁野林等到匈奴,令单于归还乌孙人质,处理了乌孙与匈奴之间的这次事件。汉平帝时,汉朝政府还正式向匈奴单于颁布了 4 条禁令,其中一条就是匈奴不得接受由"乌孙亡降匈奴者"[3]。由于汉朝政府充分发挥中央政府的作用,汉代后期,匈奴和乌孙之间的关系得到了很大改善。

在汉朝官员中,有好几位因处理乌孙事务,多次到乌孙,其中如常惠,早在西域都护设立前,就曾 3 次到乌孙。[4] 他曾代表汉朝政府统领过乌孙的部队,册立"昆弥",处理过大小昆弥和各部首领之间的纠纷,并在赤谷城率军屯田,对乌孙社会经济的发展有重大贡献。西域都护段会宗曾 5 次到西域,[5] 其中 4 次都在乌孙,最后以 75 岁高龄,病

---

〔1〕《汉书·陈汤传》。
〔2〕《汉书·陈汤传》。
〔3〕《汉书·匈奴传》。
〔4〕《汉书·常惠传》。
〔5〕《汉书·常惠传》。

逝在乌孙,西域各地"为发丧立祠"[1]。前面提到的冯嫽,原是楚王刘戊的孙女解忧的侍者,武帝时解忧嫁给乌孙昆弥岑陬,冯嫽随解忧到乌孙,为乌孙右大将的夫人,她曾持汉节为公主使,行赏赐于西域各地,当地"敬信之,号曰冯夫人"[2],宣帝时曾召冯嫽返京,后又两次命她到乌孙协助昆弥,处理乌孙事务。其他如都护郑吉、韩宣、廉褒、孙建等,都亲自处理过乌孙事务。

从上面的叙述可以看出,乌孙与汉朝政府的隶属关系是很清楚的。但是,在这方面仍然有一个问题需要进一步澄清。《汉书·西域传》中有一处说:"都护督察乌孙、康居诸外国,动静有变,以闻,可安辑,安辑之;可击,击之",《汉书》在这一段文字中把乌孙与康居等同起来,这就产生了一个问题:乌孙究竟属不属都护管辖?

《汉书·西域传》提到的西域诸国中,明确记载不属都护管辖的是康居、大月氏、安息、罽宾、乌弋山离五国,该传在结束时又总括一句说:西域"最凡五十,自译长、城长、君、监、吏、大禄、百长、千长、都尉、且渠、当户、将、相至侯、王皆佩汉印绶,凡三百七十六人;而康居、大月氏、安息、罽宾、乌弋之属,皆以绝远,不在数中。其来贡献,则相与报,不督录总领也"。这段记载明确指出,不属都护的只是这五国,而乌孙不在其列,而且这里所说"佩汉印绶"的监、吏、大禄、将、相、侯、都尉、君等官职,在不属都护的五国是不设置的。但在乌孙,这些官职都很齐备,这是乌孙从根本上不同于康居的一个重要标志。此外,由前述汉朝政府与乌孙的关系也可以看出,汉朝政府实际上管辖着乌孙各方面的事务。因此,《汉书·西域传》那段把乌孙与康居同等看待的话,是与《汉书》作者自己的具体叙述相矛盾的。

乌孙是不是与西域其他属都护管辖的各地一样呢?从《汉书》的记载来看,也确有不同之处。属都护管辖的西域各地的事务,一般都由西域都护处理,而对乌孙事务,西域都护虽也处理,但更多的则由汉朝

---

[1]《汉书·段会宗传》。
[2]《汉书·西域传》。

·欧·亚·历·史·文·化·文·库·

政府派遣官员直接处理。如常惠虽几次到乌孙处理事务,却从未担任过西域都护。段会宗4次到乌孙,而以都护身份到乌孙去的,也只有1次。乌孙在西域诸地中的这种特殊地位,是由乌孙不同于西域其他地区的特殊情况决定的。前面我们已经说过,乌孙不同于西域诸地,它早在西域都护设立以前,就与汉朝建立了隶属关系;乌孙昆弥与汉朝皇室有姻亲关系,是汉朝的皇亲国戚;大昆弥下属官员有佩金印紫绶的,而西域都护不过"秩比二千石",只佩银印青绶,在官阶上比昆弥低了很多。这些特殊情况决定了乌孙昆弥不会像属都护管辖的西域其他地区那样,完全受都护节制,而是在汉朝政府的直接管辖下,由都护"督察",也就是说从乌孙同西域都护的关系方面来看,正如《汉书》所说,都护对乌孙只有"督察"的权力。这就是乌孙与汉朝政府的关系上不同于西域其他地区之处。这个特殊之处只是表明,汉朝政府对乌孙的管理更加直接、更加具体而已。

17.4

关于乌孙的社会经济制度,文献记载十分贫乏,我们不可能对它做出全面的论述。根掘《史记》、《汉书》的有关记载,以及不多的考古资料来看,乌孙的生产力发展水平和社会制度,在大约公元前2至前1世纪之间,曾发生过一次很大的变化。

《史记》根据张骞对乌孙社会的亲自考察,指出当时乌孙的生产是"随畜"[1],即在公元前2世纪中叶,乌孙从事于游牧畜牧业生产。《汉书》沿袭这个说法,进一步说,乌孙"不田作种树,随畜逐水草"[2]。《汉书》的这个记载虽大体上不差,但过于绝对。根据考古资料,在大约公元前1世纪及以后的乌孙墓葬中,开始发现有谷物和农业劳动生

---

[1]《史记·大宛列传》。
[2]"树"作"植"字解,见《汉书·西域传》。

产工具,如碾谷子用的石头碾子、磨盘、青铜镰刀、烧焦的谷物等。[1]这说明,公元前1世纪时期农业已在乌孙社会生产中出现。当然,这时期乌孙的农业生产规模仍然很小,在整个社会生产中,并不占重要地位。

手工业的发展情况,文献资料中没有记载,据考古资料,公元前2到前1世纪之间,也有变化。公元前2世纪陪葬的陶罐,底圆口大,质量粗糙,陪葬品中的金属器很少;公元前1世纪以后的乌孙墓葬中,陶器已不如前期那样珍贵,数量趋于减少,陶罐形状大量成为平底,质量也有所改进。[2] 特别是平底陶罐的出现,一般标志着在游牧的乌孙社会中,出现了一些基本上或在很大程度上定居的村落,这个时期的墓葬中,金属陪葬品比前一时期有所增加,而且铁器已在日常生活中使用,如铁锅等。[3] 这些金属器物有一部分来自内地和西域其他地区,但也有一部分是乌孙手工业的产品。不过这时乌孙手工业仍然处于家庭手工业的阶段,没有发展成为一个完全独立的生产部门。

乌孙的社会组织,与其他游牧民族一样,是宗法的氏族、部落组织。乌孙的氏族、部落墓葬群,也为我们提供了公元前2到前1世纪乌孙社会关系变化的迹象。已发掘出的公元前2世纪的乌孙氏族墓葬群,一般都是从南向北有秩序地排成练形,反映了一个氏族内部的某种约束和关系,公元前1世纪以后的氏族墓葬群,逐渐趋于无秩序,冲破了前期的那种约束。[4] 这说明,随着生产力的发展和人口的增长,以血缘为基础的氏族关系正在崩溃,人们的社会地位已经冲破了血缘关系的束缚,乌孙社会进入一个新的阶段。

乌孙社会早就有十分明显的阶级区分。据《史记》记载,"其富人

---

〔1〕阿基谢夫:《1954年伊犁考古考察团工作报告》,阿基谢米·库沙耶夫:《伊犁河谷塞克与乌孙的古代文化》。

〔2〕阿基谢夫:《1954年伊犁考古考察团工作报告》,阿基谢米·库沙耶夫:《伊犁河谷塞克与乌孙的古代文化》。

〔3〕阿基谢夫:《1954年伊犁考古考察团工作报告》阿基谢米·库沙耶夫:《伊犁河谷塞克与乌孙的古代文化》。

〔4〕阿基谢夫:《1954年伊犁考古考察团工作报告》,阿基谢米·库沙耶夫:《伊犁河谷塞克与乌孙的古代文化》。

有四五千匹马"[1]。从发掘出的乌孙墓葬来看,当时社会贫富的差别是很明显的。贵族、富人的墓坑规模较大,坑壁四周栽入木柱,有几排圆木塔在墓壁四周的木柱上,覆盖着尸体,坟坑用土填满,有的高达20—30米,上面用石头填塞,死者的陪葬物品有陶器、骨器、青铜器、铁器、金制装饰品等[2]。而贫苦牧民的墓坑,一般只能容下一具尸体,墓的表面平放着几块石头,陪葬物很简陋,一般只有一两件粗制陶器,很大一部分墓葬连陶器也没有[3]。

乌孙社会是阶级社会,这在文献记载和考古资料中都得到了确认。问题是乌孙的阶级社会究竟是什么性质。我们认为,与上述生产力发展变化,以及乌孙当时所处的环境相适应,在公元前2到公元前1世纪之间,乌孙的社会性质曾发生过深刻的变化,这个变化的具体内容,从现有的材料来看,应是由奴隶制向封建制的过渡。

《史记》根据许多到过乌孙和匈奴的人的记述,认为乌孙"与匈奴同俗"[4]。这里所说的"俗",我们不能简单地理解为只是指以游牧为生和一般的风俗习惯。在以游牧为生、以氏族部落为社会组织的民族中,风俗习惯在很大程度上反映社会政治经济制度。而且《史记》、《汉书》所说匈奴的"俗",内容十分广泛,从"得人以为奴婢",到"其送死……从死者数十百人"[5],都是"俗"的内容。所以,乌孙"与匈奴同俗"的这个论断,为我们认识乌孙的社会性质提供了重要依据。

汉代匈奴的社会性质,据当前大多数研究者的意见,被认为是奴隶制。这个结论是正确的。《史记》关于乌孙"与匈奴同俗"的论断,正是对公元前2世纪乌孙奴隶制社会的概括。《汉书》虽然承袭了《史记》的这个提法,但是它的记载却使我们看到了乌孙逐渐与匈奴不同俗的一面。就以乌孙贵族对待掳掠人口的态度来说吧。

---

〔1〕《史记·大宛列传》。

〔2〕《伊犁河谷右岸的为乌孙文化》;阿基米德、库沙也夫:《伊犁河谷塞克与乌孙的古代文化》,1963年版。

〔3〕阿基谢米·库沙耶夫:《伊犁河谷塞克与乌孙的古代文化》,阿拉木图1963年版。

〔4〕《史记·大宛列传》。

〔5〕《史记·匈奴列传》;《汉书·匈奴传》。

不断获得奴隶,是奴隶社会存在的一个根本性的问题。作为一个人口不是很多,又有着严密的宗法氏族部落组织的游牧民族来说,如果主要依靠把民族内部成员变成奴隶来维持奴隶制,那是很困难的。因此,利用战争对四周地区和民族进行掳掠,就成为像匈奴、乌孙这种游牧民族维持奴隶制的主要手段,这种情况正如恩格斯曾指出的那样:"不是暴力支配经济情况,而是相反地,暴力被迫为经济情况而服务。"[1]

公元前2至前1世纪前期,文献中有乌孙在战争中掳取大量人口的记载,例如乌孙远袭大月氏,占据巴尔喀什湖以东以南地区时,就掳掠了大量大月氏人。[2] 乌孙贵族不杀掉或完全赶走与自己有世仇的大月氏人,而把他们留下,除了把这些人用强制办法当奴隶使用外,是没有别的处理办法的。再如,公元前71年,乌孙在汉军配合下袭击匈奴,在这次战争中俘获匈奴近4万人,"乌孙皆自取所虏获"[3]。《汉书》没有明确说这些俘虏都成了乌孙的奴隶,但是,在以游牧为生的条件下,如果不是把这些俘虏当作劳动力,对仅有12万户的乌孙来说,那是负担不起的,而且如果不是用强制的办法,这4万之众也不可能成为乌孙贵族的劳动力,这种掳获大量人口的情况,反映了乌孙奴隶制经济的需要。

公元前1世纪后半叶以后,与前述各方面的变化相适应,在文献资料中再也见不到乌孙贵族掳掠大量人口的情况,如公元前36年,西域都护甘延寿等发西域十五王的部队袭击郅支单于,其中有乌孙兵,战争规模是很大的,战斗胜利结束后,只生俘145人,投降千人,这些人被分发给了十五王,这次战役掳掠人口这样少,当然与甘延寿等人有关,但乌孙官兵如果需要掳掠大量人口来补充奴隶劳动的话,这次战役中掳掠人口的数字就绝不会这样少。再如哀帝时,拥有大量属民的乌孙贵

---

〔1〕《马克思恩格斯选集》第3卷,人民出版社1972年,第219页。
〔2〕《汉书·张骞传》。
〔3〕《汉书·西域传》。

族卑援寘入匈奴西界，"寇盗牛畜,颇杀其民"[1],却没有掳掠人口的记载。而匈奴对乌孙一反击,就"略千余人"[2]。把这个时期匈奴和乌孙在掳掠人口方面的情况相比,这不能不说是两个民族社会经济需要不同的反映。对匈奴奴隶主贵族来说,掳掠人口在这时期仍然是一项十分需要且颇为有利的事,而对乌孙封建领主贵族来说,则不是十分必要和有利的事。

这就是我们认为公元前2到前1世纪乌孙社会发生了由奴隶制向封建制过渡的一个主要根据。公元前1世纪后半叶,乌孙社会进入封建领主制社会后,当时的大小昆弥是最高的领主,昆弥之下的各级领主,被称为翎侯。各领主都领有一定数量的部落、人民,占有一定的牧地。牧民不得随意离开部落和领主的牧地,各领主之间不得互相招纳牧民和侵占牧地,这就是当时乌孙封建领主社会的基础。正如马克思所指出的那样:"封建压迫的根源,不是居民土地的被剥夺,而是居民被固定在土地上。"[3]乌孙社会的几次动乱,都与牧民离开了领主的牧地或领主失掉了牧地有关。汉朝官员在乌孙地区为其领主"分别其人民、地界","招还亡畔,安定之"等等,就是维护和巩固乌孙封建经济基础的有力措施。

马克思指出:"同其他一切主权者一样,封建领主的权力,不是依存于他的地租物的大小,而是依存于他的臣属的人数,而后者又依存于自耕农民的人数。"[4]乌孙社会中的主要劳动者,正是这种依存于各级领主,但具有自己一定的产业——牧畜的劳动者,《汉书》记载:"时大昆弥雌粟靡[5]健,翎侯皆畏服之,告民牧马畜无使入牧,国中大安和翁归靡[6]时。"[7]这条材料说明:一,各翎侯都拥有一批隶属于自己的牧

〔1〕《汉书·匈奴传》。
〔2〕《汉书·匈奴传》。
〔3〕《马克思恩格斯全集》俄文版,第16卷第1部分,第287页。
〔4〕《资本论》第1卷,第906页。
〔5〕约公元前1世纪30年代以后在位。——引者
〔6〕约公元前93—前60年。——引者
〔7〕《汉书》卷96《西域传》(下)。句中"和"字,颜师古注为"胜"。但疑"和"即"如"之误,参阅李慈铭:《越缦堂读史札记》。

民;二,这些牧民大都拥有一定数量的牲畜,经营着自己的个体牧业经济,否则就不会出现牧民互相"入牧"的问题。在伊犁河右岸的乌孙墓葬中,有不少是夫妻二人合葬,或由大人、小孩的几个坟墓组成的墓群,这些墓的随葬品简陋,而且大部分都是公元前1世纪以后的。这正说明,汉宣帝时和宣帝以后,乌孙社会出现了大批有一定产业的个体家庭,他们成为乌孙社会生产的主要力量;三,牧民必须在自己的领主为他们划定的一定范围内进行放牧,不得随意进入别的牧地。雌粟靡这条禁令的目的,就是要进一步把牧民固定在各自的牧地上,加强他们对各翕侯的依附,保证各翕侯都有一定数量的牧民为其承担徭役,提供贡赋。这条材料中所说"国中大安",当然不是指牧民由此而"大安"了,而是说,由于牧民被更加牢固地束缚在领主的牧地上,从而保证了各领主对广大牧民的剥削和压迫,减少和缓和了各领主之间的斗争,使乌孙的封建制进一步巩固和加强。这条材料还说明,公元前1世纪时在乌孙社会经济中占主要地位的,以及乌孙贵族所关心的主要问题是"地产和束缚于地产上的农奴"[1]。

汉代乌孙社会发生由奴隶制向封建制转化的原因和条件,可从两个方面考察。

马克思、恩格斯在论述欧洲封建制问题时曾指出:"封建主义绝不是现成地从德国搬去的;它起源于蛮人在进行侵略时的军事组织中。"[2]这个论断对我们考察乌孙封建制度的产生,有很大指导意义。乌孙的军事组织和社会组织是完全一致的。昆弥和各级翕侯,既是军事首领,又是民政首领,牧民和首领之间、各级首领之间,都有严格的隶属关系。这种关系,就为封建隶属关系的产生和发展,提供了必要的条件。可以想见,在由额济纳河流域向西进军时,乌孙各部落以青壮年为骨干,携带男女老幼和畜群,跋山涉水,长途奔袭大月氏的过程中,乌孙贵族不可能带领大批奴隶,这就必须加强自己内部的隶属关系,加强对

〔1〕《马克思恩格斯选集》第1卷,第29页、第80-81页。
〔2〕《马克思恩格斯选集》第1卷,第29页、第80-81页。

牧民的徭役剥削,而"徭役劳动很少是由农奴制产生的,相反,农奴制倒多半是由徭役劳动产生的"。长期的军事远征,一方面促使奴隶制瓦解,一方面促进了封建制的发展,这就是乌孙在迁到巴尔喀什湖以东以南后,社会性质逐渐发生巨大变化的一个重要因素。

此外,汉朝政府对乌孙的管辖,内地文化的传入,也是乌孙社会经济变化的一个重要因素。我们前面提到的常惠、段会宗以及冯嫽对乌孙社会经济、政治问题的处理,都必然反映这些人的封建地主阶级的政治、经济观点,因此实际上都是对乌孙奴隶制的改革,它必然促进乌孙社会由奴隶制向封建制的转化。内地地主阶级的文化和高度发展的生产技术,随着乌孙与汉朝政府关系的加强,直接推动着乌孙社会生产的发展和经济制度的变革。武帝时,江都王的女儿细君嫁给昆莫,汉朝政府为细君赐"乘舆服御物,为备官属、宦官、侍御数百人"[1],细君到乌孙后,又"自治宫室",在赤谷城修建了具有内地特色的宫殿。武帝还"间岁遣使者持帷帐锦绣给遗焉"[2]。再如常惠、辛庆忌等率"三校"在赤谷屯田,每校按 500 人计,三校也有 1000 多人。这些情况也都必然对乌孙社会经济的转化起到很大的推动作用。《伊犁河谷塞克和乌孙的古代文化》一书的作者就承认:"公元前一世纪中期,汉朝中国沿着自己边境建立了军屯,军屯居民从事农业。如果考虑到这些军屯区是在乌孙的土地上,那么,乌孙牧民就能吸收汉人的农业经验,而转入定居生活方式。"考古资料还证明,在乌孙人聚居区的手工业遗址中,不仅有当地人在工作,而且有从内地迁来的人。[3]《汉书》也记载,在公元前 1 世纪后期,西域地区,包括乌孙在内,在手工业方面"颇得汉巧"[4]。此外,乌孙贵族经常到内地学习和居住,这也给乌孙社会的经济和政治带来许多新因素,促进乌孙社会由奴隶制向封建领主制的转化。

〔1〕《汉书·西域传》。

〔2〕《汉书·西域传》。

〔3〕《哈萨克共和国史》,1957 年阿拉木图出版,第 48 页。

〔4〕《汉书·陈汤传》。

乌孙是我国古代存在时间较长的一个民族,自西汉以后,由于记载缺乏,使我们对乌孙社会历史发展情况的认识很不完善。但是,在西汉时期所确立的乌孙与内地政权的隶属关系,却一直未断。东汉政府建立后,乌孙即"归附"东汉政府,有侍子在洛阳。卫侯李邑曾代表东汉政府到乌孙,"赐大小昆弥以下锦帛"[1]。三国时期,乌孙等西域各地向曹魏政权"无岁不奉朝贡,略如汉氏故事"[2]。十六国时期,吕光在龟兹"抚宁西域",西域诸地"不远万里皆来归附,上汉所赐节传,光皆表而易之"[3],其中当有乌孙在内。南北朝时期,我国柔然族兴起,不断袭击乌孙,乌孙逐渐向葱岭一带迁徙。437年,乌孙又遣使北魏,北魏政府派董琬等到乌孙,"其王得朝廷所赐,拜受甚悦"[4]。乌孙等地向北魏"朝贡","不间于岁"[5]。此后史籍对乌孙的记载更少,只是在《辽史》中还保留有乌孙进贡和辽朝政府在乌孙设有"乌孙国王府"的记载。[6] 乌孙族作为一个共同体现在虽已不存在了,但是这个民族对我国历史上的大一统,特别是对汉代的大一统所起的作用,对开发和建设历史上中国西北边疆的作用,对缔造我国多民族统一国家的作用,是永远载入史册的。

（本文原载《新疆大学学报》1980 年第 2 期）

〔1〕《后汉书·班超传》。
〔2〕《三国志·魏志》第 30 卷。
〔3〕《晋书·吕光载记》。
〔4〕《魏书·西域列传》。
〔5〕《魏书·西域列传》。
〔6〕《辽史·百官志》第 4 卷《太宗本记》。

18　吐火罗论

　　吐火罗[1]是何族,指何地,是由什么族建立的国家,都有些什么演变和发展等问题,近100年来,一直是西域史学家讨论较多,而且分歧很大的一个问题。到目前为止,有些问题已经比较清楚了[2],但有一些问题,仍有必要进一步讨论。

　　"吐火罗"这个词,有几层含义。它既是一个族的名称,也是一个地区的名称,还指一种政治实体——国家或民族政权,而且这种政治实体的体现者或掌握者的族属,又在经常发生变动。正是由于"吐火罗"这一名称的多层含义,特别是作为一个政治实体的"吐火罗"一词的复杂内涵,使吐火罗的问题成为一堆难以解开的乱麻。为了解答这些问题,当然应该从民族学、语言学、地理学、历史学等各方面加以综合研究,但也不妨先从某个方面入手。本文就是抱着这种态度,主要对作为政治实体的吐火罗,从历史的角度,在前辈研究的基础上,做一些粗浅的探讨。

18.1　吐火罗与大夏

　　有些史学家认为,《史记》、《汉书》中所说的"大夏",就是西方历

----

　　〔1〕汉文史籍中又作"兜佉勒"、"兜勒"、"觐货逻"、"吐呼罗"等。

　　〔2〕如关于"甲种吐火罗语"(吐鲁番、焉耆语)和"乙种吐火罗语"(龟兹语)的问题。由于考古工作者已在阿富汗发现了以希腊字母组成的真正吐火罗语,所以不应再把在吐鲁番、焉耆、库车发现的当地古代文字称吐火罗语了(但新版《辞海》"吐火罗语"条仍坚持"甲种吐火罗语"、"乙种吐火罗语"之旧说)。至于回鹘文译本《玄奘传》第5卷残卷中的"吐火罗"一词之意,则属另一问题。

史记载中的希腊－巴克特利亚王国,希腊－巴克特利亚王国即吐火罗[1] 也有人认为:"吐火罗即大月氏,因大月氏征服了巴克特利亚,故张骞称之为大夏。"[2]其他观点还有一些,我们这里就不再列举。对以上一些观点,早就有不同看法。近年来,国内也有几篇论文对此提出了不同看法,并有很好的论述,[3]但有些问题,仍有进一步讨论的必要。

为了说清楚吐火罗问题,必须首先把巴克特利亚与大夏的关系梳理清楚。

"巴克特利亚"一名,早在公元前 6 世纪以前就存在了,[4]它的基本地理范围,在阿姆河上游以南,今阿富汗北部。[5] 公元前 6 世纪,波斯阿契美尼德王朝的居鲁士大帝,曾征服了这个地区。大流士一世在位时,巴克特利亚是当时波斯帝国的 20 个省区中的一个。著名的锁罗亚斯德教,就创建于这个时期的巴克特利亚,以后流传于古代波斯各地,成为最盛行的宗教,到萨珊王朝时,更成为波斯帝国的国教。公元前 330 年,希腊马其顿王国的亚历山大东侵,消灭了波斯帝国,于公元前 329 年占领巴克特利亚,并以这里为基地,渡阿姆河攻占了索格底亚那地区,任命奥克夏尔特为总督。从此,这里成为亚历山大在中亚和天

〔1〕主张此说的中外史学家很多,仅列举其中几个至今仍很有影响的著作,如张星烺:《中西交通史料汇编》第 4 册,中华书局 1978 年版,第 145 页注 1;冯承钧:《西域地名》中华书局 1980 年版,"大夏"条;羽田亨著,耿世民译:《西域文化史》,新疆人民出版社 1981 年版,第 17 页;巴尔托里德著,耿世民译:《中亚简史》,新疆人民出版社 1980 年版,也直接将 Bactria 译为"大夏";上海辞书出版社所出《辞海》"大夏"条亦认为:"音译巴克特利亚,也叫希腊－巴克特利亚王国"等。

〔2〕王治来:《中亚史》第 1 卷,社会科学出版社 1980 年版,第 61 页。这一观点在 20 世纪三四十年代中外史学家中很流行,如白鸟库吉、李希霍芬、藤田丰八等均持此说。

〔3〕如黄靖:《大月氏的西迁及其影响》,载《新疆社会科学》1985 年第 2 期;黄盛璋:《试论所谓"吐火罗语"及其有关的历史地理和民族问题》,收入《西域史论丛》第 2 辑,新疆人民出版社1985 年版。

〔4〕波斯阿契美尼德王朝大流士一世在其所立贝希斯顿记功碑中已有巴克特利亚地区的称谓。这反映了居鲁士大帝(前 645—前 539)时期的情况。

〔5〕有人认为巴克特利亚包括了阿姆河以北的索格底亚那,笔者认为此说不确。应将巴克特利亚地区与希腊－巴克特利亚王国的疆界加以区别。后者的统治地区,有时包括了索格底亚那,但就地区来说,索格底亚那与巴克特利亚是两个地区。我国一些研究者认为《汉书·地理志》中的"扑桃"、《后汉书·西域传》中所说"濮达"系巴克特利亚的译音。

竺推行希腊化的重要基地。公元前 323 年,亚历山大死去,希腊马其顿亚历山大帝国随之分崩离析。到公元前 4 世纪末,亚历山大的部将塞琉古一世建立了塞琉古王国,巴克特利亚又成为塞琉古王国统治下最东的一个地区。公元前 3 世纪中后期,随着塞琉古王国势力的衰落,巴克特利亚总督狄奥多特(希腊人)脱离塞琉古王国的统治,初步建立了一个希腊–巴克特利亚王国。公元前 227 年,曾任粟特总督的希腊人欧提德姆,夺取了巴克特利亚的统治权,并自立为王,一个独立的希腊–巴克特利亚王国,在这个时期正式建立起来。

在欧提德姆时期(公元前 227—前 189 年),希腊–巴克特利亚王国的疆域有了较大的扩张。它的北部越过阿姆河,包括了索格底亚那(泽拉夫善河流域,即中亚河中地区)。到欧提德姆的儿子德米特里继承王位后(公元前 189—约前 167 年),希腊–巴克特利亚王国侵占了安息东部的一部分地区,占有了今阿富汗的全部,以及木尔加布河流域的马尔基亚那,其东部疆域达到了印度河流域。但是,这种强大的局面并未维持多久。到公元前 169 年,驻守巴克特利亚本土的著名军事长官欧克拉提德,乘德米特里在印度的时机,在巴克特利亚宣布独立,并于公元前 168 年的一次战斗中,击毙了德米特里,巴克特利亚又落入了另一希腊人欧克拉提德之手,他自称大王,建立了希腊–巴克特利亚的新王朝。但是,建立在巴克特利亚领土上的这个希腊人的新王朝,也没有维持多久,北方游牧人即越过锡尔河,侵占了巴克特利亚。

北方的这些游牧人是些什么人?

公元前后之际的希腊历史学家斯特拉波在他的《地理书》中曾指出:"渡药杀水(即锡尔河)南下,从希腊人手中夺取巴克特利亚的,是西徐亚游牧民中的阿息人、帕西安诺依人、吐火罗人和塞克诺依人等部落。"斯特拉波这里所说的西徐亚游牧民,与大月氏并不是一种人,而是早就活动在这里的土著,而且早与伊朗高原有密切联系。

根据西方历史文献的记载,希腊–巴克特利亚王国很早就受到北方一些游牧民的威胁和侵扰。古希腊历史学家波里比阿所著《通史》记载,公元前 201 年,塞琉古王安提柯三世包围希腊–巴克特利亚首府巴尔赫,欧提德姆竭力反抗,战争持续了两年,最后双方突然罢战言和。罢战言和的主要原因,就是锡尔河以北有大量游牧民正虎视眈眈,准备乘他们厮杀之机越河南下。[1] 双方的战争停止了,但锡尔河北岸游牧人南下的威胁并未解除。这些游牧人,被波斯人和希腊人称之为塞克(《史记》《汉书》作"塞"或"塞种")人、西徐亚(或译作"斯基泰")人、马萨革泰(或译作"马萨该达")人。[2] 其中西徐亚人和塞人可能是在更多方面接近的一种人,也许就是一种人[3]。在塞人或西徐亚人中又有许多不同名称的部落,吐火罗就是其中之一。这些游牧部落在更早的时期,曾活动于中亚和伊朗高原东部,随着波斯帝国、亚历山大马其顿帝国以及塞琉古王朝、希腊–巴克特利亚王国的兴起,他们被逐渐驱赶和排挤于锡尔河以北,但是,他们并没有与伊朗高原和中亚河中地区的政治斗争完全隔绝。早在阿契美尼德王朝、亚历山大帝国时期,他们就曾被征召和利用来充当帝国的骑兵,成为这两个帝国攻城略地的得力武装。就是安息王和希腊–巴克特利亚王亦曾在抗击塞琉古王国的斗争中,利用过塞人的骑兵。可见,西徐亚人或塞人,早就有了一支强大的骑兵力量。

公元前156—前141年之间,希腊–巴克特利亚王室发生了激烈的内讧,西徐亚人乘机南下,于公元前141年发生了上述斯特拉波所说西徐亚人越锡尔河侵入希腊–巴克特利亚王国,并最终消灭了希腊–巴克特利亚王国的历史事件。从此,锡尔河以南至巴克特利亚地区,即阿姆河两岸,均为西徐亚人所侵占。

斯特拉波在《地理书》中所说的吐火罗人,就是这部分南下的西徐

---

〔1〕В. Г. 加富罗夫著,肖之兴译:《中亚塔吉克史》,中国社会科学出版社1985年版,第64页。

〔2〕这3种人都是活动于广大中亚地区的游牧民,不仅在地区分布上很难做出具体而准确的划分,就是其族属亦很难明确加以区别。希罗多德曾指出:"塞人,是西徐亚部落"(《历史》7卷64节)。希腊人色诺芬(约公元前430—前355年)直接称"马萨该达人"为"塞人"(引自《中亚塔吉克史》第20页)。但从其地域上看,公元前3、4世纪时,塞人或西徐亚人主要活动地区在中亚东部,马萨该达人和部分西徐亚人在中亚西部,甚至达到欧洲东部。从研究者一般的倾向看,多认为西徐亚人与塞人有更密切的关系,或者就是一种人。

〔3〕一般认为,波斯人称他们为"塞人","西徐亚人"是希腊人对他们的称呼。

亚人,即塞人的一个主要部分。据考古学者根据出土物研究,他们原来主要活动于锡尔河下游北岸。[1] 斯特拉波著作中提到的吐火罗人,是西方史学著作中第一次出现的名称。[2] 而且,因为他们是占据了巴克特利亚的主要部落,所以后来印度人、波斯人又称巴克特利亚地区为吐火罗斯坦。从这个地名称谓的改变中也可以看出,在当时侵入巴克特利亚、消灭希腊人政权的斗争中起主要作用的,是吐火罗人。当时在这块土地上建立的统治,当然也应主要是吐火罗统治者的统治,我们也可以把它称之为吐火罗王国。也就是在这个时期,张骞到达了西域。

张骞从匈奴中逃出后,经过大宛、康居、大月氏,然后越阿姆河,曾亲临巴克特利亚境内。然而,他到达的巴克特利亚,由于上述原因,当时已被中亚人和当地人称为吐火罗斯坦,他所接触的已是吐火罗王国的官员和臣民。张骞回来后,向汉朝政府介绍的当然只能是这个吐火罗王国的情况。因此,张骞所说大夏,就是指这个吐火罗斯坦和吐火罗王国,而不是指希腊－巴克特里亚王国。如果说张骞所说大夏与巴克特利亚有某种联系,那也只是说,大夏是指在巴克特利亚地区建立的吐火罗政权或王国,而不是希腊－巴克特利亚王国。

那么,张骞为什么把这个建立在巴克特利亚地区的吐火罗王国称大夏呢?国内外研究者有各种说法。

有人认为,巴克特利亚与汉语大夏在音韵上有某种联系。这个看法已为许多研究者所否定。[3] 也有人认为大夏原为上古活动于河州(今甘肃临夏)、凉州(今甘肃武威)一带的民族,后来经河西、南疆,越葱岭,迁至巴克特利亚,中国古籍中所说大夏就是指巴克特利亚,所以,张骞称其为大夏。[4] 此说也为大多数研究者所否定。

---

〔1〕В. Г. 加富罗夫著,肖之兴译:《中亚塔吉克史》,第76页。

〔2〕岑仲勉:《汉书西域传地里校释》(上)第231页说:"吐火罗一名早在公元前七世纪已在波斯碑刻中有了"。这一说法不知何据。此公元前7世纪波斯碑刻,很可能是指斯米地亚王国的碑刻。然此时期的碑刻并未发现,如系指贝希斯顿岩石铭文,则此铭文为大流士一世的铭文,其中只有巴克特利亚,并无大夏之称。岑先生在此处可能又将巴克特利亚与大夏相混了。

〔3〕国内外曾有不少研究者主张此说,新版《辞海》"大夏"条亦坚持此说,见岑仲勉:《汉书西域传地里校释》(上),第229页。

〔4〕黄文弼:《中国古代大夏位置考》,收入《西北史地论丛》,上海人民出版社1981年版。

张骞之所以把吐火罗斯坦和吐火罗王国称之为大夏,应该从历史和语言两个方面加以考虑。

从历史方面说,大夏曾是我国古籍中很早就出现了的一个地区名称。如《逸周书·王会解》、《左传》等书中都提到了大夏。其中《山海经·海内东经》还指出:"国在流沙外者,大夏、竖沙、居繇、月支之国";秦始皇《琅邪台刻石》:"六合之内,皇帝之土,西涉流沙,南尽北户,东有东海,北过大夏,人迹所至,无不臣者";《淮南子·坠形训》:"九洲之外,乃有八殥,亦方千里,西北方曰大夏,曰海泽"。这些著作中,都提到了大夏,但大夏的方位,或认为在北,或认为在西北,但总的来看,都认为在九域之外,流沙之外,十分遥远,而且对这个大夏的具体情况并不清楚。[1] 这说明,中原所传大夏是带有某种传说和理想成分的。张骞出使西域之前,对早就在知识界中流传的大夏当然是知道的。在他亲历西域各地时,西域的山川河流、国家、领土,只要有些环节能与他原有的知识挂上钩,他必然会把它们联系起来加以认识和考虑。大夏和吐火罗就有这种联系。这个联系的环节,就是两个词的音韵。从语言方面来看,这两个词确有一定联系。已在张骞头脑中占有一定位置,但又不知其具体位置、具体情况的大夏的读音,在汉文古音中,还有其他发音。[2] 据《大宋重修广韵》、《集韵》、《古今韵会举要》等书,"大"又音"驮"、"拖",而"夏"又音"互"。贾谊《鵩赋》:"单阏之岁,四月维夏;庚子日斜,鵩集余舍"中之"夏"即音"互"。则"大夏"又可读作"驮互",与"吐火罗"、"觏货逻"、"兜勒"之音相差无几。张骞在听到"吐火罗"或"兜勒"一名时,与其脑海中早已存在的"大夏"(驮互)联系起来,并认为就是当时流传于中原的"大夏"(驮互),这种联想当然是很

---

〔1〕一些研究者认为,流沙即塔克拉玛干大沙漠,大夏在流沙西,即葱岭以西,也有以《管子》及其他后出著作所说为依据。笔者认为,根据都不足。岑仲勉先生认为,此大夏就是张骞所说大夏,从而认为巴克特利亚早在"春秋前已与我国有交通"(见《汉书西域传地里校释》(上),第228、229页)。此说甚为牵强,他也不得不承认:"就地域而言,用'大夏'替代'巴克特利亚',自无不可。但就译音而论,则大夏与巴克特利亚无关。"

〔2〕张星烺先生在《中西交通史料汇编》第4册,第145页中已指出:"中国上古史之大夏(应读若杜货)即由梵语字根据 Tuhar 译音也。"但他也认为:"张骞西使时之大夏,即希腊人所建巴克特利亚。"此说自相矛盾,实际并未解决大夏之问题。西方的马迦特、我国的王静如等均主此说。

383

自然的。笔者认为,这就是张骞将已被称为吐火罗斯坦或吐火罗王国的巴克特利亚称之为大夏的原因。

根据这个看法,认为大夏即为巴克特利亚,特别是认为大夏即为希腊－巴克特利亚王国的说法,实际上是不确切,甚至是不正确的。大夏是指吐火罗王国,即由西徐亚人在古代巴克特利亚地区建立起来的、以吐火罗人为统治者的王国。吐火罗王国与希腊－巴克特利亚王国虽然基本疆域相同或相似,但它们是完全不同的两个历史时代的政治实体。目前,在一些有关这方面的翻译著作中,一遇到"巴克特利亚"一词,就译为"大夏",这种做法是很值得考虑的。

18.2　吐火罗与大月氏

但是,在吐火罗问题上,仅解决了吐火罗与大夏的关系问题还很不够,还需要解决吐火罗与大月氏的关系问题。

不少人认为,斯特拉波所说侵入巴克特利亚、消灭了希腊－巴克特利亚王国的西徐亚人,或吐火罗人就是大月氏[1] 也有人认为前引斯特拉波所说西徐亚人中的阿息人即指月氏人[2]。

这种说法,笔者认为是不正确的。吐火罗人是吐火罗人,月氏人是月氏人,不能将两者相混,从时间上说,先是吐火罗人南侵,然后是月氏人南侵,不能将两个不同时期的事件相混。

为了说明这个问题,首先需要确定西徐亚人南侵希腊－巴克特利亚王国以及大月氏西迁和逐步南下的时间。

---

〔1〕这个观点非常普遍,苏联科学院主编十卷本:《世界通史》第 2 卷,第 609 页;塞克斯:《阿富汗史》第 1 卷,第 166 页;米·谢·伊凡诺夫:《伊朗史纲》,三联书店 1973 年版,第 22 页;王治来:《中亚史》,第 78 页;В.Г.加富罗夫著,肖之兴译:《中亚塔吉克史》,中国科学出版社 1985 年版,第 66、67 页;巴尔托里德著,耿世民译:《中亚简史》,第 5 页,等等。以上诸书的说法互相稍有差别,但大体上都持此观点。

〔2〕前注所说各著作均主此说,且不论此说之是非,即就在西徐亚人南下时有部分月氏人——阿息人随同南下,其数量、其作用也是很小的。此支西徐亚人后来竟以"吐火罗人"之名而立足于巴克特利亚并使其地改用了"吐火罗斯坦"之名,正说明吐火罗人在这支西徐亚人中居主要地位,阿息人(姑且当作是一部分月氏人)仅处于随从地位。

研究者一般认为，希腊－巴克特利亚王国最后一个国王是赫里奥克勒斯(公元前155—前141年)，他和他的王国在公元前141年最后为西徐亚人所消灭。也就是说，在这一年，整个巴克特利亚和阿姆河以北广大地区，落入了以吐火罗人为首的西徐亚人手中。但是，在这个时期，从大月氏迁徙的历史来看，大月氏人并没有南下侵入巴克特利亚地区，甚至还没有越过锡尔河。

首先，张骞第一次出使西域大约在公元前139(或前138)年，他出使的目的地是月氏。在他出使前后，从匈奴处听到的有关月氏的情报，都说月氏在伊犁河流域。[1] 因此，我们可以推断，公元前141年以吐火罗人为主的西徐亚人越锡尔河南侵之时，月氏人，最低限度是绝大多数月氏人，并未随同前往，他们或他们的主要部落仍在伊犁河流域。

其次，从月氏西迁、南迁的历史过程和时间，也可说明，吐火罗人并不是月氏人。

月氏人由河西迁至阿姆河以北，就时间来说，长达七八十年，在这个时间内，又可分为3个阶段。

原来活动于我国河西走廊的月氏，在冒顿单于(约公元前209—前174年在位)时期，被匈奴击破后，西迁至今伊犁河流域塞人地区。[2] 这是月氏西迁的第一个阶段。此后，大月氏又为乌孙、匈奴所迫，大约于文帝中期、匈奴老上单于在位期间(公元前174—前161年)，离开伊犁河流域南侵。[3] 据《史记》记载，月氏这次南下，是"过宛，西击大夏而臣之，遂都妫水北为王庭"[4]。《史记》的这条记载，显然是作者把大月氏南迁这一历史活动的最终结果，浓缩于一句话之中，简要地概括出来。

---

〔1〕《史记·大宛列传》虽未说明张骞出使前月氏何在，但也没有说南迁之事，而从张骞到达大宛时，始知月氏臣服大夏之事，这可反证张骞出使前并未听说月氏有南下之举。

〔2〕不少国内外学者认为月氏离开甘肃河西在老上单于时代，笔者认为应早于此，参看拙作：《关于汉代乌孙的几个问题》中的有关论述，载《新疆大学学报》1980年第2期。

〔3〕章巽《法显传校注》(上海古籍出版社1985年版，第41页)、黄文弼《西北史地论丛》、耿世民译《西域文化史》等认为这时月氏才离开河西西迁，笔者认为这时月氏是由伊犁河流域南下。参看《关于汉代乌孙的几个问题》。

〔4〕《史记·大宛列传》。

但是,人们在理解这条记载时,往往不太注意这次南迁在时间上的先后和空间范围逐渐扩大的发展过程。而如果不注意大月氏南迁在时间上的先后和空间上逐渐扩大的阶段性,就会使这件历史性的南迁过程中的第二和第三阶段混在一起,使许多事情说不清楚。

根据笔者的理解,大月氏受到乌孙和匈奴的打击,不是一下子就直接到达阿姆河的,这次迁徙经过了 40 年。即公元前 165 年左右,受到乌孙、匈奴严重打击的大月氏,由伊犁河流域先奔逃到锡尔河以北,在那里留居下来,这是月氏迁徙的第二个阶段。在大月氏人的冲击下,原居于锡尔河以北的塞人或西徐亚人,以吐火罗人为主,越过锡尔河,侵入希腊 – 巴克特利亚王国的北疆——索格底亚那一带,在那里活动了 20 多年。于公元前 141 年或更早一些,以吐火罗为主的西徐亚人乘希腊 – 巴克特利亚王国统治集团内讧激烈之际,越阿姆河,消灭希腊 – 巴克特利亚,这就是斯特拉波所说的锡尔河北西徐亚人中的吐火罗人等入侵希腊 – 巴克特利亚之事。而阿姆河南北两地,遂为以吐火罗为首的西徐亚人所占据。这一地区也就被称为"吐火罗斯坦"。

自公元前 141 年以后,即吐火罗等人进入锡尔河以南和巴克特利亚地区以后若干年(很可能是在张骞到达大月氏的前几年),大月氏始越锡尔河,占据原来由吐火罗人占据的阿姆河以北中亚河中地区,这是月氏西迁的第三个阶段。这时吐火罗人被迫退守于阿姆河以南原巴克特利亚地区。张骞到中亚时所遇到的大月氏"西击大夏而臣之"的政治局面,正是大月氏迁徙的第三个阶段——占据阿姆河以北的情况。在这个时期,大月氏也可能在政治上控制了当时的吐火罗王国,但并未越过阿姆河。阿姆河以南的巴克特利亚地区,仍存在着吐火罗王国——大夏。正因为如此,《史记》、《汉书》中一方面说月氏"西击大夏而臣之",一方面又说张骞访问大月氏后,又到大夏进行了访问。

那么,大月氏是什么时期越阿姆河完全占领大夏的呢?

《汉书·西域传》所记大月氏的情况与《史记·大宛列传》所记大月氏的情况不同。《汉书》中说大月氏渡过了阿姆河,占据了蓝氏城,即原巴克特利亚首府巴赫尔,并在大夏领土上出现了贵霜等五翖侯。[1] 这一记载,与《史记》对大月氏情况的记载已有了很大不同,这个不同给我们指明,在张骞到达大夏时,大月氏人尚未越过阿姆河,只是占据了大夏北部疆域。最早在武帝之后,大月氏才越过阿姆河,占领整个大夏地区,并分裂为贵霜等五个翖侯。对大月氏人越过阿姆河的时间,虽无具体记载,但根据当时的历史条件,也并非不能作一些推测。目前大多数学者认为,大月氏的贵霜王国建立于公元1世纪头20年。也就是说,大月氏越过阿姆河,占领大夏的时间,大约在武帝以后的西汉后期。而在这个时期内,公元前1世纪的中叶,是一个大的转折时期。因为,在这以前,作为大夏邻国的安息,势力强大,它不仅占据着大夏西北的玛尔吉亚那地区,而且实际上控制着大夏,并且把大夏当作安息抵御阿姆河以北大月氏的屏障。在这种情况下,大月氏想越过阿姆河,南侵大夏,是困难的。但在公元前1世纪中叶,即公元前58—前57年,安息王弗拉特三世诸子合力弑父,接着相互间就开始了激烈的内争,[2]吐火罗王国注意力转向安息,西部的罗马帝国也乘机东侵,占领了安息一些地区。可能就是这个时期,在安息自顾不暇,吐火罗王国——大夏力量空虚的情况下,阿姆河以北的大月氏越过阿姆河,进入大夏本土。这对大月氏来说,是它迁徙的第四个阶段。《汉书·西域传》所说大月氏的情况,正是这个时期的大月氏。

根据这个看法,则印度人称大月氏为吐火罗,也只适合于公元前1世纪中叶大月氏人进入吐火罗斯坦以后,而不分时期把大月氏人直呼为吐火罗人,那是一种对历史的误解。

根据上述分析,我们就可以做这样一个归纳:

(1)巴克特利亚不是大夏,巴克特利亚是中亚古国,在公元前141年以前,它还是由希腊人统治的希腊-巴克特利亚王国;

(2)公元前165年左右,锡尔河以北的西徐亚人中的吐火罗等部,

---

〔1〕一些外国学者认为贵霜等五翖侯和以后建立的贵霜王朝并不是月氏人建立的,而是吐火罗建立的,见伯希和:《吐火罗语与库车语》,载《吐火罗语考》。

〔2〕苏联科学院:《世界通史》,第621页。

越锡尔河,侵入希腊-巴克特利亚北部。希腊-巴克特利亚王国仍保持了阿姆河以南地区;

(3)公元前141年左右,占据了阿姆河以北地区的以吐火罗为主的西徐亚人越阿姆河,消灭了希腊-巴克特利亚王国,建立了吐火罗王国;

(4)在张骞羁留匈奴时期,月氏人越锡尔河侵入中亚河中地区,并迫使以吐火罗人为首的西徐亚人退守于阿姆河南——吐火罗斯坦。张骞所访问的大夏,就是这个吐火罗王国;

(5)大月氏与吐火罗人并不是一种人。但是,大约在公元前1世纪后半叶,大月氏人越阿姆河侵入并消灭了由吐火罗人建立的吐火罗王国,以后又建立了贵霜王国,成为吐火罗斯坦的统治者。在这时,也只是在这时,大月氏人才被称为吐火罗人。

18.3　吐火罗与嚈哒

《大唐西域记》中,提到有"覩货逻国故地",又有"覩货逻故国",这个"故地"和"故国"究竟是什么民族在什么时候所建,它与吐火罗即大夏有何关系? 这个问题,也是关于吐火罗研究中一个很引人注目的问题。

玄奘所说吐火罗[1]国故地,就其地域来说,是十分辽阔的。《大唐西域记》载:"出铁门至覩货逻国故地,南北千余里,东西三千余里,东阨葱岭,西接波剌斯,南大雪山,北据铁门,缚刍大河中境西流"[2],从这段叙述看,"覩货逻国故地"的疆域,东自葱岭,西与波斯相接,南在兴都库什山,北在铁门(即阿姆河以北乌兹别克加盟共和国卡尔卡达里亚省东南)。但《大唐西域记》记叙玄奘东归经过民丰以北的尼雅古城后,又有一"覩货逻故国"[3],当时那里已是一片废墟。

---

〔1〕即覩货逻,下同。
〔2〕《大唐西域记》卷1。
〔3〕《大唐西域记》卷12。

这样,在《大唐西域记》中,就出现了两个吐火罗。一个在葱岭以西,包括今阿姆河两岸的广大地区,这里被称为"覩货逻国故地";一个在葱岭以东,位于今民丰县安迪尔河下游沙漠之中,被称为"覩货逻故国"。

对《大唐西域记》中所说的"覩货逻故国"和"覩货逻国故地",学术界有许多不同的看法。有的认为,葱岭以西的所谓"覩货逻国故地",就是指希腊－巴克特利亚王国[1],有的认为是指大月氏所建立的贵霜王国[2]。有人认为葱岭以东"覩货逻故国"的存在说明希腊－巴克特利亚王国的势力曾经到达新疆南疆地区,也有人认为是贵霜王国势力到达了南疆地区。有人认为这里是吐火罗族的发源地[3],甚至有人认为这个故国是玄奘的杜撰[4]。上述一些看法,虽然都各有一定的理由,但并没有真正解决这个问题。笔者认为,《大唐西域记》所说"覩货逻国故地",即葱岭以西的吐火罗国,是指著名的嚈哒汗国,或可以称为嚈哒－吐火罗王国。其理由如下:

(1)玄奘所说吐火罗国故地的情况是"自数百年王族绝嗣,酋豪力竞,各擅君长,依川据险,分为二十七国"[5]。从吐火罗地区的历史发展来看,玄奘所说吐火罗国故地的情况,与公元前的希腊－巴克特利亚王国的情况极不相同。首先是这个国家不叫作吐火罗国,这在前面已经做了说明。其次,在这个统一的国家灭亡之后,至玄奘到这里,这期间又有大夏(即吐火罗王国)、贵霜、嚈哒等人在这里建立过强大的统一国家,而玄奘所说吐火罗国灭亡之后至玄奘到此地之间,并未出现更大的统一国家。因此玄奘所说情况,与希腊－巴克特利亚王国灭亡及灭亡后的情况完全不同。

(2)贵霜王国的疆域虽然包括巴克特利亚地区,但这个王国在波

〔1〕张星烺:《中西交通史料汇编》第4册,第145页。

〔2〕塞克斯:《阿富汗史》,第199页。

〔3〕李希霍芬、马迦特等均主张此说。

〔4〕伯希和:《吐火罗语与库车语》,收入冯承钧译《吐火罗语考》,中华书局1957年版,第87页;白鸟库吉著,王古鲁译:《塞外史地论文译丛》第2辑,第131－155页。

〔5〕《大唐西域记》。

斯萨珊王朝打击下灭亡,其疆域曾长期为波斯所统治,与玄奘所说国"分为二十七国",也不相同。而且,贵霜王国在《大唐西域记》中被玄奘称为犍陀罗国,这在《三藏法师传》中也有明确表述,它不可能是玄奘所说吐火罗国故地。与此相联系,被大月氏人消灭的吐火罗王国,与玄奘所说"分为二十七国"的情况,也完全不同,因此,玄奘所说吐火罗国故地,也不可能是指徐西亚人建立的吐火罗王国。至于当时突厥人统治中亚的情况,玄奘是十分清楚的,更不会把西突厥当时在中亚和伊朗高原东部的统治地区称为吐火罗国故地。

(3)玄奘所说"覩货逻国故地"上所建立的吐火罗国,是指嚈哒的统治。

公元5世纪20年代,嚈哒由北侵入索格底亚那和巴克特利亚地区,并将其势力逐步扩大到兴都库什山以南、印度河流域,以及我国南疆一带。[1] 这已为研究者所普遍承认。但是,嚈哒势力的扩大,是逐步的,前后变化很大,而吐火罗斯坦是嚈哒统治的基本领域,其首都在巴尔赫,因此,吐火罗斯坦也是嚈哒的统治中心,称嚈哒王国为吐火罗国,是完全可以理解的,犹如贵霜王国疆域十分辽阔,但由于迦腻色迦王迁都于犍陀罗地区的布路莎布逻(今阿富汗白沙瓦),这时又是贵霜王国最强盛的时期,所以贵霜王国也可以称作犍陀罗王国。

古代中外史学家,多有误认嚈哒人为大月氏人的,如《北史》、《周书》、《隋书》等均说嚈哒为"大月氏之种类"。现代研究者仍有主张此说的。[2] 而大月氏又被认为是吐火罗,于是把《大唐西域记》中所说"覩货逻国"误认为是大月氏或贵霜王国,就很自然了。

此外,隋唐时期已有将吐火罗与嚈哒相混为一之说。如《隋书》载:"吐火罗国都葱岭西五百里,与挹怛杂居",挹怛即嚈哒。《隋书》为唐初之书,这一说法表明,这个观点在隋代已存在了,玄奘所说吐火罗,很可能就是继承了隋代吐火罗之说,将嚈哒与吐火罗相混为一。《新

---

〔1〕《梁书·诸夷传》"滑国"条有征服"焉耆、龟兹、疏勒、姑墨、于阗"等国的记载;《北史·西域传》"嚈哒"条载:"西域、康居、于阗、沙勒、安息及诸小国三十许,皆役属之。"

〔2〕范雍祥:《洛阳伽蓝记校注》即主此说,见该书第288－294页。

唐书》认为："大夏即吐火罗也,嚈哒,王姓也。"这个看法被很多研究者引用来说明公元前2世纪中叶张骞所说大夏即吐火罗的观点。这个用法是不谨慎的。公元前张骞所说大夏即吐火罗的音译,这我们在前面已经说过,但是,《新唐书》所说"大夏即吐火罗",是指这以后占据了吐火罗斯坦的嚈哒。《新唐书》这句话明确指出,所谓"大夏即吐火罗"之"吐火罗",是嚈哒的王姓,实际上也就是说,嚈哒即吐火罗。这个看法与《隋书》一致,也说明,《大唐西域记》所说吐火罗国,就是指嚈哒。

公元6世纪头20多年,嚈哒－吐火罗王国的统治者是摩醯逻矩罗(502—542)。《宋云行纪》中所说嚈哒王,即指此人。这位嚈哒－吐火罗王,"不信佛法,多事外神,杀生血食"[1]。印度铭文也说他曾屠杀佛教徒,毁坏佛教寺庙,[2]引起被统治地区人民的反抗。公元532年,在嚈哒统治吐火罗100多年之后,嚈哒－吐火罗王国最后一位国王摩醯逻矩罗被赶出了巴尔赫,强大的嚈哒－吐火罗王国一蹶不振,分裂为许多割据集团,这就是所谓"酋豪力竞,各擅君长,依川据险,分为二十七国"的局面。此摩醯逻矩罗王,有的研究者认为,即《大唐西域记》中所说呬摩呾罗王,玄奘称此人为"觐货逻国"王[3]。马迦特《伊兰考》也认为玄奘所说"觐货逻国呬摩呾罗王"为嚈哒之王。[4]

至于《大唐西域记》所说于阗以东、且末以西的"觐货逻故国",究竟是指何时、何民族所建政权,由于资料缺乏,难以确定。不过从这一地区的历史发展状况看,似不应是指南北朝时期嚈哒族在这里活动的遗迹。

两汉时期,于阗以东、且末以西地区诸族的活动虽有不少变动,但大致是清楚的。这里活动的主要是精绝、小宛、戎卢、扜弥、渠勒等,都善和于阗在一定时期也曾先后统治过这一地区,但这些小国和民族与吐火罗并无何种联系。岑仲勉先生认为,吐火罗为渠勒之原音,玄奘所

---

〔1〕《宋云行纪》。

〔2〕塞克斯:《阿富汗史》第1卷,上册,第230页。

〔3〕塞克斯:《阿富汗史》第1卷,上册,第230页。

〔4〕季羡林等:《大唐西域记校注》,第970页。

说吐火罗故国,即指汉代之渠勒。[1] 此说全靠对音,并无其他事实根据。若汉代渠勒果为吐火罗之音转,则魏晋十六国以来的著作必当早有记述,且玄奘亲历吐火罗故国,对吐火罗必有较多了解,对两汉时的渠勒,亦必知晓,若渠勒与吐火罗果有某种联系,则必不会作"吐火罗故国"之类笼统不清之语。

此吐火罗故国与葱岭以西吐火罗国故地并非同一时期、同一民族的政权。据笔者看,吐火罗故国较葱岭以西吐火罗国故地存在时间要早,大约是公元 3 世纪时期由贵霜国大月氏人东迁[2]此地所建立的政权。这有何根据呢?其一,公元 5 世纪嚈哒－吐火罗王国兴起时,玄奘所说"覩货逻故国"的地方,已是一片废墟,[3]因此,这个"覩货逻故国"存在的时期必然更早。其二,从于阗到古楼兰这一带,曾发现大量佉卢文,从这种文字在这里使用的年代看,大约在公元 3 世纪中到 4 世纪之间。而这种文字曾是贵霜王朝时期通用文字之一,一些史学家根据《大唐西域记》贵霜"迦腻色迦王威被邻国,化洽远方,治兵广地至葱岭东,河西蕃维,畏威送质"的记载,认为贵霜曾统治新疆南疆地区[4]这也是缺乏根据的。"威被邻国","治兵广地至葱岭东",不一定就是占领了南疆地区。[5] 至于贵霜王国的影响,无疑曾达到南疆,特别是贵霜时期,通过佛教的流传,贵霜文化(包括文字)传入南疆是毫不足怪的。因此,这种文字在南疆地区的使用,与贵霜王朝有着直接关系,是不容怀疑的。但是,大约在公元 3 世纪中叶,在萨珊王朝打击下,贵霜王朝实际上已经瓦解,[6]而南疆地区发现的大量佉卢文,却正是这

---

〔1〕岑仲勉:《汉书西域传地里校释》(上),第 65 页。

〔2〕季羡林等注《大唐西域记校注》认为是月氏西迁所为,第 1032 页;黄盛璋亦主张此说,见《西域史丛》第 2 辑,第 267 页。

〔3〕《宋云行纪》记载宋云自左末城即今且末西行 1270 里至末城。其间无城市,更无国家。而玄奘自吐火罗故国至折摩驮那国即且末,只有 400 里,则吐火罗故国应在且末至末城之间,这一带在宋云经过时,即北魏时,已无城国。

〔4〕许多国外学者认为迦腻色迦王曾占领过南疆地区,如 A. H. 达尼著,I. H. 库雷希主编的《巴基斯坦简史》,四川人民出版社 1974 年版;塞克斯的《阿富汗史》等。

〔5〕关于贵霜王国并未侵占南疆地区,我国学者多有论述。可参见黄盛璋《试论所谓"吐火罗语"及其有关的历史地理和民族问题》一文。

〔6〕A. H. 达尼著,I. H. 库雷希主编:《巴基斯坦简史》第 1 卷,第 216 页。

个时期和这个时期以后的,这又说明,这个"觏货逻故国"既不可能是强大的贵霜王国在南疆地区的"印度移民团"[1],也不可能是贵霜王朝的"殖民王国"[2],而只能是贵霜王国破灭后,一部分贵霜遗民(包括大月氏人)进入当时为鄯善所控制的精绝、小宛等小政权境内,留居此处而形成的一个小政权。这个小政权又很快成为鄯善国的附属,然而这个小政权的中心,却仍然在尼雅及其以东。这就是为什么在尼雅等地所发现的佉卢文木简最多的原因。[3]《魏略·西戎传》所说葱岭以东的"月氏余种",不少人认为是月氏西迁时所留,然月氏西迁不经南道,[4]何有余种可留,此余种应为贵霜破灭后,东归的一部分贵霜(月氏)人。但此国存在时间不长,大约在十六国后期就不存在了。《北史·西域传》记且末西北至于阗,中间一片流沙,吐火罗故国居民,早又迁至他处。从文字方面来看,吐火罗故国使用佉卢文,并有很高水平。而据宋云记,嚈哒"乡土不识文字"[5],则此广泛使用佉卢文的吐火罗故国,不可能是嚈哒人所建;而西迁时大月氏尚不知使用文字,即便是在西迁时在新疆南道留下少量月氏人,他们又何能自行发展成掌握佉卢文的居民,能够熟练掌握并广泛使用佉卢文之人,必由吐火罗斯坦及印度诸地前来。

简言之,笔者认为《大唐西域记》中所说葱岭以西的"觏货逻国故地",是指5至6世纪中,曾经占据吐火罗斯坦,并以巴尔赫为首都的嚈哒-吐火罗王国;《大唐西域记》所说塔克拉玛干沙漠南缘的"觏货逻故国",是指统一的贵霜王国(公元1世纪20年代至公元4世纪30年代)破灭后,其一部分遗民(包括大月氏人)东迁于尼雅河至安得悦河一带,在那里建立起的隶属于鄯善国的小政权。玄奘所说"觏货逻国故地"与"觏货逻故国",是由不同民族,在不同时期、不同地区建立的

---

〔1〕长泽和俊:《佉卢文书》,载《考古学参考资料》第3-4期,第138页。

〔2〕长泽和俊:《佉卢文书》,载《考古学参考资料》第3-4期,第138页。

〔3〕尼雅遗址所发现的佉卢文木简占整个南疆所发现的佉卢文木简的90%以上。

〔4〕王国维:《月氏未西迁大夏时故地考》(载《观堂别集》卷1)、周连宽:《大唐西域记史地研究丛稿》(中华书局1984年版,第134-136页)等研究学家均认为月氏西迁经过了新疆南道。

〔5〕《宋云行纪》。

两个政权。

18.4　吐火罗与突厥

嚈哒－吐火罗王国约在公元前6世纪50年代末以前,为西突厥与波斯所灭。[1] 于是"部落分散"[2],作为一个曾称雄于中亚的政治实体,从此消失。在嚈哒－吐火罗王国被消灭后的最初一二十年,伊朗高原东部,甚至在铁门以南的原嚈哒－吐火罗王国地区,均由萨珊王朝所有,而且地域辽阔的嚈哒－吐火罗王国虽然崩溃了,但萨珊王朝仍然保留了嚈哒统治者的一块小封地,这就是所谓"悒怛"国。但是不久,大约在隋开皇二年(582),西突厥势力扩张,越过阿姆河,侵占了伊朗高原东部,吐火罗斯坦由波斯人手中,转为西突厥的统治地区,由嚈哒－吐火罗王国统治者所保留的偏安小国——悒怛国,虽然曾经对西突厥进行了激烈的抵抗,但最终被西突厥人在隋开皇年间粉碎了,嚈哒－吐火罗王国的最后一点遗迹,也被西突厥所消灭。[3] 西突厥派官员直接统治其地,[4]并使悒怛成为突厥－吐火罗国的一个属部或属国。

在西突厥统治下的吐火罗斯坦,是西突厥统治地区的一个重要部分,它在历史上仍被称为吐火罗国,而且是中亚地区很活跃的一个政治实体。为了加以区别,我们称它为突厥－吐火罗国。早在唐高祖、太宗之世,这个国家就曾与唐朝多次通使。[5] 高宗永徽元年(650),突厥－吐火罗国曾献鸵鸟于唐。显庆年间,平定阿史那贺鲁之乱后,唐朝政府命陇州南由令王名远为吐火罗道置州县使,在于阗以西、波斯以东设置

〔1〕嚈哒－吐火罗国灭亡的时间,沙畹认为在公元6世纪60年代,见《西突厥史料汇编》,第200－202页;余太山:《关于嚈哒的复亡》一文认为在6世纪50年代以前,载《西北史地》1985年第4期。

〔2〕《周书·嚈哒传》。

〔3〕日本内田吟风在《吐火罗史考》中对此事有论述,载《民族译丛》1982年第3期,他认为嚈哒－吐火罗领土于568年即由波斯转入西突厥之手;隋开皇初,悒怛叛乱,经10年战争,西突厥才平定了这一叛乱。从此,悒怛失去了独立的政治地位。

〔4〕《隋书》卷83《悒怛传》。

〔5〕《新唐书·西域传》"吐火罗"条:"武德,贞观时再入献";《册府元龟》卷970:贞观十九年"吐火罗叶护遣使来贺,贡方物"。

州县。在吐火罗国,册封其叶护阿史那乌湿波为都督,[1]在其首都阿缓城(今阿富汗昆都士)设月支都督府,又将其国内24城[2]设置为州,以各地首领为刺史。此后,吐火罗与唐关系密切,通使不断。神龙元年(705),吐火罗叶护那都利呢派其弟阿史那仆罗特勤到唐廷为质,充当唐朝宫廷侍卫,授左领军卫翊府中郎将。[3] 开元、天宝年间,突厥-吐火罗国受到大食的侵袭,曾于开元十五年(727)上书唐朝政府,要求出兵保护。[4] 天宝八年(749),又受到竭师国的侵犯,突厥-吐火罗国王再次上书要求保护。[5] 唐朝政府遂诏令安西都护高仙芝出兵竭师,擒其王勃特没。[6] 安史之乱后(756),吐火罗与回纥、大食等9国共同派兵助唐,受朔方行营广平王节制。[7]

吐火罗国与波斯也有密切关系。公元651年,萨珊王朝被大食消灭,大食统治了波斯。波斯王之子卑路斯逃至吐火罗,受到吐火罗王的保护。高宗龙朔年间(661—663),唐朝政府册封在吐火罗的卑路斯为波斯都督,力图与吐火罗共同支持波斯萨珊王朝复国。但终因大食兵力强大,复国艰难,最后卑路斯携带其子泥涅斯等流亡长安。调露元年(679),高宗派裴行俭率军护送泥涅斯归国,但唐军只到碎叶而返。泥涅斯又投奔吐火罗,在吐火罗留居两年,复国无望,只好返回长安。[8]吐火罗帮助波斯萨珊王朝后裔复国的斗争虽未成功,但吐火罗在波斯被大食占领的情况下,坚持数十年,对抗击大食东进和南下,起了很大作用,也说明当时突厥-吐火罗还是一个拥有强大力量的国家。沙畹认为突厥-吐火罗是当时中亚抵抗大食东侵的"主脑"[9],是很有道理的。

---

〔1〕《册府元龟》卷966。

〔2〕《西域传》为24城,《地理志》为25城。

〔3〕《新唐书·西域传》。

〔4〕《册府元龟》卷999。

〔5〕《册府元龟》卷999。

〔6〕《资治通鉴》卷216《唐纪》32。

〔7〕《新唐书·西域传》"吐火罗"条。

〔8〕《新唐书·西域传》"吐火罗"条、"波斯"条。

〔9〕沙畹著,冯承钧译:《西突厥史料》,中华书局1958年版,第268页。

存在于隋唐时期的这个突厥-吐火罗国,显然是与嚈哒-吐火罗国不同的另一个政治实体。据弥南《希腊史》残卷和《陀拔纪年》的记载,公元6世纪60年代,西突厥在室点密率领下,与波斯萨珊王朝联军,共攻嚈哒,并消灭了嚈哒-吐火罗王国,中亚和伊朗高原广大地区,包括吐火罗斯坦,为波斯与西突厥控制。最初,双方势力基本以阿姆河为界,后来,西突厥逐渐南侵,扩张其势力于阿姆河之南,吐火罗斯坦遂为西突厥所控制。[1]

根据惯例,突厥对其所控制地区,一般仍保留原统治机构,封其原统治者为颉利发,派一突厥贵族监临其国,称吐屯。[2] 但突厥征服吐火罗后,对这里的统治措施与对其他地区并不相同。据《隋书》记载,"突厥遣通设字诘强领其国"[3],对此岑仲勉先生以为诘强即颉斤之官号,此通设字诘强,"犹云通设带有颉[俟]斤之官衔而已"[4]。西突厥征服吐火罗斯坦后,未留嚈哒王为颉利发,而是自派设(方面军的最高官员),对吐火罗实行军事管制。至玄奘路过突厥-吐火罗时,突厥派往统治吐火罗的最高长官,仍为咀度设。[5] 然其属下诸小国的统治者亦有"自称叶护(大官名,可世袭)"的。到唐太宗后期,突厥-吐火罗的最高统治者已不称设,而改称为叶护,[6]说明这个时期突厥对吐火罗斯坦的统治已经比较稳定和巩固,由原来的军事管制转入正常的统治。此后,西突厥各部内讧不已,西突厥可汗无暇南顾,突厥-吐火罗国日益摆脱西突厥可汗的控制。开元十七年,唐朝政府亦顺其形势,册立其王骨咄禄顿达度为吐火罗叶护、悒怛王。[7] 突厥-吐火罗国虽"总役属突厥",但其属下各地、各城的小统治者,并不一定都是突厥贵族。玄奘对他所经突厥-吐火罗国统治各地区的统治者的族属,有所

---

[1]沙畹著,冯承钧译:《西突厥史料》,第202页。

[2]《新唐书·突厥传》。

[3]《隋书》83卷《悒怛传》。

[4]岑仲勉:《西突厥史料补阙及考证》,中华书局1958年版,第2页。

[5]《大慈恩寺三藏法师传》卷2。

[6]《新唐书·地理志》33卷:"月支都督府,以吐火罗叶护阿缓城置";《册府元龟》卷970记贞观十九年已有"吐火罗叶护"。

[7]《册府元龟》卷964。

记述。他明确指出其统治者是突厥人的,除突厥－吐火罗国统叶护可汗长子咀度设外,只有弗粟恃萨傥那国、活国以及安咀罗缚、阔悉多[1]等几国的统治者。还有两国(忽露摩国、愉漫国)的统治者是"奚素突厥"。此类突厥的情况虽不清楚,但大体是指与金山突厥不同,但与金山突厥又有一定联系的突厥语族的部落,如曷萨突厥之类。其统治者为"释种"的有一国。玄奘所说释种,应是印度斯坦人。而对突厥－吐火罗国大多数地区的统治者,玄奘并未指明系何民族,但也正因为如此,可以大体确定其为土著,即吐火罗人、月氏人和嚈哒人的后裔。如果这个分析正确的话,那么,这个突厥－吐火罗国只是由西突厥汗派遣设或叶护,总统其国,而各地方政权仍主要由当地土著管辖,突厥设或叶护也只是虚领,而各地统治者具有很大的权力,正如玄奘所说"各擅君长","分为二十七国"。

至于突厥－吐火罗国的居民,当然不可能主要是突厥人,从其历史看,应该是塞人、大月氏人、嚈哒人等当地土著以及少量突厥人,而且在这个时期,当年的塞人(吐火罗人)、大月氏人、嚈哒人等很可能已融合为一体。

《大唐西域记》所说,"覩火逻国故地"是"东阨葱岭,西接波剌斯,南大雪山,北据铁门,缚刍大河中境西流",这是嚈哒－吐火罗国的基本疆域,前面已作过说明。唐代突厥－吐火罗国的疆域如何呢?据《新唐书》记载,"居葱岭西,乌浒河之南,古大夏地"。也就是说,突厥－吐火罗国的基本疆域在阿姆河之南,即吐火罗斯坦,比嚈哒－吐火罗国要小一些,即并未越过阿姆河。但突厥－吐火罗国疆域及其势力,随着西突厥统治集团内讧的不断加剧,西突厥属下各国相互兼并,也曾有过多次变化。在隋唐之际,西突厥势力正盛,突厥－吐火罗国是西突厥可汗统治下的一个领域,在突厥所派设的统治下,其疆域范围可能主要是吐火罗斯坦,而且是阿姆河流域以南最大的西突厥属国。直至高宗时期,在以吐火罗为代表的葱岭以西设置州县时,突厥－吐火罗国的疆

---

[1]《新唐书·西域传》认为此两国国王亦为突厥人。

·欧·亚·历·史·文·化·文·库·

域仍主要在吐火罗斯坦。但在 8 世纪初,突厥 - 吐火罗的统治者乘西突厥统治者之间发生内讧,反抗突厥的侵袭,扩大了自己的势力,当时突厥 - 吐火罗叶护下管诸国王、都督、刺史总 212 人,其势力扩大到阿姆河以北的解苏、兴都库什山以南的罽宾等国。[1] 但是,经过 20 多年,到开元十四年(727),慧超由天竺返回中原路过突厥 - 吐火罗国时,缚底那(即缚喝,今巴尔赫)已为大食兵马所占,突厥 - 吐火罗国王已东逃至蒲持山(即拔达克山)[2]。而另一和尚悟空于大历年间(767—779)路过吐火罗时,称"吐火罗五十七番",其势力恢复到以前的盛况。[3] 但不久即为大食所灭。吐火罗作为一个政治实体的历史也就结束了。

18.5　结论

从上述的论述中我们可以归纳出以下一些看法:

(1)希腊 - 巴克特利亚王国与吐火罗或大夏是不能相混的两个概念;

(2)作为政治实体的吐火罗王国或大夏,是公元前 2 世纪 60 至 40 年代由西徐亚人或塞人中的吐火罗部落建立的,从此,巴克特利亚地区也被称为吐火罗斯坦;

(3)公元前 2 世纪二三十年代之际,月氏人越过阿姆河,进入吐火罗斯坦,此后又建立起贵霜王国,由于其主要地区在吐火罗斯坦,所以贵霜王国也被称为吐火罗国,这就是月氏 - 吐火罗,因此月氏人也曾被称为吐火罗人;

(4)公元 5 世纪 20 年代嚈哒消灭贵霜王国后,在吐火罗斯坦建立了王国,也被称为吐火罗国,这就是嚈哒 - 吐火罗国;

(5)《大唐西域记》中的吐火罗国故地是指嚈哒 - 吐火罗国,吐火

---

〔1〕《册府元龟》卷 999,"阿史特勒仆罗上书"。

〔2〕《慧超往五天竺国传》。

〔3〕《悟空入竺记》。

罗故国是指大月氏－吐火罗国,即贵霜王国灭亡之后,一部分月氏人等东迁留下的遗迹;

（6）唐代吐火罗,是突厥统治下的吐火罗,可称突厥－吐火罗国。

（本文原载《西北史地》1986 年第 2 期）

19 论丝绸之路的产生、发展和运行机制

19.1 古代文献中的丝绸之路

丝绸之路是以古代中国长安为起点,经过陇西高原、河西走廊和今新疆地区,进而联结中亚、南亚、西亚和欧洲、非洲的一条陆路交通。它既是这一地区古代各国各民族进行政治、经济、文化交流的交通大道,又是这一地区古代各国各民族具有密切交往、休戚与共的友好关系和优良传统的象征。在这条贯通亚、欧、非三大洲陆路交通的丝绸之路的形成过程中,饱含着沿路各国各民族丰富多彩的创造性劳动和历史活动,因此,可以毫不夸张地说,丝绸之路是中国和中亚、南亚、西亚以及地中海沿岸人类古代文明的结晶,是这一地区古代人类文明高度发展的产物。

丝绸之路的历史可以追寻到遥远的古代,但"丝绸之路"这一名称,到 19 世纪 70 年代才开始出现[1]。在这一名称出现之前,中外史籍中对这条路已经有过许多记述。在中国文献中,《史记》称它为"外国道",并根据张骞等人的考察,记述了中亚各国以及大夏(巴克特利亚)、身毒(古代印度)、安息(今伊朗)、条支(今两河流域)、黎轩(古代罗马)等丝路大国的相对位置以及前往这些地区的大致方向[2]。《汉书》把塔里木盆地北缘的道路称"北道",把塔里木盆地南缘的道路称

---

〔1〕德国地理学家李希霍芬(1823—1905 年)在他所著《中国》(柏林,1877 年)一书中首次把"自公元前 114 年至公元 127 年间连接中国与河中以及中国与印度之间,以丝绸贸易为媒介的这条西域交通路线"称为"Scidenstrassen",英译为"Silk Road",中文译为"丝绸之路"。

〔2〕《史记》卷 123《大宛列传》。

"南道"，并明确指出，"北道西逾葱岭则出大宛、康居、奄蔡"，"南道西逾葱岭则出大月氏、安息"，"西与条支接"。[1]《汉书》所述较《史记》更为具体，方位也更加准确。隋唐时期是丝绸之路的鼎盛时期，隋朝官员裴矩根据商人们所提供的资料，写出《西域图记》一书，具体记述了丝绸之路及沿途各国的情况。[2] 唐朝贞元时期（785—805）的宰相贾耽，也根据商人们的叙述，记述了经新疆至阿拉伯阿拔斯王朝各地及古印度的路程，并称此路为"安西入西域道"[3]。此外，东晋法显（约337—422）、唐代高僧玄奘（602—664）等根据他们的亲身经历，对丝绸之路也都有较详细的记述。

至于外国古代文献对丝绸之路的记述，也有一些，但不如中国的丰富。古希腊人克泰夏斯（公元前9世纪）的著作中虽然提到了赛里斯人和北印度人，但未提丝绸之路。古希腊人斯特拉波的《地理书》（约前58—21），罗马人梅拉的《地方志》（公元1世纪），罗马人老普林尼（又译作白里内）的《自然史》（23—79），1世纪希腊人所著《爱利脱利亚海周航记》，希腊人托勒密《地理志》（公元2世纪），希腊人阿米安·马尔塞林（又译作马赛里奴斯）的《事业》（公元4世纪）、赫拉克勒斯的马尔希安《外海航行记》、《外恒河流域印度及其海湾航行记》、《秦奈湾航行记》（公元5世纪），希腊人科斯马斯的《基督教国家风土记》（公元6世纪）、东罗马人泰奥菲拉克特的《历史》（公元7世纪）等，[4] 都曾说到地中海沿岸与赛里斯的交易，但只提到了个别地点，而对其路线均无具体、准确的记述。只是到阿拉伯帝国时期，特别是到阿拔斯王朝（750—1055）时，阿拉伯人的世界地理知识，大大超过了希腊、罗马人所知的世界，对丝绸之路西段，才有了更加具体、准确的认识。伊本·胡尔达兹比赫（约820—912）的《道里邦国志》就是其中的代表著作。这部书具体叙述了阿拔斯王朝都城巴格达与四周各地的交通道路，该

---

〔1〕《汉书》卷96《西域传》。

〔2〕裴矩《西域图记》一书已佚；《隋书》卷67《裴矩列传》。

〔3〕《新唐书》卷43《地理志》。

〔4〕张星烺：《中西交通史料汇编》第1册，中华书局1977年版；戈岱司编写，耿昇译：《希腊拉丁作家远东古文献辑录》，中华书局1987年版。

书有一节专门叙述了到中国的路线:"一些商人从安达卢西亚,或者从法兰克出发,航海至远苏斯,再至坦佳,再至阿非利加,再至米昔尔,再经莱姆拉至大马士革,再至法库,再至巴格达,再至巴士拉,再至阿瓦士,再至法尔斯,再至克尔曼,再至信德,再至印度,再至中国。或者选择罗马国后面的斯拉夫国而行,再至海姆利杰,即可萨突厥城,再经过久疆,再至巴尔赫与河外地,再至乌鲁特·土胡兹胡尔,再至中国"[1]。这里所描述的路线正是现在所说丝绸之路西段的具体走向。至于此后问世的《世界境域志》、《记述的装饰》以及《马可波罗行纪》等,那已经是更加成熟的丝绸之路的著作了。从上述介绍可以看出,中国古籍对丝绸之路中国境内路线描述虽然很具体,也曾概括出了一定的名称,但由于特点不明显,并未能被广泛使用。而西方学者们对丝绸之路的具体走向虽然长期处于摸索之中,但一开始就把这条路与蚕丝——赛利斯联系起来,给它围上一层神奇、美妙的帷幕,引发无数人的向往与追求。终于在19世纪70年代由李希霍芬概括出了"丝绸之路"这一具有鲜明特点的名称,并立即得到世界学术界的响应、关注和赞同,此路遂以"丝绸之路"而名传于世。

19.2　丝绸之路的产生与发展

丝绸之路是人类古代文明发展的体现和结晶。它的产生和发展,需要有一定的条件和基础。

(1)丝绸之路沿线古代各地经济、文化的发展,是丝绸之路产生的基础。

丝绸之路从根本上说,首先是一条贸易通道,因此,沿途各地经济、文化的发展是其形成的基础和首要条件。纵观历史,丝绸之路全线所经地区,正是人类古代文明的发源地和最发展地区。它的最西端是人类文化发展最早的地中海东部沿岸各地,其中的古代埃及、古代希腊、

---

〔1〕伊本·胡尔达兹比赫著,宋岘译注:《道里邦国志》,中华书局1991年版,第166页。

两河流域都具有世界最古老的人类文明,具有当时世界最发达的经济、文化。[1] 丝绸之路的东端,是另一个具有世界最发达古代文明的古国——中国,特别是中国早在公元前数十世纪就生产出了为整个人类所倾倒的、易于运输的丝绸。[2] 丝绸之路的中部,也是世界古代文明的发祥地,其中有在丝绸之路上起着枢纽作用的古代波斯、巴克特利亚(大夏)、花剌子模等西亚、中亚诸国,以及古代印度。[3] 这些中间地区,以其高度发达的政治、经济、文化,成为数万里丝绸之路的重要枢纽。

正是沿丝绸之路各地各国政治、经济、文化综合力量的高度发展,为丝绸之路的产生和开通创造了物质基础,为各地各族人民之间物资的交流提出了强烈的愿望和需求,为丝绸之路的畅通提供了无穷无尽的动力。

(2)丝绸之路的产生是沿路各地各国政治、经济势力向外辐射,东西方之间逐渐开通、逐渐接近的结果。

丝路发展,不仅仅是一种经济力量,政治因素也产生了重大的影响,其中最大的政治因素就是各地的安定统一和统一大帝国的出现。从丝路发展的历史来看,它的发展并不需要丝路沿途所有国家和地区都安定统一,只要在主要地区和主要国家政治安定,丝绸之路就可以在一定程度上得以发展。而且很有趣的是,丝路沿线的一些主要国家和地区,政治、经济的发展,确实存在着某种程度的同步现象,遂使丝绸之路的发展、变化、畅通、受阻出现某种周期性和规律性。

公元前6世纪至前4世纪是对丝绸之路的形成有重大影响的时期,这个时期在丝绸之路的枢纽路段,出现和形成了强大的波斯帝国(前550—前330),其疆域西起地中海东部沿岸,东达印度河、锡尔河,隔帕米尔与中国相望。作为丝绸之路东端的中国中原地区,早在公元

〔1〕杨建新、芦苇:《历史上的欧亚大陆桥——丝绸之路·绪论》,(台湾)复汉出版社1993年版。
〔2〕杨建新、芦苇:《历史上的欧亚大陆桥——丝绸之路》,第84页。
〔3〕《泰晤士世界历史地图集》,三联书店1982年版,第82–83页说明及各图。

前11世纪就建立起了周王朝,公元前6到前4世纪正是周朝社会经济、政治、文化产生巨大发展变化的时期,西部秦的势力已经达到黄河。丝绸之路东西两头经济、文化的发展,政治上的强大、统一和他们所产生的强大辐射力,为丝绸之路的产生,作了直接的准备,而且不少学者认为,丝绸之路这时期在某种程度上已经开通了。

公元前4世纪到公元1世纪,是丝绸之路开通的时期。这时期马其顿亚历山大(前356—前323)的东侵,建立了相当于波斯帝国版图的亚历山大帝国,再次沟通了地中海东部沿岸与中亚、南亚的联系,而且由于他推行希腊化政策,使东西方文化的交流发展到一个新阶段。在亚历山大死后,帝国虽然瓦解,但在帝国境内很快形成了仍然占有广大领土的阿萨息斯王朝(安息)、塞流西王国(条支)和巴克特利亚王国(大夏)。在印度,这时也形成了强大的孔雀王朝(前321—前185),其疆域包括了除印度半岛南端以外的全部南亚次大陆和阿富汗东南部,这几个国家疆域相连,关系密切,已经把丝绸之路的西部完全连成了一片。这一时期,也是中国历史上的一个重要时期。从公元前4世纪起,秦国开始了统一中国的活动。继秦朝之后,汉朝于公元前3世纪末统一了中国,其势力达到今新疆地区,并派张骞两次出使西域,使中国政治、经济、文化影响越过帕米尔,与中亚、南亚、西亚及地中海沿岸联系起来,丝绸之路全线正式开通。

公元1世纪到公元6世纪是丝绸之路得以巩固和发展的一个新阶段。这一时期除了仍存在于波斯高原的安息王国之外,罗马帝国(前30—476)、贵霜王朝(1世纪上半叶—3世纪)相继在丝绸之路的西段和中亚、南亚兴起,中国在经过西汉末短暂的混乱之后,东汉政权迅速强大,在公元1至2世纪,与罗马帝国、安息、贵霜王朝一起成为鼎立于丝绸之路上的四大强国,四大强国把丝绸之路连成一片,为丝路的畅通提供了又一次机会。在这期间,东汉政府为开通、保护丝绸之路,相继主动派班超、班勇父子在西域奔波30余年。班超还派甘英进入罗马帝国,至地中海东岸而返。[1] 从 3 世纪始,中国内地出现十六国南北朝的混乱局面,但是由于西域(指今新疆地区)以及河西、青海相对稳定,掌握政权的少数民族又都十分重视对外贸易和交往,所以中国西部与中亚、南亚的交往并未断绝。特别是在丝绸之路枢纽地带的波斯地区,原安息政权崩溃,代之而起的萨珊王朝(226—651),其势力逐渐扩大到印度河,西部到达两河流域,与罗马帝国接界,完全代替了安息的地位和作用,成为丝绸之路上重要的中转站和集散地,对丝绸之路的发展,起到重大的推动作用。由于有罗马帝国、萨珊王朝的积极推动,以及突厥在转输丝绸方面的巨大作用,所以,虽然当时中国政治上处于分裂状态,而丝绸之路仍然十分兴旺。

公元 7 至 9 世纪是丝绸之路发展的顶峰时期。中国在隋(581—618)、唐(618—907)时期,实现了大一统,唐朝西部边界达到葱岭。唐朝前期,社会财富极其丰富,社会经济文化有了巨大发展,其影响远达中亚、西亚、南亚。这时,虽然罗马帝国早已分裂,西罗马帝国也已灭亡,但拜占庭帝国却雄踞于地中海东岸及小亚细亚,萨珊王朝及中亚、南亚诸国,与唐朝仍然构成丝绸之路上重要的贸易伙伴,也使丝绸之路上的交往更加频繁。7 世纪中叶,阿拉伯伊斯兰国家强大起来,至 8 世纪中叶,阿拉伯阿拔斯王朝向东扩张,控制了西达印度河及中亚的广大地区,与唐朝西疆交界。当时唐朝由于安史之乱以及吐蕃势力北上,造成西部衰落,但由于整个经济发展基础雄厚,北方回纥人的中转作用以及阿拉伯阿拔斯王朝及其商人们对从事国际贸易和文化交流的极大热情,丝绸之路仍然十分发达。但至 9 世纪以后,由于中国政治进一步混乱,经济衰退,中国经济、政治中心开始南移,特别是海上贸易有了重大发展,丝绸之路逐渐衰落。以后到元、明时期,曾再次有过一度繁荣,但其规模已经无法与汉朝相比,无法与海上贸易相比了。

---

[1]《后汉书》卷 47《班超传》。

（3）中国古代少数民族在丝绸之路的形成、发展中，起了巨大的作用。

早在张骞出使西域之前，原来活动于今甘肃河西走廊的月氏族、乌孙族就曾西迁至中亚地区。月氏和乌孙大约在公元前 201 年[1]和汉文帝中期相继从河西向西迁徙。其具体路线是沿天山北麓，至伊犁河流域及天山西部地区。当时的月氏曾经是一个强大的民族，乌孙虽然人数较月氏少，但张骞在中亚所看到的乌孙已是"控弦者数万"[2]。这两个民族在西迁时，总人数大约有数十万之众。这样大量人员的迁徙，不仅带去了东部地区政治经济的信息、物产，更重要的是开辟了从河西沿天山北麓到天山西部的路途，他们应该说是有记载的丝绸之路的最早开通者。

匈奴在丝绸之路的开通方面，有着更重要的特殊地位和作用。匈奴族是一个游牧民族，公元前 3 世纪时在蒙古高原兴起，成为中原王朝的劲敌。特别是汉朝政权建立后，匈奴族不断侵扰汉朝边境，威胁汉朝政权，汉朝政府不得不"岁奉匈奴絮缯酒食物各有数，约为兄弟以和亲"[3]。若从汉高祖七年（前200）算起，在武帝即位（前140）之前，约60 年时间，汉朝政府每年都要向匈奴奉"絮缯"，即各种丝织物和丝绵，每年奉献絮缯之数量虽无明确记载，但肯定不是一个小数。从以下一些数据可大致推测汉初每年给匈奴的奉纳数量。武帝征和四年（前89），匈奴单于曾向汉提出，要求除按过去岁奉絮缯酒食物各有数外，要"岁增蘖酒万石，稷米五千斛，杂缯万匹"[4]。至汉宣帝时（前53），匈奴呼韩邪单于入长安觐见宣帝，汉政府仅此一次先后赠单于丝绸近两万匹，絮 14000 斤[5]。公元前 27 年（河平二年），成帝加赐来朝的匈奴单于"锦绣缯帛二万匹，絮二万斤"[6]。元寿二年（前 1），哀帝又赐

---

〔1〕杨建新：《中国西北古代少数民族史》，宁夏人民出版社 1988 年版，第 74 - 75 页。

〔2〕《史记》卷 123《大宛列传》。

〔3〕《汉书》卷 94《匈奴传》（上）。

〔4〕《汉书》卷 94《匈奴传》（上）。

〔5〕《汉书》卷 94《匈奴传》（上）。

〔6〕《汉书》卷 94《匈奴传》（上）。

来朝匈奴单于"锦绣缯帛三万匹,絮三万斤"[1]。

以上几次赐予,都是在不减其他奉赐的基础上另加赏赐的,而且是汉朝经济愈混乱,赠予缯絮的数量愈多。根据这个数量推测,汉朝政府每年正式奉赐匈奴的缯絮,当为临时性一次赠予的 10 倍以上,也就是说,每年汉朝政府送给匈奴的缯约四五十万匹,絮约四五十万斤,至少也在 10 万匹(斤)以上。对一个以游牧为主的少数民族,"逐水草迁徙,无城郭常居耕田之业","自君王以下,咸食畜肉,衣其皮革,被旃裘"[2],丝绸对他们来说,并不是必需品。这里就产生了一个问题,匈奴人获得这么多的丝绸,怎样使用它们呢?

匈奴的主要活动区域虽然在蒙古草原,但早在汉文帝初(约前197—前 179),匈奴势力已进入"楼兰、乌孙、呼揭及其旁二十六国"[3]。张骞至西域后也发现康居(今锡尔河、咸海以北)"东羁事匈奴"[4]。也就是说,早在张骞通西域之前,匈奴势力早已达到今新疆及天山西部中亚一带,而且中亚以及伊朗高原,相当一部分人是农业民族,这一带的商业贸易早已有很大发展,与地中海沿岸早有密切联系。在这种情况下,匈奴人把从汉朝及中原所获丝绸大部分运往中亚及其以西,换取匈奴所需物品,这是最有利可图的。作为一个游牧民族,生活中很少需要丝絮,然而对中原丝絮又特别感兴趣,其根本原因就是他们可以把从中原获得的丝絮贩卖给中亚和伊朗地区,以获取更大利益。这当然也是一种中西丝绸贸易活动,对丝绸之路的发展,起着重要的补充作用。这也可以说明当时欧洲人把丝绸的生产地叫作赛利斯,而对赛利斯地区的描述,只能到达中亚、新疆及其以北地区的奥秘之所在。而且他们把赛利斯人描写为"肌肤黝黑"[5],不善于经商,"将商品放在一个偏僻的地方,买客于他们不在场时才来取货物"[6],"他们不与

---

〔1〕《汉书》卷 94《匈奴传》(上)。
〔2〕《汉书》卷 94《匈奴传》(上)。
〔3〕《汉书》卷 94《匈奴传》(上)。
〔4〕《汉书》卷 94《匈奴传》(上)。
〔5〕戈岱司编写,耿昇译:《希腊拉丁作家远东古文献辑录》,中华书局 1987 年版,第 4 页。
〔6〕戈岱司编写,耿昇译:《希腊拉丁作家远东古文献辑录》,第 9 页。

别人交往,坐等贸易找上门来成交"[1]等等,这种情况,在当时以游牧为主的匈奴人身上,是可以找到影子的。匈奴人在丝绸之路上的作用,以后又在突厥人身上得以重演。6世纪中叶,即南北朝时期,我国北方民族突厥族强大起来。当时中原地区与突厥相邻的两个敌对政权——北周和北齐,为了避免突厥的侵扰和取得突厥的支持,争相讨好、取悦于突厥可汗。突厥可汗亦乘机向北周、北齐勒索丝絮财物。北周曾将宗女嫁给突厥可汗,每年给突厥缯絮、锦彩10万段,北齐为了拉拢突厥,每年亦"倾府库以给之"[2]。突厥族与匈奴族一样,活动于蒙古草原,"被发左衽,穹庐毡帐,随逐水草迁徙,以畜牧射猎为事,食肉饮酪,身衣裘褐"[3]。丝绸对他们来说,最多也是可汗及其亲属和少数高层官员服饰之用,而绝大多数主要是用来与中亚、波斯和其他地区进行交换。在波斯萨珊王朝科斯洛埃斯一世阿奴细尔汪(531—579)时,为丝绸贸易事,曾与突厥发生冲突,突厥遂协助东罗马帝国,与波斯相争达20年之久。[4] 此后,7—8世纪的回纥(维吾尔族)、13—19世纪的蒙古族,对发展和进一步开通丝绸之路都做出了重要的贡献。因此,我国少数民族在推动丝绸之路的发展中,起了十分重大而不可替代的作用。

从丝绸之路的产生、发展过程可以看出:

第一,丝绸之路的产生是有着深厚的文化、经济基础的,丝路沿途各地各民族文化的高度发展,为它的产生提供了基础,它是人类文明高度发展的结晶和产物,没有沿途东西方古典文明的产生和发展,就不可能有丝绸之路的出现。

第二,丝绸之路的产生和发展,与丝绸之路沿途大国的出现以及这些大国经济文化的高度发展,与这些大国政府和人民希望扩大交往、进行贸易活动的强烈愿望和行为有直接关系。经济文化的发展,为丝绸之路交流交往提出了迫切的需要,提供了丰富的内容和资源,而大国的

---

〔1〕戈岱司编写,耿昇译:《希腊拉丁作家远东古文献辑录》,第10页。

〔2〕《北史》卷99《突厥传》。

〔3〕《北史》卷99《突厥传》。

〔4〕沙畹著,冯承钧译:《西突厥史料》,第208-234页。

出现、政治的统一,为各国及其人民进行交流,逐渐接近,满足这些需要,提供了可能。

第三,中国的一些朝代对开通丝绸之路,往往采取了更加主动的、积极的政策和措施,对促进丝绸之路的发展起了重大的主导作用。其中如西汉时期张骞两次出使西域,东汉时期班超、班勇对西域及中亚、西亚的经营,北魏时期多次派使者如韩羊皮等出使中亚、波斯,隋唐时期对西域、中亚、西亚的经营等,都反映了这种主动开拓、开放精神,起到了丝绸之路龙头的作用。

第四,丝绸之路的产生和发展有赖于沿途大国的形成和发展,同时也可看出,丝绸之路沿途大国的形成、兴盛和发展,也有赖于丝绸之路的开通和发展,这正是沿丝绸之路跨洲大国最多,沿丝绸之路各大国发展有一定同步现象、共振现象、连锁现象的内在原因。

19.3 丝绸之路的运行机制

丝绸之路在这样广阔的地区,在这样一个有众多民族、国家,而且地形复杂、交通不便的地区是怎样运行的? 这是一个很值得注意的问题。

丝绸之路的运行,或丝绸之路的运行机制,不决定于某一种因素和条件,它是一系列因素和条件的组合。主要有以下几点:

第一,丝绸之路的运行方式主要是接力式的,商品中转站和集散地起着重大的推动作用。

丝绸之路,我们一般认为东起长安,西到地中海沿岸,但是,就其运行方式,就其货物运行的起点和商人的活动距离来说,很少有从长安将货物一直运往地中海沿岸,而主要是接力式的、邮传式的运行,它主要靠几个中转集散地,推动整个丝绸之路的运转。丝路上的几个接力点或中转集散地并非是完全固定不变的,它们主要是通过地理的、交通的、经济的以及政治的各种因素,在实际运行过程中形成的,在不同时代也是有变化的。大体说来,河西走廊、塔里木盆地、中亚、印度、波斯

·欧·亚·历·史·文·化·文·库·

是丝绸之路商品运行的几个重要接力点和集散地。

在丝路上诸多接力点、中转站中,波斯起着特别大的作用,它凭借其地理位置适中,从中国运往地中海沿岸的丝绸货物,无论经南路、北路都在其势力范围之内,所以长期占据丝路接力点、中转站的地位。公元前 2 世纪的安息,为了保持这个地位,曾与"罗马帝国之间为争夺东方(印度、中国)和西方(地中海沿岸、美索不达米亚、亚美尼亚等)之间的通商路线,时常打仗,互有胜负,历数世纪之久"[1]。自 5 世纪起,萨珊王朝又完全控制住了中国通往中亚、西亚和拜占庭的商队往来要道。[2] 对此,《后汉书》中曾指出:当时大秦(罗马帝国)"王常欲通使于汉,而安息欲以汉缯彩与之交市,故遮阂不得自达"[3]。《三国志》也记载"大秦常欲通使于中国,而安息图其利,不得过"[4]。这里所谓波斯"遮阂"和商旅"不得过"正说明波斯是当时丝路上的重要接力点和中转站。

中亚地区的康居、粟特、大夏等地也长期是丝路上的重要接力点和中转站,汉朝张骞两次出使西域,实际上都只到达中亚。十六国时,曾有大量粟特商人来河西贩运中国商品,因政治动乱和战乱,逗留于武威。北魏统一武威后,粟特国王派专人前来赎取。[5] 至隋唐时期,中亚九姓大量人居中原,出现了许多富商大贾和精通汉文化的中亚人。特别是粟特人,成为丝路上最有威望的商人。

今新疆和河西地区是中国境内丝路上最重要的接力点和中转站,但新疆和河西哪个城市具体承担此项使命,却随时代及当时各地政治经济势力的发展有所不同。特别是高昌(今吐鲁番)、龟兹(今库车)、疏勒(今喀什)、于阗(今和田)等地以及河西的敦煌、酒泉、张掖、武威,在不同时代,都曾发挥过丝绸之路上的中转站的作用。

正因为丝绸之路的贸易活动主要是接力式,中转站起着重大的推

〔1〕米·谢·伊凡诺夫著,李希泌等译:《伊朗史纲》,三联书店 1973 年版,第 25 页。

〔2〕米·谢·伊凡诺夫著,李希泌等译:《伊朗史纲》,第 29 页。

〔3〕《后汉书》卷 118《西域传》"大秦"条。

〔4〕《三国志·魏志》卷 30 引《魏略》。

〔5〕《北史》卷 97《西域传》。

动作用。希腊罗马人主要是从中转站的商人手中间接换取丝绸货物，所以一直到 3 世纪时，欧洲人只知其所推崇的丝绸来自赛利斯国，而对赛利斯国虽有不同描述，但其地理范围却未能超出今新疆地区。1 至 4 世纪时，欧洲人对丝是怎样产生的，丝是什么等问题，还处于推测阶段。2 世纪时，希腊人包撒尼雅斯曾记载说，丝线是一种由小动物"赛儿"生产的，但怎样生产的，他仍不清楚。[1] 甚至马可波罗的游记在欧洲流传后，人们还不相信有"契丹"国，到 16 世纪末耶稣会还派鄂本笃从中亚进入新疆、河西来探寻契丹是否即支那。[2] 这些都说明，丝绸之路虽是从中国到地中海沿岸，但完全走过这条路，直接从中国内地贩运丝绸，运到地中海沿岸的人，还是很少的。

第二，沿路各主要国家的经营是丝路得以运行的保障。

丝绸之路长达万公里，沿途地形复杂，经过戈壁、沙漠、雪山、大河，气候严寒，人烟稀少，如果没有一定的经营和保障，是绝对不可能长期通行的。但是，对丝绸之路的经营和保障，并不是，也不可能是一种沿途各国政府自觉协议、统一行动的结果，而完全是自发的，是通过沿途各国从自身需要出发，从满足自己国家政治、经济需要出发，而采取的一种国内外政治经济行动，但它实际上，为丝绸之路的通行创造了条件。

在经营丝绸之路方面，首要的是交通设施，在古代的条件下，一是路，二是驿。

丝路上的路和驿，是与各国政治统一有密切关系的，而且交通线路也是随着一个地区的政治统一，一段一段开通的。早在公元前 6 世纪时建立的从地中海东岸直到印度河的波斯帝国，就建设了发达的道路，完善的驿站。在波斯帝国全境，"修筑有很好的驿道网，各道（波斯帝国划分为 20 个道）和苏萨（波斯帝国首府，在今伊朗胡泽斯坦省）的交通很便利。在必要时，军队可以沿着这些道路迅速地由这一道调到另

〔1〕戈岱司编写，耿昇译：《希腊拉丁作家远东古文献辑录》，第 54 页。

〔2〕张星烺：《中西交通史料汇编》第 1 册，第 407 - 444 页。

·欧·亚·历·史·文·化·文·库·

一道。从爱琴海沿岸到波斯湾的所谓'御道'以及从巴比伦,傍比希斯通山(在克尔曼沙赫附近)通至大夏和通向印度边境的驿道,其意义最大。在驿道上设有军事岗哨,保证行人和商队的安全,并办理驿站的邮递"[1]。公元前6—前5世纪波斯发达的公路交通和驿站体系,为丝绸之路西段的开通,创造了良好的交通条件。

代替波斯帝国强大起来的马其顿亚历山大帝国,同样对丝绸之路的公路交通的建设和发展做出了贡献。亚历山大的远征,本身就是对丝路交通的大开拓,而亚历山大本人为了推行希腊化政策,对交通建设又非常重视。他在东侵过程中,在沿途重要地区建立许多亚历山大城(约有70—100个以上),最西边的亚历山大城修在浩罕附近。城内驻扎部队,鼓励和有计划地迁徙希腊和马其顿人移居城中,并在亚历山大城之间修筑道路,便利交通,使这些城市成为希腊经济文化向东方各地传播的中心,成为进行贸易、交往的中心。罗马帝国继亚历山大帝国之后,也进行了大规模道路交通建设,"罗马公路系统"成为"世界上规模宏伟的古代交通运输网"[2]。其境内公路不仅布满亚平宁半岛,另有无数支线通往帝国各行省,而且与波斯"御道"相接,在当时遂有"条条大道通罗马"之说。

从波斯帝国到罗马帝国,他们为了加强控制庞大帝国的各地,以及为了促进各地经济贸易交流,都十分重视道路交通建设,从地中海沿岸到印度河、中亚腹地,道路四通八达,驿站连成一片,为丝绸之路的开通和发展,提供了良好的条件。阿拉伯倭马亚、阿拔斯王朝也都十分重视境内交通建设。据伊本·胡尔达兹比赫所著《道里邦国志》一书所载,阿拉伯阿拔斯王朝时,以首都巴格达为中心,公路四通八达,西可达东罗马各地,东可达印度、中亚及中国。[3] 在这些路途上,都设有供商人、官员休息、换乘的驿站,据该书记载,阿拔斯王朝境内驿站共有930

---

〔1〕米·谢·伊凡诺夫著,李希泌译:《伊朗史纲》,第14页。

〔2〕《简明不列颠百科全书》第5册,中国大百科全书出版社1986年版,第486页。

〔3〕伊本·胡尔达兹比赫著,宋岘译注:《道里邦国志》,第166页。

个。[1]

　　中国自古就十分重视道路交通建设。夏朝专门设有"车正",以管理车旅交通之事。周朝在王室与诸侯国之间,交通建设更受到重视,有所谓"周道如砥,其直如矢"的说法。周朝在主要道路上,都设有置、遽、市,即不同等级的驿传馆舍,有的相距 30 里,有的相距 50 里。至秦朝,秦始皇更重视道路交通建设,修有"驰道"、"直道"。所谓"车同轨",就是在其控制地区进行公路交通建设的举措。但当时秦朝势力只达到黄河,即今兰州一带,往西的河西走廊和天山南北,还不在秦朝势力范围之内。不过就交通路线来说,从河西走廊到今新疆地区,山脉基本都是东西走向,河流也基本是东西流向,南北横亘的大山、大河很少,而且河西走廊本身就是一条东西走向的平坦大道。沿塔里木盆地南北两缘以及天山北麓也都是天然通道,虽然其间不少戈壁沙漠,但只要路线正确,其间不乏绿洲和水泉,为行人提供了天然的休歇地带。更何况,早在张骞出使西域之前,河西地区的月氏、乌孙就曾举族西迁,开通了西域通道。从《史记》所记西域情况也可看出,早在公元前 4—前 3 世纪,西域各绿洲就建立过众多"城国",互相之间就有密切交往,而且与中亚各国交往频繁,道路交通即已开通。这都为丝绸之路的全线贯通提供了基础。张骞出使西域,特别是第二次出使西域,"将三百人,马各二匹,牛羊以万数,赍金币帛直数千巨万"[2]。这样大规模的队伍,直达中亚各地,说明已有较好的交通设备。公元前 104—前 102 年又有李广利两次伐大宛,每次战士数万、马牛羊数十万,征费尔干纳盆地,这一方面反映出西域较良好的交通状况,同时为了适应战争需要,加强道路交通建设,也是应有之意。

　　汉武帝是个十分重视边疆地区防御的皇帝。因此,他也十分重视边疆道路交通的建设。元鼎五年(前 112),武帝西巡至今甘肃平凉,游览崆峒山后北上至新秦中(今陕、甘、宁交界地区)视察,因"新秦中或

---

　　[1]伊本·胡尔达兹比赫著,宋岘译注:《道里邦国志》,第 163 页。
　　[2]《汉书》卷 61《张骞传》。

千里无亭徼,于是诛北地太守以下"[1]。由此可见武帝对边疆交通、防御设施的重视。

在西域地区,自李广利伐大宛后,汉政府即在轮台、渠犁留驻军士屯田,设置交通设施,"置使者校尉领护,以给使外国者"[2]。在河西地区,武帝也曾大规模修筑长城。汉代长城包括了城、障、列亭等,实际上是一个集交通、食宿、防御于一体的设施,因此,汉筑长城往往与交通建设相联系。公元前 121 年,汉朝把长城由朔方沿黄河修至令居(今甘肃永登),在设立酒泉郡后,又"筑令居以西",将长城修到酒泉;公元前108 年又将长城由酒泉修至玉门;公元前 104 年后又"自敦煌西至盐泽往往起亭"[3]。这些措施对保障丝路安全畅通起了重大作用。

在开通丝路的同时,驿站建设也随之向西延伸,近年来在丝绸之路要道——敦煌所发现的"悬泉置"就是汉代建于此的一个驿站。从现在发掘情况看,此驿站地面广阔,设施齐备,甚至还设有卫生间,从发掘出的简牍上也可看到,其制度严密,供应充足,宾客往来频繁,说明丝绸之路的繁荣。

唐朝政府对中国境内丝绸之路的交通建设和管理更加重视。从出土文书上看到,唐朝设在西域地区的驿站很多。其中有交河、天山、酸枣、礌石、神泉、达匪、草堆、银山、柳谷、吕光、东碛、石舍等等。每个馆都设一名"捉馆官"负责,驿馆供给过往商人、官员的食宿和牲畜的饲料。[4] 唐代诗人岑参在他的《初过陇山途中呈宇文判官》一诗中就有一段描写西域驿站:"一驿过一驿,驿骑如星流……前月发安西,路上无停留。都护犹未到,来时在西州。十日过沙碛,终朝风不休。马走碎石中,四蹄皆血流"。此外,唐朝还在西域交通要道驻扎军队,以保护行人的安全。在帕米尔还设有"葱岭守捉"。在丝路重要地区,如安西(今库车)、疏勒(今喀什)、焉耆、高昌等地都设有屯田,以供养当地驻

〔1〕《资治通鉴》第 2 册,中华书局 1956 年版,第 665 页。

〔2〕《史记》卷 123《大宛列传》。

〔3〕《史记》卷 123《大宛列传》。

〔4〕杨建新、芦苇:《丝绸之路》,甘肃人民出版社 1988 年版,第 175 页。

军和官员,同时也为丝路上的行人提供安全和保障。

第三,丝绸之路沿途一系列距离适中的城镇,为丝绸之路的正常运行,提供了重要的支撑。

在中国境内,早在公元前 3000 年,就有了十分发达的古代城镇,作为丝绸之路起点的长安,其雏形也早在公元前 1000 年以前就已产生,它西边的咸阳、宝鸡、邽(天水)、冀(今甘谷)都是公元前 5 世纪时期就逐渐形成了的城镇。春秋时期的义渠戎(即今庆阳),已有 25 城;黄河以东的临洮(今岷县)、狄道(今临洮)、抱罕(今临夏)都在秦统一之前就形成了。汉代开辟河西后,设立了河西四郡,但河西四郡的城镇早在此前就有了雏形,如武威早在匈奴统治时就有姑臧城,张掖有觻得城,酒泉有禄福城,而敦煌城的名称很可能就是少数民族语言,也是在汉统一河西之前就有了的。至于新疆地区早在张骞出使西域之前就有了"西域三十六国",这些所谓"三十六国",实际上就是绿洲上的城镇。

今新疆以西直到地中海沿岸,古代名城大邑更是多不胜举。其中如中亚费尔干纳盆地的费尔干纳、安集延、浩罕,锡尔河以北的塔什干,锡尔河、阿姆河之间的撒马尔罕(马腊坎达)、布哈拉(安)、木鹿(马里),阿姆河以南阿富汗北部的巴里黑(巴尔克)、赫拉特,今伊朗境内的克尔曼、波斯波利斯、苏萨,伊拉克、叙利亚境内的泰西封(巴格达)、巴比伦、巴尔米拉、大马士革等等。

在这些城市之间,各城市为了本身的利益,都主动保持着状况良好的道路交通设施,所有这些城市连接起来,实际上就自发地形成了丝绸之路道路交通的完整网络。因此可以说,这些城镇构成古代丝绸之路的重要支撑点,他们是货物的集散地,是商人使者的落脚点、休整点,是联结丝绸之路的枢纽,他们在沟通、维护、联系丝绸之路上,在为商人、使者提供食宿和后勤供应等方面,在商品贩卖、储藏、运输等方面,都起了重大的作用。

第四,丝绸之路上各地商品的互补性,是丝绸之路贸易交流长久不衰的内在动力。

沿丝绸之路的东部、中部、西部,其气候、地理、人文、物产都有很大差异,特别是物产和人文差异,为丝绸之路沿线各国各地之间互相需要、相互交流,提供了内在动力。

中国自古就是一个农业大国,是最早发明养蚕缫丝织绸的文明古国,也是古代丝绸生产的最大国家,此外,中国的铁器、漆器、瓷器以及金、银等物,对中亚、西亚及地中海沿岸,都有极大的吸引力。在公元前西方著作家的著作中,就多次提到由东方输入的物品,如"赛里斯国的利箭"[1]、"赛里斯战车"[2],他们还认为,"在各种铁中,赛里斯铁名列前茅"。伊本·胡尔达兹比赫在他的书中说到,沿丝路"可以从中国输入丝绸、宝剑、花缎、麝香、沉香、马鞍、貂皮、陶瓷、绥勒宾节、肉桂、高良姜等"[3],特别是丝绸,对经济、文化高度发展的希腊、罗马、波斯皆有巨大的吸引力。古代罗马作家认为古罗马的统帅"安东尼鄙视所有罗马或希腊织物,他所提出的理由是这些织物所使用的羊毛都是不值分文的东西,他仅仅看重于赛里斯的织物"[4]。3世纪的罗马人菲罗斯特拉特也认为"丝绸来自赛里斯人中,我们对所有这些东西的酷爱超过了自己的土产"[5]。

地中海沿岸以及西亚、中亚的物品,对中国中原地区也有极大的吸引力。例如中亚的马匹,被中原称为"天马"、"西极马",汉武帝为取得大宛天马而不惜派数万部队出征大宛。中亚的各种珍贵植物,西亚和地中海沿岸的珠宝、珍禽、异兽、织锦以及奇艺、杂技,新疆地区的玉石等等都是中原地区难得之物。所以自张骞后,"吏士争上书言外国奇怪利害","盛推外国所有",以求汉政府派其出使西部诸国。[6] 北魏建立以来,官员们就曾因"西戎之贡不至",要求"依汉时故事,请通西域,可以振威德于荒外,又可致奇货于天府"[7]。北魏政权为了开通丝

---

〔1〕杨建新、芦苇:《丝绸之路》,第3页。

〔2〕杨建新、芦苇:《丝绸之路》,第13页。

〔3〕伊本·胡尔达兹比赫著,宋岘泽注:《道里邦国志》,第73页。

〔4〕戈岱司编写,耿昇译:《希腊拉丁作家远东古文献辑录》,第60页。

〔5〕戈岱司编写,耿昇译:《希腊拉丁作家远东古文献辑录》,第61页。

〔6〕《汉书》卷61《张骞传》。

〔7〕《北史》卷97《西域传》。

绸之路,在 5 世纪 30 年代曾多次派出使臣联络波斯等地诸国,招来商贾。公元 939 年,北魏出兵讨灭占据河西张掖一带的北凉,其理由就是因其"知朝廷志在怀远,固违圣略,切税商胡,以断行旅",妨碍了丝绸之路的开通。[1] 隋朝裴矩也是向隋炀帝"盛言胡多珍宝"[2],以说服炀帝西巡和重视丝绸之路的开通,其原因就是西方物产对中原有很大的互补性和吸引力。

综上所述,丝绸之路的运行,在古代不完全是沿线各国自觉联合的结果,它的运行,有赖于各国经济文化的发展,有赖于各国境内交通的开通,其运行方式是一种接力式的。其所以长久不衰,有赖于沿线各国经济发展的需要,也有赖于丝路各国,特别是东西方经济文化的差异,有赖于东西方物产较强的互补性。

(本文原载《西北史研究》上册,兰州大学出版社 1997 年版)

---

〔1〕《魏书》卷 99《卢水胡沮渠蒙逊传》。
〔2〕《隋书》卷 67《裴矩传》。

20　斯坦因和我国西北史地研究

马克·阿弗勒尔·斯坦因(1862—1943)原为匈牙利人,1940 年加入英国籍。在欧洲东方学家的影响下,他很早就立志研究印度、伊朗的历史和文化,曾投师于德国东方学家冯·罗特,后来又留学于牛津大学和伦敦大学。1889 年,经英国东方学家劳林逊的推荐,他来到印度,任拉合尔东方大学的校长。在此期间,他用了 11 年的时间,翻译、注释、校勘了克什米尔《诸王史》一书。1899 年,斯坦因调任加尔各答玛德拉斯大学校长,还担任过英印当局印度西北边境的总视学。1904 年,他又进入印度古迹调查局任职。

自 1900 年以后,他曾多次到我国西北地区,对这里的古代遗迹和遗址进行了考察、发掘,用各种办法弄走了大量珍贵文物,并长期从事这方面的研究和写作。他的这些活动,给我国西北地区的文物古迹带来严重破坏,造成惨痛的损失,同时也给我国西北史地的研究增添了一些新的因素,产生过重大影响。因此,对斯坦因在我国西北地区的几次考察加以评述,对发展我国西北史地的研究,是十分必要的。

斯坦因在我国西北地区的考察,主要有 4 次。第一次是 1900 年 5 月至 1901 年 4 月,约 1 年的时间,考察地区主要在新疆南疆地区的塔克拉玛干沙漠中。回印度后他写出了《古和阗》这部享有世界声誉的巨著。第二次考察是 1906 年 4 月到 1908 年 11 月。这次考察除了新疆外,还到了甘肃河西及内蒙古额济纳旗等地。记述这次考察结果的主要著作是《沙漠契丹废址记》。1913 年到 1916 年,他进行了第三次考察,这次活动范围主要在塔里木盆地南北,河西南、北山。考察结束后,他陆续完成了《西域考古图记》、《亚洲腹部考古记》和《斯坦因西域考古记》等著作。1930 年至 1931 年,他第四次到我国进行考察,由于当时新疆和西北地区政局紊乱,斯坦因此行收获不大。从此也就结束了他对我国西北地区的考察。我们这里评述的,是斯坦因前3次考察活动的一些主要方面。

20.1　帕米尔古道探索

斯坦因对我国西北的几次考察,都是从印度出发,越兴都库什山,经帕米尔高原进入塔里木盆地,因此,他曾有计划地对帕米尔高原进行了多方面的考察。

帕米尔高原历史上是中国领土,现在分属苏联、阿富汗和中国。这个高原从地形上看,是亚洲中部著名的天山、昆仑山、喀刺昆仑山和兴都库什山的山结,它们像4条巨蟒,从各方交汇纽结于此,形成特有的那种山脊与平原交错相间的自然面貌。无怪乎有人认为它是中亚高原体系的中心。[1]

帕米尔高原虽然山多地高,气候严寒,但这里却是古代中国与中亚、西亚、地中海沿岸以及印度进行交往的通道,即丝绸之路的要道。由于帕米尔高原山脉多是东西走向,因此一般说来,在两座高大山脉之间,就自然形成一条通道。其中主要的通道有3条:在北部,是由新疆喀什沿阿克苏河西行,沿帕米尔北部边缘的阿赖谷地到中亚;在中部,从喀什西南行,越乌孜别里山口或萨里塔什山口,经帕米尔中部西行;在南部,是从塔什库尔干西南行,溯莫尔加布河上游阿克苏河,进入瓦罕河谷过帕米尔。在这3条通道中,由于古代几位经过帕米尔而又有记载的旅行者,多是经过第三条,即瓦罕河谷这条通道,因此,这条通道的记载最为丰富。我国北魏时的和尚宋云、唐代和尚玄奘等人,都曾经过这条路,并留下了宝贵的资料。特别是唐朝安西都护高仙芝,曾率大军一万,经帕米尔南部讨伐占据小勃律的吐蕃。对这次进军,新、旧《唐书》也都有简略记述。直到乾隆平定大小和卓的叛乱时,清军进入帕米尔,随后又派官员对帕米尔各处进行了实地勘查,绘制了地图,使

---

〔1〕《英国大百科全书》,1958年版,"帕米尔"条。

帕米尔高原的山川河流第一次比较准确完整地大白于天下。

近代,随着探险事业和地理学的发展,欧洲人对帕米尔也产生了极大兴趣。不少探险家、游历家不断出现于这个长年为积雪覆盖的山地。有人认为,"帕米尔也许是亚洲高原上勘察得最完善的地区"[1]。但是古代中外游历家在帕米尔地区所经路线,以及他们著作中所提到的地名、人名、山川名,由于年代久远,对后代人却成了一个谜。于是,近代考察家们都根据自己的体验和理解,对古代中外游历家在帕米尔地区的活动路线,提出了许多说法。

早在斯坦因到我国之前,他就曾多次读过由法国汉学家沙畹翻译的宋云、玄奘、高仙芝等人的有关史料,并熟知欧洲学者关于中国游历家在帕米尔行走路线的各种观点,而且他本人就十分热衷于这种考证。因此他在越过兴都库什山,3 次途经帕米尔高原的旅行中,对宋云、法显、玄奘在帕米尔的旅行路线,特别是对高仙芝军事远征的行军路线进行了实地考察。由于他丰富的历史知识,他对高仙芝行军路线的论述和结论,比其他欧洲人的论断,似乎更具有说服力。

唐开元末,高仙芝升任西域都护、四镇都知兵马使。当时,吐蕃势力沿印度河西北发展,相继控制了唐朝属国大勃律、小勃律等地。小勃律位于兴都库什山南麓雅兴河上游,地处帕米尔古道的要冲。吐蕃控制小勃律后,唐朝"西北二十余国皆为吐蕃所制","贡献不通"。唐朝政府曾 3 次出兵,都因道路难行,劳而无功。天宝六年(747)唐朝政府命高仙芝率军一万征讨小勃律,驱赶吐蕃势力。据《新唐书》记载,高仙芝率一万步、骑兵,从龟兹出发,西经拨换城(今阿克苏)、疏勒(今喀什)登帕米尔,又经葱岭守捉(今塔什库尔干)西行 20 余日到播密川,又西行 20 余日到特勒满川,然后分兵三路,一路走北谷道,一路走赤佛堂道,一路由高仙芝自率走护密道,三路军队会师于连云堡。高仙芝又乘胜南下,军行 3 日过坦驹岭。这个岭绝壁断崖,上下有 40 里,将士多畏难不愿继续前行。高仙芝使军士假扮小勃律国人前来迎接,唐兵士

---

[1]霍尔迪奇:《帕米尔》,见《英国大百科全书》,1911 年版。

气大振,将士始冒死翻越坦驹岭,平定小勃律。于是,拂菻(即东罗马帝国)、大食(阿拉伯帝国,包括今伊朗、阿富汗西北部)等72国又恢复了与唐朝的关系。[1] 这是古代帕米尔高原上规模宏伟的一次进军,也是对帕米尔高原上丝绸之路通道最详细的记载。但高仙芝军队所经地区的路线、地名在今日的何处,一直不是很清楚。

斯坦因十分推崇高仙芝的这次进军,他认为,帕米尔地区"高山峙立,缺乏一切给养……即是这一个问题,便足以把现代任何参谋部难倒了"[2]。他在许多年前读《高仙芝传》时,曾假定高仙芝及其一万大军是经瓦罕走廊,越巴洛吉尔和达科特两个山口到小勃律的。为了证实这一假设,他于1906年5月17日逆高仙芝进军方向,由南向北,再由西向东,顺瓦罕谷地横跨帕米尔南部,对高仙芝所经路线的主要地区进行了实地考察。他发现,《新唐书》的有关记载,几乎在许多细节上都是可信的。但同时他又提出,《新唐书》关于高仙芝率军到特勒满川后始分兵三路南下的记载,[3]与其他有关记载和当地实际均有矛盾,他认为根据其他记载和地形,"这次行军不是全军一起进行的,而是分成三个纵队从喀什出发,陆续分批在经由葱岭守捉的前哨基地的几条路上走的"[4]。他认为只有这样,高仙芝才能解决一万大军在荒无人烟的高原行军的后勤供应问题。

根据他的这个看法和实地考察,他认为高仙芝大军到葱岭守捉(即今塔什库尔干)后,分军三路。高仙芝所率,一路沿帕米尔河(即《新唐书》所说播密川)到喷赤河大转弯向北流的舒格南地区(即《新唐书》所说特勒满川),然后通过以今伊什克希姆为中心的古代护密国,进军连云堡;走北谷道的那支军队到帕米尔河后,通过尼古拉斯山的诸山口南达连云堡;走赤佛堂道的那支军队溯塔什库尔干河,通过瓦赫吉尔山口,沿瓦罕河到达连云堡。从这3支军队的进军路线看,高仙芝当

---

〔1〕《新唐书》第1卷《高仙芝传》。

〔2〕斯坦因著,向达译:《斯坦因西域考古记》,中华书局1946年版,第30页。

〔3〕《新唐书》第1卷《高仙芝传》。

〔4〕《英国地理学刊》,1922年2月第59卷第2期。

时是从东西(即走赤佛堂的那一路)、中间(即走北谷道的那一路)和西面(他自己的那路),形成三面进逼连云堡的形势。连云堡是现在什么地方呢? 有关说法很多。法国汉学家沙畹曾提出,连云堡是位于瓦罕走廊中部、瓦罕河南岸的萨尔哈德。斯坦因根据自己的考察,结合史料的记载,认为沙畹的看法是十分正确的。

高仙芝三路大军会合于连云堡的北边,在唐军与连云堡之间隔有一条大河,这条河就是瓦罕河,唐书又称婆勒川。《新唐书》记载,当时连云堡有吐蕃军万名把守,唐军必须渡河,始能攻克连云堡。但河水猛涨,唐军无渡河工具,军心慌恐,高仙芝即在河岸设供桌,杀牲祭祀,祈求神灵护佑。祭罢,遂命士兵各带三日粮,准备于次日晨渡河。次晨大军集于河岸,果见河水减退,兵士争相渡河,竟得"人不湿旗,马不湿鞍"[1],全部安全渡过。对这一记载,信其有者,多认为是神助;反之,则皆以为是虚构。但据斯坦因实地考察,认为此事并非杜撰。因为在早晨渡河,"喷赤河上的冰川和雪坂受夜间的影响,使河的流量减少了。同时也应注意到,在萨尔哈德的对面,河水在一片宽阔的河床上是分散流淌的。我于1906年5月来到萨尔哈德时,我证实了这点。只要在凌晨时涉渡,总是可以成功的"[2]。

高仙芝率军攻占连云堡后又翻越了坦驹岭,攻入小勃律。坦驹岭是什么地方? 根据斯坦因的考察,坦驹岭就是现在的达科特山口。达科特山口是兴都库什山南麓的一个山口,这里的山峰海拔5000多米,山口海拔4600多米,从山口到谷底,是长达数十公里的冰川,翻越此岭十分艰难。《新唐书》说,高仙芝率军到达此地后,兵士看到"坦驹岭岭峻绝下四十里"[3],不敢翻越。他即派数名士兵,假扮当地人前来迎接大军。军心安定后,高仙芝先派千名精锐部队冒死越岭,攻入小勃律。斯坦因认为《新唐书》的这个记载与达科特山口的情况完全相同。"因为达科特的南坡正如我于1913年攀登时所发现的以及所有以前的记

---

〔1〕《新唐书》第1卷《高仙芝传》。
〔2〕斯坦因:《在通过帕米尔的古道上》,载《喜马拉雅学刊》,1932年10月第4卷。
〔3〕《新唐书》第1卷《高仙芝传》。

载中所正确地着重指出的,是非常陡峭的。这条路大部分是卵石和光秃的岩石,中途有一段很多裂缝的冰川同它交叉,在 5 英里略多一点的距离内下降几乎 5000 英尺,才通到一处'达尔班德'遗址。""当我于1906 年 5 月 17 日从山顶上往下瞭望,透过朵朵浮云的间隙,看到了似乎无底深渊的河谷时,我就很能理解高仙芝的谨慎的勇士们之所以不愿再继续前进。这种印象在向南看到了高耸在雅兴河谷上端的超越三千英尺的冰结山壁,以及在北面与我前面的深渊相对照的大片广袤的缓坡倾斜的万年积雪的冰川时,显得更加强烈。考虑到了中国的记载与达科特的地形如此符合,我们就不应再踌躇不决地承认,'坦驹'一定是'达科特'以前的一个别名,是根据不完善的中文译法的尽可能正确的音译。"[1]

斯坦因在实地考察高仙芝整个进军路线之后,对这次进军所表现出的伟大气概赞叹不已。他以后回忆说:"在那时我觉着可惜的是,这位勇敢的中国将官竟不在达科特隘口建立纪念碑之类的东西以志此事。就遭遇的困难而言,横越达科特及帕米尔,较之欧洲史上从汉尼拔以至于拿破仑同苏沃洛夫诸名将之越阿尔卑斯山,还要困难呢!"[2]

斯坦因在考察了高仙芝在帕米尔的行军路线后,走出瓦罕走廊,向塔什库尔干前进。在路途中,他发现了另一个古代遗址。这是一个古城堡,当地群众称"公主堡"。关于这个公主堡的来源,从唐代以来就流传着一个动人的传说。当年玄奘从印度归国,路过渴盘陀国(今塔什库尔干),听到这个传说,以后将其记在《大唐西域记》中。这个传说的大体内容是:这里本是葱岭中的一片荒原,很早以前波斯国王聘娶了一位中原的公主,派人专程前往内地迎娶。公主等行至此地,适逢兵乱,交通断绝。迎亲官兵遂在一孤峰上修建住室,将公主置于其中。3个月后发现公主已身怀六甲。公主侍女对诸迎亲使臣说:"每天正午,有一男子从太阳中乘马飞行至此,与公主相会,遂得怀孕。"迎亲使臣

〔1〕《英国地理学刊》,1922 年 2 月第 59 卷第 2 期。
〔2〕斯坦因著,向达译:《斯坦因西域考古记》,第 31 页。

不敢回国交令,只好以公主为王,建国于此。公主所生之子,继为国王。此国即渴盘陀国。玄奘到渴盘陀国时,当地人都说渴盘陀国王及王族即其后代,由于公主是中原汉族,父亲是从太阳中出来的"天神",所以渴盘陀国的统治者自称是"汉日天种"。

斯坦因对这个故事很感兴趣,因此他在到塔什库尔干去的路上,一直在设法寻找"汉日天种"的遗迹。他从当地居民中了解到,在塔什库尔干附近有一个叫"公主堡"的遗址,并且真的找到了它。这个古遗址位于塔什库尔干河上游左岸,在塔什库尔干以南六七十千米处。遗址果然建造在又高又陡的石崖山脊顶上,塔吉克语称"基兹库尔干"[1]。这就是传说中那个公主住过的堡垒。在唐代,这个遗址就应该存在。它用土砖与松枝相间垒成,与汉代城堡建筑的方法完全一样[2] 其修建的时间,大约在汉、魏之际。波斯王迎娶中原公主的事虽不见于记载,但这个传说说明,帕米尔地区确实从很早以来就是中西之间陆路交通的重要通道。

20.2 探查埋藏在沙海中的瑰宝

我国新疆南疆地区气候温和,雨水充足,虽有沙漠居中,但绿洲片片,河流纵横,地势平坦,宜农宜牧,而且地处亚洲中部,自古以来是东西方交通的枢纽,是各种文化荟萃交融之地。早在公元前,在塔里木盆地中,环绕塔克拉玛干沙漠的一些绿洲上,就建有许多城镇,这里农业发达,商业兴旺。在文化上,随着丝绸之路的发展、锁罗亚斯特教、佛教等在这里交相流传。特别是佛教,在 10 世纪以前十分兴盛,各地寺院林立,佛塔遍地,建筑金碧辉煌、规模宏伟。但是由于战乱的破坏以及自然条件的变化,一些河湖干涸,沙漠日益扩大,居民向塔里木盆地边沿迁徙,原来的许多城镇淹埋于沙漠之中。多少年来对塔克拉玛干沙漠中被埋没的一些遗址和遗物,附近的居民时有发现,并经常有人前往

〔1〕斯坦因:《在通过帕米尔的古道上》,载《喜马拉雅学刊》,1932 年 10 月第 4 卷。
〔2〕斯坦因著,向达译:《斯坦因西域考古记》,第 34 页。

"找宝"。随着找宝人队伍的扩大,我国古代文物大量流落国外,曾引起外国考古学家的极大兴趣。同时也有一些外国人,如普尔热瓦尔斯基、斯文·海定等,都曾发现和考察过不少淹埋在沙漠中的古代遗址,并拿走了许多文物。斯坦因作为一个考古学家,他第一次来我国西北考察,其目的就是要亲自考察传到外国的那些文物的发现地。因此,在他的考察活动中,塔克拉玛干大沙漠中的遗址,占着首要的地位。他在第二次考察中,集中力量对塔克拉玛干沙漠中的丹丹乌里克遗址、尼雅遗址、米兰遗址以及楼兰遗址等进行了考察和发掘,发掘出成千上万件光辉灿烂的古代瑰宝。

20.2.1　丹丹乌里克遗址

新疆和田(清代做和阗,清以前做于阗)县境内有一条发源于昆仑山,向北流入塔克拉玛干大沙漠的河流,叫克里雅河,又称于阗河,丹丹乌里克遗址就在克里雅河下游西部的塔克拉玛干大沙漠中。斯文·海定根据和阗人的指引曾到过这里,并将这个遗址的简略情况向欧洲学术界作了报导,引起欧洲学术界的极大兴趣。

1900 年年底,斯坦因到达和阗,考察了古代于阗国的首府约特干(在县城西十几公里处拉依喀附近),又于 1901 年年初从和阗出发,向东北进入沙漠,经 10 多天艰苦行程,找到了丹丹乌里克遗址。

这个遗址当时南北长约 2 千米多,宽约 1 千米。遗址已处于被沙土半掩埋的状态。在低沙丘里,疏疏落落地耸立着一些小的建筑物。由于常有找宝人光顾,许多地方已被挖掘得坑坑洼洼。斯坦因从垃圾堆中找到的铸有"开元"、"天宝"年号的古钱[1],明确无误地表明,这个遗址最迟是公元 8 世纪的建筑。

斯坦因在这里挖掘了 14 天,他发现这个遗址的大部分是佛教庙宇。他们在这里找到的很大一部分遗物是佛教壁画,还有不少画在木板上的版画,这些版画显然是木结构庙宇中的装饰物。这种佛教画像一般都表现一定的故事。斯坦因在这里发现的一块版画上面画着一个

---

[1]斯坦因著,向达译:《斯坦因西域考古记》,第 34 页。

奇异的鼠首人像,与其他神并列于版画之上。虽然佛教徒在各地均有自己民族、地区的特点,但供奉鼠首人像的倒是少见。后经斯坦因等人研究,认为这幅画与《大唐西域记》中记载的一段故事有很大关系。这个故事说:古代西域地区对鼠及鼠王十分尊敬,某次匈奴人大举入侵,群鼠将匈奴人马具啮断,致使匈奴军大败,此国得以保全,[1]所以当地人将鼠奉为保护神。此外,《新唐书》也记载,于阗西边沙碛中,鼠大如蝟,毛色金黄,相随与人后,无人敢伤害它。[2] 这幅画画的正是当地人尊奉的鼠神。直到斯坦因考察和阗的那个时候,由此沿袭下来的这类故事还在当地居民中广泛流传,只是其内容和形式都有些变化,成为适应于伊斯兰教,并掺杂了伊斯兰教内容的一种故事。

斯坦因在这里发现的另一幅版画也很引人注意。版画中央画一盛装贵妇,花冠长发,端坐于中,左右各有一妇跪坐两旁,左侧之妇左手指贵妇人的花冠,贵妇与左面妇女间,有一盂或篮,盛满圆形果实类物品;贵妇与右面妇女之间,画一长方多面形物品,画面中后方,还有一高坐于上的四壁神像。这幅版画显然表达着某种内容。斯坦因后来经反复思考,始知这幅版画的内容与《大唐西域记》中的一段记述有关。《大唐西域记》在记载玄奘经过于阗时,听到当地人关于养蚕业传入于阗的传说故事。这个故事说,瞿萨旦那国(即于阗)向东国求蚕种,为东国君拒绝。瞿萨旦那国王想出一条妙计:向东国国王的公主求婚。东国国王答应了这个要求。在迎亲时,瞿萨旦那国使臣密告公主说,我国无养蚕缫丝之业,请公主自己带来蚕种,否则将无丝锦绸缎可用。公主遂于临行时将桑子蚕种暗藏于花冠之中,躲过边关的检查,带到了瞿萨旦那国。由公主亲自择地种桑、育蚕,又缫丝织绸,数年之间,于阗成为西域地区丝织业的中心。这个故事也被写入我国"正史"[3]。上述版画中反映的正是这件事:中坐者是那位公主,左边侍女左手指向公主的花冠,绘画者用此来表示公主花冠下藏有蚕种;左边篮中所盛圆形果

---

[1]《大唐西域记》卷 12。
[2]《新唐书》第 221 卷《西域传》。
[3]《新唐书》第 221 卷《西域传》。

实,显然是蚕茧;右边一长方多面形之物是一架纺车。这一幅画是用来说明养蚕缫丝业传入和阗的传说。在当时佛教盛行的情况下,这些传说又被披上神秘的外衣,成为佛祖赐化万物的佛教故事,并被画上了寺院的墙壁。这些版画的发现说明,《大唐西域记》中的记载,如实反映了当地的情况和传说,是一部完全可信的著作。

还有些版画也很有特色,对研究古代西域历史有很大用处。如斯坦因在一座小寺院中发现一块当作供养用的、保存完好的画板,上面画着一位服饰很特殊的菩萨,他身着一件锦缎外衣,腰间紧束皮带,足着高统黑皮靴,腰悬一柄短而弯的腰刀,头缠一条金色高头巾,极像波斯萨珊王朝万王之王的帽子,围巾从颈部垂下缠绕着臂部,长而红的脸、鬈发、浓眉、黑而密的胡须,盘腿坐于繡墩之上,在这个形象的下面,还绘有一三头魔王。从整个佛像的形态、长相和装束看来,这幅像完全属于波斯风格。15 年以后,斯坦因在第三次考察我国西北地区之后,曾到伊朗进行考察。他在伊朗东南部锡斯坦省科卡瓦哲小山的古代遗址中,发现一幅壁画,这幅画中画有 7 世纪著名的波斯史诗的主人公罗斯坦。这个人物在古代波斯人中很有影响,他被描写得十分英勇强悍、法力无边,曾战胜群魔,并使之为其效劳,是波斯人十分尊敬的神话英雄。而伊朗遗址中的这个罗斯坦,竟与斯坦因在丹丹乌里克发现的这位波斯菩萨的装束、形态十分相近。显然正是这位波斯神话英雄在波斯受到普遍尊敬的时期,也被画家搬到了七八世纪的和阗佛教寺院中,并被赋予佛的形象。版画中那个三头魔王的形象也很清楚,就是被罗斯坦征服的群魔。这幅版画生动地表明,唐代中国与波斯和其他地区确有十分密切的经济、文化交流,这不仅有大量文字记载,而且得到实物的证明。

在丹丹乌里克遗址中,斯坦因还发现有大量的文书,他在一些遗址的沙碛堆的最底层,发现了长条单页的纸质写本,还有捆成小捆的纸片。斯坦因靠他丰富的文字学知识,很快就认出其中有古印度婆罗谜字母写的,也有古印度梵文佛经,另外还有一种他不认识的文字,以后研究者称这种文字为和阗语文字。这是一种公元 5 世纪以前流行于于阗地区的文字,有人认为它属于一种伊兰语,而称其为东伊兰语,也有人认为它与贵霜语言类似。[1] 在发现的文书中,最多的当然还是用汉文书写的各种文书。汉文文书主要是一些借款、还款的字据以及当地官吏的呈文等等。从这些文书上看到,这个地区被称作"傑谢",遗址中的一座寺院名为"护国寺"。寺中的几位僧人还是高利贷者,其中有汉族人的名字,而借债者的名字,多为当地少数民族。这些文书大部分写有年代,其中自建中二年(781)到真元七年(791)不等。这更足以证明,这个遗址至少在 8 世纪后期仍然是一片人烟稠密的城镇。

这个遗址当时为什么会废弃呢?欧洲学者一般主张,塔克拉玛干大沙漠中的古代居民遗址的废弃,大多是由于地理和气候的突变所造成的悲剧。斯坦因几次到达这里也都一直在考察这个问题。他发现此地之所以能建立城镇,供人们居住,全靠有比较完整的灌溉系统,他发现丹丹乌里克遗址的灌溉支渠整齐而密集。很显然,这么多修筑在沙漠中的灌溉渠道,需要有长期而严密的管理制度,一旦管理松弛和混乱,这里的居民只有南迁,这就是这个遗址被废弃的原因。那么这种情况出现在什么时候呢?斯坦因认为就是在他发现的文书上所载最后年代的那个时期。这个推测是有一定道理的。斯坦因发现的文书上所载的年代,最迟的是唐真元七年,即公元 791 年。这一年在西域确实发生过一件重大事件。我国吐蕃在 7 世纪强大以来,利用安史之乱的机会,向北推进其势力,占据河西一带,切断了安西都护府、北庭都护府与朝廷的联系。但西域官员仍通过蒙古的交通线与唐政府保持联系,并坚守西域各地。到真元七年,吐蕃大兵进攻北庭(今吉木萨尔),攻占北疆,北庭都护杨袭古又被杀,[2] 安西都护也与唐朝政府失去联系,南疆各地遂陷于混乱之中。在这种情况下,丹丹乌里克一带行政管理混乱,官员逃走,灌溉系统无人管理,最后迫使这里的居民南迁他处,而这座曾繁华一时的城镇,逐渐沦为沙海。

---

〔1〕羽田亨著,耿世民译:《西域文化史》,第 51 页。

〔2〕《资治通鉴》第 233 卷《唐纪》49。

丹丹乌里克遗址是古代的什么地方？唐代,这里属于阗国。斯坦因曾在丹丹乌里克遗址以南60多公里处,发现一个叫乌曾塔地的遗址,这个遗址据斯坦因考证,似为《大唐西域记》所说"媲摩",丹丹乌里克也很可能是媲摩城郊的一处佛教圣地。"丹丹乌里克同媲摩的废弃,都由于同样的原因,即这些突出(于沙漠中)的居住地方不能维持有效的灌溉。"[1]

20.2.2 尼雅遗址

1901年斯坦因考察丹丹乌里克遗址之后,又到了尼雅遗址。

这个遗址在尼雅河下游塔克拉玛干沙漠中,位于民丰以北100多公里处。斯坦因从丹丹乌里克横越沙漠东行,3天后到达克里雅河,然后溯克里雅河南行,到达和阗(又称克里雅)。在克里雅,斯坦因从当地老人中听说在尼雅(即今民丰县)以北沙漠中的大麻札不远处,有埋于沙中的古代房屋,和阗和尼雅当地的老百姓经常前往寻宝。斯坦因还从当地居民中得到从大麻札附近取来的两块木板,木板上写有佉卢文字。这使斯坦因极为兴奋,并决计立即前往亲自考察。

从民丰沿尼雅河北行3日到大麻札。麻札是"圣地"之意,传说"伊玛目"[2]扎法沙狄克马萨埋葬于此,所以这里被当地群众尊为圣地,且经常有礼拜者来此朝拜。尼雅遗址就在大麻札以北十几公里处。斯坦因到遗址后,很容易地发现了大量写有文字的木片。在有些房间中,佉卢文木片一堆一堆、一捆一捆地堆放在墙角,更多的则散埋在沙土中。这些木片在当地的气候条件下,保存得很好。

佉卢文又称"佉卢虱底文"或"驴唇体文",属塞姆(闪)语系的阿拉米文系统,是古代印度的一种字体,用来表达古代印度俗语,在孔雀王朝时期(公元前4至前2世纪)盛行于古代印度西北部及阿富汗一带,公元四五世纪时受梵文排挤逐渐绝迹。在印度、巴基斯坦等地保存有一些佉卢文的铭文,但数量很少。这种文字自右向左读,由于字体过

---

[1]斯坦因著,向达译:《斯坦因西域考古记》,第50页。
[2]原意为"领袖",伊斯兰教中为"教长"、"宗教首领"之意。

于弯曲,发音和语意均无定准,因此识别起来十分困难。斯坦因在到我国西北探险前,在印度曾对佉卢文进行过研究,他在我国西北地区发现这个早已绝迹了的文字,真是喜出望外。从在尼雅以及后来在安得悦、楼兰等地的发现来看,由于古代中西文化的交流,在公元前后直到公元三四世纪的这段时期内,佉卢文曾经成为我国西域东南部一带的通用文字。斯坦因把从我国获得的佉卢文交由英国剑桥大学拉普逊教授、巴黎的塞纳先生等人共同研究解释,并将原文编译成册,于1902—1908年陆续出版,并由贝罗将其译成英文于1940年出版。

斯坦因两次在尼雅遗址发掘出数量庞大的佉卢文木片,其中有长方形的,最长的达3米,而更多的则是楔形木片,长自18厘米到38厘米不等,每两块紧缚在一起,下一片写有文字,上面那片盖在有文字的那面之上,有时下面一片写不完,上面一片靠里的一面亦有文字。上面木片外部刻有几条凹形槽,便于绳索捆缚,有些木片在发现时仍捆在一起,在绳子上还粘有封泥,封泥上有印章和其他标记,很明显,上面这块木片以及绳索、封泥等起着信封的作用。这种两片紧缚在一起的文字木片,就是中国古代的信。由于两片木片紧缚,下面一片木板上的文字墨迹依然"犹如昨日所写的一般"。[1] 这种"信"上的封泥也很有意思,有的封泥上印有希腊女神雅典娜的像,或者其他一些希腊风格的像,也有汉字"鄯善印记"之类的印章。

斯坦因所收集的遗物中还有一些写在羊皮上的佉卢文,羊皮作长方形,一般制作精细,大小不等,均卷成小卷。

斯坦因1901年第一次到尼雅时,发现汉文木简很少。1906年,他第二次到尼雅时,除了继续发现了大量佉卢文木片外,还发现了不少汉文木简。斯坦因将这些木简拿到欧洲,经一些学者考认,知道其内容十分复杂丰富,除了有私人书信之外,大部分属于公文。其中有给地方官员的报告、上级官员给下级的命令,内容涉及地方上的管理、社会秩序、申诉书、传票、过所(即护照)、逮捕文书、各种记录、账目、名单等等,还

---

〔1〕斯坦因著,向达译:《斯坦因西域考古记》,第55页。

有私人契约、借卷以及佛经等。

斯坦因发现的这个遗址在历史上的什么地方？尼雅遗址十分庞大，南北达 22 千米多，东西宽 6 千米多。遗址由好几处组成，这些遗址中佛教庙宇，有大小不等的各种单间的或成套的房屋，其中有一栋房子中间的大厅长达 20 多米，宽约 9 米多，雕梁画栋，十分华丽。花园的遗址也十分清楚。街道整齐宽阔，道路两旁种有各种树木，其中有大量的白杨树以及桃、梅、杏、桑等树。斯坦因在这里还曾发现巨大的果园一座，各种果树和葡萄架的行列都很整齐。特别是发现了一座长达 30 多米的桥，桥下有一条十分明显的干河道的痕迹，长约 3 公里。在这个遗址中还发现有大量武器、毛织物、丝织品和家具等。毛织物残片和木制家具残件都十分精美。一块"很美的毛织残片上作细致的几何形图案，配以和谐调协的颜色，稍加拂拭，便呈露出原来的灿烂"。[1] 一张只剩底座和四条腿的木椅，雕满各种花卉。从它的华丽精致可以想见，使用这把椅子的人一定是当时身份很高的人物。从出土的文书和各方面的情况看来，这个遗址就是《汉书》中所说的精绝国的政治中心。

精绝国是西汉时期西域三十六国之一。据《汉书》记载，其地"厄狭"，人口有 480 户，3361 人，设都尉等官。[2] 由于它深入沙漠之中，不是丝绸之路的通道，因此在西域历史上的作用不甚显著，与外界联系也较少，因而历史记载不多。

这里是什么时候被废弃的呢？后汉初，精绝为鄯善所并，[3] 以后自立为国，至晋初又为他国所并，[4] 此后就不复存在。但人们在这个地区活动的时间，却要比精绝国存在的时间长。斯坦因发现的文书中的年号，最迟是晋武帝泰始五年（269）。斯坦因在这里发现的木简均由法国汉学家沙畹考证。1913 年，沙畹曾将几枚汉字简交罗振玉先生，罗又将木简交王国维先生考订。其中一条上有"晋守侍中大都尉

---

〔1〕斯坦因著，向达译：《斯坦因西域考古记》，第 59 页。
〔2〕《汉书》卷 96《西域传》。
〔3〕《后汉书》卷 118《西域传》。
〔4〕《海宁王静安先生遗书》第 17 卷《观堂集林》。

奉晋大侯亲晋鄯善焉耆龟兹疏勒"等字样。简中有"晋",可见其时代很明显。其内容经王国维先生考订,简中官号也是西晋时期之官号,说明此遗址最迟在西晋时仍有居民活动。

20.2.3 米兰遗址

1906 年斯坦因在尼雅遗址进行第二次发掘之后,他打算由这里经沙漠到若羌,然后到楼兰遗址去进行考察。1906 年 11 月,他从尼雅出发,向东北部的沙漠深处前进,到达安迪尔遗址。这个遗址在民丰县境内、安迪尔河下游北部的沙漠中,1901 年斯坦因就曾到过那里。他在那里清理了一所小佛寺,发现了一些藏文经残本。庙中还有一块汉文碑,记唐玄宗开元七年之事。他 1906 年到达那里后,又发现了不少佉卢文木牍,这显然是西晋时期的遗物,说明这个遗址年代亦甚古,直至唐代还相继有朝廷官员和吐蕃人活动于此。现在有些学者认为,这里就是唐朝兰城守捉所在地。

1906 年斯坦因在安迪尔遗址稍事停留后,继续东北行,经塔克拉玛干沙漠东南角到达且末,在那里做好进入楼兰遗址的准备后,继续北行。在到楼兰遗址的途中,他们于今米兰河北部发现了一个遗址。这个遗址距若羌 80 千米左右,周围极其荒凉,但有一小河流经此处。他们最先从一些破屋中挖出数以千计的藏文文书和木简,很明显,这是公元八九世纪唐代吐蕃人占据这里所留下的遗址。这些文书和木简的内容,据以后的考证,主要是记载有关军队戍守、要求供应粮草、支援人力的报告以及军队调动的记录等,也有一些佛经。这些文书的发现,说明这里曾经是吐蕃的一个军事屯戍点,同时也为我们研究吐蕃统治下的西域,提供了宝贵的资料。

在这些藏文资料中,还提到了大纳布城和小纳布城的名称。斯坦因认为,纳布与《大唐西域记》所记玄奘所经的"纳缚波"都是罗布泊的不同译音,古代因此地有罗布泊所以将罗布泊一带地区均称罗布。而大纳布城,即今若羌(清代又称卡克里克);小纳布城,即米兰遗址(今为米兰农场所在地)。他还认为,从这里所发现的遗物看,在汉代,米兰遗址和今若羌即为古代的扞泥和伊循两城。[1] 这个推论为许多学者所反对,现在一般认为若羌为古代鄯善国之都城扞泥,而米兰遗址为汉朝派兵屯田驻守之伊循城。但是他同时也认为,"有不少理由使我深信,卡克里克在昔日为罗布淖尔全境最重要之中心"。[2] 因为这里地处于阗到敦煌之间,是东西往来的要津,也是西藏到吐鲁番及北疆的要道。因此,若羌成为古代这一地区交通的交叉点,特别是从西方来的商队,只有在这里准备粮食饮水,始能越过可怕的库姆塔格沙漠。

在这个遗址中,斯坦因发现了多处佛教庙宇,这些庙宇中有许多泥塑大佛像,有些坐像从膝以上就高达 2 米多。在许多庙宇的墙壁上,绘制有大量的壁画,有的已经残破,也有一些保存得很好,内容多是佛教故事,也有一些是世俗供奉者的画像。特别是在一所中央筑有一塔的大殿内,在墙壁上画有带双翼的天使,斯坦因认为这种形象与希腊神话中带翼的爱神有直接的渊源关系,这种形象的画像在西亚很多地方流传着,它在这里却表示佛教神话中名为犍达婆的飞天。在这类壁画旁边还有佉卢文的题记。在一幅释迦牟尼本生故事壁画的白象膈窝上,发现画家用佉卢文写的 3 行题记,内容是作者的名字 Tita 和他所得的报酬的数目。据斯坦因考证,这个作者的名字"在印度语和伊兰语中都找不出根源,我觉得这就是将罗马人名 Titua 一词译成梵文雅语同俗语所应有的变化"。[3] 这些壁画,大约是 3—4 世纪之物。米兰遗址和尼雅遗址一样,都曾经历过几个时代,一直到唐代后期始成为废墟。

20.2.4 楼兰遗址群

前面我们曾提到,1906 年斯坦因第二次新疆之行的目标,是要到达 1900 年斯文·海定等人去过的楼兰遗址。他沿途经过上述 3 个沙漠遗址后,于 1906 年 12 月由米兰遗址继续东北行,于 12 月 18 日到达斯文·海定等发现的古楼兰遗址。这里虽经斯文·海定拿走不少文

---

〔1〕斯坦因:《沙漠契丹废址记》第 1 册,1912 年版,第 449 页。
〔2〕斯坦因:《沙漠契丹废址记》第 1 册,第 343 页;冯承钧:《马可波罗行纪》(上),中华书局 1954 年版,第 182 页。
〔3〕斯坦因著,向达译:《斯坦因西域考古记》,第 89 页。

物,但古代佉卢文文书、汉文文书、木简、丝绸、毛织品等遗物,仍随手可得。汉文文书多是公元3—4世纪时期之物,其中一件公元330年的文书,还用着建武十四年的年号,实际上建武年号只二年即已改元,但这个据点由于与中原交通断绝,信息不通,因此一直沿用建武年号直至十四年。这也是在楼兰发现的最晚的文书。斯坦因发现的汉文文书有从西域长史发出的和呈长史的报告,大部分是关于当时屯区的文件,如粮食种植、存贮、运输之类的记录,对于官吏兵士口粮供应问题的命令等。这些文件表明,在3世纪时这里显然是丝绸之路上的一个重要据点。斯坦因从自己所得汉文木简文书中进一步证明,遗址地名确是楼兰。"在公元前二世纪的末了,中国所辟到塔里木盆地的古道上,此地正是西边的桥头。"[1]经斯坦因的考察,楼兰遗址四周原修筑有城墙,城堡内部长方约1公里,这是斯文·海定等人未曾发现的。

斯坦因在楼兰遗址东北6公里左右的地方,又发现了一座墓葬群,这可能是楼兰城居民的墓地。他们从墓葬中得到了铜镜、木制兵器模型、家具、汉文文书等,特别使斯坦因惊奇的是光怪陆离十分精美的织物,其中有彩绢、花毡、丝缣、堆线毡以及粗制毛织物等等。根据遗物考察,这个墓葬属公元前后,即西汉末期。墓葬中这样众多的丝织物反映了这个丝路要道的繁荣。

斯坦因还在楼兰遗址东北不远的地方发现一座小碉堡,从在这里出土的汉文文书中知道,这座碉堡建于公元前104年(武帝太初元年)。[2]他们在碉堡附近的坟墓中发现一具年轻人的尸体,保存完好。他脚上穿红色皮靴,裸体,用一块毛毯裹着,头戴一顶毡帽,上面插着羽毛,还有一个用兽尾作的冠缨。尸体旁尚有其他陪葬物。[3]

斯坦因在楼兰遗址发掘了4天之后,又移向楼兰遗址以西近13公里的一个遗址。这里是斯文·海定首先发现的,但他未仔细发掘。据斯坦因考察,这个遗址规模亦很宏大,他在这里发现了许多精美的用来

---

〔1〕斯坦因著,向达译:《斯坦因西域考古记》,第99页。

〔2〕斯坦因著,吴传钧译:《罗布沙漠考察记》,载《新中华复刊》第2卷第5期。

〔3〕斯坦因著,吴传钧译:《罗布沙漠考察记》,载《新中华复刊》第2卷第5期。

装饰房屋、家具的木刻残片,极其漂亮的丝、毛织品,草鞋式样的鞋子等。遗址中也有用篱笆隔开的果园。他们在这里发掘6天之久,由于饮用水所剩无几,只好于12月29日返回若羌。

到1914年斯坦因又曾在米兰以北发掘两个遗址,其遗物与这一地区其他遗物类同。这些都与楼兰国有一定关系,因此可以称为楼兰遗址群。

斯坦因所考察的丹丹乌里克遗址、尼雅遗址、米兰遗址和楼兰遗址群,都是沙漠深处的古代遗址。每个遗址又都位于一条干河床的末端,说明这些河流当年曾流入沙漠,使这些遗址得以维持。同样,由于河流干涸不能继续流入沙漠,居民点也就只好废弃。

在这4个遗址中都发现了大量古代文物,除了上面逐个所说的情况外,还有两点值得注意。首先,在这4个遗址中除了发现汉文文书、木简之外,还发现有大量其他文字,其中有古和阗文、佉卢文、古突厥文、古藏文和粟特文即窣利文。这些文字的发现,说明古代西域地区民族众多,语言复杂,文字不一,是东西方民族、文化交流的一个大熔炉,是我国历史史册中具有独特光彩的一页。这些古文字的发现,补充了我国历史文献的不足,开阔了人们对西域历史研究的眼界,丰富了我国西域史的研究。其次,这些遗址中出土了大量佛教塑像、壁画和雕刻,据斯坦因等人的研究,这些佛像,特别是壁画、雕刻的风格、构图、色调及用笔等,受希腊艺术影响很深,有些壁画的人物就直接来源于希腊神话。这种看法除了根据壁画本身的特点以外,也有历史事实的根据。

公元前4世纪时,希腊马其顿王亚历山大东侵,兵锋达到中亚及埃及,并建立了西起尼罗河、巴尔干半岛,东至印度河的亚历山大帝国。这个帝国的起源虽在欧洲,但其大部分领土却在东方。为了巩固自己的统治,帝国的统治者不得不把巩固对东方的统治作为自己制定政策的基础。他们的一个基本政策,就是使被征服各地和民族希腊化。帝国统治者在非洲以及亚洲许多地区建立以亚历山大命名的城市,一面屯兵驻守,一面移民通商,作为推行希腊文化的据点。统治者还提倡马其顿人、希腊人与东方人通婚,将希腊人大量移至东方,在征服地推行

·欧·亚·历·史·文·化·文·库·

和使用希腊语言等等。随着这些措施的实行,希腊的经济、文化确实在东方许多地方产生了巨大影响,特别是在古代巴克特里亚(即大夏)范围内(阿姆河上游至印度河之间),希腊化推行得更为有力。希腊早在公元前 6 世纪就创造了灿烂的文化艺术,特别是希腊古代雕刻、绘画的技术,正如马克思称赞的那样:至今"还继续供给我们以艺术的享受,而且在某些方面还作为一种标准和不可企及的规范",[1]因此在古代,希腊雕刻、绘画确实是世界艺术高峰之一。这种雕刻、绘画艺术自然对大夏的影响十分强大。公元 2 世纪初,贵霜王朝在古大夏地区兴起,其统治者大力推行佛教,并采用希腊式的雕塑作为宣传、表现佛教的手段。由于今巴基斯坦的白沙瓦和阿富汗东部一带古代被称为犍陀罗,而这种美术又兴起于此地,所以这种以希腊雕塑艺术为形式,以佛教为内容的美术,就被称为犍陀罗式艺术。斯坦因在考察我国沙漠中这几个遗址的佛像雕塑、庙宇壁画后得出结论,认为它们都属于这种犍陀罗式艺术。对犍陀罗式艺术的内涵,一些专门研究佛教艺术的学者也各有不同看法。有的认为,对于这种艺术的形成,单说是佛教和希腊文明的结合是不够的,应该把这种艺术看作是"印度的感情与希腊的美的协调的结合"。[2]

对这种艺术产生的时间,有人认为是公元前 2 世纪末,有人认为在公元前 1 世纪,或称在大月氏贵霜王朝迦腻色迦王以前不存在等等。[3] 对这种美术在中国的发展,有人认为,在西域发现的 3—4 世纪的佛教艺术,与犍陀罗艺术十分一致;5—6 世纪的佛教艺术,具有最接近犍陀罗艺术的要素;7 世纪时的佛教艺术,即唐以后,则具有明显的中国本身的特点。[4] 斯坦因在丹丹乌里克遗址、尼雅遗址、米兰遗址以及楼兰遗址中发现的佛教艺术,各期均有。

斯坦因在塔克拉玛干沙漠中发现和获得的文物,都是我国的稀

〔1〕《马克思、恩格斯、列宁、斯大林论艺术》,人民文学出版社 1958 年版,第 59 页。

〔2〕羽田亨著,耿世民译:《西域文化史》,第 68 页。

〔3〕羽田亨著,耿世民译:《西域文化史》,第 69 页。

〔4〕羽田亨著,耿世民译:《西域文化史》,第 70 - 71 页。

世珍宝,对研究我国新疆历史和东西文化交流,提供了极其珍贵的历史资料。

20.3　探查楼兰古道和汉代长城

20.3.1　楼兰古道

1907 年斯坦因在考察楼兰遗址后,又从米兰出发,沿古罗布泊南部边沿,朝东北方向西行,穿过库姆塔格沙漠,经古阳关遗址去敦煌的沿途,发现了很明显的古代道路的遗迹,他认为他所走的这条路,就是古代丝绸之路的一条通道。这条通道在楼兰改称鄯善,特别是在楼兰遗址被废弃,鄯善国的政治中心移至若羌和米兰之后,就成为由中原沿昆仑山北麓到于阗等地最主要的通道。斯坦因在考察这段古道时,还发现罗布泊东部有一个大盆地,内有一连串明显的干湖床。他认为这个现象说明,古代疏勒河[1]曾从敦煌流经库姆塔格沙漠北部,注入古代罗布泊。因此他认为,古代罗布泊既是塔里木水系的汇合点,也是东部祁连山雪水的汇合点。

罗布泊南部丝绸之路的古道虽然也是一条重要通道,但文献记载中对罗布泊北部的那条丝绸古道却更为重视,同时也是斯坦因渴望考察的一个地区。

1914 年他第三次到我国西北考察时,就把实地探查罗布泊北部的丝绸之路作为考察重点。

1914 年 2 月,斯坦因从若羌向东北出发去寻找罗布泊北部的古代丝绸之路的痕迹。他经过楼兰遗址,穿行于古罗布泊北部边沿。这里完全是硬盐层黏土地面,硬盐层皱成倾斜形大块,人和牲畜行走十分艰难,走一日路程,连骆驼的脚掌都被磨破,不得不给骆驼脚上钉上皮掌。斯坦因一行在干涸的古罗布泊北部一直向东,"忽然前面有一个高达百余尺的陡壁挡住,这是古时的湖岸。回头西望,只见无垠的一片褐色

---

[1]源出青海祁连山西段,西北流经玉门、安西和敦煌北部。

盐池,这是古罗布泊壮观的遗影"[1]。他们走出古罗布泊的干湖底,在湖的北部发现有驿站遗址,与楼兰遗址正好在东北方向的一条线上。他们在湖的北部找到了古代交通大道的痕迹,不时看到散落在古道上的钱币、金属皿器等物。在一段古道上,每相隔 20 多米,就散落一枚汉代五珠钱,由西南向东北,共有 200 多枚。这显然是行路的官员或商人从钱袋或箱子的破洞中漏出来的钱币。[2] 路上还散落有一些崭新的青铜箭镞等物。

沿罗布泊北部东行,斯坦因进入白龙堆沙漠。白龙堆沙漠虽然极其荒凉,但古道痕迹却十分清楚。斯坦因站在一个高坡上看到,一条由车辆、牲口和行人踏压出的大道,由西方一直向东伸向遥远的前方。斯坦因在经过了这段由楼兰经白龙堆沙漠的丝绸古道后,曾十分感慨地说:"中国史书上所说如此伟大的贸易,横过自古以来便已无水、无燃料、无草、穷荒不毛的那一条近两百公里长的大路,是怎样组织、怎样支持的问题,我无需在此处讨论。这在文明的交流上,有极伟大的成就。事实上其由于中国方面的声威、经济的富源以及组织的能力,实远过于中国人民以及统治者军事方面的力量。老实说,这可以视为精神胜过物质的一种胜利。"[3]。

20.3.2　汉代长城

对汉代长城的发现和考察,主要是斯坦因第二次对我国西北考察时进行的。

1907 年 3 月,斯坦因经库姆塔格沙漠东行,在今若羌县东端的大沼泽盆地边沿,发现了一座高达 7 米的碉堡。这座碉堡全部用土砖垒成,构筑方法也是在两层土砖之间垫一层红柳枝,这种典型的汉代筑墙法,斯坦因从帕米尔到楼兰,曾多次看到。这座碉堡十分坚固,保存完好,像一座雄伟的宝塔耸立在平坦的荒野中。附近还有一些小的建筑物地基,看样子很像是防守者居住的地方。在其附近还发现了一些毛

---

〔1〕斯坦因著,吴传钧译:《罗布沙漠考察记》,载《新中华复刊》第 2 卷第 5 期。

〔2〕斯坦因著,吴传钧译:《罗布沙漠考察记》,载《新中华复刊》第 2 卷第 5 期。

〔3〕斯坦因著,向达译:《斯坦因西域考古记》,第 115 页。

织物、铁器、木器等物的残片。从以后的考察得知,这个碉堡正是一直延伸到罗布泊的汉代长城亭障中的一个碉堡。

斯坦因离开这个碉堡后不久,在新疆和甘肃交界处,发现了一系列东西方向的碉堡群,它们在将近 40 千米的距离内,几乎排列成一条直线。其位置都是在最理想举烽火之处。在其东部,斯坦因又突然发现附近平沙中露出一些苇秆束,再仔细一看,有一道墙基横过低地,一直向东伸展。追迹近 5 千米,这段墙始与另一高大碉堡相接。墙仍是两层土之间夹苇秆束筑成。这些相连的碉堡和墙,引起斯坦因极大的兴趣,他沿墙迹继续东行考察,这段墙连续不断,仍是隔一段有一碉堡。可以看清楚的碉堡和墙的残迹,沿疏勒河北部,有一段延续达 80 多千米。在斯坦因第三次到这里考察时,曾沿着这段墙,由古玉门关址起向东,一直到额济纳河,再沿额济纳河北上,达居延海黑城子遗址,其长度有 700 多千米。

从遗迹看,这段墙一般宽约 2.5 米,有些残存墙的高度达 3 米多。斯坦因说:"我注视着耸立前面几乎垂直的城墙,不能不惊叹古代中国工程师的技巧,在这一望无垠的沙漠中,无有一切出产,有些处所甚而滴水俱无,建筑这种坚固的城墙,一定是一桩很困难的工作"[1]。

斯坦因所发现的这段墙,一般是每隔一段不等的距离,就有一个碉堡。碉堡的基部方约六七米,其上端逐渐缩小。碉堡多为实心,作瞭望之用,瞭望者用绳攀缘而上,碉堡位置一律选择在较高处,以便瞭望。这种墙显然就是我国古代的长城。

我国长城至秦始皇时始连成一线,东自辽东,西至临洮(今甘肃岷县,近年来有人主张即在今临洮),这是人所共知之事。西边这一段长城,在我国史籍中也有明确记载,它是随着汉朝势力的发展及汉朝与匈奴斗争形势的需要,分几次修建成的。

西汉武帝元狩二年(前 121),统辖河西地区的匈奴浑邪王等归附于汉朝,河西一带始为汉朝政府管辖。汉朝政府在河西设立了郡县,同

〔1〕斯坦因著,向达译:《斯坦因西域考古记》,第 122 页。

时,"筑令居以西"[1],也就是"筑令居塞"[2]。所谓"塞",一般就是指长城这种防御建筑。[3]"令居"即今甘肃永登。这次建筑的"令居塞",大体是东起永登,西至酒泉。[4] 这是汉朝在秦长城以西第一次修筑长城。

汉得河西后,又派张骞二次出使乌孙等地,与西域各地建立了联系,丝绸之路正式开通,不久即出现了东西方使者"相望于道"[5]的局面,河西走廊遂成为东西交通的咽喉要地。但匈奴贵族却不断侵袭河西,胁迫车师、楼兰,不时阻断通道,使刚刚开通的丝绸之路受到严重威胁,仅仅修筑令居塞已不适应要求,在这种情况下,汉武帝于元封三年(前108)派兵击破被匈奴控制的车师和楼兰,清除了这一带的匈奴势力,又从"酒泉列亭障至于玉门"。[6]所谓"列亭障",也就是修筑长城。这是汉朝在西部第二次修筑长城。这段长城从酒泉修起,因此它必然与"令居塞"相接。作为这段长城终点的玉门,并非古玉门关遗址,而是在敦煌以东今玉门县附近。

汉武帝太初三年(前102)又命强弩将军路博德屯军于额济纳河下游居延海,在这一带修筑长城,当时称"遮虏鄣"或"居延塞"[7]。"遮虏鄣"的起止虽无记载,但在当时情况下,短距离修建一些碉堡和城墙,对防止匈奴骑兵南下显然无济于事,所以它必然也是一条很长的防线,实际上就是由居延海溯额济纳河一直南下的那条长城,也就是说,它北起居延海,南至酒泉。

敦煌以西至罗布泊的亭塞是最后修成的。汉武帝太初四年(前102)李广利破大宛后,根据武帝命令,"自敦煌至盐泽[8]往往起

---

〔1〕《史记》第 123 卷《大宛列传》。

〔2〕《后汉书》第 117 卷《西羌传》。

〔3〕张维华:《中国长城建置考》上编,中华书局 1979 年版,第 138 页。

〔4〕张维华:《中国长城建置考》上编,第 147 页。

〔5〕《汉书》第 61 卷《张骞传》。

〔6〕《史记》第 123 卷《大宛列传》。

〔7〕《汉书》第 96 卷《西域传》。

〔8〕即罗布泊。——引者

亭"[1]。所谓"亭",也是边塞系统中的一环,是管理烽燧,传达警报的碉堡。这里所说"起亭",当然主要是修筑碉堡,但根据斯坦因实际考察,在这一段的东部,"亭"之间也有"塞",并与"酒泉塞"相接。斯坦因在敦煌以西的长城遗址中曾发现一枚写有"太始三年"(前94)年号的木简。[2] 这说明敦煌西至罗布泊这一段长城的修筑年代,与起"亭"的时间是一致的。

随着汉朝势力的发展,通过上述4次修筑障塞,从罗布泊经酒泉到令居,又从居延海到酒泉,形成了一条"丁"字形的汉代长城,斯坦因所考察的,正是这段汉代长城的一部分。

斯坦因在沿汉长城的许多遗址中,发现了大量古代遗物。他在敦煌以西的长城遗址中发现了300枚以上的汉代木简。木简上除了有上述太始三年的年号外,尚有太始元年(前96)、地节二年(前68)、元康三年(前63)、神爵三年(前59)等年号。有的木简重录或引称了关于汉代在敦煌地区建立屯田以及建亭障的诏谕,也有关于军队的组织、部队的番号以及其他报告和命令等内容。在长城遗址中还发现有汉朝的度量衡、盛镞的盒子,还有一个小箱盖,上面刻有"显明燧药函"的字样。这说明每一碉堡均有名号,其设备,包括医药设备也都很齐全。对汉代长城的考察证明,汉代有一套完整的塞防制度。就以施放烽燧来说,文献上记载,传警报信时,一般是"昼举烽,夜燔燧"[3]。所谓"举烽",是在碉堡上设一桔槔,桔槔头吊一兜,内置柴草,白天有警,即将兜内柴草点着吊起,使之冒烟,即所谓"烽";晚上有警,即将平时堆积于高地上的木柴堆点燃,火光冲天,直达下一碉堡,这就是所谓"燧"。因此又将举烽燧的碉堡称为"烽燧"。斯坦因在考察中就曾发现一些举燧用的柴堆。这种柴堆一般是将芦柴捆成束,再将其有规则地一层一层十字交叉堆成,每堆六七尺见方,高一尺到七尺不等。他也曾发现许多已经烧成灰的燧堆。此外,报警的方法除烽、燧外,在白天也用

〔1〕斯坦因著,向达译:《斯坦因西域考古记》,第127页。
〔2〕《汉书》第48卷《贾谊传》。
〔3〕《魏书》第103卷《西域传》。

"举表"的办法。所谓"举表",即在天气晴朗的时候,高举有色长布等物以示警报。

斯坦因在长城沿线还发现有驿站、粮食仓库等遗址。从长城的遗物遗址可以看出,汉朝为了维持塞防,在人力、物力上花了很大代价。

斯坦因在长城遗址中还发现了一些粟特文文书。

粟特是古代中亚的一个古国,又称康国,其地域一般认为在阿姆河、锡尔河之间的泽拉夫善河流域,撒马尔罕是它的政治、经济中心。粟特主要居民的语言属印欧语系伊朗语族东支,他们使用的文字被称为粟特文,也称宰利文。据说,粟特人生子后,父母在婴儿口中放一点蜜,手中抹一点胶,表示希望孩子长大后说话和气,能赚钱积财。孩子五六岁就开始学写字,稍长就学习商业。所以粟特人经商者特多,而且善于经商。[1] 撒马尔罕很早以来就成为东西方贸易的一个聚散地和中转站。我国古籍中关于粟特人来内地经商的记载十分丰富,粟特商人的足迹遍布天山南北和内地许多地方,因此粟特文文书在我国时有发现。斯坦因在长城遗址中发现的主要是一些粟特文书信。据斯坦因推测,这很可能是公元 1 世纪时粟特商人特意用当时只有中国才使用的纸片作为书写材料,以使家人、朋友可以看到这奇异的"洋货"。以后经人化验,这种纸是用丝麻织物的浆造成的,比东汉蔡伦所造的纸更为古老。

20.4　藏经洞骗宝

斯坦因于 1907 年和 1914 年两次到过敦煌。

他第一次在我国新疆地区探险后,曾听人说起敦煌千佛洞(又称莫高窟)有大量佛教壁画、雕塑,这引起斯坦因极大的兴趣。他决计于第二次到我国探险时,到敦煌进行考察。

1907 年 3 月,他到达敦煌千佛洞。斯坦因当时所见到的千佛词,

---

[1]《魏书》第 102 卷《西域传》。

还是流沙塞门,断垣残壁,无人管理的破寺。但当他看到洞内精美的壁画和雕像时,不禁流连忘返,认为其"美术价值之丰富,真可以使人惊心动魄"。[1]

斯坦因在参观、欣赏了石窟中的壁画和塑像后,将全部注意力集中于藏经洞的卷子上。他一到敦煌,就听到说几年前在一个洞窟内发现了许多古文书,他立即就想看一看这些东西。但适逢主持这里香火的王道士(名王元箓)外出化缘。斯坦因从王道士的一位徒弟处得知,几年前(1900)在这个石洞过道的右侧墙壁上,裂开一道缝,以后逐渐扩大,内中似乎还有一洞,王道士扒开一看,果然又是一洞,里面堆满了各种文书、画卷,王道士曾取出一些,又将此洞封好,不准他人随意观看,这个洞就叫藏经洞。斯坦因得知果有此事,遂下决心等王道士归来。两个月后,王道士回到千佛洞,斯坦因立即要求王道士准许他查看藏经洞,但遭到王道士拒绝。斯坦因从与王道士的接触中感到,在王道士眼里,藏经洞的出现,是佛菩萨对他的某种恩惠和启示,其中的文书,是佛赐给他的某种天书,是不能随便出示他人的。针对这种思想,狡猾的斯坦因投其所好,利用王道士十分崇拜唐玄奘的心理,自称是玄奘的崇奉者,并说自己以玄奘为榜样,从他取过经的印度,万里迢迢地沿着玄奘走过的路,诚心来此取经,藏经洞的显现,说不定正是佛菩萨对他求经诚意的满足。

王道士果然为这一套鬼话所动,遂悄悄给斯坦因拿出一些卷子让他翻阅。说来也巧,最初从藏经洞中给斯坦因拿来的,竟然又都是玄奘从印度取回,并由他译成汉文的佛经卷子。于是这位满脑子充满因果报应、菩萨显圣思想的王道士,对斯坦因的鬼话更加深信不疑。"在这种半神性的指示的影响下,道士勇气为之大增,那天早晨将通至藏有瑰宝的石室一扇门打开,从道士所掌微暗的油灯光,我[2]的眼前忽然为之开朗。卷子紧紧地一层一层地乱堆在地上,高达十尺左右"[3]。此

[1]斯坦因著,向达译:《斯坦因西域考古记》,第139页。
[2]斯坦因。——引者
[3]斯坦因著,向达译:《斯坦因西域考古记》,第144页。

后数天,王道士一捆一捆将藏经洞中的文书拿出来让斯坦因及其助手蒋师爷(名蒋孝琬)翻阅。

藏经洞中的文书因为纸质精良,所以保存完好,有不少宽在一尺左右,长在两丈开外,捆成书卷;也有的因存放时间过长,粘连在一起,不易解开。其中最古的为公元 5 世纪之物,大部分都是汉文佛经,也有和阗文、龟兹文、突厥文、回鹘文、叙利亚文、印度婆罗谜文、梵文和藏文的卷子。藏经洞中还有相当一部分画卷,有的画在纸上,有的画在绢上,多为佛像,作为寺院旗幡之用。

在斯坦因拿走的画卷中,有一幅是雕版印刷的卷子,上面的年代是唐朝咸通九年(868),这是当时所知最早的雕版印刷品。在古文书中有一卷汉文摩尼教经典,还有用突厥文写的摩尼教祈祷文的卷子。摩尼教是公元 3 世纪时由波斯人摩尼创立的宗教,它吸收了祆教、基督教、佛教等宗教的思想,形成自己的教义,主张善恶二元论,以光明与黑暗为善与恶的本源,宣扬善有善报,恶有恶报。它自 7 世纪传入我国后,曾在回纥等少数民族以及中原许多地区传布,曾成为一些农民起义的组织形式。摩尼教虽在我国有较深的影响,但其经典在此以前不曾发现,各国研究者只能从其他宗教反对摩尼教的有关著作中看到一些侧面。敦煌藏经洞中保存的摩尼教经典和其他有关文书,为研究摩尼教提供了最宝贵的第一手资料。突厥文的摩尼教祈祷文,也是世界文化宝库中难得的珍品。

斯坦因从他所看到的藏经洞文书中,选出了完整无缺的文书 3000 卷,其他单页和残篇约 6000 多篇,从画卷中挑选了 500 幅,共装了 29 箱,运回英国。他以"布施"的名义给王道士银元宝 40 锭,作为这些无价之宝的代价。

1914 年,斯坦因再次来到千佛洞,当时藏经洞又经过伯希和等人的巧取豪夺,已所剩无几,斯坦因通过王道士又骗购了一些卷子。

关于斯坦因在我国西北地区考察的主要活动地区,上面做了简要介绍,但他的活动并不限于上述各地。他还考察过酒泉、张掖及其以南的祁连山和河西北山,他沿额济纳河到过黑城子遗址,并进行了挖掘。

他穿过河西北山到天南山麓、塔里木盆地以北,考察了吐鲁番的高昌古城遗址、交河古城遗址、阿斯塔娜墓葬群、伯孜克里克千佛洞,在焉耆考察了明屋遗址和博斯腾湖,在库尔勒考察了汉代西域都护的所在地轮台遗址,在库车考察了唐代安西都护府所在地,等等。他在这些地区都进行了挖掘,并弄走了大量古代遗物。他的这些活动,都与我国西北史地的研究有密切关系,并有待于认真研究和整理。

斯坦因从我国拿走的大量壁画、文书、绘画和其他文物,目前经欧洲学者的研究整理,基本上已编出目录、图录等,其实物大都藏于英国不列颠博物馆,此外还流散在印度、美国、伊朗等国的有关博物馆中。

（本文原载《西北史地》1983 年第 1 期）

历史编

21 论戎族

21.1 历史记载中的戎

活跃于我国西周、春秋时期的戎,是否为一单独的民族,自古以来的一些著作和研究者,看法就颇不一致。

以《史记》为代表,将戎族放在《匈奴列传》中,把山戎、猃狁、荤粥和戎、狄、匈奴连起来叙述,实际上把戎归于匈奴一类。以后《汉书》照抄不误。至近代,我国著名学者王国维所写的《鬼方昆夷猃狁考》[1],从音韵学以及金石文字和古籍考证方面,进一步论证和发展了这种观点,明确提出,商周之间的鬼方、獯鬻,周末的猃狁,就是春秋时的戎,以后又被称为狄和匈奴。滥觞于《史记》的这个看法,经王国维的进一步论证,就使这种观点在关于戎的研究中,有了广泛的影响,并实际上为许多史学家所遵循。

许慎在《说文》中以羌为西戎牧羊人。应劭在《风俗通义》中也说:"羌,本西戎卑贱者也",把戎归于羌。此后范晔修《后汉书》沿着这一条线,将戎直接写进了《西羌传》,更肯定地把戎归于羌类,使这种看法在史学界也有了很大影响,至今一些著作仍遵循此说,如《中国史稿》认为西戎主要是指羌人部落,但该书也有以猃狁为戎狄部落之说,[2]有的文章甚至直呼戎的某支为羌。[3]

另一种具有一定普遍性的看法,就是把戎作为对西方民族的泛称,似乎实际上并无这样一个民族。这种说法最早出自《墨子》一书。《墨

---

[1]载《观堂集林》第 13 卷。
[2]郭沫若:《中国史稿》第 1 册,人民出版社 1976 年版,第 289、291 页。
[3]见《人文杂志》1983 年第 3 期。

子·节葬下》说:"尧北教乎八狄,……舜西教乎七戎,……禹东教乎九夷"。将狄、戎、夷与北、西、东相配。《礼记·王制》则更明确地提出,东方曰夷,南方曰蛮,西方曰戎,北方曰狄,于是,戎就明确地成为西方民族的泛称。以后,鱼豢所著《魏略》、姚思廉的《梁书》、刘昫的《唐书》等,都将西方民族和国家放在《西戎传》中。这时期的其他著作,如江统的《徙戎论》[1]等,也都以戎称西方民族,甚至统称西北民族。

以上几种关于戎的代表性看法,虽各有不同,但总的一种倾向,是认为戎并不是一个单独的民族实体。由于这种观点几乎占了统治的、主要的地位,于是,一个曾活跃于我国历史上,对中国社会发展起过重大作用,对中华民族的发展有过重大贡献的古代民族,实际上被湮没了。这是很不公平的,而且这也是历史上的一桩公案,很有弄清楚的必要。

戎是活跃于我国西周、春秋时期的一个单独的民族共同体。先秦典籍虽然对戎的记载比较混乱,但我们仍然可以看到,古籍中关于戎与猃狁、羌、狄的记载是有区别的。

就以我国最早的甲骨文来说,至今虽尚未发现有作为民族名称的"戎"字出现,但羌族的名称则屡见不鲜,其中有作为奴隶的羌,有从事农业的羌,总之,羌在殷商时期,是一个很有影响、很活跃的民族[2]。在甲骨文中也有"鬼方"一词。在金文中,我国西北民族的名称就多起来了,有"鬼方"(《梁伯戈》、《盂鼎》)、"猃狁"(《不娶簋》)、戎(《不娶簋》《伯弐鼎》、《弐簋》)等称谓。它们的区分,已经比较清楚了。

记载最多的,当然还是在文献古籍中。

《竹书纪年》中既有对鬼方、氐、羌[3]、翟或狄[4]、猃狁[5]等民族名称的记载,也有上述各族活动的相应年代的记载,记载着戎或西戎的称

---

〔1〕《晋书》第 56 卷《江统传》。

〔2〕顾颉刚:《从古籍中探索我国的西部民族——羌族》,载《社会科学战线》1980 年第 1 期。

〔3〕武丁三十四年"王师克鬼方,氐羌来宾"。

〔4〕帝辛十七年"西伯伐翟",周顷王六年"晋成公与狄伐秦"。

〔5〕厉王十四年,"猃狁侵宗周西鄙"。

谓及其活动的情况[1]。《诗经》中《采薇》、《出车》、《六月》等篇中,记有猃狁。在《出车》中同时也提到戎。其中一句是"赫赫南仲,猃狁于襄",另一句是"赫赫南仲,薄伐西戎"。可见,戎和猃狁也是区分得很清楚的。

《左传》一书,对戎和其他几族,特别是对戎与狄的区分,也是很清楚的。闵公二年记有春"公败犬戎于渭",同年十二月又记"狄人伐卫"。两件事情清清楚楚,毫不含糊。在关于晋文公出奔的问题上,戎和狄的区分就更清楚了。庄公二十八年记晋献公"娶二女于戎,大戎狐姬生重耳,小戎子生夷吾,晋伐骊戎,骊戎男女以骊姬归,生奚齐"。这里所谓戎、大戎、小戎、骊戎均指戎族及其不同分支。至僖公五年,大戎狐姬所生子重耳,因受骊姬之迫害,出奔狄(也作翟),并在狄逗留12年。在这件事上,戎狄的区分就更加清楚了。《国语》中戎狄的区分也基本是清楚的。《周语》说:"狄,隗姓也。"这与戎不同。《楚语》也有:"若民烦可教训,蛮、夷、戎、狄其不宾也久矣。"

从上述罗列的材料中可以看出:

一,戎与猃狁、戎与狄是并见于历史上的不同民族,把戎与猃狁、狄混为一谈,是不妥当的。王国维先生在分析上述一些材料后曾说:金文和《诗经》中猃狁和戎两个名称并举,是"由行文避复之故",或是"言之以谐韵"[2],并不说明这是两个民族。这种说法是很值得怀疑的。《诗经》和金文中明明是猃狁和戎并提,说的是两件事,这是事实。而后人却要解释成"行文避复"的文字技巧问题,这就显得不够尊重客观事实。何况《诗经》作为诗和民歌,重复之处很多,甚至可以说这种重复就是诗和民歌的特点之一,不存在行文避复的问题。此外,与《诗经》和金文同时出现的其他著作,也都是戎、猃狁和狄并提,这又当作何解释呢?

二,上述材料也可以说明,戎与羌虽然都活动于西方,但他们也不

---

〔1〕太戊二十六年"西戎来宾,王使王孟聘西戎";祖甲十二年"征西戎";文丁二年"周公季历伐燕京之戎",四年"周公季历伐余无之戎";懿王七年"西戎侵镐",十三年"翟人侵岐"等。

〔2〕王国维:《鬼方昆夷猃狁考》,上海书店出版社1994年版。

是一个民族。甲骨文中有关于羌的大量记载,进入西周、春秋后,关于羌的记载越来越少,而关于戎的记载却多了起来。到汉代,羌又以西北的一个重要民族出现于史册,这种现象说明,戎是西周、春秋时兴起的民族,在它兴起之后,向西和西南排挤羌族,使他们退至青海和嘉陵江上游一带,到汉代才又显露头角。

三,至于把戎作为一种西方民族的统称的观点虽不科学,但反映了历史上一个事实,即戎族在西周和春秋时活动于西方,而且是西方诸族中,影响巨大的一个民族。正因为如此,其名始成为后人对西方诸族的统称。正如童书业先生所说:"春秋以后,住居中原的'夷'、'蛮'、'戎'、'狄'尽被所谓'诸夏'所混合、同化,于是人们就渐渐忘了春秋以上的情形。一般人只记得西周为戎族所灭,而齐、鲁一带称夷之族很多,又春秋时诸夏惧怕北方狄族的余影还在,而且从楚国强盛以后,因楚称蛮,人们就把楚代表了蛮。这样一来,夷、蛮、戎、狄便渐渐地与东、南、西、北发生了比较固定的联系。"[1]

总之,笔者认为,我们不能否认戎是一个单独存在过的民族,不能把它同猃狁、狄、羌混同为一;不能主观地认为,先秦文献中所出现的这些称谓没有实际的含义或者不表达实际的内容,恰恰相反,先秦文献中的记载只能说明,西周、春秋时期的戎,确实是西方的一个强大的民族。当然,我们也要注意到,到了春秋战国之交,戎族势力日衰,逐渐融于华夏或其他诸族,而狄的势力日渐强大,于是,这时期的有些记载在追记春秋时期戎族的活动时,把那时的戎也称为狄,有时又戎、狄并称。而到了汉代,戎、狄的强盛时代都过去了,他们的名称在人们的头脑中似乎已无实质性的区别,于是,当时的历史学家在记叙西周、春秋的历史时,或戎狄合称,或以戎当狄的情况就更多了。如《左传》记载,僖公十一年夏,"杨拒、泉皋、伊雒之戎同伐京师,入王城,焚东门,王子带召之也。秦晋伐戎以救周。秋,晋侯平戎于王",这里非常明确,说的是戎伐周。而《史记·匈奴传》却改记为"戎狄至洛邑,伐周襄王"。《史

〔1〕童书业:《中国古代地理考证论文集》,中华书局 1962 年版,第 50 页。

记·周本纪》则说："叔带与戎翟谋伐襄王,襄王欲诛叔带,叔带奔齐。齐桓公使管仲平戎于周,使隰朋平戎于晋"。前面说是戎翟,后面又只提平戎于周。很明显,"翟"字系《史记》作者所加。再如,《左传》记载,僖公二十二年"秋,秦晋迁陆浑之戎于伊川";而《史记·匈奴列传》则记为"于是戎狄或居于陆浑"。这个"狄"字也是《史记》作者加的,反映了在《史记》作者的头脑中,戎、狄是不分的。从这个比较中可以看出,《左传》时代,戎作为一个民族,还是比较明确的,《左传》虽有时也戎狄并举,但仍是指两个民族,或指整个西方和北方民族,戎绝不是泛称。到《史记》成书时代,由于戎作为一个民族早已不存在,狄在当时也势微力薄,戎族的称谓,就成了对西北少数民族的一种泛称。这是一个变化过程。我们不能因为后来的古籍中把戎当成西北少数民族的泛称,而否定在西周、春秋时期,戎确实存在过的事实。

王国维先生在解释猃狁发展到春秋时,为什么又被称为戎这个问题时,还说,中原人对"凡操兵器以侵盗者,亦谓之戎","宣王以后有戎狄而无猃狁者,非猃狁种类一旦灭绝和远徙他处之谓,反因猃狁荐食中国,为害尤甚,故不呼其本名而以中国之名呼之"[1]。对于这种说法,其主观推断成分较多。猃狁至少自周初即为周之祸患,从无为之改名之事,到宣平之际,忽而为之改名,似无此道理,而且为中原祸患的民族颇多,也不见有改名以诅咒、贬低之事。就是改名,一般也是用贬义之谐音汉字,称呼其名,无音、义皆改的必要。如王莽时,曾改"匈奴单于"为"降奴服于"[2],那也是因其音,改成一定的贬义之词。而且"戎"字非绝对之贬义词,在讲究"春秋"笔法的时代,怎能将一个视为心腹之患、名称已带有反犬旁的民族,改为"戎"呢?更何况为什么到春秋后期至战国时又不称"戎"而相继改称"狄"、"胡"和"匈奴"呢?显然,这种说法是把复杂事物简单化了,使反映客观事物变化的名称的变化,变成了纯粹的主观随意创造。

---

〔1〕王国维:《鬼方昆夷猃狁考》。
〔2〕《汉书》第99卷《王莽传》。

"戎"显然是汉字,但很可能是这个民族的自称与汉字"戎"的音同,所以当时的人用了戎这个字。至今四川阿坝藏族自治州南部和甘孜州东部某些农区的藏族人,自称"嘉戎"或"嘉戎哇"[1]。据笔者看来,戎属汉藏语系的民族,与羌及藏族有十分密切的关系。虽不敢说被称作"嘉戎"的人与古代的戎有什么关系,但其被称为"嘉戎",显然是汉人用谐音汉字书写其本民族自称而再现的名称。这对我们理解古代戎族一名的来源和含义,还是有帮助的。

至于王国维先生所说,战国时,戎的名称又被狄所代替一事,据许多学者研究,狄是我国历史上另一个重要的北方民族,与匈奴虽有密切关系,但并非一个民族[2]。那么,王国维先生所谓猃狁、戎、狄、匈奴为一个民族在不同时期的称谓的这个观点,就有修改的必要了。鬼方、猃狁和匈奴是否为同一个民族,我们且不去说它,但笔者认为戎与上述几个民族不同,它是一个单独的民族。至于戎与狄,他们自己有各自的历史地位,更是不容混淆的。

21.2   戎是我国历史上的一个古代民族

如上所说,戎是兴起于殷周至春秋时的一个民族,在殷周之际,戎的活动地区与猃狁虽有交错(这在各民族历史上,是一般情况),但两者的主要活动地区不同。王国维对《诗经》及金文所提到的 9 个猃狁活动地区进行了考证,除其中一个外,都在周的北方,在周的西部的只有西俞一地,但这个地方也主要是因有"西"字,故而被推断在周的西部,并无实地可指。猃狁主要活动于周疆之北,这是没有问题的。[3]殷周之时,戎族活动的地区与猃狁不同,主要在周疆之西,可以分为几个据点。

---

〔1〕庄学本:《羌戎考察记》,上海良友图书印刷公司 1937 年版,第 80 页;四川省民族研究所:《四川少数民族》,四川民族出版社 1982 年版,第 19 页。

〔2〕马长寿:《北狄与匈奴》,三联书店 1962 年版;段连勤:《北狄族与中山国》,河北人民出版社 1982 年版。

〔3〕沈长云:《猃狁、鬼方、羌氏之戎不同族别考》,载《人文杂志》1983 年第 3 期。

《竹书纪年》载,商末周季历伐西落鬼戎、燕京之戎、余无之戎、始呼之戎、翳徒之戎等诸戎。一些研究者认为,这些戎自陇向东北散布于汾水下游。[1] 但是,这种说法是值得怀疑的。周起自今陕甘交界,公刘时迁至豳(今陕西旬邑),古公亶父南迁到渭北岐山的周原,当时,周所控制的地区很狭小,如果上述诸戎散布于商朝中心地区之北,则诸戎不仅不能远道侵周,周亦无力远道东伐诸戎,而且也为殷所不许。所以当时周所伐诸戎必在周以西和以北的邻近地区,即今陇山和泾、洛上游一带。这里应该是西周时期戎族活动的一个重要根据地。

另一个大的戎族集团被称为"瓜州之戎"。以后的姜戎、阴戎、伊洛之戎、陆浑之戎、九州之戎等都是其迁徙后的分支。据《左传》记载,瓜州之戎原居瓜州,于鲁僖公二十二年(前638)为晋惠公诱迁至伊川。晋杜预《左传注》以瓜州为今敦煌,[2] 遂为许多学者所遵循。这显然是不可信的。当春秋之时,秦国的势力虽已渐大,其西北与敦煌相隔尚远,晋惠公不可能千里迢迢从敦煌诱戎至伊川。所以春秋时的瓜州绝非今敦煌,即杜预本人的说法也不一致。对于同样由瓜州东迁的陆浑之戎的原住地陆浑,他却认为在秦晋西北[3]。经顾颉刚先生考证,春秋时所谓瓜州之地应在今渭水以南、秦岭一带,即秦国东南与周王疆域相接[4]。

顾先生所持根据之一是说,这一带"有民一族,号曰'瓜子'",此即瓜州之戎的遗族。[5] 对这一说法笔者实在不敢苟同。"瓜子"是陕西人,甚至是西北人对智力低下、行动迟钝者的称谓。陕西城固一带的"瓜子",显系患一种地方病的群众,与春秋时的戎族毫不相干。如果说当年的瓜州之戎就是那样一群病患者,他们在当时就不可能长途跋涉、千里东迁,更无法演出灭秦军于殽,与诸国进军侵宋的雄壮历史。

〔1〕方诗铭、王修龄:《古本竹书纪年辑证》,上海古籍出版社1981年版,第34页;顾颉刚:《中国历史地图集》第1册,9—10图、11—12图。

〔2〕《左传》襄公十四年杜注。

〔3〕《左传》僖公二十二年杜注。

〔4〕顾颉刚:《史林杂识初编》,中华书局1963年版,第50页。

〔5〕顾颉刚:《史林杂识初编》,第52页。

1980 年《社会科学战线》第 1 期所载顾颉刚先生的文章中,对《史林杂识》所说瓜州的地点已有改变,认为"一定离凤翔不远",即在渭河以北。此外,就当时形势来看,说瓜州在秦岭一带也有不妥之处。瓜州之戎东迁,一是因秦侵吞其土地,二是由于晋惠公诱其东迁。如果瓜州在秦之东南,则其地早已为秦所吞;或者是在周疆境内,晋惠公也不一定能够将其诱得动。因此,瓜州必在秦国疆域以西或在西北,即陇山及其以西一带。总之,不论瓜州在今敦煌还是在秦岭,或在陇山,这一支被称为允姓之戎的戎人,在西周时的活动地区,也位于西方。

此外,到春秋后期,许多戎仍活动于陇以西至渭首和泾水流域。[1]秦穆公时,"得由余,西戎八国服于秦"[2],其势力曾达陇以西。

从上述情况看出,戎的活动地区主要在西部,与猃狁的活动范围有着明显的区别。战国时人们把西方与戎相配,把西方的民族统称"戎",这正反映了戎主要是活动于西方的一个民族,而且曾是西方最强大的一个民族,正如历史上一再出现的那样,一些史学家往往用曾经最强大的某族的名称来称呼该地区所有的民族,"戎"被当作所有西方民族的统称,也反映了这一事实。

虽有戎族活动于北方的记载(如山戎等,主要是以后迁徙去的),但那是少量的。而猃狁和狄的活动地区却没有到达西部,即陇山以南和以西。狄也被配以北,成为北方民族的代表,这都反映了一定的客观实际。

以上是从地理上看,戎族有其自己的活动地区,与北方猃狁、狄等为不同的民族。从文化类型和社会经济生活来看,戎与猃狁也有很大不同。

《左传》记载,姜戎子驹支对范宣子说:"我诸戎饮食衣服不与华同,贽币不通,语言不达。"[3]《左传》还记载,戎亦为"披发"民族。[4]

---

〔1〕《史记·匈奴传》;《后汉书·西羌传》。
〔2〕《史记·匈奴传》。
〔3〕《左传》"襄公十四年"。
〔4〕《左传》"僖公二十二年"。

《墨子·节葬篇》："秦之西,有义渠之国者,其亲戚死,聚柴薪而焚之。"有一些著作认为义渠是氏,因为《吕氏春秋·义渠》记载:"氏羌之民其虏也,不忧其系累,而忧其死不焚也",这正与《墨子》所说义渠的丧葬习俗一样。但是,《墨子》并没有指出义渠是羌氏之国。《史记》、《汉书》、《后汉书》则均认为义渠属戎。这三部书中,都有关于氏羌的记载,他们未将直至战国时犹存并有很大影响的义渠列入氏羌,而列入戎,其可信程度,当然要比后人的推断大得多。而《墨子》与《吕氏春秋》的记载并不矛盾,这两部书的记载正说明,戎的丧葬习俗,与氏羌的丧葬习俗相同。这些记载虽说得不够具体,但,戎有自己的语言、习俗,与华夏不同,而且与狄、猃狁及以后的匈奴也不同,从他们与氏羌的关系看,他们似乎应属于汉藏语系的民族。

就其社会经济生活来说,戎与匈奴专事牧业不同,是一种农牧兼营的民族,甚至可以说,农业在其经济生活中占有较大比重。其理由有:一,戎的活动地区,即陇山东西和泾水、洛水流域,都是适宜农业的地区;二,西周与春秋之初,戎族大量向内地农业地区迁徙,并转入了农业生产,他们对这种转变没有发生很大的不适应,这表明,这些戎在未迁之前,已经开始从事农业生产。就是迁至土地条件差的地区,他们也能发展自己的农业。《左传》襄公十四年(前 559),戎子驹支对范宣子说:"晋惠公赐我南鄙之田,狐狸所居,豺狼所嗥,我诸戎除翦其荆棘,驱其狐狸,以为先君不侵不叛之臣。"如果这支戎族原来就无农耕的技艺,陡然间迁至内地,使之经营农业,是不可能使他们长期居住下去,并成晋国重要膀臂的。这也与猃狁形成鲜明的对照。直到汉代的匈奴仍是"得汉地,而单于终非能居之"[1]。戎也有一部分定居部落,他们有城郭,如"义渠、大荔戎,皆筑城数十"[2],陇西有獂邑[3]等。他们与猃狁、匈奴以庐为帐、逐水草的情况,也大有区别。根据上述各情况,戎很早就是农牧兼营,而其务农的成分似乎更大一些。这也与氏羌,特别是

---

〔1〕《史记·匈奴传》。

〔2〕《后汉书·西羌传》。

〔3〕《史记·秦本纪》。

氏更为接近。戎的有些部落,其手工业也有一定程度的发展。周穆王时的《斁簋》铭文中记载,斁击败戎,虏获戎许多兵器,其中有盾、矛、戈、弓、箭、甲和盔等135件,[1]戎的这些武器有可能来自中原,但也很可能有自己制造的。而且在当时战争频繁的情况下,完全靠其他国家供给武器,也是不可能的。此外,桓公六年北戎伐齐,齐乞师于郑,郑出兵救齐,败戎师,斩其甲首"三百",此"甲首",一般即认为是"被甲者之首"[2],这也说明,戎除自己生产一般生产工具、武器之外,很可能已可以制造战士穿戴的甲胄。

戎的社会性质,由于材料缺乏,还作不出具体的推断,但从当时的情况看,戎要比中原华夏地区落后,在西周和春秋时期,戎的社会始终保留深厚的宗法氏族、部落的组织和制度,宗法组织支配着整个社会,成为管理社会的主要力量。据《史记》记载,戎的社会"上含淳德以遇其下,下怀忠信以事其上,一国之政犹一身之治,不知所以治"[3]。说明戎族当时是一个以氏族、部落为社会基础,用宗法关系维持整个社会生活,还处于军事民主制向国家形态过渡阶段的一个民族。

据《左传》、《史记》等古籍记载,有具体名称的戎有30种左右。这些戎基本上是大大小小的戎的部落联盟。他们的名称的来源,正如有的研究者所说:"盖戎无定名,居何地即以何地之名施之"[4],而且多是华夏族对他们的称呼。

古籍中的古代各王国、各族都有姓、氏。这个姓与我们现在所理解的血缘关系的姓,并不完全是一回事。例如传说少典生黄帝、炎帝,黄帝生长于姬水,故姓姬;炎帝生长于姜水,所以就姓了姜。黄帝之子25人,则有12个姓。[5]据我国古籍记载,诸戎除了有名称(即氏)之外,也有姓。如瓜州之戎有姜姓、允姓,一般认为姜戎为姜姓,陆浑之戎等为允姓,骊戎姬姓,巳氏之戎姓巳等等。这些所谓姓,当然更不是血缘

〔1〕见《文物》1976年第6期。
〔2〕杨伯峻:《春秋左传注》第1册,中华书局1981年,第113页。
〔3〕《史记·秦本纪》。
〔4〕鲍升:《春秋国名考释》卷下。
〔5〕《国语·晋语四》。

关系的标志,实际上也主要是诸戎活动地区的山川地名。所以,诸戎虽名称不同,姓氏各异,就如同黄帝之子有十二姓一样,姓氏在当时只是其活动地区以及其他特征的一种标志,并不说明诸戎不是一个民族。同时,戎虽也有姜姓、姬姓部落,也不说明这些部落就与华夏族和羌族有直接的血缘关系或姜姓之戎就是羌族。还有一些戎的部落,如犬戎,有同志认为这部分戎原来不是戎,而是夏商之际由东方迁来的夷,即畎夷[1]。对此本文且不加评论。假设这是事实,也只能说明戎族中,吸收了其他民族的成分,畎夷后来被称为犬戎,正说明,由于他们被迁至戎地,经几百年的融合、同化,逐渐成为戎族的一部分了。

根据上述考虑,笔者认为戎确实是我国古代一个单独存在过的民族。他们的发祥地在陇山东西和泾、渭、洛水流域,他们主要从事农业,也经营一定的牧业,基本上属于定居民族。其语言属于汉藏语系,文化习俗更接近氐羌,他们与北方的猃狁,即以后的匈奴,是根本不同的民族。

21.3　戎的迁徙

戎族诞生于陇山东西和泾洛上游,但自西周时起,由于各种原因,开始向东迁徙,至春秋时,戎的各部迁徙到了黄河流域中游,甚至到了淮河流域。

戎的大迁徙主要有 3 次。第一次大约在周穆王时期。《后汉书·西羌传》引《竹书纪年》记载:"王(即穆王)乃西征犬戎,获其五王以东,遂迁戎于太原。"

周穆王西征,这是中国古代史上一件脍炙人口的事件,其西征路线,众说纷纭,就是犬戎所在地,学者们也各持己见,很难确定其具体地点,但穆王是"西征犬戎",其地应在周疆之西,是没有问题的。"太原"地望,历来意见不一。有谓在今山西太原,有谓在今平凉、固原一带,亦

---

[1]段连勤:《关于夷族东迁和秦嬴的起源地、族属问题》,载《人文杂志》1982 年增刊《先秦史论文集》。

有谓在今包头西、汉五原郡地[1],亦有谓是指河东之汉代太原、西河、河东三郡地[2]。在这个问题上过多的讨论也不是本文的任务,但有一点应该指出,即太原,在西周时绝非指一个城镇和聚落或一个具体的地点,它的本意正如许多人已经指出的,是"大而高平者"之意[3]。以后宣王曾料民于太原[4],此太原必在周的势力所能控制的范围之内。根据这些情况,西周时所谓太原,即指黄土高原的东部,也就是王国维所说的"太原之名古代盖兼汉太原、西河、河东三郡地"[5],即今晋西、陕北的部分地区。

迁徙到这里的戎,与猃狁等错居,并且逐渐由北向东、向南迁徙扩散。宣王时在这一带出现的徐戎、姜戎、太原之戎、条戎、奔戎、北戎等,都与穆王时的这次迁徙有关,也许他们就是迁徙到太原的戎的各部。宣王三十九年在千亩为姜戎击败,损失了南国之师,"乃料民于太原"[6]。专门要在太原料民,其原因史无记载,据笔者推想,可能有如下一些原因:一是自大批戎族迁徙到太原,此地华戎杂居,户籍紊乱;二是戎族部落众多,而且势力日强,给周的西北境造成威胁;三是宣王丧南国之师,从中吸取教训,欲以北方华戎人等充当兵丁。又因这次行动涉及一系列重大问题,而且在华、戎杂居之地料民,很可能引起动乱,所以不仅在当时引起争论,遭到了大臣反对,而且为史家当作一件大事特别记录在册。

戎的第一次大迁徙,虽然是被迫的,但是,它使戎族的活动范围扩大了,与华夏族更接近了,对戎族以后的发展是很有意义的。

戎的第二次东迁,是在两周相交之际,即随着平王的东迁而发生的。周幽王废太子——申后之子宜臼,立褒姒之子为太子,宜臼逃至

---

[1]蒙文通:《周秦少数民族研究》,龙门联合书局1958年版,第13-14页。

[2]王国维:《鬼方昆夷猃狁考》。

[3]于逢春:《周平王东迁非避戎乃投戎辨》,载《西北史地》1983年第4期。

[4]料民即检查太原人丁,加强管理,以备征调。

[5]王国维:《鬼方昆夷猃狁考》。

[6]《史记·周本纪》。

申,周幽王伐申,申侯遂联合西戎,杀幽王于骊山之下。戎占领周之焦获[1]。这部分戎,很可能有迁至太原的那部分戎,也有从西北新迁来的其他戎部,不论其原驻地何在,经此次事变,周平王东迁洛邑,随着周势力东迁,戎不仅进入宗周附近,"居于泾渭之间"[2],而且大量向东迁徙,到平王之末,出现了"周遂陵迟,戎逼诸夏"[3]的局面。伊洛之戎等,很可能就是这次迁徙去的。

通过这3次大的迁徙,主要活动于陇山东西、泾洛上游的戎族,就大批迁向东部。这3次大的迁徙,使戎族在春秋时期形成了4个大的分布区:在太原地区,即陕西东北、晋西北形成了一个戎族活动中心;在泾渭之间和整个泾水流域,形成了一个戎族活动中心;在伊洛之间,形成了第三个戎族活动中心;陇西是戎的老根据地,即以后所谓西戎八国所在地,为戎的第四个分布区。这4个地区,就是我国古代戎族在迁徙中形成的主要活动地区。此外,在河北北部还有北戎、山戎,在山东西部有巳氏之戎,在淮河流域有徐戎,在湖北有卢戎等。这些戎是怎样到达这些地区的我们虽不清楚,但大体都是在这几次大的迁徙前后散布到那些地方的戎的个别部落。

21.4　戎族在我国历史上的作用和地位

戎族发展到春秋战国之际就逐渐消失了,但它在我国西周和春秋

---

[1]《括地志》:"在今泾阳北数十里"。
[2]《史记·匈奴传》。
[3]《后汉书·西羌传》。
[4]《左传》"襄公十四年"。

时期的历史上,曾占有重要地位,对我国这段历史产生过重大的影响。这主要表现在:

(1)周族的兴起与西周的灭亡,都与戎族有直接的关系。

周族兴起于甘、陕之间,它的兴起与发展,与戎族有密切的关系。自不窋时,与戎杂处"变于西戎"[1]。历十二世到古公亶父,始南迁岐下,"贬戎狄之俗"[2]。可见最初的周族,就是在与戎族的相互影响下发展起来的。周建国后,仍然与戎的一些部落保持婚姻和同盟的关系。

西周的灭亡,与戎更有直接的关系。

西周转变到春秋时期,这是我国历史上一个重要时刻,它标志着周天子权威的衰落,我国历史又进入了一个大国争霸,各地经济文化蓬勃发展的新时期。就我国社会经济的发展来说,也是我国由奴隶制向封建制过渡的时期。中国历史在这个阶段从表面到本质都发生了重大变化,这当然是中国社会数百年来社会政治经济发展的结果,是奴隶阶级与奴隶主阶级长期斗争的结果。这是最主要的和最基本的。同时笔者觉得我们也应当看到,在促进这一历史的转化中,戎族起了一定的作用。

西周至幽王时,自然灾害频繁,统治者内部矛盾尖锐,"申、缯、西戎方疆"[3],申侯因幽王废申后之子,联合西戎、缯,攻杀幽王于骊山下,[4]引起周王都由宗周东迁至洛邑,使周王室进一步衰弱,从此进入春秋争霸时期。

申后出自申国(西申),一些研究者认为,申国就是戎族建立的一个侯国。西周末年申戎势力强大,宣王末年曾征伐申戎[5] 幽王时,申国以女妻幽王,是为申后,是这次攻杀幽王,颠覆西周的倡导者。

缯是否属戎国,史无明确记载。《竹书纪年》说:"幽王初年,晋文侯同王子多父伐郐(即缯)克之"。在西周时期,晋与周王子联合克缯,

---

[1]《史记·匈奴传》。

[2]《史记·周本纪》。

[3]《国语》卷16《郑语》。

[4]《史记·周本纪》。

[5]《后汉书·西羌传》。

说明缯不是姬姓、姜姓之国。该书还记载,宜臼出奔申国后,幽王立褒姒之子伯服为太子,"申侯聘西戎及鄫",结成联盟,准备与周天子对抗,最后与申、戎共杀幽王。这在当时的华夏诸国,还不敢为此冒天下大不韪之事。从这些方面看,缯国很可能也是戎国。王国维认为"缯亦属戎"[1]。他们不仅杀了幽王,而且立申后之子宜臼为周天子,是为平王。我国古代典籍均以平王东迁为"避戎寇"。但从当时形势来看,实是平王依靠申侯联合缯、西戎诸戎国杀父自立为周天子,在当时那种宗法制度森严、华夷之别很深的时代,他的东迁不但不可能避开支持他登上天子宝座的戎,而且应该说,他的东迁正是为了更好地利用和依靠戎的力量,或者说,他的东迁也正是在申、缯、犬戎的支持下进行的。所谓"避戎寇",那是后代史家本着"为尊者讳"的思想,改变历史实际的结果。[2]

因此,我国历史上著名的平王东迁这件大事,正是诸戎在中国政治舞台上的一次重大表演,是戎族曾在中国历史上发挥过重大作用的一个例证。

(2)戎族在春秋争霸中,发挥过举足轻重的作用。

过去一说到春秋争霸,人们联想到的就是所谓六国争霸或五霸争雄的局面。但是,当时一些国家之所以能称霸,与戎族有直接的、重大的关系。戎的势力曾强大一时,对东迁后的周王室形成很大威胁。春秋初,戎使朝觐于周京,并与东周诸大臣交往,因凡伯对其使者不礼,鲁隐公七年(前716)凡伯出使鲁国后,在返回的路上为戎截击于楚丘(山东曹县东南30里)[3]。可见戎的势力是很强大的,就是周天子,他们也没有放在眼里。周王室使晋之臣曾对晋公说:"戎有中国,谁之咎也?后稷封殖天下,今戎制之,不亦难乎?"[4]据范文澜统计,春秋时,仅公元前722年到前637年的86年中,戎伐楚、伐郑、伐齐各一次,伐

---

〔1〕王国维:《鬼方昆夷猃狁考》。

〔2〕于逢春:《周平王东迁非避戎乃投戎辨》,载《西北史地》1983年第4期。

〔3〕《左传》"隐七年"。

〔4〕《左传》"昭九年"。

周二次,齐伐戎三次,鲁伐戎一次,虢伐戎二次,诸侯为戎祸守周城二次。[1] 这个统计显然并不完全,但已说明,戎在当时的政治生活中占有重要的地位。

纵观春秋时期的几百年中,在列国争霸中最活跃的,而且维持霸主地位最长的是晋、楚、秦三国。这三国之所以能在春秋时有如此强大的力量,当然首先是他们自己从西周时就开始积聚其力量的结果。此外,这三个国家有一个共同特点,就是大都吸收了非华夏族的部落,扩张了非华夏族的地区,吸收了非华夏族的习俗,甚至如秦、楚的统治阶层及其很大一部分居民,本身就出身于非华夏族。特别是晋、秦两国,其长期称霸的一个重要因素,是借助于戎族的势力。

晋国处于"戎狄之民,实环之"的地理位置,[2]"戎狄之与邻","而远于王室"[3]。因此,晋的兴起,与戎有极大关系,晋之先原为成王同母弟唐侯叔虞。建国初,在国内"疆以戎索"[4],即实行戎法,说明晋国境内有大量戎族部落,并在社会政治生活中占重要地位,所以才不得不以戎法约束。至晋献公时,晋国靠吞并、结好于西部和北部的戎、狄部落,以及任用大量非华夏族的人为大臣,使晋国进一步强大。晋文公时,晋正式取得霸主地位。晋国称霸之时,与诸国盟会,往往邀戎与会,以支持晋的霸主地位。此外,戎直接出兵为晋国争霸业。如公元前627年,秦乘晋文公死、晋襄公初即位之机,派孟明视等率大军,远征郑国,灭滑而归时,晋与姜戎合兵袭击秦军,使秦军在殽全军覆没。正如姜戎子驹支所说:"晋之百役,与我诸戎,相继于时。"[5]晋悼公时,魏绛又建议晋采取"和戎"之策,与四周戎、狄族建立友好和同盟关系,结果是"戎狄事晋,四邻振动,诸侯威怀"[6],"八年之中,九合诸侯"[7]。晋

---

〔1〕范文澜:《中国通史简编》,人民出版社1962年版,第184页。

〔2〕《国语》卷8《晋语》。

〔3〕《左传》"昭十五年"。

〔4〕《左传》"定四年"。

〔5〕《左传》"襄十四年"。

〔6〕《左传》"襄四年"。

〔7〕《左传》"襄十一年"。

之霸主地位能保持百年之久，一个重要原因，就是得力于戎的支持。

秦国兴起于陇西，在西周和春秋时代，就被当时人看作戎、狄之国，如晋惠公六年，惠公为秦穆公俘获，其大臣扬言"必报仇，宁事戎狄"[1]。现代的研究家，亦有主张秦为戎族的。[2] 实际上根据文献记载来看，秦的统治者及其大部分居民，出身于戎族的可能性是很大的。传说中秦的祖先胥轩，就被称为"戎胥轩"，至中潏时，"在西戎，保西垂"[3]。西垂在今天水以南，古代为西戎地。且秦侯统治者与申（戎族）长期结为婚姻，秦申曾共同为西戎之共主。周宣王时，西戎杀秦仲，秦始与戎不和。随着秦国逐渐东迁，并在诸夏的影响下，秦国大量吸收了华夏文化，在经济、文化方面有了很大发展和变化，与一直保留着本民族经济、文化特点的戎族，就有了区别。秦为了称霸中原，自身也尽力否认自己的戎的身份。襄公开始，大规模击西戎，经文公、宁公，连克戎之岐、亳，武公时西取戎之邽、冀等地，[4]至穆公时，国势益盛，与晋、楚争霸于中原，对戎更是软硬兼施，不断兼并诸戎。其中影响最大的一件事，就是与西戎王结好，最后用由余之计，伐戎王，"益国十二，开地千里，遂霸西戎"[5]，这就为秦向西发展打开了新局面，也给秦向东发展提供了人力物力的新来源。至战国初，秦又灭义渠戎国，占据今陕、宁、甘大片领土，正如顾颉刚先生所说的："秦自襄公伐戎，直至昭公灭义渠，始将今陕、甘境内之戎人并合净尽"[6]，对秦统一中原地区有重要意义。

总之，在春秋时期的历史舞台上，戎是一支重要的政治力量，对整个春秋的历史有重大影响。

（3）戎族对开发祖国和华夏族的发展做出了积极的贡献。

西周至春秋时，戎主要活动于我国西部广大地区，他们对开发祖国

〔1〕《史记·晋世家》。
〔2〕蒙文通：《周秦少数民族研究》，第23页。
〔3〕《史记·秦本纪》。
〔4〕《史记·秦本纪》。
〔5〕《史记·秦本纪》。
〔6〕顾颉刚：《史林杂识初编》，第60页。

西北广大地区,做出了巨大贡献。据《后汉书》记载,春秋时:"自陇山以东及乎伊洛,往往有戎。于是渭首有狄獂邦冀之戎,泾北有义渠之戎,洛川有大荔之戎,渭南有骊戎,伊洛间有杨拒泉皋之戎"[1],其地区包括了今陕西、甘肃、宁夏、河南、山西西部和北部。他们在这些地区,或农耕,或畜牧,开发了这里的荒辟土地,发展了生产,建筑了城镇。如义渠戎,他们长期活动于泾水流域,筑城数十,发展了这里的经济。强大的骊戎,在当地发展了牧业生产,培育了有名的"文马"。姜戎迁至伊洛时,其地"狐狸所居,豺狼所嗥",还是一片荆棘,姜戎诸部在这里开荒种植,发展了这里的农业。

总之,从陇西高原、陕北高原到山西高原及豫西山地的广大黄土高原上,许多地区都有戎族部落的踪迹,他们在这里生息发展,是我国古代勤劳的开拓者之一。

戎族对促进华夏族的发展,促进汉族的形成,也起过重大的作用。

我国历史发展到西周时期,政治上的进一步统一,促进了夏、商、周族以及其他各种不同部落、古代民族的融合与同化,一个以中原黄河流域为活动中心、以农为主的古代华夏族就形成了。在整个西周及春秋战国时期,就是华夏族进一步形成和发展的历史阶段,在这个阶段中,华夏族大量吸收了戎族,并促使自己转化成汉族。

活动于今河南汝阳县南的戎蛮子,活动于今湖北南漳县东北的卢戎,于春秋末期,为晋楚所迫,为楚所吞并[2],成为以后南方汉族的重要组成部分。由于戎主要与秦晋为邻,有的原在秦晋境内,所以到春秋后期,随着戎与华夏经济文化的交流以及秦、晋的强大,戎大多数为秦、晋吞并,并与秦、晋境内的华夏人融合,成为西北汉族的重要组成部分。

公元前525年(昭公十七年),晋因陆浑之戎结好于楚,派荀吴率师渡棘津,采取偷袭的办法,消灭了陆浑之戎,陆浑奔楚,其部落一部分投周之甘鹿,一部分奔楚,还有的则为晋所吞并[3]。在春秋时曾强盛

---

〔1〕《后汉书·西羌传》。
〔2〕《左传》"哀四年"。
〔3〕《左传》"昭十七年"。

一时的姜戎,散布于河南、湖北一带,以后也成为华夏族的一部分。此后,晋北诸戎和伊洛一带的戎,也都并于晋国境内。

秦国自穆公霸西戎,已与戎建立了密切关系,到秦昭王时,秦有陇西、北地、上郡,更使这一带的戎,接受秦法,逐渐成为华夏族的一部分。

另一部分戎人虽未并入秦、晋,但或向北,或向西南,成为以后的匈奴、楼烦、白羊、羌、氐的一部分。到战国以后,除义渠等存在一段时间外,我国历史上曾显赫一时的一个强大民族——戎,就不复存在了。但是戎的名称一直保留下来,成为人们对西部少数民族的一种泛称。

我国西北一带的汉族,正是由大量戎族部落与这一带的华夏族融合而形成的,因此,戎不仅是华夏族的一个重要组成部分,而且是西北地区汉族形成过程中的一种积极的推动力量,也是形成汉族的一个重要的因素。从戎的历史发展及其消失的过程,我们很清楚地看到,我国各民族自古以来就是在这种十分密切的历史联系中生长着、发展着、变化着,并共同缔造了伟大祖国,共同创造了中国悠久的历史和灿烂的文化。

(本文原载《西北史地》1984 年第 1 期)

22　明代中期"西海"蒙古述略

　　明代前期,在河西及青海附近散布着许多蒙古人,但他们大部分并未进入所谓"西海"地区,即青海湖周围地区。正德至万历年间,即本文所说的明代中期,蒙古部落从河套一带开始大规模进入这一地区,并长期驻牧于此,使这里成为我国蒙古族活动的又一个中心地带。这不仅在蒙古族历史上是一件大事,而且对当时明朝的历史以及整个中国历史的发展,都产生了一定影响。本文企图就这一问题的某些方面,作些粗浅的探讨。

　　明代中期进入西海地区的蒙古部落,支派十分复杂,而且许多部落时来时去,游动于蒙古和青海之间。从时间上来看,他们在西海地区的活动大体可分3个阶段。

　　第一阶段约在正德十年至嘉靖中期。在这个时期率领大批蒙古人进入此地,为蒙古族开辟这块活动地盘的是亦卜剌、满都赉·阿固勒呼以及以卜儿孩、整克、大同等为首的蒙古部落。

　　亦卜剌是河套蒙古的封建领主,于弘治八年率部入居河套,为永谢布、鄂尔多斯两部的"太师"。正德初,亦卜剌与鄂尔多斯部的一个首领满都赉·阿固勒呼等杀害达延汗的二子乌鲁斯博罗特,在达延汗的追击下,率众一万余逃出河套南下。

　　亦卜剌何时进入西海地区? 文献记载不一。亦卜剌于正德四年逃出河套,似无问题。但亦卜剌逃出河套后,并非直接南下青海。他于当年率部南入延绥镇西部的木瓜山,为总兵马昂截击,又西至凉州"乞闲地安住",要求"内附",为凉州守将所拒,只好率部沿边游牧。至正德七年,始南破安定等"塞外四卫",[1]进入今青海省西北部。不久,亦卜

　　〔1〕叶向高:《四夷考》卷3。

剌又率部在庄浪(今永登一带)、古浪、永昌、酒泉、武威一带游牧,并西至哈密,与哈密都督奄克孛剌结亲。正德八年进至讨来川(今甘肃裕固族自治县陶勒河一带),再次向明朝"乞赐蟒衣绵绢","乞边地驻牧"。正德九年,先有都御史张翼以金帛贿其远离,后又有三边总制彭泽率兵进讨,亦卜剌开始率部南入青海,过黄河入掠洮岷。[1] 彭泽回军,亦卜剌等亦于当年率众返回。[2] 从这时起,以亦卜剌为首的蒙古部落始进入西海地区。因此,准确地说,亦卜剌自正德四年离开河套后,经过五六年的周折,于正德十年始较稳定地驻牧于西海地区。

关于亦卜剌的世系,史籍无明确记载。一般称其为"太师",当非黄金氏族是可以肯定的。从一些迹象看,亦卜剌与成化年间东蒙古的大封建领主伊斯马因有很密切的关系。这主要表现在:一,亦卜剌与伊斯马因都属永谢布部,系同一姓氏;二,正德四年以前,亦卜剌与火筛分掌河套三部,两人共同反对达延汗所派济农,而火筛之父脱罗干与伊斯马因的关系也十分密切,曾共谋杀死乩加思兰。在宗法制度十分严格的蒙古社会中,这些都是反映亲属关系的一些现象。三,亦卜剌这个名字受有很强的阿拉伯和中亚伊斯兰教民族的影响,而伊斯马因这个名字也具有同样的意义,甚至"火筛"亦有可能为"和卓"的转音。这种情况似乎也并非巧合。从以上的一些联系看来,亦卜剌很可能与伊斯马因是父子关系,至少也是叔侄关系。

继亦卜剌之后进入西海地区的,是以卜儿孩为首的蒙古部落。我们对卜儿孩的族系更不清楚,只知其为小王子的部落。这支蒙古部落进入青海的时间在正德十年,[3]即亦卜剌在西海地区站稳脚之时,并隶属于亦卜剌。卜儿孩曾多次向明廷要求内属,并表示愿意亲自至京觐见,遣子入侍,以此来摆脱亦卜剌的控制,但这个愿望终未实现。

亦卜剌和卜儿孩两部游牧于西海的什么地方?史籍无明确记载。

---

〔1〕《明实录·武宗实录》卷100;《皇明九边考》卷1。

〔2〕《秦边纪略》卷6曾以亦卜剌为清代青海蒙古墨尔根黄台吉之祖,即和硕特蒙古,沈曾植亦赞同此说。

〔3〕《明史·鞑靼传》。

正德十年以后,亦卜剌虽曾几次北入宁夏,但主要在青海湖西北和北部游牧,其牧地与凉、甘、肃接近。[1] 嘉靖四年以后,亦卜剌部渐向西海东南移动。从此他们"春夏逐水草驻牧,秋冬踏河冰掠洮岷"[2],其游牧地与河州接近。但其主要活动地区仍在湟水以北,即北接庄、凉,南近河州之地。

关于亦卜剌和卜儿孩的结局,历史记载不太一致。嘉靖十二年初,吉囊曾率部四五万人南下,袭击西海蒙古,有些史籍只说此次袭击大破卜儿孩部,未提亦卜剌。[3] 而《明实录·世宗实录》卷183载陕西三边尚书唐龙的奏报却说:吉囊"由野马川渡河经入西海,袭破亦卜剌营,收其部落大半,惟卜儿孩所领余众脱走"。《明史·西域二》也说此次袭击"大破亦卜剌营,收其大半而去,惟卜儿孩一枝敛众自保"。《北虏纪略》甚至说:吉囊"入西海伐之,亦卜剌死,长子干耳笃思其二弟析而为三"。在这许多说法中,唐龙的奏报系第一手资料,当较为准确。据此,嘉靖十二年吉囊对西海蒙古的袭击,使亦卜剌一蹶不振,甚至丧生,而卜儿孩在这次袭击中无疑也受到打击,遂使"西海获宁"[4]。嘉靖三十八年,俺答率部进入西海地区,驱赶卜儿孩,使之远遁他处,不知所终。

在这个时期进入西海地区的另一部分蒙古人是以整克为首的蒙古部落。整克是吉囊第十子小十王的属下。入西海地区的时间在卜儿孩之后,主要游牧于青海湖西北,有"精兵万人"[5],但整克亦不安于此,嘉靖二十四年曾遣人向甘肃官员"求内地而居之",为明廷所拒[6],不得不隶属于卜儿孩。

这时期在西海地区的另一蒙古部落以大同为首。此部与整克部相

---

〔1〕《明实录·世宗实录》卷26。

〔2〕《明实录·世宗实录》卷54。

〔3〕《明实录·世宗实录》卷147;《四夷考》卷7;《全边略记》卷5。

〔4〕《明实录·世宗实录》卷147。

〔5〕《明实录·世宗实录》卷301。

〔6〕《全边略纪》卷5。

同,曾多次向明廷表示和好,要求准其通贡互市,但也不得要领,[1]亦隶属于卜儿孩。

这一阶段进入西海地区的蒙古各部,其首领都非黄金氏族,他们之间无亲属关系,且都由于惧怕河套、土默特等蒙古部的袭击而进入,并结成先以亦卜剌、后以卜儿孩为首的联盟,在此游牧。虽曾多次要求明廷收纳安置,终因他们力量较小,未给明廷造成重大威胁,不为明廷所重视。但他们在西海地区的活动,却为以后大批蒙古族的进入开辟了一个新的园地。

蒙古族在西海地区活动的第二个阶段,在嘉靖三十年到万历十年间。这一阶段是以俺答为首的蒙古部落大批进入和活动的时期。这时期进入西海地区的主要是达延汗第三子巴尔斯博罗特的后裔。

巴尔斯博罗特的长子吉囊在嘉靖年间,曾多次进入青海,但均未留下部众。巴尔斯博罗特的二子俺答于嘉靖二十三年曾率部进入,"迫协诸番及红帽儿等族以益其势",结果"番族皆逃匿不从"[2],只好北走张掖。其中一支7000余骑的部众又从黄羊川(今武威县东南的黄羊河)南下,越分水岭(今冷龙岭东部)进入。这支蒙古部众中还包括吉囊的两个儿子薅台吉和狼台吉。在他们返回河套途中,为明军截击,损失惨重。[3] 此后俺答又曾4次进入西海地区:

第一次是嘉靖三十八年,他率部由镇羌(今天祝藏族自治县)南入西海地区,[4]并留居一年有余,于嘉靖三十九年因病及部下多染瘟疫,被迫返回云中。[5] 俺答此次入西海地区赶走了长期驻牧于此的卜儿孩,且留其子丙兔等7支部落于此,为俺答势力占据西海地区奠定了基础。

隆庆三年,俺答第二次进入,并西掠吐蕃,因其孙把汉那吉降明而匆匆返回。

---

〔1〕《明实录·世宗实录》卷321。

〔2〕翟九思:《万历武功录》卷7《俺答列传》。

〔3〕翟九思:《万历武功录》卷7《俺答列传》。

〔4〕《四夷考》卷7。

〔5〕翟九思:《万历武功录》卷7《俺答列传》。

·欧·亚·历·史·文·化·文·库·

万历元年俺答再次进入,同时征服了西海周围的沙喇卫郭尔(今青海西北、甘肃河西西南部)、阿木多(今甘肃甘南和青海东南地区)、喀木(今四川西部和西藏东部)等地。

万历四年俺答派人邀请西藏哲蚌寺法台锁南嘉措到西海地区与他相会。次年,俺答遂率数万之众入西海地区"迎佛",又留居二载多,俺答正式皈依于喇嘛教,于万历八年始返回。[1]

俺答4次进入西海地区,共留部落29支,[2]驻牧于此,实际上把西海地区变成他自己的一块属地。在这个阶段长期活动于西海地区的,主要是以他的儿子丙兔、侄子火落赤和永邵卜台吉等为首的蒙古部落。

丙兔是俺答的第四子,嘉靖三十八年随俺答进入,嘉靖三十九年俺答返回云中时,留丙兔等于西海地区。这是俺答巩固自己在青海的势力的一项很有远见的措施。

在留丙兔等于西海地区的同时,鄂尔多斯部的宾兔等亦南下驻牧于大小松山(大小松山位于今甘肃永登县北部和天祝藏族自治县东部)[3]。自宾兔部占据此地后,明朝兰州黄河以北成为蒙古部落活动地区,使河套、松山连成一片,便利了蒙古部落进入青海。

永邵卜是俺答弟昆都力哈之子。万历初曾被明朝政府封为龙虎将军,原驻牧于张家口外。万历五年末六年初,俺答入西海地区,永邵卜等随同前往,俺答八年返云中时,留永邵卜等部游牧于此,并主持仰华寺。[4]与永邵卜一起游牧的还有其女婿瓦剌它卜囊(又称古燕拓卜能),由于两部常在一起活动,所以明人著作中,有时误认瓦剌它卜囊为永邵卜之别名。

与永邵卜同时留牧于西海地区的,还有火落赤。据沈曾植等人考证,火落赤即吉囊之子布延达赖郭拉齐之子,又称莽固斯额尔德尼郭拉

---

〔1〕瞿九思:《万历武功录》卷9《把汉那吉传》;《明实录·神宗实录》卷98。

〔2〕《明实录·神宗实录》卷168。

〔3〕《明实录·神宗实录》卷168。

〔4〕《明实录·神宗实录》卷294;《明经世文编》卷404《郑经略奏疏一》。

齐,本与其兄哆罗土蛮原游牧于今陕西神木以北,部众万人[1],曾附于俺答,并随其互市于山西。后火落赤不愿受俺答约束,西走河西,在武威、山丹、永昌及嘉峪关外活动,欲西掠哈密,不得志,遂南掠西番,万历七年俺答入青海,留火落赤、永邵卜等于西海地区驻牧。[2]

这个阶段蒙古各部在西海地区的活动范围,仍主要在青海湖西北和东北以及以仰华寺为中心的地区。由于隆庆五年俺答与明朝政府恢复通贡互市,各部与明朝政府的关系也有了很大改善。

这时期的西海蒙古部落,主要是以达延汗之子巴尔斯博罗特的子孙为首的部落,第一阶段在此活动的以亦卜剌诸赛德为首的部落,或被驱赶,或为消灭,已不见踪迹。

从俺答死后(万历十年)到万历末期,是蒙古部落在西海地区活动的第三阶段。

这时期的特点是,由于俺答病故,鄂尔多斯、土默特及西海各部蒙古失去首领,俺答之子黄台吉虽承袭顺义王爵,但不久即死。扯力克(黄台吉长子)继爵位后,威望更不及其父。三娘子在各部中虽有一定威望,但终抵不上俺答在世时的地位和势力,因此西海蒙古诸部政治上的优势由俺答系转入吉囊系,而吉囊系与俺答系不同,俺答系"统于一",河套蒙古则"部分四十二枝,各相雄长",[3]西海各部遂各行其事。过去俺答雄霸西海,其他各部不敢随意进入,而这时,西海地区丰美的牧场,软弱的"番"族吸引着许多蒙古部落陆续从北部"逐水草至南山西海"[4]游牧。

在俺答死后不久,其子丙兔亦相继去世。丙兔之子真相承袭其领地,有众五千余,但在西海各部中,已无乃祖乃父的威望和地位,这时势力最强的是火落赤。

火落赤很有才能,史籍称他"力足以豪举,智足以鼓煽"[5],最初其

---

[1]翟九思:《万历武功录》卷7《俺答列传》上。

[2]《明史·西域二》。

[3]涂宗浚:《涂司马抚延疏草》,见《明经世文编》卷447。

[4]翟九思:《万历武功录》卷7《俺答列传》上。

[5]《明经世文编》卷405《郑经略奏疏二》。

473

·欧·亚·历·史·文·化·文·库·

部下仅 300 骑,丙兔死后,他的势力大增,并能"号召永(邵卜)、真(相)诸酋",[1] 成为青海诸部之首。其兄弟克臭(又作圪抽)、麦力艮,其子广台吉、乞庆台吉皆驻牧于西海地区。这个时期,由于火落赤一味掳掠"番"族,骚扰洮岷,与明朝政府关系十分紧张,促使明朝政府对西海蒙古采取了从未有过的严厉态度。

永邵卜死后,其子把尔户,其婿瓦剌它卜囊承袭其部,仍是西海地区的主要部落。

此外,土默特部的扯力克及其孙卜失兔,在他们相继承袭顺义王的前后,都曾多次到达西海地区。尤其是卜失兔,因为其在西海地区的时间比较长,被明朝官员称之为"西海穷夷"[2]。鄂尔多斯部的把都儿黄台吉之子卜失兔以及松山宾兔之子弟阿赤兔(又称那木太)、宰僧等,亦长期驻牧于此。到万历中期,驻牧于西海地区的蒙古部众人数达"十万之众"[3],其部落首领除上述诸人外,还有威静阿拜台吉、招力兔(着力兔)台吉、把儿换台吉、阿榜台吉、且旦、撒温[4]等。其他随来随去于云中、河套、大小松山与青海间的蒙古部落,更是不计其数。

这时期长期驻牧于青海的蒙古部落已越过黄河进入所谓的河曲地区,占据了青海最富饶的牧场,其驻地与河州、洮州地区犬牙交错。当时真相与火落赤两部主要驻牧于黄河以南的莽剌川和捏工川。

火落赤大约在万历十六、十七年始进入捏工川。[5] 捏工川在何处?据《循化厅志》载,"捏工川即甘家川,在厅治南二百里"。据此,捏工川在今青海省同仁县与甘肃省夏河县的甘家滩一带。万历年间明兵部奏议中有"捏工川虽属番穴,而密迩河洮,实我藩篱"[6]之说。又据郑洛奏报称:"河州去莽剌川甚远,捏工川则近"[7],所以真相据莽剌

---

〔1〕《明实录·神宗实录》卷 457。

〔2〕《明经世文编》卷 450《涂司马北虏封贡始末疏二》。

〔3〕《明经世文编》卷 405《郑经略奏疏二》

〔4〕翟九思:《万历武功录》卷 7《俺答列传》上。

〔5〕《明实录·神宗实录》卷 222。

〔6〕《明实录·神宗实录》卷 222。

〔7〕《明经世文编》卷 405《郑经略奏疏二》。

川,明边将犹可忍,惟火落赤据捏工川后,引起明边将极大不安。由此可知捏工川当在莽剌川的东部,今甘青交界之甘家滩一带当为明代之捏工川。

莽剌川是当时蒙古部落的另一据点。丙兔死后,其子真相率部逐渐南徙,于万历十二年进入莽剌川。[1] 莽剌川即今青海省贵德县西南茫剌川一带,与捏工川东西相顾,西北邻近青海湖和河西地区,东可进河洮。两川之地在明代被认为是"漫延千里,皆沃壤清流,可田可稻,林木丛茂,郁郁苍苍"的"乐土"[2]。到万历后期,蒙古部落迁入青海的活动受到明朝政府的阻止,遂日趋减弱,青海境内的蒙古部落也因遭到明朝政府的军事打击而有销匿的趋势。只是到明末清初,又有其他蒙古部及厄鲁特蒙古相继大批涌入之事。这就不是本文所涉及的范围了。

对明代中期蒙古部落大批向青海迁徙的原因,研究者说法很多。有的认为主要是由于这个时期蒙古部落的"畜群增长,原有牧地不够使用"[3],他们为了寻找新的牧场,才大量迁徙的。此外,明人著作提到蒙古部落进入的原因时,有的说是为了"掠番",有的说是"趁水草",有的说是为了"迎佛",也有的认为是"以迎佛为号,以仇瓦剌为名,以抢番为欲,而侵牧我内地,切扰我兵民者也"[4],等等。

明代中期蒙古部落向青海迁徙的原因,因时而异,因部而异,情况比较复杂,不能一概而论。上述一些提法,都有一定道理,反映出当时蒙古部落进入青海的原因的复杂性和多样性。对这种复杂的情况,应该从多方面加以综合考察。

(1)一些中小封建主为逃避强大封建主的吞并和袭击,把青海当作避难之地,是蒙古部落进入青海的第一个原因。例如亦卜剌进入青海,完全是为了躲避达延汗的征伐,卜儿孩"以内变逃据西海"[5],而整

---

〔1〕《明实录·神宗实录》卷150。
〔2〕王任重:《王太仆集·边务要略》。
〔3〕兹拉特金:《准噶尔汗国史》,莫斯科1961年版,第100页。
〔4〕魏时亮:《魏敬吾文集二》。
〔5〕《明实录·世宗实录》卷147。

·欧·亚·历·史·文·化·文·库·

克也是"因变逃据西海"[1]。他们都是把青海作为避难之地。因此,第一批蒙古部落进入青海,有一个探索、寻找的过程。亦卜剌率部在甘、凉一带游弋五六年后始进入青海,到青海后并不安于其地,曾多次企图返回河套。正德十三年,亦卜剌、满都赉曾北归吉囊,[2]满都赉一去不返,亦卜剌则因闻听吉囊复有杀害之意,乃再次"窜入西海"。[3] 直至嘉靖五年,亦卜剌还曾北上驻牧于宁夏贺兰山后,为吉囊所败,始返回青海。[4] 这说明亦卜剌等并不是为了到青海寻找新的牧场而主动离开河套的,而是在迫不得已的情况下进入青海的。

(2)一些蒙古封建主进入青海是为了满足封建主分封领土的要求。

明代蒙古保持着严格的封建领主分封制。领主的诸子成年后,均要得到一份相当的领地和部众。正德时期,达延汗三子巴尔斯博罗特一系占据河套、云中和宣大边外之地。到嘉靖时期,巴尔斯博罗特诸子——吉囊、俺答、老把都等的子孙日益增多。吉囊有子21人[5]。俺答有子9人。隆庆间随俺答封贡的共47支,[6]到万历时,已是"诸昆从百十,皆有分地"[7]。随着"整个'黄金'氏族的繁衍,分地也就无限增多起来"[8]。河套、云中等地虽然广阔,但对如此众多的蒙古贵族的子孙来说,就显得分地不足了。因此到嘉靖年间,寻找新的属地,以解决分地不足,就成为当时加强统治集团的团结,巩固吉囊、俺答等在各部中的首领地位的重要问题。明代人当时就指出,河套吉能(吉囊子)因"部落日繁",分其子弟宾兔、白马、银定等于河西和大小松山。[9] 而

〔1〕《明实录·世宗实录》卷301。

〔2〕翟九思:《万历武功录》卷7《俺答列传》上。

〔3〕顾炎武:《天下郡国利病书》卷62。

〔4〕谈迁:《国榷》卷53。

〔5〕翟九思:《万历武功录》卷7《俺答列传》上。

〔6〕王崇古:《王鉴川文集》。

〔7〕《四夷考》卷7。

〔8〕符拉基米尔佐夫著,刘荣焌译:《蒙古社会制度史》,中国社会科学出版社1980年版,第243页。

〔9〕褚铁:《褚司农文集·条议茶马事密疏》。

俺答多次进入青海,一个重要的目的也是因"部落日繁",要解决分封领地的问题,他几次进入青海,留下20余支部落,这就大大缓和了分封日众与领地不足之间的尖锐矛盾,同时也巩固了他在一部分蒙古部落中的共主地位。

(3)随着一些蒙古部落生产的发展,寻找新的牧场,解决生产问题,也成为蒙古部落向青海迁徙的一个重要原因。

寻找新的分地和解决牧场问题虽然有联系,但并不是一个问题。解决牧场不足的问题,是随着蒙古部落生产的日益发展而出现的。在隆庆以前,由于当时蒙古与明廷连年战争,蒙古地区的牧业生产受到很大破坏。据明朝边臣侦察通贡互市前的鄂尔多斯部,"枝数虽多,生齿实寡、大小控弦不满三万"[1]。俺答所部亦是如此。隆庆五年通贡互市实现后,生产始逐渐发展,牲畜逐年增多,如隆庆五年开市时,各市市马约八九千匹,而万历二年增至3万匹。[2] 由最初三镇市费仅6万缗,至万历中,增至25万缗。[3] 万历时吉能、俺答众达三四十万。这说明在通贡互市后,蒙古地区畜牧业生产确实有了很大发展。只是到这时,牧地不足的问题才突出起来,并成为这时期蒙古部落进入青海的主要目的之一。

(4)蒙古部落进入青海,特别是那些时来时往的蒙古部落到青海,与喇嘛教的活动有密切关系。

自公元9世纪40年代吐蕃赞普达磨(又称朗达玛)排斥喇嘛教,驱逐僧侣之后,许多西藏僧侣纷纷避居青海等地,[4]喇嘛教遂在青海得以广泛传播。元朝崇奉喇嘛教,加强了中原地区与西藏的联系,这使得青海不仅喇嘛教昌盛,而且成为喇嘛教众来往于西藏与中原之间的重要通道。《元史·释老志》载,泰定二年西台御史李昌言:"尝经平凉府、静、会、定西等州,见西番僧佩金字圆符络绎道途,驰骑累百,传舍至

---

〔1〕何东序:《何中丞九愚山房集》。

〔2〕《明实录·神宗实录》卷29。

〔3〕冯时可:《冯元成文集·俺答后志》。

〔4〕法尊:《西藏民族政教史》卷2,第3页。

477

不能容。"又说:"奉元一路自正月至七月往返者百八十五次,用马至八百四十余匹,较之诸王行省之使,十多六七。"奉元路治所在今西安,西至永寿、周至。这条材料虽未直接说到青海,但静、会、定西一路至奉元路之番僧,肯定皆经由青海出入于西藏。至明代前期,出生于青海的宗喀巴已成为黄教宗主,并得到明朝政府的支持,在青海地区修建了许多黄教寺院,如灵藏寺、弘化寺、隆务寺等。俺答入青海后开始接触黄教,并于万历四、五年由丙兔建成了仰华寺。他们还在蒙古部落中,特别是在鄂尔多斯、土默特各部中推行黄教。这样一来,青海地区不仅是蒙古喇嘛教众前往西藏"朝佛"的唯一捷径,而且是黄教的圣地之一。因此,熬茶,即朝佛也是明代中期,特别是万历时期蒙古部落到青海地区的一个原因。

(5)役属"番族",是吸引蒙古贵族到青海来的又一个原因。

明代青海"番族"部落众多,顾炎武说:"番环洮岷而居者,生熟不下六七百族"[1],其中比较著名的有环青海湖的剌卜等7族,青海湖西南有阿尔列族[2],黄河以西自庄浪以抵肃州南山,即青海湖北部有阿吉等29族[3]。这些"番族"部落缺乏紧密的联系和统一的组织,势分力弱,极易被蒙古贵族所征服和役属。明朝政府为了"以夷制夷",竟采取所谓"委番咱房"之策,听任蒙古贵族征服和役掠"番族",以减少边境的祸患。[4] 从亦卜剌时期起,就有不少"番族"部落为其役属,后来各部亦多效法。其役属形式主要有两种,一是被役属的"番族"要向蒙古贵族交纳"添巴",即赋税,"番族"部落生产的粮食和牧畜等,每岁"十分取一"[5],如不按期交纳,蒙古贵族即行"问讨"[6]。另一种役属形式是在军事上听从蒙古贵族的调遣。许多蒙古贵族的部众并不多,然而利用番族势力,即可与明朝边将对抗,横行于青海。如火落赤父子

〔1〕顾炎武:《天下郡国利病书》卷58。

〔2〕《明经世文编》卷405《郑经略奏疏二》。

〔3〕《明实录·宪宗实录》卷173。

〔4〕王家屏:《王文端公文集·答郑范溪再论番房》。

〔5〕《秦边纪略》卷1。

〔6〕《明经世文编》卷405《郑经略奏疏二》。

兵"不满千骑",真相所部"亦止数千",然而依仗被其役属的"番族"部落的人力,他们不仅能长期驻牧于青海,而且对明朝形成巨大威胁。[1]这种巨大的人力、物力资源,也是吸引蒙古贵族进入青海的重要因素。

那么明朝政府对蒙古部落进入青海采取什么政策和态度,以及这种态度对青海蒙古的活动有什么影响呢?

蒙古部落大批进入青海这件事本身,就与明朝政府的边防废弛有很大关系。明朝为防止蒙古部落南下,在沿边地区花费了巨大财力、人力修筑边墙,列镇屯兵,设置九镇,边防十分严密。当时防御重点虽在辽东、蓟州、宣府、大同一线,但西北边防也较完备。自英宗于土木堡一战为也先所俘,明朝政府锐气大挫,不少边卫内撤。在大同以西竟将东胜、玉林、云中等卫内撤,失去了作为遏阻蒙古部落进入河套的屏障[2]。成化八年,榆林(延绥镇)筑东、西、中三路墙堑,宁夏修筑河东边墙后,表面看来加强了防卫,实际上又完全放弃了河套。弘治十三年,火筛率部大举入套驻牧,河套遂成为蒙古部落游牧之所。这就为蒙古部落进入青海打开了门户。

蒙古部落进入青海,使明朝政府感到威胁。明朝政府惧怕所谓"北虏南番"联合,切断河西走廊,使其两面受攻,同时影响明政府与西域的来往。但明朝政府当时主要关心的仍然在蓟、宣、大一线。因为这一线一出问题就涉及社稷和皇室陵寝的安危,所以明朝政府对青海蒙古并没有采取特别的对策,只是一般性地加强边防,以防南北会合切断河西走廊。嘉靖前期,王琼等主张"防边之道,莫善于守,莫不善于战",嘉靖帝认为此策"委系防虏至计"[3]。根据这一精神,为了防止河套蒙古继续进入青海和与青海联系,明朝政府东自神木经榆林边营(今陕西定边)直至灵州(今宁夏灵武)到黄河,又自黄河西至贺兰山大修边墙,开挖壕堑。但是这种措施效果亦不大,并未阻止住蒙古部落南下。

〔1〕《明经世文编》卷405《郑经略奏疏二》。

〔2〕王士琦:《三云筹俎考》卷1《安攘考》。

〔3〕王琼:《北虏事迹》。

隆庆五年通贡互市恢复后,蒙古与明朝政府的关系有了很大缓和,明朝政府对青海一带蒙古部落的防范更加放松。特别是过去防止北部蒙古经庄浪、河西南入青海的政策,变为允许或容忍俺答及其他蒙古部众,自行来往于青海、蒙古间,这更使青海、松山、河套及蒙古其他地区实际上连成一片。当时由北边进入青海的通道很多,从黄河以西到整个河西走廊均可自由通行。[1]

在这个时期,明朝政府的另一项重要措施,是允许青海蒙古与中原互市。隆庆年间恢复与蒙古的互市后,明朝政府仍要求青海蒙古到宁夏中卫等地互市,给青海蒙古造成很大不便。经俺答多次交涉和请求,万历三年,明朝政府始准丙兔等部的要求,于甘肃设大市,于庄浪设小市[2],并陆续开放了岔口、红山、清水、中卫、平虏、扁都口、铧尖墩、高沟寨等大、小市[3],准丙兔、克臭、银定、著力兔以及松山宾兔等进行互市,并给丙兔"以市长名目,令其约束本市"[4]。此后准予就近互市的名单不断增多。万历十二年,又准许河套的炒哭儿台吉、太阿不害、喇叭三部在扁都口互市。互市地点也不断增加,到后来甚至到达"无地无市"的程度。[5] 由于明朝政府在这个时期采取了允许南北自由通行和准予就近互市的政策,使"西镇之不用兵殆二十年"[6],河西一带的生产得到恢复和发展,青海蒙古部落的社会和生产也都得到进一步的安定和发展。

俺答死后,火落赤在青海诸部中最为强大,且多次侵扰洮岷,掳掠"番族",给明廷造成很大威胁,甚至变成了"九边之患虏,秦为最,秦患虏,陇右为最,……是飘欻不受羁绁者。套酋西则靖、固戒严,海贼东则临、巩惊扰"[7]。于是明朝政府对青海蒙古部落的政策重点逐渐由以

---

〔1〕《明经世文编》卷405《郑经略奏疏二》。

〔2〕冯时可:《冯元成文集·俺答后志》。

〔3〕《万历武功录》卷14;《明实录·神宗实录》卷72;

〔4〕《明实录·神宗实录》卷98。

〔5〕《明实录·神宗实录》卷294。

〔6〕《明实录·神宗实录》卷224。

〔7〕顾炎武:《天下郡国利病书》卷58。

"抚"为主,变为"剿抚"并重,而且立足于"剿"。特别是万历十六至十八年间,瓦剌它卜囊、火落赤等率部入掠洮岷,杀死西宁副将李魁、临洮州副总兵李联芳、渭源总兵官刘承嗣等率兵进讨,相继败亡,关陇震动。再加土默特部扯力克等"以十万之众"[1]纷至青海,使明廷感到形势严峻,遂决计"清剿"青海蒙古。万历十八年,明廷派郑洛坐镇兰州"经略"青海事。郑洛所采取的措施归纳起来就是所谓"招抚番部,断其假道,革其市赏,焚其寺刹"。[2]

"招抚番部"是郑洛经营青海的基本措施。他认为"欲荡两川,须清西海,欲清西海,须鼓诸番"[3]。因此他进驻兰州后,首先着手于所谓"招番",即给"番族"部落以茶叶、布匹等,使其安心生活,摆脱火落赤等的控制,并使他们配合明兵征剿蒙古部落。万历十九年,明兵进入青海,招抚番部 125 族,8 万余人,并驱使他们进攻火落赤。

明朝政府在军事进剿之前,还软硬兼施迫使在蒙古各部中有影响的扯力克率先返回云中。同时加强河西沿边防务,只允许青海蒙古北返,不允许蒙古部落继续南入青海,而且在水泉堡(在今甘肃永昌西)几乎全歼企图强行进入青海的鄂尔多斯部的卜失兔的部众,对其他企图进入青海的蒙古部落震动很大。这些措施分化了青海蒙古部落,彻底孤立了少数坚持驻牧于青海的蒙古部落。

万历二十年,在"番族"配合下,明兵再次进入青海,焚毁仰华寺,攻占莽剌川,火落赤等被迫西奔嘉峪关,青海蒙古部落遭到沉重打击。明兵撤离青海后,火落赤等虽然又返回莽剌川等地,但他们的势力已大不如前。特别是万历二十六年,明兵驱赶了占据大小松山将近 40 年的蒙古部落,并在今宁夏固原一带"筑边墙,分屯置戍",重新控制了这一地区,[4]切断了河套蒙古与青海之间的联系,阻断了北部蒙古部落进入青海的重要通道之后,青海蒙古更加孤立无援。从此,以土默特和鄂

〔1〕《明经世文编》卷 405《郑经略奏疏二》。
〔2〕《明实录·神宗实录》卷 294。
〔3〕《明经世文编》卷 405《郑经略奏疏二》。
〔4〕《明史》卷 239《达云传》。

尔多斯蒙古部落为主的青海蒙古就逐渐衰落了。

明代中期蒙古部落大批进入青海,虽然给明朝洮岷、河西地区造成不少祸患,给西海周围的"番族"也带来不少灾难,但从长远的发展来看,仍具有重大的意义。

第一,蒙古部落大量进入青海,找到了新的牧场、领地,减轻了对明朝北部地区的压力,对缓和明廷与蒙古的紧张关系,有直接的好处。

第二,蒙古部落进入青海,加强了蒙、藏、汉之间的联系,把蒙古、西藏、青海和中原,从政治、经济以及宗教上联系起来,为我国以后政治上的统一增添了内在联系。

第三,蒙古部落进入青海与喇嘛教进行了更直接的接触,使俺答等接受了喇嘛教,并把喇嘛教更广泛地传播于整个蒙古,给蒙古民族和社会的各方面都打下了深刻的烙印,对蒙古社会的发展产生了极大影响。

(本文原载《青海社会科学》1982 年第 3 期)

23 关于回族的族源和形成问题

回族是形成和发展于中国境内的一个民族,回族是在中国各民族关系发展的特有条件下,特别是在与汉族密切交往中逐渐形成和发展起来的。回族的历史,是组成中国各民族历史的一个重要部分。

为了说明白回族在中国形成为一个民族的特有历史条件,有必要追溯一下与回族有某种关系的信仰伊斯兰教的阿拉伯人、波斯人、中亚人等进入中国中原地区的历史。

一般认为,在回族形成的过程中,进入中国的信仰伊斯兰教的阿拉伯人、波斯人,曾起过重大的作用,或被称为是回族的"先民"。

阿拉伯地区与中国的交往,可以追溯到很早的时期。但这种交往对回族的形成真正具有一定影响的,却是唐代的事。

公元7世纪初,穆罕默德在麦加创立了伊斯兰教,经过10多年的努力,穆罕默德不仅使伊斯兰教得到广泛传播,而且基本统一了阿拉伯半岛,伊斯兰教成为阿拉伯半岛占统治地位的宗教。穆罕默德去世后,在四大哈里发相继统治下,伊斯兰阿拉伯国家不仅得到进一步统一,而且日益向外扩张,波斯和中亚许多地区均为其侵占,当地居民被迫信奉了伊斯兰教。这个国家在中国历史上被称为"大食国"。

据《新唐书·大食传》记载,大食与唐朝最早的交往,始于公元651年(唐高宗永徽二年),此后往来不断。据不完全统计,自651年到798年(唐德宗贞元十四年)间,阿拉伯遣使来华共达36起。而由阿拉伯以及波斯等地的商人经丝绸之路由陆路和航海经海路到中国西北和东南沿海一带的更是不计其数。其中也有一部分阿拉伯、波斯等信仰伊斯兰教的人,因各种原因留居于中土。据史料记载,这些人,当时多居住于东南沿海各港口和商埠。如《新唐书·邓景山传》载:宋州刺史刘展反、青州节度使邓景山引平卢节度使副使田神功讨展,田神功兵至扬州,"大食、波斯贾胡死者数千人"。这里所说大食、波斯人,当时都为伊斯兰教徒无疑,死者已达数千,原来留居扬州者为数当然更多;扬州即有数千之多,留居于广州、泉州、杭州等商埠的此种人,肯定亦不比扬州为少。宣宗时(847—859年),宣武军节度使卢钧推荐大食人李彦升为官,宣宗命其参加考试,竟获进士。唐代进士需通五经,明时务,这说明,留居中土的一部分大食人已基本汉化,有很高的汉文化修养。此外,如波斯人李天谅、石处温、李玹、李珣、李舜弦等,都是汉文化程度很高的人,当时波斯已信仰伊斯兰教,这些人亦当为伊斯兰教徒。"安史之乱"时,大食及西域诸国派兵到甘陕等地,助唐收复两京。据《资治通鉴》载,肃宗至德二年(757)"安西、北庭及拔汗那、大食诸国兵至凉、鄯"[1],接着"西域之兵皆会"于凤翔。大食兵无疑为伊斯兰教徒,当时拔汗那等中亚地区,亦多在大食统治之下,改宗伊斯兰教的也已很多,所以,这些西域兵中,也有相当一部分是伊斯兰教徒。这些兵士,应是大规模进入甘、陕等地的伊斯兰教徒。这部分人在"安史之乱"平定后,很多退回本地,但是,肯定也有不少留居于陕、甘、中原和南方各地。《旧唐书·肃宗本纪》载:"乾元元年(758)九月癸巳,广州奏大食国、波斯国兵众攻城,刺史韦利见弃城而遁。"当时信仰伊斯兰教的军队竟能赶走刺史,占据广州城,说明其势力已经很大了。

宋代海上交通进一步发展,南亚及地中海沿岸国家的商人也经常航海至我国东南沿海进行贸易,其中有许多就是阿拉伯人、波斯人,并且有许多人留居于沿海各地。这些商人一般被称为"蕃客"或"蕃商",他们居住的地方被称为"蕃坊",他们的首领被称为"蕃长"或"纲首"。这些"蕃客"有的娶妻生子,有的孤身独居,长期滞留于沿海各地。北宋徽宗政和四年(1114)曾颁布诏令,规定凡在中国境内居住5世即5年以上,死于中国境内,其财产无人继承者,均归"市舶司拘管"[2],说明当时长期留居中国境内的伊斯兰商人甚多,以致有必要由宋朝政府

---

〔1〕《资治通鉴》卷219《唐纪》35。
〔2〕《粤海关志》卷3引《宋会要》。

特作规定,以便遵守。大食、波斯商人来中国,因为有利于沿海经济的发展,所以也得到宋朝政府的鼓励和欢迎。如南宋高宗绍兴七年提举福建路市舶司奏报,"大食蕃商蒲罗辛造船一只,般载乳香投泉州市舶",给当地市舶司上税达30万贯钱,为此,高宗下诏奖励,并让他回国后"说喻蕃商、广行,般贩乳香前来,如数目增多,依此推恩,余人除犒设外,更与支给银彩"[1]。在宋政府的鼓励支持下,大食、波斯"蕃客"来中国沿海一带做买卖的,日益增多。据顾炎武说:"自唐设结好使于广州,自是商人立户,迄宋不绝。诡服殊音,多流寓海滨湾泊之地,筑石联城,以长子孙。宋时(蕃)商户巨富,服饰皆金珠罗绮,器用皆金银器皿。有凌虐土著,经略帅府辄严惩之,华人有投充番户者,必诛无赦……天圣后,留寓益伙。"[2]留居于沿海各地的蕃客,大都十分富有。《宋史·大食传》载:"蕃商辛押陀罗者,居广州数十年矣,家资数百万缗。"宋末泉州的蒲家,不仅是当地首富,而且有很大的地方势力,甚至能左右当地的政局。随着大食、波斯人在沿海一带的定居,沿海各地也出现了我国最早的清真寺,如广州的怀圣寺、泉州的清净寺、杭州的真教寺、扬州的仙鹤寺。据考证,这些清真寺都是宋代所建,也是我国最早的清真寺。宋代大食、波斯商人除由海上东来外,也有从陆路来的。《宋史》说大食使臣、商人在宋朝前期,多"由沙州,涉夏国,抵秦州(治今天水市)。乾兴初,赵德明请道其国中,不许。至天圣元年,来贡,恐为西人钞略,乃诏自今取海路,由广州至京师"[3]。可见在宋代前期,仍有不少大食、波斯商人来往于西北,留寓于此的,也必不在少数。但在宋代以前,大食和波斯等伊斯兰教徒留居中国的地区,主要在沿海而不在西北。

上述大食、波斯、中亚伊斯兰教徒进入中原地区的情况,在讨论回族形成问题上,当然是应当给予重视的。但是,这些人究竟在回族形成过程中起过多大的作用,产生过多少直接的影响,是很值得怀疑的。这

---

〔1〕《宋会要辑稿》第 197 册《蕃夷》。

〔2〕顾炎武:《天下郡国利病书》卷 104。

〔3〕《宋史·大食传》。

些人活动于 12 世纪以前,与回族的形成尚有数百年之久,而且就其绝对人数来说,数量并不算大,又分散于中国各地,没有任何条件可以促使他们形成为一个新的民族共同体。因此,他们只是唐宋以来进入中国境内的信仰伊斯兰教的人,还不能说是我国回族的先民。笔者认为,作为我国回族先民的,应该主要是 13 世纪时进入中国的西亚和中亚的信仰伊斯兰教的人,他们不仅数量多,而且具有形成一个新民族的主客观条件,因此,他们的活动,直接促成了回族的形成。唐宋以来居住于东南沿海以及居住于西北的大食、波斯、中亚人的后裔,也可能因宗教上的联系,成为这个新形成的民族的成员,但在回族的形成过程中,他们的作用并不是主要的。

13 世纪西亚、中亚信仰伊斯兰教的人的大量东来,与成吉思汗及其子孙的西征以及蒙古所执行的政策有关。

自 10 世纪以来,中亚及西亚各地逐渐伊斯兰化,伊斯兰教成为这里占统治地位的宗教。1218 年,由于中亚伊斯兰大国花剌子模讹答剌城守将杀戮蒙古汗所派商人和使臣,成吉思汗亲率大军西征。这次出征至 1224 年返回,历时 6 年。这 6 年中,蒙古军西达黑海以北,南达奇纳布河下游的木尔坦(今巴基斯坦境内)。在西征中,成吉思汗将俘获的大量中亚伊斯兰国家的工匠分配给各路蒙古大军;为了补充兵员,将征服地区的百姓征发充军,编入蒙古军中,也征调各归降国的军队随征。这些工匠和征发、征调的军人,多为伊斯兰教徒,在成吉思汗返回时,这些人大多随军东返。

窝阔台继位后,于 1235 年议决,由拔都为总帅,再次西征。战争历时 8 年,于 1243 年结束。这次西征远至东欧,大部分为基督教地区,也有一部分伊斯兰教地区,仍有一部分被侵占地区的工匠和居民被征发,并在一部分蒙古军东归时随蒙古军东行。

蒙哥继位后,于 1253 年派拔都率大军征服了整个波斯。从此,中亚、波斯等信奉伊斯兰教的大片地区,均受蒙古大汗的统治。政治上的隶属关系,为伊斯兰商人、使团等与蒙古统治下的西北地区的来往,创造了便利的条件。

由于以上多次西征,大量的伊斯兰工匠、军队、商人等,或被征调,或迁徙,或经商,或出使,大量进入中原。其中相当一部分有知识的伊斯兰教徒,成为蒙古和元朝时期的各级官吏,如著名的赛典赤瞻思丁、札八儿火者[1]、曷思麦里[2]、阿儿思兰[3]、艾貌[4]、苫徹拔都儿[5]、完者都[6]等,都是中亚伊斯兰教徒;在中原地区还有数量不少的回回匠人。如太宗七年(1235)特命将"回回、河西、汉儿匠人"等,每20人出军一名。[7] 河西即指西夏的匠人,汉儿即指西北的汉族,这里还专门列出回回匠人,可见其数量众多,已单独成为一个不可忽视的集团了。在集中于中原地区的伊斯兰教徒中,数量最多的是军人。在元朝的军事编制中,由伊斯兰教地区的人组成的军队编制即有西域亲军、右阿速卫、左阿速卫、右钦察卫、左钦察卫、康里卫、龙翊卫[8]、威武阿速卫亲军都指挥使司等。这些由伊斯兰教地区的人为主编制的军队,成为以后回族人口的最大部分,并且由于他们集中在一起,一般携带家属同行和同驻,为形成一个新的民族,提供了一定的条件。

元朝政权建立后,中西交通大开,通过海上和陆路,中亚及西亚各地商人也大量进入中原各地,留居于各地的人数亦不在少数。明初仅从河西遣返撒马尔罕的"回回"人,一次即达1200余人。[9] 这些留居中原做买卖的中亚人,一般被称为"斡脱"。1263年时,仅中都路(今北京一带),回回人就有2953户,其中大多为斡脱[10],他们财力雄厚,经商有方,到处放高利贷,所以元代将高利贷又称"斡脱钱"。

蒙元时代统治者的政策,也为回族的最终形成提供了重要条件。

---

〔1〕赛夷人,《元史·列传第七》。
〔2〕西域谷则斡儿朵人,《元史·列传第七》。
〔3〕阿速氏,《元史·列传第十》。
〔4〕康里氏,《元史·列传第十》。
〔5〕钦察人,《元史·列传第十》。
〔6〕钦察人,《元史·列传第十八》。
〔7〕《元史·兵志》卷98。
〔8〕"以左钦察卫唐吉失等九千户隶焉",载《元史·兵志》。
〔9〕《明史·西域传》。
〔10〕黄时鉴:《元朝史话》,北京出版社1985年版,第137页。

蒙古从成吉思汗开始,对各宗教基本上采取兼收并蓄的政策,对所谓色目人,其中包括回回人,蒙古汗和元朝历代皇帝,也多采取十分宽厚的信任态度。有元一代,使用了许多伊斯兰教徒为大臣,色目人的政治和法律地位仅次于蒙古人,并享有一定的特权。这种政策,吸收并促进大批伊斯兰教徒前来和留居于中原各地,遂有所谓"元时回回徧(遍)天下"之说[1]。

但是,在元代,作为中国的一个独特的民族——回族,并没有正式形成。这是因为,由中亚和西亚等地来中国的伊斯兰教徒虽然数量很多,但是由于到中国的时间较短,因此在语言、心理及其经济生活等方面尚未形成一个新民族共同体所必备的特性。如语言方面,这些中亚人和西亚人,虽然有不少已经学会汉语,但大多仍使用原来语言,或使用蒙古语言,元朝政府中书省及各部中,专设所谓"回回书写"、"回回令史"、"回回橡史"等属吏,这正说明,当时的回回不仅人数多,而且使用原来语言,使用原来文字,政府各部门和各长官下,需要专设这类吏员,专门处理这些人的事务。特别是设有"回回国子监学","以掌亦思替非",更说明了这个问题。"亦思替非"为波斯文字,当时的回回人,就是使用此种文字。仅这一条就足以说明,元代所说"回回",与以后我国的回族并不是一回事,也足以说明,在元代我国回族尚未正式形成。之所以在元代没有形成回族,一方面如上所述,是由于大批中亚、西亚信仰伊斯兰教的人来华时间太短,没有条件形成现在所说回族的诸因素。另外,还因为当时回回即中亚、西亚信仰伊斯兰教的人,在社会、政治上地位高,他们各自使用自己的语言,标榜自己的身份,因而没有促进其迅速形成一个有自己特质的民族共同体以自存的社会压力,而这种社会压力,是在民族如林的社会中,形成一个新民族共同体的必不可少的条件。

回族的族源是十分复杂的,就其时间来说,有唐宋以来进入沿海和中原各地的大食、波斯人的后裔,有元代进入中原各地的回回人及其后

---

〔1〕《明史·西域传》。

裔,也包括明代大量进入中原和甘陕的中亚各地的人,而以后面两个时期的人为主;就回族族源的民族成分来说,唐宋以来的人,主要是波斯、大食人,元代主要是波斯和中亚人,明代则主要是中亚以及吐鲁番和哈密一带的人。这些人是在明代才逐渐形成了一个比较稳定的民族共同体,而维系这个由不同民族成分的人形成的民族共同体的纽带,一是他们的伊斯兰教的信仰,一是他们的共同语言——汉语。这两个因素,缺一不可。如果他们不保留伊斯兰教的信仰,那么,这些不同民族成分的人,虽然长期留居于中国,最后也只能融入其他民族;如果留居于中国的大食人、波斯人、中亚人等虽然仍信仰伊斯兰教,但仍保留自己民族的语言,那么,他们当然仍然会各自保持自己民族的特性,而不可能形成回族。因此,在回族的形成过程中,起主要作用的内在联系和因素,应该是两个——宗教信仰和语言,即伊斯兰教和汉语。

回族为什么在明代才算正式形成呢？这是由当时中国的社会政治条件决定的。

到明代初年,在元代被称为"回回"的这部分人,其社会地位和本身的发展都有了很大变化。首先,他们几代人在汉族的汪洋大海中,经过近百年或几十年的熏陶,接受了不同程度的汉文化,语言和心理素质逐渐发生了变化,汉语、汉字成为他们共同使用的唯一语言和文字,中亚人、外国人的心理素质逐渐淡漠甚至消失。其次,明朝建立后,回回人在中国社会中的社会、政治地位发生了重大的变化。回回人和蒙古人一样,失掉了社会、政治上的优越地位,曾经担任元朝中央和地方长官的许多回回人或逃亡,或隐匿,或被杀戮,中央各级部门特设的回回官吏不再存在了,一般富户也失去了昔日的优越地位,甚至产生了某种社会的和政治的压力,与此同时,为了抗拒这种压力和加强自身的力量,这部分人自觉不自觉地加强了互相之间的宗教联系和社会联系。这种微妙的内部和外部条件的变化,形成一种复杂的交叉力量,促使明代的回回人以及在明代由于某种原因信奉了伊斯兰教的汉人、与回回人建立了亲属关系的汉人,甚至包括从唐宋以来留居于沿海一带祖上是阿拉伯、波斯人的,仍坚持伊斯兰教信仰的后代,逐渐形成一个在心理素质上有强烈联系的共同体,这就是在中国明代社会条件下形成的一个新民族——回族。

与此同时,在明代时期,仍有大量回回人进入中原。这些人主要是来自中亚和新疆各地的伊斯兰教徒。他们多是"朝贡"的使者和商人。其中有相当一部分人留居于中原,由于这些人大多是商人,与周围汉族群众有密切联系,他们与元朝时期的有许多特权和特殊地位的回回人完全不同,他们为了进行商业活动,不得不学会汉语,这就是所谓"归化回回"、"附籍回回"[1]。

"归化回回"、"附籍回回"的出现,在判断我国回族的形成问题上,有十分重要的意义。

在明代中叶以前,居留于中原地区的回回虽然很多,但都是"寄住"性质,也就是说,仍受到各种限制,他们被明朝政府看做"外夷"。景泰二年寄住江宁县的回回哈只乌赤,捐米600石为军饷,按明朝政府规定,捐米为军饷者,俱给冠带,而哈只乌赤不要冠带,却要求准其入籍,成为大明百姓。[2] 作为典型例证,哈只乌赤的这一举动,反映了回回人在当时社会环境中必然要产生的最普通的心理和愿望,我们也从中可以看出在明代回族形成过程中,社会的、政治的和心理因素的合力,是起了很大作用的。

随着"归化回回"和"附籍回回"的出现,原来回回人的传统姓氏,也开始在相当多的回回人中发生重大变化。《明实录》中记载了不少使用汉姓的回回人,如李大禄[3]、魏景阳[4]、陈克己[5],更为著名的如郑和、李贽、海瑞等等。回回人使用汉姓,虽早已有之,但结合明代回回人的许多变化,唯明代回回人使用汉姓的最多、最明显,这就不是偶然的了。

这两方面的情况说明,由于经过多年的演变、融合,明代的回回人

---

〔1〕《明实录·孝宗实录》卷18"弘治元年九月壬午"条。
〔2〕《明实录·代宗实录》卷210"景泰二年十一月癸亥"条。
〔3〕《明实录·武宗实录》卷117"正德九年十月戊申"条。
〔4〕《明实录·武宗实录》卷141"正德十一年九月丙申"条。
〔5〕《明实录·世宗实录》卷1"正德十六年七月甲戌"条。

在心理状态、自主意识等方面,已由"外夷"、"寄居"转变成了"归化"、"附籍",甚至"入籍"的中国人了;在一定程度上代表一个人的血统、出身、文化传统的姓氏称谓方面,也由西亚、中亚类型,实现了汉化的转变。这些变化应该被看作是明代中国回族正式形成的重要标志。

回族在明代就分布于全国许多地方,但就其形成之初的情况看,回族主要集中于西北地区。明初洪武、永乐年间,明朝政府十分重视与中亚各地的交往,而且明令中亚、西亚各国商人、使臣都只能经河西走廊这条丝绸之路与明朝进行交往。[1] 所以,河西等地成为回回人留居的主要地区。明朝洪武年间就曾规定:"回回来互市者止于甘肃城外三十里,不许入城。"[2]永乐六年又规定回回商人如携马千匹以上来贸易,可以允许他们到黄河以西"兰州、宁夏等处交易"[3],这就使许多回回商人进入河西、宁夏、青海和陕西诸地。

明初曾派遣大批自元代留居中原的回回人出使中亚各伊斯兰教国家,将其家属留在"西凉"即凉州。[4] 洪武二十五年令居住于甘肃境内的回回人,愿意西返的均可返回。结果有 1236 人愿意返回,[5]而留居者,其数当仍然不少。

至永乐初,河西一带的回回人数,已经相当可观,而且有较大势力。永乐八年在肃州卫竟然发生"寄居回回哈剌马牙等叛杀守御都指挥刘秉谦",明军被赶出城,肃州城被回回占据的事件。[6] 这些"寄住"回回,主要是指明代留居于河西一带的新疆和中亚的民族,应该说他们也是中国回族的最早一部分成员。他们主要从事商业,来往于河西和内地间,同时也有做官为宦的。回回哈三曾任陕西行都司(设于张掖)都指挥金事。其子法虎儿丁,曾任甘州中卫指挥使。到正统年间,由于河西一带回族人数的增多,明朝政府怕其生事,遂采取措施,一方面将他

〔1〕《明实录·孝宗实录》卷32"弘治二年十一月壬申"条。
〔2〕《明实录·太祖实录》卷216"洪武二十五年二月癸亥"条。
〔3〕《明实录·太宗实录》卷55"永乐六年二月壬戌"条。
〔4〕《明实录·太祖实录》卷216"洪武二十五年二月癸亥"条。
〔5〕《明实录·太祖实录》卷216"洪武二十五年十二月辛未"条。
〔6〕《明实录·太宗实录》卷70"永乐八年五月丁亥"条。

们组成百户、千户组织加以管理,[1]一方面将他们逐渐东迁。正统六年,明政府下令"徙甘州、凉州寄住回回于江南各卫,凡四百三十六户,一千四百七十九口"。其中最多的是迁徙到陇右和陕西一带。到明代后期,陕西和陇右也成为回族最多的地区。

明代后期回族形成的另一个标志是回族反抗明朝统治的群众斗争开始出现。明朝政府将西北回族迁徙至东部各地,并迫使其兴屯,从事农耕,既使其丧失原来财产,又迫使他们从事自己不熟习的生产,并受到当地汉族的歧视,迫使他们铤而走险,结伙反抗。弘治元年九月"凤翔府扶风诸县原附籍回回聚众劫掠为患"[2],仅斩首、俘虏人数达230余人。弘治十七年,在今河北、河南、山东等地,丧失生业的回族群众"百十为群,纵横四出,有司莫能御"[3],其中尤以回族最集中的陕西、陇东为甚。正德九年有庆阳合水回族人李大禄起义[4];正德十一年有回族魏景阳在陕西率众起义,众至2000余人,魏景阳祖上即为"归化回夷"[5];同年,陕西金州等地也有回族起义[6];正德十二年河西南山一带也有回民起义[7];正德十六年陕西有回族人陈克己的起义[8]。特别是嘉靖前期,陕西、陇右地区的回族起义遍及该地区,而且经久不断。其中著名的如田分猷、马自宾、马西河、高起望、阎自美所率回族起义军,在延安府、庆阳府一带十分活跃,给明政府以很大打击。[9]

明代西北回族的社会经济状况是多种多样的。留居于交通要道各地的,如河西各地的回族,多经营商业和手工业;被迁徙和安置于陇右、陕北诸地的,多从事屯垦。从事商业、手工业的回族,在明代虽然也受

---

〔1〕《明实录·英宗实录》卷28,正统二年三月癸卯有"盘获出关甘州寄住回回千户火者马里蛮"之说;卷26"有哈只为百户"之记载。

〔2〕《明实录·孝宗实录》卷18,"壬午"条。

〔3〕《明实录·孝宗实录》卷213"弘治十七年六月壬午"条。

〔4〕《明实录·孝宗实录》卷117"正德九年十月戊申"条。

〔5〕《明实录·孝宗实录》卷141"正德十一年九月丙申"条。

〔6〕《明实录·孝宗实录》卷141"正德十一年九月丙申"条。

〔7〕《明实录·孝宗实录》卷146"正德十二年十二月乙卯"条。

〔8〕《明实录·孝宗实录》卷4"正德十六年元月甲戌"条。

〔9〕《明实录·孝宗实录》卷497"万历四十年七月乙酉"条。

到不少限制,但总的来说,生活比较稳定;而从事农耕的回族,由于大多是原来并不熟习农事,被迁徙到的农业地区往往又都是荒地,因而生活十分贫困,并被迫铤而走险,这就是明代后期甘陕等地很早就发生多起回族起义的原因。

（本文原载《西北史地》1991 年第 4 期）

索　引

A

阿拔斯王朝　　400,404,411

阿尔泰

　5,23,123,256,257,259,269 -
271, 278, 287, 288, 291, 295,
296,319 - 321,359,362,367

阿尔泰语系　　9,115,123

阿拉伯

　8,100,180,190,352,400,404,
411,468,482,483,488

阿拉伯帝国　　400,420

阿赖谷地　　264,268,309,418

阿勒坦河　　293,295

阿里不哥

　312,315 - 317,322,323,334 -
336

阿力麻里

　281,317,322 - 324,335,336

阿姆河

　272, 280, 316, 346, 358, 359,
361,378 - 381,384 - 388,393,
395 - 397,414,435,441

阿睦尔撒纳　　252,287,288,293

阿萨息斯　　403

阿史那贺鲁　　270,278,393

阿息人　　346,379,383

爱古斯河

　245,248,254,298,299,302

安达卢西亚　　401

安得悦　　392,429

安迪尔　　388,431

安迪尔遗址　　431

安集延

　253,254,302,307,310,414

安西

　234, 270 - 277, 279, 280, 364,
394, 400, 413, 418, 427, 436,
444,483

安西四镇　　273,274,277

安息

　265, 272, 347 - 349, 352, 361,
368, 379, 380, 386, 389, 399,
400,403,404,409

俺答

　18, 228, 469 - 473, 475 - 477,
479,481

B

八思巴　　22,327－333

巴尔赫
347,379,389,390,392,397,401

巴尔喀什湖
246, 256, 261, 262, 271, 273,
278, 279, 282 － 284, 291, 297,
299, 301 － 303, 315, 353, 358 －
360, 362, 365, 372, 375

巴尔斯博罗特　　470,472,475

巴格达　　400,401,411,414

巴克特利亚
378 － 389,397,399,402,403

白龙堆　　437

拜城　　265,291

班超
22,261,264,348,376,403,408

卑路斯　　394

北道
260,265,282,364,399,400

北庭都元帅府　　281

本土化　　27 － 29,190,209,217

必库勒　　301,302

边防政策
245 － 247,252,253,255

边政学　　28

别失八里
281 － 283,304,318,319,324 －

326,336

丙兔　　470 － 474,477,479

拨换城　　419

波斯
172, 190, 272, 325, 349, 350,
352, 378, 380, 381, 387 － 389,
393 － 395,402 － 404,407 － 409,
411, 414 － 416, 422, 423, 426,
443,482 － 485,487,488

波斯帝国
378,380,402,403,410,411

伯颜
318,319,324,335,336

卜儿孩　　467 － 470,474

布鲁特
245,247 － 250,252 － 255,304 －
308,310,311

布路莎布逻　　389

部落
6 － 8, 11, 38, 50, 55, 56, 92,
102 － 109, 115, 123, 125, 147,
150, 230, 242, 243, 245 － 255,
257, 258, 270, 278, 279, 284,
286, 288, 294 － 298, 303 － 308,
310, 311, 320, 324, 351, 353,
356, 360, 362, 370 － 374, 379 －
381, 384, 393, 396, 397, 448,
456 － 461,463,465 － 481

C

藏经洞　　441－443

曹雪芹　　17

察合台

281,282,284,289,316－318,
320－323

常惠

241,262,263,365－367,369,
375

车师

241,260,261,265,267,268,
348,355,360,361,365,366,439

陈汤

361,363,364,367,375

赤佛堂　　419－421

赤谷城

241,262－264,362－364,366,
367,375

传统文化

14,38,44,58,69,73,74,79,
82－84,109,115,117,128,
131－155,160,164,165,170,
180,191,193,196,212

吹河　　251,285,301,303

春季卡伦　　250

葱岭守捉

273,275,413,419,420

D

大勃律　　419

大和卓　　291,306

大理　　11,14,39,337－342

大流士一世　　378,381

大秦　　191,409

大食

394,397,420,482－485,487,
488

大宛

241,258,260,262－265,267,
272,346,353,357,359－361,
365,369－371,381,384,385,
399,400,405,412,413,415,
438,439

大夏

258,346,347,349,350,352,
353,356,358,359,377,378,
381－388,390,392,396,397,
399,402,403,409,411,435

大小和卓

247,291,297,305,309,310,418

大小松山　　471,473,475,480

大月氏

262,265,346－354,356－360,
368,372,374,378,379,381,
383－389,391,392,396,398,
400,435

丹丹乌里克

  424,426 – 428,434,435

氏族

  15,56,93,94,100,129,314

地中海

  63,350,399 – 404,406,408 –

  411,414,415,418,483

帝师   328 – 332

东突厥   11

冬季卡伦   250

董琬   268,376

都督府

  270 – 272,304,394,395

都护府

  55,234,260,270 – 275,278 –

  281,291,304,324,427,444

笃哇   317 – 323,334,335

靓货逻   377,382,387 – 392

段会宗

  260,263,366,367,369,375

段兴智   339

敦煌

  258,260,262,265 – 267,269,

  277,280,346,347,351,353 –

  357,360,365,409,413,414,

  432,436,439 – 443,454,455

多民族国家

  3,4,10,24,25,36 – 43,61,62,

  65,67,70,71,82,84,102,112,

127,131,135,140,141,155,

228,232,252

多元一体   40,79 – 81,84 – 86

咄陆部   269,270

E

额济纳

  355,357,360,374,417,438,

  439,443

额敏

  280,290,291,315,316

厄鲁特

  230,252,284 – 289,297,301,

  303,305,474

鄂本笃   410

鄂尔多斯

  123,467,471 – 473,476,477,

  480

F

法国社会学派   31

法显   354,384,400,419

藩属   87,245,248

蕃客   483,484

费尔干纳

  263,267,272,346,359,360,

  412,414

冯嫽   263,366,368,375

佛教

6,7,18,19,24,123 - 125,149,
170,212 - 215,217 - 220,258,
329,330,340,346,348 - 351,
390,391,423 - 426,428,430,
432,434,435,441,443

苻坚　94,129,314

G

噶尔丹　286 - 290

甘延寿

260,263,361,366,367,372

高昌

8,14,15,267 - 271,273,276,
277,279,280,321 - 324,409,
413,444

高昌郡　267

高仙芝　394,418 - 422

葛罗禄　278,279

功能学派　30,32

姑墨　265,363,389

骨力裴罗　278

瓜州之戎　454,455,457

龟兹

54,265 - 268,270 - 277,348,
360,363,376,377,389,409,
419,431,443

妫水　359,384

贵霜

347,350 - 352,386 - 389,391,
392,397,398,403,427,435

过所　267,429

H

哈萨克

245,247 - 255,257,262,264,
283,284,287,291,292,297 -
302,304,305,315,362,375

海都

278,315 - 320,322 - 324,334 -
336

海押立　280,315

韩拔　268

汉藏语系　9,124,453,456,458

汉法

15,128,129,312,314,342

汉族

3 - 13,16,17,19,24,28,44,46,
49,51 - 53,55 - 60,73 - 76,82,
83,85 - 91,93,94,96,97,100,
101,107,114,123 - 125,127 -
129,135 - 138,140,150 - 152,
155,156,158,163 - 165,217,
225 - 227,229,232,234 - 239,
243,253,263,268,277,283,
312 - 314,335,343,423,427,
465,466,482,486,488,489,491

浩罕

  247,255,292,300,304,306 –

  309,411,414

和而不同

  7,69,128,169 – 171,174

和林

  316, 317, 319, 323, 324, 327,

  334 – 336

和什库珠克岭　　309

和硕特　　285,286,288,468

和田

  265, 266, 318, 323, 325, 347,

  409,424

和田马钱　　266

和阗语　　426

和卓

  273,286,290,291,297,468

河套蒙古　　467,472,478,480

河西

  8,11,14,16,22,55,58,88,96,

  240, 241, 243, 260, 261, 264,

  271, 293, 294, 298, 323, 326,

  327, 349, 351, 353, 355, 358,

  359, 381, 384, 391, 404, 405,

  409,410,412 – 414,416 – 419,

  427, 438, 439, 443, 444, 467,

  471, 472, 474, 475, 478 – 481,

  486,490,491

河西走廊

  258, 265, 276, 279, 347, 353,

  355 – 359, 384, 399, 405, 408,

  412,439,478,479,490

河中

  7,10,11,42,121,179,230,237,

  239, 271, 272, 302, 305, 316,

  317, 361, 362, 379, 380, 385,

  387,396,399

呼韩邪

  11,22,361,362,367,405

呼揭　　359,406

忽必烈

  15, 235, 243, 281, 284, 312 –

  326,328 – 343

胡尔达兹比赫

  400,401,411,415

互市

  22, 54, 55, 58, 156, 171, 469,

  472,476,479,490

花刺子模

  349,351,352,402,485

华夏族

  7,8,10,44 – 47,51,59,60,94,

  100, 126, 232 – 234, 239, 257,

  258,457 – 459,463 – 466

湟中月氏胡　　351

回纥

  52 – 54,115,124,278,394,404,

407,443

回鹘

8,14,22,52,234,256,278 –
280,321,322,342,377,443

回回　172,173,486 – 491

回族

8,9,19 – 21,90,93,94,97,101,
125,149,172,178,190,207,
313,338,482,484 – 492

慧超　397

浑邪王

11,22,87,96,241,355,438

火落赤

471 – 474,477,479,480

J

羁縻

52 – 56,58,75,127,129,247,
252,253,324

吉尔吉斯地　318,319

吉利吉斯五部　335

吉囊　469 – 472,475

罽宾　348,349,368,397

迦腻色迦

348 – 351,389,391,435

犍陀罗　349,351,389,435

教派门宦　190,193

节传　15,268,376

捷列茨科耶湖　256,295

解忧　262,263,368

进化论学派　30,31

经堂教育　190,192

精绝　265,390,392,430

精神文化

25,34,70,110,144 – 148

居延　354,355,357,438 – 440

鞠嘉　269

瞿萨旦那　425

K

卡伦

246,250 – 254,291,295,296,
299,300,302,305,309

卡外边境　250 – 252,254,255

喀尔喀蒙古

23,114,287,288,294

喀喇昆仑山

6,256,259,280,310

喀喇沙尔　290,297,300

喀什

22,256,261,301,351,409,413,
418 – 420

喀什噶尔

246,249,251,252,255,279,
283,291,297,300,303,304,
306 – 311,363

开拓式　239,240,242

康国　258,277,351,441

康居
　265，267，272，359 – 361，367，
　368，381，389，400，406，409

柯尔克孜
　17， 230， 257， 283， 284， 291，
　304 – 311，335

科布多　292 – 296，298，300

可汗
　17，22，269，270，274，278，279，
　316，334，395，396，407

渴盘陀　268，275，422，423

克泰夏斯　400

孔目司　276

昆仑山
　6，258，260，265，309，347，351，
　355，418，424，436

昆弥
　262， 263， 361， 366 – 369， 373，
　374，376

昆莫　262，353，357 – 360，375

阗端　243，326 – 328

L

蓝氏城　347，385

老普林尼　400

老上单于　346，359，360，384

李柏　268

李希霍芬　378，388，399，401

历史文化传统
　3，13 – 16，204，239

连云堡　419 – 421

廉惠山海牙　282

廉希宪　282

两河流域　399，401，404

临洮
　3，51，193，226，328，414，438，
　480

刘平国　265，266

刘智　19，190，191

流沙
　267，268，356，357，382，392，442

楼兰
　241， 260， 268， 359， 391， 406，
　424，429，431 – 437，439

鲁明善　17，282

陆浑之戎　452，454，457，460，465

禄福城　414

吕光　15，268，376，413

罗布泊
　256， 258 – 260， 264， 265， 267，
　268，359，365，431，436 – 440

罗马帝国
　386，403，404，407，409，411，420

罗斯坦
　381 – 383， 385 – 387， 389， 390，
　392，393，395 – 397，426

鳞得　355

M

马尔塞林　　400

马尔希安　　400

马哈木　　282,284,285

马可波罗　　340,401,410,432

马其顿

378－380,403,411,434

玛尔吉亚那　　386

玛纳斯河　　256,259,362

满族

5,11,14,15,17－20,57,58,88,
93,101,255,285

莽刺川　　473,474,480

冒顿　　346,358,359,384

梅拉的　　400

蒙哥

312,315－317,323,327,328,
331,332,336,337,339,485

蒙古

5,6,8,9,11,12,14,15,17,18,
20,21,23,52,54,57,58,61,88,
90,96,97,100,101,114,123,
124,128,129,149,228,235,
238,243,256,257,280－289,
296,297,301,312－317,319－
323,325－328,334－337,342,
343,346,347,354,359,362,
405－407,417,427,467－481,
485－488

米兰

264,424,431,432,434－436

民丰

261,265－267,387,388,428,
431

民族共同体

31,37－41,52,57,61,81,92－
94,99,100,103－110,114,115,
121,123,127,134,139,153－
155,158,160,161,163,449,
485,487,488

民族关系

3,4,10,28,31,36,38,39,41－
47,52－63,65－79,81,85－87,
89,91,92,94－98,101,102,
121,125,128－130,135,137,
138,148,157,164,174,182,
234,235,237,313,326,482

民族精神

23－25,153－155,158－160,
164,165

民族凝聚力

153,159－162,164,165,205

民族文化

13,14,17,18,28,30,31,34,35,
38,39,58,65,69,81－85,89,
93,103,106,109,110,117,
121－124,126－130,132－134,

136,137,139 – 147,150 – 152,
154,160,163,181,209,232,407

民族学
27 – 41,79,91,99 – 101,103,
106, 110, 111, 113, 114, 118,
138,144,152,192,193,210,377

明安图　17,247

摩尼教　24,191,443

穆斯林
8,170,172,173,175,178,181,
182,187, 188, 190 – 195, 197,
198,200 – 206,208,209

N

纳缚波　431

纳林河
251, 302, 303, 305 – 307, 311,
363

南道
260,265,392,399,400

难兜靡　353,356,357,360

内属
55,248 – 250,252 – 255,261,
468

尼雅
261, 266, 267, 387, 392, 410,
424,428 – 432,434,435

泥孰　269

捏工川　473,474

P

帕米尔
6,256,263 – 265,268,271,272,
275, 283, 291, 292, 297, 308,
310,402, 403, 413, 418 – 423,
437

裴矩　400,416

婆罗谜　426,443

仆固俊　279

Q

祁连山
351,354,355,357,436,443

契丹
8,9,14,17,54,57,58,123,130,
234, 256, 304, 313, 321, 342,
410,417,431,432

千佛洞　280,351,441 – 444

谦谦州　284,335

嵌入式　239,240,242

且末
242, 265, 269, 321, 325, 326,
347,390 – 392,431

青海
11,33,54,88,96,124,242,243,
257, 286, 326, 327, 332, 333,
351, 404, 436, 451, 467 – 481,
490

清朝

11,14 - 16,18,20,23,62,86,
128,173,236,237,245 - 250,
253,255,256,286 - 311,314

丘尔干　285

丘就却　347,348,350

渠犁　260,264,365,413

去政治化

42 - 44,59 - 61,67,70

R

热海　276

人类学

27,30,32,34,35,106,110,113,
114,192

人们共同体

38,39,44,65,92,99 - 101,103,
104,108,110,111,114,118

人种学　27

日逐王　11,22,241,260

戎族　448,450 - 466

融合

5,7,38,40,46,47,51,57,61,
63 - 68,70,76,77,80,83,85,
89,99,114,115,121,123 - 125,
127,130,140,143,149,155,
163,169 - 171,180,217,266,
279,313,349,396,458,465,
466,489

柔然　52,256,349,376

若羌

242,258,260,265,266,321,
325,431,432,434,436,437

弱水　355,357

S

萨迦班智达·贡噶坚赞

22,243,328

萨迦派　327 - 331,333

萨珊王朝

349,378,388,391,393 - 395,
404,407,409,426

萨彦岭　256,291

塞地

291,346,350,353,358 - 360

塞流西王国　403

塞人

380,381,384,385,396,397

塞种

256,258,259,262,346,353,380

赛典赤赡思丁　338

赛里斯　400,415

色目人　9,172,313,487

沙宾达巴哈　292 - 295

沙畹

393 - 395,407,419,421,430

莎车　258,260,261,265,325

山北六国　360,361

鄯善
  240,260,261,264 - 269,319,
  390,392,429 - 432,436
少数民族政权
  14 - 16,47,52 - 55,57,58,96,
  129,130,232,236
身毒　340,399
十三万户　331 - 333
氏族
  7,38,103 - 109,115,123,125,
  147,150,240,311,370 - 372,
  405,457,468,470,475
市舶司　483,484
守捉　273,431
疏勒
  22,55,261,265,267,268,270,
  272 - 277,348,349,389,409,
  413,419,431,436,438
丝绸之路
  12,25,124,240,265,273,325,
  350,399 - 416,418,420,423,
  430,433,436,439,482,490
斯坦因　267,417 - 444
斯特拉波
  346,379 - 381,383,385,400
斯文·海定　424,432,433
四夷
  7,45 - 47,51 - 54,59,76,87,
  96,100,172,227,233,234,279,

  467,469,470,475
松赞干布　22,242
宋云　390 - 392,418,419
苏维埃民族学　31,106
粟特　351,379,409,434,441
碎叶　269,271,273 - 277,394
索格底亚那
  346,347,378,379,385,389
锁南嘉措　471

T

塔尔巴哈台
  245,246,248 - 252,271,289,
  297 - 300,303,362
塔克拉玛干
  382,392,417,423,424,427,
  428,431,435
塔拉斯河
  246,251,256,262,271,285,
  301,302,306,362
塔里木盆地
  260,265,351,399,408,412,
  417,418,423,433,444
太原　76,276,458 - 460
泰西封　414
坦驹岭　419 - 421
唐努乌梁海　292 - 296
陶拓所　276
特勒满川　419,420

腾格　　290,311,356

天马　　415

天山

3,6,8,124,127,226,241,245 – 247,256,258 – 260,263 – 265,268,270 – 274,276,281,282,284,286,289 – 291,297,300,305,306,309 – 311,316,318,320 – 322,347,354,355,359,362,363,405,406,412,413,418,441

田地县　　267

阗池　　360

条支　　399,400,403

庭州　　270,271,354

同娥设　　269

同化

5,38,46,47,51,63 – 68,70,76,77,94,99,114 – 116,121,169,252,313,349,451,458,465

僮仆都尉　　259,260,359

统叶护　　269,396

突厥

8,9,12,17,22,52 – 54,93,115,123,124,234,256,269 – 272,277 – 279,333,335,346,362,389,393 – 398,401,404,407,434,443

图鲁拜琥　　286

土尔扈特　　285,289,297,301

土默特

470,472,473,477,480

吐蕃

6,8,10,11,15,22,52,53,242,243,273,275,277,279,321,326,330 – 332,342,404,418,419,421,427,431,470,476

吐谷浑　　9,11,54,242

吐火罗　　346,377 –398

吐鲁番

8,228,265,267,268,271,273,276,277,279 – 281,283,289 – 291,297,318,321,359,377,409,432,444,488

吐迷度　　22,278

推河　　288,295

屯田

8,127,229,241,242,246,252,260,263,264,276,277,281,283,291,303,324 – 326,336,341,342,365 – 367,375,413,432,440

托勒密　　400

脱脱　　17,318,324

W

瓦罕　　418,420 – 422

外藩　　247 – 252

外国道　399

王岱舆　19,190,191

王名远　393

维吾尔族
8,9,17,19,21,61,90,97,101,
149,178,279,281,282,289 -
291,309,318,407

畏兀儿
280,281,317,318,324

温宿
265,321,360,363,364

文化化
42,43,60,61,63,65,67,70

倭马亚　411

窝阔台
281,284,315 - 318,320,322,
323,326 - 328,336,485

乌浒河　396

乌垒　240,260,265

乌里雅苏台定边左副将军
291 - 293,296

乌什
249,291,297,300,360,363,364

乌孙
52,54,226,240 - 242,256,
258 - 265,267,268,346,353 -
376,384,385,405,406,412,439

乌孙故地　349,354

乌孜别里山口　418

五服　46,76

五世达赖　22,286,287,327

戊己校尉　260,267,268

物质文化
34,110,144 - 146,148

悟空　275,397

X

西藏
6,9 - 11,15,18,22,88,90,96,
97, 124, 182, 242, 243, 286,
326 - 334,432,471,476,477,
481

西海
265,269 - 271,467 - 475,480,
481

西极马　415

西辽　11,280,321,322

西突厥
11,52,269 - 275,277,278,362,
389,393 - 397,407

西徐亚人　380,383 - 387,397

西域
5,6,15,17,22,52,54,55,115,
123, 124, 127, 129, 173, 226,
234,236,240 - 242,246,247,
257 - 273,275 - 279,281,282,
287,289 - 291,298,299,301 -
305,307 - 310,317,320,323,

324,346 – 352,355,358 – 370, 372,373,375 – 378,381,382, 384 – 394,396,397,399,400, 403 – 406,408,409,412 – 415, 417,420,422 – 435,437 – 442, 469,472,478,483,486,487

西域长史　　260,267,268,433

西域都护

54, 240, 241, 260 – 264, 268, 269,361,362,365 – 369,372, 419,444

西州

270,271,273,274,276,279,413

希腊化

379,403,411,434,435

锡尔河

272,316,346,364,379 – 381, 384 – 387,402,406,414,441

细君　　262,375

祆教　　24,191,350,443

鲜卑族　　9,14,56,349

显性文化　　82,139

现代文化

83,131 – 134,138,140,141,149

相适应

66, 126, 149, 158, 166 – 169, 175 – 177,179 – 181,185 – 189, 195 – 198,200,202 – 204,206, 209,210,217,218,371,372

小勃律　　418 – 421

小和卓　　291

小月氏　　351,352

新疆

5, 8, 9, 11, 19, 21, 23, 88 – 90, 96,97,123,134,206,240,242, 243, 247, 250, 252, 254, 257 – 261, 266, 267, 270, 273, 276, 277, 279, 281, 289, 291, 297, 298, 300, 303, 307, 308, 310, 315, 318, 321 – 326, 346, 351, 376, 378, 384, 388, 391, 392, 399, 400, 403, 404, 406, 409, 410, 412, 414, 415, 417, 418, 423, 424, 432, 436, 438, 441, 489,490

兴都库什山

347,387,389,397,418,419,421

行为文化　　110,146 – 148

匈奴

8,11,12,14,22,47,52,54 – 56, 75, 87, 93, 96, 100, 123, 127, 226,234,240 – 242,256,258 – 262, 346, 347, 353 – 362, 365 – 367, 371 – 373, 381, 384, 385, 387, 405 – 407, 414, 425, 438, 439, 448, 451 – 453, 455, 456, 458,460,461,466

玄奘

 274,377,387 – 392,395,396,
400,418,419,422,423,425,
431,442

悬泉置 413

薛米思坚 316,320

血缘关系

 7,104 – 106,108,109,125,150,
370,457,458

巡边

 249 – 254,303,304,306,307

Y

焉耆

 54,259,261,265,267,268,270,
272,274 – 276,290,360,377,
389,413,431,444

盐泽 260,355,365,413,439

杨宣 267

耶律楚材 17,274,276

叶尔羌 289 – 291,297,325

叶护 270,274,393 – 397

叶密立 315,316

嚈哒

 349,352,387 – 393,395 – 397

伊兰语 427,432

伊犁

 19,23,54,240,241,245,246,
248 – 256,258,264,265,271,
278,281,282,287,288,290,
291,297,298,300 – 304,306,
307,310,315,316,321,346,
360 – 362,369 – 371,374,375,
384,385,405

伊犁等处将军 291,297

伊塞克湖

 248,256,262,264,276,284,
302,305,306,360,362 – 364

伊斯兰教

 6,7,9,18,19,24,125,149,166,
170 – 173,175 – 182,187 – 210,
212 – 218,220,425,428,468,
482 – 490

伊吾 265,269 – 272,276

伊西洱库尔淖尔 310

伊循 260,264,431,432

伊州 269 – 271

夷夏之辨 59,76

移民国家 61,116,117,238

以儒诠经 7,125,190 – 192

以夏变夷 47,48,51,75

义渠 414,456,464 – 466

亦卜剌

 467 – 470,472,474,475,477

亦都护

 8,280,281,318,319,321 – 324

驿站

 127,276,281,284,291,324,

·欧·亚·历·史·文·化·文·库·

325,331 - 335,340 - 342,410,
411,413,437,441

悒怛　389,393,395

因俗而治
　15,55,129,314,324,342

隐性文化　82,139

永邵卜　471 - 473

于阗
　15,54,228,258,261,265 - 267,
　270,272 - 275,279,280,282,
　283,325,347,351,389 - 393,
　409,424 - 426,428,432,436

羽田亨
　346,347,349,351,378,427,435

语系　9,116,428,441

元朝
　8,10,11,14 - 16,18,128,172,
　173,228,235,243,281,282,
　284,312 - 314,318,320 - 326,
　328,330 - 333,476,486 - 489

月氏
　52,241,256,258 - 260,267,
　346,347,351,352,354,356 -
　359,383 - 387,392,396 - 398,
　405,412

云贵高原　6,52,88,127

允姓之戎　258,455,460

Z

泽拉夫善河流域　346,379

藏传佛教
　6,18,124,125,149,211,215,
　217 - 220,243,327 - 330

藏族
　6,8 - 11,17 - 19,21,61,90,97,
　100,101,114,149,243,326,
　328,332,333,453,470,471

斋桑泊
　256,271,291,296 - 300

张孟明　269

张骞
　241,258,260,262,346,353 -
　355,357 - 360,363,365,369,
　372,378,381 - 387,390,399,
　403,405,406,408,409,412,
　414,415,439

昭武九姓　351

遮虏鄣　439

正统
　16,87,227,228,232,235,236,
　285,334,336,490,491

郑吉
　241,260,263,366,368

知水官　276

郅支
　361,362,364,367,372

制度文化　34,110,146 - 148

中国疆域
　10,52,57,128,157,163,225 -

228,231,232,239,240,242,243

中国特色民族学

27,29,35,37,39 - 41

中华文化

4,16,17,40,121,122,126 -
134,136 - 138

中原

3 - 8,10 - 17,23,44 - 46,50 -
58,76,85,87 - 89,94,96,98,
124,125,127 - 130,136,137,
156,163,173,217,226 - 229,
232 - 241,243,244,252,253,
260,263,275,277 - 279,281,
282,285,289,312 - 314,317,
321,334,342,350,351,382,
397,402,405 - 407,409,415,
416,422,423,433,436,443,
451,452,457,464,465,476,
479,481 - 484,486 - 490

主体民族

87,88,90,91,96,97,102,135,
136,163

准噶尔部

8,286,288,294,300

宗教

6,7,16 - 19,55,60,62,64,69,
71,77,79,82,89 - 91,102,103,
109,123 - 125,128,131,139,
145,147 - 150,155,162,166 -
221,330,331,350,378,428,
443,481,482,485,487,488

总制院　　330,332

族群

20,21,30,38,42 - 44,46,59 -
61,63 - 67,70,72,73,76 - 79,
81,82,84,86,103,110 - 118,
139,141,142,147,149,318,489

欧亚历史文化文库

已经出版

林悟殊著:《中古夷教华化丛考》 　　　　　　　　　定价:66.00元

赵俪生著:《弇兹集》 　　　　　　　　　　　　　　定价:69.00元

华喆著:《阴山鸣镝——匈奴在北方草原上的兴衰》 　定价:48.00元

杨军编著:《走向陌生的地方——内陆欧亚移民史话》 定价:38.00元

贺菊莲著:《天山家宴——西域饮食文化纵横谈》 　　定价:64.00元

陈鹏著:《路途漫漫丝貂情——明清东北亚丝绸之路研究》

　　　　　　　　　　　　　　　　　　　　　　　　定价:62.00元

王颋著:《内陆亚洲史地求索》 　　　　　　　　　　定价:83.00元

〔日〕堀敏一著,韩昇、刘建英编译:《隋唐帝国与东亚》 定价:38.00元

〔印度〕艾哈默得·辛哈著,周翔翼译,徐百永校:《入藏四年》

　　　　　　　　　　　　　　　　　　　　　　　　定价:35.00元

〔意〕伯戴克著,张云译:《中部西藏与蒙古人

　　——元代西藏历史》(增订本) 　　　　　　　　定价:38.00元

陈高华著:《元朝史事新证》 　　　　　　　　　　　定价:74.00元

王永兴著:《唐代经营西北研究》 　　　　　　　　　定价:94.00元

王炳华著:《西域考古文存》 　　　　　　　　　　　定价:108.00元

李健才著:《东北亚史地论集》 　　　　　　　　　　定价:73.00元

孟凡人著:《新疆考古论集》 　　　　　　　　　　　定价:98.00元

周伟洲著:《藏史论考》 　　　　　　　　　　　　　定价:55.00元

刘文锁:《丝绸之路——内陆欧亚考古与历史》 　　　定价:88.00元

张博泉著:《甫白文存》 　　　　　　　　　　　　　定价:62.00元

孙玉良著:《史林遗痕》 　　　　　　　　　　　　　定价:85.00元

马健著:《匈奴葬仪的考古学探索》 　　　　　　　　定价:76.00元

〔俄〕柯兹洛夫著,王希隆、丁淑琴译:

　　《蒙古、安多和死城哈喇浩特》(完整版) 　　　　定价:82.00元

乌云高娃著:《元朝与高丽关系研究》 　　　　　　　定价:67.00元

杨军著:《夫余史研究》 　　　　　　　　　　　　　定价:40.00元

梁俊艳著:《英国与中国西藏(1774—1904)》 　　　定价:88.00元

〔乌兹别克斯坦〕艾哈迈多夫著，陈远光译：

《16—18世纪中亚历史地理文献》（修订版）　　　　定价:85.00元

成一农著:《空间与形态——三至七世纪中国历史城市地理研究》

定价:76.00元

杨铭著:《唐代吐蕃与西北民族关系史研究》　　　　定价:86.00元

殷小平著:《元代也里可温考述》　　　　　　　　　定价:50.00元

耿世民著:《西域文史论稿》　　　　　　　　　　　定价:100.00元

殷晴著:《丝绸之路经济史研究》　　　　定价:135.00元（上、下册）

余大钧译:《北方民族史与蒙古史译文集》　定价:160.00元（上、下册）

韩儒林著:《蒙元史与内陆亚洲史研究》　　　　　　定价:58.00元

〔美〕查尔斯·林霍尔姆著，张士东、杨军译：

《伊斯兰中东——传统与变迁》　　　　　　　　　定价:88.00元

〔美〕J.G.马勒著，王欣译:《唐代塑像中的西域人》　定价:58.00元

顾世宝著:《蒙元时代的蒙古族文学家》　　　　　　定价:42.00元

杨铭编:《国外敦煌学、藏学研究——翻译与评述》　定价:78.00元

牛汝极等著:《新疆文化的现代化转向》　　　　　　定价:76.00元

周伟洲著:《西域史地论集》　　　　　　　　　　　定价:82.00元

周晶著:《纷扰的雪山——20世纪前半叶西藏社会生活研究》

定价:75.00元

蓝琪著:《16—19世纪中亚各国与俄国关系论述》　　定价:58.00元

许序雅著:《唐朝与中亚九姓胡关系史研究》　　　　定价:65.00元

汪受宽著:《骊靬梦断——古罗马军团东归伪史辨识》　定价:96.00元

刘雪飞著:《上古欧洲斯基泰文化巡礼》　　　　　　定价:32.00元

〔俄〕Т.Б.巴尔采娃著，张良仁、李明华译：

《斯基泰时期的有色金属加工业——第聂伯河左岸森林草原带》

定价:44.00元

叶德荣著:《汉晋胡汉佛教论稿》　　　　　　　　　定价:60.00元

王颋著:《内陆亚洲史地求索（续）》　　　　　　　定价:86.00元

尚永琪著：

《胡僧东来——汉唐时期的佛经翻译家和传播人》　定价:52.00元

桂宝丽著:《可萨突厥》　　　　　　　　　　　　　定价:30.00元

篠原典生著:《西天伽蓝记》　　　　　　　　　　　定价:48.00元

〔德〕施林洛甫著，刘震、孟瑜译：

·欧·亚·历·史·文·化·文·库·

《叙事和图画——欧洲和印度艺术中的情节展现》　　　定价:35.00 元

马小鹤著:《光明的使者——摩尼和摩尼教》　　　定价:120.00 元

李鸣飞著:《蒙元时期的宗教变迁》　　　定价:54.00 元

〔苏联〕伊·亚·兹拉特金著,马曼丽译:

　　《准噶尔汗国史》(修订版)　　　定价:86.00 元

〔苏联〕巴托尔德著,张丽译:《中亚历史——巴托尔德文集

　　第 2 卷第 1 册第 1 部分》　　　定价:200.00 元(上、下册)

〔俄〕格·尼·波塔宁著,〔苏联〕B.B.奥布鲁切夫编,吴吉康、吴立珺译:

　　《蒙古纪行》　　　定价:96.00 元

张文德著:《朝贡与入附——明代西域人来华研究》　　　定价:52.00 元

张小贵著:《祆教史考论与述评》　　　定价:55.00 元

〔苏联〕K.A.阿奇舍夫、Г.A.库沙耶夫著,孙危译:

　　《伊犁河流域塞人和乌孙的古代文明》　　　定价:60.00 元

陈明著:《文本与语言——出土文献与早期佛经词汇研究》

　　　定价:78.00 元

李映洲著:《敦煌壁画艺术论》　　　定价:148.00 元(上、下册)

杜斗城著:《杜撰集》　　　定价:108.00 元

芮传明著:《内陆欧亚风云录》　　　定价:48.00 元

徐文堪著:《欧亚大陆语言及其研究说略》　　　定价:54.00 元

刘迎胜著:《小儿锦研究》(一、二、三)　　　定价:300.00 元

郑炳林著:《敦煌占卜文献叙录》　　　定价:60.00 元

许全胜著:《黑鞑事略校注》　　　定价:66.00 元

段海蓉著:《萨都剌传》　　　定价:35.00 元

马曼丽著:《塞外文论——马曼丽内陆欧亚研究自选集》　　　定价:98.00 元

〔苏联〕И.Я.兹拉特金主编,М.И.戈利曼、Г.И.斯列萨尔丘克著,

　　马曼丽、胡尚哲译:《俄蒙关系历史档案文献集》(1607—1654)

　　　定价:180.00 元(上、下册)

华喆著:《帝国的背影——1368 年后的蒙古》　　　定价:55.00 元

П.К.柯兹洛夫著,丁淑琴、韩莉、齐哲译:《蒙古和喀木》　　　定价:75.00 元

杨建新著:《边疆民族论集》　　　定价:98.00 元

敬请期待

贾丛江著:《汉代西域汉人和汉文化》

王永兴著:《敦煌吐鲁番出土唐代军事文书考释》

薛宗正著:《西域史地汇考》

徐文堪编:《梅维恒内陆欧亚研究文选》

李锦绣编:《20世纪内陆欧亚历史文化研究论文选粹》

李锦绣、余太山编:《古代内陆欧亚史纲》

李锦绣著:《裴矩〈西域图记〉辑考》

李艳玲著:《田作畜牧
　　——公元前2世纪至公元7世纪前期西域绿洲农业研究》

许全胜、刘震编:《内陆欧亚历史语言论集——徐文堪先生古稀纪念》

张小贵编:《三夷教论集——林悟殊先生古稀纪念》

李鸣飞著:《横跨欧亚——中世纪旅行者眼中的世界》

杨林坤著:《西风万里交河道——明代西域丝路上的使者与商旅》

林悟殊著:《华化摩尼教补说》

王媛媛著:《摩尼教艺术及其华化考述》

李花子著:《长白山踏查记》

芮传明著:《摩尼教敦煌吐鲁番文书校注与译释研究》

马小鹤著:《霞浦文书研究》

〔德〕梅塔著,刘震译:《从弃绝到解脱》

郭物著:《欧亚游牧社会的重器——镂》

王邦维著:《华梵问学集》

李锦绣著:《北阿富汗的巴克特里亚文献》

孙昊著:《辽代女真社会研究》

赵现海著:《明长城时代的开启
　　——长城社会史视野下明中期榆林长城修筑研究》

王永兴著:《唐代土地制度研究——以敦煌吐鲁番田制文书为中心》

韩中义著:《欧亚与西北研究辑》

刘迎胜著:《蒙元史考论》

尚永琪著:《古代欧亚草原上的马——在汉唐帝国视域内的考察》

石云涛著:《丝绸之路的起源》

青格力等著《内蒙古土默特金氏蒙古家族契约文书整理研究》

尚永琪著:《鸠摩罗什及其时代》

石云涛著:《魏晋南北朝时期的外来文明》

〔英〕斯坦因著,殷晴、张欣怡译:《沙埋和阗废墟记》

李鸣飞著:《金元散官制度研究》

淘宝网邮购地址:http://lzup.taobao.com

·欧·亚·历·史·文·化·文·库·